훈민정음 정독

지은이 **이상규**

경북대학교 명예교수, 전 국립국어원 원장.
저서로『경북방언사전』(2002년 대한민국학술원 우수도서),『한국어방언학』,『언어지도의 미래』
(2006년 문화체육관광부 우수도서),『훈민정음통사』(2014년 한국연구재단 우수도서),『증보훈민정음발달사』,『한글고문서연구』(2012년 대한민국학술원 우수도서),『사라진 여진어와 문자』(2014년 문화체육관광부 우수도서),『한글공동체』(2015년 세종도서 학술부분 우수도서),『명곡 최석정의 『경세훈민정음』』(2017년 한국연구재단 우수저서 선정),『훈민정음 연구사』외 다수.

지은이 **천명희(千明熙)**

안동대학교 및 경북대학교 대학원 국어국문학과에서 한글문헌학과 방언학을 전공.
현 안동대학교 교수. 인공지능 기반 옛한글 문자판독 분야 학습용 데이터세트 구축사업의 책임.
「광흥사 복장유물의 현황과 월인석보의 성격」(2014),「고성이씨 소장 해도교거사의 국어학적 가치」(공저, 2016),「훈민정음 해례본 텍스트의 오류」(2019),「안동지역의 한글문화」(2021) 등의 논문과『증보 정음발달사』(공저 2016),『광흥사 초간본 월인석보 권21』(2019),『광흥사 월인석보 권7·권8』(공저, 2019) 등의 저서가 있다.

훈민정음 정독

©이상규·천명희, 2022

1판 1쇄 발행__2022년 11월 15일
1판 1쇄 발행__2022년 11월 25일

지은이__이상규·천명희
펴낸이__양정섭

펴낸곳__경진출판
  등록__제2010-000004호
  이메일__mykyungjin@daum.net
  사업장주소__서울특별시 금천구 시흥대로 57길(시흥동) 영광빌딩 203호
  전화__070-7550-7776 **팩스__**02-806-7282

값 36,000원
ISBN 978-89-5996-853-4 93710

훈민정음 정독

이상규·천명희 지음

경진출판

　세종 25(1443)년 12월에 세종이 창제한 우리나라의 글자 '훈민정음'의 제정 원리를 요약한 한문본『훈민정음 예의』와 이것을 훈민정음으로 언해한『훈민정음 언해』, 그리고 세종과 집현전 학사와 함께 예의를 확대 해설한『훈민정음 해례』에 대한 연구서들은 지금까지 비교적 많이 있다. 그러나 자세히 들여다보면 저술자의 학문적 입장에 따라 조금씩 차이를 드러내기도 한다. 본서는 그런 면에서 지금까지 논의된 여러 가지 학문적 입장을 총합하여 쓴 전문가용이라기보다는 일반 대중용으로 쓴 책이다. 그리고 이 책의 내용은 이미 홍기문 선생이 짓고 필자가 해설한『증보 훈민정음』이라는 책의 내용 가운데 일부분 발췌한 뒤 수정 보완하여 완성된 것임을 밝혀둔다.

　우리 민족의 글자인 '훈민정음'과 관련된 주요한 기록물인『훈민정음 예의』,『훈민정음 언해』,『훈민정음 해례』에 대해서는 우리 모두가 상식적인 수준에서라도 이에 대한 이해가 절실하게 필요하다. 최근 중고등학교에서 우리 글자인 한글, 곧 훈민정음과 관련된 교육이 거의 이루어지지 않고 있는 안타까운 현실이다. 인류 역사상 인위적으로 만든 문자 가운데 '한글'이 가장 우수하다는 자부심만 가질 것이 아니라 구체적으로 어떤 내용들로 이루어져 있는지, 어떻게 과학적인 문자인지 좀 더 깊이 있게 이해할 필요가 있다.

　훈민정음에 대한 해설을 담고 있는 기록물인『훈민정음 해례』(간송미술관 소장본)는 유네스코 기록문화유산으로 등재되었다. 그리고 2007년 제

43차 세계지식재산권기구(WIPO)에서는 한국어를 특허 협력조약(PCT) 공식 공개언어로 지정하였다. 그뿐만 아니라 전 세계 많은 학자들이 한글을 매우 우수한 자질문자로 평가하고 있다. 이처럼 한글 문자와 한국어 모두 세계적으로 공인을 받음으로써 한글이 세계적인 주요 문자로 인정을 받게 되었다. '한글'은 우리들이 선조들로부터 물려받은 매우 자랑할 만한 민족유산이라고 할 수 있다. 그러한 측면에서 한글 창제의 깊은 뜻이 담겨 있는 세 가지 문헌, 곧 『훈민정음 예의』, 『훈민정음 언해』, 『훈민정음 해례』에 대한 내용을 깊이 삭혀 가며 읽을 필요가 있다. 독자를 위해 상주본 『훈민정음 해례』에 대한 필자의 논문을 수정하여 첨부하였다.

우리 문화의 핵심을 이루는 문자 곧 한글에 대한 올바른 이해를 위해서 누구나 한 번쯤 읽어 둘 필요가 있는 교양서라고 할 수 있다. 내용이 다소 어려운 부분도 없지 않지만 전문가가 아니라면 어려운 내용을 뛰어넘어서 읽어도 좋을 것이다.

출판사가 매우 어려운 상황에 놓여 있다. 그러나 필자와 오랜 인연을 쌓아온 경진출판 양정섭 대표가 『직서기언』(2018)이라는 이름으로 간행된 책을 필자의 제자인 천명희 교수의 도움으로 수정 보완하여 『훈민정음 정독』이라는 책으로 간행해 주었다. 이 자리를 빌어 감사의 인사를 드린다.

2022년 10월
이상규

차례

제3편 『훈민정음 해례』 본문 읽기 —— 261

제1장 제자해(制字解) —— 263

제2장 초성해(初聲解) —— 299

제3장 중성해(中聲解) —— 302

제1편 『훈민정음』 문헌 분석

01. 『훈민정음』 문헌 개관

예의

우리가 잘 알고 있는 "國之語音而呼中國"처럼 한문으로 쓴 것을 언해한 "나랏 말ᄊᆞ미 듕귁"이라고 하는 세종의 서문과 간략한 문자 용법을 기록한 두 가지 문헌의 이름을 흔히 예의본이라고 하면서 이 둘을 구분하여 한문본 예의와 언해본 예의라 한다. 홍기문(1946)은 해례본의 앞에 실려 있는 이 본문 전체를 '예의'라고 부르면서 훈민정음 해례본의 구성을 세종이 직접 지어신 어제 서문을 '서론장'이라 하고 문자와 용법을 설명한 예의 부분을 각각 '문자장'과 '용법장'이라고 하여 구분하였다. 안병희 (2007: 81)는 세종 어제 서문을 '본문'이라고 하고 문자와 용법을 설명한 부분만 '예의'로 명명하기도 한다. 이 글에서의 예의는 세종의 어제 서문을 포함한 훈민정음 28자의 예시와 발음 설명에 이어 종성, 순경음, 병서와 합자, 사성에 대한 핵심적인 용법을 요약해서 설명한 글을 뜻한다.

『훈민정음』 해례본 정인지(1396~1456)의 서문에 "계해 겨울에 우리 전하가 간략한 예의를 들어 보이시고 그 이름을 훈민정음이라 하시었다"[1]란 대목이 있어서 예의(例義)라고 불러왔다.

그런데 이 예의는 '훈민정음' 기록으로서 가장 먼저 『세종실록』을 통해 전해 오는 것이지만 훈민정음 해례를 짓도록 집현전 학사들에게 "우리 전하가 간략한 예의를 들어 보이시고"라고 할 때에는 아마 필사된 문서로 작성된 기획물이었을 것이다. 더구나 이것은 세종이 지은 어제로 훈민정음 창제의 신호탄이라고 할 수 있다. 이러한 점에서 홍기문(1946)은 이 훈민정음 창제 선언문인 예의는 "어떤 의미로는 해례나 언해와 비교하지 못할 만큼 중요한 하나의 성전이다."라고 평가하고 있다.

"이에 명하시어 상세한 해석을 가하게 하시어 이것으로 여러 많은 사람을 교유하게 하시다. 여기서 신(정인지)과 집현전 응교 최항, 부교리 박팽년, 신숙주, 수찬 성삼문, 돈녕 주부 강희맹, 집현전 부수찬 이개, 이선로 등과 더불어 삼가 이 해와 예를 지어 써 그 대강의 줄거리의 근원이 정밀하고 신묘하여 신들도 능히 펴 나타낼 수 있는 바가 못 되는 것이옵니다."[2]

세종께서 "계해 겨울에 우리 전하가 간략한 예의를 들어 보이시고 그 이름을 훈민정음이라 하시었다"[3]라고 하였는데 그 과정에서 세종께서

---

1) "癸亥冬。我殿下略揭例義而示之。名曰訓民正音。"
2) "遂命詳加解釋。以喩諸人。於是。臣與集賢殿應ᵃ教臣崔恒。副校理臣朴彭年。臣申叔舟。修撰臣成三問。敦寧府注簿臣姜希顏。行集賢殿副修撰臣李塏。臣李善老等。謹作諸解及例。以敍其梗槩。庶使觀者不師而自悟。若其淵源精義之妙。則非臣等之所能發揮也。"(『훈민정음』 해례본 훈민정음 협찬자).
3) "癸亥冬。我殿下略揭例義而示之。名曰訓民正音。"

정인지를 비롯한 집현전 학사들에게 "이에 명하시어 상세한 해석을 가하게 하시어"4)라고 하였다. 아무것도 주지 않고 해석을 가하라고 한 것이 아니라 앞에서 본 세종의 훈민정음 창제의 기조를 담고 있는 서문과 훈민정음 글자 28자에 대한 간략한 설명이 담긴 예의를 전달한 것이다. 여기서 어제 서문이 포함되었는지에 대한 것은 실로 확인할 수 없으나 그럴 가능성이 더 크다. 이어서 "삼가 이 해와 예를 지어 써"5)을 "해(解)와 예(例)를 지어서"(강신항, 2003: 178)로 풀이하고 있다. "이 해와 예를 지어 써"로 풀이한 이유는 자칫 '해례'와 '예의'를 모두 집현전 학사들이 지은 것으로 오해될 소지가 있다. 훈민정음 해례의 해석에 따른 용례를 가리킨다.

세종 28(1446)년에 간행된 『훈민정음 해례』라는 책은 오랜 시간 자취를 감추었다가 1940년 안동에서 발견되었다. 현재 간송미술관에서 소장하고 있는『훈민정음』해례본은 1940년, 경북 안동군 와용면 주하동 이한걸 씨의 셋째 아들 용준 씨가 당시 김태준 씨에게 의뢰하여 학계에 알려지게 되었다. 발견될 당시에 원본의 표지와 앞의 2장이 떨어져 나간 상태였기 때문에『세종실록』에 있는 본문을 참고하여 보사를 하는 과정에서 실수하여 '便於日用耳'를 '便於日用矣'로 잘못을 범하였다. 구두점과 권점의 오류뿐만 아니라 책의 크기도 달라졌다. 보사한 상태로 현재 간송미술관에 소장되어 있다. 이 책은 1962년 12월 20일 국보 제70호로 지정되었고 1997년 10월 9일 유네스코 세계기록문화유산으로도 등재되었다. 그러나 이『훈민정음』해례본의 원 소장처에 대한 논란이 없지 않다. 최근 상주에서 나온 낙장본『훈민정음』해례본도 알려졌으나 그 원본의 완벽한 실체는 물론 현재 어디에 있는지조차도 알 수 없다.

---

4) "遂命詳加解釋"
5) "謹作諸解及例"

'훈민정음'은 문자 이름으로서 곧 한글과 같은 의미로도 사용되지만 세종이 지은 서문과 함께 훈민정음 글자 초성과 중성, 종성 그리고 운용 규정을 실은 훈민정음 예의와 그 해례를 밝힌 책 이름으로서 『훈민정음』이 있다. 책 이름으로서의 『훈민정음』은 다시 두 가지가 있으니 『훈민정음 예의』와 이를 해설한 『훈민정음 해례』가 있으며 다시 『훈민정음 예의』는 한문 실록본과 이를 언해한 언해본이 있다.

지금까지 『훈민정음 예의』[6]를 국역한 것을 『훈민정음 언해』라고 불러 왔는데, 엄격하게 말하면 이것은 잘못된 명명이다. 훈민정음이 창제된 당시에 '언해'라는 명칭이 달린 문헌은 전혀 없으며 당시의 기록에도 그런 명칭이 남아 있지 않다. '언해'라는 용어가 처음으로 내제로 나타난 것이 1518년에 간행 된 『정속언해』이고 판심서명과 서명으로 본격 사용된 것은 16세기 후반 『소학언해』(1588)부터이다. 실록에 '언해'라는 용어가 나타나는 것도 16세기 초 중종대인 1510년 경으로 『중종실록』 중종 9년 4월 정미조에 '諺解醫書'라는 예가 아마도 처음으로 나타난 기록으로 추정된다. 따라서 실록에 실린 어제 서문과 예의 부분을 국역한 책 이름을 『훈민정음 언해』 혹은 『훈민정음』 언해본이라고 명명하는 것은 매우 온당하지 않다. 김무봉(2015: 59)은 을해자본 『능엄경언해』(1461) 권5의 제첨에 '언해'라는 이름이 명기된 예가 있으나 이는 뒷날 개장하면서 제첨을 첨기했을 것으로 추정하고 있다. 그 근거는 제5권을 제외한 나머지 권9의 제첨에는 '언해'라는 필사 첨기가 없다는 사실을 들고 있어 아마 이 부분에 대한 언해는 늦어도 『석보상절』이 출간될 당시에 권두에 언해된 내용으로 실렸을 가능성을 고려한다면 지금까지 학계에서 통상적인 명칭으로

---

6) 예의는 단권 저서가 아니어서 "훈민정음 예의"로 표시해야 하지만, 전체적인 균형을 고려한 표기임을 밝혀둔다.

불러온 '『훈민정음』 언해본'은 '『훈민정음』 국역본'이라고 하는 것이 적절할 것이다. 그러나 본 글에서는 통상적으로 사용한 '『훈민정음』 언해'라는 용어를 그대로 사용하겠다.

홍기문(1946)은 해례의 앞 본문 전체, 곧 『훈민정음 예의』를 '예의'로 규정하였다. 세종 어제 서문을 '서론장', 문자와 용법을 설명한 예의 부분을 각각 '문자장'과 '용법장'으로 구분하였다. 그러니까 서론장과 문자장 그리고 용법장을 합쳐서 예의로 명명한 것이다. 안병희(2007: 81)의 경우 『훈민정음 해례』의 구성을 고려하여 『훈민정음 예의』에서 세종 어제 서문을 '본문'이라고 하고 문자와 용법을 설명한 부분만 '예의'로 명명하기도 한다. 정우영(2018: 19)은 이를 일괄하여 '정음편'이라고 부르기도 한다. 이 책에서 예의는 세종의 어제 서문을 포함한 훈민정음 28자의 예시와 발음 설명에 이어 종성, 순경음, 병서와 합자, 사성에 대한 핵심적인 용법을 요약해서 설명한 글, 전부를 뜻한다.

책 이름으로서 『훈민정음』은 보통 『훈민정음 해례』를 의미하는데 그 이유는 『훈민정음 예의』의 한자본은 단권책으로 전하지 않고 『세종실록』과 『배자예부운략』본, 『경세훈민정음』, 『열성어제』, 『여사서언해』 등 기타 개인 책 속에 들어 있어 단권본으로 인출되었는지 불확실하기 때문이다. 다만 박승빈 구장본인 『훈민정음』 언해본은 단권으로 되어 있지만 분량이 워낙 적어서 단권으로 인출된 것이 아니라 후대 사람이 『월인석보』 권두본을 떼어내어서 별도로 단권으로 제책한 것으로 추정된다.

『훈민정음 언해』와 『훈민정음 해례』 두 가지 모두 발굴되어 소개될 당시부터 온전한 모습이 아니었다. 『훈민정음 언해』는 앞부분 일부의 수정개판이 이루어졌으며, 간송미술관 소장본인 『훈민정음 해례』 역시 앞의 두 장이 떨어져 나가 김태준과 이용준 씨에 의해 개장과 보수가 되었으나 완전하지 않다.

이 『훈민정음 예의』를 언해한 『훈민정음 언해』와 『훈민정음 해례』는 상호 긴밀한 관계를 맺고 있는 문헌이다. 곧 세종이 훈민정음을 완성하자 '훈민정음 예의'[7]를 높이 들어 보이시면서 집현전 여덟 학사들[8]과 함께 그 해례를 집필하여 완성한 책이 곧 『훈민정음 해례』이기 때문에 이 둘은 일련의 인과관계를 맺고 있다. 『훈민정음 예의』는 세종의 서문과 함께 초중종성의 문자와 그 자표로 음가를 밝히고 그것의 운용 방법을 간략하게 기술한 내용으로 일종의 창제 선포문이라고 할 수 있다. 이것을 훈민정음 문자로 국역한 『훈민정음 언해』는 새로운 문자인 훈민정음의 실용화를 위해 보급한 글이다. 그리고 이를 확대해서 해설하고 예를 덧붙인 『훈민정음 해례』는 훈민정음이라는 새로운 글자의 창제 원리와 사용법을 종합적으로 소개한 내용의 글이다. 그런데 『훈민정음 예의』는 국역본이 있으나 『훈민정음 해례』는 국역본이 있음직하지만 없다. 따라서 앞으로 『훈민정음 언해』에 버금가는 그 당시의 모습과 같은 『훈민정음 해례』의 국역본을 만들어야 할 것이다.

예의는 어디까지 예의 그대로 보아야 한다. 그러한 의미로 '해례'나

---

7) 이 '예의'라는 용어는 정인지의 『훈민정음 해례』서문에 "간략하게 예(例), 보기와 뜻(義)을 들어 보인다"에서 가져온 용어이다. 흔히 『실록본』에 있는 세종 어제 서문과 한글 28자 자모꼴과 그 음가를 비롯한 병서, 연서, 부서, 종성, 성음, 사성에 대한 규정을 요약한 글을 예의라고 한다. '예의'의 의미를 정광(2009: 243)는 'ㄱ, 牙音, 君字初發聲'과 같이 그 자형의 보기를 '예(例)'라고 하고 그 음가를 나타내는 'ㄱ+ㅜㄴ君'의 한자음을 음가 곧 '의(義)'로 규정하고 있다. 해례를 만들기 전에 세종께서 친히 창제한 한글 28자의 낱글자의 글꼴과 음가를 비롯한 글자 운용의 방식을 집약한 이 예의를 손으로 써서 게시를 했을 것으로 보인다. '예의'는 2종의 『실록본』과 『훈민정음 해례』에 본문으로 실린 내용과 약간의 차이를 보여주고 있다.

8) 당시 참여하였던 집현전 8학사는 다음과 같다. 예조판서 겸 집현전 대제학 정2품 정인지 (1396~1478), 집현전 응교 종4품 최항(1409~1474), 집현전 부교리 종5품 박팽년(1417~ 1456), 집현전 부교리 종5품 신숙주(1417~1475), 집현전 수찬 정6품 성삼문(1418~1456), 돈령부 주부 종6품 강희안(1419~1463), 집현전 부수찬 종6품 이개(1417~1456), 집현전 부수찬 종6품 이선로(?~1453)이다.

'언해'와는 따로 한 편의 연구가 필요하다. 이상규(2013)는 한글 창제 경위에서 적어도 2단계에 걸친 과정으로 이해해야 한다고 주장하고 있다.[9] 곧 첫째 단계는 세종 25(1443)년 『세종실록』에서 표방한 '언문 28자'를 창제한 시기이다. 곧 훈민정음 28자 창제는 분명하게 세종이 친제한 것이라고 할 수 있다. 둘째 단계에서는 집현전을 중심으로 세종 친제 훈민정음 28자에 대한 이론적 골간을 세우는 과정에서는 세종이 직접 진행 과정을 일일이 확인하면서 이론의 틀을 고정시키는 과정이다. 세종이 창제한 훈민정음 28자를 성리학 이론이나 성운학 이론에 기반하여 중국 운서의 번역과 중국 한자음의 통일로 발전시킨 과정은 곧 세종과 집현전의 신예학사 8명이 공동으로 추진한 것이다. 곧 '훈민정음'의 창제 원리를 요약하여 담고 있는 예의는 세종이 그리고 『훈민정음 해례』의 완성은 세종과 집현전 학사들이 함께 이루어낸 결과이다.

이러한 과정을 고려한다면 홍기문은 "예의는 맨 처음 문자 제작의 목적을 간단히 설명하였으니 그를 '서론장'이라고 하고, 그 다음 28자와 거기에 대한 설명이 있으니 그것을 '문자장'이라고 하고, 또 그 다음 용법을 그 역시 간단히 설명하였으니 그를 '용법장'이라고 하려 한다"는 설명이 상당히 타당한 견해라고 생각된다. 이외의 언해본에는 다시 한음 치성의 한 절이 추가되어 있는데 그 역시 용법에 속하나 다소 그 위의 용법과는 성질이 다르므로 치성장을 따로 세울 수밖에 없다고 설명하고 있다. 문제는 언해 과정에서 '치성' 부분이 새로 추가되어 들어갔을 가능성이 높아 보인다. 세종의 훈민정음 창제 목적이 우민 곧 나라 백성의 문자로 만든 것이지만 차츰 한문 사용자들도 중국 한자음의 표기나 우리 한자음이나

---

9) 이상규(2013), 「『세종실록』 분석을 통한 한글 창제 과정의 재검토」, 『한민족어문학회』 65, 한민족어문학회.

뜻을 표기하기 위해 '치성' 부분을 새로 삽입한 것이다. 곧 『훈민정음 해례』를 연구하는 과정에서 한자음 표기 문제가 대두되었으므로 이 기간 중에 치성 조항이 포함된 이후 언해가 이루어졌을 것이다.

예의는 전문의 글자 수는 어제 서문 곧 서론이 54자, 문자 소개가 269자, 용법이 79자로 앞의 3장만 402자이다. 또 치성이 42자로 뒤의 1장까지 넣어서 444자이다. 혹 『세종실록』처럼 '御製曰'의 3자를 본문 앞에 넣은 것이 있으니 이것은 본래 세종 자신이 발표할 때 추가하였으리라고는 생각되지 않는다.

해례

정인지의 서문에는 "삼가 여러 해석과 예를 지으니"[10]라고 하였고 임원준(1423~1500)의 『보한재집』 서문에는 "해례를 지으니(作爲解例)"라고 하였다. 즉 그 내용이 여러 종의 해(解)와 또 예(例)로 구성된 것이라 해례(解例)라고 일컬었다. 세종이 훈민정음 구상을 담아 쓴 예의를 가지고 확대 해석하고 그 해석에 맞는 적절한 예를 달아 해설하도록 정인지 이하 집현전 학사들에게 명을 내려 완성한 훈민정음 해설서가 바로 『훈민정음 해례』이다.

세종이 오랜 숙고 끝에 창제한 훈민정음의 창제 목적과 문자와 그 사용 용법을 요약해서 담아낸 '예의'로서 한 언어의 오묘한 문자 제자의 원리나 복잡한 용법을 일일이 설명할 수도 없었을 것이다. 그리고 세종이 훈민정음의 창제 구상 원리를 담아낸 '예의'를 발표한 직후 훈민정음 창제 이론

---

10) "謹作諸解及例"

이 완전하게 체계가 세워졌을 것도 아니다. 따라서 세종은 당대에 이름난 집현전의 학사 8명을 친히 선발해서 한편으로 이론을 정비시키고 다른 한편으로 그 정비된 해례를 저술하게 한 것이다.

새로운 문자 훈민정음 창제를 선언한 세종 25(1443)년 갑자 2월로부터 해례가 나온 세종 28(1446)년 병인 9월까지는 실로 2년 반이니 당대에 최고의 이름난 선비들이 그만한 기간 동안 공을 들였다는 점으로서도 그 얼마나 힘들인 저술인지 알 수 있다. 오히려 이 해례는 성리학의 오묘함에 치우치고 복잡함에 지나쳐서 예의를 해석하였다기보다 예의를 더 난해하게 만든 혐의가 없지 아니하나 그것은 여러 학사들의 견해를 통합하여 훈민정음의 제자나 용법을 설명하는 그 자체로부터 오는 부득이한 현상이다. 여러 사람의 합작의 결과로 추정할 수 있는 근거로 오해의 본문과 결사의 내용이 일치하지 않는 부분도 눈에 띤다.

하여튼 해례란 '훈민정음'을 제작한 세종의 새로운 문자 운용에 대한 이론이다. 그 내용을 오롯이 담아낸 『훈민정음 해례』라는 책에 대하여 혹자는 오래 전하지 않던 서적이 1940년 돌연히 경북 안동에서 출현한 데 대하여 의아함을 금치 못할는지 모르나 종이나 판각이나 서지학상으로 그 당시의 고간본임을 추측케 한다.[11] 또 설사 서지학의 구구한 증명을 빌지 않더라도 내용이 각 문헌으로부터 고증한 바와 완전 일치하고 또 그 내용은 그 이후 누구도 조작, 안조(贋造)했을 수 없는 것이다.

불행히 그 원본은 발견 당시 제1면과 제2면 두 장이 떨어져 나가 붓으로 보사하였으나 다행히 예의의 서론장과 문자장의 반설음(半舌音)까지이므로 큰 지장이 될 것은 없다. 그 보사 과정에 '便於日用耳'의 '耳'자를 '矣'자

---

11) 해례본은 현재 간송미술관본과 상주본 두 종류가 있다. 이상규(2012), 「잔본 상주본 『훈민정음』」, 『한글』 298, 한글학회 참조.

로 쓰고 '半舌音.'의 구두점을 '半舌。音' 아래 잘못 찍었는데 그것은 물론 보사의 오류이다.

　권두 제명에 대해서는 두 가지 견해가 있다. 곧 '訓民正音'이라는 견해 (홍기문, 1946; 정우영, 2001)와 '御製訓民正音'이라는(안병희, 1986) 양론이 있다. 곧 '御製'라는 관칭이 붙었는지 혹은 붙지 않았는지에 대한 문제는 동일 이본이 발견되면 이는 쉽게 판정이 날 문제이다. 맨 위에 '訓民正音'이라는 제목 아래 예의의 전문인 세종의 서문과 예의를 얹고 그 다음 '訓民正音解例'라는 제목 아래 제자해, 초성해, 중성해, 종성해, 합자해, 용자례 등 각각 소제목을 세워서 오해와 일례를 싣고 맨 끝으로 해례와 접속해서 제목 없이 정인지의 서문을 붙였다. 오해에는 반드시 본문의 끝부분에 '결왈(訣曰)'을 받아서 불경의 게송 형식인 칠언고시체의 결이 있고 오직 일례에만 그 결이 없다. '결'은 신민(信敏) 작으로 추정(박해진, 2015)하거나 후대에 추가된 것으로 추정(권재선, 1998)하기도 한다.

　『훈민정음 해례』는 예의 부분은 매 행 11자, 매 장 14행으로 4장이다. 해례와 정인지의 후서 부분은 매 행 13자, 매 장 16행으로 29장이다. 전권을 합하면 33장이다. 단지 그 중에서 오해의 결만은 1구 1행으로 상하 각 3자를 띄웠고 정인지의 후서는 위에서 1자씩 낮추었다.

　『훈민정음 해례』의 글씨체는 세종 30(1448)년 효령대군과 안평대군이 소헌왕후의 추천을 빌며 『묘법연화경』(보물 제766호)을 간행했는데 권말에 안평대군이 쓴 발문이 있는데 『묘법화경』과 글씨체가 완전 일치하고 있어 안평대군의 글씨임을 알 수 있다.[12] 최근 남권희 교수가 발굴한 『당송팔대가시선』(1444년) 서문 「몽유도원도」에 실린 안평대군의 글씨체와 대비해 보더라도 흡사하게 같다. 대왕의 어제를 신하가 대필하는 경우

---

12) 안병희(2007), 『훈민정음 연구』, 서울대학교 출판부, 40~42쪽.

대개 해서체로 썼는데 해례본의 본문(서문, 예의)의 2장은 그 뒷부분의 집현전 학사들이 지은 해례가 해행서체인 것과 서로 대조가 된다.

책의 크기는 32.2×16.3cm 또는 29×20cm으로 보고되어 있는데 뒤의 것은 개장한 뒤에 측정한 크기이다. 반곽의 크기는 23.2×16.5cm 또는 23.3×16.8cm, 29.3×20.1cm 등으로 들쭉날쭉하다. 대체로 반곽의 크기는 22.6×16cm 정도라고 볼 수 있다.

『훈민정음』 해례본의 글자 수는 다음과 같다. 예의편은 총 405자인데 어제 서문이 53자이며, 예의는 총 348자이다. 초성 자형 음가를 밝힌 내용은 203자, 중성 자형 음가는 66자, 종성 규정은 6자, 기타 운용에 대한 내용은 73자이다. 한편 해례편은 본문 곧 어제 서문과 예의편이 438자이며 해례 부분의 제자해는 2,320자, 초성해는 169자, 중성해는 283자, 종성해는 487자, 합자해는 673자, 용자례는 431자, 정인지 서문은 558자이다. 전권의 총 글자 수는 5,312자다.[13] 세종의 서문의 한자수는 53자이고 언해문은 108자인데 이 숫자에 맞추기 위하여 언해나 한자 사용에 인위적인 조절이 있었다는 주장도 있다. 예를 들면 김광해, 「훈민정음의 우연들」, 『대학신문』(서울대학교) 1982년 11월 19일자 및 「훈민정음과 108」, 『주시경학보』(탑출판사) 제4호(1989), 158~163쪽의 논설이 있다.

언해

언해는 예의의 전문에 역주를 가한 국역본이다. 예의나 해례와 구별하기 위하여 편의상 언해라고 불러 둔다. 언해본은 『석보상절』과 판형과

---

13) 이상규(2015나), 『한글공동체』, 박문사, 37~39쪽 참조.

글자의 유사성을 근거로 하여 『월인석보』 서두에 실렸듯이 『석보상절』의
서두에 이 언해본이 실렸을 것으로 추측하고 있다. 그렇다면 언해가 『석
보상절』과 적어도 동시대에나 그 이전에 나온 것으로 봐야 할 것이다.

본래 언해는 종성표기법을 기준으로 보면 『용비어천가』나 『석보상절』
보다도 후에 된 것인데, 그 초간의 원본이 전하지 못하나 '훈민정음', 그
자체에 관한 것이라는 점에서 보통의 다른 문헌과 동일하게 말할 수는
없다. 첫째로 『용비어천가』와 달리 한자의 주음이 있고, 둘째로 『월인석
보』14)나 기타의 불경언해와 달리 내용이 간단하고, 셋째로 그 자체가
훈민정음의 역주요, 또 어제의 글이므로 다른 문헌에 비하여 그 내용에
비교적 힘들인 자취가 있는 등 그 당시의 용례를 연구하는 데 표준으로
삼기에 가장 적당한 책이다. 언해본은 세조 5(1459)년 원간의 『월인석보』
와 선조 1(1568)년 희방사판 『월인석보』에 실린 두 가지 이본이 있으며,
그 외에 박승빈본 등이 있다.

언해에는 치음 장이 추가되어 있는데 그 역시 세종 자신의 것임은 의심
할 바가 없다. 그것은 군왕의 어제를 신하가 건드리지 못하였을 것같이
선왕의 친제를 후대의 임금도 손대지 못했을 것인 까닭이다. 물론 『사성
통고』 「범례」에도 치음의 구별이 기록되어 있지 아니한 것은 아니지만
신숙주(1417~1475), 성삼문(1418~1456) 등의 편찬인 그 「범례」가 아무래도

---

14) 1459년에 간행된 『월인석보』의 이본은 모두 영본으로 전해지고 있다. 현전하는 『월인석보』
    의 초간본은 권1, 권2, 권7, 권8, 권9, 권10, 권11, 권12, 권13, 권14, 권15, 권17, 권18, 권19,
    권20, 권23, 권25의 17권이고, 중간본은 권1, 권2, 권4, 권7, 권8, 권17, 권21, 권22, 권23의
    9권으로 초간본과 중간본을 다 합쳐도 권3, 권5, 권6, 권16, 권24의 5권이 결권(缺卷)이
    된다. 초간본과 중간본이 모두 전하는 경우는 권1, 2, 7, 8, 17, 23의 6권이다. 『월인석보』의
    전체 규모는 『석보상절』로 미루어서 과거 모두 24권으로 추정되었지만, 1995년에 전남
    장흥의 보림사(寶林寺)에서 권25가 발견되었다. 권25에는 『석보상절』 권24의 내용이 들어
    있으며, 내용 구성상 마지막 부분에 속하므로 이에 따라 『월인석보』의 총 권수를 25권으로
    보는 것이 현재로서는 가장 설득력이 있다.

세종의 말씀만 못할 것은 사실이다. 치음 장의 그 한 대문만 가지고라도 언해가 귀중한 문헌의 위치를 잃지 않는다.

언해에는 첫째 언독이라는 부분이 있으니 그것은 어제 서문과 예의를 각 절로 나누어서 별행으로 만들고는 한자의 매 글자 아래 음을 달고 또 토가 떨어지는 곳에 토를 단 것이다. 둘째 언주라는 부분이 있으니 그 절 내에 새로 나오는 한자를 주해한 것이다. 셋째 언역이라는 부분이 있으니 그 절을 다시 우리말로 새겨 놓은 것이다. 언독과 언역은 다 각각 별행이요, 똑같은 대자로서 오직 언독이 언역보다 위에서 한 자 낮추어져 있을 뿐이나 언주는 소자 양 행으로서 언독과 바로 이어져 있다.

언독과 언역은 월인본이 50절이요, 단행본 박승빈본이 49절이니 그 1절의 차이는 전자가 '國之語音 異乎中國'을 양절로 나누고 후자가 1절로 합한 데에서 오는 것이다. 언주는 어디서나 80행이지만은 실상 이편의 양 행이 저편에 없는 대신으로 저편의 양 행이 이편에도 없어서 행수만 공교롭게 같아진 것이다.[15]

먼저 언해본의 원간 연대에 대해 안병희(2007: 92~93)는 『석보상절』이 간행된 세종 29(1447)년으로 추정하고 있다. 그 근거로 첫째, 행격에서 언해본과 『석보상절』의 본문 언해가 1면 7행에 1행 16자이며, 『월인석보』 서문과 본문의 언해는 1면 7행, 1행 16자로 완전 동일하다. 둘째, 『석보상절』의 본문이나 『월인석보』 서문의 언해와 마찬가지로 언해본은 본문을 구(口)점이나 두(讀)점 단위의 작은 대문으로 분절하여 언해하였다. 셋째, 구결과 한자 독음 표기에 있어서 언해본이나 『석보상절』은 구결을 본문 한자와 같은 크기로 하고 독음은 협주 글자의 크기로 처리하였으나 『월인

---

15) 언해본의 원간본 복원에 대해서는 문화재청(2007), 『훈민정음 언해본 이본 조사 및 정본 제작 연구』 참조.

석보』서에서는 구두나 한자 독음 모두 협주 글자 크기로 하였다. 넷째, 협주는 세 가지 모두 본문 뒤에 나타난다. 그러나 『월인석보』서에서는 언해에서도 나타난다. 다섯째, 언해본과 『석보상절』서문에서는 '글왈(문)', '便安킈'와 같이 나타나지만 『월인석보』서에서는 '글월', '-게'로 실현되어 차이를 보인다는 점을 근거로 들고 있다.

02. 『훈민정음 예의』 구조와 분석

해례의 전문으로서 「예의」

『훈민정음 해례』 정인지(1396~1456)의 서문 가운데 "계해 겨울에 우리 전하가 간략한 예의를 들어 보이시고 그 이름을 훈민정음이라 하시었다" 란 기록이 있다. 훈민정음 창제를 선언한 뒤 새로운 문자를 해설한 『훈민정음 해례』를 지은 과정을 압축하여 표현한 말이다. 바로 '훈민정음'이라는 문자를 창제하신 세종께서 집현전 학사 8인들 앞에서 훈민정음 창제 원안을 써서 높이 들어 보이시면서 그 해례를 쓰도록 명령하시는 대목이다.

세종 25(1443)년 9월에 있었던 상황으로 이러한 과정은 『세종실록』'세종 25년 9월 상한'조에 그 기록이 남게 된 것이고 다시 33개월에 걸쳐 이것을 해석하고 예를 달아 편찬한 『훈민정음 해례』의 완성을 알리는 내용이 세종 28(1446)년 12월 『세종실록』에 그 기록이 남게 된 것이다.

세종께서 집현전 학사들에게 높이 들어 보여주신 간략한 내용은 무엇이었을까? 그 실체는 정확하게 알 수 없지만『훈민정음 해례』에 실린 창제 전문에 해당하는 부분이 아니었을까 추정해 볼 수 있다. 그러나 일부 학자들은 세종 서문은 해례 완성 시기에 덧붙인 것으로 추정하기도 하지만 세종이 새로운 문자를 창제하신 기본 정신이 담긴 글이 없이 달랑 28자에 대한 문자와 그 용법만을 제시했다고 보기는 어렵다.

그 내용은『세종실록』에는 세종 서문과 예의 그리고 정인지 서문이 실려 있고 또『훈민정음 해례』에 아래 도식과 같이 해례 앞에 창제 전문으로 실려져 있다.

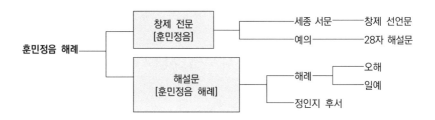

『훈민정음 해례』의 창제 전문에 해당하는 부분은 예의라고 일컬어 왔는데 그 연유는 앞에서 살펴본 바와 같이 실록 기록에 근거하여 예의라고 일컫은 것이다. 홍기문(2016: 19)은

"'예(例)'란『좌전』서문에 "무릇 말로서 예를 펴며"라고 하여 동일한 사물의 준칙이 됨을 이르는 것이고, '의(義)'란『석명』의 「석언어」에 "사물을 마름하려면 마땅히 들어맞아야 한다."고 하여 일정한 사물의 해당한 조처를 이르는 것으로서 곧 기준 법칙을 이루는 규정이라는 뜻이다."

라고 하여 장황하게 예의라는 이름에 대해 설명하고 있다. 이처럼 홍기문 (1946)은 해례의 앞 본문 전체를 '예의'로 규정하였다. 그리고 예의의 구성에 대해 세종 어제 서문을 '서론장', 문자와 용법을 설명한 예의 부분을 각각 '문자장'과 '용법장'으로 구분하였다. 그러나 안병희(2007: 81)의 경우 세종 어제 서문을 해례에 대한 '본문'이라고 하고 문자와 용법을 설명한 부분만 '예의'로 명명하기도 한다. 최근 정우영(2018: 30)은 '정음편'이라고 하고 해례 부분을 '정음해례편'이라고 부르고 있다.[1]

필자는 '훈민정음' 문자 창제의 과정을 고려하여 텍스트로서『훈민정음 해례』의 구성에서 소위 말하는 세종 서문을 '창제 선언문'이라고 하고 이를 해설한 예의 부분을 '예의' 부분을 '28자 해설문'이라 부르는 것이 적절하다고 판단한다. 그리고『훈민정음 해례』의 판심제를 기준으로 하여 전자는 '訓民正音',[2] 후자는 '訓民正音解例'라는 명칭을 사용하고자 한다.

이 책에서 '창제 전문'은 세종의 어제 서문을 포함한 훈민정음 28자의

---

1) 정우영(2017),『불교와 한글』, 한국문화사, 35~36쪽에서 "'예의'는 정인지 서에 "계해년 우리 전하께서 정음 28자를 창제하시고 간략히 '예의'를 들어 보이시고, '훈민정음'이라고 명명하셨다."는 기록의 '예의'를 근거로 하여, 자세한 해석을 더하여 여러 사람들을 깨우치라는 세종의 명을 받들어 정인지 등이 '여러 해설과 예'를 지어 대강 줄거리를 서술한 것이 바로 '해례본'이므로, 여기에 실린 "세종의 글 전체"를 '예의편'이라 불러왔다. 이것은 '예의'가 1446년 9월에 완성된 해례본의 '정음편'과 내용이 동일할 것이라는 전제하에 그렇게 부른 것이다. 그러나 이동림(1973, 1974, 1975)에서 제기되고 최근 강창석(2014)에서 재차 논의된 바에 의하면, '예의'의 정체는 1527년『훈몽자회』범례에 실린 「언문자모」라는 것이다. 이들 논의에 따르면, '예의'는 '정음편'과 유사한 것도 있으나 사뭇 다른 면도 있다. 그뿐 아니라 '예의'라는 용어 자체도 사실 특별한 의미를 지닌 고유명사가 아니고 "보기(예)와 뜻(의미)" 또는 "예를 보여 뜻풀이를 행한 글" 또는 "준칙을 이루는 규정"(홍기문, 1946: 1)을 뜻하는 보통명사이다. 따라서 더 이상 '예의'나 '예의편'에 얽매일 필요가 없다고 생각해 '예의'는 '자모·운용 규정'으로, '예의편'은 판심제(正音)을 기준으로 '정음편'이라는 새로운 명칭을 쓴다."고 설명하고 있어 참고할 만하다.

2) 권두 제명에 대해서는 두 가지 견해가 있다. 곧 '訓民正音'이라는 견해(홍기문, 1946; 정우영, 2001)와 '御製訓民正音'이라는(안병희, 1986) 양론이 있다. 곧 '御製'라는 관칭이 붙었는지 혹은 붙지 않았는지에 대한 문제는 동일 이본이 발견되면 이는 쉽게 판정이 날 문제이다.

예시와 발음 설명에 이어 종성, 순경음, 병서와 합자, 성절, 사성에 대한 핵심적인 원론을 요약해서 설명한 글을 뜻한다. 이 '창제 전문'에 대해서 정인지는 "간단하나 요긴하고 세밀하되 두루 통하니"라고 하여 『훈민정음 해례』를 편찬하기 위한 창제 전문으로서 핵심적인 내용이었음을 분명히 밝혀주고 있다.

따라서 훈민정음 창제 경위는 적어도 2단계에 걸친 과정을 전제해야 할 것이다. 곧 첫 단계는 세종 25(1443)년 『세종실록』에서 표방한 '언문 28자'를 창제한 시기이자 앞에서 살펴본 바와 같이 여덟 집현전 학사들에게 간략하게 써서 높이 들어 보여준 '창제 전문'을 밝힌, 곧 훈민정음 28자를 창제한 단계가 있었다. 둘째 단계에서는 집현전을 중심으로 세종 친제 언문 28자에 대한 예를 들며 해석하고 풀이하는 과정이다. 물론 세종이 직접 진행 과정을 일일이 확인하면서 이론의 틀을 고정시키는 과정이 있었다.

세종이 창제한 훈민정음 28자를 성운학 이론에 기반하여 중국 운서의 번역과 중국 한자음의 통일로 발전시킨 과정은 곧 세종과 집현전의 신예 학사 8명이 공동으로 추진한 것이다. 곧 '훈민정음'의 창제 원리를 담고 있는 '창제 전문'은 세종이 쓴 것으로 보이며 이를 기반으로 하여 그 이론적 골간을 확장시킨 『훈민정음 해례』라는 책의 완성은 세종과 집현전 학사들이 함께 이루어낸 결과물이다.[3]

이 창제 전문의 구성은

① 세종 어제 곧 창제 선언문이 실린 서론장
② 초성과 중성 28자에 대한 해설문이 담긴 문자장

---

[3] 이상규(2013), 「『세종실록』 분석을 통한 한글 창제 과정의 재검토」, 『한민족어문학회』 65, 한민족어문학회.

③종성, 연서, 병서, 부서, 성절, 사성의 용법을 해설한 용법장

으로 되어 있다. 이 세 가지를 합쳐서 예의라고 부른다.

전문의 글자 수는 서론이 54자, 문자가 29자, 용법이 79자로 앞의 3장만 총 402자이다. 또 치성이 42자로 뒤의 1장까지 넣으면 도합 444자이다. 혹 '御製曰'의 3자를 본문 앞에 넣은 것이 있으나 이것은 세종 자신이 발표할 때 추가된 것이 아니라 후대 실록을 쓴 사람이 추가한 것이다.

예의는 매 행 11자, 매 장 14행으로 총 4장이다. 해례와 서문은 매 행 13자, 매 장 16행으로 총 29장이다. 전권을 합하면 33장이다. 단지 그중에서 오해의 결만은 1구 1행으로 상하 각 3자를 띄웠고 정인지의 후서는 위에서 1자씩 낮추었다.

해례는 제자해 2,312자, 초성해 166자, 중성해 280자, 종성해 484자, 합자해 682자, 용자례 428자로 총 4,352자이니 예의의 402자와 정인지 후서의 558자를 더하여 전권의 글자 수는 총 5,312자다. 물론 2개의 대제목과 6개의 소제목 외에 또 끝으로 다시 '訓民正音'이라는 대제목이 있으니까 그 제목까지 합차면 32자가 더 늘어야 한다.

『훈민정음 해례』의 글씨체는 세종 30(1448)년 효령대군과 안평대군이 소헌왕후의 추천을 빌며 『묘법연화경』 보물 제766호를 간행했는데 권말에 안평대군이 쓴 발문이 있는 『묘법화경』과 글씨체가 완전 일치하고 있어 안평대군의 글씨임을 알 수 있다.[4] 대왕의 어제를 신하가 대필하는 경우 대개 해서체로 썼는데 현재 해례의 본문서문, 예의의 2장은 그 뒷부분의 집현전 학사들이 지은 해례가 해행서체인 것과 서로 대조가 된다. 최근 남권희가 발굴한 『당송팔대가시선』 세종 26(1444)년 서문 「몽유도원

---

4) 안병희(2007), 『훈민정음 연구』, 서울대학교 출판부, 40~42쪽.

도」에 실린 안평대군의 글씨체와 대비해 보더라도 흡사하게 같다.

세종 26(1444)년 2월 언문청이 설치되면서 본격적으로 『훈민정음 해례』의 찬정과 더불어 창제 전문의 언해 작업과 판각 그리고 『용비어천가』와 『운회』 등의 작업이 동시에 시작되었음은 최만리의 갑자 상소문을 통해 알 수가 있다.

특히 『훈민정음 해례』의 찬정 작업을 총괄한 정인지의 서문에는 "삼가 여러 해석과 예를 지으니"라고 하였으며 역시 임원준(任元濬, 1423~1500)의 『보한재집』 서문에는 "해례를 지으니"라고 하여 해례의 찬정은 일부 반대자가 있었지만 순조롭게 진행되었음을 알 수 있다. 언문청이 설치된 세종 26(1444)년 갑자 2월로부터 해례가 나온 세종 28(1446)년 병인 9월까지는 약 23개월 동안 당대 최고로 뛰어난 선비들이 공력을 모아서 『훈민정음 해례』가 완성되게 된 것이다.

보사된 낙장 부분의 오류

불행히 그 원본은 발견 당시 제1면과 제2면 두 장이 떨어져 나가 이용준 씨가 붓으로 보사하면서 원본의 상하단을 절단하고 사침안정으로 개장 제본을 한 것으로 보인다. 다행히 떨어져 나간 부분이 『세종실록』에 실려 있을 뿐만 아니라 세종의 어제와 문자장의 반설음까지이므로 큰 지장이 될 것은 없다. 그러나 이 낙장 보사된 오류 분분에 대한 많은 논의들이 있었지만 원본이 발견되지 않아서 정확하게 확정지을 수는 없는 상황이다.

이용준과 김태준 씨가 보사하는 과정에 『세종실록』을 보다 치밀하게 참조했다면 범하지 않았을 '便於日用耳'의 '耳'자를 '矣'자로 썼다든가 '半舌音。'의 구두점圈點을 '半舌。音' 아래 찍었는데 그것은 물론 보사의 오

류이다. 안병희(2007: 21)는 이 낙장 부분을 아래와 같이 복원하기를 제안
하였다.5)

御製訓民正音

國之語音。異乎中國。與文字

不相流通。故愚民有所欲言。

而終不得伸其情者多矣。予

爲。此憫然新制二十八字。欲

使人人易。習。便於日用耳

ㄱ。牙音。如君字初發聲。並書。

　　如叫字初發聲

　위에서처럼 세종의 서문의 복원에 대해 안병희(2007: 21)는 "國之語音。"
을 "國之語音。"으로 "故愚民。有所欲言"을 "故愚民有所欲言。"으로 "而終
不得伸其情者。多矣。"를 "而終不得伸其情者多矣。"로 "予。"를 "予"로 "爲
此憫然。新制二十八字。"를 "爲。此憫然新制二十八字。"로 "欲使人人易習。"
을 "欲使人人易。習。"으로 "。便於日用矣"를 "便於日用耳"로 수정하기를
제안하였다. 곧 구두점과 권점의 교정과 아울러 "矣"를 "耳"로 수정하였
다. 그리고 병서 규정을 병행으로 행갈이를 하여 처리하였으나 언해와
대비해 보면 언해에는 병서 규정의 연이은 1행으로 되어 있어 행관을
구분한 것이 과연 옳은 것인지 의문이다.
　권두 제명에 대해서는 두 가지 견해가 있다. '訓民正音'이라는 견해(홍

---

5) 안병희(2007), 「『훈민정음 해례』의 복원」, 『훈민정음 연구』, 서울대학교 출판부, 21쪽.

기문, 1946; 정우영, 2001)와 '御製訓民正音'이라는(안병희, 1986) 양론이 있다. 곧 '御製'라는 관칭이 붙었는지 혹은 붙지 않았는지에 대한 문제는 동일 이본이 발견되면 이는 쉽게 판정이 날 문제이다.

언해 이본을 비교해 보면 『월인석보』 권1(1459)과 희방사본 『월인석보』 권1(1568)에는 "世·셰宗종御·엉製·졩訓·훈民민正·졍音흠"으로 되어 있지만 박승빈 구장본 고려대 육당문고본과 일본 궁내성 필사본 18세기, 서울대 규장각 일사문고 필사본(20세기)에서는 "訓·훈民민正·졍音흠"으로 되어 있다. 아마도 "訓·훈民민正·졍音흠"이던 원간본의 권두 서명을 "世·셰宗종御·엉製·졩訓·훈民민正·졍音흠"으로 수정하는 과정에서 제1장 1~4행이 바뀌었으며 글씨체도 변개된 것으로 추정된다.

굵은 선으로 네모 칸이 쳐진 부분과 그 외의 부분은 확연하게 글씨체가 다르다. 곧 검은 굵은 선 밖의 글씨체는 『석보상절』의 서체와 같기 때문에 그 이전에 권두제명이 "訓·훈民민正·졍音흠"으로 된 것을 포함한 4행의 글이 그 이후의 고딕서체로 바꾸어 판각한 것으로 추론한 것이다. 문화재청(2007)에서 실시한『훈민정음 국역본 이본조사 및 정본 제작 연구』에서 『월인석보』권두본보다 더 이른 시기의 국역본은 다음과 같은 모습으로 되어 있었을 것으로 추정하여 그 복원본을 제작하였다.

다시 말하자면 그 이전에 권두제명이 "訓·훈民민正·졍音흠"으로 된 것을 "世·솅宗종御·엉製·졩訓·훈民민正·졍音흠"으로 고치기 위해서 제1행의 글자 수가 증가한 것이 4행까지 그 영향이 미쳤다고 본 것이다.

"서명을 '훈민정음'으로 하여 재구해보자. 국역본의 권두서명은 '訓·훈民민正·졍音흠'이 되며, 서강대본에서 '世·솅宗종御·엉製·졩'와 그와 딸린 협주는 모두 제거된다. 1행 156자 소자 쌍행으로 32자를 안배하면, 제1행 권두서면 대자 8칸과 협주 "訓훈은 … 소리라" 소자 쌍행으로 47자를 안배하면, 제1행에 권두서명 대자 8칸과 협주 "訓훈은 … 百빅姓성이"소자 쌍행 16자가 채워지고, 제2행은 남은 협주 "오音흠은 … 소리라" 소자 31자로 자연스럽게 채워진다. (…중략…) 결과적으로 제1장 앞면의 1~4행만 제외하면 서강대본 국역본과 완전히 같은 모습이 된다."[6]

라고 하여 권두제명이 "訓·훈민民正·졍音흠"으로 곧 한문본에서는 "訓民正音"으로 간주한 것이다. 이러한 추론은 『훈민정음 해례』 1~2장 보사 부분의 추청 권두 서명과도 일치하며 책의 제일 마지막의 서명 "訓民正音"과 일치하기 때문에 상당한 타당성이 있다고 보여진다.

먼저 국역본의 원간 연대에 대해 안병희(2007: 92~93)는 『석보상절』이 간행된 세종 29(1447)년으로 추정하고 있다. 그 근거로 첫째, 행격에서 국역본과 『석보상절』의 본문 언해가 1면 7행에 1행 16자이며, 『월인석보』 서문과 본문의 언해는 1면 7행, 1행 16자로 동일하다. 둘째, 『석보상절』의 본문이나 『월인석보』 서문의 언해와 마찬가지로 국역본은 본문을 구점이나 두점 단위의 작은 대문으로 분절하여 언해하였다. 셋째, 구결과 한자 독음 표기에 있어서 국역본이나 『석보상절』은 구결을 본문 한자와 같은 크기로 하고 독음은 협주 글자의 크기로 처리하였으나 『월인석보』 서에서는 구두나 한자 독음 모두 협주 글자 크기로 하였다. 넷째, 협주는 세 가지 모두 본문 뒤에 나타난다. 그러나 『월인석보』 서에서는 언해에서도 나타난다. 다섯째, 국역본과 『석보상절』 서문에서는 '글왈문', '便安킈'와 같이 나타나지만 『월인석보』 서에서는 '글월', '-게'로 실현되어 차이를 보인다.

서론장(세종 어제 서문)

세종 서문에서 문제가 되어 온 "國之語音。異乎中國。與文字不相流通." 이라는 이 대목은 여러 가지 의미로 해석이 가능하다. 먼저 '國之語音'

---

6) 문화재청(2007), 『훈민정음 국역본 이본 조사 및 정본 제작 연구』.

곧, '나라의 말은'이 뜻하는 바는 조선의 입말과 글말에서 입말만 있고 글말이 없음을 말한다. 당시 조선에서는 글말은 한자를 빌려 쓴 이두나 구결뿐이었다. '異乎中國'은 '異乎中國之語音'의 의미로 해석한다면 역시 중국의 입말과 글말을 뜻한다. 곧 조선과 중국의 입말도 다르고 글말은 중국의 한자밖에 없으니 조선의 글말을 한자로 적기에 부적당함을 말한다. 따라서 '與文字不相流通'은 중국 한자로는 조선의 입말을 적어서 소통할 수 없으며, 중국의 입말과 조선의 입말이 서로 소통되지 않음을 뜻한다.

"國之語音。異乎中國"에 대한 해석을 "한자의 국음운이 중국과 달라서 문자가 서로 통하지 않는다."라고 하여 '국어음(國語音)'을 한자의 동음(東音)으로 규정하여 "세종은 중국과 우리 한자음의 규범음을 정하기 휘하여 발음기호로서 훈민정음을 고안하였다", "훈민정음은 실제로 한자음의 정리나 중국어 표준발음의 표기를 위하여 제정되었다가 고유어 표기에도 성공한 것이다. 전자를 위해서는 훈민정음, 또는 정음으로 불리었고 후자를 위해서는 언문이란 이름을 얻게 된 것이다."(정광, 2006가: 36)라는 논의는 한글 창제의 기본 정신을 심하게 왜곡시킨 견해라고 할 수 있다. 세종 25년 세종이 창제한 문자는 정음이 아닌 '언문 28자'였으나 그 후 해례를 제작하는 과정에서 한자의 표준발음 표기 문자로 그 기능이 확대되면서 '정음'이라는 용어로 정착된 것으로 보아야 한다. 그 근거는 세종 26(1444)년 2월 16일 『운회』를 언문으로 번역하라는 지시나 동년 2월 20일 최만리의 상소문에도 '정음'이라는 용어는 단 한 차례도 나타나지 않고 '언문'이라는 용어만 사용되고 있다. 또한 세종 28(1446)년 11월에 궁중 내에 '언문청'이 설치되었다가 문종 원년 1450년에 정음청으로 바꾼 사실을 고려하면 세종이 창제한 언문 28자는 당시 우리말 표기를 우선한 문자였음이 분명하다. 그러나 그 이후 표기 문자도 활용되

면서 정음이라는 용어로 전환된 것이다. 따라서 "國之語音。異乎中國"에
대한 해석은 "우리나라의 말이 중국과 달라서 문자로는 서로 통하지 않
는다."로 해석해야 할 것이다.

『훈민정음』 세종 서문

> 國之語音。異乎中國。與文字不相流通。故愚民有所欲言。而終不得伸其情
> 者多矣 予爲°此憫然。新制二十八字。欲使人人易°習。。便於日用耳。

　성삼문의『직해동자습』서문에 "우리 동방은 중국 바다 바깥에 있어서
언어가 중국과 달라서 통역해야만 통한다"고 하였다. 당시『훈민정음 해
례』의 제작 주역 중에 한 사람이었던 그의 당시 인식을 잘 읽을 수 있다.
『사성통고』「범례」에서도 "이제 훈민정음은 우리말의 음을 바탕으로 해
서 만든 것이라, 만일 한음을 나타내려면 반드시 변화시켜 써야만 곧
제대로 쓸 수 있다."라고 한 것은 훈민정음의 창제 목적이 일차적으로
우리말 표기에 있으며 중국 소리를 표기하려면 일부 변화시켜서 썼음을
말해준다.
　다음으로는 "故愚民有所欲言, 而終不得伸其情者多矣, 予爲此憫然, 新
制二十八字, 欲使人人易習7) 便於日用耳"에서 '우민'의 뜻은 무엇이며, 그

---

7)『세종실록』권113 세종 28(1446)년 병인 9월 29일에 실린 세종 어제 서문은 "이 달에 훈민정
음을 완성하였다. 어제에 말하기를 나라의 말이 중국과 달라서 문자로 더불어 서로 유통하
지 못함에 어리석은 백성들은 말하고 싶은 바가 있건만 마침내 그 뜻을 펼 수 없는 자가
많은지라 내가 이를 위해서 새로 스물여덟 글자를 만들었으니 사람들로 하여금 쉽게 익혀
날마다 씀에 편하게 하고자 할 뿐이니라(是月。訓民正音成。御製曰。國之語音。異乎中國。
與文字不相流通。故愚民有所欲言。而終不得伸其情者多矣。予爲此憫然。新制二十八字。欲使
人易習。便於日用耳。)"와『훈민정음 해례』에 실린 내용과 비교해 보면『세종실록』에는 '欲使
人易習'으로 해례에는 '欲使人人易習'으로 되어 있어 차이를 보인다. '欲使人易習'을 오류로
평가하는 경우도 있지만 의미상의 차이로 해석할 수 있다.

뒤에 나오는 '인인'의 뜻은 무엇인가? '우민'이라는 "어리석은 백성. 곧 한문을 이해하지 못하는 백성"을 말한다. 『국조보감』 권5에 『삼강행실』을 반포한 「하교문」에서도 "어리석은 백성들이 쉽게 이해하지 못할까 염려되어 도형을 그려서 붙이고"8)라고 하고, 『세종실록』 갑자 2월조에는 "만일 『삼강행실』을 언문으로 옮겨 민간에 반포하면 우부우부가 모두 깨치기 쉽다."라고 하였다. 즉 한문을 모르는 그 당시의 문맹을 우부우부라 하였으며 이것을 줄여서 곧 우민의 뜻으로 우부라 한 것이다. 이것은 정인지의 서문에 '우자, 어리석은 자'와 동일한 뜻이다. 그렇다면 훈민정음을 어리석은 자 곧 한자와 한문을 해독하지 못하는 사람들을 위해 만들었다는 말이 된다.

그런데 그 뒤에 "欲使人人易習9) 便於日用耳"이라고 하였다. 여기서 '사람사람마다'라는 말은 무슨 의미인가? "우자와 지자"를 다 함께 이르는 말이다. 정인지의 서문에 "그러므로 슬기로운 사람이면 하루아침이 다 못되어 이것을 깨달을 수 있고 어리석은 사람이라도 열흘이 못되어 능히 다 배울 수 있고"라 하여 세종의 서문에서 말하는 훈민정음을 학습해야 할 대상자의 범위가 온 백성임을 분명히 밝혀주고 있다.

다음으로 '신제'에 대한 해석이 문제가 된다. '신제'에 대응되는 '구제'

---

8) "尙慮愚夫愚婦未易通曉。附以圖形。"

9) 欲使人人易°習: 예의가 실린 「태백산사고본」과 「정족산사고본」에는 모두 '欲使人易習'으로 되어 있어 해례 서문에 실린 내용과 차이를 보여준다. 해례의 '欲使人人易習'과 비교하여 『실록본』의 '欲使人易習'을 단순한 오류로만 단정하기 어렵다. '易'를 '易'으로 되어 있다. 후대에 나타나는 이본에서 '欲使人易習'이 그대로 전습되어 온 것을 보면 해례와 『실록본』은 두 갈래의 이본으로 후대에 전해진 결과였다. 이후 예의 이본에까지 이어져 온 것을 본다면 해례보다 『실록본』이 더 많은 영향력이 있었음을 알 수 있다. '欲使人易習'을 의미상의 차이는 있을지라도 문장상의 오류라고 판단한다면 후대의 이본 『배자예부운략』에까지 전습되어 온 것을 온전히 설명할 길이 없다. 정인지 서문에 세종이 "예의를 간략하게 들어 보이시고(略揭例義以示之)"에서 세종이 계시한 수고본에는 '人' 한 글자가 누락되었을 가능성이 높다. 『월인석보』의 세조의 어제 서문에 "就譯以正音ᄒᆞ야 俾人人習曉케 ᄒᆞ야 正音으로 飜譯ᄒᆞ야 사ᄅᆞᆷ마다 수비 알에 ᄒᆞ야"와 같은 표현이다.

가 있었다는 말이라면 이 구제에 해당하는 것이 무엇인가? 아니면 단순히 새롭게 만들었다는 말인지? 이 '신제'라는 말에 기대어 훈민정음 창제 이전에 구제 문자가 존재했다는 논의들이 있다. 소위 훈민정음 창제 이전에 속용문자가 존재했다는 논거로 삼기도 했던 것이다. 훈민정음의 기원에 대한 이설이 분분하다.[10]

훈민정음의 기원은 ① 자모의 분류 기준, ② 자모의 글꼴, ③ 자모의 결합의 기원으로 세부적으로 구분하여 논의해야 한다. 첫째, 자모의 분류 기준은 파스파 문자의 자모 분류 기준과 중국 성운학의 분류 오음과 청탁의 분류 방식에 근거를 두고 있으며, 둘째 자모의 글꼴은 초성은 상형과 가획의 원리, 모음은 천지인 삼재에 기반한 부서와 합자의 원리에 바탕을 두고 글꼴 자체는 방괘형을 모방하였다. 자모의 결합의 기원은 초·중·종 3성 체계로 거란문자나 여진문자의 대소자의 조합원리를 모방한 것이다. 곧 한글 자모의 글자체는 상형에, 조직은 성운학에 그 근거를 두고 있다고 분명히 말할 수 있다.

자형과 성음 원리에 따라 자형의 기원을 고전(古篆)의 하나로 간주하거나 혹은 성음 원리에 따라 한자의 성운 근거설, 범자·몽고자 기원설 등 매우 복잡하다. 한자 음운체계 그 자체가 범자로부터 유래되고 몽고자로부터 영향을 받은 만큼 한자 음운과의 관계를 인정하는 이상 간접적으로도 이미 범·몽 양 글자와의 관계를 부인하지 못한다는 논의도 있으나, 다만 글꼴은 다른 문자를 모방한 것이 아니라 가로, 세로, 점, 동그라미 4가지의 변별적 획의 결합으로 이루어져 있어 매우 독창적으로 만들어진 것이다.

---

10) 구제를 훈민정음 문자 창제 이전에 삼황내문, 신지비사문, 왕문문, 수궁내문, 각목자, 고구려 문자, 백제 문자, 발해 문자, 고려 문자가 존재했다는 주장이나 소개한 글도 있다(권덕규, 1923; 김윤경, 1938).

어제 서론에는 이두의 존재에 대해 한 마디도 언급하지 않았으나 실상 이두에 대해 엄정한 비판을 행하고 있다. 본래 우리의 어음은 한자와 유통되지 못하는 것이어서 이두는 억지로 그것을 유통시킨 것이다. 우민이 뜻을 펼치는데도 이두로는 하등의 실효가 없다는 말이다.

나라의 말이 중국과 달라서 문자로 더불어 서로 유통하지 못함에 어리석은 백성들은 말하고 싶은 바가 있건만 마침내 그 뜻을 펼 수 없는 자가 많은지라. 내가 이를 위해서 딱하게 여겨 새로 스물여덟의 글자를 만들었으니 사람들로 하여금 쉽사리 익혀 일용(日用) 날마다 씀에 편하게 하고자 할 뿐이니라. 이 세종의 서문은 우리나라 말과 중국의 말이 서로 다르므로 중국의 한자로 우리나라 말을 적을 수가 없기 때문에 겪는 백성들의 어려움을 뛰어넘도록 하기 위해 이두에 대응되는 새로운 문자 28자라는 제한적인 문자를 세종 자신이 만들었으니 우자들이나 지자들이나 모두 열심히 익혀 편하게 사용하기를 당부하고 있다.

문자장

문자장은 초성·중성·종성으로 구분된다. 먼저 초성 17자는 ① 글꼴, ② 조음위치, ③ 자표와 발음 위치 곧 초발성, ④ 병서를 간략하게 기술하고 있다. 중성 11자는 ① 글꼴, ② 자표와 발음 위치 곧 중성을 간략하게 기술하고 있다. 다만 종성은 "終聲復用初聲"이라고 하여 "종성은 초성의 글자로 다시 쓸 수 있다."는 훈민정음 창제 당시의 매우 간략한 종성 규정이다. 이 규정은 "종성 제자에 관한 규정"으로서 그리고 "종성 표기"에 관련한 내용을 겸한 중의적인 규정으로 해석한 논의(정우영, 2014: 11)가 있다. 따라서 종성은 문자장에서도 소속되는 동시에 용법장에도 소속될 수 있다고 할 수 있다.

초성 17자

ㄱ。牙音。如君字初發聲 並書。如虯 字初發聲
ㅋ。牙音。如快字初發聲
ㆁ。牙音。如業字初發聲
ㄷ。舌音。如斗字初發聲並書。如覃字初發聲
ㅌ。舌音。如呑字初發聲
ㄴ。舌音。如那字初發聲
ㅂ。脣音。如彆字初發聲並書。如步字初發聲
ㅍ。脣音。如漂字初發聲
ㅁ。脣音。如彌字初發聲
ㅈ。齒音。如即字初發聲 並書。如慈字初發聲
ㅊ。齒音。如侵字初發聲
ㅅ。齒音。如戌字初發聲 並書。如邪字初發聲
ㆆ。喉音。如挹字初發聲
ㅎ。喉音。如虛字初發聲 並書。如洪字初發聲
ㅇ。喉音。如欲字初發聲
ㄹ。半舌音。如閭字初發聲
ㅿ。半齒音。如穰字初發聲

ㄱ·ᄂᆞᆫ 牙ᅌᅡᆼ音ᅙᅳᆷ·이·니 如ᅀᅧᆼ君군ᄃ字·ᄍᆞᆼ 初총發·ᄇᅟᅥᇙ聲셔ᇰ ᄒᆞ·니 並·뼝書셔ᇰᄒᆞ·면 如ᅀᅧᆼ虯끃ᄫ字·ᄍᆞᆼ 初총發·ᄇᅟᅥᇙ聲셔ᇰᄒᆞ·니·라
ㅋ·ᄂᆞᆫ 牙ᅌᅡᆼ音ᅙᅳᆷ·이·니 如ᅀᅧᆼ快·쾡ᅙ字·ᄍᆞᆼ初 총發·ᄇᅟᅥᇙ聲셔ᇰᄒᆞ·니·라
ㆁ·ᄂᆞᆫ 牙ᅌᅡᆼ音ᅙᅳᆷ·이·니 如ᅀᅧᆼ業·ᅌᅥᆸ字·ᄍᆞᆼ初총發·ᄇᅟᅥᇙ聲셔ᇰᄒᆞ·니·라
ㄷ·ᄂᆞᆫ 舌·쎠ᇙ音ᅙᅳᆷ·이·니 如ᅀᅧᆼ斗:둫ᄫ字·ᄍᆞᆼ初 총·發ᄇᅟᅥᇙ聲셔ᇰᄒᆞ·니 並·뼝書셔ᇰᄒᆞ·면 如ᅀᅧᆼ覃땀ㅂ字·ᄍᆞᆼ 初총發·ᄇᅟᅥᇙ聲셔ᇰᄒᆞ·니·라
ㅌ·ᄂᆞᆫ 舌·쎠ᇙ音ᅙᅳᆷ·이·니 如ᅀᅧᆼ呑튼ㄷ字·ᄍᆞᆼ 初총·發ᄇᅟᅥᇙ聲셔ᇰᄒᆞ·니·라
ㄴ·ᄂᆞᆫ 舌·쎠ᇙ音ᅙᅳᆷ·이·니 如ᅀᅧᆼ那낭ㆆ字·ᄍᆞᆼ 初총發·ᄇᅟᅥᇙ聲셔ᇰᄒᆞ·니·라
ㅂᄂᆞᆫ 脣쓘音ᅙᅳᆷ·이·니 如ᅀᅧᆼ彆·벼ᇙ字·ᄍᆞᆼ 初총·發ᄇᅟᅥᇙ聲셔ᇰᄒᆞ·니 並·뼝書셔ᇰᄒᆞ·면 如ᅀᅧᆼ步·뽕ㆆ字·ᄍᆞᆼ 初총發·ᄇᅟᅥᇙ聲셔ᇰᄒᆞ·니·라
ㅍᄂᆞᆫ 脣쓘音ᅙᅳᆷ·이·니 如ᅀᅧᆼ漂푷ᄫ字·ᄍᆞᆼ 初총發·ᄇᅟᅥᇙ聲셔ᇰᄒᆞ·니·라
ㅁᄂᆞᆫ 脣쓘音ᅙᅳᆷ·이·니 如ᅀᅧᆼ彌밍ㆆ字·ᄍᆞᆼ 初총發·ᄇᅟᅥᇙ聲셔ᇰᄒᆞ·니·라

ㅈ는 齒:칭音흠·이·니 如셩卽·즉字·쫑 初총發·벓聲셩ㅎ·니 並·뼝書셩·면 如
셩慈쭝ㆆ字·쫑 初총發·벓聲셩ㅎ·니·라
ㅊ·는 齒:칭音흠·이·니 如셩侵침ㅂ字·쫑 初총發·벓聲셩ㅎ·니·라
ㅅ·는 齒:칭音흠·이·니 如셩戌·슗字·쫑初총發·벓聲셩ㅎ·니 並·뼝書셩·면 如
셩邪썅ㆆ字·쫑 初총發·벓聲셩ㅎ·니·라
ㆆ·는 喉萼音흠·이·니 如셩挹·흡字·쫑 初총發·벓聲셩ㅎ·니·라
ㅎ·는 喉萼音흠·이·니 如셩虛헝ㆆ字·쫑 初총發·벓聲셩ㅎ·니 並·뼝셩·면 如
셩洪뽕ㄱ字·쫑 初총發·벓聲셩ㅎ·니·라
ㅇ·는 喉萼音흠·이·니 如셩欲·욕字·쫑 初총發·벓聲셩ㅎ·니·라
ㄹ·는 半·반舌·쎯音흠·이·니 如셩閭령ㆆ字·쫑 初총發·벓聲셩ㅎ·니·라
ㅿ·는 半·반齒:칭音흠·이·니 如셩穰샹ㄱ字·쫑 初총發·벓聲셩ㅎ·니·라

중성 11자

·。如吞字中聲
ㅡ。如卽字中聲
ㅣ。如侵字中聲
ㅗ。如洪字中聲
ㅏ。如覃字中聲
ㅜ。如君字中聲
ㅓ。如業字中聲
ㅛ。如欲字中聲
ㅑ。如穰字中聲
ㅠ。如戌字中聲
ㅕ。如彆字中聲

·는 呑튼ㄷ 字·쫑 가·온·딧소·리 ·ㄱ·트니·라
ㅡ는 卽·즉 字·쫑 가·온·딧소·리 ·ㄱ·트니·라
ㅣ·는 侵침ㅂ 字·쫑 가·온·딧소·리 ·ㄱ·트니·라
ㅗ·는 洪뽕ㄱ 字·쫑 가·온·딧소·리 ·ㄱ·트니·라
ㅏ·는 覃땀ㅂ 字·쫑 가·온·딧소·리 ·ㄱ·트니·라
ㅜ·는 君군ㄷ 字·쫑 가·온·딧소·리 ·ㄱ·트니·라
ㅓ·는 業·업 字·쫑 가·온·딧소·리 ·ㄱ·트니·라
ㅛ·는 欲·욕 字·쫑 가·온·딧소·리 ·ㄱ·트니·라

> ㅑ•는 穰샹ㄱ 字•쫑 가•온•뒷소•리 ·ㄱ•트니·라
> ㅠ•는 戌•슗 字•쫑 가•온•뒷소리 ·ㄱ•트니·라
> ㅕ•는 彆•병 字•쫑 가•온•뒷소·리 ·ㄱ•트니·라

종성

> 終聲復用初聲
>
> 乃:냉終즁ㄱ 소•리•는 다•시 ·첫소·리•를 ·쓰·ᄂᆞ니·라

　초성 17자와 중성 11자 모두 28자에 대한 글꼴, 조음위치, 자표와 초종성을 구분하여 나타내고 있다. 먼저 각자병서 6자를 제외한 것은 훈민정음의 창제 목적이 일차적으로 우리말 표기에 있음을 곧 제한적인 음소문자로 그 체계를 수립하였음을 알 수가 있다.

　예의에서 자음의 배열 방식은 '아―설―순―치―후'로 되어 있으나 이를 해설한 해례 초성 제자해에서는 '후―아―설―치―순'으로 곧 목구멍에서 입까지 배열 순서로 되어 있어 세종의 창제 당시 예의의 내용이 해례에서 변개된 것이다. 초성 17자는 당시 우리말의 음소를 나타내는 15자와 제한적 음소제한적 변이음을 표기하는 'ㆁ', 'ㅿ' 2자로 구성되어 있기 때문에 완전한 음소문자가 아니라 제한적 음소문자(constrains phonemic letters)다. 초성 17자에 전탁글자 6자(ㄲ, ㄸ, ㅃ, ㅆ, ㅉ, ㆅ)를 기본자에 포함시키지 않은 것은 한자음 표기를 위한 것보다 고유어 표기를 우선한 세종의 한글 창제의 깊은 정신을 읽을 수 있다. 따라서 창제 당시의 훈민정음은 음소문자인 동시에 음성문자적 성격을 함께 가진 음절 구성문자임을 알 수가 있다.

　한편 "ㄱ。牙音。如君字初發聲 並書。如虯字初發聲"의 행관의 문제에 대해 안병희(2007: 21)는 교감 과정에서 병서 규정을 별행으로 처리하였으

나 언해를 참조한다면 하나의 행관으로 처리하는 것이 옳다고 판단하고 있다. 다만 자표가 중국의 운서와 달리 우리 고유한 방식으로 한자를 채택하는 과정에서 매우 고심했던 부분이 아닌가 판단된다.

중성 '·'자는 '呑'자의 가운데 소리 곧 [ɒ]와 같다는 말이다. 중성은 기본자 하늘(·), 땅(ㅡ), 사람(ㅣ) 3자를 성수론에 근거하여 초출자 'ㅗ, ㅏ, ㅜ, ㅓ' 4자와 재출자 'ㅛ, ㅑ, ㅠ, ㅕ' 4자를 포함하여 11자만 제시한 것을 통해서도 우리말을 표기하기 위한 최소한의 제한적 음소문자라는 사실을 확인할 수 있다. 이들 모음 11자를 가지고 합자를 하면 매우 다양한 표음문자로써 활용할 수 있다는 점을 세종은 예의를 창제할 때 미리 구상하고 있었던 것이다. 따라서 창제 당시 훈민정음은 음소문자의 관점에서 28자로 제한했으나 한자음(중화어)이나 몽고어, 여진어 등 외국어 표기를 위한 수단으로서 표음문자로서의 사용 가능성을 염두에 두고 포괄적으로 운용 규정으로 돌려놓았다.

성모 23자모도 중국의 전통적인 운서의 성모 한자를 그대로 채택하지 않고 중성과 종성에 배치할 것을 미리 고려하여 초·중·종성에 두루 사용할 수 있도록 새롭게 정한 것이다. 곧 '呑·, 慈/卽ㅡ, 挹ㅡ/侵ㅣ, 彌ㅣ/步ㅗ, 洪ㅗ/覃ㅏ, 那ㅏ/票ㅛ, 欲ㅛ/穰ㅑ, 邪ㅑ/君ㅜ, 斗ㅜ/虛ㅓ, 業ㅓ/虯ㅠ, 戌ㅠ/彆ㅕ, 閭ㅕ/快ㅙ'는 초성자에서 사용한 23자의 한자음을 중성에 거듭 사용할 수 있도록 하기 위한 조치였다. '快ㅙ' 한 자만 제외하면 22자를 중성 11자에 골고루 2자씩 배치한 것이다. 안병희가 재론한 바와 같이 두 글자 가운데 종성이 있는 앞의 한자를 모음에 배치하였다. '훈민정음' 예의에서는 초성 23자 가운데 중성에 각각 2자씩 배당된 초성 자모의 주음 가운데 다음의 순서와 같이 중성의 주음 한자를 선택하였다. '훈민정음' 예의의 중성 글자의 배열은 '呑톤, 卽즉, 侵침, 洪홍, 覃땀, 君군, 業업, 欲욕, 穰샹, 戌슗, 彆볋'로 곧 '·, ㅡ, ㅣ, ㅗ, ㅏ, ㅜ, ㅓ, ㅛ, ㅑ, ㅠ, ㅕ'의 순서이다.

그러나 『훈민정음』의 제자해에서는 중성을 오음과 자형의 위수(位數)와 함께 합벽과 동출 및 재출에 따라 기술하고 있다. 다만 상수합용의 글자에 대한 것은 초성의 합용의 원리와 마찬가지이기 때문에 예시를 하지 않은 것이다.11)

중성 11자에 대한 음가는 초성에서 사용한 성모 글자의 중성을 활용하여 그 음가를 표시하였다. 초성의 음가를 밝히기 위해 사용한 성모 글자는 "君, 虯, 快, 業, 斗, 覃, 呑, 那, 彆, 步, 漂, 彌, 卽, 慈, 侵, 戌, 那, 挹, 虛, 洪, 欲, 閭, 穰" 24자이다. 그 가운데 종성이 있는 글자는 "君, 業, 覃, 呑, 彆, 卽, 侵, 戌, 挹, 洪, 欲, 穰" 12자이고 종성이 없는 글자는 "虯, 快, 斗, 那, 步, 漂, 彌, 慈, 那, 虛, 閭" 11자이다. 종성이 있는 글자 12자 가운데 '挹'를 제외하고는 각각 초성과 종성에 각각 두 번씩 사용되었는데 중성에 사용된 글자는 모두 "呑, 卽, 侵, 洪, 覃, 君, 業, 欲, 穰, 戌, 彆" 11자이다.

훈민정음의 초성은 예의에서 17자를 제시하였는데, 실제로는 각자병서 6자를 포함하면 전부 23자가 된다. 그러나 최소한의 음소문자를 제정하려는 의도에 따라 초성 17자로 선정했지만 그 안에는 우리말에서 제한적 음소 문자로 ㆆ, ㅇ, ㆁ가 더 들어가 있다. 초성은 중국의 운서와 같은 방식으로 통합적으로 '아-설-순-치-후-반설-반치'의 순서로 계열적으로는 '전청-전탁-차청-불청불탁'의 순서로 되어 있다. 다만 후음의 배열은 차청과 전탁의 순서가 바뀌었는데 이것은 다른 계열에서 전청자를 병서하여 전탁자를 만든 방식과 달리 후음에서는 차청자를 각자병서하여 전탁자를 만들었기 때문이다. 그 이유에 대해서는 해례의 「제자해」에

"전청을 나란히 쓰면 전탁이 됨은 그 전청의 소리가 엉겨 전탁이 되는 것이

---

11) 이상규(2012), 「잔엽 상주본 『훈민정음』 분석」, 『한글』 298, 한글학회.

다. 다만 후음에서 차청이 전탁이 되는 것은 대개 ㆆ은 소리가 깊어 엉기지
않으나 'ㅎ'은 'ㆆ'에 비해 소리가 얕아 엉기어 전탁이 되기 때문이다."

라는 설명을 덧붙여 두고 있다. 'ㆆ'이 "소리가 깊어 엉기지 않는다"라는 설
명은 'ㅎ'은 소리가 얕아 엉기므로 전청자 대신 차청자인 'ㅎ'으로 전탁
자 ㆅ을 만들었다는 말이다. 그런데 'ㆆ'이 "소리가 깊어 엉기지 않는다"라
는 설명이 과연 타당한 설명인가? 당시 집현전 학사들도 'ㆆ'이 우리말에
서 음소가 아닌 제한적 음소라는 사실을 알고 있었기 때문에 가획의 순서
로 본다면 ㅇ-ㆆ-ㅎ-ㆅ의 순서가 될 것인데 불청불탁음 'ㅇ'이나 전탁자
'ㆆ'는 모두 제한적 음소이기 때문에 불가피하게 차청자인 'ㅎ'을 병서하
도록 한 결과이다. 문제는 'ㆆ'이 응(凝)기지 않는다는 사실은 무엇을 의미
하는가? 'ㆆ'는 우리말에서 종성의 'ㄹ' 아래에 이영보래의 기능을 하는
'ㅭ' 표기에 사용된 성문후두긴장음 /ʔ/이다. 이 성문후두긴장음 자체가
곧 응긴 소리이기 때문에 이를 병서하여 'ㆅ'로 사용할 수 없다는 설명으
로 이해해야 할 것이다. 소리가 깊어 응기지 않는다는 「제자해」의 설명은
성문후두긴장음을 병서해도 시차성을 갖지 못하니까 이보다 덜 강한 'ㅎ'
을 이용하여 전탁자를 만들 수밖에 없음을 말한다.

초성 17자 가운데 소멸 문자는 다음과 같다. 첫째, 예의에서 제시된
'ㆆ'는 『훈민정음 해례』 「용자례」에서 제외되었다. 다시 말하면 'ㆆ'는 제
한적 음소로 우리말의 어두에서는 음소적 시차성을 지니지 못한 문자여
서 사잇소리로만 표기 되었으며 한자음의 표기에도 매우 불완전하게 사
용된 문자였다. "先考ㆆ뜯 몯 일우시니"(용가 12장), "긿히 업더시니"(용가
19장)에서와 같이 'ㆆ' 글자는 성문후두긴장음[ʔ]으로 'ㅇ'과 대비하여 완
급의 차이가 있는 것으로 우리말에서는 'ㄹ' 아래의 사잇소리 'ㅭ'로 표기
할 수 있다. 또 한자음 표기에는 초성에서는 'ㅇ'과 'ㆆ'이 서로 비슷하여

우리말에서는 통용할 수 있다고 규정하였다.

둘째, 'ㆁ'는 초성에 자주 사용되었으나 그 사례가 점차 줄어들어 16세기 초엽에는 몇몇 예만 보이다가 'ㅇ'으로 바뀌어 종성에서만 사용되었다. 『훈민정음 해례』에서는 "ㆁ은 비록 혀뿌리로 목구멍을 막고 소리는 코로 통하므로 그 소리가 ㅇ과 서로 비슷하기 때문에 운서에서는 疑ㆁ와 喩ㅇ가 서로 다수 혼용하고 있다"라고 하여 우리말에서나 한자음에서나 이 둘은 시차성이 없는 글자임을 말하고 있다. 「제자해」 결에서는 "ㆁ은 ㅇ과 비슷하지만 그 취한 뜻이 다르네(唯業似欲取義別)"라고 하여 자표가 달라졌다. 곧 한자음 표기에서는 疑ㆁ와 喩ㅇ로 우리말 표기에는 業ㆁ 欲ㅇ으로 자표를 사용하여 구별을 하려고 했던 것이다.

곧 체계를 구성하는 문자로서 이음표기에 필요했던 문자가 아닌가? 이와 같은 관점에서 김동소(2003)는 'ㅿ'나 'ㆍ'도 절충적 문자로서 우리말의 지역적 변이형을 통합하는 문자로 설명하고 있다. 문자 제정의 초기적 상황에서 초성이나 종성 모든 환경에서 음소적 시차성 유무에 따라 음소 인지를 가려내어야 할 것이다.

셋째, 병서 가운데 각자병서는 한자음 표기에 사용되었기 때문에 예의의 28자에는 포함되지 않았다. 다만 15세기 초기 문헌에는 ㄲ, ㄸ, ㅃ, ㅉ는 매우 제한적으로 사용되었고 'ㅆ, ㆅ'은 우리말의 어두에 'ㆀ'는 우리말의 어중에 나타났으나 'ㆅ'과 'ㆀ' 곧 소멸되었고 16세기에 들어서서 'ㅆ'은 부활되었다.

넷째, 합용병서 ㅅㄱ, ㅅㄷ, ㅅㅂ, ㅂㄷ, ㅂㅅ, ㅂㅈ, ㅂㅌ, ㅂㅅㄱ, ㅂㅅㄷ 등은 우리말의 어두에서 사용되었으며 드물게 'ㅅㄴ'와 여진어에 'ㄴㅎㆆ'가 사용되기도 하였다.

다섯째, 연서 글자로 'ㅸ'는 우리말에서 'ㅱ, ㆄ, ㅹ'는 한자음(ㅱ)이나 여진어(ㆄ)에서 사용되었다.

여섯째, 종성 규정에서 예의에서는 "종성은 다시 초성으로 쓸 수 있다"

이라고 하여 종성에 초성을 모두 쓸 수 있는 것으로 규정하였지만 해례에서는 "8종성으로 가히 쓸 수 있다"라고 하여 사실상 8종성 ㄱ, ㆁ, ㄷ, ㄴ, ㅂ, ㅁ, ㅅ, ㄹ으로 제한을 두고 있다. '빗곳'과 '엿이갖'을 모두 '빗곳'과 '엿이갓'으로 'ㅈ, ㅊ, ㅿ'을 모두 'ㅅ'으로 쓸 수 있음을 밝히고 있다. '종성부용초성' 규정은 글자 그대로 해석하면 "종성 글자를 따로 만들지 않고 초성 글자를 그대로 다시 쓴다"는 의미로 일종의 글자 제자 원리이라고 할 수 있다.

다른 한편으로는 중국의 성모와 운모의 결합인 2중 체계를 중성을 중심으로 초성과 종성의 결합에 의해 한 음절을 만드는 원리를 기초로 한 훈민정음의 독창적인 표기법이라고 할 수 있다. 다시 말하면 초성의 글자와 종성의 글자는 하나의 음소로 두 가지의 이음을 표기할 수 있다는 사실을 함의하고 있다.

이 "종성은 다시 초성으로 쓸 수 있다"는 규정이 제자 규정이라면 초성 중성종성과 함께 다루어져야 할 것이지만 만일 표기법의 규정이라면 순경음, 병서, 부서 등의 규정으로 다루어져야 할 것이다.

그런데 해례의 「제자해」에 이 종성 규정을 부연 설명을 하고 있다.

가. "종성에 초성을 다시 쓰는 것은 그 움직임이 양인 것도 하늘이고 멈추어서 음인 것도 하늘이니, 하늘은 실로 음양을 구별하여 주관하고 다스림이 없지 않기 때문이다."(『훈민정음 해례』「제자해」)

나. "'ㆁㄴㅁㅇㄹㅿ' 여섯 자는 평성, 상성, 거성의 종성이 되고 나머지는 모두 입성의 종성이 된다. 그러나 'ㄱㆁㄷㄴㅂㅁㅅㄹ' 여덟 자로 족히 사용할 수 있다."(『훈민정음 해례』「제자해」)

「제자해」에서 (가)와 같이 '종성부용초성'을 우주순환 논리로 초성에서 사용된 글자를 종성에서 다시 사용할 수 있다는 표기법이 아닌 제자의 원리로 기술하고 있다. 이어서 (나)에서는 운도의 배열에서 입성을 제외한 종성 6자와 입성을 포함한 경우 'ㅂ, ㅅ, ㄱ'을 포함하여 8자가 되는 '팔종성가족용법'이 된다. 말음에서 ㄷ은 ㅅ에 중화되었음을 말하고 있다. 예의에서 '종성부용초성'은 음소차원에서 초성과 종성이 같다는 뜻이지만 '팔종성가족용법'은 음절말에서 중화가 이루어진 음성적 차원을 고려한 표기법의 원리라고 할 수 있다. 이러한 면에서 예의의 '종성부용초성' 규정은 제자와 표기법을 아우르는 중의적 규정(정우영, 2014)으로 판단할 수 있다.

일곱째, 사잇소리 규정을 살펴보자. 이것은 적어도 예의에서 해례에 이르는 과정에서 매우 중대한 규정의 변개라고 아니할 수 없다.

"五音之緩急◦이 亦各自爲對◦니라 如牙之ㆁ與ㄱ爲對◦이니 而ㆁ促呼則變爲ㄱ而急◦이요 ㄱ舒出則變爲ㆁ而緩◦이니라 舌之ㄴㄷ◦ 脣之ㅁㅂ◦ 齒之ㅿㅅ◦ 喉之ㅇㆆ◦ 其緩急相對◦이니 亦猶是也◦니라"(『훈민정음 해례』「종성해」)

예의에는 없었던 오음의 완급에 따른 사잇소리 규정이다. 해례에서 이 규정이 종성규정에 보이는데『훈민정음』국역,『월인천강지곡』,『용비어천가』에 이 규정이 일부 적용되다가 전면적으로 사라지고 'ㅅ'과 'ㅭ'으로만 실현되었다.

여덟째, 종성에서 합용병서는 'ㄳ, ㅄ, ㄺ, ㄻ, ㄼ'뿐이다. 그런데 "사ᄅᆞᆷ 뜨디리잇가"(용가 15)의 예에서처럼 종성의 'ㄼ'은 'ㅂ' 뒤에 사용되는 사잇소리의 표기일 뿐이다.

아홉째, 예의에서는 모든 글자가 반드시 합하여 음을 이룬다고 규정하고 종성이 없는 글자에서도 'ㅇ'을 표시하도록 규정하였으나 해례에서는

"ㆁ은 소리가 맑고 비어서 반드시 종성으로 쓰지 않아도 종성이 가히 음을 이룰 수 있다"고 하여 빈자리 종성에 'ㅇ'를 표기하지 않아도 된다는 규정으로 변개하였다.12)

이와 함께 우리말은 초성자나 중성자 하나만이 떨어져 쓰일 수 없다는 것이 예의의 원칙이지만 『훈민정음 해례』의 「합자해」에서는 중성과 종성의 보충적 편법인 한자와 함께 쓰는 경우 "補以中終"으로 규정하고 있다. 곧 '孔子ㅣ', '魯ㅅ 사름'의 예에서와 같이 중성이나 종성의 글자가 따로 떨어져서 사용되고 있다.

훈민정음의 자모는 곧 'ㄱ, ㅋ, ㆁ' 등의 초성자이다. '君, 快, 業' 등의 한자는 편의상 그 음을 잠간 표시하는 데 그치는 것으로 물론 자모와는 다른 것이다. 그러나 훈민정음의 초성자를 한자로 표시할 때는 역시 '君, 快, 業' 등의 글자를 취하여 사용할 수밖에 없을 것이다. 그 점에 있어서 아무래도 '見, 溪, 群, 疑' 등의 한자 자모와 대비되는 성질을 갖는다.

이제 그 양자를 대조하면

	아음	설음	순음	치음	후음	반설	반치
전청	君見	斗端/知	彆幫/非	卽精/照	挹影	閭來	穰日
차청	快溪	呑透/徹	漂滂/敷	侵淸/穿	虛曉		
전탁	虯群	覃定/澄	步並/奉	慈從/牀 邪邪/禪	洪匣		
불청 불탁	業疑	那泥/孃	彌明/微	戌心/審	欲喩		

---

12) 강신항(1987: 99)은 "종성해에서 'ㆁ聲淡而虛'라고 하였으니, 비음인 ㆁ/ng/와 ㅇ/zero/음이 중세 국어에서도 상사(서로 비슷하다)가 될 수 없는 것이나. 제자해에서 자형에 사로 잡혀 위와 같이 설명을 한 것은 한자음이 어두에서는 /ng/음이 소실되었음을 말하는 것이다."라고 「제자해」의 기술이 잘못되었음을 이미 밝힌 바가 있다.

이상과 같은 바, 오직 우리 치음의 '邪'자가 중국 운서에 치두의 '邪'자와 공통되는 이외 완전 서로 다르다. 또 다시 훈민정음 자모의 근세 통용음을 보면

	아음	설음	순음	치음	후음	반설	반치
전청	君군	斗두	彆별	卽즉	挹흡	閭려	穰양
차청	快쾌	呑튼	漂표	侵침	虛허		
전탁	虯규	覃담	步보	慈ᄍ 邪샤	洪뽕		
불청 불탁	業엄	那나	彌미	戌슗	欲욕		

이상과 같은 바 그 당시 문헌의 우리 음운과 비교하여 'ㆆ, ㅿ'의 두 초성은 후세에 음가를 잃어버렸다 하더라도 병서의 음과 '挹흡'자의 음만은 알 수 없는 바이다.

여기서 두 가지 문제가 제기될 수밖에 없다. 즉 첫째는 왜 중국 운서의 한자 자모를 그대로 쓰지 않았느냐는 문제요, 둘째는 새로 바꾼 자모는 어떤 근거로 뽑았느냐는 문제이다.

『동국정운』 서문에는 "국어에서는 계溪모 곧 ㅋ음을 많이 쓰나 우리 한자음에서는 오직 '夬쾌' 한 음뿐이니"라고 하였으니 현재로 'ㅋ' 초성을 가진 한자는 오직 '夬, 快' 등의 한 가지 음뿐이다.[13] 또 동 서문에는 "계溪모[kʻ-]의 글자 태반이 견見모[k-]에 속하니"라고 하였으니 현재도 '溪'모의 '溪'자가 'ㄱ'의 초성으로 발음하고 있는 것이 사실이다. 그러면

---

13) 『동국정운』에서 우리나라 한자음을 고정할 당시 유기음 'ㅌ, ㅍ, ㅊ'는 존재했으나 'ㅋ'는 발생 초기였기 때문에 '夬', '快'자만 유기음으로 존재했을 따름이다. 'ㅋ'는 다른 유기음보다 늦게 등장하였던 것이다. 따라서 『동국정운』 서문에서도 "국어에서는 'ㅋ'를 많이 쓰고 있는데 한자음에서는 다만 '夬'의 한 종류이니 우스운 일이다"라고 하였다.

'溪'자모를 '快'자로 바꾼 것은 우리의 통용음을 표준으로 한 것으로 보인다. 새로 만든 문자의 그 음을 표시하기 위하여 한자를 차용하는 이상 자연히 우리의 통용음을 중시하지 않을 수 없었을 것이다. 그러나『동국정운』서문에서는 "우리 어음도 그 청·탁의 구별은 중국의 자음과 다름이 없으며 우리 한자음에는 오로지 탁성이 없으니"라고 하였으니 탁성의 병서는 그 당시에도 현재와 같이 한자 통용음으로써 표시하기란 불가능하였다. 또 해례 합자해에 "초성의 ㆆ은 ㅇ과 서로 비슷하니 우리말에는 가히 통용이 가능하다."라고 하였으니 'ㆆ'의 초성도 병서의 음이나 마찬가지로 한자의 통용음으로 표시할 수 없었다. 그러므로 위의 여러 음에 대해서는 그 글자가 표시하는 초성이 본래부터 통용음과 달랐던 것으로 보인다. 한자의 통용음에서는 찾을 수 없는 초성인 이상 그 역시 불가피한 현상이다. 그런데 중성음을 표시한 11자는 초성에 썼던 글자를 다시 썼을 뿐 아니라 본래 초성에 쓴 그 23자에는 'ㅇ, ㄴ, ㅂ, ㅁ, ㄹ' 등 한자로서 내는 종성음의 전부가 포함되어 있다. 즉 23자의 한자로서 오직 초성에 한정하지 않고 중성·종성의 양 성까지 표시하려고 노력한 자취를 엿볼 수 있다.

아마 이것이 한자 운서의 자모를 취하지 않고 새로운 글자로 바꾼 근본적 동기였을지 모른다. 이왕 바꾸는 바에 가능한까지 우리의 통용음과 맞추기에 이른 것이다.

용법장

용법장에서는 27자의 자모를 표기를 위해 종성표기법, 합자와 음절 구성법, 사성법을 간략하게 기술하고 있다. 세종이 창제한 이 예의는『훈민정음 해례』와 『동국정운』과 『홍무정운역훈』을 통해 용법의 운용이 대폭 확대되는 변화를 거쳤다.

종성표기법

終聲復。用初聲

乃:냉終쫑ㄱ 소·리·는 다·시 ·첫소·리·를 ·쓰·ᄂ·니·라

연서법

ㅇ連書脣音之下 則爲脣輕音。

ㅇ·를 입시·울쏘·리 아·래 니·서 ·쓰·면 입시·울 가·비야·ᄫᆞᆯ 소·리 ᄃᆞ외·ᄂ·니·라

병서법

初聲合用則竝書 終聲同。

·첫소·리·를 ·어·울·워 ·ᄡᅮ·디·면 ᄀᆞᆯ·ᄫᅡ ·쓰·라 乃:냉終쫑ㄱ 소·리·도 ᄒᆞᆫ가·지·라

부서법

· ㅡ ㅗ ㅜ ㅛ ㅠ 附書初聲之下。

ㅣ ㅏ ㅓ ㅑ ㅕ 附書於右。

··와 ㅡ·와 ㅗ·와 ㅜ·와 ㅛ·와 ㅠ·와·란·첫소·리 아·래 브·텨 ·쓰·고

ㅣ·와 ㅏ·와 ㅓ·와 ㅑ·와 ㅕ·와·란 ·올흔 녀·긔 부·텨 ·쓰·라

성절법

凡字必合而成音。

믈읫 字쫑ㅣ 모·로·매 어·우러·ᅀᅡ 소·리:이·ᄂ·니

사성법

左加一點則去聲。二則°上聲。無則平聲。入聲加點同而促急

:왼녀•긔 흔 點뎜•을 더으•면 •뭇 노•픈 소•리•오 點:뎜•이:둘히•면 上:쌍聲셩•
이•오點:뎜•이:업스•면 平뼝聲셩•이•오入십聲셩•은 點:뎜 더•우•믄 흔가•지로•
딕 섄른•니•라

    다만 종래에 용법장의 분류 방식에서 차이나는 점은 종성 규정이 양의
적인 내용을 담고 있다는 점과 성음법이라고 알려진 규정이 단순히 성음
법이 아니라 단음절 구성을 규정하는 성절법이라고 판단해야 한다는 관
점에서 차이를 보여준다.

    용법장에서는 "종성은 초성의 글자로 다시 쓸 수 있다(終聲復°用初聲。)"
라는 종성 규정이 있다. 이는 오늘날과 같이 기본형을 밝혀 적는 형태음소
론적인 표기법 규정이다. 곧 모든 초성을 종성에서 쓸 수 있다고 규정했으
나 이어쓰기 방식 때문에 철자법이 매우 혼란스러울 염려가 없지 않았던
탓인지 『용비어천가』와 『월인천강지곡』에서만 '엿이갗'처럼 시험 운용을
한 뒤 훈민정음 해례에서는 "然ㄱㆁㄷㄴㅂㅁㅅㄹ八字可足用也。"라고 하
여 종성에 여덟 글자 'ㄱ, ㆁ, ㄷ, ㄴ ㅂ, ㅁ, ㅅ, ㄹ'만 쓸 수 있도록 규정을
변개하였다. 다만 '빗곶梨花', '엿의갗狐皮'에서처럼 종성의 마찰음 'ㅅ,
ㅿ'이나 파찰음 'ㅈ, ㅊ'을 'ㅅ'으로 통용할 수 있는 예외 규정으로 "ㅅ字可
以通用。故只用ㅅ字." 훈민정음 해례를 두었다. 종성에서 '잇ᄂ니 > 인ᄂ
니'와 같은 t > n 자음동화의 예외적인 사례를 근거로 하여 /ㄷ/ : /ㅅ/이
변별되었다는 논거를 삼는 것은 적절한지 의문이다. 당시 종성 'ㅅ'의
표기가 'ㄷ'으로 혼기되는 예가 많기 때문에 8종성 표기법의 규정에 적용
된 사례라고 할 수 있다. 한편 해례 22ㄱ, 31ㄴ에 '復'가 권점없이 나타나는
예도 있어 해례의 원본도 완벽하지 않으며, "終聲復°用初聲." 규정을 "종

성 제자에 관한 규정"으로서 그리고 "종성 표기"에 관련한 것을 겸한 중의적인 규정으로 해석한 논의(정우영, 2014: 11)도 있다. 따라서 '종성부용초성' 규정은 두 가지 측면에서 해석될 수 있다. 첫째, 제자의 원리, 둘째, 표기법의 원리이다.

다음은 'ㅇ'를 순중음 'ㅂ, ㅍ, ㅃ, ㅁ' 아래에 이어 쓰면 순경음 ㅸ, ㆄ, ㅹ, ㅱ이 된다는 연서 규정이 있다. 이 연서 규정은 변이음 처리를 위한 규정으로 중국 한음에서는 순중음과 순경음이 변별적이지만 조선에서는 고유어에서만 'ㅸ'만이 사용되었다. 『동국정운』과 『홍무정운』 한자음에서 음성운미 표기로 'ㅸ'이 사용되었을 뿐이다. 훈민정음 합자해에 반설경음 'ᄛ'을 만들 수 있다는 설명은 있었지만 실제로 사용되지는 않았다. 훈민정음 해례에서 "반설은 경중 두 가지 음이 있으나 운서의 자모에서도 오로지 하나만 있고 우리말에서는 경중이 구분하지 않아도 다 소리가 이루어진다. 다만 만약의 쓰임을 위해 'ㅇ'을 'ㄹ' 아래에 쓰면 반설경음이 되며 혀를 입천장에 살짝 닿는 소리"로 규정하고 있다.

왼쪽에서 오른쪽으로 어울러 쓰는 것을 말하는데 동일한 초성자를 어울러 쓰는 것을 각자병서(ㄲ, ㄸ, ㅃ, ㅆ, ㅉ, ㆅ) 다른 글자를 초성에 어울러 쓰는 것을 합용병서(ㅺ, ㅼ, ㅲ, ㅴ)라고 한다.

초성의 합용병서는 ㅅ-계에는 'ㅺ, ㅼ, ㅻ'가 있고 ㅂ-계에는 'ㅳ, ㅷ, ㅄ, ㅶ'가 있다. ㅄ-계에는 'ㅵ, ㅴ'가 있으며 ㅊ-계는 'ㄴ쳐'가 여진어 표기에 나타난다. 어말의 종성 합용병서는 아래와 같다.

	후음	아음	설음	치음	순음
ㄴ-계	ㄴㆆ			ㄵ	
ㄹ-계	ㅀ, ㅭ	ㄺ	ㅫ		
ㅅ-계		ㅺ	ㅼ		
ㅁ-계				ㅁㅊ	
ㅂ-계				ㅄ	

부서는 위쪽에서 아래쪽 혹은 왼쪽에서 오른쪽으로 초성자와 중성자를 합하여 쓰는 것을 말한다. '•'와 'ㅣ'가 어울러 'ㅓ'가 되거나 '•'와 'ㅡ'가 어울러 'ㅗ'가 되는 것을 부서라고 할 수 있다. 그러나 여기서는 음절의 초성과 중성 그리고 종성이 합자되는 것까지를 포괄해서 부서로 규정하고 있다. 『훈민정음 해례』에서는 이 부서 규정을 합자 규정과 구분하고 있다. 곧 "초, 중, 종 3성은 합한 연후에 소리가 이루어지니 초성은 혹 중성 위에나 왼편에 어울러 쓴다."14)는 규정으로 변개가 이루어졌다. 최병수(2005: 11)에서는15) 모음 글자의 유형을 '세운형', '누운형', '혼합형'으로 구분하고 있다. 이에 따르면 연서와 병서는 낱글자의 결합 방식이라면 부서는 낱글자의 결합 방식을 포함한 모음을 중심으로 한 음절 구성 방식을 규정한 내용이다. 음절핵(syllable core)인 중성을 기준으로 하여 '위－아래', '앞－뒤'로 붙여 쓰는 음절합성 규정이다. '• ㅡ ㅗ ㅜ ㅛ ㅠ'는 '누운형(張口之字, 『사성통해』)'으로 '하늘天(•)－땅地(ㅡ)'의 오방과 성수 배치에 따라 만든 글자이고 'ㅣ ㅏ ㅓ ㅑ ㅕ'는 '세운형(縮口之字, 『사성통해』)'으로 '사람人(ㅣ)－하늘天(•)'의 오방과 성수 배치에 따라 만든 글자이다. 모음 역시 음소 문자인 11자 이외에 음성표기를 위한 '혼합형'으로 'ㅚ, ㅟ, ㅢ, ㅘ, ㅝ, ㅙ, ㅞ' 등의 사용 가능성을 열어 두었다. 예의에서 부서는

14) "初中終三聲◦合而成字。初聲或在中聲之上◦或在中聲之左。"

15) 최병수(2005), 『조선어 글자공학』, 사회과학원출판사, 11쪽.

V+V의 구성 방식만 의미하지만 해례의 합자해에서는 C+V 구성방식으로 확대된다. 넓은 의미에서 부서는 합자법 규정의 일부이다.

"무릇 모든 글자는 합한 연후에 소리가 이루어진다."라는 규정을 지금까지는 성음규정으로 알고 있었지만 이 규정은 분명하게 음절 구성에 대한 규정이다. 여기서 '字'는 음소를 나타내는 개념이다. 이 음소를 나타내는 글자는 초성과 중성 그리고 종성이 합해야 곧 음절이 구성된다는 의미이다. 한글은 이처럼 음소문자이면서 음절문자의 성격을 띈 것이다.

사성을 규정하는 "左加一點則去聲。二則°上聲。無則平聲。入聲加點同而促急"인데 이 문장은 "左加一點則去聲。左加二點則°上聲。左加無點則平聲。左加點則入聲。左加點同而促急"이라는 문장으로 재구성할 수 있다. 신기의 『사성오음구롱반세도』 서문에는 "『대광익회옥편』 보에 이르면 평성은 애이안(哀而安), 애잔하며 안정됨, 상성은 여이거(厲而擧), 갈며 들림, 거성은 청이원(清而遠), 맑으며 멈, 입성은 직이촉(直而促), 곧으며 촉급함"이라고 하였는데 『원화보(元和譜)』의 사성론을 약간 수정한 뒤에 다시 사시와 대비시켜 놓은 것이다. 정초의 『칠음약』 서문에는 "사성은 날줄이 되고 칠음은 씨줄이 된다. 강좌의 선비들은 평·상·거·입이 사성이 있음을 알고 있으니 궁·상·각·치·우·반치·반상이 가로로 칠음을 이루는 것을 알지 못하고 세로로 날줄이 되고 가로로 씨줄이 되니 날줄과 씨줄이 서로 엇갈리지 않는 때문에 운을 세우는 근원을 잃지 않게 된다."라 하였다.

이상의 용법장에는 첫째는 종성에 대한 것, 둘째는 순경음에 대한 것, 셋째는 합용병서에 대한 것, 넷째는 초·중성을 부서하는 것에 대한 것, 다섯째는 음절구성에 대한 것, 여섯째는 사성에 관한 것 등이다.

치성 규정

漢音齒聲有齒頭正齒之別。ㅈㅊㅉㅅㅆ字用於齒頭。ㅈㅊㅉㅅㅆ字用於正齒。牙舌脣喉之字通用於漢音。

漢·한音흠齒:칭聲셩·은 有:율齒:칭頭뚱正·졍齒:칭之징別·볋ᄒ니 漢·한音흠·은 中듕國·귁 소·리·라 頭뚱·는 머·리·라 別·볋·은 굴·힐·씨·라

中듕國·귁 소·리·옛 ·니쏘·리·는 齒:칭頭뚱·와 正·졍齒:칭·왜 굴·희요·미 잇·ᄂ·니 ㅈㅊㅉㅆㅅ字·쫑·ᄂ 用·용於헝 齒:칭頭뚱ᄒ·고 ·이소·리·ᄂ ·우·리나·랏 소·리예·셔 열·ᄫ·니 ·혓·그·티 웃·닛머·리·예 다ᄂ·ᄂ·니·라

ㅈㅊㅉㅆㅅ字·쫑·ᄂ 齒:칭頭뚱·ㅅ소·리·예 ·쓰·고

ㅈㅊㅉㅆㅅ字·쫑·ᄂ 用·용於헝齒:칭頭뚱ᄒ·ᄂ·니 ·이소·리·ᄂ ·우·리나·랏 소·리예·셔 두터·ᄫ·니 ·혓·그·티 아·랫·닛므유·메 다ᄂ·니·라
ㅈㅊㅉㅅㅆㅅ字·쫑·ᄂ 正·졍齒:칭·예·쓰·ᄂ니

『광운』 등의 한음 치성은 치두와 정치의 구별이 있으니 'ㅈ, ㅊ, ㅉ, ㅅ, ㅆ'자는 치두에 쓰이고 'ㅈ, ㅊ, ㅉ, ㅅ, ㅆ'자는 정치에 쓴다. 아, 설, 순, 후의 글자는 한음에 통용한다는 규정이다. 아마도 이 규정은 세종이 처음 문자를 창제할 당시에는 고려하지 않고 있다가 외래어표기로서 중국의 한음 표기를 위해서 제정한 규정일 것이다.

아, 설, 순, 후음의 글자는 그대로 한음에 통용되지만 치음은 다시 빗금획[斜畫]의 왼쪽이 긴 것과 오른쪽이 긴 것으로서 치두와 정치를 구별한다는 말이다. 즉 치음은 전부 3종이 되는 셈이니, 우리 음운에 쓰는 좌우 길이가 같은 글자는 치두도 아닌 것같이 정치도 아니다. 『사성통고』「범례」에는 "우리말의 치성은 치두와 정치 사이에 있다."라고 하였다. 좌우

길이가 같은 것은 정히 왼쪽이 긴 것과 오른쪽이 긴 것 중간에 있음으로 추후에 변개한 교묘한 방식 가운데 하나이다. 그러나 『훈민정음』의 23자 모에는 순경음이 들어가고 또 다시 치두와 정치의 구별이 추가되어 결국 32자모가 된다. 한자 자모에 비하여 오직 설상의 4모만이 없는 셈이다.

03. 『훈민정음』 예의의 이본과 그 계열

예의 연구의 중요성

현재까지 알려진 예의의 이본 6종 외에 새로운 이본 2종을 추가로 찾아내어 이본 간의 상호 관련성을 검토하여 그 계열을 밝히는 것이 목적이다. 이러한 논의의 근거는 다음과 같다.

첫째, 지금까지 훈민정음 연구에서 해례본과 언해본에 집중되어 있는 동안 예의에 대한 독자적인 연구가 소홀했던 감이 없지 않다. 예의라면 당연히 해례본의 본문에 실린 것쯤으로 생각해 온 결과이다. 세종 25(1443)년에 세종이 발표한 예의는 훈민정음 창제의 기본 원리를 대내외에 최초로 알린 기록이다. 그 이후 근 3년 동안 세종은 집현전 학사 8인과 함께 예의를 보완, 확대하여 해설한 해례본을 완성하였다. 훈민정음의 완성 과정은 예의에서 해례본으로 그 이후 언해본에 이르기까지 완결되지 않았던 종성 표기 규정이나 한자음 표기 등 세부적인 내용을 다양한 언해문헌과 『동국정운』과 『홍무정운역훈』 등의 운서 연구를 병해하면서 이론적 근거를 보완했던 일련의 계기적인 연구 활동으로 볼 수 있다. 따라서 훈민정음 창제의 출발점이 되었던 예의는 독립적으로 정밀한 연구가 필요하다는 사실은 너무나 당연하다. 해례본이 발견되면서 『훈민정음 해례』를 원본으로 생각하고 예의는 해례본의 본문의 일부로 간과해 온 결과, 그동안 예의에 대한 연구가 소홀했던 것이다.

둘째, 『훈민정음』은 책으로 인출된 것은 두 가지 계통이 있는데 『훈민정음 해례』와 『훈민정음 언해』가 그것이다. 한문본 예의는 단권으로 인출될 만큼의 분량이 되지 않았기 때문에 그동안 해례본의 일부로만 인식되었다. 훈민정음 창제를 최초로 선언한 내용을 담고 있는 예의는 그 자체로서도 매우 중요한 것이라고 할 수 있다.[1] 숙종조 이후 다시 훈민정음의 중간인 『열성어제』본 예의나 최석정의 『경세훈민정음본』에 실린 예의 등 여러 가지 이본들을 비교해 보면 해례본의 배포의 한계 때문인지는 몰라도 조선 후기 실학자들은 예의를 더 많이 활용했음을 여러 문헌기록을 통해 확인할 수 있다.

셋째, 예의는 언해본과도 매우 긴밀한 관계를 가지고 있다. 박승빈 소장 언해본에서 떨어져 나간 앞장을 보수할 때 그 전범이 된 것이 다름 아닌 1698년 『배자예부운략』의 권두에 실린 예의였던 것으로 추정하기도 했다

---

1) 홍기문(1946: 5)은 "이 예의는 『훈민정음』 문헌으로서 가장 먼저 발표된 것이다. 또 더구나 세종의 어제(御製)이다. 어떤 의미로는 해례나 언해와 비교하지 못할 만큼 중요한 하나의 성전이다. 그럼에도 불구하고 이전에는 언해에 파묻혀 그 독자적인 존재가 불명료했지만 이제는 해례의 발견으로 그 존귀한 가치가 절하될 염려가 있다. 언해는 물론 예의에 대한 언해요, 해례도 또한 예의를 토대로 삼은 해례임으로 일단 예의로부터 출발하여 다시 두 문헌에 미치는 것이 사리의 당연한 순서일 것이다."라고 기술하면서 예의 연구의 중요성을 강조하였으나 스스로 『훈민정음』 언해본을 예의 연구의 대상으로 삼은 모순에 빠졌던 것이다.

(정우영, 2000: 29~30). 박승빈 소장 언해본의 낙장을 보사하면서 참조한 것은『열성어제』본 계열에 속하는『배자예부운략』본예의와 밀접한 관계를 맺고 있다. 이처럼 훈민정음 연구에 있어서 예의가 차지하는 비중이 결코 낮지 않는 것이다.

넷째,『훈민정음 해례』정인지의 서문 가운데 "癸亥冬。我殿下略揭例義而示之。名曰訓民正音"이란 말이 있어서 예의라고 일컬은 것처럼 해례본의 지남으로써 세종의 훈민정음 창제 의도를 집약한 것이 예의이다. 이 예의와 해례본이나 언해본과의 연관 관계를 면밀하게 검토하여 예의의 이본 계열을 수립하는 동시에 어제 서문에 담긴 훈민정음의 창제 목표에 대해서도 새로운 조명이 필요하다.

다섯째, 예의의 이본이 지금까지 알려진 것 외에도 안병희(2007: 115)가 예측했던 대로 숙종대 중간에 실린 것 외에 개인 문집이나 저술에서 2편을 더 발견할 수 있었다.

이 글에서는 예의 이본들을 상호 대조하여 그 상관관계를 파악하여 차이와 이본 간의 계통을 수립함으로써 예의를 중심으로 해례본이나 언해본과의 상호 영향 관계를 밝히는 토대가 될 것이다.

어제 서문과 훈민정음 28자모에 대한 글자꼴과 그 음가 및 간략한 글자 운용 방법과 정인지 서문이 실린 예의는 세종 28(1446)년의 기록이 처음 보인다. 그런데 훈민정음 창제를 처음으로 알린 세종 25(1443)년 계해 12월의『세종실록』권102의 가사2)에 예의가 실리지 않은 이유가 무엇일까? 이 당시 세종이 훈민정음 창제에 대한 기본 내용을 말로서만 전달한 것이 아니라 세종 28(1446)년 9월『세종실록』권113에 실린 예의와 거의

---

2) "○是月, 上親制諺文二十八字, 其字倣古篆, 分爲初中終聲, 合之然後乃成字, 凡干文字及本國俚語, 皆可得而書, 字雖簡要, 轉換無窮, 是謂訓民正音。"(『세종장헌대왕실록』권제102).

유사한 내용에 해당하는 수고본 원본이 집현전 학사들에게 전달되었을 것이고 이를 토대로 하여 해례편이 완성되었을 것이다. 아마도 세종이 하달했던 시점이 세종 25(1443)년 12월 무렵이었고 그 수고본 예의는 해례본의 완성 과정을 통해 상당한 변개를 거듭한 뒤에 『훈민정음 해례』의 본문으로 싣게 되었다. 그리고 문종대에 『세종실록』에 실렸다.

세종 25(1443)년 훈민정음 창제를 알린 기사에서 몇 가지 중요한 사실이 담겨 있다. 곧 "上親制諺文二十八字"라고 하여 세종이 친히 창제한 것은 언문 28자라는 사실이다. 그리고 "무릇 한자와 본국의 방언을 포함한 모든 것을 쓸 수 있다(凡干文字及本國俚語, 皆可得而書)"라고 하여 한자음과 이어(俚語), 우리말까지 두루 쓸 수 있는 글자임을 천명하면서 이를 이름하여 '훈민정음'이라고 규정하고 있다. 이 예의의 핵심은 언문 28자의 글꼴과 그 글자의 음가를 밝힌 부분인데 이 부분을 현대어로 옮기는 과정에서 대부분 언해본의 한자음으로 표기하고 있다. 그 예를 들어보면 아음의 글꼴 'ㄱ', 'ㄲ', 'ㅋ', 'ㆁ'의 음가를 나타내는 대표 한자인 '君, 虯, 快, 業'에 해당하는 음가 표기는 언해본에서는 '군, 뀨, •쾡, •업'이지만 해례본에서는 '군, 뀨, •쾌, •업'이었다. 해례본보다 3년 앞에 나온 예의의 한자음 표기는 언해본과는 분명하게 달랐을 것이다. 그럼에도 불구하고 예의를 현대어로 해석할 때 아무런 의심도 갖지 않고 언해본의 음가 표기인 '군, 뀨, •쾡, •업'으로 표기한 것은 분명한 잘못이다. 언문 28자의 대표 한자에 대한 음가가 예의, 해례본, 언해본에서 각각 단계적으로 변개되었음은 주지의 사실이다.[3]

---

3) 해례본에서도 이와 동일한 과오들이 나타난다. 강신항(2008: 157) 해례본의 중성해에 "鴻洪, 땀覃, 군君, 업業, 욕欲, 샹穰, 슗戌, 볋彆"에서 "슗戌, 볋彆"은 용자해의 표기법과 일치하지 않음에도 불구하고 현대어로 옮기는 과정에 『동국정운』식 한자음을 그대로 사용하고 있는 점을 지적할 수 있다.

또한 세종은 훈민정음으로 한자음을 표기하여 우리말로 전면 표기할 수 있는 수단임을 분명하게 천명하고 있는 것이다. 그런데 "세종은 중국과 우리의 한자음이 다른 것에 착안하여 중국어의 표준발음에 의거하여 우리 한자음의 규범음을 정하기 위해여 발음기호로서 훈민정음을 고안하였다."[4]라고 하여 마치 한자음 표기를 위한 수단으로 한글을 제정한 것으로 폄하하는 실증주의에서 벗어난 논의가 나타나기도 하였다. 한자음 표기를 위해 훈민정음 28자를 제정하였다는 견해에 대한 비판적 근거는 여럿이 있으나 먼저 세종 25(1443)년의 실록의 기사만 보더라도 분명히 한자뿐만 아니라 우리말까지 두루 쓸 수 있는 글자임을 분명히 밝히고 있다.[5]

상주문 형식인 해례본의 본문과 역사 기록물로서 실록본의 예의는 그 문서 양식이나 서체 면에서 상당한 차이가 있을 수밖에 없다. 실록본은 서사 기록이기 때문에 상주문에서 보이는 자형의 첨삭이나 상주 신하들의 이름이나 관명 표기가 나타나지 않는다. 그 외에 예의의 후대 계열 확인에 매우 중요한 근거가 되는 '御製曰'이라는 도입부나 실록본의 "류乎中國", "欲使人易習", '뱌', '脣'과 같은 표기를 해례본과 비교하여 단순한 오기로만 판단할 문제가 아니라 예의의 이본 간의 계열 관계를 그리고 언해본의 낙장 부분의 보수의 기준 자료가 무엇인가를 밝히는 단서가 되며, 그러한 변개가 대부분 상당한 이유가 어디에 있는지를 밝혀내야 할 것이다.

예의를 단순히 해례본의 머리 부분에 얹힌 본문으로만 여길 것이 아니라 세종 25(1443)년 세종이 창제를 선언한 기본 정신이 어떻게 담겨 있는

---

4) 정광(2006나), 『훈민정음의 사람들』, 제이엔씨, 34쪽.
5) "凡干文字及本國俚語, 皆可得而書"(『훈민정음 해례』 「제자해」).

지 그리고 해례본에서 어떤 첨삭 과정을 거친 변개가 이루어졌는지 판단할 수 있는 근거로 독자적인 가치를 지닌 사료로 평가해야 할 것이다. 다시 말하자면 비록 간략한 예의이지만 훈민정음 28자의 창제 기본 골간을 담은 매우 중요한 원 자료로서의 가치를 지닌 것이기 때문에 결코 소홀하게 생각할 수 없음을 강조하지 않을 수 없다.

예의의 이본 검토

훈민정음 예의 이본 검토에 앞서서 학계에서는 너무 쉽게 '예의'이라는 용어를 사용하고 있다. 이본 검토에서도 확인할 수 있겠지만 대부분 인간된 것이라도 여러 책 가운데 일부로 실렸거나 필사된 것으로만 남아 있기 때문에 '언해본'이나 '해례본'과 같이 '예의본'이라는 명칭은 적절성이 떨어진다. 물론 예의의 언해본도 역시 마찬가지가 아닐까 생각되지만 이를 별도로 장책한 박승빈 소장본 이본이 있기 때문에 언해본이라는 명칭으로 불러도 좋을 것이다. 이와 같은 관점에 보면 훈민정음 예의의 이본이라면 원본이 전제되어야 하고 또 이본이 권차를 가진 책으로 인간되었다는 것을 전제할 때 이본이라는 용어가 성립될 수 있다. 그러나 다른 간본이나 필사된 책 속에 들어 있는 일부분을 따로 떼어내었을 때 이를 지칭할 마땅한 용어를 찾지 못했기 때문에 예의의 별도의 편을 이본이라고 사용할 수밖에 없음을 먼저 밝혀 둔다. 이와 같은 관점에서 원본이라는 용어도 마찬가지일 수밖에 없다.

일반적으로 세종 25(1443)년을 훈민정음 28자를 창제한 시점으로 잡고 『훈민정음 해례』의 완성 시한인 세종 28(1446)년을 반포한 시점으로 잡고 있으나 '반포'했다는 어떤 문증도 현재로서는 확인할 수 없다.[6] 단지 훈민정음 28자 창제를 선언한 지 불과 두 달 뒤에 최세진이 올린 반대 상소문에 나오는 '광포(廣布)'라는 용어에 기대어 마치 법전에 근거한 공식적인 반포로 해석하는 것은 잘못이 아닌가 하는 판단을 하게 된다. 앞으로 더 깊은 연구가 필요한 과제라고 할 수 있다. 훈민정음 창제의 문제보다 비록 사소한 일이었더라도 임금이 반포한 사업에 대한 실록 기록이 매우 많이 있지만 이러한 일들은 법전에 근거한 행이절차를 완료한 이후에나 가능한 것이었다.

예의는 실록본으로 「태백산본」, 「정족산본」 두 종과 『훈민정음 해례』에 실린 본문이 있다. 그 이후의 이본으로는 숙종 4(1678)년의 『배자예부운략』 권두에 실린 예의, 숙종 6(1680)년의 숙종 『열성어제』본에 실린 예의, 1710년경의 최석정의 『경세훈민정음도설』의 권두에 실린 예의는 이미 널리 알려져 있다. 그리고 필사 기록으로는 『여사서 언해』 등이 있다. 그런데 안병희(2007)가 「숙종의 훈민정음 후서(訓民正音後序)」라는 논문에서 이 『훈민정음』 중간이 숙종대에 이루어졌을 것으로 추정하면서 개인 문집이나 저술에서 예의 이본이 더 있을 것이라는 예상을 하였다. 그 예상은 틀린 것이 아니었다. 필자의 조사에서 2종의 이본과 1편의 숙종의 「훈민정음 후서」 이본을 더 찾아내었다. 백규 이규경(李圭景, 1788~미상)이 지은 『오주연문장전산고』 「경사편1」에 「반절과 번뉴에 대한 변증설」 가운데 어제 서문과 예의가 수록되어 있다. 또 조선조 정조와 순조 때 옥유당 한치윤(韓致奫, 1765~1814)과 그의 조카인 한진서(韓鎭書)가 함께 편찬한 『해동역사』 권42 「예문지1」 '경적1'에 「훈민정음」이라는 제하에 어제 서문을 제외한 예의와 또 귤산 이유원(李裕元, 1814~1888)의 『임하필기』 「문

<hr>

6) "훈민정음을 반포, 시행되기 전에(訓民正音頒行之前)。" 『청장관전서』 권57 「앙엽기(盎葉記) 4」에 '頒行'이라는 용어를 사용하고 있다.

헌지장편」에 「훈민정음」이라는 제하에 훈민정음 창제 경위와 함께 숙종이 지은 중간 「훈민정음 후서」 전문이 실려 있다.

이를 종합하면 예의 이본 8종과 『임하필기』에 실린 중간 「훈민정음 후서」 1종이 더 있는 셈이다.[7] 그런데 이들은 실록본 예의와는 서체와 내용이 조금씩 차이가 있다. 이들 이본은 전부 동일한 것이 아니라 숙종이 『열성어제』「세종대왕 시문」편에 예의를 실은 다음 그 뒤에 『열성어제』에 「훈민정음 후서」를 붙이게 됨으로써 중간본 예의가 또 다른 한 계열을 형성하게 된 것이다. 아마도 안병희(2007)가 예상했듯이 개인 문집에 관련 기사에서 예의는 앞으로도 더 발견될 가능성이 충분히 있다. 이를 정리하면 다음과 같다.

원본 계열

1. 『조선왕조실록』「태백산본」예의
2. 『조선왕조실록』「정족산본」예의
3. 『훈민정음 해례』본문 예의

중간 계열

4. 『열성어제』본 「세종대왕 시문」편 예의
5. 『배자예부운략』의 권두 예의
6. 『경세훈민정음도설』권두 예의
7. 『오주연문장전산고』예의
8. 『해동역사』예의 어제 서문은 없음
9. 『여소학언해』소재본

---

7) 예의와 동일하지 않지만 28자 언문 자모와 관련된 기술로는 최세진의 『훈몽자회』나 이형상 (1653~1733)의 『자학제강』에 실린 「추록언문반절설」 등의 다량의 자료가 남아 있다.

숙종 「훈민정음 후서」

10종의 관련 자료를 원본 계열과 중간 계열 그리고 중간 숙종의 「훈민정음 후서」 3계열로 구분한 근거는 이본 검토 과정에서 밝혀질 것이다. 『임하필기』에 실린 중간 「훈민정음 후서」는 예의와는 다른 내용이지만 1~8에 이르는 예의의 연계 관계를 파악하는 데 매우 중요한 역할을 한다. 특히 숙종의 「훈민정음 후서」와 관련하여 이본 계열의 관계를 파악하는 데 매우 중요한 자료이다. 먼저 이들 이본의 실린 예의의 서지적 특징과 내용에 대해 살펴보기로 한다.

실록본 「태백산본」, 「정족산본」 예의

『훈민정음 해례』라는 해설서로 발전시킨 기본 자료가 바로 실록본 예의이다. 실록본과 『훈민정음 해례』의 예의 부분을 비교해 보면 "欲使人易習－欲使人人易習"이나 "唇音－脣音", "唇輕音－脣輕音" 등의 차이가 있음은 잘 알려져 있는 사실이다. 이 문제는 결코 글자의 누락이나 오자로 인한 단순한 차이가 아니라 후대에 나타나는 각종 예의 이본에까지 지속적으로 영향을 미치는 것으로 보아 실록본이 해례본보다 원본에 더 가까

---

8) 안병희(2007: 107)는 숙종의 「훈민정음 후서」가 경종 즉위년(숙종 46년, 1720년)에 간행된 『열성어제』 권41 24장과 정조 즉위년(영조 52년, 1776년)에 간행된 『열성어제』와 1924년 경성신문사에서 발행한 활판본에도 실려 있다고 보고하였으나 필자는 이 자료를 확인하지 못했다.

왔을 가능성 또한 배제할 수 없다.

예의 이본 연구를 위해서 해례본의 본문 자료만 중시해 온 종래의 관점에서 벗어나 개별 사료로서 실록본 예의가 매우 중요하다. 실록본으로는 「태백산본」과 「정족산본」의 이 있는데 이 두 가지 이본 대조는 이미 정연찬(1972)과 박종국(1984)[9]의 선행 연구가 있다. 세종기념사업회에서 간행한 『훈민정음』 자료집[10]에 실린 「태백산본」과 「정족산본」의 자료를 정밀 대조하는 동시에 고전국역원에서 제공하는 원본 이미지 영상 자료를 재검토하였다. 해례본과 실록본 「태백산본」과 「정족산본」의 자료를 상호 비교해 보면 「태백산본」에서 글자의 누락이나 오자가 훨씬 더 많이 나타난다.

두 자료의 대조 결과를 요약하면 〈표 1〉과 같다.

〈표 1〉 「태백산본」과 「정족산본」의 대조

	해례본	실록 태백산본	실록 정족산본
도입		御製曰	御製曰
서문	欲使人人易習	欲使人易習	欲使人易習
예의	如虯字初發聲	如虯字初發聲	如虯字初發聲
	如呑字初發聲	[ ]呑字初發聲	[ ]呑字初發聲
	脣音	脣音	脣音
	如戌字初發聲	如戌字初發聲	如戌字初發聲
	如戌字中聲	如戌字中聲	如戌字中聲
	卽爲脣輕音	卽爲脣輕音	卽爲脣輕音
	ㅏㅓㅑㅕ	ㅏㅓㅑㅕ	ㅏㅓㅑㅕ

---

9) 정연찬(1972), 「해제 『월인석보』 제1, 2」, 『월인석보』(영인본), 서강대학교 인문과학연구소; 박종국(1984가), 「세종대왕과 훈민정음」, 세종대왕기념사업회, 182쪽.

10) 세종대왕기념사업회(2003), 『훈민정음』 참조.

	해례본	실록 태백산본	실록 정족산본
정인지 서문	吾東方禮樂文章侔擬華夏	吾東方禮樂文物侔擬華夏	吾東方禮樂文物侔擬華夏
	故智者不終朝而會	故智者不崇朝而會	故智者不崇朝而會
	字韻則清濁之能辯	字韻則清濁之能卞	字韻則清濁之能卞
	臣崔恒 등	崔恒 등	崔恒 등
	敦寧府注簿	敦寧注簿	敦寧注簿
간기	正統十一年九月上澣	(생략)	(생략)

「태백산본」이나 「정족산본」 모두 '御製曰'로 시작되는 어제 서문에 '欲使人易習'으로 되고. 예의에 '如叫字初發聲'이 '如虯字初發聲'으로 또 순음(脣音) '脣'을 '唇'으로 되어 있다. 태백산본에는 '如戌字初發聲'이 '如戍字初發聲'으로, '如戌字中聲'은 '如戍字中聲'으로 되어 있다. 또 두 판본 모두 부서 규정에서 'ㅣ, ㅏ, ㅓ, ㅑ, ㅕ'를 'ㅣ, ㅓ, ㅏ, ㅑ, ㅕ'로 표기한 배열 차례에 차이가 있다. 또 정인지 서문에 '吾東方禮樂文章 侔擬華夏'를 '吾東方禮樂文物 侔擬華夏'로 '故智者不終朝而會'를 '故智者不崇朝而會'로, '字韻則清濁之能辨'을 '字韻則清濁之能卞'으로 표기하여 그 차이를 보여주고 있다. 두 판본 모두 신 최항 이하 신 이선로까지 '臣'이 생략되었거나 '敦寧府注簿'가 '敦寧注簿'로 되어 있으며 서문을 지은 날인 "정통 11년 9월 상한"이라는 기록이 모두 누락되어 있다. 예의의 한자의 오자와 탈락 혹은 누락뿐만 아니라 배열순서의 차이 등 여러 가지 차이가 있음을 〈표 1〉에서 확인할 수 있다.

그런데 해례본의 '欲使人人易習'와 실록본의 '欲使人易習'이 단순한 차이로만 단정하기 어렵다. 후대에 나타나는 이본에서 '欲使人易習'이 그대로 전습되어 온 것을 보면 해례본과 실록본은 두 갈래의 이본으로 후대에 전습되었다. 이후 예의의 이본에까지 이어져 온 것을 본다면 해례본보다 실록본이 훨씬 더 많은 영향력이 있었음을 알 수 있다. '欲使人易習'이라고 하더라도 의미상의 차이는 있을지라도 이것을 문장상의 오류라고 판단한다면 후대의 여러 이본에까지 전습되어 온 것을 온전히 설명할 길이 없다. 또 순음(脣音)의 '脣'자가 '唇'로 나타나는 것은『열성어제』본이나『배자예부운략』본의 예의뿐만 아니라『경세훈민정음도설』본과『해동역사』본에서와『오주연문장전산고』의 예의로 이어져 오고 있다. 정우영(2000: 31)도 '唇:脣'을 현대적 관점에서 단순한 오류라고 판단할 문제가 아니라 속자와 정자의 차이로 이해하고 있다. 그 근거로『능엄경언해』권8~14에서 "唇食倫切 口也"라고 반절을 근거로 하여 '쓘'이며 그 뜻은 '口唇'으로 '입술'이라는 예를 들고 있다. 실제로 성운학자 최석정이나 자학 연구에 한 경지를 이룩한 이형상의 글에서도 '脣'자와 '唇'자는 많이 혼용하고 있다.11) 해례본의 정인지 서문에 이은 집현전 관련 학사들의 직함과 명단에서 '臣'이 소자로 첨기되어 있는데 실록본에서는 나타나지 않는 것은 너무나 당연하다. 해례본은 상주의 목적이 있지만 실록에서는 객관적 진술을 한 것이기 때문에 '臣'이 생략되어도 무방한 것인데 이를 오류니 잘못으로 지적하는 것은 옳지 않다.

　해례본의 유포 범위는 매우 제한되었기 때문에 실록본에 실린 예의가 훨씬 영향력이 컸던 것이다. 그 증거로『열성어제』본을 비롯한 개인적 저술에도 실록본 예의가 그대로 전습되어 온 사실에서 그 근거를 확인할 수 있다. 실록본 예의가 사료로서는 그만큼 중요한 의미를 지닌 것이다.

---

11) 병와 이형상의『악학편고』「성기원류」에도 오음과 오음계의 관계를 설명하는 대목에 "宮本喉 商本齒 角本牙 徵本舌 羽本脣 韻家 唇爲宮 齒爲商"이라고 하여 '唇'을 '脣' 대신에 속자로 사용하고 있다.

『훈민정음 해례』 본문 예의

『훈민정음 해례』 권두 본문으로 얹은 예의는 어제 서문과 훈민정음 28자의 글꼴과 음가 글자 운용에 대한 규정으로 구성되어 있으며 3~4엽 7쪽 정도의 분량에 지나지 않는다. 간송미술관 소장『훈민정음 해례』도 발견 당시 1~2엽이 떨어져 나간 것을 후에 보사한 낙장본이기 때문에 해례본에 실린 예의는 현재로서는 온전한 것이라 할 수 없다. 낙장 부분에 오류 문제에 대해서는 그동안 많은 논의들이 있었다. 권두 제명에 대한 문제라든지 구두점과 첩운 권점의 오류 부분에 대해서는 그동안 4차례에 걸쳐 복원에 대한 논의들이 있었다.12)『훈민정음 해례』권두에 얹은 예의 는 엄격하게 말하자면 불완전한 것이라고 할 수 있다. 문제는 해례본에 실린 예의가 과연 원본인지에 대한 문제에 대한 검토가 진지하게 이루어 지지 않았다.

원본 계열인 실록본 예의와『훈민정음 해례』의 예의는 문서 양식의 측면에서뿐만 아니라 서체에 있어서도 뚜렷한 차이를 보이고 있다. 이 두 가지 원본 계열 예의의 차이점에 대해 살펴보자.

첫째, 예의의 원본 계열인 실록본은 사서 기록 자료이다. 현재 추정할 수 있는 가장 오래된 실록본 예의는 세종 28(1446)년『세종실록』에 실린 것인데 이 자료에는 "御製曰"이라는 도입사가 나타나지만 해례본에는 이 도입사가 나타나지 않는다. 이 문제를 간단한 문제로 간과해서는 안 된다. 후대에 각종 이본 자료에 나타나는 예의의 계열을 규명하는데 매우 중요한 단서가 된다.

---

12) 정우영(2001: 191~227). 김태준이 1~2엽에 대한 1차 복원을 한 상태로 현재 간송미술관에 서 보존하고 있는데 그 이후 2차 복원 안은 안병희(1986), 3차 복원 안은 최세화(1997), 4차 복원 안은 1997년 한글학회, 가장 최근의 정우영(2001)의 복원 논의로 이어졌다.

둘째, 실록본 예의는 사서 자료이지만 『훈민정음 해례』의 본문인 예의는 상주문 형식의 자료이기 때문에 글의 격식이 전혀 다르다. 전자는 줄글로 되어 있으나 후자는 매우 엄격한 행이격식을 갖추고 있다. 해례본의 본문인 예의는 1면 8행이며, 한 행에 8자로 글자의 크기가 해례본 본문과 차이가 있으며, 대두법이나 간극법을 사용하는 엄격한 형식을 갖춘 글이다.

셋째, 글자의 자형에서도 이 두 가지 이본 간에는 뚜렷한 차이가 있다. 『훈민정음 해례』는 일종의 상주문이기 때문에 사서의 기록과 달리 편방점획(偏旁點畫)이 나타난다. 이형상의 『자학』에서 "자획이 많고 적음은 모두 『설문해자』를 기준으로 삼았는데 편방점획에 착오가 있는 것은 (···중략···) 당시에 법으로 매우 엄격하여 이를 범한 사람은 반드시 벌을 받았는데 그 후로는 점점 법의 적용이 느슨하게 되어 편방점획은 단지 임금에게 올리는 상주장에서만 쓰게 되었고"[13]라는 기술과 같이 『훈민정음 해례』는 일종의 어서였기 때문에 매우 엄격한 편방점획의 제약과 함께 서체나 문장 양식의 제약을 받았던 것이다. 해례본의 한자 자체를 정밀하게 분석해 보면 편방점획이나 옛 속자가 실록본과 상당한 차이가 난다. 예를 들면 '類'자에서 '犬'의 획을 가감하거나 '鬼'에서도 마찬가지로 한 획을 삭제하였다. 곧 불길한 의미를 지닌 한자의 경우 이처럼 감획을 하거나 '申', '袄'의 경우 가획하였다. '爲'의 경우에도 동일한 문장이나 연이어지는 문장에서 반복하여 사용하는 경우 '爲'와 '爲'를 번갈아 다른 서체로 바꾸어 씀으로써 도형의 단조로움을 피하고자 하였다. 그리고 '殿下'나 '명命' 글자 다음은 행간을 낮추거나 혹은 공격으로 하였으며, 신하의

---

13) "字畫大小, 皆以說文爲正, 若其偏旁點畫之外錯者, (···中略···) 當時立法甚嚴, 犯者必罪, 其後漸至他弛緩, 偏旁點畫, 只於題奏用, 乃音韻亦偏旁御製"(병와 이형상 저, 『자학』「성운본시설」, 44면; 김언종 옮김(2008), 『역주 자학』, 푸른역사 참조).

이름을 나타내는 '臣申叔舟'처럼 '臣'자나 이름 '叔舟'는 적은 글씨로 기록하고 있다.14) 결국 실록본 예의와 해례본의 예의는 이처럼 미세한 차이가 있는 별개의 이본이라는 결론이다.

넷째, 해례본은 상주문이었기 때문에 역시 구두점과 첩운 글자 곧 성조에 따라 뜻이 달라지는 글자에는 첩운 권점15) 평·상·거·입을 명확하게 달아 두었다. 따라서 사서 기록 자료인 실록본의 예의와 차이를 보여주고 있다.

다섯째, 실록본 예의와 해례본의 본문을 비교해보면 예의의 이본 계열을 파악하는 매우 중요한 근거를 찾아낼 수 있을 뿐만 아니라 실록본이 예의의 원본에 해당한다는 명확한 근거를 확보할 수 있다. 먼저 어제 서문에 실록본 「태백산본」에서나 「정족산본」에서 모두 "欲使人易習"으로 나타나는 데 비해 해례본에서는 "欲使人易習"으로 실현되고 있다. 박종국(1984가)에서는 이를 오류로 다루고 있으나 의미상의 차이로 볼 수 있을 가능성이 더 크다. 왜냐하면 "欲使人易習"의 표현이 한문의 어법에 틀린 것이 아니기 때문에 실록본에서 해례본으로 옮아가는 과정에 변개되어 '人'을 한 자 더 첨가함으로써 의미를 더 강조한 표현적 차이에 지나지 않는다. 후대의 예의 이본에 실록본의 "欲使人易習"이 전습된 점에서도 확인할 수 있다.

실록본 가운데 「태백산본」이나 「정족산본」에서 "如蚪字初發聲"이라는 대목이 해례본에서는 "如虯字初發聲"으로 되어 있다. 실록본의 '蚪'자가 해례본에서는 '虯'자로 되어 있다. 이 또한 박종국(1984가)에서는 오류로 처리하고 있으나 고속동이(古俗同異)의 문제이다. 이형상이 지은 『자학』의 「고속동이」의 항에 "虯는 蚪로 쓰며"라고 하여 동음이체자로 사용할

---

14) 이상규(2009가), 「디지털 시대의 한글의 미래」, 『우리말연구』 25, 우리말연구학회, 88쪽.
15) 이상규(2009나), 「『훈민정음』 영인 이본의 권점(圈點) 분석」, 『어문학』 100, 한국어문학회.

수 있음을 분명히 밝히고 있다. 실록본에서 '虯'자는 편방점획에 따라 '虫'변의 상단에 빗기 한 획을 추가하였다. 다만 예의에서 '虯'자가 해례본에서 정속자인 '虬'로 변개한 것이다. 그런데 예의를 설명하는 거의 모든 연구서에서 이 원본 대문을 활용하지 않고 해례본의 "如虬字初發聲"을 인용하면서 '虬'의 한자음을 『홍무정운역훈』의 한자음 표기인 '虬뀰'로 처리하고 있다. 해례본 종성해에서도 "ㅇ은 소리가 맑고 비어서 반드시 종성으로 쓰지 않아도 된다(且ㅇ聲淡而虛, 不必用於終)."는 것을 강신항(2008: 159)은 우리말 규정으로 처리하여 "ㅇ은 소리가 맑고 비어서 반드시 종성으로 쓰지 않더라도 국어의 중성이 음을 이룰 수 있다."고 해석하고 있으나 해례의 초성해에 "虬字初聲是ㄲㅇ ㄲ與ㄲ而爲뀰。"라는 설명에서도 한자의 개음절 종성임도 불구하고 '뀰虬'로 표기하지 않고 있다. 해례본에서도 개음절 종성에 'ㅇ'을 표기하지 않았는데 그보다 3년 전인 예의에서는 당연히 '뀰'였을 것이다. 다시 말하면 예의에서 해례본 완성 시기까지는 "且ㅇ聲淡而虛, 不必用於終" 규정이 유지되었다가『동국정운』의 완성 이후에 변개된 것임이 분명하다.

문제는 후대 예의 이본에까지 실록본의 '虯'자가 후대 여러 이본에까지 영향을 미친다.『경세훈민정음도설』예의 이본에도 '虫'의 변에 머리에 점획이 가획이 된 '虯'자가 나타난다. 이 문제도 단순한 자형의 변형이 아니라 상주문의 편방점획의 원리에 따른 것이다. 실록본에 나타나는 '脣'자가 해례본에서는 '唇'으로 나타나는 점 또한 고속자의 사용 문제와 관련된다.

실록본 예의가 해례본에서 개수과정을 거쳤다는 확실한 증거가 바로 누락 글자나 배열순서의 차이를 보여주는 예들이다. "如戌字初發聲", "如戌字中聲"에서 실록본에는 '如'자가 누락된 것이다. 또 부서 규정에 'ㅣ-ㅏ-ㅓ-ㅑ-ㅕ'의 배열순서가 실록본에서는 'ㅣ-ㅓ-ㅏ-ㅑ-ㅕ'로 배열된 것 또한 변개임이 분명하다. 그런데 이 문제를 단순히 실록의 서사 과정에서 착오인지는 불분명하지만 예의에서 해례본으로 옮아가는 과정에 변개가 이루어졌을 것이므로 해례본 이전에 수고본이 실록본에 실린 예의임을 증언해 주는 단서가 될 가능성이 있다. 이처럼 실록의 기사가 그대로 중간본 계열인 『배자예부운략』본 등의 예의로 이어지게 된다.

여섯째, 훈민정음 28자 창제를 선언한 세종 25(1443)년에서 이를 해설한 해례본이 만들어지기까지 비록 3여 년이라는 짧은 세월이었지만 예의에서 다소 변개가 이루어졌을 것이다. 그럼에도 불구하고 지금까지 예의에 대한 연구는 실록본보다 해례본에 실린 예의를 더 우선적인 자료로 채택되면서 언해본의 음가를 그대로 활용하여 예의를 설명하고 있다.

예의의 원본은 실록본과 해례본의 권두 본문으로 실린 예의는 동일한 내용이 아닌 원본 계열의 이본의 관계임을 확인하였다.

중간 계열의 이본 예의

1. 『열성어제』본 예의

17세기를 분기점으로 하여 새로운 성운학적 성과들이 쏟아져 나오게 되는데 숙종이 왕위에 오르면서 『열성어제』에 「세종대왕 시문」편에 예의를 싣게 되고 뒤이어 「훈민정음 후서」를 역시 『열성어제』에 실은 것이 하나의 전기를 마련한 것이다.[16]

숙종대에 편찬한 『열성어제』는 여러 종이 남아 있다. 숙종 6(1680)년

---

16) 이상규(2022), 『훈민정음 연구사』, 경진출판 참조.

경에 이광(李珖)이 편찬하고 이정(李禎)이 보유한 것으로 태조~선조 사이의 임금의 시문을 모은 자료가 포함된『열성어제』권1~8은 현재 고려대학교 도서관에 소장되어 있다. 국립중앙도서관 소장본『열성어제』권2에도「훈민정음」이라는 제하에 예의 전문이 실려 있다.17)

숙종 17(1691)년 경에 낭선군 이우가 편찬한『열성어제』권1~8과 숙종 46(1720)년 경에 낭선군 이우가 편찬하고 하곡 권유가 봉교한『열성어제』에는 숙종의「훈민정음 후서」가 실려 있다. 국립중앙도서관에서 이 책의 간기를 경종 년간(1720~1724)으로, 중국 운남대학교에서는 숙종 46(1720)년으로 잡고 있는데 아마도 숙종 사후에 경종 즉위 때에 선왕을 추모하기 위해 추가로 간행된 것으로 보인다.

많은 이본을 직접 실사를 할 수 없었기 때문에「한국고전종합DB」를 통해 경종 년간(1720~1724)에 송상기(宋相琦)와 이관명(李觀命)이 봉교한 국립중앙도서관 소장 자료BC 고조 43-가33에서『열성어제』권2「세종대왕 시문」편에 실린 예의를 확인하였다. 이후에 영조 52(1776)년『열성어제』에는 숙종의 어제「훈민정음 후서」가 실려 있고, 1924년 경성신문사에서 활판본에도 한글 토를 첨가하여 실려 있다.18)

『열성어제』권2「세종대왕 시문」편에 예의를 실은 것은 숙종이 보위에 오르면서 곧바로 이루어진 것은 분명해 보인다. 왜냐하면 그 이전 왕대에 이루어진『열성어제』에서는 이 자료가 나타나지 않는다는 사실을 근거로 하여 숙종 즉위 초에「세종대왕 시문」에 예의를 수록한 뒤에 다시『열성어제』에「훈민정음 후서」를 남긴 것이다. 안병희(2007)는 이 숙종의「훈민정음 후서」의 실체가 무엇인지에 대해 여러 가지 추론을 하였다. "숙종

---

17) 안병희(2007)는 숙종의「훈민정음 후서」로 파악하고 있다.
18) 안병희(2007),「숙종의「훈민정음 후서」」,『훈민정음연구』, 서울대학교 출판부, 114쪽.

때 중간본이 나왔다면, 해례를 갖지 않는 한문본이 나타나지 않는 한 그것은 언해본일 것이다. 언해본 가운데 『월인석보』에 실려 있는 것은 융희 2년, 곧 선조 1(1568)년 희방사에서 간행되었던 것이므로, 숙종대 중간본이 될 수 없으니 간기가 없는 박씨본이 중간본일 가능성이 있으나, 실물을 실사하지 못한 현재로는 더 이상의 추론은 삼가기로 한다."[19]라고 하여 박승빈본 언해본이 숙종대에 중간된 것으로 추정하고 있으나 박승빈본 언해본의 1~2엽의 보사 부분은 분명하게 『열성어제』본 예의를 전범으로 한 것이지만 나머지 뒷부분은 『월인석보』본과 동일한 것임은 정우영(2000: 54)이 이미 밝힌 바가 있다. 다만 보사 부분에 대해 정우영(2000)은 『배자운부운략』본 예의의 영향이라고 규정했으나 숙종이 「훈민정음 후서」를 남긴 것으로 봐서는 중간의 핵심은 『열성어제』의 예의일 수밖에 없다. 『배자운부운략』본이 숙종 4(1678)년에 간행되었고 숙종 『열성어제』본이 숙종 6(1680)년 경에 간행되었기 때문에 숙종 『열성어제』본보다 앞설 것으로 보이지만 그럴 가능성은 매우 적다.

제왕들이 새로 등극할 때 선왕의 시문을 추록하여 『열성어제』를 인출했던 관례를 고려하면 이광이 편찬하고 이정이 보유한 『열성어제』는 숙종 1(1675)년에 이미 완성된 것이다. 그 후 숙종의 「훈민정음 후서」는 경종 1(1720)년경 숙종대왕조의 『열성어제』에 실린 것을 고려하더라도 이러한 논리가 가능하다.

또 『임하일기』에서도 숙종의 「훈민정음 후서」가 실려 있는 것으로 보아 지방판본인 『배자운부운략』본 간행을 위해 숙종이 후서를 남길 이유는 매우 희박하다. 도리어 숙종이 『열성어제』에 예의를 올리고 뒤이어 후서를 쓰면서, 이를 계기로 하여 『배자운부운략』본이나 『경세훈민정음

---

19) 안병희(2007: 114쪽).

도설』이 이어져 나오게 된 것이다. 이러한 추론의 근거는 『열성어제』본 예의와 『배자운부운략』본과 『경세훈민정음도설』에 실린 예의의 서체나 글자의 이형태가 동일하며, 『열성어제』의 예의에서 "병인년 실록에 근거함(丙寅出實錄)"이라고 밝혀두고 있기 때문이다.

『열성어제』의 예의는 세종 28(1446)년 『세종실록』에 실린 어제 서문과 거의 같으나 '異乎中國'이 '异乎中國'으로, '脣音'이 '唇音'으로 되어 있다. 실록본태백산본과 해례본의 본문과 대비한 결과는 〈표 2〉와 같다.

〈표 2〉 『열성어제』본 예의와 원본계와의 비교

	실록본태백산본	해례본	열성어제본
권두서명		訓民正音	訓民正音 丙寅○出實錄
어제서문	異乎中國	異乎中國	异乎中國
	欲使人而習	欲使人人而習	欲使人人而習
예의	並書如蚪字初發聲	並書如蚪字初發聲	並書如蚪字初發聲
	ㅂ唇音如彆字	ㅂ脣音如彆字	ㅂ脣音如彆字
	ㅍ唇音如漂字	ㅍ脣音如漂字	ㅍ脣音如漂字
	ㅁ唇音如彌字	ㅁ脣音如彌字	ㅁ脣音如彌字
	ㅣ*ㅓㅏㅑㅕ	ㅣㅏㅓㅑㅕ	ㅣㅏㅓㅑㅕ
	入聲加點同而促急	入聲加點同而促急	入聲加點同而促㤼

『열성어제』본의 권두 서명 아래에 "丙寅○出實錄"이라는 기사를 보면 분명하게 실록본의 예의를 참조하여 본문으로 실은 것이 분명하다. 이 이본은 해례본 계열이 아니라 실록본과 동일한 계열적 관계에 있다는 것을 확인할 수 있다. 아울러 숙종 당시 이 실록본 예의를 『열성어제』에 중간의 성격으로 「세종대왕 시문」편에 올리고 숙종의 「훈민정음 후서」를 역시 『열성어제』의 「숙종대왕 시문」에 올린 것이다. 그러나 이 문제에 대해서는 『열성어제』본의 정밀한 이본 대조를 통해 예의의 게재 년대와 「훈민정음

후서」를 실은 년대의 확정을 통해 더 분명하게 상호 관계를 규명할 수 있을 것이지만 이 글에서는 거기까지는 미치지 못했음을 밝혀둔다.

『열성어제』 예의는 실록본과 거의 동일하지만 '脣音'과 '脣輕音'에서 고속통용자를 사용하고 있으며 또 "入聲加點同而促焉"에서 '促急'이 '促 焉'으로 된 점이 해례본과 다르다. 따라서 『열성어제』이 예의는 실록본 계열임을 분명히 알 수 있다.

2. 『배자예부운략』본 예의

『배자예부운략』은 『예부운략』 계통의 운서로 송대에 만들어진 책으로 우리나라에서는 시를 지을 적에 운을 찾기 위하여 만들어진 기초 한자 자전이기 때문에 과거에 응시하는 선비들의 필수 자전으로 『삼운통고』와 함께 널리 이용되었다. 우리나라에서는 세조 10(1464)년과 성종 10(1479) 년에 『예부운략』과 「옥편」이 합부되어 추가 판각되었으며, 중종 1515년 에도 중종 을해자본과, 1524년 『신간배자예부운략』, 1615년 만력본 등의 다양한 이본이 있다. 이 가운데 숙종 5(1679)년 박동부가 청도군 금천면 신지리 335 선암서원에서 인출한 『배자예부운략』도 있다.

숙종 4(1678)년 3월에 간행된 『배자예부운략』 권5에 예의가 실려 있다. 세종기념사업회 소장본 자료가 『훈민정음』(세종기념사업회, 1971)에 영인 본으로 소개된 바 있다.[20] 「훈민정음」이라는 제하에 어제 서문과 그 아래 에 "正統十一年丙寅九月"이라는 간기가 삽입되어 있고 훈민정음 28자에 대한 예의와 글자 운용에 대한 것은 종성과 합자 성음 부분만 실려 있고

---

20) 세종기념사업회(2003), 『한글문헌해제』, 세종기념사업회, 114쪽. 숙종 4(강희 16)년 6월 22 일 내사기를 근거로 하여 간행 연대를 추정하고 있다.

해례본의 원문이 협주로 처리된 점이 차이가 있다. 정인지 서문은 생략하고 또 관련 학사들의 명단은 간략하게 "命禮朝判書鄭麟趾等作解例"라고만 되어 있다. 원본 예의와 『배자예부운략』본 예의를 비교한 결과는 〈표 3〉과 같다.

〈표 3〉 『배자예부운략』본 예의와 원본계와의 비교

	실록본	해례본	배자예부운략본
도입부	御製曰		御製曰
서문	異乎中國	異乎中國	异乎中國
	欲使人易習	欲使人人易習	欲使人易習
			正統十一年丙寅九月 日
예의	如蚪字初發聲	如虯字初發聲	如蚪字初發聲
	ㅂ脣音如彆字初發聲	ㅂ脣音如彆字初發聲	ㅂ脣音如彆字初發聲
	ㅍ脣音如漂字初發聲	ㅍ脣音如漂字初發聲	ㅍ脣音如漂字初發聲
	ㅁ脣音如漂字初發聲	ㅁ脣音如漂字初發聲	ㅁ脣音如漂字初發聲
	ㅠ如戌字中聲	ㅠ如戌字中聲	ㅠ如戌字中聲
	卽爲脣輕音	卽爲脣輕音	卽爲脣輕音
	初聲之下ㅣㅓㅏㅑㅕ	初聲之下ㅣㅓㅏㅑㅕ	初聲之下ㅣㅓㅏㅑㅕ
	凡字必合而成音	凡字必合而成音	凡字必合而成音
	正統十一年九月上澣		命禮朝判書鄭麟趾等作解例

이 『배자예부운략』의 예의는 『열성어제』본과 비교해 보면 실록본 계열과 동일한 중간본 계열이라고 할 수 있다. 이 『배자예부운략』에 실린 예의는 해례본 계열이 아닌 실록본 계열임이 분명하다. 특히 『열성어제』본과 동일한 계열임을 알 수 있는 몇 가지 증거가 있다.

첫째, 'ㅣㅓㅏㅑㅕ' 배열순서가 실록본 예의와 동일하다. 우연한 차이가 아니라 계열적 상호 관계가 있다는 결정적인 증거로 삼을 수 있다.

둘째, 권두 제명인 '훈민정음' 아래에 서문에서 실록본에 도입부인 "是月, 訓民正音成"은 생략되었으나 실록본과 같이 '御製曰'로 시작된다. '舄

乎中國'과 '欲使人易習'은 동일하며, '脣音'도 고속자로 사용하고 있는 것도 동일하다. 다만 해례본의 정인지 서문의 마지막에 붙어 있는 간기 "正統十一年 丙寅 九月 上澣"가 서문 마지막 부분에 옮겨 "正統十一年 丙寅 九月 日"로 되어 있는 차이가 있다. 그리고 마지막에 "命禮朝判書鄭 麟趾等作解例"라고 하여 편찬자에 대한 내용을 간략하게 줄여서 마지막에 첨부하였다.

용법 설명의 부분은 위와 같이 3부분으로 요약하여 종성 규정인 "終聲 復用初聲"과 그 아래 연서와 병서 규정을 세주 2행 소자로 처리하였고 "凡字必合而成音" 아래에 부서 규정은 세주로 2행 소자로 처리하였다. 사성 규정은 "以點辨四聲"이라는 대목을 새롭게 삽입하여 사성에 대한 내용도 세주 2행 소자로 처리하였다.

『배자예부운략』본은 분명하게 실록본과 동계통인『열성어제』본에 직접적인 영향을 받았음을 확인할 수 있으나 용법을 설명하는 상당한 변개가 이루어졌음을 알 수 있다. 종성, 연서, 합용, 병서, 부서, 성음, 방점에 관한 내용을 종성, 성절, 사성으로 구분하고 종성에 연서와 합용, 병서를 포함시키고 성음에 부서를 포함시키고 "以點辨四聲"을 새로 삽입하여 사성을 기술하고 있다.『열성어제』본과『배자예부운략』본의 예의는 중간 계열로 조선 후기 일반 성운학자들에게 많은 영향을 끼쳤을 가능성이 매우 높다.

다만 예의가 실린『배자예부운략』본과『열성어제』본의 간행 시차 문제는 남아 있다. 이 계열 관계와 상호 영향 관계를 규정할 수 있는 핵심 고리가 되는 부분이다. 이 문제는 다음의 연구 과제로 미루어둔다.

3. 『경세훈민정음도설』본 예의

『경세훈민정음도설』[21]은 조선 숙종대에 명곡 최석정(1646~1715)이 훈민정음의 원리를 도설로써 풀이한 필사본 운서이다. 일본 교토대학 가아이문고(河合文庫)에 소장된 유일본이며 건곤 2책으로 저술 시기는 불확실하다.[22] 김지용(2011: 5)에 따르면 명곡 최석정이 55세 되는 해에서 70세 사이에 쓴 것으로 추정하고 대략 1710년 경에 완성된 것으로 보고 있다. 이계 홍양호(1724~1802)의 『이계집』 권14에 예의 가운데 초성 부분만 전제되어 있으며, 「경세정음도설서」가 있어서 『경세훈민정음도설』의 존재가 학계에 알려졌으나 1968년 김지용이 이 자료를 교토대학에서 발견하여 영인 자료를 소개하였다.[23]

『경세훈민정음도설』 권두에 예의 자료가 실려 있다. 「경세정운서설」이라는 제하에 「훈민정음」과 그 한 행 아래에 「세종장헌대왕어제」가 나오고 그 다음에 '어제왈'에 이어 어제 서문과 "正統 十一年 柔兆 攝提格[24] 九月 日"로 되어 있다. 실록본과 비교해 보면 〈표 4〉와 같이 '異乎中國'이 '异乎中國'으로 '而終不得伸其情者'가 '而終不淂伸其情者'로 '欲使人人易習'이 '欲使人易習'으로 되어 있으며, 글자의 음가를 설명하는데 '脣音'을 '唇音'으로 '如慈字初發聲'이 '如兹字初發聲'과 같은 오자도 나타난다.

---

21) 『경세훈민정음도설』은 2권으로 되어 있는데, 상권에는 서설·십칠성분배초성도·훈민정음·성분청탁도·율려상승배합성자도·음분벽흡도·종성십육도·음분개발수폐도 등이 있다. 곤권에는 정경세의 찬으로 명상·변운·계훈·본수 등이 있고, 「군서절충편」에 운서·상수서 등과의 관계를 도해하였다. 끝에는 요동과 계주의 약도를 싣고 훈민정음 제작 당시에 황찬을 만나러 유신들이 왕래하던 이정표까지 그려 넣었다.

22) 이상규(2018가), 『명곡 최석정의 『경세훈민정음』』, 역락.

23) 김지용(1968)이 '연세대학교 인문과학총서 3'으로 영인 소개하였고, 2011년 명문당에서 김석득 교수의 해설논문과 함께 『경세훈민정음도설』로 영인하였다.

24) 유조(柔兆)는 천간의 병(丙)을 뜻하고 섭제격(攝提格)은 십이지간의 인(寅)의 병칭이다. 곧 병인(1446)년을 뜻한다.

<표 4> 『경세훈민정음도설』본 예의와 원본계와의 비교

	실록본	해례본	경세훈민정음도설본
권두서명		訓民正音	訓民正音, 世宗莊憲大王御製
어제서문			어제 후첨
예의	並書如虯字初發聲	並書如虯字初發聲	並書如虯字初發聲
	ㅂ脣音如彆字	ㅂ脣音如彆字	ㅂ脣音如彆字
	ㅍ脣音如漂字	ㅍ脣音如漂字	ㅍ脣音如漂字
	ㅁ脣音如彌字	ㅁ脣音如彌字	ㅁ脣音如彌字
	ㅠ如戌字中聲	ㅠ如戌字中聲	ㅠ如戌字中聲
도입부	御製曰		御製曰
서문	异乎中國	異乎中國	异乎中國
	欲使人易習	欲使人人易習	欲使人[人]易習
간기			正統十一年柔兆攝提格九月 日
후첨			臣錫鼎 謹按

또한 『경세훈민정음도설』본의 용법의 설명 가운데 '二則上聲'이 '二點則上聲'으로 되어 있는데 아마 필사 과정에 누락된 것으로 추정된다. 또 "凡字必合而成音" 부분이 실록본이나 해례본에서는 부서 규정 다음에 나오는데 여기서는 부서 규정 앞에 옮겨와 있다. 『배자예부운략』본 예의와 일련의 관계가 있음을 알 수 있다. 후첨은 최석정 자신의 후서에 서는 훈민정음 28자의 제자 원리가 별자리 그림(星圖)에서 상형하였다는 새로운 견해를 밝히고 있다. 다만 최석정이 오음계 배치는 『훈민정음 해례』를 참고한 것 같지는 않다. 다만 오음계 배치가 『훈민정음 해례』와 일치하는 이유는 당시 『고금운회거요』 계열의 운서 이론에 근거한 때문이다. 그리고 세종 당시 『훈민정음』의 이론적 기반이 된 악학이론이 그 근거가 되었을 것이다. 물론 『고금운회거요』나 『원화운보』와 일치하고 있어 당시 중국 운서에 기반을 둔 이유가 더 직접적인 영향의 결과라고 하겠다.

안병희(2007: 111)는 숙종이 중간 『훈민정음』의 후서를 쓴 것은 바로 이 『경세훈민정음도설』이 아닐까 추정하고 있다. 그러나 이 책에 숙종의 중간 서에 대한 것은 단 한마디도 없으며 하신에게 왕이 서문을 내렸다면 당연히 이 책의 머리말에 실려야 했을 것이다.

4. 『해동역사』본 예의

조선 후기 한 치윤이 지은 『해동역사』 권42 「예문지1」 '경적1'에 「훈민 정음」이라는 제하에 "일본인의 효경 범례"에 관한 기사와 "일본인의 객관 필담(客館筆談)"에서 조선인 통사가 써준 「언문반절도」가 실려 있다. 「언 문반절도」 아래에는 언문의 창제 경위를 설명한 다음 "28자의 훈과 음은 다음과 같다."라고 하며 언문 28자에 대한 글꼴과 음가를 먼저 밝힌 다음 글자 운용에 대해 밝히고 있다. 이 『해동역사』본 예의에는 어제 서문이 없는 대신 역사적 사실을 기술한 다음 훈민정음 28자의 글자꼴과 음가 및 운용법 실려 있다. 원본 예의의 이본과의 대비한 결과는 〈표 5〉와 같으며, 영인자료는 〈그림 1〉과 같다.

〈표 5〉 『해동역사』본 예의와 원본계와의 비교

	실록본	해례본	해동역사본
권두서명			
도입사			聖人始制之功。大哉。並錄二十八字訓音於左。以備參考。
예의	並書如虯字初發聲。	並書如虯字初發聲。	並書如虯字初發聲。
	ㅂ脣音如彆字初發聲。	ㅂ脣音如彆字初發聲。	ㅂ脣音如彆字初發聲。
	ㅍ脣音如漂字初發聲。	ㅍ脣音如漂字初發聲。	ㅍ脣音如漂字初發聲。
	ㅁ脣音如彌字初發聲。	ㅁ脣音如彌字初發聲。	ㅁ脣音如彌字初發聲。
	ㅅ齒音。如戌字初發聲。	ㅅ齒音。如戌字初發聲。	ㅅ齒音。如戌字初發聲。
	ㅠ如戌字中聲。	ㅠ如戌戌字中聲。	ㅠ如戌字中聲。
도입부	御製曰		二十八字訓音

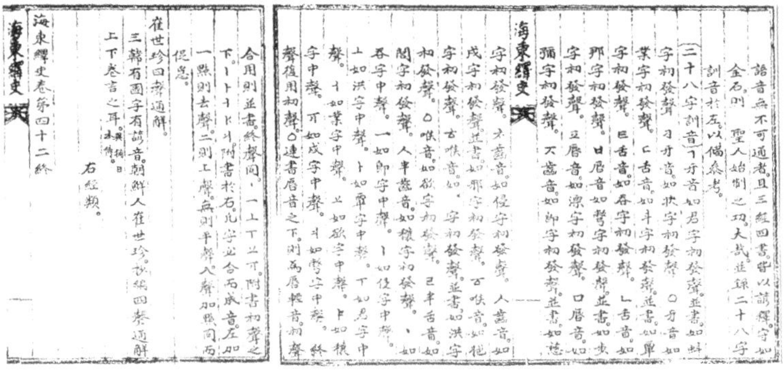

諺音無不可通者。且三經四書。皆以諺釋。字如
金石。明 聖人始制之功。大哉。並錄二十八字
訓音於左。以備參考。
二十八字訓音 ㄱ牙音如君字初發聲。並書。如虯
字初發聲 ㅋ牙音。如快字初發聲 ㆁ牙音如
業字初發聲。ㄷ舌音。如斗字初發聲。並書。如覃
字初發聲。ㅌ舌音。如呑字初發聲。ㄴ舌音。如
那字初發聲。ㅂ唇音如彆字初發聲。並書。如步
字初發聲。ㅍ唇音。如漂字初發聲。ㅁ唇音。如
彌字初發聲。ㅈ齒音。如卽字初發聲。並書。如慈
海東繹史
字初發聲。ㅊ齒音。如侵字初發聲。ㅅ齒音。如
戌字初發聲。並書。如邪字初發聲。ㆆ喉音。如挹
字初發聲。ㅎ喉音。如[illegible]字初發聲。並書。如洪字
初發聲。ㅇ喉音。如欲字初發聲。ㄹ半舌音。如
閭字初發聲。ㅿ半齒音。如穰字初發聲。ㆍ如
呑字中聲。ㅡ如卽字中聲。ㅣ如侵字中聲。
ㅗ如洪字中聲。ㅏ如覃字中聲。ㅜ如君字中
聲。ㅓ如業字中聲。ㅛ如欲字中聲。ㅑ如穰
字中聲。ㅠ如戌字中聲。ㅕ如彆字中聲。終
聲復用初聲。ㅇ連書唇音之下。則爲唇輕音。初聲
合用則並書。終聲同。ㆍㅡㅗㅜㅛㅠ。附書初聲之
下。ㅣㅏㅓㅑㅕ附書於右。凡字必合而成音。左加
一點則去聲。二則上聲。無則平聲。入聲加點同而
促急。
崔世珍四聲通解。
三韓有國字有諺音。朝鮮人崔世珍。撰編四聲通解
上下卷言之耳。
右經類。
海東繹史卷第四十二終
海東繹史

〈그림 1〉『해동역사』본 권42「예문지 1」'경적1'에 실린「훈민정음」

『해동역사』본 예의에는 다른 이본과 달리 도입부에 "성인께서 처음으로 글자를 창제한 공이 크다고 하겠다. 28자의 훈과 음을 아래에 적어서 참고하도록 한다(聖人始制之功。大哉。並錄二十八字訓音於左。以備參考。)"가 나타난다. '虯'자는『열성어제』본이나『배자예부운략』본과 동일하며 '唇' 역시 동일하다. 어제 서문이 예의 설명 부분의 뒤에 있는데 도입부에 '御製曰'이 있으며 "欲使人易習"은 '人'을 교정부호와 함께 삽입하여 "欲使人人易習"으로 되어 있다. 또한 용법 설명 부분은 실록본과 동일하다. 이 자료는 분명하게 실록본 예의와 동일한 계열을 이루고 있음을 알 수 있다.

5.『오주연문장전산고』본 예의

백규 이규경(李圭景, 1788~1856)이 쓴『오주연문장전산고』[25] 권28「경

25)『오주연문장전산고』는 26책으로 이규경이 중국과 우리나라의 고금의 각종 사물을 비롯하여 경전·역사·문물제도·시문 등 소위 경전과 명물도수 전반에 걸쳐 변증을 가한 백과전서적인 저술로서 편차의 정리가 완벽하지 못하다.

사편1」에 「반절과 번뉴에 대한 변증설」에 훈민정음의 창제 경위에 대한 설명을 하고 있는데, 특히 훈민정음 창제의 유래를 "장헌대왕 세종이 일찍이 어청에서 측주(廁籌)²⁶⁾를 배열하다가 홀연히 깨닫고 성삼문 등에게 명하여 창제하였다고 한다."는 기록에 근거하여 통시글이라는 기원설이 제기되기도 하였으며, "성삼문 등에게 명하여 창제하였다"는 기록을 근거로 하여 훈민정음 창제 명령설까지 생겨나게 되었다. 이어서 「세종어제」 항에 어제 서문을 싣고 있으며, 이어 "삼가 그 28자를 상고하건대"라면서 훈민정음 28자에 대한 글자꼴과 음가를 기술하고 있다. 이어서 글자에 대한 운용에 대한 기술을 하고 있는데 이는 대개 실록본에 근거한 것으로 보인다.

『오주연문장전산고』본에 실린 예의는 필사본으로 실록본을 그대로 전제한 것이 아니라 자신의 책 편차에 맞도록 일부 첨삭이 가해진 것이다. '御製曰' 대신에 '世宗御製若曰'로 되어 있으며 '便於日用耳'에 '便'이 '使'로 잘못 쓴 것도 있으며 훈민정음 28자의 초성과 중성을 설명하는 중간에 각각의 도입사를 넣은 점도 다른 이본과 차이가 난다. 그 내용을 요약하면 〈표 6〉과 같다.

〈표 6〉 『오주연문장전산고』본 예의와 원본계와의 비교

	실록본	해례본	오주연문장전산고본
도입사	御製曰		世宗御製若曰

---

26) 측주(廁籌): 인도의 풍습으로 변소에서 종이 대신 쓰는 대나무 조각을 말하는 것으로 중국에서는 중들 간에 이런 풍속이 있었다. 『철경록』에 보면 "요즘 절에서 나무로 산가지처럼 깎아 변소에 두고 측주라 하는데, 『북사』에 '제(齊)의 문선왕이 술을 즐기고 음탕 광포해서 양음(楊愔)이 비록 재상이 되었으나 측주를 들고 있게 하였다.' 했으니, 그렇다면 양음이 들고 있던 물건이 어찌 이것이었겠는가."라고 하였다.

		실록본	해례본	오주연문장전산고본
		异乎中國	異乎中國	異乎中國
서문		欲使人易習	欲使人人易習	欲使人人易習
		便於日用耳	便於日用耳	使於日用耳
	도입사			謹按 其二十八字 如牙音有三
		並書如虯字初發聲。		並書如虯字初發聲。
	도입사			如舌音有三
	도입사			如脣音有三
		ㅂ唇音如彆字初發聲。	ㅂ脣音如彆字初發聲。	ㅂ唇音如彆字初發聲。
		ㅍ唇音如漂字初發聲。	ㅍ脣音如漂字初發聲。	ㅍ唇音如漂字初發聲。
예의		ㅁ唇音如彌字初發聲。	ㅁ脣音如彌字初發聲。	ㅁ唇音如彌字初發聲。
	도입사			如齒音有三
		ㅅ齒音。如戌字初發聲。	ㅅ齒音。如戌字初發聲。	ㅅ齒音。如戌字初發聲。
	도입사			如喉音有三
	도입사			如半舌音有一
	도입사			如半齒音有一
		ㅠ如戌字中聲。	ㅠ如戌字中聲。	ㅠ如戌字中聲。

용법을 설명한 대목에도 몇 군데 오자가 나타난다. "終聲舌用初聲"에서 '復用'을 '舌用'으로 되어 있으며 "二點則上聲"을 "二則上聲"으로 하여 '點'이 누락되었다. 『오주연문장전산고』본에 실린 예의도 역시 실록본 계열임을 알 수 있다.

숙종 「훈민정음 후서」

『열성어제』본 예의를 홍기문(1946)이 제일 먼저 학계에 예의의 이본임을 밝힌 바가 있는데 안병희(2007: 107)은 역시 『열성어제』에 실린 숙종의 「훈민정음 후서」에 대해 구체적인 해설을 하여 학계에 소개하였다. 안병희(2007)는 숙종 46(경종 즉위년, 1720)년 『열성어제』에 실린 숙종의 「훈민 정음 후서」를 검토하는 과정에서 훈민정음의 중간되었을 것으로 추정하 고 그 중간이 된 대상이 무엇인지 두 가지 가능성을 제시하였다. 최석정의 『경세훈민정음도설』에 대한 후서이든지 혹은 언해본일 경우 박승빈본이 그 중간본일 가능성이 있다고 예시만 했을 따름이다. 숙종의 「훈민정음 후서」의 대상이 무엇인지를 밝혀내는 일은 매우 중요한 과제이다. 이 글에서는 이 「훈민정음 후서」를 『열성어제』에 싣기 이전에 숙종이 제위 에 오르면서 「세종대왕 시문」편에 예의를 실은 『열성어제』를 숙종 6(1680)년 경 이전에 추록한 것으로 판단하고 있다. 이 문제에 대해서는 결코 단순한 추정이 아니라 숙종 6(1680)년 경에 이광(李珖)과 이정(李楨)이 보유하여 봉교한 『열성어제』(고려대학교 소장본)에 예의가 실려 있다. 그 후 경종 년간(1720)에 편찬한 『열성어제』에 숙종 「훈민정음 후서」가 추록 되었기 때문에 상호 관계를 파악하기 어려웠던 것이다. 이 『열성어제』의 예의는 17세기 이후 실학계열의 학자들이 성운학에 관심을 갖게 되는 촉매 역할을 한 것으로 판단된다.

숙종이 『열성어제』의 「세종대왕 시문」편에 예의를 중간으로 싣게 된 시기는 더 이전으로 거슬러 올라갈 수 있다. 경종이 숙종 사후에 『열성어 제』에 「숙종대왕 시문」편을 첨가했듯이 숙종이 제위에 오르면서 「세종대 왕 시문」편에 예의를 실은 것이다. 따라서 예의가 실린 『배자예부운략』이 나온 숙종 4(1678)년 3월 이전에 이미 숙종이 「세종시문」편에 예의를 삽입 한 것으로 추정된다. 이 문제는 앞으로 좀 더 정밀한 연구가 필요하다.

안병희(2007: 111)는 숙종의 「훈민정음 후서」를 최석정의 『경세훈민정 음도설』의 영향으로 추론하고 있지만[27] 그것을 입증할 만한 뚜렷한 근거

---

27) 안병희(2007: 111)은 최석정의 『경세훈민정음도설』의 "『도설』 첫머리에 전재한 세종의 『훈

를 찾기 힘이 든다. 앞에서 논의한 바와 같이 숙종대 『열성어제』본 예의가 숙종의 중간이라고 판단하지 않을 수 없다. 이 『열성어제』본 예의가 『배자운부운략』 등 조선 후기 실학파에 새로운 연구의 열기를 불어넣었던 것이다. 그 결과로 최석정의 『경세훈민정음도설』과 『배자예부운략』 등에도 예의가 실리게 된 것이다.

『열성어제』본 예의와 동시에 당시 활용도가 매우 높았던 『배자예부운략』본 예의나 『경세훈민정음도설』에도 예의가 실린 것으로 보아 이 3자의 관계는 매우 밀접한 관계가 있었을 것이다. 그리고 박승빈본의 예의의 낙장본을 보사하는 데까지 영향을 미친 것이다. 그 근거로는 "舁乎中國"에서 실록본 예의의 '異'를 '舁'로 표기한 공통점을 찾을 수 있다. 『열성어제』본 예의가 상당한 영향력을 미친 것으로 보인다.

필자의 조사에 의하면 『임하필기』「문헌지장편」에 '훈민정음'이라는 제하에 훈민정음 창제 경위와 함께 숙종이 지은 「훈민정음 후서」 전문을 싣고 있다는 점에서 숙종의 훈민정음 중간설을 믿게해 주는 단서가 된다.

예의와 언해본과의 관계

『훈민정음』 언해본은 몇 가지 자료가 있다. 그 가운데 가장 오래된 것은 1459년 『월인석보』 권1~2의 권두에 실린 서강대본이 있다. 또 서강대본과 동일본으로 추정되는 단행본이지만 떨어져 나간 앞 1엽을 보수한 박승빈 소장본(고려대학교 아세아문제연구소, 육당문고본)이 있다. 또 『월인

민정음』을 숙종에게 알릴 기회가 있었을 것이다. 그러한 기회에 숙종이 후서를 짓게 된 것이라 추측되는 것이다."라고 하고 있으나 실제 『경세훈민정음도설』에는 숙종의 중간 후서가 실려 있지 않다. 또 하신에게 왕이 직접 서문을 썼다고 판단하기에는 무리가 따른다.

석보』(1459)를 복각한 희방사본 선조 5(1572)년이 있다. 또한 박승빈본과 거의 일치하는 필사본으로 일본 궁내성본과 『월인석보』본과 동일한 필사본 가네자와(金澤三郎) 소장본이 있다.

『훈민정음』 언해본은 예의를 언해한 자료라고 하지만 실제로는 실록본 예의와 다른 점은 예의에 실린 정인지 서문 부분이 생략된 대신 예의 마지막에 치성 부분이 덧붙어 있는 차이점 외에 실록본 예의에 있는 '어제왈'이 누락되었거나 참여한 학사들의 기명이나 관명의 기록, 년대 표기 등에 약간씩 차이가 있다. 따라서 언해본은 실록본보다 『훈민정음 해례』를 기준으로 하여 언해가 이루어진 것이다.

훈민정음 예의는 실록본과 해례본이 있으며 예의를 언해한 언해본으로 구분할 수 있다. 예의의 원본은 실록본과 해례본으로 구분할 수 있으며 이들은 마치 동일한 내용인 것 같지만 전자는 사서 기록으로 후자는 상주문의 양식이기 때문에 세부적으로 상당한 차이가 있다. 지금까지 실록본에 나타나는 '御製曰'이라는 도입사의 출현 여부나 "欲使人異習", '脣音', '냐'와 같은 것을 오자나 오사로 처리하였으나 이본의 계열을 판단하는 주요한 근거가 됨을 확인할 수 있다. 예의의 원본으로서 실록본과 해례본을 동일한 자료가 아니라 서로 계열이 다른 이본임을 알 수 있다.

실록본은 숙종대에 『열성어제』에 「세종대왕 시문」편에 예의를 다시 싣게 되면서 그 이후에 나타나는 예의에 지남이 되었음을 확인하였다. 안병희(2007)는 사본과 간본 사이에 짝을 이루는 궁내청본은 박승빈본과 같고 가네자와본은 『월인석보』 권두본과 같은 계열을 이루고 있음을 밝혔는데 실제로 박승빈본의 낙장 부분의 보사 부분은 전혀 다른 실록본 예의를 참조한 결과였다. 박승빈본의 떨어져 나간 1엽을 후세에 보사하였는데 그 보사 내용은 주석과 체제뿐만 아니라 행간 자수도 뒷부분과 전혀 다르다. 이 보사된 부분의 전범이 된 것이 바로 중간 예의와 직접적인 연계관계가 있음을 알 수 있다. 해례본은 그 이후 언해본에 지대한 영향을 미쳤으나 박승빈본의 낙장 부분의 보사 과정에서는 예의의 중간본 계열인『배자예부운략』본이나『열성어제』본의 영향을 받았음을 알 수 있었다.

이처럼 실록본 예의가 그 후대의 여러 예의의 이본에 직접적인 영향 관계를 맺고 있는데 후대 이본에서는 오자나 탈자의 출입이 나타나며 또 용법 해설 부분에서도 부서의 모음 글자의 배열 순서가 뒤바뀌거나 혹은 체재가 달라진 경우도 확인하였다.

숙종대에 이루어진 중간 훈민정음인 예의를『열성어제』에 실은 후『배자예부운략』본을 비롯하여『경세훈민정음도설』본과 조선 후기 실학자들이 이 계통의 예의로『오주연문장전산고』본,『해동역사』본에 싣게 된 것을 보면 예의가 매우 중요한 연구 대상이 되었을 것이다.

『열성어제』예의는 "丙寅○出實錄"이라고 하여 실록본 예의와 동일한 계열임을 권두서명 아래에 밝혀두고 있다. 그러나 실록본의 '異乎中國'과 달리 '异乎中國'이라는 표기가 나타남으로써 그 이후의 예의로 이어지게 된다. '如虯字初發聲', '唇音'과 같은 예들은 역시 실록본과 동일하나 다만 "欲使人易習"은 "欲使人人易習"으로 되어 있다.『열성어제』예의는 다른 이본 예의에 많은 영향을 끼친 숙종대의 중간에 해당된다.

『배자예부운략』에는 도입사 '御製曰'이 나타나며, "异乎中國"의 '异'가 '異'자 아닌 점은 이 규경의 자료나 앞에서 든 박승빈본과 동일하기 때문에 계열적인 관계를 이루고 있다. '欲使人異習', '如虯字初發聲', '唇音' 등의 표기가 실록본 예의와 동일한 계열을 이루고 있으며 "初聲之下ㅣㅏㅓㅏㅑㅕ"와 같은 오류부분까지 그대로 전습하고 있다. 다만 용법 설명 부분은 실록본과 달리 세주 처리를 하거나 편제를 약간 달리하고 있다.

『경세훈민정음도설』본 예의는 권두 서명과 간기의 기술 방법 외에는 '如虯字初發聲', '唇音'의 표기가 일치하여 실록본 예의를 전습하고 있다.

다만 "流乎中國"이라는 부분은 예의의 중간본인『열성어제』예의와 동일하다.

『해동역사』본 예의는 어제 서문은 없고 단지 예의의 내용만 실려 있으며 도입사도 달라졌지만 '如蚪字初發聲', '脣音'의 표기는 실록본과 동일한 계통으로 이어지고 있음을 알 수 있다.

『오주연문장산고』본 예의는 도입부의 '御製曰'이 '世宗御製若曰'로 나타나며 '如蚪字初發聲', '脣音'의 표기는 실록본과 동일한 계통이지만 초성 설명 부분에 아, 설, 순, 치, 후의 단락별 도입사가 각각 들어감으로써 차이를 보여준다.

숙종의 「훈민정음 후서」와 관련하여 후서를 붙인 대상이 무엇인가? 앞에서도 살펴 본 바와 같이 숙종 46(경종 즉위년, 1720)년에『열성어제』「숙종대왕 시문」에 실린「훈민정음 후서」의 대상은 숙종이 왕위에 오를 무렵 선왕들의 시문을 모은「세종대왕 시문」편에 예의를 실은 것으로 추정된다. 숙종 6(1680)년에「세종대왕 시문」편의 예의가 들어있는『열성어제』본이기 때문에 그보다 1년 앞서는 숙종 4(1678)년 3월 이전에 인출된『배자예부운략』본이 아마도 중간이 아닐까라는 판단을 할 수 있는데 숙종 6(1680)년『열성어제』본은 숙종 원년으로 소급될 가능성이 있다. 그 근거로는 숙종이 승하하고 경종이 보위에 오르자 곧 바로「숙종대왕 시문」이 포함된『열성어제』본이 인출하게 된다. 따라서 숙종 6(1680)년『열성어제』본의 예의가 중간본 예의로서『배자예부운략』본,『경세훈민정음도설』본,『오주연문장산고』본,『해동역사』본과 계열관계가 이루어지고 또 박승빈본 언해본의 낙장 부분의 보사에도 영향을 미친 것으로 해석할 수 있다.

훈민정음의 예의는 세종의 어제와 함께 훈민정음 28자의 글자꼴과 음가를 규정하고 간약한 용법을 기술한 한글의 최초 창제 선언문과 같다.

그럼에도 불구하고『훈민정음』혜례본의 본문으로 혹은 그 뒤에 나타난 언해문의 한문 원문 정도로 생각하고 그 개별적인 이본에 대한 연구가 소홀히 해왔다.

이 글에서는 지금까지 학계에 알려진 예의 6편과 이와 밀접한 관련을 맺고 있는 숙종의 「훈민정음 후서」 1편 외에『오주연문장산고』본 예의,『해동역사』예의, 초성만 실려 있는『이계집』과『임하일기』에 숙종의 「훈민정음 후서」 1편을 추가로 찾아내어 이들 예의의 서사 양식과 글자의 비교 고찰을 통해 상호 영향 관계를 밝혀 그 계열을 찾아보았다.

먼저 세종 25(1443)년 세종이 훈민정음 창제를 처음 밝힌 예의의 수고본이 있었을 것으로 추정하고 이것을 토대로 하여 집현전 학사 8인과 더불어 연구한 결과 세종 28(1446)년에『훈민정음 해례』를 완성하게 되며 한편으로는 해례본의 본문과 마지막의 정인지 서문만 실록에 싣는다. 곧 실록본의 예의와 해례본의 본문과는 동일한 내용이지만 실록본에는 오자와 탈자가 많은 것 정도로 인식하고 있었지만 이는 역사 기록이라는 점과 어제의 편방점획이라는 서사 기록의 양식이 반영된 전혀 다른 원간본 이본으로 간주할 수밖에 없음을 이본 간의 비교를 통해 입증하였다. 해례본을 기초로 한 언해본의 글자 음가를 예의의 그대로 적용하는 소홀한 예의의 연구에도 문제가 없지 않다.

안병희(2007)의 「훈민정음 후서」의 연구 결과를 토대로 숙종 당시에 훈민정음 후서는『열성어제』의 선왕인 세종 열전 항에 예의를 실은 다음 그 후에『열성어제』에 「훈민정음 후서」를 싣게 된 과정을 추적함으로써 『배자예부운략』본과『경세훈민정음도설』본 예의를 비롯한 조선 후기 실학적 성운연구의 바람을 일으키게 된 것이다.

언해본의 이본에서 박승빈본의 보사한 낙장 부분은『배자예부운략』본 예의를 전범으로 한 것이라는 견해는 매우 타당한 결과라고 판단한다.

다만 『열성어제』본과 『경세훈민정음도설』본 예의의 영향도 무시할 수 없었을 것이다. 이처럼 예의는 훈민정음 연구에서 해례본과 언해본으로 발전되는 과정에서 종성 규정의 변화나 특히 한자음 표기가 정밀해져 가는 단계적 변화를 설명하는 출발점이 되기 때문에 독자적인 연구가 절실하게 필요한 것이다.

04. 『훈민정음 언해』 구조와 텍스트 분석

　『훈민정음 언해』는 『훈민정음 해례』의 예의 전문을 15세기 훈민정음 표기법으로 역주한 것이다. 이 『훈민정음』 언해본이 단권으로 인출이 되었는지는 확인할 수 없지만 『훈민정음』이 창제된 이후 곧바로 훈민정음 학습교재로 만들어졌거나 혹은 『석보상절』이나 『월인석보』 등의 문헌의 머리에 실어 미리 학습할 수 있도록 배려한 것으로 보인다.

　여기서 『훈민정음 언해』라고 하는 것은 한문본 예의와 구별하기 위하여 붙인 이름이다. 본래 이 언해는 『용비어천가』나 『석보상절』과 비슷한 시기에 된 것이요,[1] 그 초간의 원본이 전하지 못하나 '훈민정음', 그 자체에 관한 것이라는 점에서 보통의 다른 문헌과 동일하게 말할 수는 없을

---

[1] 언해본은 『석보상절』과 판형의 유사성을 근거로 하여 『월인석보』 서두에 실렸듯이 『석보상절』의 서두에 이 언해본이 실렸을 것으로 추측하고 있다. 그렇다면 언해가 『석보상절』과 적어도 동시대에 나온 것으로 봐야 할 것이다.

정도로 중요한 문헌이다. 첫째로 『용비어천가』와 달리 한자의 주음이 있고, 둘째로 『월인석보』나 기타의 조선 초기의 불경언해와 달리 내용이 간단하고, 셋째로 그 자체가 훈민정음의 역주요, 또 세종 어제의 글이므로 다른 문헌에 비하여 그 내용에 비교적 정성을 들여 만든 것으로 추정된다.

그리고 언해의 후대 이본에는 치음장이 추가되어 있는데 아마도 『홍무 정운역훈』과 『사성통고』 간행과 함께 중국자음의 표기를 위해 덧붙게 된 것으로 보인다. 『사성통고』「범례」에도 치음의 구별이 기록되어 있지 아니한 것은 아니지만 신숙주(1417~1475), 성삼문(1418~1456) 등의 편찬인 그 「범례」와 언해의 치음장 설치의 선후 관계를 따져보아야 할 것이다.

그런데 언해에는 첫째, 언독이라고 할 수 있는 부분이 있으니 그것은 원문의 구결의 토가 들어간 부분, 곧 어제 서문과 예의를 각 절로 나누어서 별행으로 만들고는 한자의 매 글자 아래 음을 달고 또 토가 떨어지는 곳에 토를 단 것이다. 둘째, 언주라고 할 수 있는 부분이 있으니 그 구두의 절 내에 새로 나오는 한자 낱말이나 토를 주해한 것이다. 셋째, 언역이라고 할 수 있는 부분이 있으니 그 절을 다시 훈민정음으로 언역하여 놓은 것이다. 언독과 언역은 다 각각 별행이요, 똑같은 대자로서 오직 언독이 언역보다 위에서 한 자 낮추어 있을 뿐이나 언주는 소자 양 항으로서 언독과 바로 접속되어 있다.

언독과 언역은 월인본이 50절이요, 단행본(박승빈본)이 49절이니 그 1절의 차이는 전자가 '國之語音異乎中國'을 양절로 나누고 후자가 1절로 합한 데 있다. 언주는 어디서나 80행이지만은 실상 이편의 양 행이 저편에 없는 대신으로 저편의 양 행이 이편에도 없어서 행수만 공교롭게 같아진 것이다.[2]

---

[2] 국역본의 원간본 복원에 대해서는 문화재청(2007), 『훈민정음 국역본 이본 조사 및 정본

『훈민정음 언해』의 이본

『훈민정음 언해』의 이본은 불행하게도 최초의 모습을 온전하게 보여주는 판본은 남아 있지 않다. 『훈민정음 해례』와 마찬가지로 앞장이 낙장되었거나 훼손이 심하여 후대에 내용을 보사하는 과정에 오자와 탈자, 누락 등으로 오류투성이인 자료가 교육현장에 버젓이 활용되고 있는 현실이었다. 그러나 다행히 문화재청에서 2007년 『훈민정음 국역본 이본 조사 및 정본 제작 연구』로 완본에 가까운 정본이 만들어졌다.

『훈민정음』 국역본의 이본은 지금까지 알려진 것으로 ① 서강대 소장본인 『월인석보』 권두본, ② 고려대 육당문고본, ③ 희방사판 『월인석보』 권두본, ④ 일본 궁내성본, ⑤ 일본 고마자와대학 탁족문고(濯足文庫)본, ⑥ 한국학중앙연구원본, ⑦ 서울대 일사문고본, ⑧ 서울대 가람문고본이 있으며, 이와 유사한 필사본으로는 『여소학언해』 권1의 기록이 남아 있다.[3]

첫째, 일반에 가장 널리 알려진 판본으로는 서강대 소장본인 『월인석보』 권두본은 세조 5(1459)년에 간행된 목판본인데, 32.5×22.5cm 크기반 곽은 22.3×18cm 바깥쪽, 21.6×17.1cm 안쪽이고 사주쌍변, 유계 7행이며 1행에 16자이며 주는 쌍행으로 되어 있다. 그런데 이 판본은 제1장의

제작 연구』 참조. 먼저 국역본의 원간 연대에 대해 안병희(2007: 92~93)는 『석보상절』이 간행된 세종 29(1447)년으로 추정하고 있다. 그 근거로 첫째, 행격에서 국역본과 『석보상절』의 본문 언해가 1면 7행에 1행 16자이며, 『월인석보』 서문과 본문의 언해는 1면 7행, 1행 16자로 동일하다. 둘째, 『석보상절』의 본문이나 『월인석보』 서문의 언해와 마찬가지로 국역본은 본문을 구(口)점이나 두(讀)점 단위의 작은 대문으로 분절하여 언해하였다. 셋째, 구결과 한자 독음 표기에 있어서 국역본이나 『석보상절』은 구결을 본문 한자와 같은 크기로 하고 독음은 협주 글자의 크기로 처리하였으나 『월인석보』 서에서는 구두나 한자 독음 모두 협주 글자 크기로 하였다. 넷째, 협주는 세 가지 모두 본문 뒤에 나타난다. 그러나 『월인석보』 서에서는 언해에서도 나타난다. 다섯째, 국역본과 『석보상절』 서문에서는 '글왈문', '便安킈'와 같이 나타나지만 『월인석보』 서에서는 '글월', '-게'로 실현되어 차이를 보인다.

3) 이상규(2015가), 『역주 여소학언해』, 세종대왕기념사업회 참조.

1~4행의 글씨와 그 이하의 글씨는 확연하게 차이를 보여주고 있다. 그 이하의 글씨가 『석보상절』의 복판본 글씨와 흡사하게 닮았기 때문에 이 서강대 소장본인 『월인석보』 권두본이 나오기 이전, 『훈민정음 해례』가 인간된 이후에 『훈민정음』 언해본이 인출된 것으로 추정하고 있다.

둘째, 고려대학교 아세아문제연구소 육당문고본은 박승빈이 소장하고 있었던 단권으로 제책한 것으로 세조 5(1459)년에 인출된 것인데 책의 크기는 30.3×21.5cm, 반곽은 22.2×17.8cm 바깥쪽, 21.5×17.4cm 안쪽이고 사주쌍변, 유계 7행으로 1행에 16자이며 주는 쌍행이다.

제1장이 떨어져 나가서 붓글씨로 보사하고 2장 이하에도 군데군데 보사한 흔적이 남아 있다. 그런데 이 책에는 남학명(南鶴鳴, 1654~1722)의 장서인이 남아 있어 아마도 그 당시에 보사된 것이 아닌가 추정하고 있다. 남학명은 약천 남구만의 아들로 숙영조 사이의 사람이다. 박승빈 본 『훈민정음』 언해본 권말에 붙은 박승빈 씨 훈민정음 원서의 고구에 의하면 그의 고조부의 사위인 이세근의 모친이 남학명의 증손녀로서 이세근의 집으로부터 이 박승빈본 『훈민정음』 언해본이 전래된 것이라고 한다. 또 그 보사도 남학명 자신의 글씨일지 모른다는 것이다. 박승빈 소장 세전본인 『훈민정음』 언해본은 단행본으로 되어 있다. '조선어학연구회'의 영인본 권두발행에 관한 말에 의하면 "제1장 전부 제2장 제6행 소자 우행 제16자 좌행 제13자 이하, 제7행 소자 우행 제3자 이하, 좌행 제4자 이하, 제3장 제6행 소자 우행 제16자, 좌행 제13자 이하, 제8행 제23자 이하, 제5장 제7행 제8자, 제8행 제16자, 제9장 제8행 제14자 이하, 제15장 제5행 소자, 좌행 제14자, 제15자, 제7행 제11자, 제14자, 제15자, 제9행 제15자" 등은 인본이 결락된 것을 붓으로 보사한 것이다. 그러나 보사된 제1장 우측 아래 모서리에 남학명의 장서인이 찍혀 있다.

셋째, 희방사에서 『월인석보』 권두본을 선조 1(1569)년에 복각한 판본인데 오각이 많이 보이며, 그 인출본은 다수 전하지만 20~30년대 후쇄본들이다. 판각은 6.25전쟁 중에 불에 타버렸다. 책 크기가 31.8×21.9cm, 반곽 21×17.9cm 바깥쪽, 20.9×17.5cm 안쪽이고 사주쌍변과 단변이 섞여 있으며 유계 7행 이미 1행에 16자로 되어 있다. 이 판본에는 치음장이 빠져 있다.

넷째, 일본 궁내청본으로 일본궁내청 서릉부에 소장되어 있는 필사본이다. 대체로 영정조 연간에 필사된 것으로 추정되는 이 필사본은 박승빈 구장본과 보사된 부분까지 일치하고 있다. 책의 크기는 31.6×20.6cm 검은색 선은 21.9×17.6cm로 사주쌍변이며 유계 7행이고 1행에 16자이며 주석 쌍행으로 되어 있다.

다섯째, 일본 고마자와대학 탁족문고본은 가나자와 쇼사부로(金澤庄三郞) 구장본으로 필사본이다. 순조 24(1824)년 행지(行智)가 구창원(久昌院) 소장본을 필사한 것인데 서강대 소장본인『월인석보』권두본과 일치한다.

여섯째, 한국학중앙연구원 장서각 소장본으로 안춘근 구장본으로 장서각에 기증한 것으로 필사본이다. 이진환이 희방사본『월인석보』권두본을 1920년에 옮겨 필사한 것으로 책 크기는 34.3×24cm이며 오사란 8행에 1행 18자이며 주석은 쌍행이다.

일곱째, 서울대 규장각 일사문고본으로 일사 방종현 선생의 구장본으로 필사본이다. 20세기 전반에『월인석보』권두본을 필사한 것으로 고려대학교 육당문고본과 대체로 일치하나 부분적인 차이도 보인다. 권말에 적상산 사고본을 서상집(1865~1897)이 베껴 온 것을 저본으로 하여 정서하였다는 기록이 남아 있다. 책의 크기는 30.2×20.7cm이고 필사면은 10행이며 1행 24자이며 주석은 상행이다.

『훈민정음 언해』의 간행 연도와 판본 구성

『훈민정음』언해본은『훈민정음 해례』가 나온 이후 즉각 그 전문을 언해하여 학습용이나 과시용으로 널리 활용되었을 가능성이 매우 크다. 새로 창제된 훈민정음으로『용비어천가』와『석보상절』을 간행하였는데 실질적으로 구어적인 산문으로 간행된『석보상절』이나 그 후『월인천강지곡』과 합본해서 만든『월인석보』를 제대로 읽을 수 있는 지침으로『훈민정음』언해본이 활용되었을 것으로 추정하고 있다.

『훈민정음』언해본의 인출은 늦어도 세종 28(1446)년 12월 말에서 1447년 7월 이전에 번역이 이루어지고 1차 본이 인출되었을 것으로 보인다. 왜냐하면 현재 전해지고 있는『월인석보』권두본(1459)의 제1면 1~4행 이후의 판각이『석보상절』과 일치하고 있기 때문에 아마도『석보상절』권두본으로 실려지려면 그 기간에 판각이 이루어져야 했을 것이다. 그 후 2차본 인출은『석보상절』권두본으로 실렸던 것으로 추정되는 판본에 제1면 1~4행을『월인석보』판하 글씨체로 바꾸어 세종 승하 후인 1450년 2월에서『월인석보』가 인출된 1459년 사이에 간행되었을 것으로 추정하고 있다. 그 추정의 근거는『월인석보』권두에 실린『훈민정음』언해본의 제1장 1~4행의 내용이 '訓民正音'에서 '世宗御製訓民正音'으로 바꾸면서 개판된 때문이다. 세종이 살아 있을 때에는 '御製'라는 말을 사용할 수 없었을 것이다. '製'는 임금에게 올리는 상주문에서는 사용할 수 없는 글자이다. '衣'가 들어간 '製'는 '마름하다'는 의미로 여성적인 뜻으로 사용되기 때문에 임금에게 올리는 상주문에 사용될 수가 없었을 것이며 사후에 사용될 수 있었다고 보여진다. 그러니까『월인석보』권두에 실린 것보다 더 이른 시기에 인출된 권두제는 '訓民正音'이었을 가능성이 훨씬 더 크다. 그 근거로는『훈민정음 해례』의 전문 형식으로 들어간 '훈민정음 세종 서문, 예의'과 '훈민정음 해례'와 '정인지 서문' 다음에 나오는 권말 서명에 '訓民正音'과 수미상관된 것으로 볼 수 있기 때문이다.

『훈민정음』 언해의 판본 구성과 텍스트에 대해 살펴보자. 『훈민정음』 언해본이 언제 누가 어떻게 만들었는지에 대한 기록이 전혀 남아 있지 않다. 다만 홍기문은 아래와 같이 어렴풋한 기억으로 집현전 8학사 인물록 가운데 정인지 항에서 아래와 같이 기술하고 있다.

"어디서인지는 잊었지만 그가 훈민정음 구결을 지었다는 기록을 본 것만이 기억된다. 그 기억에 착오가 없다면 구결이란 해례의 구결을 일컫는 것으로서 곧 그의 작품일 것이라고 생각된다. 『학이제집』이 있다고 하나 아직 소장된 곳을 알지 못 한다. 『용재총화』 가운데 성종 때 인간한 문집을 열거하는 데 빠진 것으로 본다면 아마 그 이후의 간행인 듯도 하다."

『훈민정음 해례』의 전문인 「예의」의 한문본을 언해하기 위해서 먼저 구결 작업을 해야 할 터인데 그 내용을 『학이제집』에서 본 것처럼 말하면서 정인지의 문집인 듯한데 그 문집을 확인하지 못한 것 같다.

그리고 언해에는 치음장(齒音章)이 추가되어 있는데 그 역시 세종 자신의 것임은 의심할 바가 없다. 그것은 군왕의 어제를 신하가 건드리지 못하였을 것같이 선왕의 친제를 후대의 임금도 손대지 못했을 것인 까닭이다. 물론 『사성통고』 「범례」에도 치음의 구별이 기록되어 있지 아니한 것은 아니지만 신숙주(申叔舟, 1417~1475), 성삼문(成三問, 1418~1456) 등의 편찬인 그 「범례」가 아무래도 세종의 말씀만 못할 것은 사실이다. 치음장의 그 한 대문만 가지고라도 언해가 귀중한 문헌이라는 위치를 잃지 않는다.

언독과 언역은 월인본이 50절이요, 단행본 박승빈본이 49절이니 그 1절의 차이는 전자가 '國之語音異乎中國'을 양절로 나누고 후자가 1절로 합한 데 있다. 언주는 어디서나 80행이지만은 실상 이편의 양 행이 저편에 없는 대신으로 저편의 양 행이 이편에도 없어서 행수만 공교롭게 같아진 것이다.[4]

『훈민정음 언해』 어제 서문의 해석 문제

『훈민정음 언해』 어제 서문의 국역본에는 권두 서명에 '世宗'이란 묘호가 붙어 있는 것과 없는 것 두 가지가 있다. 아마도 세종이 죽은 뒤 국역(언해)을 한 것에서는 "어제 세종 훈민정음"으로 그 이전에는 "훈민정음"으로 된 것으로 추정하고 최근 복원본에는 '세종'이라는 묘호를 뺀 '훈민정음'으로 되어 있다.

『훈민정음 언해』 어제 서문의 원문은 아래와 같이 네 단락으로 구성되어 있다.

① 國之語音異乎中國,

② 與文字不相流通. 故愚民有所欲言, 而終不得伸其情者多矣.

---

4) 국역본의 원간본 복원에 대해서는 문화재청(2007), 『훈민정음 국역본 이본 조사 및 정본 제작 연구』 참조. 먼저 국역본의 원간 연대에 대해 안병희(2007: 92~93)는 『석보상절』이 간행된 세종 29(1447)년으로 추정하고 있다. 그 근거로 첫째, 행격에서 국역본과 『석보상절』의 본문 언해가 1면 7행에 1행 16자이며, 『월인석보』 서문과 본문의 언해는 1면 7행, 1행 16자로 동일하다. 둘째, 『석보상절』의 본문이나 『월인석보』 서문의 언해와 마찬가지로 국역본은 본문을 구(口)점이나 두(讀)점 단위의 작은 대문으로 분절하여 언해하였다. 셋째, 구결과 한자 독음 표기에 있어서 국역본이나 『석보상절』은 구결을 본문 한자와 같은 크기로 하고 독음은 협주 글자의 크기로 처리하였으나 『월인석보』 서에서는 구두나 한자 독음 모두 협주 글자 크기로 하였다. 넷째, 협주는 세 가지 모두 본문 뒤에 나타난다. 그러나 『월인석보』 서에서는 언해에서도 나타난다. 다섯째, 국역본과 『석보상절』 서문에서는 '글왈문', '便安킈'와 같이 나타나지만 『월인석보』 서에서는 '글월', '-게'로 실현되어 차이를 보인다.

③ 予爲此憫然, 新制二十八字,

④ 欲使人人易習便於日用耳.

이를 국역한 언해 원문은 다음과 같다.

㉠ 나랏 말ᄊᆞ미 中듕國귁에 달아 文문字쯩와로 서르 ᄉᆞᄆᆞᆺ디 아니ᄒᆞᆯᄊᆡ

㉡ 이런 젼ᄎᆞ로 어린 百ᄇᆡᆨ姓셩이 니르고져 홇 배 이셔도 ᄆᆞᄎᆞᆷ내 제 ᄠᅳ들시러
   펴디 몯ᄒᆞᇙ 노미 하니라

㉢ 내 이ᄅᆞᆯ 爲윙ᄒᆞ야 어엿비 너겨 새로 스믈 여듧 字쯩ᄅᆞᆯ 밍ᄀᆞ노니

㉣ 사ᄅᆞᆷ마다 ᄒᆡ여 수비 니겨 날로 ᄡᅮ메 便뼌安ᅙᅡᆫ킈 ᄒᆞ고져 홇 ᄯᆞᄅᆞ미니라

이 국역본을 현대어로 옮기면 다음과 같다.

㉠ 나라의 말이 중국과 달라 문자가 서로 흘러 통하지 않는다.

㉡ 이런 까닭에 어리석은 백성이 말하고자 하는 바가 있어도 끝내 그 속마음
   을 능히 펼칠 수 없는 경우가 많다.

㉢ 내가 이를 위하여 어여삐 여겨 새로 28자를 만드니,

㉣ 사람마다 쉽게 익혀 날마다 사용함에 편안하게 사용하도록 만들어주고
   싶네.

한문에 대응한 국역에 몇 가지 문제점이 나타난다.

첫째, '異乎中國'과 '듕귁에 달아'에 대한 문제

'중국과 달라'로 해석할 수 있다. 그런데 왜 '중국에 달아'인가? 여기에
대해 '-에'를 비교격으로 해석하여 '-와'와 같은 기능을 하는 것으로 설명
해 왔다. 곧 '다ᄅᆞ-'라는 서술어는 '-이'-'+과+[다ᄅᆞ-]의 구문이어야

한다. '乎'자에 대해 '아모 그에 ᄒᆞ논 겨체 쓰는 字이라'라는 해설이 달려 있다. '아무' '그에'라고 하는 입겿(吐)에 붙이는 글자란 뜻으로 이해된다. 아마도 장소를 나타내는 말에 쓰는 글자라고 말하는 것으로 보인다. 그래서 '듕귁에'라고 '에'를 붙인 것 같다. 어조사 '乎'는 문장 맨 끝에 오면 의문을 나타낸다. 또 이 글자의 가장 많은 용례는 보이는 것은 개사(介詞, 전치사)로의 용법인데, 비교, 장소, 시간, 수동문에서 동작행위의 주체를 나타내는 데 쓰인다. 그 외의 용법이 많다. 여기는 당연히 '비교'를 나타내는 개사다. 그런데 『해례본』 번역자는 '乎'를 장소를 나타낸다고 이해하고 있다. 그래서 뜻은 '중국과 다르다'고 모두 이해하지만, 언해는 '중국에 달라'라는 기상천외한 번역을 하고 말았던 것이다. 정말 이해할 수 없는 번역이다.

둘째, '與文字로 不相流通할새'와 '文문字ᄍᆞ와로 서르 ᄉᆞᄆᆞᆺ디 아니홀ᄊᆡ'의 문제

'與'를 '와로'로 번역한 것이 이해가 되지 않는다. '와로'란 조사는 거의 쓰이지 않는다. 중세국어에서는 공동격이 열거되는 경우 처음부터 마지막까지 실현되어 마지막 위치에서는 복합격을 구성한다. 이것이 16세기 이후에는 마지막 자리의 공동격은 생략된다. '문자와 더불어 서로 ᄉᆞᄆᆞᆺ디', '문자와 함께 서로 사ᄆᆞᆺ디' 이런 뜻이 되는데, 이게 말이 안 된다는 것은 금방 알 수 있을 것이다.

강명관(2022) 교수는 "'與文字로 不相流通홀ᄊᆡ'에서 '與'는 수단과 도구를 나타내는 말이 되니까 정확한 번역은 '문자로써'라고 해야 한다 그런데 '문자로써 서로 유통하지 않는다'는 문장은 말이 되지 않는다. 간단히 말해 '문자와로'란 번역은 오역이다."라고 주장한다. 그 이유를 "오역이 난 것은 이 부분의 구결을 '與文字로 不相流通홀ᄊᆡ'라고 하여, 文字와 不相流通으로 분리하고 '文字'를 개사 '與'의 빈어(賓語, 목적어)로 보았기 때문

이다. 하지만 '文字'는 '與'의 빈어가 아니기에 '與文字로'라고 분리하면서 '로'란 구결을 붙일 수 없다. 이 문장은 '與之文字不相流通'라고 붙여써야 한다. '개사+빈어' 즉 개빈구는 독립시킬 수 없기 때문이다."라고 주장하고 있다.

중세어에서 'N1(와)+N2(와)+N3(와)+N4(와+로)+V'의 구성에서 16세기 이후에는 'N1(와)+N2(와)+N3(와)+N4(0+로)+V' 구성으로 변화한다. '與'는 동사(주다, 참여하다), 어기사(語氣詞, 문장 맨 끝에 쓰여 의문을 나타낸다), 연사(連詞, 접속사)로 쓰인다. 연사로 쓰일 때는 and의 뜻(吾與汝, '나와 너')이다. 그리고 개사(介詞, 전치사)로 많이 쓰인다. 여기서는 당연히 개사로 쓰인 것이다. 개사로 쓰일 때 용법은 동작 행위의 동반자를 나타내기도 하고, 비교의 대상을 나타내기도 한다. 여기서의 용법은 비교의 대상이다. 따라서 '與文字不相流通'은 원래 '與之文字不相流通'이다. 이 문장에서 '之'는 앞에 나온 '中國'을 대신하는 대명사다. 정확한 번역은 '그(중국)와 문자가 서로 흘러 통하지 않는다'이다. 『해례본』의 번역자는 '與'가 비교의 대상을 밝히는 기능을 한다는 것과 이미 알고 있는 경우 대명사 '之'를 생략할 수 있다는 것을 모르고, '유통'이란 말의 주어인 '文字'란 말을 '與'의 빈어로 오인했던 것이다. 따라서 번역할 때 '와로'라는 이상한 조사를 동원한 것이다. 뜻이 애매하게 되었음은 물론이다.

셋째, '予爲此憫然'와 '내 이를 爲윙ᄒᆞ야 어엿비 너겨'의 문제

강명관(2022) 교수는 "'내 이를 위하여 어여삐 여겨'란 문장에서 '어여삐 여긴다'는 것은 백성을 어여삐 여긴다는 뜻이다. 곧 백성을 불쌍히 여긴다는 뜻의 타동사다. 하지만 '憫然'은 형용사다. 동사가 될 수 없다. '予憫然'은 '予'가 주어고 '憫然'이 술어인 완전한 문장이다(형용사 술어). 이 문장은 '我苦'(나는 고통스럽다)란 문장과 구조가 같다. '憫然'은 '哀憐貌'(『漢語大詞典』)의 뜻이다. 우리말로 '짠하다'는 뜻이다. '予憫然'는 '나는 짠하다'는

뜻이다. 좀 더 풀어 말하자면 '나는 (마음이) 짠하다'는 뜻이다. '憫然'을 백성을 불쌍히 여긴다는 동사로는 해석할 수 없다."라고 한다. 우리말에서는 형용사가 동사와 더불어 서술어로 얼마든지 사용될 수 있다는 점을 간과한 결과이다.

"'爲此'를 '이를 위하여'로 번역할 수 없다."고 하지만 '此'는 그 앞의 문장 "故愚民有所欲言, 而終不得伸其情者多矣."를 지시한다는 점을 고려하지 않으면 '내가 이를 위하여 어여삐 여긴다'는 말이 되지 않는다고 생각할 수가 있다.

'爲此'는 '(개사)爲+(빈어)此'다. '爲'는 동사, 조동사, 연사(連詞, 접속사), 어기사(語氣詞, 문장 끝에 쓰여 의문을 나타낸다) 등 여러 품사로 쓰이지만, 가장 널리 쓰이는 것은 역시 개사로서의 용법이다. 개사로 쓰일 때는 '… 때문에' '…를 위해' '…에게' '…에 대하여' 등의 뜻으로 쓰인다. 여기서는 당연히 '… 때문에'의 뜻이다. 즉 '予爲此憫然'이란 뜻은 '나는 이 때문에 어여삐 여긴다'이다. 좀 덧붙이자면 "나는 이 때문에 마음이 아프다"란 뜻이다. 그러니까 백성을 불쌍히 여기는 것이 아니고, 백성들이 문자가 없어서 자기 마음 속 생각을 펼쳐내지 못하는 것 때문에 내 마음이 아프다는 뜻이다. 백성을 불쌍히 여긴다는 뜻은 없다. "내 이를 爲ᄒ야 어엿비 너겨'는 번역은 사실상 오역이다.

넷째, '欲使人人易習便於日用耳'와 '사람마다 히여 수비 니겨 날로 뿌메 뻔한안킈 ᄒ고져 홀 ᄯᆞ라미니라'의 문제

'사람마다 하여 쉽게 익혀 날로 쓰매 편안케 하고자 할 따름이니라'라고 번역했다. 문제 삼을 부분이 다수 있지만, 여기서는 맨 끝의 '耳'에 집중한다. 『해례본』은 '이(耳)는 따름이라 하는 뜻이라'고 풀이하고 있다. 일반적으로 '耳'는 문장 맨 끝에 와서 제한을 나타낸다. 보통 '…일 뿐이다', '…일 따름이다'라고 번역한다.

여기서 '此易知耳'을 '이것은 알기 쉬울 뿐이라네'라고 번역하는 것은 너무나 어색하다. 그냥 '이것은 알기 쉽다네'라고 그냥 긍정적인 어조(사실은 평범한 어조)로 번역하는 옳다. '欲使人人易習便於日用耳'도 "(나는) 사람들마다 (이 새 글자를) 쉽게 익혀 그들이 일상생활의 여러 용도에 편하게 사용하도록 만들어주고 싶네"로 번역하는 것이 옳을 듯하다. 사실 '耳'는 다른 용법이 있다. 긍정적인 어조 혹은 문장의 멈춤, 끝을 표시하는 것이다. 번역해 보면 별 뜻 없다.

세종의 원문은 한문으로서 정확하다. 하지만 언해는 이상한 부분이 적지 않다. 『훈민정음』 언해는 집현전에서 맡지 않았을까 생각하는데, 왜 이렇게 이상하게 언해를 했는지 이해되지 않는다.

『훈민정음 언해』 권두 서명과 내용 구성

訓·훈民민正·졍音흠:5) 『월인석보』(1459년) 권1~2 권두에 실려 있는 서강대본의 권두서명은 '世·솅宗죵御·엉製·졩訓·훈民민正·졍音흠'이다. 그러나 박승빈 본 곧 고려대 아세아문제연구소장본(육당문고본)의 권두서명은 『訓·훈民민正·졍音흠』으로 되어 있다. 서강대본의 1면은 변개가 있었던 것으로 보이는데 문화재청 복원본에서는 이를 교정하여 권두서명을 『訓·훈民민正·졍音흠』으로 복원하였다.

---

5) 'ㆆ'자의 음가는 성문폐쇄음인 [ʔ]로서 중국 36자모에서는 이를 하나의 어두자음으로 인정하고 '影모'로 표시하고 있었으나 중세국어에서는 독립된 어두자음으로 쓰인 일이 없고 『동국정운식』 한자음에서만 하나의 어두자음으로 인정하고 있다.

[세종 어제 서문]

訓·훈民민正·졍音흠

訓·훈·은 ㄱㄹ·칠 ·씨·오 民민·은 百·빅姓·셩·이·오 音흠·은 소·리·니 訓·훈民민正·졍音흠·은 百·빅姓·셩 ㄱㄹ·치시·논 正·졍혼 소·리·라

國·귁之징語:엉音흠·이
國·귁·은 나·라히·라 之징·는 ·입:겨지·라 語:엉·는 :말ㅆ·미·라

나·랏 :말ㅆ·미

異·잉乎홍中듕國·귁·호·야
異·잉·는 다룰 ·씨·라 乎홍·는 :아·모 그에 ·호논 ·겨체 ·쓰는 字·쫑ㅣ·라 中듕國·귁·은 皇황帝·뎽 :겨신 나·라히·니 ·우·리나·랏 常썅談땀·애 江강南남·이·라 ·호·ᄂ·니·라

中듕國·귁·에 달·아

與:영文문字·쫑·로 不·붏相샹流률通통홀·씨
與:영·는 ·이·와·뎌·와·호는 ·겨체 ·쓰는 字·쫑ㅣ·라 文문·은 ·글·와리·라 不·붏·은 아니 ·호는 ·쁘디·라 相샹·은 서르 ·호논 ·쁘디·라 流률通통·은 흘·러 ᄉᄆ·출 ·씨·라

文문字·쫑·와·로 서르 ᄉᄆᆺ·디 아니홀·씨
故·공·로 愚웅民민·이 有:율所:송欲·욕言언·호·야·도
故·공·는 젼·ᄎ·라 愚웅·는 어·릴 ·씨·라 有:율·는 이실·씨·라 所:송·는 ·배·라 欲·욕·은 ·호·고·져 홀 ·씨·라 言언·은 니를·씨·라

•이런 젼•ᄎ•로 어•린 百•빅姓•셩•이 니르•고•져 •홇 •배 이•셔•도

而ᅀᅵᆼ終즁不•붏得•득伸신其끵情쪙者:쟝ㅣ多당矣:읭•라
而ᅀᅵᆼ•ᄂᆞᆫ •입•겨지•라 終즁•은 ᄆᆞ•ᄎᆞ미•라 得•득•은 시•를 •씨•라 伸신•ᄋᆞᆫ
•펼 •씨•라 其끵•ᄂᆞᆫ :제•라 情쪙•은 ᄠᅳ디•라 者:쟝•ᄂᆞᆫ •노미•라 多당•ᄂᆞᆫ
•할 •씨•라 矣:읭•ᄂᆞᆫ :말 ᄆᆞᆺ•ᄂᆞᆫ•입 •겨지•라

ᄆᆞ•ᄎᆞᆷ:내 제 •ᄠᅳ•들 시•러 펴•디 :몯 홇 •노•미 하•니•라

予영ㅣ 爲•윙此:충憫:민然션•ᄒᆞ•야
予영•ᄂᆞᆫ •내 •ᄒᆞ습•시논 •ᄠᅳ•디시•니•라 此:충•ᄂᆞᆫ •이•라 憫:민然션•은 :어
엿•비 너•기실 •씨•라

•내 •이•ᄅᆞᆯ 爲•윙•ᄒᆞ•야 :어엿•비 너•겨
新신制•졩 二•ᅀᅵᆼ十•씹八•밣字•ᄍᆞᆼ•ᄒᆞ노•니
新신•은 •새•라 制•졩•ᄂᆞᆫ •밍ᄀᆞ•ᄅᆞ실 •씨•라 二•ᅀᅵᆼ十•씹八•밣•은 •스•믈여•
듧비•라

•새•로 •스•믈 여•듧 字•ᄍᆞᆼ•ᄅᆞᆯ 밍•ᄀᆞ노•니

欲•욕使:ᄉᆞᆼ 人신人신•ᄋᆞ•로 易•잉習•씹•ᄒᆞ•야 便뼌於헝日•ᅀᅵᆳ用•용耳:ᅀᅵᆼ니•라
使:ᄉᆞᆼ•ᄂᆞᆫ :히•여 •ᄒᆞ논•마리•라 人신•ᄋᆞᆫ :사•ᄅᆞ미•라 易•잉•ᄂᆞᆫ :쉬볼 •씨•
라 習•씹•은 니•길 •씨•라 便뼌•은 便뼌安한•홀 •씨•라 於헝•ᄂᆞᆫ :아•모그에
•ᄒᆞ논 •겨체 쓰•는 字•ᄍᆞᆼㅣ•라 日•ᅀᅵᆳ•은 •나리•라 用•용•은 •쓸 •씨•라
耳:ᅀᅵᆼ•ᄂᆞᆫ ᄯᆞ•ᄅᆞ미•라 •ᄒᆞ논 •ᄠᅳ디라

:사름:마•다 :히•여 :수•비 니•겨 •날•로 •ᄡᅮ•메 便뼌安한킈 ᄒᆞ•고•져 홇 ᄯᆞᄅᆞ
•미니•라

어제 서문에는 한문과 이두라는 제한적 서사 형식을 뛰어넘는 문자인 훈민정음 28자를 창제한 이유와 이를 모든 백성이 두루 배우고 익혀서 일상에 사용할 것을 선언하고 있다. 이 세종의 창제 서문에는 조선 초 시대적 배경을 뛰어넘어 백성을 사랑하고 또 민주적 의사소통과 지식을 습득할 수 있는 절호의 기회를 연출해낸 세종의 뛰어난 애민, 위민, 편민, 민주 사상이 담겨 있다.

아울러 동아시아의 한자문화권의 사회에 표음문자의 탄생은 실로 엄청난 문화적 변혁을 예고한 것으로 세종은 우리말 표기뿐만 아니라 한자음의 표기와 중국어, 일본어, 만주어 등의 이민족의 외국어나 외래어의 표기까지를 염두에 둔 문자 창제였음을 『훈민정음 해례』와 『동국정운』, 『홍무정운역훈』, 『용비어천가』의 간행을 통해 읽을 수 있다.

[문자장]

○ 초성

ㄱ·는 牙앙音흠·이·니 如셩君 군ㄷ字·쫑 初총發·벓聲성·ㅎ·니 並·뼝書성·ㅎ면 如셩虯끃ㅸ字·쫑 初총發·벓聲성·ㅎ·니·라

牙앙·는 :어미·라 如셩·는 ·ㄱ틀 ·씨·라 初총發·벓聲성·은 ·처섬 ·펴·아·나는 소·리·라 並·뼝書성·는 글·봐 ·쓸 ·씨·라

ㄱ·는 :엄쏘·리·니 君군ㄷ字·쫑 ·처섬 ·펴·아 ·나는 소·리 ·ㄱ틴·니 글·봐 ·쓰·면 虯끃ㅸ字·쫑 ·처섬 ·펴·아 ·나는 소·리 ·ㄱ·틴니·라

ㅋ·는 牙앙音흠·이·니 如셩快·쾡ㆆ字·쫑 初 총發·벓셩성·ㅎ·니·라

ㅋ·는 :엄쏘·리·니 快·쾡ㆆ字·쫑 ·처섬 ·펴·아 ·나는 소·리 ·ㄱ·틴니·라

ㅇ·는 牙앙音흠·이·니 如셩業·업字·쫑 初총·發벓聲성·ㅎ·니·라

ㆁ·는 :엄쏘·리·니 業·업字·쫑 ·처섬 ·펴·아 ·나는 소·리 ·ㄱ·ㅌ니·라

ㄸ·는 舌·쎯音흠·이·니 如셩斗:둫ㅸ字·쫑 初·춍 發·벓聲셩ㅎ·니 並·뼝書셩ㅎ·면
如셩覃땀ㅂ字·쫑 初·춍發·벓聲셩ㅎ·니·라
舌·쎯·은 ·혜·라
ㄷ·는 ·혀쏘·리·니 斗:둫ㅸ字·쫑 ·처섬 ·펴·아 ·나는 소·리 ·ㄱㅌ·니 글·바
·쓰·면 覃땀ㅂ字·쫑 ·처섬 ·펴·아 ·나는 소·리 ·ㄱ·ㅌ니·라

ㅌ·는 舌·쎯音흠·이·니 如셩呑튼ㄷ字·쫑 初·춍 發·벓聲셩ㅎ·니·라
ㅌ·는 ·혀쏘·리·니 呑튼ㄷ字·쫑 ·처섬 ·펴·아 ·나는 소·리 ·ㄱ·ㅌ니·라

ㄴ·는 舌·쎯音흠·이·니 如셩那낭ㆆ字·쫑 初·춍 發·벓聲셩ㅎ·니·라
ㄴ·는 ·혀쏘·리·니 那낭ㆆ字·쫑 ·처섬 ·펴·아 ·나는 소·리 ·ㄱ·ㅌ니·라

ㅂ는 脣쓘音흠·이·니 如셩彆·볋字·쫑 初·춍 發·벓聲셩ㅎ·니 並·뼝書셩ㅎ·면 如셩
步·뽕ㆆ字·쫑 初·춍發·벓聲셩ㅎ·니·라
脣쓘·은 입시·우리·라
ㅂ·는 입시·울쏘·리·니 彆·볋字·쫑 ·처섬 ·펴·아 ·나는 소·리 ·ㄱ·ㅌ·니
글·바 ·쓰·면 步·뽕ㆆ字·쫑 ·처섬 ·펴·아 ·나는 소·리 ·ㄱ·ㅌ니·라

ㅍ·는 脣쓘音흠·이·니 如셩漂푱ㅸ字·쫑 初·춍發·벓聲셩ㅎ·니·라
ㅍ·는 입시·울쏘·리·니 漂푱ㅸ字·쫑 ·처섬 ·펴·아 ·나는 소·리 ·ㄱ·ㅌ니·라

ㅁ·는 脣쓘音흠·이·니 如셩彌밍ㆆ字·쫑 初·춍發·벓聲셩ㅎ·니·라
ㅁ·는 입시·울쏘·리·니 彌밍ㆆ字·쫑 ·처섬 ·펴·아 ·나는 소·리 ·ㄱ·ㅌ니·라

ㅈ는 齒:칭音흠·이·니 如셩卽·즉字·쫑 初·춍發·벓聲셩ㅎ·니 並·뼝書셩ㅎ·면 如
셩慈쭝ㆆ字·쫑 初·춍發·벓聲셩ㅎ·니·라
齒:칭·는 ·니·라

ㅈ·는 ·니쏘·리·니 ^卽·즉字·쫑 ·처엄 ·펴·아 나는 소리 ·ᄀ·ᄐ·니 글·ᄫᆞ·
ᄡᅳ·면 ^慈쭝ᇹ字·쫑 ·처엄 ·펴·아 나는 소·리 ·ᄀ·ᄐ·니·라

ㅊ·는 ^齒:칭音흠·이·니 ^如셩侵침ㅂ字·쫑 初총發·ᄤᆞᆼ聲셩ᇹ·니·라
ㅊ·는 ·니쏘·리·니 ^{侵침}ㅂ字·쫑 ·처엄· ·펴·아 나는 소리 ·ᄀ·ᄐ니·라

ㅅ·는 ^齒:칭音흠·이·니 ^如셩戌·슗字·쫑 初총發·ᄤᆞᆼ聲셩ᇹ·니 竝·뼝書셩·면 ^如
셩邪썅ᇹ字·쫑 初총發·ᄤᆞᆼ聲셩ᇹ·니·라
ㅅ·는 ·니쏘·리·니 ^戌·슗字·쫑 ·처엄 ·펴·아 나는 소리 ·ᄀ·ᄐ·니 글·ᄫᆞ
·ᄡᅳ·면 邪썅ᇹ字·쫑 ·처엄 ·펴·아 나는 소리 ·ᄀ·ᄐ니·라

ㆆ·는 ^{喉薹}音흠·이·니 ^如셩挹·흡字·쫑 初총發·ᄤᆞᆼ聲셩ᇹ·니·라
^{喉薹}·는 모·기·라
ㆆ·는 목소·리·니 ^挹·흡字·쫑 ·처엄 ·펴·아 나는 소리 ·ᄀ·ᄐ·니·라
ㅎ·는 ^{喉薹}音흠·이·니 ^如셩虛헝ㆆ字·쫑 初총發·ᄤᆞᆼ聲셩ᇹ·니 竝·뼝書셩·면 ^如
셩洪薹ㄱ字·쫑 初총發·ᄤᆞᆼ聲셩ᇹ·니·라

ㅎ·는 목소·리·니 ^{虛헝}ㆆ字·쫑 ·처엄 ·펴·아나는 소리 ·ᄀ·ᄐ·니 글·ᄫᆞ·
·ᄡᅳ·면 ^{洪薹}ㄱ字·쫑 ·처엄 ·펴·아 나는 소리 ·ᄀ·ᄐ니·라

ㅇ·는 ^{喉薹}音흠·이·니 ^如셩欲·욕字·쫑 初총發·ᄤᆞᆼ聲셩ᇹ·니·라
ㅇ·는 목소·리·니 ^欲·욕字·쫑 ·처엄 ·펴·아 ·나는 소리 ·ᄀ·ᄐ·니·라

ㄹ·는 ^半·반舌썷音흠·이·니 ^如셩閭령ㆆ字·쫑 初총發·ᄤᆞᆼ聲셩ᇹ·니·라
ㄹ·는 ^半·반·혀쏘·리·니 閭령ㆆ字쫑 ·처엄 ·펴·아 나는 소리 ·ᄀ·ᄐ니·라

ㅿ·는 ^半·반齒:칭音·이·니 ^如셩穰상ㄱ字·쫑 初총發·ᄤᆞᆼ聲셩ᇹ·니·라
ㅿ·는 ^半·반니쏘·리·니 穰상ㄱ字·쫑 ·처엄 ·펴·아 나는 소리 ·ᄀ·ᄐ니·라

훈민정음에서 초성 소리를 설명하기 위하여 사용된 자모표는 중국의 36자모표를 본받은 것이었다. 그러나 우리말의 음운체계가 그와 그대로 맞는 것이 아니었기 때문에 훈민정음의 창제자 세종은 독자적으로 23자 모표를 만들었으며, 그것을 설명하기 위한 자모자들도 새로운 한자들을 사용하였다. 훈민정음의 글자 음가를 설명하는 데 사용된 한자들을 보이면 다음과 같다.

아음	설음	반설음	순음	치음	반치음	후음
ㄱ 君 군	ㄷ 斗 둫		ㅂ 彆 볋	ㅈ 卽 즉	ㅅ 戌 슗	ㆆ 挹 흡
ㄲ 虯 뀨	ㄸ 覃 땀		ㅃ 步 뽕	ㅉ 慈 쭝	ㅆ 邪 썅	ㅎ 虛 헝
ㅋ 快 쾡	ㅌ 呑 튼		ㅍ 漂 푤	ㅊ 侵 침		ㆅ 洪 薴
						ㅇ 欲 욕
ㆁ 業 업	ㄴ 那 낭		ㅁ 彌 밍			
		ㄹ 閭 령			△ 穰 샹	

이 한자의 음들은 『동국정운』식으로 되어 있기 때문에 특히 각자병서의 경우 제 음가를 보이지 못한 것일 수가 있다. 당시 국어의 현실 한자음에서는 된소리가 거의 없기 때문이다. 이는 한자를 이용하여 음가를 보이는 데서 오는 한계라 할 수 있다.

'ㆁ'는 초성에 자주 사용되었으나 그 사례가 점차 줄어들어 16세기 초엽에는 몇몇 예만 보이다가 'ㅇ'으로 바뀌어 종성에서만 사용되었다. 『훈민정음 해례』에서는 "ㆁ은 비록 혀뿌리로 목구멍을 막고 소리는 코로 통하므로 그 소리가 ㅇ과 서로 비슷하기 때문에 운서에서는 疑(ㆁ)와 喩(ㅇ)가 서로 다수 혼용하고 있다."라고 하여 우리말에서나 개신 한자음에서나 이 둘은 시차성이 없는 글자임을 말하고 있다. 곧 체계를 구성하는 문자로서 이음표기에 필요했던 문자가 아닌가?

이와 같은 관점에서 김동소(2003)은 'ㅿ'나 'ㆍ'도 절충적 문자로서 우리말의 지역적 변이형을 통합하는 문자로 설명하고 있다. 문자 제정의 초기적 상황에서 초성이나 종성 모든 환경에서 음소적 시차성 유무에 따라 음소인지를 가려내어야 할 것이다. 여기서 왜 'ㅇ'의 자표를 '喩'로 했는가? 훈민정음의 자표로는 '業'임에도 불구하고 중국 운서의 자표로 기술하고 있는 것으로 미루어보아 집현전 학사들이 우리말과 한자말을 분명히 달리 인식하고 그 표기법도 달리 하고 있었음을 알 수 있다.

초성 가운데 『훈민정음 해례』에서 "후음의 ㆁ은 소리가 맑고 비어서 반드시 종성에 쓰지 않아도 중성이 소리를 이룬다."라는 규정은 이 'ㆁ'의 음가가 어두에서는 ㅇ휴지(#)를 나타내는 음소에 불과했고 종성에서만 실현된 제한음소였을 말해주고 있다. 16세기 말에서 17세기 초반에 걸쳐 완정히 'ㅇ'으로 통합되었다.

'ㆆ'는 『훈민정음 해례』 용자례에서 제외되었다. 다시 말하면 'ㆆ'는 제한적 음소로 우리말의 어두에서는 음소적 시차성을 지니지 못한 문자여서 사잇소리로만 표기되었으며, 한자음의 표기에도 매우 불완전하게 사용된 문자였다. "先考ㆆ뜯 몯 일우시니"(용가 12장), "길히 업더시니"(용가 19장)에서와 같이 'ㆆ' 글자는 후음의 폐쇄음[ʔ]으로 'ㅇ'과 대비하여 완급(緩急)의 차이가 있는 것으로 우리말에서는 'ㄹ' 아래의 사잇소리 'ㅭ'로 표기할 수 있다. 또 초성에서는 'ㅇ'과 'ㆆ'이 서로 비슷하여 우리말에서는 통용할 수 있다고 규정하였다. 『훈민정음 해례』 합자해에 "초성의 ㆆ은 ㅇ과 서로 비슷하니 우리말에는 가히 통용이 가능하다"[6]라고 하였으니 'ㆆ'의 초성도 병서의 음이나 마찬가지로 한자의 통용음으로 표시할 수 없는 것이 사실이다. 여기서도 'ㆆ'과 'ㅇ'이 서로 혼용이 된다는 말이다.

ㆅ은 17자 초성에 포함된 글자가 아닌 한자음 표기를 위한 ㆆ의 병서인

---

6) .初聲之ㆆ。與ㅇ相似。於諺可以通用也。

전탁글자 6자를 포함한 23자 가운데 하나이다. 이 글자는 ㅸ이 소멸한 성종조 1480년『원각경언해』에서 'ㆆ'으로 합류하고 글자는 소멸되었다. 예초에 ㆅ은 'ㅕ'와 결합되었는데 'ㆆ'의 구개음화된 글자였으며 체계적으로 배우 불완전했기 때문에 곧 바로 소멸된 것이다.

이와 함께 우리말은 초성자나 중성자 하나만이 떨어져 쓰일 수 없다는 것이 예의의 원칙이지만『훈민정음 해례』의「합자해」에서는 중성과 종성의 보충적 편법인 한자와 함께 쓰는 경우 "補以中終"으로 규정하고 있다. 곧 '孔子ㅣ', '魯ㅅ 사룸'의 예에서와 같이 중성이나 종성의 글자가 따로 떨어져서 사용되고 있다.

○ 중성

•는 如셩覃땀ㄷ 字쫑 中듕聲셩ㅎ•니•라
中듕•은 가•온•딧•라
•는 覃땀ㄷ 字•쫑 가•온•딧소•리 •ᄀ•ᄐ니•라

ㅡ는 如셩卽•즉 字•쫑 中듕聲셩ㅎ•니•라
ㅡ•는 卽•즉 字쫑 가•온•딧 소•리 •ᄀ•ᄐ니•라

ㅣ•는 如셩侵침ㅂ 字•쫑 中듕聲셩ㅎ•니•라
ㅣ•는 侵침ㅂ 字쫑 가•온•딧소•리 •ᄀ•ᄐ니•라
ㅗ•는 如셩洪뽕ㄱ 字•쫑 中듕聲셩ㅎ•니•라
ㅗ•는 洪뽕ㄱ 字쫑 가•온•딧소•리 •ᄀ•ᄐ니•라

ㅏ•는 如셩覃땀ㅂ 字•쫑 中듕聲셩ㅎ•니•라
ㅏ•는 覃땀ㅂ 字쫑 가•온•딧소•리 •ᄀ•ᄐ니•라

ㅜ•는 如셩君군ㄷ 字•쫑 中듕聲셩ㅎ•니•라
ㅜ•는 君군ㄷ 字쫑 가•온•딧소•리 •ᄀ•ᄐ니•라

ㅓ·는 如ᅀᅧᆼ業·업 字·ᄍᆞᆼ 中듕聲셩ᄒᆞ·니·라
ㅓ·는 業업 字ᄍᆞᆼ 가·온·뒷소·리 ·ᄀᆞ·ᄐᆞ니·라

ㅛ·ᄂᆞᆫ 如ᅀᅧᆼ欲·욕 字·ᄍᆞᆼ 中듕聲셩ᄒᆞ·니·라
ㅛ·ᄂᆞᆫ 欲·욕 字ᄍᆞᆼ 가·온·뒷소·리 ·ᄀᆞ·ᄐᆞ니·라

ㅑ·ᄂᆞᆫ 如ᅀᅧᆼ穰ᅀᅣᆼㄱ 字·ᄍᆞᆼ 中듕聲셩ᄒᆞ·니·라
ㅑ·ᄂᆞᆫ 穰ᅀᅣᆼㄱ 字ᄍᆞᆼ 가·온·뒷소·리 ·ᄀᆞ·ᄐᆞ니·라

ㅠ·는 如ᅀᅧᆼ戌·ᄉᆔᇙ 字·ᄍᆞᆼ 中듕聲셩ᄒᆞ·니·라
ㅠ·는 戌·ᄉᆔᇙ 字ᄍᆞᆼ 가·온·뒷소·리 ·ᄀᆞ·ᄐᆞ니·라

ㅕ·는 如ᅀᅧᆼ彆·ᄇᆑᇙ 字·ᄍᆞᆼ 中듕聲셩ᄒᆞ·니·라
ㅕ·는 彆·ᄇᆑᇙ 字ᄍᆞᆼ 가·온·뒷소·리 ·ᄀᆞ·ᄐᆞ니·라

예의에서 제사한 중성 11자는 기본자 3자(· ㅡ ㅣ), 초출자 4자(ㅗ ㅏ ㅜ ㅓ), 제출자 4자(ㅛ, ㅑ, ㅠ, ㅕ)를 해례에서 일자중성 11자를 기본으로 이자중성 14자(ㅘ, ㆇ, ㅝ, ㆊ, ㆎ, ㅢ, ㅚ, ㅐ, ㅟ, ㅔ, ㆉ, ㅒ, ㆌ, ㅖ), 삼자중성 4자(ㅙ, ㅞ, ㆈ, ㆋ)를 포함한 29자 체계로 확장하였다.

예의를 국역한『훈민정음』언해본에서는 단지 중성 11자만을 제시하고 있다. 그런데 중성 11자의 글꼴 가운데 특히 '·'는 문헌에 따라 변개를 보여주고 있다. 이것은 목판과 활자를 제작하는 과정에서 생겨난 변개로 보인다.

훈정해례	훈정국역	동국정운	용비어천가	석보상절	월인천강지곡	홍무정훈역훈	원인석보
·	ˎ	·	·	·	·	ˎ	ˎ

훈정해례	훈정국역	동국정운	용비어천가	석보상절	월인천강지곡	홍무정훈역훈	원인석보
ㅡ	ㅡ	ㅡ	ㅡ	ㅡ	ㅡ	ㅡ	ㅡ
ㅣ	ㅣ	ㅣ	ㅣ	ㅣ	ㅣ	ㅣ	ㅣ
ㅗ	ㅗ	ㅗ	ㅗ	ㅗ	ㅗ	ㅗ	ㅗ
ㅏ	ㅏ	ㅏ	ㅏ	ㅏ	ㅏ	ㅏ	ㅏ
ㅜ	ㅜ	ㅜ	ㅜ	ㅜ	ㅜ	ㅜ	ㅜ
ㅓ	ㅓ	ㅓ	ㅓ	ㅓ	ㅓ	ㅓ	ㅓ
ㅛ	ㅛ	ㅛ	ㅛ	ㅛ	ㅛ	ㅛ	ㅛ
ㅑ	ㅑ	ㅑ	ㅑ	ㅑ	ㅑ	ㅑ	ㅑ
ㅠ	ㅠ	ㅠ	ㅠ	ㅠ	ㅠ	ㅠ	ㅠ
ㅕ	ㅕ	ㅕ	ㅕ	ㅕ	ㅕ	ㅕ	ㅕ

중성 글꼴의 변개를 도식으로 나타낸 것이다. 기본자는『훈민정음 해례』,
『동국정운』,『용비어천가』,『석보상절』,『월인천강지곡』에서는 유사성을
보이지만 나머지는 아마도 조판의 어려움으로 인해 전면 변개를 가져왔
음을 알 수가 있다. 적어도 그 글꼴의 전환을 알려준 것이 아마도『훈민정
음』언해본에서 시작된 것으로 보인다.

[용법장]
○ 종성

終즁聲셩·은 復·뿡用·용初총聲셩·흐·느니·라
復·뿡·는 다·시 ·흐논 ·뜨디·라
乃:냉終즁ㄱ 소·리·는 다·시 ·첫소·리·를 ·쓰·느니·라

乃:냉終즁ㄱ소·리·는 다·시·첫소·리·를·쓰·느니·라: '終聲復用初聲'은
훈민정음의 제정자들이 중국음운학의 2분법인 성聲과 운韻을 버리고 초·
중·종성으로 3분하는 체계를 세우면서 종성을 초성과 같은 것으로 파악

한 태도가 반영된 구절이다. "종성은 초성의 글자로 다시 쓸 수 있다."는 훈민정음 창제 당시의 매우 간략한 종성 규정이다. 이는 오늘날과 같이 기본형을 밝혀 적는 형태음소론적인 표기법 규정이다. 곧 모든 초성을 종성에서 쓸 수 있다고 규정했으나 이어쓰기 방식 때문에 철자법이 매우 혼란스러울 염려가 없지 않았던 탓인지 『용비어천가』와 『월인천강지곡』에서만 '엱익갗'처럼 시험 운용을 한 뒤 훈민정음 해례에서는 "然ㄱㆁㄷㄴㅂㅁㅅㄹ八字可足用也。"라고 하여 종성에 여덟 글자(ㄱ, ㆁ, ㄷ, ㄴ, ㅂ, ㅁ, ㅅ, ㄹ)만 쓸 수 있도록 규정을 변개하였다. 다만 '빗곶(梨花)', '엱의갗(狐皮)'에서처럼 종성의 마찰음(ㅅ, ㅿ)이나 파찰음(ㅈ, ㅊ)을 'ㅅ'으로 통용할 수 있는 예외 규정으로 "ㅅ字可以通用。故只用ㅅ字。"(훈민정음 해례)를 두었다. 종성에서 '잇ᄂ니>읻ᄂ니'와 같은 자음동화의 예외적인 사례를 근거로 하여 /ㄷ/ : /ㅅ/이 변별되었다는 논거를 삼는 것은 적절한지 의문이다. 당시 종성 'ㅅ'의 표기가 'ㄷ'으로 혼기되는 예가 많기 때문에 8종성 표기법의 규정에 적용된 사례라고 할 수 있다.

한편 해례 22ㄱ, 31ㄴ에 '復'가 권점 없이 나타나는 예도 있어 해례의 원본도 완벽하지 않으며, "終聲復°用初聲。" 규정을 "종성 제자에 관한 규정"으로서 그리고 "종성 표기"에 관련한 것을 겸한 중의적인 규정으로 해석한 논의(정우영, 2014: 11)도 있다. 이 구절을 모든 초성을 종성으로 써야 한다는 문자 운용 규정으로 해석하기도 하였으나, 종성은 새로 글자를 만들지 않고 초성을 다시 이용한다는 중서의 제자 원칙으로 보는 것이 일반적이다.

개신 한자음에는 종성이 없는 글자가 없지만 우리말에는 그렇지 않다. 따라서 종성을 반드시 갖추어야 하는 용법도 있지만은 반드시 갖추지 않아도 무방한 용법도 있는 것이다. 현재 통용음으로 종성이 없는 한자에는 전부 'ㅇ' 내지 'ㅱ'의 종성을 붙였는데 우리말에는 대체로 'ㄱ, ㆁ, ㄷ,

ㄴ, ㅂ, ㅁ, ㅅ, ㄹ'의 여덟자를 종성으로 쓰는데 그친다. 'ㆁ'이나 'ㅱ'과 같은 음까지도 종성으로 써서 종성의 제한이 없는 용법도 있지만 종성을 여덟자로 제한한 용법도 있는 것이다.

[연서법]

ㅇ•를 連련書셩脣쓘音흠之징下:행•ㆆ•면 則•즉爲윙脣쓘輕켱音흠•ㅎ•ᄂ•니•라
連련•은 니•ᅀᅳ •쓸 •씨•라 下:행•ᄂᆞᆫ 아래•라 則•즉•은 :아•ᄆᆞ리 ᄒᆞ•면 • ᄒᆞᆫ
•겨•체 •쓰는 字쭝ㅣ•라 爲윙•ᄂᆞᆫ ᄃᆞ욀 •씨•라 輕켱•은 가•ᄇᆡ야•ᄫᆞᆯ •씨•라
ㅇ•를 입시•울쏘•리 아•래 니•ᅀᅥ •쓰•면 입시•울 가•ᄇᆡ야•ᄫᆞᆫ 소•리 ᄃᆞ욀•ᄂᆞ•니
•라

'ㅇ'를 순중음(ㅂ, ㅍ, ㅃ, ㅁ) 아래에 이어 쓰면 순경음(ㅸ, ㆄ, ㅹ, ㅱ)이 된다는 규정이다. 중국 한음에서는 순중음과 순경음이 변별적이지만 조선에서는 고유어에서만 'ㅸ'이 사용되었고 『동국정운』과 『홍무정운』 한자음에서 음성운미 표기로 'ㅱ'이 사용되었을 뿐이다. 훈민정음 합자해에 반설경음 'ㄹ'을 만들 수 있다는 설명은 있었지만 실제로 사용되지는 않았다. 훈민정음 해례에서 "반설은 경중 두 가지 음이 있으나 운서의 자모에서도 오로지 하나만 있고 우리말에서는 경중이 구분하지 않아도 다 소리가 이루어진다. 다만 만약의 쓰임을 위해 'ㅇ'을 'ㄹ' 아래에 쓰면 반설경음이 되며 혀를 입천장에 살짝 닿는 소리"[7]로 규정하고 있다. 'ㄹ'는 "반설음에는 경중이 있는데 운서에서 유일하게 사용된 자모(半舌有輕重二音。然韻書字母唯一)"라고 하였지만 실제로 'ㆆ'과 같이 국어의 음소와는 상관없는

---

7) "半舌有輕重二音。然韻書字母唯一。且國語雖不分輕重。皆得成音。若欲備用。則依脣輕例。ㅇ 連書
ㄹ下。爲半舌輕音。舌乍附上腭。"(『훈민정음 해례』「제자해」)

유음의 변이음이었을 것이다.

15세기 훈민정음이 창제 될 당시 중국의 각종 운서에서는 순음 계열이 순경음과 순중음이 분화되어 있었다. 그러나 당시 조선음에서는 순경과 순중이 변별성이 없었던 관계로 별개의 문자로 기본자로 삼지 않고 변이 음 표기 방식인 연서의 방식으로 ㅱ, ㅸ, ㅹ, ㆄ와 ㅿ이라는 문자를 운용할 수 있도록 했다. 일부 방언에서 변이음으로 실현된 'ㅸ' 이외에 'ㅱ', 'ㆄ' 등은 개신 한자음 표기에만 사용되었고 나머지는 사용되지 않았다.

[병서법]

初총聲성·을 合·협用·용·홇 디·면 則·즉並·뼁書셩ㅎ·라 終즁聲셩·도 同똥ㅎ·니·라
合·협·은 어·울·씨·라 同똥·은 흔가·지·라 ·ㅎ논 ·뜨디·라
·첫소·리·를 ·어·울·워 ·뿛·디·면 글·바 ·쓰·라 乃:냉終즁ㄱ 소·리·도 흔가·지 ·라

병서는 왼쪽에서 오른쪽으로 어울러 쓰는 것을 말하는데 동일한 초성 자를 어울러 쓰는 것을 각자병서(ㄲ, ㄸ, ㅃ, ㅆ, ㅉ, ㆅ), 다른 글자를 초성에 어울어 쓰는 것을 합용병서(ㅺ, ㅼ, ㅲ, ㅴ)라고 한다.

[부서법]

· ─ㅗㅜㅛㅠ·란 附·뼁書셩初총聲셩之징下:행ㅎ·고
附·뿡·는 브·틀 ·씨·라
··와 ─··와 ㅗ·와 ㅜ·와 ㅛ·와 ㅠ·와·란 ·첫소·리 아·래 브·텨 ·쓰·고
ㅣㅏㅓㅑㅕ·란 附·뼁書·셩於헝右:윻ㅎ·라
右:융·는 ·올흔 녀·기·라
ㅣ·와 ㅏ·와 ㅓ·와 ㅑ·와 ㅕ·와·란 ·올흔 녀·긔 브·텨 ·쓰·라

『훈민정음』 국역본에서는 부서를 초성과 중성의 결합으로 한정하여 중성을 초성의 아래에 붙여 쓰거나 오른쪽에 붙여 쓰는 것을 뜻하고 있다. 부서는 위쪽에서 아래쪽 혹은 왼쪽에서 오른쪽으로 초성자와 중성자를 합하여 쓰는 것을 말한다. '‧'와 'ㅣ'가 어울려 'ㅓ'가 되거나 '‧'와 'ㅡ'가 어울려 'ㅗ'가 되는 것을 부서라고 할 수 있다. 그러나 여기서는 음절의 초성과 중성 그리고 종성이 합자되는 것까지를 포괄해서 부서로 규정하고 있다. 『훈민정음 해례』에서는 이 부서 규정을 합자 규정과 구분하고 있다. 곧 "초, 중, 종 3성은 합한 연후에 소리가 이루어지니 초성은 혹 중성 위에나 왼편에 어울려 쓴다."[8]는 규정으로 변개가 이루어졌다. 최병수(2005)의 『조선어 글자공학』(사회과학원출판사, 11쪽)에서는 모음 글자의 유형을 '세운형', '누운형', '혼합형'으로 구분하고 있다. 이에 따르면 연서와 병서는 낱글자의 결합 방식이라면 부서는 낱글자의 결합 방식을 포함한 모음을 중심으로 한 음절 구성 방식을 규정한 내용이다. 음절핵(syllable core)인 중성을 기준으로 하여 '위(上)—아래(下)', '앞(左)—뒤(右)'로 붙여 쓰는 음절합성 규정이다. '‧ ㅡ ㅗ ㅜ ㅛ ㅠ'는 '누운형(張口之字,『사성통해』)'으로 '하늘(天, ‧)—땅(地, ㅡ)'의 오방과 성수 배치에 따라 만든 글자이고 'ㅣ ㅏ ㅓ ㅑ ㅕ'는 '세운형(縮口之字,『사성통해』)'으로 '사람(人, ㅣ)—하늘(天, ‧)'의 오방과 성수 배치에 따라 만든 글자이다. 모음 역시 음소 문자인 11자 이외에 음성표기를 위한 '혼합형'으로 'ㅢ, ㅟ, ㅚ, ㅘ, ㅝ, ㅙ, ㅞ' 등의 사용 가능성을 열어 두었다. 예의에서 부서는 V+V의 구성 방식만 의미하지만 해례의 합자해에서는 C+V 구성방식으로 확대된다. 넓은 의미에서 부서는 합자법 규정의 일부이다.

---

8) "初中終三聲。合而成字。初聲或在中聲之上。或在中聲之左。"

[성절법]

凡뻠字·쫑ㅣ 必·빓合·햅而씽成쎵音흠·ㅎᄂ·니
凡뻠·은 믈읫 ·ᄒᄂ논 ·ᄠ디·라 必·빓·은 모·로·매 ·ᄒᄂ논 ·ᄠ디·라 成쎵·은
:일 ·씨·라
믈읫 字·쫑ㅣ 모·로·매 어·우러·ᅀᅡ 소·리 :이ᄂ·니

"무릇 모든 글자는 합한 연후에 소리가 이루어진다."는 음절 구성에 대한 규정이다. 여기서 '字'는 음소를 나타내는 개념으로 보았다. 이 음소를 나타내는 글자는 초성과 중성 그리고 종성이 합해야 곧 음절이 구성된다는 의미이다. 한글은 이처럼 음소문자이면서 음절문자의 성격을 띤 것이다. 종래에 이 규정을 성음법이라고 하였다. 그러나 '必合而成音' 규정은 말 그대로 '成音'에 대한 규정으로 보기 힘들다. 모음은 아무런 자음의 도움을 받지 않고도 음절을 이룰 수 있기 때문이다. 따라서 이 규정은 오히려 글자의 모양에 대한 규정으로 보는 것이 낫다. 따라서 성음법이라는 용어 대신 성절법이라는 용어가 더 적절하다. 곧 모음만으로 이루어진 음절의 경우 이 규정에 의해 자음 'ㅇ'을 덧붙여 글자의 모양을 갖춘 것이라 할 수 있다.

[사성법]

左:쟝加강ᅳ·힗點:뎜ᄒ·면 則·즉츠·컹聲셩·이·오
左:쟝·ᄂ :왼녀·기·라 加강·ᄂ 더을 ·씨·라 ᅳ·힗·은 ᄒ나·히·라 츠·컹聲셩
·은 ·ᄆ 노·픈 소·리·라
:왼녀·긔 ᄒ 點:뎜·을 더으·면 ·ᄆ 노·픈 소·리·오

二·싱則·즉 上:쌩聲셩·이·오

二·싱·는 :둘히·라 上:쌍聲셩·은 ·처서·미 눗:갑·고 乃:냉終쥼·이 노·픈 소·
리·라
點:뎜·이 :둘히·면上:쌍聲셩·이·오

無뭉則·즉 平삥聲셩·이·오
無뭉·는 :업슬 ·씨·라 平삥聲셩·은 ·뭇 눗가·분 소리·라
點:뎜·이 :업스·면 平평聲셩·이·오

入입聲셩·은 加강點:뎜·이 同똥而싱促·죡急·급ᄒ·니·라
入입聲셩·은 샐·리 긋둗·는 소리·라 促·죡急·급·은 섈룰 ·씨·라
入입聲셩·은 點:뎜 더·우·믄 혼가·지로·디 섈르·니·라

중세국어의 성조에 대한 규정이다. 성조는 글자의 왼쪽에 점으로 표시하였는데 1점은 거성 2점은 상성 점이 없는 것을 평성을 나타냈다. 또한 입성은 이들 점과 관계없이 종성의 종류에 따라 결정된다. 상성이 후에 대부분 장음으로 변한 것으로 판단하면 상성은 평성과 거성의 결합이라고 할 수 있다. 이들 '평성, 거성, 상성, 입성'의 성격에 대한 훈민정음 합자해을 보면 다음과 같다. 평성무점 安而和, 상성2점 和而擧, 거성1점 擧而壯, 입성 促而塞으로 설명하고 있다.

사성을 규정하는 "左加一點則去聲。二則゚上聲。無則平聲。入聲加點同而促急" 이 문장은 "左加一點則去聲。左加二點則゚上聲。左加無點則平聲。左加點則入聲。左加點同而促急"이라는 문장으로 재구성할 수 있다.

『훈민정음 언해』의 치음 규정

세종 25(1443)년에 세종이 언문 28자를 창제한 뒤에 어제 서문과 함께 예의의 내용에는 이 치음장은 없었던 것이다. 따라서 예의본에서 이 치음장을 다룬 것은 적절하지 않다고 판단된다. 그런데 이 예의본 부분만 한글로 번역한 국역본에 들어 있는데 아마 이 내용은 세종 29(1447)년 『석보상절』 간행 혹은 세종 32(1450)년 『월인석보』 간행 이후에 『홍무정운역훈』 간행과 더불어 한자음 표기를 위한 고려 아래에서 나온 추록된 규정으로 추정된다.

세종 25(1443)년 언문 28자를 창제하고 그 내용의 이론적 체계를 구축하는 동시에 이 언문 28자를 활용하여 한문 전적의 번역, 한국 한자음의 통일, 중국 운서의 번역 등의 실용화를 추진했다. 그 가운데 『월인석보』 권두에 어제 서문과 예의 부분을 우리말로 번역하여 싣게 되었는데 이것을 근거로 하여 세종이 언문 28자 제정 초기에 마치 치두와 정치음에 대응되는 글자가 있었던 것으로 판단하는 것은 잘못이다. 여기서 한걸음 더 나아가 "세종 생존 시에 『월인석보』가 간행되었고 권두에 『훈민정음』 국역본을 붙였다면 이것이 바로 훈민정음의 반포로 보아야 한다."는 논리로 기술하는 것도 분명한 잘못이다. 언문 28자모가 완성된 곧 새로운 문자가 창제된 시기를 그 기점으로 보지 않고 사료에 전혀 근거가 없는 '제정' 혹은 '반포'라는 용어를 만들어내어 창제 시점을 세종 28(1446)년 12월로 보고 이 날을 기준으로 하여 반포하였다는 관점은 문제점이 없지 않다. 앞에서도 살펴보았듯이 언문 또는 훈민정음이라는 새로운 문자를 세종이 창제한 이후 여러 단계에 걸쳐 지속적으로 보완한 것이다. 곧 세종 25(1443)년 12월의 창제에 이어 이를 이론적으로 졸가리를 세워 해설한 『훈민정음 해례』의 완성 시기는 세종 28(1446)년이라는 점에 대해서는 어떤 이론도 있을 수 없다. 『세종실록』세종 26(1444)년 갑자 2월 20일에 최만리가 올린 상소문에 "이제 넓게 여러 사람의 의논을 채택하지도 않고 갑자기 서리 무리 10여 인으로 하여금 가르쳐 익히게 하며, 또 가볍게 옛사람이 이미 이룩한 운서를 고치고 근거 없는 언문을 부회하여 공장 수십 인을 보아 각본 하여서 급하게 널리 '광포(廣布)'하려 하시니, 천하 후세의 공의에 어떠하겠습니까."라는 기사에 '광포'라는 말을 확대하여 '반포(頒布)'로 해석함으로써 마치 법률적 선포식을 행한 것으로 오인하게 된 것이다. 최근 김슬옹 해제·강신항 감수(2015), 『훈민정음 해례』에서도 훈민정음 반포를 기정사실화하고 있으나 실증적 근거를 찾을 수 없기 때문에 재고되어야 할 것이다.

漢·한音흠 齒·칭聲셩·은 有·율齒·칭頭뚤正·졍齒·칭之징別·볋ᄒᆞ·니
漢·한音흠·은 中듕國·귁 소·리·라 頭뚤·는 머·리·라 別·볋·은 글·힐·씨·라
中듕國·귁 소·리·옛 ·니쏘·리·ᄂᆞᆫ 齒·칭頭뚤·와 正·졍齒·칭·왜 글·희요·미 잇ᄂᆞ·니

ㅈㅊㅉㅆㅅ字·쫑·ᄂᆞᆫ 用·용於헝 齒·칭頭뚤ᄒᆞ·고
·이소·리·ᄂᆞᆫ ·우·리나·랏 소·리예·셔 열·브·니 ·혓 ·그·티 웃 ·닛 머·리·예 다ᄂᆞ·니·라
ㅈㅊㅉㅆㅅ字·쫑·ᄂᆞᆫ 齒·칭頭뚤·ㅅ 소·리·예 ·쓰·고

ㅈㅊㅉㅅㅆ字·쫑·ᄂᆞᆫ 用·용於헝 正·졍齒·칭ᄒᆞᄂᆞ·니
·이 소·리·ᄂᆞᆫ ·우·리나·랏 소·리예·셔 두터·브·니 ·혓 ·그·티 아·랫·닛므·유·메 다ᄂᆞ·니·라
ㅈㅊㅉㅅㅆ字·쫑·ᄂᆞᆫ 正·졍齒·칭·ㅅ 소·리·예 ·쓰·ᄂᆞ니

牙앙舌·쎯脣쓘候:흏之징字·쫑·ᄂᆞᆫ 通통用·용於헝 漢·한音흠·ᄒᆞ·ᄂᆞ니·라

:엄·과 혀·와 입시·울·와 목소·리·옛 字쫑·는 中듕國귁·권 소·리·예 通통·히 ·쓰·ᄂᆞ·니·라

訓·훈民민正·졍音흠

    당시 중국의 운서 가운데 『광운』에서는 설음에서 설두·설상의 대립, 순음에서 순경·순중의 대립, 치음에서 치두·정치의 대립을 인정하여 32자모 체계로 『운회』에서는 설음의 설두·설상은 통합되었고, 순음에서 순경·순중의 대립, 치음에서 치두·정치의 대립을 인정하여 35자모체계로 『홍무정운』에서는 설음은 설두음만 순음에서 순경·순중의 대립, 치음에서 치두·정치의 대립을 인정하여 32자모체계였다. 이 세 가지 운서 모두가 순음과 치음을 순경·순중, 치음을 치두·정치의 대립을 인정하였기 때문에 순경음은 합자의 방식으로 처리할 수 있었으나 치음의 경우에는 그러한 처리가 불가능하였기 때문에 『홍무정운역훈』을 짓고 이를 간략하게 줄인 『사성통고』를 지을 무렵 이 치음을 치두와 정치의 글자를 새로 제정하지 않을 수 없었을 것이다.

    『사성통고』[9) 「범례」에는 "우리말의 치성은 치두와 정치 사이에 있다 (我國齒聲在齒頭整齒之間)"라고 하였다. 좌우 길이가 같은 것은 정히 왼쪽이 긴 것과 오른쪽이 긴 것 중간에 있음으로 추후에 변개한 교묘한 창의다.

    "무릇 치음에서 치두는 혀를 들어 이에 닿음으로써 그 소리가 얕고 정치는 혀를 말아서 잇몸에 닿음으로써 그 소리가 깊으니, 우리의 잇소리 ㅅ, ㅈ,

---

9) 조선 중종 12(1517)년에 최세진이 편찬한 책으로 글자의 해석이 없는 『사성통고』의 단점을 『홍무정운』을 기초로 하여 보완한 것이다. 2권 2책이다.

ㅊ는 치두와 정치의 중간에 있다. 훈민정음에는 치두와 정치의 구별이 없으므로 이제 치두에는 ㅅ, ㅈ, ㅊ를 만들고 정치에는 ㅅ, ㅈ, ㅊ를 만들어 구별한다."(『사성통고』 범례)

『사성통고』의 음에 『몽고운략』10)이라는 책을 많이 참고했다고는 하지만 『운회』의 「칠음삼십육자모통고」에도 "몽고자운의 음과 같다(蒙古字韻音同)"라고 명기되어 있다. 『운회』에서 이른바 『몽고자운』11)이 마치 그 『몽고운략』일 때에는 모르거니와 한음 정리에 참작된 그 음이 동음 정리에도 관계가 있을 수는 있다. 그렇다면 이 「칠음삼십육자모통고」보다 『몽고운략』이 더 한층 더 중요한 영향을 끼쳤다고 생각되지만 단지 첫째로 『몽고운략』 그 책이 전하지 않고, 둘째로 그 당시의 사람들도 그기에 대해 일체 언급이 없는 데 비해서, 셋째로 『동국정운』의 처음 시작은 『운회』의 번역으로까지 기록되어 있다. 또 『운회』에서 "몽고자운의 음과 같다."라고 한 것으로 미루어 몽고운이란 결국 그것을 몽고자로 표음해 놓은 것이요, 『몽고운략』이란 결국 그러한 운서였을 것이다. 그 실상 『운회』의 통고 음 이외에 더 다른 것이 아닐지도 모른다.

---

10) 『몽고운략』: 조선 중종 때 최세진이 간행한 『사성통해』에 그 서명이 보이지만 실전되어 전하지 않는 다. 원나라의 주종문(朱宗文)이 지은 『몽고자운』(1308)은 대영박물관에 소장되어 있는데 간기가 "至大 戊申 淸明前日"에 따르면 원나라 武宗 원년(1308)에 간행되었다.

11) 1308년 주종문(朱宗文)이 최초로 중국어를 표음 문자로 표기한 운서로서 『고금운회거요』와 거의 같은 음계를 파스파(八思巴) 문자로 기록하였다.

『훈민정음 언해』의 제1면 복원

먼저 국역본의 원간 연대에 대해 안병희(2007: 92~93)는 『석보상절』이 간행된 세종 29(1447)년으로 추정하고 있다. 그 근거로 첫째, 행격에서 국역본과 『석보상절』의 본문 언해가 1면 7행에 1행 16자이며, 『월인석보』 서문과 본문의 언해는 1면 7행, 1행 16자로 동일하다. 둘째, 『석보상절』의 본문이나 『월인석보』 서문의 언해와 마찬가지로 국역본은 본문을 구(口)점이나 두(讀)점 단위의 작은 대문으로 분절하여 언해하였다. 셋째, 구결과 한자 독음 표기에 있어서 국역본이나 『석보상절』은 구결을 본문 한자와 같은 크기로 하고 독음은 협주 글자의 크기로 처리하였으나 『월인석보』 서에서는 구두나 한자 독음 모두 협주 글자 크기로 하였다. 넷째, 협주는 세 가지 모두 본문 뒤에 나타난다. 그러나 『월인석보』 서에서는 언해에서도 나타난다. 다섯째, 국역본과 『석보상절』 서문에서는 '글왈(문)', '便安킈'와 같이 나타나지만 『월인석보』 서에서는 '글월', '-게'로 실현되어 차이를 보인다.[12]

잔엽 상주본 『훈민정음』에는 본문 부분이라고 할 수 있는 세종의 서문과 예의본은 단 1엽도 공개되지 않았다. 아마 이 본문 부분은 단 1엽도 더 공개될 가능성은 거의 없다고 판단된다. 간송미술관 소장본 『훈민정음 해례』의 떨어져 나간 1~2엽이 만일 세상에 얼굴을 드러낸다면 지금까지 낙장본 복원에 대한 논의의 정오를 판단하는 증거로 삼을 수 있을 터이나 잔엽 상주본 『훈민정음』도 1~2엽이 확실하게 없다고 하는 점은 매우 안타가운 일이 아닐 수 없다. 따라서 잔엽 상주본의 가치도 그만큼 절하될

---

12) 국역본의 원간본 복원에 대해서는 문화재청(2007), 『훈민정음 국역본 이본 조사 및 정본 제작 연구』 참조.

수밖에 없다.

1) '便'의 첩운 권점 문제

안병희(1986)가 『훈민정음』 원간본의 1~2면의 복원 문제를 처음으로 제기한 이후 정우영(2000)을 비롯한 몇몇 분들의 주요 논점은 네 가지이다. 첫째, 보사補寫 과정에서 생겨난 오류인 '便於日用矣'를 '便於日用耳'로 복원한 점은 이미 공인된 사실이다. 'ㄹ。半舌。音如閭字初發聲'에서 구두점의 위치를 'ㄹ。半舌音。如閭字初發聲'로 수정한 부분에 대해서도 타당함이 입증되었다. 둘째, 낙장 부분에 구두점과 권점에 대한 보사 과정의 오류 수정 부분에 대해서는 아직 완전한 합의가 이루어지지 않았다. 셋째, 병서 규정의 행관 문제는 처음으로 류렬(1947)의 『원본 훈민정음 풀이』에서 "ㄱ. 牙音. 如君字初發聲/並書. 如虯字初發聲"과 같이 동일한 행에 연이어 씀으로써 원간본의 행관이 잘못된 것으로 판단하였다.[13] 그 이유는 분명하게 밝히지 않았지만 서강대본 『훈민정음』 국역본의 초성해에서 병서 부분을 행관을 분리하지 않은 점을 고려한 결과이다. 넷째, 권두서명에 대한 문제 '어제훈민정음'이냐 '훈민정음'이냐를 두고 완전한 의견 통일을 보지 못하고 있다. 이런 문제는 원간본 『훈민정음』 이본이 발견되면 모두 해결된 문제인데 잔엽 상주본 『훈민정음』에도 이 부분이 분명히 없어 이를 확인할 수 없다.

1~2엽 낙장본 복원과 관련하여 핵심적인 문제를 교감한 안병희(1968), 조규태(2007), 정우영(2001)의 대안은 아래와 같이 약간의 차이를 보여주고 있다.

---

13) 류렬(1947), 『원본 훈민정음 풀이』, 보신각, 7쪽 참조.

안병희, 『훈민정음 연구』(2007: 21)

　　國之語音。異乎中國。與文字

　　不相流通。故愚民有所欲言。

　　而終不得伸其情者多矣。予

　　爲。此憫然新制二十八字。欲　爲。거성

　　使人人易。習。便於日用耳　易。거성　。便　평성

　　ㄱ。牙音。如君字初發聲。並書。

　　　　如叫字初發聲

조규태, 『훈민정음』(2007: 16)

　　國之語音。異乎中國。與文字

　　不相流通。故愚民有所欲言。

　　而終不得伸其情者多矣。予

　　爲。此憫然。新制二十八字。欲爲。거성

　　使人人易。習。便於日用耳　易。거성

　　ㄱ。牙音。如君字初發聲

　　　　並書。如叫字初發聲

정우영, 「『훈민정음』 한문본의 낙장 복원에 대한 재론」, 『국어국문학』
129호(2001: 221)

　　國之語音。異乎中國。與文字

　　不相流通。故愚民有所欲言。

　　而終不得伸其情者多矣。予

　　爲。此憫然。新制二十八字。欲　爲。거성

　　使人人易。習。便於日用耳　易。거성

ㄱ。牙音。如君字初發聲

並書。如虯字初發聲

3분의 견해를 요약하면 구두점에 대한 문제와 첩운 권점과 병서 규정의 행관처리 문제로 요약되는데 이 가운데 안병희 만 유일하게 제기한 '便'의 첩운 권점의 처리 부분인 '。便평성'에 대한 문제를 검토해 볼 필요가 있다.

'便'은 첩운 글자인데 국역본에서 평음으로 처리되어 있다. 현대어에서 '便'은 '편할 편' 또는 '똥 오줌 변' 두 가지로 사용된다. 훈민정음 국역본(2007, 문화재청본)에 "欲•욕使:ᄉᆞᆼ人ᅀᅵᆫ人ᅀᅵᆫ•ᄋᆞ•로易•잉習•씹•ᄒᆞ•야便뼌於ᅙᅥᆼ日•ᅀᅵᇙ用•용:ᅀᅵᆼ니•라"에서처럼 평성으로 처리하고 있다. 병와 이형상의 『자학』에서 "'便'은 '편안함, 익숙함'이니, '편안(安便)', '복편(腹便)'의 '편(便)'은 평성이다. '방변(方便)', '승변(乘便)', '풍변(風便)', '주랑변(周朗便)'의 '便'은 음은 '변'이며 '마땅하다'는 뜻이니 거성이다."이라고 하여 첩운자 대한 첩운 성조를 규정하고 있다.[14] 곧 "便於日用耳"에 '便'은 '편안함, 익숙함'의 뜻으로 사용되는 글자로 평성임이 분명하다. 따라서 안병희(2007)의 안이 더 타당하다고 판단된다. 다만 안병희가 이 동형 이음, 이의어를 '파음자(破音字)'로 명명하고 있는데 이 용어의 근원이 어디에 있는지 상고하지 못했으나 병와 이형상은 동형 이음, 이의어 약 345개 글자의 사례를 들고 첩운(疊韻)이라 명명하고 있다. 사성 권점의 명칭은 파음자라는 용어보다 첩운이라는 용어가 더 정확한 용어임을 알 수 있다.

14) 김언종(2008), 『이형상의 『자학(字學)』 역주』, 푸른역사, 161~162쪽 참조.

2) 구두점 문제

끝으로 구두점과 관련된 한 가지 문제점을 제기하고자 한다. 구두점은 문장이 끝나거나 접속되는 자리에 찍는 구점(。) 행간 오른편 점과 대체로 주어나 주어절의 위치에 찍는 두점(ㅇ) 행간 가운데 점이 있다.

　ㄱ。牙音。如君字初發聲(예의본)
　ㄱㅇ象舌根閉喉之形。脣音ㅁㅇ象口形.....(제자해)
　ㄱㄷㅂㅈㅅㆆㅇ爲全淸...(제자해)

예의에서 자모를 설명하는 대목에 'ㄱ' 다음에 구점이 놓여 있으나 제자해에서는 'ㄱ' 다음에 두점이 놓여 있다. 제자해에서는 두점이 놓여 있는 'ㄱ'이나 'ㄱㄷㅂㅈㅅㆆㅇ'은 주어나 주제를 나타내기 때문에 예외 없이 두점이 놓인다. 그런데 예의본에서 'ㄱ。'가 주어나 전제를 나타내는 것이 아닌 접속의 기능으로 해석한다면 국역본에서 "ㄱ는 엄쏘리니 군자 처섬 펴아나는 소리ㄱ트니"로 해석할 수 없는 것이다. 두점의 배치는 임의성과 융통성(정우영, 2001: 217)이 주어지는 것이라 하여 간단히 넘길 문제가 아니라 'ㄱ'의 명칭 문제와도 연결된다는 점을 일단 제기해두고자 한다.

『훈민정음 언해』 국역의 원리

『훈민정음』 언해본은 적어도 한문본 예의 곧 실록본이나 혹은 『훈민정음 해례』에 전문으로 실린 내용을 국역한 것이다. 그런데 실록본이 텍스트가 되었는지 혹은 『훈민정음 해례』가 텍스트가 되었는지는 불확실하지만 아마도 실록본이 국역의 텍스트가 되었을 가능성이 훨씬 크다.

『훈민정음』 언해본의 국역의 원리는 그 후대 다른 한문본의 번역의 표준이 되었을 것으로 보이기 때문에 그 특징이 어떤지 살펴볼 필요가 있을 것 같다.

첫째, 한자 어휘와 고유어휘의 표기 방식이 차이가 있다. 한자 어휘는 한자와 그 음을 정음으로 쓴 것을 어떻게 배치하는가에 차이를 보여주기도 한다. 여기서는 한자 어휘는 한자 아래에 정음으로 한자음을 표기하고 고유어는 그대로 정음으로 표기하였다.

둘째, 한자어휘와 달리 고유어 표기는 음소론적 표기방식으로 연철 표기를 하였다. 한자 어휘는 '百姓이, 點이'와 같이 표기한 반면에 '말ㅆ미, 노미, 니겨'와 같이 표기하였다.

셋째, 『훈민정음』 국역본에만 사잇소리로 'ㅅ' 외에 'ㄴ'자 아래에는 'ㄷ', 'ㅁ' 아래에는 'ㅂ', 'ㆁ' 아래에는 'ㄱ', 'ㅇ' 아래에는 'ㆆ', 'ㅱ' 아래에는 'ㅸ'을 사용하여 '齒頭ㅅ字', '君ㄷ字', '侵ㅂ字', '洪ㄱ字', '彌ㆆ字', '漂ㅸ字'로 표기하였다. 이러한 국역의 사잇소리 규정이 『훈민정음 해례』에서는

"五音之緩急。이 亦各自爲對。니라 如牙之ㆁ與ㄱ爲對。이니 而ㆁ促呼則變爲ㄱ 而急。이요 ㄱ舒出則變爲ㆁ而緩。이니라 舌之ㄴㄷ。脣之ㅁㅂ。齒之ㅿㅅ。喉之ㅇ ㆆ。其緩急相對。이니 亦猶是也。니라"(『훈민정음 해례』 「종성해」)

완급에 따라 사잇소리를 구분하여 사용하도록 제안하였으나 불경언해에서 'ㅅ'과 'ㅭ'만 유지되고 곧장 소멸되었다.

넷째, 초성에 합용병서 'ㅳ(ㄸ들), ㅄ(ㅄ메), ㅆ(ㅆᄅ다)'와 각자병서 'ㆀ(ᄒᆡ여)'와 같은 다양한 합용병서와 각자병서뿐만 아니라 'ㅿ, ㅸ, ㅇ, ㆆ'과 같은 자모들이 사용되었다.

다섯째, "初聲을 合用홇디면 則竝書ㅎ라 終聲도 同ㅎ니라/첫소리를 어울뤄 뿛디면 갋아쓰라 乃終ㄱ소리도 흔가지라"와 같이 한자 어휘와 고유어휘 가운데 고유어를 더 많이 선택하는 국역방식을 취했다. 『훈민정음』국역본에는 총 단어수가 286개인데 고유어휘가 226개, 한자 어휘가 60개로 되어 있는 점을 보면 우리말 표기에 중점을 두었다는 당시의 상황을 읽을 수 있다.

여섯째, 단일문보다 복합문이 훨씬 더 많다. 이것은 한문 텍스트를 고려한 결과일 것이다.

일곱째, 『훈민정음』국역본은 한문 원문의 구결 작업을 한 다음 국역했음을 알 수 있다. 곧 의역보다 직역의 방식이 월등하게 많이 사용되고 있다는 사실에서도 알 수 있다.

여덟째, 『훈민정음』국역본은 아주 고급 수준의 번역이 이루어졌을 것으로 추정하지만 앞에서 살펴본 바와 같이 곳곳에 오류들이 발견된다. 예를 들면 어조사 '而'의 사용 환경에 따라 달리 국역을 하였다.

凡字ㅣ 必合而成音ㅎㄴ니/믈읫 字ㅣ 모로매 어우러아 소리 이ㄴ니

入聲은 加點이 同而促急ㅎ니라/입성은 점 더우믄 흔가지로듸 샌ㄹ니라

와 같이 문맥에 따라 조건적 관계의 '而'는 '-아'로 대조의 관계의 '而'는 '듸'로 각각 국역을 하였다.

아홉째, 주석을 체언류와 용언류를 각기 달리 기술하고 있다. 체언류는 "~는 ~이라"의 형식으로 용언류는 "~는 ~는/ᄂ ~이라" 형식으로 달았다. 곧 "國·귁·은 나·라히·라", "之징ᄂ·입:겨지·라", "語:엉ᄂ:말ᄊᆞ미·라"와 같은 형식이지만 용언류는 "異·잉ᄂ 다ᄅᆞᆯ ·씨·라", "乎ᅘᅩᆼ·ᄂ ·아모그에 ·ᄒᆞᄂ ·겨체 ·쓰는 字·쫑ㅣ·라"의 형식과 같다.

05. 『훈민정음 해례』 구조와 텍스트 분석

『훈민정음 해례』는 별도의 완결된 하나의 텍스트이다. 정인지의 후서에서 밝혔듯이 세종께서 훈민정음을 창제한 후, 집현전 여덟 학사들에게 그 예의를 들어 보이시며 해와 예를 들어서 해설하기를 하명하였다. 그리하여 세종 28(1448)년 9월 상한에 집현전 여덟 학사들과 세종이 함께 이 『훈민정음 해례』라는 책을 완성하였다.[1] 그런데 이 책을 완성한 것을 훈민정음을 반포한 것으로 설명하는 것은 전혀 잘못된 판단이다.[2] 새로

---

1) "是月, 訓民正音成"에서 '成(이루다, 짓다)'의 해석을 두고 『훈민정음 해례』가 곧 한글의 완성 시기로 삼고 그 날을 반포 기념일로 정한 조선어학회에 대한 1차 반론을 한 이는 바로 방종현(1446)이다. 방종현이 '成'자는 『훈민정음 해례』가 완성된 시기이지 문자가 완성된 시기가 아니라고 지적한 것이 처음이며, 그 이후 이숭녕(1976: 12)는 "요새 말로 하면 원고가 탈고되었던 것이지 아직 책으로 출판되지 않았다", "한글날 반포 운운라고 하는 것도 어불성설의 이야기가 아니랴."고 하면서 한글날 기념일을 이날을 기준으로 하는 것은 잘못되었다고 비판하였다.

2) 홍기문(1946)은 해례의 앞 본문 전체를 '예의'로 규정하였다. 곧 세종 어제 서문을 '서론장',

x

운 문자 훈민정음의 완성은 이미 그 이전에 이루어졌음에도 불구하고 해례 책의 출판을 반포 시기로 맞추다가 보니까 훈민정음 창제가 세종 친제가 아니라 집현전 학사들과의 협찬 혹은 심지어 협찬 명령설까지 나타나게 된 것이다.

해례의 전체 구성은 여덟 학사와 함께 지은 '훈민정음 해례' 앞에 세종이 친제한 서문과 예의를 싣고 해례 본문 이어서 정인지 서문(후서)이 실려 있다. 그런데 이 앞부분 곧 전문에 해당하는 세종의 서문과 예의를 『훈민정음 해례』의 본문(안병희 혹은 전문) 혹은 예의(홍기문은 정음장) 등의 이름으로 불러왔다. 그런데 세종의 서문이 예초에 집현전 학사들에게 예의를 높이 들어 보이실 때 작성되어 있었는가? 아니면 해례 완성 단계에 이것을 후에 덧붙였는지의 문제가 될 수 있다. 현재로서는 이를 추정할 만한 근거가 남아 있지 않다. 다만 예의를 발표할 당시 새로운 문자의 창제를 선언한 글이 없었을 가능성이 없어 보인다고 판단된다.

〈표 1〉 『훈민정음 해례』의 전문(예의)

『훈민정음(訓民正音)』		
어제 서문	○ [훈민정음 창제 이유][전제] ○ [훈민정음 창제 결과][결과] ○ [훈민정음 활용에 대한 당부]	창제자 세종
예의	[문자장] ○ [초성의 글꼴과 음가] ○ [중성의 글꼴과 음가] ○ [종성은 초성과 같다]	17(+6)자 자료 11자 자료

문자와 용법을 설명한 예의 부분을 각각 '문자장'과 '용법장'으로 구분하였다. 안병희(2007: 81)의 경우 세종 어제 서문을 '본문'이라고 하고 문자와 용법을 설명한 부분만 '예의'로 명명하기도 한다. 이 책에서 예의는 세종의 어제 서문을 포함한 한글 28자의 예시와 발음 설명에 이어 종성, 순경음, 병서와 합자, 사성에 대한 핵심적인 원론을 요약해서 설명한 글을 뜻한다.

『훈민정음(訓民正音)』			
예의	[용법장]	○ [종성] ○ [연서] ○ [병서] ○ [부서] ○ [성절] ○ [사성]	

　종래 예의라고 하던 부분을 해례의 맥락에서 보면 일종의 전문에 해당한다. 세종 서문에 이어 문자장에서는 초성과 중성 그리고 종성에 대한 문자의 글꼴 28자를 제시하고 그 음가를 당시 중국 한자음에 근거하여 자표로 나타내었다. 그 뒤에 문자의 운용법을 간략하게 제시하였다.

　초성과 중성의 음가를 나타내기 위해 중국의 운서에 나타나는 성모 23자의 한자를 그대로 채택하지 않고 중성과 종성에 배치할 것을 미리 고려하여 초·중·종성에 두루 사용할 수 있도록 새롭게 자표를 정한 것이다. 이러한 결정을 위해 얼마나 많은 고심을 하였는지 가히 짐작이 간다. 곧 '呑(·), 慈(ᆞ)/卽(ㅡ), 挹(ㅡ)/侵(ㅣ), 彌(ㅣ)/步(ㅗ), 洪(ㅗ)/覃(ㅏ), 那(ㅏ)/票(ㅛ), 欲(ㅛ)/穰(ㅑ), 邪(ㅑ)/君(ㅜ), 斗(ㅜ)/虛(ㅓ), 業(ㅓ)/虯(ㅠ), 戌(ㅠ)/彆(ㅕ), 閭(ㅕ)/快(ㅙ)'는 초성에서 사용한 23자의 한자음을 중성에 거듭 사용할 수 있도록 하기 위한 조치였다. '快(ㅙ)' 한 자만 제외하면 22자를 중성 11자에 골고루 2자씩 배치한 것이다. 안병희(2007)가 재론한 바와 같이 두 글자 가운데 종성이 있는 앞의 한자를 모음에 배치하였다.

　한편 이때 정했던 자표의 음가를 추정하기 위해 중고 한자음의 재구형들을 비교하여 당시의 이들 자표가 어떤 음이었을 추정하는 비교연구도 앞으로 이루어져야 할 것이다. '呑(·)'이 중고음으로 [tʰən]이었는데 이 'ㅌ(·)'가 *[uɑ]>[ʌ]로 '卽(ㅡ)'이 *[iu]>[ɨ]으로 대응된 것으로 보인다. 앞으로 이와 같이 정밀한 자표의 당대 음가 재구를 위한 연구도 이루지기를 바란다.

　"종성은 초성의 글자로 다시 쓸 수 있다."는 훈민정음 창제 당시의 매우 간략한 종성 규정이다. 이는 오늘날과 같이 기본형을 밝혀 적는 형태음소론적인 표기법 규정이다. 곧 모든 초성을 종성에서 쓸 수 있다고 규정했으나 이어쓰기 방식 때문에 철자법이 매우 혼란스러울 염려가 없지 않았던 탓인지 『용비어천가』와 『월인천강지곡』에서만 '엱이갗'처럼 시험 운용을 한 뒤 『훈민정음 해례』에서는 "然ㄱㆁㄷㄴㅂㅁㅅㄹ八字可足用也。"라고 하여 종성에 여덟 글자(ㄱ, ㆁ, ㄷ, ㄴ, ㅂ, ㅁ, ㅅ, ㄹ)만 쓸 수 있도록 규정을 변개하였다. 다만 '빗곶(梨花)', '엱의갗(狐皮)'에서처럼 종성의 마찰음(ㅅ, ㅿ)이나 파찰음(ㅈ, ㅊ)을 'ㅅ'으로 통용할 수 있는 예외 규정으로 "ㅅ字可以通用。故只用ㅅ字。"(훈민정음 해례)를 두었다. 한편 해례 22ㄱ, 31ㄴ에 '復' 가 권점없이 나타나는 예도 있어 해례의 원본도 완벽하지 않다.

최근에, "終聲復°用初聲。"을 "종성 제자에 관한 규정"으로서 그리고 "종성 표기"에 관련한 것을 겸한 중의적인 규정으로 해석한 논의(정우영, 2014: 11)도 있다. 또 종래 '성음' 규정이라고 하던 것을 '성절' 규정으로 재해석함으로써 텍스트 내부의 연계된 고리를 비교하여 새롭게 해석할 필요도 있다.

이와 같은 여러 가지 문제점을 『훈민정음 해례』 텍스트 전반을 전문과 본문으로 나누어서 하나하나 검토해 볼 것이다.

〈표 2〉『훈민정음 해례』의 본문

훈민정음 해례	
[제자해]	○ [제자의 역학 이론의 배경] ○ [제자의 상형 원리] ○ [초성 제자 및 가획의 원리] ○ [초성 제자의 운학과 역학 원리] ○ [초성 제자의 소리 체계] ○ [전탁음과 병서] ○ [순경음과 연서]

훈민정음 해례	
[제자해]	○ [중성 기본자의 상형과 제자] = [초출자의 음가와 제자] = [제출자의 음가와 제자] ○ [중성의 역학과 상수] ○ [초성과 중성의 비교] ○ [음절 구성과 초중종성의 우주순환]
	○ 종성규정
	○ 세종의 성심 칭송과 마무리
	[제자해 결]
[초성해]	○ 초성의 정의와 음절 구성
	[초성해 결]
[중성해]	○ [중성의 정의와 기본자의 음절 구성] ○ [중성합용]
	○ [중성해 결]
[종성해]	○ [종성의 정의와 음절 구성] ○ [종성 표기 방법] ○ [팔종성가족용법과 예] ○ [완급에 따른 종성 대립과 간음] ○ [반설음 ㄹ의 종성표기]
	[종성해의 결]
[합자해]	○ [합자의 개념과 방법 및 위치] ○ [합용과 병서] ○ [국한 혼용] ○ [사성] ○ [순경음과 변이음]
	[합자해의 결]
[용자례]	○ [초성용례] ○ [중성용례] ○ [종성용례]
정인지 서문(후서)	
[정인지 서문]	○ [성음과 문자의 관계] ○ [한문과 이두의 불편함] ○ [훈민정음 창제의 우수성] ○ [훈민정음 협찬자] ○ [세종의 독창성] ○ [훈민정음 서문을 올린 일자]
[訓民正音]	

이상에서 『훈민정음 해례』의 텍스트를 전면 내용 구조를 단락별로 분석한 결과이다. 내용 단락은 관점에 따라 다르게 구분할 수 있지만, 이

글에서는 전체적인 유기적인 관계를 고려하여 위와 같이 내용 단락을 나누었음을 밝혀둔다.

『훈민정음 해례』의 전문 분석

『훈민정음 해례』 전문의 구성에 대해 먼저 살펴보자. 홍기문(1946)은 해례의 앞 본문 전체를 '예의'로 규정하였다. 곧 세종 어제 서문을 '서론 장', 문자와 용법을 설명한 예의 부분을 각각 '문자장'과 '용법장'으로 구분하였다. 안병희(2007: 81)의 경우 세종 어제 서문을 '본문'이라고 하고 문자와 용법을 설명한 부분만 '예의'로 명명하기도 한다. 이 책에서 예의 는 세종의 어제 서문과 문자장과 용법장으로 구성되어 있다. 먼저 문자장 에서는 훈민정음 28자의 조음 위치별 글꼴과 자표를 통한 발음에 대하여 간략하게 기술하였다. 이어 용법장에서는 종성, 순경음, 병서와 합자, 사 성에 대한 핵심적인 규정을 요약해서 설명하고 있다.

『훈민정음 해례』의 세종 어제 서문과 예의 부분의 권두 서명이 무엇이었 을까? 간송본『훈민정음 해례』가 처음 발견되었을 때 앞의 두 장이 떨어져 나간 상태였는데 이 부분을 '訓民正音'으로 보사를 했지만『훈민정음』 국역본에서는 '御製訓民正音'으로 되어 있어서 차이를 보인다.『훈민정음 해례』의 세종 서문을 포함한 예의 부분에 대한 명칭이 여러 가지로 사용되 고 있으나 이 부분에 해석과 예를 달아 놓은 '훈민정음 해례'의 전문의 형식으로 되어 있다. 따라서 이 세종 서문과 국역본에는 "세종어제훈민정 음"으로 되어 있으나 문화재청 복원본에는 '훈민정음'으로 되어 있다.

권두 제명에 대해서는 두 가지 견해가 있다. 곧 '訓民正音'이라는 견해 (홍기문, 1946; 정우영, 2001)와 '御製訓民正音'(안병희, 1986)이라는 양론이

있다. 곧 '御製'라는 관칭이 붙었는지 혹은 붙지 않았는지에 대한 문제는
동일 이본이 발견되면 이는 쉽게 판정이 날 문제이다.

　'훈민정음'은 두 가지 의미로 사용되었다. 곧 '훈민정음'을 해설한 책이
름으로 또 새로 창제한 글자 이름으로 사용된 것이다. "訓民正音은 百姓
ᄀᆞᄅ치논 正흔 소리라"(『훈민정음』 언해본)라고 하였기 때문에 글자 이름
으로 보기는 어려우나 "이제 정음을 지을 때 정음 28자를 각각 상형으로
만들었다"(『훈민정음 해례』)라고 하여 새로 만든 글자 이름으로도 사용되
었다.

○어제 서문

> 國之語音°이 異乎中國。하여 與文字不相流通。하니라 故愚民有所欲言하여도 而
> 終不得伸其情者多矣。리 予爲此憫然。하여 新制二十八字。하니 欲使人人易習
> 。하여 便於日用耳。니라
>
> 우리나라의 말(語音, 입말)이 중국(입말)과 달라 문자(한자)가 서로 흘러 통하
> 지 않으므로 어리석은 백성이 말하고자 하여도(문자로 표현하고자 함) 끝내
> 그 속마음을 능히 펴지 못하는 사람이 많으니, 내가 이를 가엽게 여겨 새로
> 스물여덟 글자를 만드니, 사람들마다 쉽게 익혀서 날마다 사용함에 편안하게
> 사용하도록 만들어주고 싶네.

　어제 서문은 세 단락으로 나눌 수 있다. 첫째는 중국과 조선의 말이
다른데 중국의 문자로 서로 통하지 않을뿐더러 한자와 한문을 모르는
'우민'들을 자기의 뜻을 제대로 펼 수 없다. 그러한 전제에 대한 결과로
구성된 문장이다. 따라서 둘째, 세종은 스스로 이러한 백성들의 어려운
사정을 깨닫고 새로 28자의 새로운 문자를 만들었다. 이를 전제로 하여
훈민정음을 창제하였다. 그 결과를 가지고 곧 셋째, 모든 사람들은 열심히

배워서 나날이 편하게 사용하기를 바란다.

이 간략한 서문에서 몇 가지 더 논의되어야 할 문제를 제기하자면 첫째, "國之語音◦異乎中國◦與文字不相流通◦"의 해독 문제, 둘째, '우민'과 '인인'의 대상 문제, 셋째, '新制'의 '새로 만든다'는 뜻은 신지문자와 같은 '구제' 문자가 있었다는 말인지? 아니면 이두나 향찰과 같은 고대문자에 대응되는 새로 만든다는 뜻인지? 아니면 지금까지 없었는데 단순히 새로 만든다는 뜻인지 그 내용이 분명하지가 않다.

먼저, "國之語音◦異乎中國◦與文字不相流通◦"라는 이 대목은 여러 가지 의미로 해석이 가능하다. 먼저 '國之語音'은 조선의 입말과 글말에서 입말만 있고 글말이 없음을 말한다. 당시 조선에서는 글말을 한자를 빌려 쓴 이두나 구결뿐이었다. '異乎中國'은 '異乎中國(之語音)'의 의미로 해석한다면 역시 중국의 입말과 글말을 뜻한다. 곧 조선과 중국의 입말도 다르고 글말은 중국의 한자밖에 없으니 조선의 글말을 한자로 적기에 부적당함을 말한다. 따라서 '與文字不相流通'는 중국 한자로는 어순이 전혀 다르고 토가 붙는 조선의 입말을 적어서 소통할 수 없으며, 중국의 입말과 조선의 입말이 서로 소통되지 않음을 뜻한다. "國之語音 異乎中國"에 대한 해석을 "한자의 국어음이 중국과 달라서 문자가 서로 통하지 않는다."(정광, 2006가: 34)라고 하여3) '국어음'을 한자의 동음(東音)으로 규정하여 "세종은 중국과 우리 한자음의 규범음을 정하기 휘하여 발음기호로서 훈민정음을 고안하였다"(정광, 2006가: 34), "훈민정음은 실제로 한자음의 정리나 중국어 표준 발음의 표기를 위하여 제정되었다가 고유어 표기에도 성공한 것이다. 전자를 위해서는 훈민정음, 또는 정음으로 불리었고 후자를 위해

---

3) 이와 유사한 해석으로 이영호(2014: 13)는 "나랏말 소리가 나라 안(중국)에서 달라"로 해석하고 있다.

서는 언문이란 이름을 얻게 된 것이다"(정광, 2006가: 36)라는 논의는 훈민정음 창제의 기본 정신을 심하게 왜곡시킨 견해라고 할 수 있다. 세종 25년 세종이 창제한 문자는 정음이 아닌 '언문 28자'였으나 그 후 해례를 제작하는 과정에서 한자의 표준발음 표기 문자로 그 사용 영역이 확대되면서 '정음'이라는 용어로 정착된 것으로 보아야 한다. 그 근거는 세종 26년 2월 16일 『운회』를 언문으로 번역하라는 지시나 동년 2월 20일 최만리의 상소문에도 '정음'이라는 용어는 나타나지 않고 '언문'이라는 용어만 사용되고 있다. 또한 세종 28년 11월에 궁중 내에 '언문청'이 설치되었다가 문종 원년(1450)에 정음청으로 바꾼 사실을 고려하면 세종이 창제한 당시 언문 28자는 우리말 표기를 위한 문자였음이 분명하다. 그러나 그 이후 한자음 교정 통일을 위해 활용되면서 정음이라는 용어로 전환된 것이다. 따라서 "國之語音 異乎中國"에 대한 해석은 "국어음(우리말)이 중국과 달라서 문자가 서로 흘러 통하지 않는다."로 해석해야 할 것이다.

둘째, 우민(愚民)이라는 뜻은 어리석은 백성, 곧 한자나 한문을 이해하지 못하는 백성을 말하는 것이다. 『국조보감』 권5에 『삼강행실』을 반포한 「하교문」에서도 "어리석은 백성들이 쉽게 이해하지 못할까 염려되어 도형을 그려서 붙이고"라고 하고 『세종실록』 갑자 2월조에는 "만일 『삼강행실』을 언문으로 옮겨 민간에 반포하면 우부우부가 모두 깨치기 쉽다"라고 하였다. 따라서 우부란 한문을 모르는 그 당시의 문맹을 우부우부하였으며, 이것을 줄여서 곧 우민의 뜻으로 우부라 하였다. 그러나 그 뒤에 단락에는 '인인(人人)'이라고 하여 사람 사람마라는 의미로 그 대상 범주를 확대시켜 두었다. 전자 우부는 사회 계층적으로 중하 계층을 뜻하나 '인인'은 그 것을 뛰어 넘어 임금으로부터 상하 모든 계층을 뜻한다고도 할 수 있지만 이를 더 확대해서 우수한 한글을 학습하여 필요한 모든 사람의 뜻으로 심지어 오늘날 한글의 세계화에 따른 '온 세계 인류 모두'

(박종국, 2007: 19)를 의미한다고도 할 수 있다.

셋째, '新制'라는 의미를 어떻게 해석할 수 있는가? 신제에 대응되는 구제(舊制)의 문자가 존재했다는 견해들은 대부분 이 대목을 근거로 하여 훈민정음의 문자 기원을 아래와 같이 다양한 구문자 기원설을 주장하고 있다.

끝으로 이 세종 서문이 언제 쓰였는지의 문제가 제기되기도 하였다. 정인지(1396~1456)의 서문 가운데 "계해 겨울에 우리 전하가 간략한 예의를 들어 보이시고 그 이름을 훈민정음이라 하시었다"란 말이 있는데 이것은 적어도 예의가 완성된 것은 분명한 사실이다. 그러나 여기에 당시 임금 스스로가 쓴 서문이 포함되었는가? 아니면 『훈민정음 해례』가 완성될 무렵에 써서 삽입하였는지를 판정할 결정적인 근거가 없다.

그러나 박종국(2007: 4)은

"훈민정음을 창제하신 후, 이를 반포하기 위하여 본문을 작성하신 다음 훈민정음 창제의 목적과 취의를 밝힌 서문을 지으시고, 곧 이어 정인지를 비롯한 여덟 학사에게 본문에 대한 해설을 하게하고 또 정인지에게 훈민정음 해례 서문을 짓게 하여 이것이 이루어진 다음에 이를 합쳐 한 책으로 묶어 발간한 책인데"

라고 하여 집현전 학사들에게 해례를 쓰도록 명하시기 이전에 이미 이 서문이 들어 있었던 것으로 파악하고 있다. 그러나 '新制'라는 어휘를 근거로 하여 상주문에서 '製'를 사용할 수 없기 때문에 '制'로 쓴 것으로 미루어보아 여덟 학사 가운데 누군가가 써서 어제 서문으로 올렸다는 주장도 있으나 이것은 지나친 상상력에 근거한 발상이라고 아니할 수 없다.

[제자해]

훈민정음 해례의 구성은 제자해, 초성해, 중성해, 종성해, 합자해의 5해와 용자례의 1예로 되어 있으며 그 뒤에 정인지의 후서가 달려 있다.

먼저 「제자해」는 훈민정음의 제자 원리, 음가와 글자를 만든 원리, 자형과 그 상징, 초중종성 및 합자해에 대한 제자원리를 성운학과 성리학적 관점에서 해설한 해례 가운데 핵심적인 부분이다. 당시 동아시아의 통합적 우주관이 담긴 곧 송대의 성리학의 자연철학적 순환 이론을 기반으로 훈민정음 창제의 기본 원리로 활용하고 있다.

그런데 초성, 중성, 종성의 제자해는 기술 내용의 균형이 일그러져 있어서 체계적인 통일성이 부족한 면을 보여주고 있다. 산문으로 구성된 제자해의 본문과 이를 요약한 운문 시로 쓴 결과도 내용이 불일치하거나 누락된 부분이 있으며 그 기술 내용의 배열이 달라진 곳도 발견된다.

○제자의 역학 이론의 배경

天地之道。는 一陰陽五行而已。니라 坤復之間爲太極。이요 而動靜之後爲陰陽。이니라 凡有生類在天地之間者。가 捨陰陽而何之。리오 故人之聲音。이 皆有陰陽之理。이나 顧人不察耳。니라
今正音之作。은 初非智營而力索。이요 但因其聲音而極其理而已。니라 理旣不二。니 則何得不與天地鬼神同其用也。리오

천지의 도(순환하는 우주의 원리)는 오로지 음양과 오행뿐이니 곤과 복괘의 사이가 태극이 되고, 동(움직이거나)과 정(멈춤)의 뒤가 음양이 된다. 무릇 천지간에 있는 생류(살아 있는 생명)로써 음양을 버리고 어디로 갈 수 있겠는가? 그러므로 사람의 말소리에도 다 음양의 이치가 있는 것인데, 다만 사람이 살피지 못할 뿐이다.
지금 정음을 만든 것은 애초에 지혜를 짜내어 억지로 구한 것이 아니다. 다만

그 소리의 원칙에 따라 이치를 다했을 뿐이다.

「제자해」는 역학의 원리로 성음의 생성의 이치를 밝힌 내용이다. 곧 하늘과 땅의 도리는 오직 하나 곧 태극의 도이며, 이는 우주의 섭리를 말한다. 곧 하늘과 땅의 도가 태극인데 태극은 음과 양의 조화에 의해 상생 발전한다. 『태극도』에 의하면 오행은 "양이 변해 음에 합한다"에서 생긴 것으로 "오행이 하나의 음양이다"인 것이다.

무극	태극	하늘天	음陰	오행五行	곤坤	동動	청清	율律
		사람人						
		땅地	양陽		복復	정靜	탁濁	려呂

무극은 우주의 생성 이전이라면 하늘과 땅으로 그리고 음과 양으로 역학의 곤복으로 나뉜 시초를 태극이라 하며 태극의 상태에서 동정이 이루어지면서 우주의 만물이 생성 소멸하는 순환이 진행된다는 순환적 자연철학이 훈민정음 제자의 기본 철학이다. 『역경계사』 상 제2장에 '육효의 변동이 천·지·인 삼재의 도리다'라고 설명하였다. 천지는 하늘과 땅만이 아니고 우주 자연을 뜻하기도 한다. 정인지의 '훈민정음 서문'에서도 '천지 자연의 소리'라고 한 바 있다.

언어의 생성 원리를 음양설로 설명하고 있는데 이는 역학 원리에 근원하고 있는 성리학의 이론을 그대로 받아들인 것으로, 우주와 인간사의 모든 생성 원리가 음양설로 구명된다면 언어 문자의 원리도 동일 범주 안에 포괄되는 것이다.

주염계의 『태극도설』에서는 태극이 '동(動, 움직임)'해서 '양(陽)'을 만들고 '동'이 극에 달하면 '정(靜, 멈춤)'이 되고, '정'에서 '음'을 만들고 '정'이 극에 달하면 다시 '동'한다는 순환이론에 기본이다. 『태극도설』에는 "양이 변해 음에 합쳐 수, 화, 목, 금, 토가 생성되며 오기가 두루 퍼져 사시로 나가니 오행이 하나의 음양이다"라고 하였다. 곧 한 번 동하고 한 번 정하는 것이 서로 뿌리가 되어 음으로 갈리고 양으로 갈리어 양의가 맞서게 된다고 하고, 이것이 우주만물의 대립되는 원리가 되는데, 다시 '양이 변하여 음에 합하여' 오행이 생긴다고 했고, 우주만물은 오행인 물, 불, 나무, 쇠, 흙이 결부되어 있다. 『역경계사』상 제4장에서 '易與一天地準陰故一能陽彌綸天地之道'라 했고 제5장에서 '한 번 음이고 한 번 양인 것을 도라고 한다'라고 한 것을 여기서는 '천지의 도는 한 음양 오행이다'라고 한 것이다.

이처럼 「제자해」는 지나치게 역학적 설명을 가함으로써 그 의미하는 바가 추상적이고 모호하다. 세상 만물 모두 음양의 이치가 있다는 원리를 바탕에 두고 『훈민정음 해례』가 만들어졌다. 하늘과 땅 우주 사이 모든 것이 음양의 이치와 결부되어 있다고 설명하고 있으나 『태극도설』에서 "태극에는 일동과 일정의 양의로 나누어져 있으며 음양이 곧 한 번 변하고 합치는데 오행을 갖추지만 그러나 오행이라는 것은 바탕이 땅에서 갖추어지고 기는 하늘에서 행해지는 것이다"라고 하였고, 『성리대전』권 27에서도 "주자가 말하기를 음양은 기이며, 오행은 바탕인데 이 바탕이 있음으로써 물건과 일이 이루어져 나오는 것이다"라고 한 것처럼 우주만물을 음양과 오행으로 순환에 이루어지고 소멸하는 것으로 파악하고 있다.

○제자의 상형 원리

> 正音二十八字◦는 各象其形而制之◦니라
>
> 정음 28자는 다 각각 그 형상을 본떠서 만든 것이니라.

　훈민정음 제자의 일반적인 원리인 상형을 말하고 있다. 이것은 초성뿐만 아니라 중성도 포함하고 있다. 그 기본적인 원리는 글꼴의 형상으로 본뜬 상형원리이다. 형상이란 발음기관, 발음작용, 천지인 등의 꼴과 상태를 말한다. 곧 정음 28자는 다 각각 그 형상을 본떠서 만든 것이다. 훈민정음의 글자는 각상기형이제지(各象其形而制之)라고 하였다. 곧 글꼴은 그 발음하는 형상을 모상하여 만든 것이다. 훈민정음의 글자 제작 원리를 분명히 밝힌 구절이다. 곧 '상형'을 훈민정음의 제자 원리로 삼고, 자음자는 조음기관 또는 자음을 조음할 때의 조음기관의 모양을 본떠서 만들고, 제자 순서는 먼저 아·설·순·치·후음별로 기본 글자 'ㄱㄴㅁㅅㆁ'를 만들었다. 이상 초성 17자와 중성 11자를 합쳐 28자가 상형 원리에 의해 만들었음을 밝히고 있다.

○초성 제자 및 가획 원리

> 初聲凡十七字◦니라 牙音ㄱ◦은 象舌根閉喉之形◦이니라 舌音ㄴ◦은 象舌附上腭之形◦이니라 脣音ㅁ◦은 象口形◦이니라 齒音ㅅ◦은 象齒形◦이니라 喉音ㅇ◦은 象喉形◦이니라 ㅋ比ㄱ◦聲出稍厲◦하니 故加劃◦이니라 ㄴ而ㄷ◦ ㄷ而ㅌ◦ ㅁ而ㅂ◦ ㅂ而ㅍ◦ ㅅ而ㅈ◦ ㅈ而ㅊ◦ ㅇ而ㆆ◦ ㆆ而ㅎ◦ 其因聲加劃之義皆同◦이나 而唯ㆁ爲異◦니라 半舌音ㄹ◦半齒音ㅿ◦亦象舌齒之形而異其體◦이나 無加劃之義焉◦이라
>
> 초성은 모두 17자이다. 아음(牙音, 어금닛소리) ㄱ는 혀뿌리(舌根)가 목구멍을 막는 형상을 본뜬 것이요, 설음(舌音, 혓소리) ㄴ는 혀끝이 윗잇몸에 닿는 모양

을 본뜬 것이다. 순음(脣音, 입술소리) ㅁ는 입 모양을 본뜬 것이다. 치음(齒音, 잇소리) ㅅ는 이의 모양을 본뜬 것이요, 후음(喉音, 목구멍소리) ㅇ는 목구멍의 모양을 본뜬 것이다.

ㅋ는 ㄱ에 비하여 소리가 조금 거센(稍厲) 까닭에 획을 더하였다. ㄴ에서 ㄷ, ㄷ에서 ㅌ, ㅁ에서 ㅂ, ㅂ에서 ㅍ, ㅅ에서 ㅈ, ㅈ에서 ㅊ, ㅇ에서 ㆆ, ㆆ에서 ㅎ가 되는 것도 소리에 따라 획을 더한 뜻이 다 같으나, 오직 ㆁ만은 다르다. 반설음 ㄹ와 반치음 ㅿ는 역시 혀와 이의 형상을 본뜨되 그 모양을 달리 한 것(이체자)이지, 획을 더하는 뜻은 없다.

초성 제자의 원리는 기본적인 상형을 바탕으로 하여 가획의 원리에 따라 이루어졌으며 단지 ㆁ, ㄹ, ㅿ 석자는 예외임을 설명하고 있다.

초성은 무릇 17자이다. 『홍무정운』의 23자모체계가 아닌 전탁자 6자를 제외한 제한적 음소문자로서 초성 17자를 제시하였다. 이 17자를 오음에 따라 아음−설음−순음−치음−후음−반설−반치로 나누어 글꼴의 발음 형상을 모상하여 글꼴 ㄱㄴㅁㅅㅇ을 만들었음을 밝히고 있다. 그와 함께 가획의 원리에 따라 [ㆁ]−ㄱ−ㅋ, ㄴ−ㄷ−ㅌ, ㅁ−ㅂ−ㅍ, ㅅ−ㅈ−ㅊ, ㅇ−ㆆ−ㅎ 과 같은 가획의 원리와 함께 예외를 보이는 ㆁ, ㄹ, ㅿ 3자의 이체자는 혀와 이의 꼴을 본뜬 것이지만 그 모양을 달리 한 것이지 획을 더하는 뜻은 없다.

음성 분류	기본꼴	상형 내용	가획자	이체자
어금니牙	ㄱ	象舌根閉喉之形	ㅋ	ㆁ
혀舌	ㄴ	象舌附上齶之形	ㄷ ㅌ	ㄹ
입술脣	ㅁ	象口形	ㅂ ㅍ	
이齒	ㅅ	象齒形	ㅈ ㅊ	ㅿ
목구멍喉	ㅇ	象喉形	ㆆ ㅎ	

不厲 → 厲

초성은 소리에 따른 가획의 원리에 따라 발음이 센厲음의 순서대로 획을 더하여 다른 자음 글꼴을 만들었다. 모음 역시 하늘天·땅地·사람人의 삼재를 상형한 ·ㅡㅣ를 기본으로 하고 합성의 원리에 따라 글꼴을 만들었다.

그런데 이체자라고 하는 ㆁㄹㅿ 석자는 마치 상형의 원리에서 제외된 것으로 판단하기 쉬우나 그렇지 않다.

'ㆁ'에 대해서는 「제자해」에서

"지금 후음에서 본떠 만들었으나, 아음의 글자를 만드는 시작으로 하지 않는다. 대개 후음은 물이고 아음은 나무에 속하므로 'ㆁ'이 비록 아음이지만 'ㅇ'과 비슷하여 마치 나무에 싹이 물에서 나와 부드럽고 물의 기운이 많음과 같다."(『훈민정음 해례』 「제자해」)

와 같이 설명하면서 아음이지만 후음에 본떤 상형자임을 밝히고 있다. 'ㄹ, ㅿ'은

"반설음 ㄹ 반치음 ㅿ 역시 혀와 이의 형상을 본떴으나 그 체를 달리한 것은 획을 더하는 뜻이 없다는 것이다."(『훈민정음 해례』 「제자해」)

라고 하였으니 이 또한 상형의 원리로 만들어진 것임을 밝히고 있다. 그러나 「제자해」 결에서는 'ㆁ'을 제외하고 'ㄹ'과 'ㅿ'만 "또한 반설음과 반치음이 있는데 같은 형상을 본떴지만 드러나 모양은 다르네"라고 하였다. 정인승(1940), 홍기문(1946: 33), 장윤희(2013)는 'ㄹ'과 'ㅿ'만을 이체의 속성을 갖는 글자로 파악하고 있다. 홍기문(1946: 57)에서는 'ㄹ'은 'ㄴ'의 이체요 'ㅿ'은 'ㅅ'의 이체이며 'ㆁ'은 'ㅇ'의 이음으로 파악하고 있다. 이동석(2018: 356)은 'ㆁ'과 'ㄹ, ㅿ'을 구별하여 도표와 같이 정리하고 있다.

	상형자			이체자
	기본자	가획자		
		厲	기타	
아음	ㄱ	ㅋ	ㆁ	
설음	ㄴ	ㄷㅌ		
순음	ㅁ	ㅂㅍ		
치음	ㅅ	ㅈㅊ		
후음	ㅇ	ㆆㅎ		
반설음				ㄹ
반치음				ㅿ

이동석(2018: 356)은 상형자, 가획자, 이체자라는 용어는 만든 것이지만 체계적인 설명을 위해 기본자, 가획자, 이체자와 같은 용어를 사용할 필요가 있다고 하였다.

'갈다'는 의미가 있는 '厲'는 마찰성 곧 [+fricative]을 나타내는데 ㄱ → ㅋ은 유기음 [+aspirative]이며, ㄴ → ㄷ은 [−voiceless]로 ㄷ → ㅌ은 [+aspirative]로 변함을 말한다. 그런데 어떻게 '厲'라는 자질로 이러한 가획의 글자를 통틀어 설명할 수 있는 이유가 분명하지 않다. ㅅ → ㅈ도 파찰음[+affricate] 자질로 바뀌었다가 다시 ㅈ → ㅊ은 유기음 [+aspirative]로 바뀐 것이다.

ㆁ → ㄱ → ㅋ

ㄴ → ㄷ → ㅌ

ㅅ → ㅈ → ㅊ

ㅇ → ㆆ → ㅎ

ㅁ → ㅂ → ㅍ

과 같은 가획자를 몽땅 '厲'는 마찰성 곧 [+fricative]을 나타내는 것으로 설명하는 것은 인상주의적인 설명이라고 하지 않을 수 없다. 가획의 1단계는 폐쇄음화와 2단계는 유기음화 과정을 가획의 원리로 글꼴은 설명할 수 있지만 이들의 변별적 자질로 기술하기에는 '厲' 하나의 자질로는 부족한 설명이다. 그리고 ㅁ→ㅂ, ㅂ→ㅍ도 엄격한 의미에서 단순 가획이라고 하기에는 적절하지 못하다.

초성의 청탁에 의한 구별은 중국의 운서와 거의 평행을 이루고 있지만 설두·설상, 순중·순경, 치두·정치음을 단일화한 결과 36자모에서 23자모로 배열되어 있다. 다만 초성의 기본자가 불청불탁음이 ㄴ, ㅁ, ㄱ이 되어야 하지만 후음의 불청불탁자 'ㅇ'에 가획한 'ㆆ'를 기본자로 설정하였다. 그리고 후음을 제외하고는 모두 전청자 ㄱ ㄷ ㅂ ㅅ ㅈ가 각자병서인 ㄲ ㄸ ㅃ ㅆ ㅉ로 만들어졌지만 오직 후음은 차청자인 'ㅎ'이 각자병서 'ㆅ'로 만들어졌다.

○초성 제자의 운학과 성리학적 원리

> 。夫人之有聲은 本於五行。이니라 故合諸四時而不悖。하며 叶之五音不戾。니라 喉邃而潤。이니 水也。니라 聲虛而通。이니 如水之虛明而流通也。니라 於時爲冬。이요 於音爲羽。니라 牙錯而長。이니 木也。니라 聲似喉而實。이니 如木之生於水而有形也。니라 於時爲春。이요 於音爲角。이니라
>
> 舌銳而動。이니 火也。니라 聲轉而颺。은 如火之轉展而揚揚也。니라 於時爲夏。요 於音爲。徵。니라 齒剛而。斷。이나 金也。니라 聲屑而滯。하니 如金之屑瑣而鍛成也。니라 於時爲秋。요 於音爲商。이니라 脣方爲合。이니 土也。니라 聲含而廣。이니 如土之含蓄萬物而廣大也。니라 於時爲季夏。요 於音爲宮。이니라 然水乃生物之源。이요 火乃成物之用。이니라 故五行之中。에 水火爲大。니라 喉乃出聲之門。이요 舌乃辨聲之管。이니 故五音之中。에 喉舌爲主也。니라
>
> 喉居後而牙次之。하니 北東之位也。니라 舌齒又次之。하니 南西之位也。니라 脣居末。하니 土無定位而寄旺四季之義也。니라 是則初聲之中。에 自有陰陽五行

方位之數也。니라

대저 사람의 말소리는 모두 오행에 근본을 두고 있어 사시(네 계절)에 어울려 어그러지지 않고, 오음(궁, 상, 각, 치, 우)에 맞추어도 어긋나지 않는다. 목구멍은 입 안 깊숙한 곳에 있고 젖어 있어 오행의 수(물)에 해당한다. 소리는 비(虛)고 막힘이 없는 듯하여, 마치 물이 투명하게 맑고 두루 흘러 통하는 것과 같다. 계절로는 겨울이요. 오음으로는 우이다.

어금니는 울퉁불퉁하고 길어서 오행의 목(나무)에 해당한다. 소리는 후음과 비슷해도 여문 것은 마치 나무가 물에서 나되 형체가 있는 것과 같다. 계절로는 봄이요. 오음으로는 각이며, 혀는 날카롭고 움직이니 오행의 화(불)에 해당한다. 소리는 입 안을 구르고 날리어 마치 불이 구르고 펼쳐지며(굴러 퍼져 나감) 활활 타오르는(활활 타오름) 것과 같다. 계절로는 여름이요. 오음으로는 치이다.

이는 단단하고 물건을 끊으니 오행의 금(쇠)에 해당한다. 소리는 부스러지고 막히어 쇠의 쇄설(가루가 부스러짐)한 것이 단련되어(쇳가루를 불리어서) 형체가 이루어지는 것과 같다. 계절로는 가을이요. 오음으로는 상이다.

입술은 모지고 다물어지니 오행의 토(흙)에 해당한다. 소리는 머금었다가 넓어지는 듯한 것은, 마치 흙이 만물을 머금어 품으면서도 넓고 광대한 것과 같다. 계절로는 늦여름이요, 오음으로는 궁이다.

그러나 물은 만물을 생장시키는 근원이요, 불은 만물을 이루는 작용인 때문에 오행 중에는 물과 불이 중요한 것이 된다.

(마찬가지로) 목구멍은 소리를 내는 문이고, 혀는 바로 소리를 가려내는 기관이기 때문에 오음 중에 후음과 설음이 으뜸이 된다.

목구멍은 맨 뒤에 있고 어금니는 그 다음에 있으니, 각각 북과 동의 자리이다. 혀와 이가 또 그 다음이니 남과 서의 자리이다. 입술은 맨 끝에 있으니 이는 흙이 일정한 자리가 없이 네 계절에 기대어서 왕성함이라는 뜻이다. 이는 곧 초성 중에 스스로 음양, 오행, 방위의 수를 가지는 것이다.

초성의 제자를 성운학과 역학의 원리에 따라 오음, 오행, 사시를 후-아-설-치-순의 순서로 배열하였으며 이어서 오방의 배치와도 연결하여 설명하고 있다. 특히 조음위치로는 수화가 중요하며 후설이 주가 된다는 설명이다.

제자해 첫머리에서 사람의 성음도 오행에 바탕을 둔 것이라고 하였으므로 여기서도 다음과 같이 『고금운회거요』나 『절운지장도』의 「변자모차제례」 등을 참고하여 오행, 오시, 오방 등과 결부하여 설명한 것이다. 다만 본문에서는 '합제사시'라고 하였으나 실지로는 오시로 설명되어 있다.

오음성	아	설	순	치	후
오행	목	화	토	금	수
오시	춘	하	계하	추	동
오음악	각	징	궁	상	우
오방	동	남	무정위중앙	서	북
오상	인	예	신	의	지
오장	간	심	비	폐	현
사덕	원	향		이	정
오색	청	적	황	백	흑

　　제자해의 원리를 오행을 기준으로 하여 오방위, 오상이나 오장 등을 연계시킨 것은 대단히 관념적인 기술인 것처럼 보이지만 성리학에서는 이들 모두를 우주 생성과 소멸의 인자로 보고 순환하는 일연의 상관관계로 파악하고 있다.

　　본문에서 오음과 오행을 결부하여 설명하고 이를 다시 조음 작용면에서 음상과 관련성을 정리하면 다음과 같다.

五聲	조음기관 모양	오행	사시	오음	오방	설명내용
喉	邃而潤	水	冬	羽	北	虛而通	如水之虛明而流通
牙	錯而長	木	春	角	東	似喉而實	如木之生於水而有形
舌	銳而動	火	夏	徵	南	轉而颺	如火之轉展而揚揚
齒	剛而斷	金	秋	商	西	屑而滯	如金之屑瑣而鍛成
脣	方而合	土	季夏	宮	無定位	含而廣	如土之含蓄萬物而廣大

초성 제자 원리를 요약하여 표로 나타내면 다음과 같다.

오음	어금니소리牙	혓소리舌	입술소리脣	잇소리齒	목구멍소리喉
오행	나무(木)	불(火)	흙(土)	쇠(金)	물(水)
오시	봄(春)	여름(夏)	늦여름(季夏)	가을(秋)	겨울(冬)
오성	각(角)	치(徵)	궁(宮)	상(商)	우(羽)
오방	동(東)	남(南)	중앙(中央) 무정위(無定位)	서(西)	북(北)

초성의 배열순서가 예의와 달라졌다. 예의에서는 '아−설−순−치−후'의 순서였는데 해례에서는 '후−아−설−치−순'의 순서로 배열한 것은 성문인 목구멍에서 입까지 조음위치(point of articulation)에 따라 순차적으로 배열하였다. 이 점은 당시 집현전 학사들이 현대 음성학적 조음의 원리를 충분하게 인식하고 있었음을 말한다. 또한 세종이 창제한 초성 17자의 배열 구도가 해례에 와서 약간의 변개가 이루어졌음을 알 수 있다.

오음과 오방위를 도표로 나타낸 것이다.

『절운지장도』와 『훈민정음 해례』의 내용을 비교하여 정리해보면 다음의 표와 같다.

『절운지장도』「변자모차제례」

	사시	오음	오행
아음	춘	각	목
설음	하	징	화
진음	계하	궁	토
치음	추	상	금
후음	동	우	수

『훈민정음 해례』「제자해」

	오행	사시	오음
후음	수	동	우
아음	목	춘	각
설음	화	하	징
치음	금	추	상
진음	토	계하	궁

『절운지장도』의「변자모차제예」에서는 아−설−순−치−후음을 사시
−오음−오행의 순서로 서술하였고,『훈민정음 해례』「제자해」와「제자
해」결에서는 후−아−설−치−순음을 오행−사시−오음의 순서로 배열
하였다.

『훈민정음 해례』의「초성해」결에서 칠음 배열은 예의와 같은데 이
배열 방식은『절운지장도』「변자모차제예」의 36자모의 칠음 배열 방식인
'아−−설−순−치−후−반설−반치'의 순서로 서로 같다.

오행과 오음의 관계를 설명한 후 오음 가운데 후음와 설음이 중심이
되므로 중요하다는 설명 부분은 결에서 누락되었다.

○초성 제자와 소리 체계

又以聲音淸濁而言之。하건데 ㄱㄷㅂㅈㅅㆆ은 爲全淸。이요 ㅋㅌㅍㅊㅎ은 爲
次淸。이니라 ㄲㄸㅃㅉㅆㆅ은 爲全濁。이요 ㆁㄴㅁㅇㄹㅿ은 爲不淸不濁。이니라
ㄴㅁㅇ은 其聲最不厲。이니 故次序雖在於後。이나 而象形制字則爲之始。니라
ㅅㅈ雖皆爲全淸。이나 而ㅅ比ㅈ。聲不厲。이니 故亦爲制字之始。니라
唯牙之ㆁ。은 雖舌根閉喉聲氣出鼻。나 而其聲與ㅇ相似。이니 故韻書疑與喩多
相混用。이니라 今亦取象於喉。나 而不爲牙音制字之始。니라
盖喉屬水而牙屬木。이니 ㆁ雖在牙而與ㅇ相似。하여 猶木之萌芽生於水而柔
軟。이며 尙多水氣也。니라

또 말소리의 청탁(淸濁)에 대해서 말해 보자. ㄱㄷㅂㅈㅅㆆ는 전청全淸이며,
ㅋㅌㅍㅊㅎ는 차청(次淸)이다. ㄲㄸㅃㅉㅆㆅ는 전탁(全濁)이다. ㆁㄴㅁㅇㄹㅿ
는 불청불탁(不淸不濁)이다.

ㄴㅁㅇ는 그 소리가 가장 세지 않은(不厲) 까닭에 비록 차서(次序, 차례)로는
뒤에 있으나, 모양을 본떠서 글자를 만드는 데 있어서 이들을 시초로 삼았다.
ㅅㅈ는 비록 다 전청이라도 ㅅ는 ㅈ에 비해 소리가 거세지 않은 때문에 글자를
만드는 데 있어서 시초로 삼았다.

다만 아음의 ㆁ는 비록 설근(舌根, 혓뿌리)이 목구멍을 닫고 소리 기운이 코를
통하여 나오는 소리이지만, 그 소리가 ㅇ와 서로 비슷해서 중국의 운서에도
'의(疑)'모와 '유(喩)'모가 서로 혼용되는 경우가 많으므로, 이것 또한 목구멍
의 모양을 취하여 아음(어금닛소리) 글자를 만들 시초(기본자)로 삼지 않은
것이다.

대개 목구멍은 오행의 수(물)에 속하고 어금닛소리(아음)는 목(나무)에 속하는
데, ㆁ가 비록 아음 위치에 있으면서도 ㅇ와 비슷한 것은, 마치 나무의 새싹이
물에서 생장하여 부드럽고 연약하면서(柔軟, 부드러움) 여전히 물 기운을 많이
가진 것과 같은 것이다.

'청탁'은 자음의 자질 중 하나인데, 성운학에서는 오음과 함께 성(聲)을
분류하는 기준으로 삼아 왔다. 곧 오음의 각각을 다시 청탁에 따라 '전청,
차청, 전탁, 불청불탁'으로 분류한 것이다. 그런데 해례에서는 '청탁'을
다시 소리의 세기인 '려(厲)'의 정도에 따라 '최불려(崔不厲)'한 소리, '불려

(不屬)'한 소리, '려(屬)'한 소리로 나누어 이를 『훈민정음 해례』의 제자 과정에 반영하고 있다(임용기, 2010). 예의에 청탁 구분에 따른 글자의 배열이 '전청(ㄱ)-전탁(ㄲ)-차청(ㅋ)-불청불탁(ㆁ)'의 순서인데 해례 제자해에서는 '전청(ㄱ)-차청(ㅋ)-전탁(ㄲ)-불청불탁(ㆁ)'의 순서로 바뀌게된다.[4] 변개된 부분의 일부인데 이 문제는 단순한 변개가 아니라 예의에서 한자음 표기 부분을 보완하는 과정을 반영한 결과라고 할 수 있다.[5]

초성을 청탁에 따라 구분한 것. 도표에서는 1청은 전청, 2탁은 전탁, 3청은 차청, 4탁은 불청불탁을 뜻한다. 운서에 따라 청탁 분류 방법의 명칭의 차이는 다음과 같다.

『훈민정음 해례』	전청	차청	전탁	불청불탁
『동국정운』	전청	차청	전탁	불청불탁
『홍무정운역훈』	전청	차청	전탁	불청불탁
『운경』	청	차청	탁	불청불탁
『고금운회거요』	청	차청	탁	차탁
『절운지남』	순청	차청	전탁	반청반탁
『절운지장도』	전청	차청	전탁	불청불탁
『황극경세서』「성음창화도」	청	청	탁	탁

중국 음운학에서는 중고한어의 어두자음을 조음위치별로 나누어 아·설·순·치·후의 오음으로 분류하고 반설음, 반치음까지 합하면 칠음, 같은 조음위치에서 발음되는 음들을 다시 음의 성질에 따라 다음과 같이 나누었다. 전청음은 무기무성자음(unaspirated sound)을 차청음은 유기무성자음(aspirated sound)을 전탁음은 무기유성자음(sonant)을 불청불탁음(nasal, liquid

---

4) 임홍빈(2006), 「한글은 누가 만들었나」, 『국어학논총』(이병근선생퇴임기념논문집), 태학사.
5) '전청-차청-전탁-불청불탁'으로 배열하던 순서를 버리고, 소강절의 「초성경세수도」에서 배열한 순서인 '전청(ㄱ)-차청(ㅋ)-전탁(ㄲ)-불청불탁(ㆁ)'의 순서로 바뀌었다.

sound)가 있다. 이런 기준에 의하여 당말, 북송 초에 36자모를 선정하여 한어의 어두자음을 표시하는 음성기호처럼 사용해 왔다. 훈민정음은 이 36자모표와는 따로 15세기 중세국어에 맞는 자음을 선정하여 23자음자를 창제하였는데 그 분류방식은 중국 36자모표를 본받은 바가 있다. 그리하여 『훈민정음 해례』에서도 이 분류법을 따라서 국어의 자음을 분류하였는데, 전탁음만은 한어 자음의 유성음과는 달리 국어의 된소리에 해당된다고 볼 수 있다. 그래서 15세기 문헌에서는 전탁음들이 두 가지 구실을 해서 『동국정운식』 한자음이나 『홍무정운역훈』의 한음 표기에는 한자음의 유성음을 나타내려 하였고, 국어를 표기할 때에는 된소리를 나타내기 위하여 쓰이었다. 다만 당시의 우리 선인들이 유성음의 음가를 된소리처럼 인식하고 있었는지는 모른다. 그렇다면 『동국정운』의 '전탁음'을 된소리 표기로 볼 수도 있다. 중국 36자모표와 훈민정음 23자모표를 보이면 다음과 같다.6)

「중국 36자모표」

칠음	아음	설두음	설상음	순중음	순경음	치두음	정치음	후음	반설	반치
전청	見	端	知	幇	非	精	照	影		
차청	溪	透	徹	滂	敷	淸	穿	曉		
전탁	群	定	澄	並	奉	從	牀	匣		
불청불탁	疑	泥	孃	明	微		喩	來	日	
전청						心	審			
전탁						邪	禪			

---

6) 중국 운서와 비교해 보면 성모 36자를 해례 「초성해」에서는 '후음 → 아음 → 설음 → 치음 → 순음 → 반설음 → 반치음'의 순서로 배열하였다. 『고금운회』의 36자모도에 대비해보면 설상·설두를 통합하여 설음으로 치두음과 정치음을 통합하여 치음으로 설정하였고 순중음과 순경음은 체계 안에서 구분을 하지는 않았지만 문자는 'ㅂ, ㅍ, ㅱ, ㅃ'을 설정하였다. 성모의 배열은 역학적인 문자 이론에 따라, 청탁에 의해서는 같은 음계에 속한 음은 "전청 → 차청 → 전탁 → 불청불탁"의 순으로 배열하였다. 이러한 배열 방식은 중국의 운서들인 『운경』, 『칠음략』, 『사등등자』, 『절운지장도』, 『경사정음절운지남』의 배열 방식과도 일치하기도 하고 차이를 보여주고 있다.

칠음	아음	설음	순음	치음	후음	반설	반치
전청	君ㄱ	斗ㄷ	彆ㅂ	卽ㅈ	挹ㆆ		
차청	快ㅋ	呑ㅌ	漂ㅍ	侵ㅊ	虛ㅎ		
전탁	虯ㄲ	覃ㄸ	步ㅃ	慈ㅉ	洪ㆅ		
불청불탁	業ㆁ	那ㄴ	彌ㅁ		欲ㅇ	閭ㄹ	穰ㅿ
전청				戌ㅅ			
전탁				邪ㅆ			

'ㆁ'과 'ㅇ'이 운서에서 서로 혼용되는 이유를 설명하는 "의여유다상혼용" 규정은 "범자합이성음" 규정에 위배되는 규정이다. 곧 '의疑'와 '유喩'는 각각 중국 등운학에서 말하는 36자모의 하나인데, 중국 음운학에서는 한어의 어두자음을 분류하여 36자모표를 만들고, 각 자모로 하여금 각 어두자음을 대표케 하였을 때, 의疑모는 ŋ-을, 유喩모는 j-, ɦ-를 나타내게 하는 것이었다. 그러나 12세기경부터 한어의 어두 ŋ-음이 소실되어, 원래 ŋ-음을 가졌던 한자들의 자음이 j-, ɦ-을 가졌던 한자들과 같아졌으므로 여러 운서에서 한어 자음을 자모로 표시할 때 '疑'모자와 '喩'모자를 엄격히 구별하여 표음하지 못하고 '疑'모와 '喩'모의 사용에 혼동이 생기게 되었다. 이러한 사실을 알고 있었던 해례 편찬자들은 훈민정음의 ㆁ자가 '疑'모에 해당되고, ㅇ자가 '喩'모에 해당되므로 의모계 자음과 유모계 자음이 혼용되는 모습을 설명하기 위하여 ㆁ음과 ㅇ음이 "서로 비슷하다"라고 표현하고 있는 것이다. 그러나 중세국어를 기록한 ㆁ자와 ㅇ자는 그 음가 면에서 도저히 비슷할 수가 없다. 제자해에서 ㆁ의 음가를 '설근폐후성기출비(舌根閉喉聲氣出鼻)'라고 해서 [ŋ]임을 말하였고, 종성해에서 ㅇ의 음가를 '성담이허'라고 해서 zero임을 말하였으므로, 훈민정음 해례 편찬자들도 ㆁ과 ㅇ의 음가 차이를 알고 있었다. 그런데 결에서는

이 부분에 대한 차이를 보인다. 운서의 자표 '疑'(ㆁ)와 '喩'(ㅇ) 대신 『훈민정음』의 자표인 '業'(ㆁ)과 '欲'(ㅇ)으로 기술되어 있다.

마지막으로 아음을 시초로 하여 유기음과 된소리의 배열을 나무가 움이 터서 성장하고 노장하는 과정으로 설명한 것은 매우 추상적이고 모호하다.

○전탁음과 병서

ㄱ은 木之成質ᄒᆞ이고 ㅋ은 木之盛長ᄒᆞ이요 ㄲ은 木之老壯ᄒᆞ이니 故至此乃皆取象於牙也。니라

全淸並書則爲全濁ᄒᆞ은 以其全淸之聲凝則爲全濁也。니라 唯喉音次淸爲全濁者ᄒᆞ은 盖以ㆆ聲深不爲之凝ᄒᆞ이요 ㅎ比ㆆ聲淺ᄒᆞ이니 故凝而爲全濁也。니라

ㄱ는 나무의 성질이요, ㅋ는 나무의 성장(무성함)이요, ㄲ는 나무의 노장(늙어서 군건함)인 것이므로 이렇게 되어서 모두 어금니 모양을 본뜬 것이다. 전청 글자를 병서(並書, 나란히 쓰면)하여 전탁으로 삼으니 전청의 소리가 엉기면(凝) 전탁이 되는 까닭이다. 오직 후음(목구멍소리)만은 차청인 ㅎ에서 전탁이 되는 것은 대개 ㆆ 소리가 깊어서 엉기지 않는 데 비해, ㅎ는 ㆆ에 비하여 소리가 얕으므로 엉겨서 전탁이 되기 때문이다.

앞에서 사성의 성질을 전청-성질-평음, 차청-성장-유기음, 전탁-노장-된소리로 대비해서 나타내고 있음에 비해 결에서는 이 부분에 대한 설명이 누락되었다.

『훈민정음 해례』의 이론적 기반이 비록 중국음운학에 있었다고 하더라도 새 고유문자인 훈민정음의 음가에 대한 설명 내용은 국어를 가지고 설명한 부분이 많다. 여기의 전탁음에 대한 설명도 중세국어의 된소리에 관한 것이다. 『동국정운』(1447)의 서문에서 "우리나라 말소리는 그 청탁의 구별에 있어서 중국과 다를 바가 없다"라 하여 '어음'의 '청탁' 구분을

인식하고 있었는데, 그 '탁濁', 여기서는 전탁의 음가를 "그 전청의 소리를 가지고 엉기게 발음하면 전탁이 된다."라 하여 '된소리'로 설명하고 있는 것임. '凝(응김)'은 성문폐쇄음을 설명한 것으로 볼 수 있다.

여기서 "대개 ㆆ은 소리가 깊어서 엉기지 않고"라는 대목의 해석은 오류가 아닌가 판단된다. 'ㆆ' 글자 자체가 엉긴 소리 [ʔ]이기 때문에 이것을 "ㆆ은 소리가 깊어서 엉기지 않고"라고 한 것은 잘못된 기술이다.[7]

각자병서는 예의에서는 ㄲ, ㄸ, ㅃ, ㅆ, ㅉ, ㆅ가 제시되었으나 해례에서는 "ㆅ, ㅇㅇ, ㄴㄴ"의 예만을 제시하였다. 결과적으로 예의에 비해 'ㅇㅇ'이 추가된 셈이며 『훈민정음』 국역본에 'ㄴㄴ'(다ᄂᆞ니라)이 사용되기도 하였다. 『훈민정음 예의』에서 기본자 17자로만 한정하고 각자병서 ㄲ, ㄸ, ㅃ, ㅆ, ㅉ는 한자음 표기에 사용되는 제한적 문자였다. 그러나 실제로는 고유어 표기에도 이 각자병서 글자가 사용되었다. 「합자해」에서 '혀-', '쏘-', '괴ㅇㅇ-'가 사용되었으며 '니르꼬', '홀띠댄', '홇 ㅃ', '아니홀씨', '엄쏘리', '오실 ᄶᅥ긔'에서처럼 각자병서들이 사용되었다. 이들 각자병서가 한자음에서 사용된 것과 같이 과연 『동국정운』식 유성음에 대한 이상적 표기와 같은 것일까? 고유어에 사용된 각자병서를 유성음이라고 할 수 있는 근거는 매우 희박하다. 『훈민정음 해례』「제자해」에서도 분명히 "전청을 나란히 쓰면 전탁이 되는 것은 그 전청의 소리가 엉겨 전탁이 되는 것이다."라고 한 점으로 미루어보아 고유어에서 사용된 각자병서는 주로 형태음소

---

7) ㆆ자의 음가가 성문폐쇄음 [ʔ]임을 말하고 이를 '심'으로 표현한 것임. 중국음운학에서 어두 자음을 조음위치별로 분류하여 牙, 舌, 脣, 齒, 喉音으로 하였으나 중국 36자모 가운데 후음에 배열된 음들은 엄격히 말하면 모두 성문음이 아니어서, 影母[ʔ]만이 성문음이고 曉母[x], 匣母[ɣ]는 아음연구개음이라고 할 수 있으며, 喩母는 zero 또는 반모음[j]일부는 [ɦ]로 볼 수 있음. 훈민정음의 후음을 挹ㆆ[ʔ], 虛ㅎ[h], 洪ㆅ[h²], 欲ㅇ[zero 또는 ɦ]으로 본다면 이들은 모두 성문음이라고 할 수 있음. 그러나 같은 후음이라도 ㆆ음은 성문 그 자체에서 발음되는 폐쇄음이므로, 된소리 요소인 성문폐쇄음을 중복시켜 된소리를 만들 수 없고, 같은 성문음인 ㅎ[h]음에 된소리 요소를 더하여 성문폐쇄 수반음인 ㆅ[h²]음이 되도록 한다는 설명이다.

론적 환경에서 된소리로 실현될 만한 환경이라고 볼 수 밖에 없다. 다만 'ㆅ, ㅥ, ㅇㅇ'은 된소리와 대응을 이루지 못하기 때문에 변이음적 음성적 환경을 나타낸 것이다.

'ㆅ'는 『원각경언해』(1465)에서 'ㅎ'으로 바뀌었다. 아마도 'ㆅ'은 'ㅎ'에 기가 실린 음으로 구개위치에서 실현되는 음인 [ç]에 근접한 음성적 실현형이었을 것이다. 'ㅥ'은 '다ᄂᆞ니라'(훈정 국역) 외에 '저ᄂᆞᆫ다'(월석 20: 56ㄴ) 등에서 보이는데 ㄷ+ㄴ>ㄴ+ㄴ의 환경에서 'ㄴ+ㄴ>ㅥ'로 역행비음화현상이 반영된 표기이다. 이 역시 된소리라고 할 수 없다. 다만 '전노라'(월석 11: 53ㄱ), '건너다'의 예에서는 역행비음화현상이 나타나지 않는 이유가 무엇일까? 후행 'ㄴ'의 음절이 성조와 관계가 있는 것이 아닐까? 곧 거성인 경우 앞음절의 'ㄷ'이 불파의 시간이 길어진 이유로 'ㅥ' 표기가 된 것이다.

'ㅇㅇ'는 용어의 사피동환경이라는 형태음소론적 환경인 '괴ᅇᅧ, 메ᅇᅮᆫ, 미ᅇᅧᄂᆞ니라'와 같이 실현된다. 사피동접사 /i/와 어간말모음이 축약된 결과인데 접사 /i/가 상승하강조 성조의 영향을 반영한 /iˆ/를 표기에 반영한 것으로 추정된다.

합용병서는 ㅅ계, ㅂ계, ㅄ계로 구분된다.

　ㅅ계: ㅺ, ㅼ(ㅅㄴ), ㅆ, ㅽ

　ㅂ계: ㅳ(ㅂㅌ), ㅄ, ㅴ

　ㅄ계: ㅴ, ㅵ

먼저 ㅅ계 합용병서의 음가를 된소리로 보느냐 자음군으로 보느냐 의견이 엇갈리고 있다. 자음군으로 보는 경우에도 [sk], [st], [sp]로 보느냐 [t'k], [t't], [t'p]로 보느냐 의견이 다르다. 문제는 '그ᅀ-'와 'ᄭᅳᅀ-'와 '딯-'

와 ‘ᄶᅵᇂ-’과 같은 교차형이 존재하는 것으로 보아 ‘ㅺ’를 자음군으로 설명할 적절한 근거가 없다. 어두된소리화의 확대 현상과 관련된 변이형의 표기로 보는 것이 보다 합리적일 것이다. ‘ㅺ, ㅼ, ㅽ’ 곧 [+obstruent] 자질이 선행 내파에 의해 된소리화가 일어날 수 있는 적절한 환경이기 때문에 이를 된소리화 표기로 보는 것이 타당할 것이다. 다만 ‘ㅅㄴ’(ᄮᅡ히)는 된소리로 보기 어렵다.

‘ㅆ’는 각자병서로 보아야 할지 합용병서로 처리해야 할지 구분해야 할 것이다. 어두음절에서 실현되는 ‘ㅆ’은 각자병서이지만 관형구에서 실현되는 ‘혀쏘리, 구필 ᄊᆞ이’에서 실현되는 것은 사잇소리 ‘ㅅ’과 후행 ‘ㅅ’과 결합된 형이다. 앞에서 살펴본 다양한 ㅅ계 된소리 표기들이 ‘ㅆ’으로 통일된 16세기까지 다양한 모습을 보여준 것이다. 그러나 이러한 관형구에서 실현된 ‘ㅆ’도 합용병서였지만 실제로는 된소리로 발음되었을 것이다.

‘ㅂ’계 합용병서인 ‘*ᄇᆞ ᄉᆞᆯ > ᄡᆞᆯ’, ‘*ᄇᆞ 들 > ᄠᅳᆯ’, ‘*ㅂ작 > ᄧᅡᆨ’은 된소리표기가 아닌 자음군으로 이해된다. 그 근거는 자음군이 형성된 역사적인 발달과정을 고려한 점과 또 ㅅ계 된소리화의 기제의 차별성에 문제 있기 때문에 이중적인 ‘ㅂ계’를 설정할 필요가 있었을 가능성이 희박하다.

‘ㅄ’계로는 ‘ㅴ(ᄢᅵ)’ ‘ㅵ’가 있는데 ‘ㅺ’와 ‘ㅼ’가 된소리로 실현되었기 때문에 ‘ㅂ’계와 같은 자음군을 형성한 것이다. ‘ᄒᆞᆫᄢᅴ > ᄒᆞᆷᄢᅴ > 함께’의 발달과정에서 ‘ㄴ’이 ‘ㅁ’으로 교체되는 환경조건으로 순음 ‘ㅂ’이 자음군으로 실현될 수밖에 없었다. 16세기경 ‘ㅂ’의 탈락과 함께 된소리화표기로 합류되었던 것이다.

○순경음과 연서

○連書脣音之下。하면 則爲脣輕音者。는 以輕音脣乍合而喉聲多也。니라

○을 순음 아래 연서(連書, 이어서 쓰면)하여 쓴 것을 순경음(脣輕音, 입시울 가벼운 소리) 글자로 삼는 것은 그 경음(輕音, 소리의 가벼움)은 입술을 살짝 다물면서 목구멍소리가 많이 섞여진 때문이다.

순경음의 음가가 양순 마찰음임을 그리고 그 조음 방법을 기술한 내용이다. 『번역노걸대』·『박통사범례』(1510년경)에서는 "입술을 합하여 소리를 낼 때 ㅂ음이 되는 것을 순중음이라고 하고, ㅂ음을 낼 때에 입술이 합하는 듯 마는 듯하며, 날숨이 나오면서 ᅗ음이 되는 것을 순경음이라고 한다"이라고 더 구체적으로 설명하고 있음. 그러나 둘 다 순경음 ᅗ음이 유성음인지 무성음인지는 밝히지 않고 있음. 여러 초기 정음 문헌의 용례로 보아 ᅗ음은 유성음인 [β]이었고, 한음을 표기한 ᅗ은 [f]이었음.

최세진의 『번역노걸대박통사』「범례」에도 순중음과 순경음에 대해 "입술을 닫아서 소리를 내면 'ㅂ'이 되는데 이를 순중음이라고 한다. 'ㅂ'이 될 때 입술을 닫으려 하다가 닫지 않고 공기를 불어서 소리를 내면 'ᅗ'이 되는데 이를 순경음이라고 한다. 글자를 만들 때 동그라미를 'ㅂ' 아래에 붙이면 곧 입술을 비워서 소리를 낸다는 뜻이다"라고 하였다.

'ᅗ'는 초성 17자에 포함되지 않았다. 초기 한글 문헌에 고유어표기에도 사용되었으며 한자음의 음성운미 표기에도 사용되었다. 그러나 이 문자의 수명은 매우 짧았으니 『능엄경언해』(1461) 이후에는 폐기되었다. 이것이 초성 17자에 포함되지 못했던 이유는 매우 제한적 환경에서만 사용된 음소가 아닌 문자였다. 다만 이 'ᅗ'은 순자음 계열에 'ᄫ, ᄬ, ㅱ, ᅗ'의 순경음을 만들었는데 한자음의 표기에 활용한 문자일 뿐 고유어에서는

그 사용용의 기능 분담량이 아주 미세했던 것이다. 다만 그 음가를 양순유성파열음, 혹은 양순무성마찰음, 순치유성마찰음으로 보는 견해 등의 다양한 음가설이 제기되었다.

[중성 제자해]

○중성 기본자의 상형과 제자

中聲凡十一字。니라 •舌縮而聲深。하여 天開於子也。니라 形之圓。은 象乎天地。니라 ㅡ舌小縮而聲不深不淺。이니 地闢於丑也。니라 形之平。은 象乎地也。니라 ㅣ舌不縮而聲淺。하니 人生於寅也。니라 形之立。은 象乎人也。니라

중성은 무릇 11자이다.
•는 혀가 옴츠러들어(縮, 오그람듦) 소리는 깊다(深). 하늘이 자子(자시)에서 열리는바, 그 둥근 형상은 하늘을 본 뜬 것이다. ㅡ는 혀가 조금 옴츠러들어(小縮) 소리는 깊지도 얕지도 않다(不深不淺). 땅이 축丑(축시)에서 열리는바, 그 모양이 평평한 것은 땅을 본뜬 것이다. ㅣ는 혀가 옴츠러들지 않아(不縮) 소리가 얕다(淺). 사람이 인寅(인시)의 위치에서 생기는바, 그 모양이 서 있는 것은 사람을 본뜬 것이다.

훈민정음의 초성자는 운서나 운도의 오음과 청탁에 따라 구분한 것이다. 그러면 중성은 어떠한가? 중국 운서에서는 대략 108운을 중심으로 운서에 따라 운모가 증감하는데 이는 다시 4성(평상거입)으로 나누면 대체로 20~36개의 운으로 구성된다. 이 운을 다시 섭으로 구분하여 대체로 18섭 내외로 체계적으로 구분하고 있다. 운도에서는 개합을 중심으로 다시 1~4등 운으로 구분하다가 근세에 이르러서는 개구와 함구를 다시 개구호, 합구호, 제치호, 촬구호로 구분하였다.

훈민정음에서의 중성자는 중국의 운서나 운도와 달리 독창적인 방식으

로 3재를 기준으로 개벽(開闢)과 심천(深淺)을 기준으로 분석한 것이다. 중성 17자 가운데 기본자에 대한 상형과 제자의 원리를 설명하고 있다. •는 혀가 오그라들어(縮), 오그람듬 소리는 깊다(深). 하늘이 자(子), 자시에서 열리는바, 그 둥근 형상은 하늘을 본 뜬 것이다. ㅡ는 혀가 조금 옴츠러들어(小縮) 소리는 깊지도 얕지도 않다. 땅이 축(丑), 축시에서 열리는바, 그 모양이 평평한 것은 땅을 본뜬 것이다. ㅣ는 혀가 옴츠러들지 않아(不縮) 소리가 얕다(淺). 사람이 인(寅), 인시의 위치에서 생기는바, 그 모양이 서 있는 것은 사람을 본뜬 것이다. 이를 요약하면 다음 표와 같다.

기본자	자형	상형 내용	조음 때 혀 모양	혀의 전후 위치와 개구도의 차이에서 오는 느낌 음향감	음양
•	形之圓	天開於子	縮	深	양
ㅡ	形之平	地闢於丑	小縮	不深不淺	중
ㅣ	形之立	人生於寅	不縮	淺	음

15세기 중세국어의 단모음은 7개였으나 훈민정음 창제 때에는 ㅛ ㅑ ㅠ ㅕ도 각각 단일 단위 문자로 생각하고 있었으므로, 중성자를 11자라고 한 다음, 역학의 천지인(天地人) 삼재를 상형하여 국어 모음자의 기본자로 창제하고 다음과 같이 설명하였다.

○초출자의 음가와 제자

此下八聲。은 一闔一闢。이니라 ㅗ與•同而口蹙。이며 其形則•與ㅡ合而成。은 取天地初交之義也。이니라 ㅏ與•同而口張。이며 其形則ㅣ與•合而成。이니 取天地之用發於事物待人而成也。이니라 ㅜ與ㅡ同而口蹙。이며 其形則ㅡ與•合而成。이니 亦取天地初交之義也。이니라 ㅓ與ㅡ同而口張。이며 其形則•與ㅣ合而成。이니 亦取天地之用發於事物待人而成也。이니라 ㅛ與ㅗ同而起於ㅣ。요 ㅑ與ㅏ同而

『황극경세서』「성음창화도」에서 성(聲)은 청(淸)·탁(濁)으로 구분하고 운(韻)은 흡(翕)·벽(闢)으로 구분하였다. 곧 운모의 모음을 구분하는 흡·벽이라는 개념은 곧 개구(開口)와 합구(合口)의 개념으로 개모(介母, glide)의 유무에 따라 1등, 2등, 3등, 4등으로 구분하는데[8] 소강절은 이를 하늘에는 일·월·성·신과 땅에는 수·화·목·토로 구분하였다. 곧 하늘(天)과 땅(地)은 양의로 갈라지고 양의에서 다시 사상과 팔괘로 확대되어 수리로서 본질을 드러낸 것이다. 『훈민정음 해례』에서도 이 흡벽을 합(闔)·벽(闢)으로 구분하였으니 그 근본 원리는 같다.

구축(口蹙), 입을 오므림과 구장(口張), 입을 벌림 그리고 합벽(闔闢), 입을 닫고 엶에 따라 설명한 모음의 상관도는 아래 도표와 같다. 샘슨(Sampson, 1985)는 축蹙back, 불축不蹙front, 천淺grave, 합闔acute, 벽闢round와 같은 변별적 자질을 나타내는 문자이기 때문에 한글을 변별적

---

8) 근대 중국어 연구자들은 운모를 개음(glide)의 유무에 따라 개음이 없는 개구호(開口呼), 개음이 [i]인 제치호(齊齒呼), 개음이 [u]인 합구호(合口呼), 개음이 [y]인 촬구호(撮口呼)로 구분하고 있다. 이는 곧 사등의 1등, 2등, 3등, 4등의 등호와 일치한다.

문자라고 규정하고 있다.

　이 아래 8성은 하나는 닫힘(闔), 입이 닫김 곧 원순성 모음이요, 하나는 열림(闢), 입이 열림, 곧 비원순성 모음이다. ㅗ는 •와 같되 입이 오므라드니(口蹙) 그 모양은 바로 •와 ㅡ가 합한 것인데 하늘과 땅이 처음으로 만난다는 뜻을 취한 것이다. ㅏ는 •와 같으나 입이 벌어지니(口張), 그 모양은 바로 ㅣ와 •가 합한 것인데 하늘과 땅의 작용이 사물에서 나타나되 사람(人)을 기다려서야 비로소 이루어진다는 뜻을 취한 것이다. ㅜ는 ㅡ와 같으나 입이 오므라드니 그 모양은 바로 ㅡ와 •가 합한 것인데, 이 역시 하늘과 땅이 처음으로 만난다는 뜻을 취한 것이다. ㅓ는 ㅡ와 같으나 입이 벌어지는 바, 그 모양은 곧 •가 ㅣ와 합하여 된 것이다. 또한 천지의 쓰임이 사물에서 출발하여 사람의 힘을 입어 이루는 뜻을 취한 것이다.

　"ㅜ與ㅡ同而口蹙。其形則ㅡ與•合而成。亦取天地初交之義也。"에서 "'ㅜ'는 'ㅡ'와 같되 입을 오므리는데, 그 모양은 'ㅡ'와 '•'가 합한 것으로 천과 지가 처음 만나다는 의미가 있다"고 했는데 '•'가 원순성을 부여하여 'ㅜ'로 발음된다는 설명이다. 그런데 'ㅡ'와 '•'가 합한 것으로 '천'과 '지'가 처음 만난다는 의미라고 했는데 실은 'ㅡ↔地', '•↔天'의 대응관계인데 'ㅡ↔天', '•↔地'의 대응관계로 설명하고 있어 기술상의 오류를 범한 것으로 보인다.

○제출자의 음가와 제자

ㅛ與ㅗ同而起於ㅣ。요 ㅑ與ㅏ同而起於ㅣ。니라 ㅠ與ㅜ同而起於ㅣ。요 ㅕ與ㅓ同而起於ㅣ。니라
ㅗㅏㅜㅓ 始於天地。이니 爲初出也。니라 ㅛㅑㅠㅕ 起於ㅣ而兼乎人。이니 爲再出也。니라 ㅗㅏㅜㅓ之一其圓者。는 取其初生之義也。니라 ㅛㅑㅠㅕ之二其圓者。는 取其再生之義也。니라 ㅗㅏㅛㅑ之圓居上與外者。는 以其出於天而爲陽

也。니라 ㅜㅓㅠㅕ之圓居下與內者。는 以其出於地而爲陰也。니라 •之貫於八聲
者。는 猶陽之統陰而周流萬物也。니라 ㅛㅑㅠㅕ之皆兼乎人者。는 以人爲萬物
之靈而能參兩儀也。니라 取象於天地人이니 而三才之道備矣。니라 然三才爲萬
物之先이요 而天又爲三才之始。하니 猶•ㅡㅣ三字爲八聲之首。하고 而•又爲三
字之冠°也。니라

ㅛ는 ㅗ와 같으나 (소리가) ㅣ에서 일어나고, ㅑ는 ㅏ와 같으나 (소리가) ㅣ에서
일어나고, ㅠ는 ㅜ와 같으나 (소리가) ㅣ에서 일어나고, ㅕ는 ㅓ와 같으나 (소리
가) ㅣ에서 일어난다.

ㅗㅏㅜㅓ는 하늘(天)이나 땅(地)에서 비롯하니 초출(初出, 처음 나옴)이 되고,
ㅛㅑㅠㅕ는 ㅣ에서 일어나서 사람을 겸하니 재출(再出, 다시 나옴)이 된다.
ㅗㅏㅜㅓ가 둥근 점이(圓, •) 하나인 것은 그 초생(初生, 처음 생김)의 뜻을
취한 것이요, ㅛㅑㅠㅕ의 둥근 점이 둘인 것은 재생再生의 뜻을 취한 것이다.
ㅗㅏㅛㅑ의 둥근 점이 위와 바깥쪽(오른쪽)에 놓인 것은 그것이 하늘(天)에서
나와서 양(陽)이 되는 때문이다. ㅜㅓㅠㅕ의 둥근 점이 (ㅡ의) 아래와 (ㅣ의)
안쪽(왼쪽)에 놓인 것은 그것이 땅(地)에서 생기어 음(陰)이 되기 때문이다.
•가 이 여덟 소리에 다 들어 있는 것은(貫, 꿰여 있는) 마치 양이 음을 이끌어
만물에 두루 흐르는 것과 같다. ㅛㅑㅠㅕ가 모두 사람(人)을 겸한 것은 사람은
만물의 영장으로서 능히 양의(兩儀, 양과 음, 하늘과 땅)에 참여하는 때문이
다. (이상과 같이) 하늘(天), 땅(地), 사람(人)에서 본떠서 삼재(三才)의 이치가
갖추어졌다. 그러나 삼재가 만물의 으뜸이고 하늘(天)이 그 삼재의 시초가 되
는 것 같이 •ㅡㅣ의 세 글자가 여덟 글자의 첫머리인 동시에 •가 다시 세 글
자(•, ㅡ, ㅣ) 중의 꼭대기(으뜸)인 것과 같은 것이다.

제출자의 제자 원리를 설명한 내용이다. 이를 요약 정리하면 다음과
같다.

제출자	입의 모양 변화		음양	입술모양
	시작모양 → 끝모양			
ㅛ	ㅣ → ㅗ		양	합
ㅑ	ㅣ → ㅏ		양	벽
ㅠ	ㅣ → ㅜ		음	합
ㅕ	ㅣ → ㅓ		음	벽

곧 ㅛ는 ㅗ와 같으나 소리가 ㅣ에서 일어나고, ㅑ는 ㅏ와 같으나 소리가 ㅣ에서 일어나고, ㅠ는 ㅜ와 같으나 소리가 ㅣ에서 일어나고, ㅕ는 ㅓ와 같으나 소리가 ㅣ에서 일어난다.

초출자와 재출자의 제자원리를 설명한 내용이다. 초출자와 재출자의 제자 원리를 요약하면 아래 도표와 같다.

	재출 초출	상형자	초출 재출
양	ㅛ ← ㅗ	← · →	ㅏ → ㅑ
음	ㅠ ← ㅜ	← ㅡ →	ㅓ → ㅕ
원	2 1		1 2

곧 ㅗㅏㅜㅓ는 하늘이나 땅에서 비롯하니 초출, 처음 나옴이 되고, ㅛㅑㅠㅕ는 ㅣ에서 일어나서 사람을 겸하니 재출, 다시 나옴이 된다. ㅗㅏㅜㅓ가 둥근 점(圓)이, · 하나인 것은 그 초생, 처음 생김의 뜻을 취한 것이요, ㅛㅑㅠㅕ의 둥근 점이 둘인 것은 재생의 뜻을 취한 것이다. ㅗㅏㅛㅑ의 둥근 점이 위와 바깥쪽 오른쪽에 놓인 것은 그것이 하늘(天)에서 나와서 양(陽)이 되는 때문이다. ㅜㅓㅠㅕ의 둥근 점이 ㅡ의 아래와 ㅣ의 안쪽(왼쪽)에 놓인 것은 그것이 땅(地)에서 생기어 음이 되기 때문이다.

·가 이 8성에 다 들어 있는 것은 마치 양이 음을 이끌어 만물에 두루 흐르는 것과 같다. ㅛㅑㅠㅕ가 모두 사람을 겸한 것은 사람은 만물의 영장

으로서 능히 양의(兩儀) 양과 음, 하늘과 땅에 참여하는 때문이다. 이상과
같이 하늘(天), 땅(地), 사람(人)에서 본떠서 삼재(三才)의 이치가 갖추어졌
다. 그러나 삼재가 만물의 으뜸이고 하늘天이 그 삼재의 시초가 되는
것 같이 ·ㅡㅣ의 3자가 8성의 첫머리인 동시에 ·가 다시 3자 ·, ㅡ, ㅣ
중의 꼭대기인 것과 같은 것이다.

○중성의 역학과 성수

ㅗ初生於天。하니 天一生水之位也。니라 ㅏ次之。하니 天三生木之位也。니라 ㅜ
初生於地。하니 地二生火之位也。니라 ㅓ次之。하니 地四生金之位也。니라 ㅛ再
生於天。하니 天七成火之數也。니라 ㅑ次之。하니 天九成金之數也。니라 ㅠ再生
於地。하니 地六成水之數也。니라 ㅕ次之。하니 地八成木之數也。니라 水火未離°
乎氣。하여 陰陽交合之初。하니 故闔。이니라 木金陰陽之定質。이니 故闢。이니라 ·
天五生土之位也。니라 ㅡ地十成土之數也。니라 ㅣ獨無位數者。는 盖以人則無
極之眞。이고 二五之精。이요 妙合而凝。이니 固未可以定位成數論°也。니라 是則
中聲之中°에 亦自有陰陽五行方位之數也。니라

ㅗ가 맨 처음 하늘(天)에서 생겨나니 천일생수(天一生水, 하늘의 수)로 1이며
물을 낳는 자리의 위(位, 자리)요, ㅏ가 그 다음이니 천삼생목(天三生木, 하늘의
수)로 3이며 나무을 낳는 자리)의 위요, ㅜ가 맨 처음 땅(地)에서 생기니 지이생
화(地二生火, 땅의 수로 이이며 불을 낳는 자리)의 위요, ㅓ가 그 다음이니
지사생금(地四生金, 땅의 수로 4이며 금을 낳는 자리)의 위이다. ㅛ가 거듭
하늘(天)에서 생기니 천칠성화(天七成火, 하늘의 수로 7이며 불을 낳는 자리)
의 수(數)요, ㅑ가 다음이니 천구성금(天九成金, 하늘이 수로 9이며 금을 낳는
자리)의 수요, ㅠ가 거듭 땅(地)에서 생기니 지육성수(地六成水, 땅의 수로 6이
며 물을 낳는 자리)의 수요, ㅕ가 다음이니 지팔성목(地八成木, 땅의 수로 8이
며 나무을 낳는 자리)의 수이다.
물(水 ㅗ, ㅛ)과 불(火 ㅜ, ㅠ)은 기에서 벗어나지 않아, 음양이 교합하는 시초이
므로 합(闔, 닫음)이 된다. 나무(木 ㅏ, ㅑ)와 쇠(金 ㅓ, ㅕ)는 음양의 정해진
바탕(定質, 성질을 정함)이므로 벽(闢, 열림)이 된다.

•는 천오생토(天五生土, 하늘의 수로 오이며 흙을 낳는 자리)의 위요, ㅡ는 지십성토(地十成土, 땅의 수로 십이며 흙을 낳는 자리)의 수이다. ㅣ는 홀로 위(位)나 수(數)가 없는 것은 대개 사람(人)이란 무극(無極, 태극 곧 우주 만물의 근원)의 진리와 이오(二五, 2는 음양을 5는 오행임)의 정교(精巧)함이 오묘하게 합하여 엉킨 것으로서 본디 일정한 위(定位)와 이루어진 수(成數)를 가지고 논의할 수가 없기 때문이다. 이는 중성 가운데에 스스로 음양, 오행, 방위의 수를 갖추고 있는 것이다.

중성의 제자 원리와 음양, 상수, 오방, 오행의 관계를 표를 정리하면 다음과 같다.

	중성	음양(天地)	상수(象數)	오행·오방
초출자	ㅗ	初生於天-양	1	水-北
	ㅏ	初生於天-양	3	木-東
	ㅜ	初生於地-음	2	火-南
	ㅓ	初生於地-음	4	金-西
재출자	ㅛ	再生於天-양	7	火-南
	ㅑ	再生於天-양	9	金-西
	ㅠ	再生於地-음	6	水-北
	ㅕ	再生於地-음	8	木-東
기본자	•	天-양	5	土-中
	ㅡ	地-음	10	土-中
	ㅣ	人-무	무	무

곧 ㅗ가 맨 처음 하늘(天)에서 생겨나니 천일생수(天一生水) 하늘의 수로 1이며 물을 낳는 자리의 위(位), 자리요, ㅏ가 그 다음이니 천삼생목(天三生木) 하늘의 수로 3이며 나무을 낳는 자리의 위요, ㅜ가 맨 처음 땅(地)에서 생기니 지이생화(地二生火) 땅의 수로 이이며 불을 낳는 자리의 위요, ㅓ가 그 다음이니 지사생금(地四生金) 땅의 수로 사이며 금을 낳는 자리의 위이

다. ㅛ가 거듭 하늘(天)에서 생기니 천칠성화(天七成火) 하늘의 수로 칠이며 불을 낳는 자리의 수(數)요, ㅑ가 다음이니 천구성금(天九成金) 하늘이 수로 9이며 금을 낳는 자리의 수요, ㅠ가 거듭 땅(地)에서 생기니 지육성수(地六成水) 땅의 수로 6이며 물을 낳는 자리의 수요, ㅕ가 다음이니 지팔성목(地八成木) 땅의 수로 8이며 나무을 낳는 자리의 수이다.

물(水) ㅗ, ㅛ와 불(火) ㅜ, ㅠ는 기에서 벗어나지 않아, 음양이 교합하는 시초이므로 합(闔), 닫음이 된다. 나무(木) ㅏ, ㅑ와 쇠(金) ㅓ, ㅕ는 음양의 정해진 바탕(定質), 성질을 정함이므로 벽(闢), 열림이 된다.

•는 천오생토(天五生土) 하늘의 수로 오이며 흙을 낳는 자리의 위요, ㅡ는 지십성토(地十成土) 땅의 수로 십이며 흙을 낳는 자리의 수이다. ㅣ는 홀로 위(位)나 수(數)가 없는 것은 대개 사람(人)이란 무극(無極) 태극 곧 우주 만물의 근원의 진리와 이오(二五) 2는 음양을 5는 오행임의 정교(精) 함이 묘하게 합하여 엉킨 것으로서 본디 일정한 위(定位)와 이루어진 수(成數)를 가지고 논의할 수가 없기 때문이다. 이는 중성 가운데에 스스로 음양·오행·방위의 수를 갖추고 있는 것이다. 이를 표로 정리하면 다음과 같다.

방위	오행	생위(生位)		성수(成數)	
북(北)	물(水)	하늘(天)일(一)	ㅗ	땅(地)육(六)	ㅠ
남(南)	불(火)	땅(地)이(二)	ㅜ	하늘(天)칠(七)	ㅛ
동(東)	나무(木)	하늘(天)삼(三)	ㅏ	땅(地)팔(八)	ㅕ
서(西)	쇠(金)	땅(地)사(四)ㅓ	ㅓ	하늘(天)구(九)	ㅑ
중(中)	흙(土)	하늘(天)오(五)。		땅(地)십(十)ㅡ	

○초성과 중성의 비교

以初聲對中聲而言之。하면 陰陽。은 天道也。요 剛柔。는 地道也。니라 中聲者。는 一深一淺一闔一闢。하고 是則陰陽分而五行之氣具焉。이니 天之用也。니라 初聲者。는 或虛或實或颺或滯或重若輕。하고 是則剛柔著而五行之質成焉。이니 地之功也。中聲以深淺闔闢唱之於前。하고 初聲以五音淸濁和之於後。이니 而爲初亦爲終이니라 亦可見萬物初生於地。하여 復歸於地也。니라

초성을 중성에 대비하여 말해 보자. 음양(陰陽)은 하늘(天)의 도道(이치)요, 강유(剛柔, 단단하고 부드러움)는 땅(地)의 도道(이치)이다. 중성은 하나가 깊으면 하나가 얕고 하나가 닫히면 하나가 열리니, 이는 바로 음양이 나뉘고 오행의 기(氣)가 갖추어져 있는 것이니, 하늘(天)의 작용(用)이다.
초성은 어떤 것은 비어 있고, 어떤 것은 차 있으며, 어떤 것은 날리고, 어떤 것은 걸리며, 어떤 것은 무겁거나 가벼우니, 이는 바로 강유(剛柔, 강함과 부드러움)가 드러나서 오행의 바탕이 이루니 땅(地)의 공(功)이다.
중성이 깊고 얕음과 오므라지고 펴짐으로써(深淺闔闢) 앞에서 부르면 초성이 오음 청탁으로써 뒤에서 화답하니, 초성도 되고 종성도 된다. 또한 만물이 맨 처음 땅에서 생기어 다시 땅으로 돌아가는 것을 볼 수 있다.

초성을 중성에 대비하여 설명하고 있다. 음양은 하늘의 도(道)요, 강유(剛柔, 강함과 부드러움)는 땅의 도(道)이다.[9] 중성은 하나가 깊으면 하나가 얕고 하나가 닫히면 하나가 열리니, 이는 바로 음양이 나뉘고 오행의 기(氣)가 갖추어져 있는 것이니, 하늘의 작용이다.

초성은 어떤 것은 비어 있고, 어떤 것은 차 있으며, 어떤 것은 날리고, 어떤 것은 걸리며, 어떤 것은 무겁거나 가벼우니, 이는 바로 강유(剛柔)가 드러나서 오행의 바탕이 이루니 이것은 땅의 공이다.

---

9) 『주역』 설괘전에 "하늘의 도를 세워 음과 양이라 하고 땅의 도리를 세워 유와 강이라 하고 사람의 도리를 세워 인과 의라 하니 천지인 삼재를 겸하여 둘로 겹쳤기 때문에 여섯획으로 괘를 이루었다"이라 하였다.

중성이 깊고 얕음과 오므라지고 펴짐으로써(深淺闔闢)10) 앞에서 부르면 초성이 오음 청탁으로써 뒤에서 화답하니, 초성은 다시 종성이 된다. 또한 만물이 맨 처음 땅에서 생기어 다시 땅으로 돌아가는 것을 볼 수 있다.

○음절 구성과 초중종성의 우주 순환원리

以初中終合成之字言之。니 亦有動靜互根陰陽交變之義焉。이니라 動者。는 天也。고 靜者。는 地也。요 兼乎動靜者。는 人也。니라 盖五行在天則神之運也。요 在地則質之成也。니라 在人則仁禮信義智神之運也。요 肝心脾肺腎質之成也。니라 初聲有發動之義。하나 天之事也。니라 終聲有止定之義。하니 地之事也。니라 中聲承初之生。하고 接終之成。하니 人之事也。니라 盖字韻之要。는 在於中聲。이요 初終合而成音。이니라 亦猶天地生成萬物。。이나 而其財成補相°則必賴乎人也。니라

초성·중성·종성이 합하여 이루어진 글자(字, 글자 곧 음절구성)에 대하여 말하자면 또한 움직임과 멈춤(動靜)이 있음이 서로 근본이 되고, 음양이 만나 변하는 뜻이 있다. 동(動)이란 하늘(天)이요, 정(靜)이란 땅(地)요, 동정(動靜)을 겸한 것은 사람(人)이다. 대개 오행은 하늘(天)에 있어서는 신(神)의 운행이고, 땅에 있어서는 바탕이 이루는 것이며, 사람에게 있어서는 인(仁), 예(禮), 신(信), 의(義), 지(智)가 신의 운행이요, 간(肝), 심(心), 비(脾), 폐(肺), 신(腎)(간장, 심장, 비장, 폐장, 신장)이 바탕을 이루는 것이다.
초성은 펼쳐져서 움직이는 뜻이 있으니 하늘(天)의 일이다. 종성은 그쳐 정해지는(止定) 뜻이 있으니 땅(地)의 일이다. 중성은 초성의 생겨남을 이어받아 종성의 이룸을 이으니 사람(人)의 일이다.
대개 자운(字韻, 글자의 소리, 음절)의 핵심은 중성에 있으니, 초성에서 종성이

---

10) 중성의 자질. '심천深淺'은 'ㆍ, ㅡ, ㅣ'를 구별하기 위한 자질인데 세 중성이 나는 자리에 따라 입의 뒤쪽 깊은 데로부터 입안의 앞쪽 얕은 데로, 차례에 따라 벌인 것이다. '합벽(闔闢)'은 'ㅗ, ㅏ, ㅜ, ㅓ, ㅛ, ㅑ, ㅠ, ㅕ'의 여덟 중성을 'ㆍ, ㅡ, ㅣ'의 세 중성과 구별하기 위한 자질이다. '합벽'은 해례에서 입의 오므림(口蹙)과 벌림(口張)으로 바꾸어 설명하기도 한다(임용기, 2010).

합하여 음(음절)을 이룬다. 이 또한 마치 하늘과 땅이 만물을 생성하나 그것을 재단하여 돕는 일(財成輔相)은 반드시 사람(人)에게 힘입는 것과 같다.

음절 구성과 초·중·종성의 우주 순환원리를 설명한 대목은 (1) 초성과 중성의 비교, (2) 초·중·종성의 구성이 우주 순환, (3) 초중종을 삼재와 동정의 역학으로 설명으로 구성되어 있다.

초성자, 중성자, 종성자를 각각 자소처럼 생각하고 이들이 합해져 하나의 문자 단위, 즉 음절문자처럼 쓰이는 것을, 천지인 삼재와 음양설을 가지고 설명한 것이다. 천과 초성, 인과 중성, 지와과 종성을 결부하여 생각하고, 『태극도설』에 있는 "태극이 움직여 양을 낳고, 동이 극에 이르면 정이 되며, 정이 음을 낳는다. 정이 극에 이르면 또 동이 된다. 한번 움직이고 한 번 멈춤이 서로 그 뿌리가 되어 음을 나누고 양을 나누어서 천과 지가 성립한다."[11]라는 말을 요약한 다음, 천은 동(動)이며 초성이고, 땅(地)은 정(靜)이며 종성이고, 사람(人)은 동과 정이 겸함(動兼靜)으로 중성임을 설명하고 있다.

중성은 심(深)·천(淺)·합(闔)·벽(闢)에 따라 이루어진다. 그리고 초성은 허(虛)·실(實)·양(颺)·중(重)·경(輕)에 따라 구분되는데 이를 음양과 강유에 따라 초성과 중성을 서로 비교하고 있다. 이를 요약하면 아래 도식과 같다.

중성	음양	기	천	용	심·천·합·벽	창	지
초성	강유	질	지	공	허·실·양·중·경	화	지

11) "太極動而生陽。動極而靜。靜而生陰靜極復動。一動一靜。互爲其根。分陰分陽。兩儀立焉。"

다음으로는 초중종의 서열과 그 구성이 우주 순환논리와 같다는 설명이다. 중성과 초성이 서로 창화하는 것은 만물이 땅에서 나와 다시 땅으로 되돌아가는 순환 논리로 설명하고 있다.

마지막으로 종성 규정을 설명하기 위한 예비적인 설명으로 초·중·종성의 합성 원리를 아래와 같이 요약하였다. 이 부분도 역학 이론에 근거하여 지나치게 설명이 난해하고 불필요한 기술이 아닌가 판단된다.

○종성 규정

> 。終聲復。用初聲者。는 以其動而陽者乾也。요 靜而陰者亦乾也。이니 乾實分陰陽而無不君宰也。니라 一元之氣。는 周流不窮。하고 四時之運。은 循環無端。이니 故貞而復。元。하고 冬而復。春。하니라 初聲之腹。爲終。하고 終聲之。復。爲初。하니 亦此義也。니라
>
> 종성에 초성을 다시 쓰는 것은 동(動)하여 양(陽)인 것도 건(乾)이고, 정(靜)하여 음(陰)인 것도 또한 건(乾)으로, 건(乾)이 음양으로 갈라지더라도 주관하고 다루지 않는 것이 없는 때문이다. 일원(一元, 우주의 근원)의 기운이 두루 흐르고 통하여(周通) 사시의 운행이 순환(循環)하여 끝이 없는 때문에 원형이정(元亨利貞)의 정(貞)에서 다시 원(元)으로 돌아가고, 겨울(冬)에서 다시 봄(春)으로 돌아가는 것이다. 초성이 다시 종성이 되고 종성이 다시 초성이 되는 것도 또한 같은 뜻이다.

종성은 초성을 다시 사용한다는 근거를 역학의 원리에 따라 아래와 설명하고 있다.

	음성원리	삼재	역학원리				
초성	發動	天	動	天之事	神之運	動而陽	乾
중성	承接	人	兼動靜	人之事	人之事	精而陰	乾
종성	止定	地	靜	地之事	質之成	動而陽	乾

초·중·종성을 합하여 음절을 이루고 초성이 건이고 역시 순환하여 종성도 건이기 때문에 사람에 힘을 입어 순환한다는 설명이다. 한편으로는 공영달(孔穎達, 574~648)의 『주역정의』에 네 덕으로 또는 사시로 해석한 것을 원용하여 사시의 원리에 따라 순환되는 원리를 천도인 "乾元亨利貞(건은 하늘을 뜻한다. 곧 크게 형통하고 바르면 이롭다.)"과 '春夏秋冬'의 사계의 순환에 따라 종성이 초성을 다시 쓰도록 한다는 기술인 바 이 역시 지나치게 역학 이론에 근거하여 난해하게 만든 것이다. 그러다 당대의 철학적 사유를 고스란히 반영한 설명이다.

천도(天道)	건(乾)	원(元)	생겨남	봄(春)
		형(亨)	자람	여름(夏)
		이(利)	삶을 이룸	가을(秋)
		정(貞)	완성됨	겨울(冬)

○글 지은 세종의 성심과 마무리

> 吁。라 正音作而天地萬物之理咸備。하니 其神矣哉。로구나 是殆天啓聖心而假手焉者乎。니라 訣曰
>
> 아아! 정음(正音)이 만들어지는데 천지 만물의 이치가 다 함께 갖추었으니 그 신비함이여, 이것은 아마도 하늘이 임금(聖上)의 마음을 열어서 (성인의) 솜씨를 빌려주신 것이로다.
> 결에 이르되

제자의 결사에서는 훈민정음을 창제한 세종은 하늘에서 성인의 솜씨를 빌려주어서 이루어낸 탁월한 성과물로서 천지 만물의 이치가 다 담겨 있다고 예찬하고 있다.[12] "천지 만물의 이치가 다 함께 갖추었으니(天地萬物之理咸備)"라는 말에서 훈민정음이라는 문자를 천지 만물의 하나로서 그 이치가 다 함께 갖추어졌다는 말이다. 이는 천지 만물의 이름을 명명하는 수단으로 인식한 것이라 할 수 있다.

○결

天地之化本一氣이니 陰陽五行相始終이라 物於兩間有形聲이니 元本無二理數通이라 正音制字尙其象화되 因聲之厲每加畫이라 音出牙舌脣齒喉하니 是爲初聲字十七이라 牙取舌根閉喉形이나 唯業似欲取義別이라 舌迺象舌附上腭이요 脣則實是取口形이라 齒喉直取齒喉象하니 知斯五義聲自明이라 又有半舌半齒音이나 取象同而體則異라 那彌戌欲聲不厲하니 次序雖後象形始라

하늘과 땅의 조화는 본래가 하나의 기운이며 음양과 오행이 서로 처음과 끝이 되네. (하늘과 땅) 둘 사이에 만물에는 형태와 소리가 있되 근본은 둘이 아니니 이치와 수가 통하도다.
정음의 제자 원리는 그 모양을 본뜨되 소리가 세기에 따라 획을 더했네. 소리는 아·설·순·치·후에서 나오니 여기서 초성의 열일곱 글자가 나왔네. 아음은 혀뿌리가 목구멍을 막는 모양을 취했는데 다만 ㆁ(業)은 ㅇ(欲)과 비슷하나 취한 뜻이 다르네. 설음은 혀가 윗잇몸에 닿는 모양을 본떴고 순음은 실제 입의 모양을 취하였네. 치음과 후음도 바로 이와 목구멍의 모양 본뜬 것이니 그 다섯 가지 뜻을 알면 소리는 저절로 밝혀지리. 그리고 반설과 반치의 음이 있는데 같은 형상을 본떴지만 드러난 모양은 달리 하네. ㄴ, ㅁ, ㅅ, ㅇ은 소리가 세지 않아서 차례의 순서는 뒤에 있으나 모양을 본뜨는 데는 처음이 되네.

초성을 다시 종성으로 쓰는 이치

初聲復°有發生義이니 爲陽之動主於天이라 終聲比地陰之靜이니 字音於此止定焉이라 韻成要在中聲用이니 人能輔相°天地宜라 陽之爲用通於陰이니 至而伸則反而歸라 初終雖云分兩儀이나 終用初聲義可知라

---

12) 총 70행의 칠언고시.

초성엔 또 다시 피어나는 의미가 있으니 양의 움직임은 하늘이 주관하는 일이라. 종성은 땅에 견주니 음의 고요함이 되니 글자의 소리가 여기서 멈추어 정해지니라. 자운(字韻)을 이루는 핵심은 중성의 작용에 있으니 사람이 능히 천지의 마땅한 이치를 돕는 것이라. 양(초성)의 작용은 음(종성)에도 통하니 (음에) 이르러 소리를 펼치면 도로 (양으로) 되돌아오네. 초성과 종성이 비록 양의(음양)로 나누어진다 하나 종성에 초성을 쓰는 그 뜻을 알 수 있네.

마무리

正音之字只卄八이니。探賾錯綜窮深幾라 指遠言近牖民易˚하니 天授何曾智巧爲라

정음 글자는 다만 스물여덟이나 뒤섞여 얽힌 것을 찾아 그 궁극의 깊은 기미를 찾았네. 뜻은 심원하지만 말은 가까워 백성 깨우치기에 쉬우니 하늘이 주신 것 어찌 지혜와 재주로 만든 것이리요?

초성과 중성의 대비

且就三聲究至理하면 自有剛柔與陰陽이라 中是天用陰陽分이요 初迺地功剛柔彰이라 中聲唱之初聲和하니 天先乎地理自然이라 和˚者爲初亦爲終이니 物生復歸皆於坤이라 陰變爲陽陽變陰이니 一動一靜互爲根이라

또한 삼성에 대해 깊은 이치를 살피면 그 안에 단단함과 부드러움, 음과 양을 스스로 가지고 있네. 중성은 하늘의 작용하여 음과 양으로 나뉘고 초성은 땅의 공로로 강함과 부드러움이 드러나네. 중성이 부르면 초성이 화답하니 하늘이 땅보다 앞섬은 자연의 이치라. 화답하는 것이 초성도 되고 종성도 되는 것이니 만물이 땅에서 나서 땅으로 되돌아가는 것이라. 음이 변해 양이 되고 양이 변해 음이 되니 일동과 일정에 서로 뿌리가 됨이라.

「제자해」의 결은 총 70행으로 된 칠언고시이다. 본문을 요약해서 시로 바구는 일이 결코 쉬운 일이 아니듯이 「제자해」의 본문에 있는 내용이

결에서 누락된 것이라든지 본문의 내용과 달리 기술된 부분이 많이 있으며 그 순서도 앞뒤가 서로 뒤바뀐 부분이다. 있다. 이 결에 대한 형식이나 그 유래에 대한 것은 별도로 논의할 것이기 때문에 여기서는 생략한다.

[초성해]

○초성의 정의와 음절 구성

正音初聲ᅌᅳᆫ 卽韻書之字母也ᅌᅵ니라 聲音由此而生ᄒᆞ니 故曰母ᅌᅵ니라 如牙音君字初聲是ㄱᅌᅵ니 ㄱ與ᅟᅮᆫ而爲군ᅌᅵ니라 快字初聲是ㅋᅌᅵ니 ㅋ與ᅫ而爲쾌ᅌᅵ니라 虯字初聲是ㄲᅌᅵ니 ㄲ與ㅠ而爲뀨ᅌᅵ니라 業字初聲是ᅌᅵ니 ᅌᅵ與ᅟᅥᆸ而爲업之類ᅌᅵ니라 舌之斗呑覃那ᅌᅵ니 脣之彆漂步彌ᅌᅵ니 齒之卽侵慈戌邪ᅌᅵ니 喉之挹虛洪欲ᅌᅵ니 半舌半齒之閭穰ᅌᅵ니 皆倣此ᅌᅵ니라 訣曰

정음의 초성은 곧 운서의 자모(字母)니 성음(말소리)이 이로부터 생기므로 모(母)라고 이르니라. 아음의 군(君)자 초성은 곧 ㄱ이니 ㄱ이 ᅟᅮᆫ과 더불어 군이 된다. 쾌(快)자의 초성은 ㅋ이니 ㅋ가 ㅙ와 어울려 :쾌가 된다. 뀨(虯)자의 초성은 ㄲ이니, ㄲ가 ㅠ로 더불어 뀨가 된다. 업(業)자의 초성은 ㅇ이니 ㅇ가 ᅟᅥᆸ과 어울려 •업이 되는 류와 같다. 설음(舌音)의 ㄷ(斗), ㅌ(呑), ㄸ(覃) ㄴ(那), 순음脣音의 ㅂ(彆), ㅍ(漂), ㅃ(步), ㅁ(彌), 치음(齒音)의 ㅈ(卽), ㅊ(侵), ㅉ(慈), ㅅ(戌), ㅆ(邪), 후음(喉音)의 ㆆ(挹), ㅎ(虛), ㆅ(洪), ㅇ(欲), 반설음(半舌音)과 반치음(半齒音)의 ㄹ(閭)와 ㅿ(穰)은 모두 이와 같다.

결에 가로되

초성에 대한 정의로 초성은 곧 운서의 자모(字母)이며 성음이 이로부터 생기므로 모(母)라고 한다. 초성의 자표를 분리하여 음가를 규정한 다음 'ㄱ－ㅋ－ㄲ－ㅇ' 곧 전청－차청－전탁－불청불탁의 순서로 배열한 다음

아－설－순－치－후－반설－반치의 순서로 초성 17글자를 배열하였다. 중국 성운학음운학에서 말하는 36자모가 한자음의 모든 두자음(頭子音)을 조음위치와 조음방식 그리고 음의 성질에 따라서 분류 정리하고 하나의 한자로써 하나의 자음을 표시하도록 마련된 것이므로, 그 성격에 있어서는 표음문자인 훈민정음의 초성 글자와 같아서 이렇게 표현한 것이다.

	전청	차청	전탁	불청불탁
어금닛소리牙	君군	快	虬	業
혓소리舌	斗	呑	覃	那
입술소리脣	彆	漂	步	彌
잇소리齒	卽	侵	慈	
	戌		邪	
목구멍소리喉	挹	虛	洪	欲
반혓소리反舌				閭
반잇소리反齒				穰

그런데 초성해와 중성해를 대비해 보면 균형이 맞지 않다.

○결에 가로되

君快虬業其聲牙요 舌聲斗呑及覃那라 彆漂步彌則是脣이요 齒有卽侵慈戌邪라 挹虛洪欲迺喉聲이요 閭爲半舌穰半齒라 二十三字是爲母이니 萬聲生生皆自此라

ㄱ ㅋ ㄲ ㆁ은 그 소리가 아음이요 ㄷ ㅌ ㄸ ㄴ는 설음이라 ㅂ ㅍ ㅃ ㅁ는 입술소리이요 ㅈ ㅊ ㅉ ㅅ ㅆ는 치음이라 ㆆ ㅎ ㆅ ㅇ은 후음이요 ㄹ는 반설이요 ㅿ은 반치라 스물세 글자가 첫소리를 이루니 온갖 소리가 다 여기서 생겨나니라.

결에서 초성 23자모를 들고 있다. 초성은 제자해에서 '初聲凡十七字'라고 했으나 전탁(全濁) 글자의 각자병서 6자까지 합하면 23자이므로 여기에서 이렇게 말하였다.

[중성해(中聲解)]

○중성의 정의와 기본자 음절 구성

中聲者◦는 居字韻之中◦하니 合初終而成音◦하니라 如吞字中聲是•◦니 •居ㅌㄴ之間而爲튼◦이요 卽字中聲是ㅡ◦니 ㅡ居ㅈㄱ之間而爲즉◦이니라 侵字中聲是ㅣ◦니 ㅣ居ㅊㅁ之間而爲침之類◦니라 洪覃君業欲穰戌彆◦도 皆倣此◦니라

중성은 자운(字韻, 한자음 가운데 운모)의 한 가운데 있어서 초성과 종성을 어울러서 음을 이룬다.
탄(呑 튼)자의 중성은 곧 •인데 •가 ㅌㄴ의 사이에 있어서 튼이 된다. 즉(卽)자의 중성은 곧 ㅡ인데 ㅡ가 ㅈ와 ㄱ의 사이에 있어서 즉이 된다. 침(侵)자의 중성은 곧 ㅣ인데 ㅊ와 ㅁ의 사이에 있어서 침이 되는 류와 같다. 홍(洪), 땀(覃), 군(君), 업(業), 욕(欲), 샹(穰), 술(戌), 변(彆)도 모두 이런 식으로 한다.

중성에 대한 정의로 한자음 자운(字韻)의 가운데 운모의 한 가운데 있어서 초성과 종성을 어울러서 음을 이룬다고 하였다.

중성의 기본 글자인 '•'를 '呑튼'자의 가운데 소리글자 •인데 •가 ㅌㄴ의 사이에 있어서 '튼'이 된다고 설명하고 있다. 이처럼 'ㅡ'와 'ㅣ'를 각각 설명하고 있다. 초출자 ㅗ, ㅏ, ㅓ, ㅛ, ㅑ, ㅜ, ㅕ도 홍洪, 땀覃, 군君, 업業, 욕欲, 샹穰, 술戌, 별彆의 자표로 나타내었다.[13]

---

13) 중성의 음절 구성 방식을 설명한 내용이다. 이를 요약하면 다음 표와 같다.

○중성 합용

二字合用者ᄂᆞᆫ ㅗ與ㅏ同出於•니 故合而爲ᅪ니라 ㅛ與ㅑ又同出於ㅣ니 故合而爲ퟦ니라 ㅜ與ㅓ同出於一니 故合而爲ᅯ니라 ㅠ與ㅕ又同出於ㅣ니 故合而爲ᆐ니라 以其同出而爲類니 故相合而不悖也니라 一字中聲之與ㅣ相合者十이니 •ㅣㅡㅣㅚㅐㅟㅔㅢㅖퟦ是也니라 二字中聲之與ㅣ相合者四니 ㅙㅞㅙퟹ是也니라 ㅣ於深淺闔闢之聲 並能相隨者ᄂᆞᆫ 以其舌展聲淺而便於開口也니라 亦可見人之參贊開物而無所不通也니라 訣曰

두 자를 합용하는 것은 ㅗ와 ㅏ가 똑같이 •에서 나온 까닭에 합해서 ㅘ가 된다. ㅛ와 ㅑ가 똑같이 ㅣ에서 나온 까닭에 합해서 ퟦ가 된다. ㅜ가 ㅓ로 똑같이 ㅡ에서 나온 까닭에 합해서 ㅝ가 된다. ㅠ가 ㅕ로 똑같이 ㅣ에서 나온 까닭에 합해서 ᆐ가 되는 것이다. 함께 나온 것 끼리 유가 됨으로써 서로 합해서 어그러지지 않는다.

한 글자(字)로 된 중성으로서 ㅣ와 서로 합한 것은 열이니 곧 •ㅣ ㅏ ㅡㅣ ㅚ ㅐ ㅟ ㅔ ㅚ ㅐ ㅖ 가 그것이다. 두 글자로 된 중성으로서 ㅣ와 서로 합한 것은 넷이니, 곧 ㅙ, ㅞ, ㅙ, ㅖ가 그것이다. ㅣ가 깊고(深), 얕고(淺), 합(闔)되고, 벽(闢)되는 소리에 아울러 능히 서로 따를 수 있는 것은 혀가 펴지고 소리가 얕아서 입을 열기에 편한 때문이다. 또한 가히 사람이 물건을 열는데 참찬(參贊, 일에 관여하고 돕는 것)하여 통하지 않는 바가 없음을 알 수 있다.

결(訣)에 가로되

　중성의 2자 동출합용에 대해 양성과 음성 간의 합용을 •와 ㅣ를 기준으로 하여 설명하고 있다. ㅘ, ퟦ, ㅝ, ᆐ 4자를 예를 들고 있다.

　1자 중성과 ㅣ상합 글자 10자 •ㅣ, ㅏ, ㅡㅣ, ㅚ, ㅐ, ㅟ, ㅔ, ㅚ, ㅐ, ㅟ, ㅖ가 그것이다. 2자 중성과 ㅣ 상합 글자 4자는 ㅙ, ㅞ, ㅙ, ㅖ이다. 중성 11자에

중성음절핵	초성	중성	종성	자운음절
•	ㅌ	•	ㄴ	呑
ㅡ	ㅈ	ㅡ	ㄱ	卽
ㅣ	ㅊ	ㅣ	ㅁ	侵

서 25자로 늘어났다.

ㅣ가 깊고(深), 얕고(淺), 합(闔)되고, 벽(闢)되는 소리에 아울러 능히 서로 따를 수 있는 것은 혀가 펴지고 소리가 얕아서 입을 열기에 편한 때문이다. 또한 가히 사람이 물건을 얻는데 참찬(參贊)일에 관여하고 돕는 것하여 통하지 않는 바가 없음을 알 수 있다.

중성자의 기본자와 합용 방식을 설명한 내용이다. 이를 요약하면 다음 표와 같다.

		중성 글자		제자방법	
기본자	상형자	· ― ㅣ		상형	3자
	초출자	ㅗ ㅏ ㅜ ㅓ		합성	8자
	재출자	ㅛ ㅑ ㅠ ㅕ			
합용	2자상합	ㅘ ㅝ ㅥ ㆊ		초출자+재출자	4자
		ㅢ, ㅏ, ㅟ, ㅚ, ㅐ, ㅟ, ㅔ, ㅚ, ㅒ, ㅟ, ㅖ		1자중성+ㅣ	10자
	3자상합	ㅙ ㅞ ㅙ ㆋ		2자 중성+ㅣ	4자

○결에 가로되

> 母字之音各有中이니 須就中聲尋闢闔이라 洪覃自吞可合用이요 君業出卽亦可合이라 欲之與穰戌與彆이니 各有所從義可推니라 侵之爲用最居多하니 於十四聲編相隨니라

모든 자모의 소리마다 제각기 중성이 있으니 모름지기 중성에서 열림과 닫힘을 찾아야 하네. ㅗ와 ㅏ는 ·에서 나왔으니 합해서 쓸 수 있고 ㅜ와 ㅓ는 ―에서 나왔으니 마찬가지로 합할 수 있네. ㅛ와 ㅑ, ㅠ와 ㅕ는 제각기 따르는 바 있으니 미루어 그 뜻을 날 수 있네. ㅣ의 쓰임이 가장 많으니 열넷 소리에 두루 따르네.

결에서 중성해를 시로서 요약해 설명하고 있다.

[종성해]

○종성의 정의와 음절 구성

終聲者°는 承初中而成字韻°이니라 如卽字終聲是ㄱ°이니 ㄱ居즈終而爲즉°이
니라 洪字終聲是ㆁ°이여 ㆁ居ᅘᅩ終而爲ᅘᅩᆼ之類°니라 舌脣齒喉皆同°이니라

종성은 초성과 중성을 이어받아서 자운(字韻)을 이룬다.
즉(卽)자의 종성은 곧 ㄱ니 ㄱ는 즈의 끝에 놓여서 즉이 된다. ᅘᅩᆼ(洪)자의 종성
은 곧 ㆁ이니 ᅘᅩ의 끝에 놓여서 ᅘᅩᆼ이 되는 유와 같다. 혓소리(舌), 입술소리(脣),
잇소리(齒), 목구멍소리(喉)도 모두 한가지이다.

종성의 정의로 초성과 중성을 이어받아서 자운(字韻)을 이루는 것을
말한다.[14] 자표 즉'卽'자의 예를 들어서 '즈'의 끝에 놓여서 '즉'이 되며,
ᅘᅩᆼ'洪'자의 종성은 'ㆁ'인데 'ᅘᅩ'의 끝에 놓여서 'ᅘᅩᆼ'이 되는 경우와 같다.
여기서는 입술소리, 혓소리, 잇소리, 목구멍소리의 순서로 모두 한가지
라고 설명하고 있다.

종성을 설명하는데 왜 '아음 – 순음 – 설음 – 치음 – 후음'의 순서로 배열
하였는지 분명하지 않다.

○종성 표기 방법

聲有緩急之殊°이니 故平°上去其終聲不類入聲之促急°이니라 不淸不濁之字°
는 其聲不厲°°이니 故用於終則宜於平°上去°니라 全淸次淸全濁之字°는 其聲

---

14) 예의에서 "終聲復用初聲"의 규정보다는 훨씬 명확하게 규정하고 있다. 예의에서는 종성의
제자로 초성과 그 꼴이 같다는 의미도 되고 종성에 초성 글자를 쓴 수 있다는 뜻도 있어
매우 중의적인 데 비해 여기서는 "초+중+종"의 음절 수성의 원리로 설명하고 있다.

為厲°°이니 故用於終則宜於入°이니라 所以ㅇㄴㅁㅇㄹㅿ六字爲平°上去聲之
終°°이요 而餘皆爲入聲之終也°니라

소리에는 느리고 빠름(緩急)의 차이가 있는 까닭에 평성(平), 상성(上), 거성
(去)은 그 종성이 입성의 촉급促急함과 같지 않다. 불청불탁의 글자는 그 소리
가 거세지 않은 까닭에 종성으로 쓰면 평성(平), 상성(上), 거성(去)에 속한다.
전청, 차청, 전탁의 글자는 그 소리가 거세므로 종성에 쓰면 마땅히 입성에
속하게 된다. 그러므로 ㅇㄴㅁㅇㄹㅿ의 여섯 자는 평성, 상성, 거성의 종성이
되고 그 나머지는 모두 입성의 종성이 된다.

소리에는 느리고 빠름(緩急)의 차이가 있는데 평성·상성·거성은 그 종
성이 입성의 촉급(促急)함과 같지 않다. 불청불탁의 글자(ㅇㄴㅁㅇㄹㅿ) 6자
는 그 소리가 거세지 않기 때문에 종성으로 사용해 평성·상성·거성에
속한다. 다만 전청·차청·전탁의 글자(ㅂ-ㅍ-ㅃ, ㄷ-ㅌ-ㄸ, ㄱ-ㅋ-ㄲ)는 그
소리가 거세므로 종성에 쓰면 마땅히 입성이 된다.

○팔종성가족용법

然ㄱㅇㄷㄴㅂㅁㅅㄹ八字可足用也°니라 如빗곶爲梨花°요 엿의갗爲狐皮°이
나 而ㅅ字可以通用°이니 故只用ㅅ字°니라 且ㅇ聲淡而虛°이니 不必用於終°이
요 而中聲可得成音也°니라 ㄷ如볃爲彆°이요 ㄴ如군爲君°이요 ㅂ如업爲業°ㅁ
如땀爲覃°°이요 ㅅ如諺語옷爲衣°요 ㄹ如諺語:실爲絲之類°니라

그러나 ㄱㅇㄷㄴㅂㅁㅅㄹ의 8자 만으로 충분히 쓸 수 있다. 빗곶(梨花), 엿·의갗
(狐皮)과 같은 경우에는 ㅅ자로 통용할 수 있기 때문에 다만 ㅅ자를 쓰는 것과
같다. 또 ㅇ는 소리가 맑고 비어서 종성에 반드시 쓰지 않아도 중성으로 소리
를 이룰 수 있다. ㄷ는 볃(彆)이 되고 ㄴ은 군(君)되고 ㅂ는 업(業)되고 ㅁ는
땀(覃)되고 ㅅ는 고유어(諺語)에 ·옷(衣)이 되고 ㄹ는 고유어(諺語)에 :실(絲)이
되는 유와 같다.

종성은 종성부용초성이라고 하더니 이제 팔종성가족용야(八終聲可足用也, ㄱㆁㄷㄴㅂㅁㅅㄹ)라고 하여 종성에서 사용할 수 있는 글자를 8자로 제한하였다. 곧 예의에서 제안하였던 형태음소론적 표기방식에서 해례에 와서는 음소론적 표기방식으로 변개가 된 것이다. '빗곶[梨花]', '엿의 갗[狐皮]'을 '빗곳', '엿이갓'으로 표기한다는 말이다.

"ㅇ聲淡而虛 不必用於終"라고 하여 모든 자음은 초·중·종성을 갖추고 있어야 된다고 하여 이른바 『동국정운식』 한자음 표기에서는 중성으로 끝난 한자음에도 ㅇ종성을 표기했었는데, 여기에서는 국어 표기를 설명한 것이므로 이렇게 말하고 국어 표기에서는 중성으로 끝난 음절 밑에 일일이 ㅇ자를 표기할 필요가 없다고 한 것이다. 한어의 자음을 기록한 『홍무정운역훈』(1455)에서도 종성 표기에 'ㅇ'은 쓰이지 않았음.

한자음 종성에서 "별彆이 되고 ㄴ은 군君되고 ㅂ는 업業되고 ㅁ는 땀覃되고"라고 하여 입성 종성의 표기가 『동국정운』식 표기의 그 이전 단계의 모습을 보여주고 있다. 다만 고유어에서 "ㅅ는 언어諺語에 옷衣이 되고 ㄹ는 언어諺語에 실絲이 되는 류와 같다."라고 하여 한자음과 고유어의 종성 표기를 달리 하고 있다.

○완급에 따른 종성 대립과 사잇소리

五音之緩急◦이 亦各自爲對◦니라 如牙之ㆁ與ㄱ爲對◦이니 而ㆁ促呼則變爲ㄱ而急◦이요 ㄱ舒出則變爲ㆁ而緩◦이니라 舌之ㄴㄷ◦ 脣之ㅁㅂ◦ 齒之ㅿㅅ◦ 喉之ㅇㆆ◦ 其緩急相對◦이니 亦猶是也◦니라

오음(五音)의 느리고 빠름이 또한 각각 스스로 대(對)가 된다. 아음(牙音)의 ㆁ는 ㄱ과 대(對)를 이루어 ㆁ을 빨리 소리를 내면 ㄱ로 변하여 빠르게 되고 ㄱ를 천천히 소리 내면 ㆁ로 변하여 느리게 된다. 설음(舌音)의 ㄴㄷ, 순음(脣音)의 ㅁㅂ, 치음(齒音)의 ㅿㅅ, 후음(喉音)의 ㅇㆆ도 그 느리고 빠름이 서로 대(對)가 되는 것이 또한 이와 같다.

오음의 느리고 빠름이 또한 각각 스스로 대립을 보여주고 있는데 아음의 ㆁ-ㄱ, 설음의 ㄴ-ㄷ, 순음 ㅁ-ㅂ 치음의 ㅿ-ㅅ 후음의 ㅇ-ㆆ은 느리고 빠름이 서로 대립의 짝이 되므로『훈민정음』국역본에서는 이를 사잇소리로 사용하고 있다.『월인천강지곡』등 일부 문헌에만 시험되다가 폐기된 규정이다.

○반설음 ㄹ의 종성표기

且半舌之ㄹㅇ은 當用於諺ㅇ이나 而不可用於文ㅇ이니라 如入聲之彆字ㅇ도 終聲當用ㄷㅇ이나 而俗習讀爲ㄹㅇ이니 盖ㄷ變而爲輕也ㅇ니라 若用ㄹ爲彆之終ㅇ이면 則其聲舒緩ㅇ이니 不爲入也ㅇ니라 訣曰

또 반설음(半舌音)의 ㄹ는 마땅히 고유어(諺語)에 쓸 것이요, 한자어에는 쓸 수 없다. 입성의 '彆별'자와 같은 것도 종성에 마땅히 ㄷ를 써야 하나 세속의 관습(俗習)에서 ㄹ로 읽는 것은, 대개 ㄷ가 변해서 가볍게 된 것이다. 만약 ㄹ로 '彆'의 종성을 삼으면 그 소리가 느리서 입성이 되지 않는다.

결에 가로되

한자음 표기에 반설음(半舌音)의 ㄹ는 사용할 수 없으며 언어(諺語)에만 쓸 수 있다. 발달(發達)의 종성이 한어음에서는 모두 약화 탈락되었기 때문에 ㄹ은 사용할 수 없다. 입성의 별彆자와 같은 것도 종성에 마땅히 ㄷ를 써야 하나 세속의 관습에서 ㄹ로 읽는 것은, 대개 ㄷ가 변해서 가볍게 된 것이다. 만약 ㄹ로 별彆의 종성을 삼으면 그 소리가 느리서 입성이 되지 않는다. 중국에서 들어온 한자음 가운데, -t 입성이었던 것이 우리나라에서는 모두 -ㄹ[l]로 발음되어 여기에서는 원래의 음대로 -ㄷ[-t] 음으로 발음하라고 규정한 것인데, 1447(세종 29)년에 편찬 완료된『동국

정운』에서는 소위 '以影補來'식 표기법을 택하여 한자음의 ㅡㄷ입성 표
기에 'ㅭ'을 사용하게 되었다.

○ 결에 가로되

不淸不濁用於終이면 爲平˚上去不爲入이라 全淸次淸及全濁은 是皆爲入聲促
急이라 初作終聲理固然이나 只將八字用不窮이라 唯有欲聲所當處라도 中聲成
音亦可通이라 若書卽字終用君이요 洪彆亦以業斗終이라 君業覃終又何如요 以
那彆彌次第推라 六聲通乎文與諺하되 戌閭用於諺衣絲라 五音緩急各自對이니
君聲洒是業之促이라 斗彆聲緩爲那彌하고 穰欲亦對戌與挹이라 閭宜於諺不宜
文이니 斗輕爲閭是俗習이라

불청불탁의 음을 종성에 쓰면 평성, 상성, 거성은 되지만 입성은 되지 못하니
라. 전청과 차청과 전탁은 모두 입성이라 촉급하네. 초성이 종성되는 이치가
원래 그러하니 다만 8자로 써도 막힘이 없네. 오직 ㅇ 소리를 쓸지라도 중성으
로도 소리 이루어 가히 통할 수 있네. 즉자의 종성을 쓰려면 ㄱ을 종성으로
쓰고 홍과 볃은 모두 ㆁ와 ㄷ를 종성으로 하네. 군, •업, 땀의 종성은 또 무엇인
가 차례로 ㄴ ㅂ ㅁ이라네. 여섯 음(ㄱㆁㄷㄴㅂㅁ)은 한어와 고유어에 모두
쓸 수 있지만 ㅅ ㄹ은 각기 고유어의 옷, 실의 종성에 쓰이네. 오음의 느림과
빠름은 다 각각 짝을 이루니 ㄱ은 ㆁ을 빠르게 낸 소리네. ㄷ와 ㅂ를 천천히
소리 내면 ㄴ과 ㅁ이 되며 ㅿ와 ㅇ는 또한 ㅅ과 ㆆ의 짝이 되네. ㄹ은 고유어의
종성에 쓰이나 한자엔 쓰이지 않고 ㄷ이 가벼워져 ㄹ로 된 것은 곧 속습이라.

[합자해(合字解)]

○합자의 개념과 방법과 위치

初中終三聲。은 合而成字。니라 初聲或在中聲之上。하고 或在中聲之左。니라 如
君字ㄱ在ㅜ上。하고 業字ㆁ在ㅓ左之類。니라 中聲則圓者橫者在初聲之下。하
니 •ㅡㅗㅛㅜㅠ是也。니라 縱者在初聲之右。하니 ㅣㅏㅑㅓㅕ是也。니라 如呑字•
在ㅌ下。하고 卽字ㅡ在ㅈ下。하고 侵字ㅣ在ㅊ右之類。니라 終聲在初中之下。니
라 如君字ㄴ在구下。하고 業字ㅂ在어下之類。니라

초성·중성·종성의 세 소리가 합하여 한 글자를 이룬다.
초성은 혹 중성 위에도 있고 혹은 중성 왼편에도 있으니 군(君)자 ㄱ가 ㅜ
위에 있고 업(業)자 ㆁ이 ㅓ 왼쪽에 있는 따위이다. 중성은 둥근 것과 가로된
것은 초성 아래에 있는 것이니 곧 •ㅡㅗㅛㅜㅠ 등이다. 세로된 것은 초성 오른
편에 있으니 곧 ㅣㅏㅑㅓㅕ가 이것이다. 탄(呑)자 •가 ㅌ 아래 있고 즉(卽)자
ㅡ가 ㅈ 아래 있고 침(侵)자 ㅣ가 ㅊ 오른 편에 있는 따위와 같다. 종성은 초성과
중성 아래에 있다. 군(君)자 ㄴ이 구의 아래 있고 업(業)자의 ㅂ이 어의 아래
있는 따위와 같다.

초중종 삼성은 합해야 글자가 이루어진다. 「예의」에서 '범자합이성음
(凡字合而成音)'의 규정과 같은 말이다. 초성과 중성이 합자하는 방식도
중성을 기준으로 왼편과 위로 구분되고 가로글자와 세로글자에 따라 결
정됨을 말한다. 종성은 모두 중성 아래에 위치한다.

○합용과 병서

初聲二字三字合用並書ᄂᆞᆫ 如諺語•ᄯᅡ爲地ᄒᆞ요 •ᄧᅡᆨ爲隻ᄒᆞ이요 •ᄠᅳᆷ爲隙之類ᄒᆞ니라 各自並書ᄂᆞᆫ 如諺語•혀爲舌而•ᅘᅧ爲引ᄒᆞ이요 괴•여爲我愛人而괴•ᅇᅧ爲人愛我 ᄒᆞ요 소•다爲覆物而쏘•다爲射之類ᄒᆞ니라 中聲二字三字合用ᄒᆞᄂᆞᆫ 如諺語•과爲琴 柱ᄒᆞ요 •홰爲炬之類ᄒᆞ니라 終聲二字三字合用ᄒᆞᄂᆞᆫ 如諺語훍爲土ᄒᆞ•ᄂᆞᆺ爲釣ᄒᆞ요 돐•ᄢᅢ爲酉時之類ᄒᆞ니라 其合用並書ᄂᆞᆫ 自左而右ᄒᆞ니 初中終三聲皆同ᄒᆞ이니라

초성의 두 자나 세 자의 합용병서는 고유어(諺語)에 •ᄯᅡ가 땅(地)가 되고 •ᄧᅡᆨ이 짝(雙, 짝)이 되고 •ᄠᅳᆷ이 극(隙, 틈)이 되는 등과 같다.
각자병서는 예컨대 고유어(諺語)에 •혀가 혀(舌)가 되는데 •ᅘᅧ가 끌다(引)가 되고, 괴•여가 '내가 남을 사랑한다(我愛人)'가 되는데, 괴•ᅇᅧ는 사람이 나를 사랑한다. 인아애(人我愛)가 되고 소•다는 '물건을 뒤엎다(覆物)'가 되는데, 쏘•다는 '무엇을 쏘다(射之)'가 되는 것과 같다.
중성의 두 자나 세 자의 합용병서는 고유어의 •과는 거문고의 고임(琴柱)가 되고 •홰는 햇불(炬)이 되는 등과 같다.
종성의 두 자나 세 자의 합용병서(用合, 어울러 씀)는 고유어의 훍이 흙(土)이 되고 •ᄂᆞᆺ이 낚시(釣)가 되고 돐•ᄢᅢ가 닭때(酉時)가 되는 등과 같다. 이러한 합용병서는 왼편에서 오른편으로 나란히 쓰는데, 이는 초성·중성·종성의 세 소리가 모두 동일하다.

○국한혼용

文與諺雜用則有因字音而補以中終聲者ᄒᆞᄂᆞᆫ이니 如孔子ㅣ魯ㅅ:사ᄅᆞᆷ之類ᄒᆞ니라

한자와 고유어(諺語)를 섞어 쓸 경우에는 한자음에 따라서 고유어의 중성이나 종성으로 보충하는 일(補以中終法)이 있으니 공자ㅣ魯ㅅ:사•ᄅᆞᆷ의 류와 같으니라.

훈민정음 창제 당시 글쓰기의 형식이 국한 혼용의 방식이었음을 알 수가 있다. 보이중종법으로 '孔子ㅣ'를 '공자이'가 아닌 '공재'로 발음한다.

○사성

諺語平°上去入°이니 如활爲弓而其聲平°이고 :돌爲石而其聲°上°이요 •갈爲
刀而其聲去°이며 •붇爲筆而其聲入之類°니라 凡字之左°에 加一點爲去聲°이고
二點爲°上聲°이요 無點則平聲°이니라 而文之入聲°은 與去聲相似°니라 諺之入
聲無定°하여 或似平聲°하니 如긷爲柱°요 녑爲脅°이니라 或似°上聲°하니 如:낟
爲穀°이요 :깁爲繒°이니라 或似去聲°하니 如•몯爲釘°이요 •입爲之口類°니라 其
加點則與平°上去同°이니라 平聲安而和°하니 春也°요 萬物舒泰°니라 °上聲和
而擧°하니 夏也°요 萬物漸盛°이니라 去聲擧而壯°하니 秋也°요 萬物成熟°이니라
入聲促而塞°하니 °冬也°요 萬物閉藏°이니라

고유어에 평성, 상성, 거성, 입성은 예컨대, 활은 활(弓)이 되는데 그 소리가
평(平)이고, :돌은 돌(石)이 되는데 그 소리가 상(上)이고, •갈은 칼(刀)가 되는
데 그 소리가 거(去)이고, 붇은 붓(筆)이 되는데 그 소리가 입(入)이 되는 따위와
같다. 무릇 글자의 왼편에 한 점을 더하면 거성이요, 두 점은 상성이요, 점이
없는 것은 평성이다.

한자의 입성은 거성과 서로 비슷하다. 고유어(諺語)의 입성은 일정(定)하지
않으며 혹 평성과 비슷하니 긷이 기둥(柱)가 되고 녑이 옆구리(脅)이 되는 것과
같다. 혹 상성과 비슷하니 :낟이 곡식(穀)이 되고 :깁이 비단(繒)이 되는 것과
같다. 혹 거성과 비슷하니 •몯이 못(釘)이 되고 •입이 입구(口)가 되는 것과
같다. 그 점을 더하는 것은 평성, 상성, 거성과 같다.

평성은 안온(安穩, 편안하고 부드러움)하고 고르니(安而和, 편안하고 부드러
움) 봄이니 만물이 서서히 자란다. 상성은 고르나 들리니(和而擧, 부드럽고
높음) 여름이니 만물이 점차 무성(盛)해진다. 거성은 들리나 장(壯)하니(擧而
壯, 높고 씩씩함) 가을이니 만물이 성숙(成熟)해진다. 입성은 빠르고 막히니(促
而塞, 빠르며 막힘) 겨울이니 만물이 감추어진다.

○순경음과 방언 변이음

。初聲之ㆆ與ㅇ相似。하니 於諺可以通用也。니라 半舌有輕重二音。이니라 然韻
書字母唯一。이요 且國語雖不分輕重。이라도 皆得成音。이니라 若欲備用。이면 則
依脣輕例。ㅇ連書ㄹ下。하면 爲半舌輕音。이니 舌乍附上腭。이니라 •一起ㅣ聲。
은 於國語無用。이니라 兒童之言。이나 邊野之語。에는 或有之。이니 當合二字而
用。에는 如기긔之類。니라 其先。縱하고 後橫。하니 與他不同。이니라 訣曰

초성의 ㆆ는 ㅇ로 더불어 서로 비슷하여 고유어(諺語)에서는 통용할 수 있다.
반설음에는 경중(輕重) 두 가지 음이 있다. 그러나 운서(韻書)의 자모가 오직
하나이며 고유어에서는 비록 경중은 가리지 않더라도 모두 소리를 이를 수는
있다. 만약 갖추어 쓰려면 순경음의 예에 따라서 ㅇ를 ㄹ 아래 연서하면 반설경
음(半舌輕音)이 된다. 혀를 잠깐 윗잇몸에 살짝 붙인다.
•, ㅡ가 ㅣ에서 일어나는 것은 한양어에서 쓰이지 않는다. 아동들의 말이나
변야(邊野, 변두리 낮은 곳, 방언)의 말에 간혹 있으니 마땅히 두 글자를 합해서
쓰되 기 긔 따위와 같다. (둥근 것과) 세로된 것이 먼저 쓰고, 가로된 것을
나중에 쓰는 것은 다른 것과는 같지 않다.
결(訣)에 가로되

초성의 ㆆ는 ㅇ로 더불어 서로 비슷하여 언어에서는 통용할 수 있다.
반설음에는 경중(輕重) 두 가지 음이 있다. 그러나 운서의 자모가 오직
하나이며 언어에서는 비록 경중은 가리지 않더라도 모두 소리를 이를
수는 있다. 만약 갖추어 쓰려면 순경음의 예에 따라서 ㅇ를 ㄹ 아래 연서
하면 반설경음이 된다. 혀를 잠깐 윗잇몸에 살짝 붙인다.

•, ㅡ가 ㅣ에서 일어나는 것은 중앙어에서 쓰이지 않는다. 아동들의
말이나 변야(邊野), 변두리 낮은 곳, 방언의 말에 간혹 있으니 마땅히 두
글자를 합해서 쓰되 '기 긔' 따위와 같다. 둥근 것과 세로된 것이 먼저
쓰고, 가로된 것을 나중에 쓰는 것은 다른 것과는 같지 않다. 그리고 당시
방언의 차이나 중국과의 한자음 이어의 변이음 차이를 파악하고 있었던

것으로 보인다. 오늘날 충청방언에서 'ㅓ:'는 고모음화하여 'ㅡ'로 경상도 방언에서 '여물(熟)-'와 '야물(硬)-'가 변별되듯이 'yɔ'와 같은 변이음으로 남아 있다.

○결(訣)에 가로되

初聲在中聲左上이요 挹欲於諺用相同이라 中聲十一附初聲이요 圓橫書下右書縱이라 欲書終聲在何處요 初中聲下接着寫라 初終合用各並書요 中亦有合悉自左라 諺之四聲何以辨이오 平聲則弓上則石이라 刀爲去而筆爲入이니 觀此四物他可識이라 音因左點四聲分하니 一去二上無點平이라 語入無定亦加點이니 文之入則似去聲이라 方言俚語萬不同하여 有聲無字書難通이라 一朝制作侔神工하니 大東千古開矇矓이라

초성은 중성의 왼쪽이나 위쪽에 쓰는데 ㆆ과 ㅇ이 고유어에서는 서로 같이 쓰이네. 중성의 열한 자는 초성에 붙는데 •와 ㅡ은 초성 아래에 세로로 된 것은 오른쪽에 쓴다네. 종성은 어디에 둘까 초중성 아래쪽에 붙여서 쓰네. 초종성의 합용은 다 각기 나란히 쓰고 중성도 합하여 쓸 때는 모두 다 왼쪽부터 쓰네. 고유어의 사성은 어떻게 분별할까 평성은 활(弓)이요 상성은 :돌(石)이라네. •갈ㅎ(刀)은 거성이요 •붇(筆)이란 입성이니 이 넷을 보면 다른 것도 알 수 있네. 소리는 왼쪽의 점에 따라 사성이 나뉘니 점 하나는 거성, 둘은 상성, 없으면 평성이네. 고유어의 입성은 가점이 정해지지 않았으며 한자음의 입성은 거성과 비슷하다네. 방언과 이어(俚語)가 모두 다르고 소리는 있으나 자서가 없어서 글이 통하기 어렵다네. 하루아침에 신과 같은 솜씨로 지으셨으니 대동(우리나라) 천고(오랜 역사)에 어두움을 깨치셨네.

[용자례(用字例)]

○초성용례

> 初聲ㄱ°은 如:감爲柿°요 ·굴爲蘆°니라 ㅋ°은 如우·케爲未舂稻°요 콩爲大豆°
> 니라 ㆁ°은 如러·울爲獺°이요 서·에爲流澌°니라 ㄷ°은 如·뒤爲茅°요 ·담爲墻°이
> 니라 ㅌ°은 如고·티爲繭°이요 두텁爲蟾蜍°니라 ㄴ°은 如노로爲獐°이요 납爲猿°
> 이니라 ㅂ°은 如불爲臂°요 :벌爲蜂°이나라 ㅍ°은 如·파爲葱°이요 ·풀爲蠅°이니라
> ㅁ°은 如·뫼爲山°이요 ·마爲薯藇°니라 ㅸ은 如사·비爲蝦°요 드·븨爲瓠°니라
> ㅈ°은 如·자爲尺°이요 죠·히爲紙°니라 ㅊ°은 如·체爲簁°요 채爲鞭°이니라 ㅅ°은
> 如·손爲手°요 :셤爲島°니라 ㅎ°은 如·부헝爲鵂鶹°요 ·힘爲筋°이니라 ㅇ°은 如·
> 비육爲鷄雛°요 ·ᄇᆞ얌爲蛇°니라 ㄹ°은 如·무뤼爲雹°이요 어·름爲氷°이니라 ㅿ°
> 은 如아ᅀᆞ爲弟°요 :너시爲鴇°니라

초성 ㄱ은 :감이 감(柿)이 되고 ·굴이 갈대(蘆)가 되는 것과 같다. ㅋ은 우·케가 벼(未舂稻, 찧지 않은 벼)가 되고 콩이 콩(大豆)이 되는 것과 같다. ㆁ은 러·울이 수달(獺, 너구리)가 되고 서·에가 성에(流澌)가 되는 것과 같다. ㄷ은 ·뒤가 띠(茅)가 되고 ·담이 담(墻)이 되는 것과 같다. ㅌ은 고·티가 고치(繭)가 되고 두텁이 두꺼비(蟾蜍)가 되는 것과 같다. ㄴ은 노로가 노루(獐)가 되고 납이 원숭이(猿)가 되는 것과 같다. ㅂ은 불이 팔(臂)가 되고 :벌이 벌(蜂)이 되는 것과 같다. ㅍ는 ·파가 파(葱)가 되고 ·풀이 파리(蠅)이 되는 것과 같다. ㅁ은 :뫼가 산(山)이 되고 ·마가 마(薯藇)가 되는 것과 같다. ㅸ은 사·비가 새우(蝦)가 되고 드·븨가 뒤웅박(瓠)이 되는 것과 같다. ㅈ은 ·자가 자(尺)가 되고 죠·히가 종이(紙)가 되는 것과 같다. ㅊ은 ·체가 체(簁)가 되고 ·채가 채찍(鞭)이 되는 것과 같다. ㅅ은 ·손이 손(手)이 되고 :셤이 섬(島)이 되는 것과 같다. ㅎ는 ·부헝이 부엉이(鵂鶹)가 되고 힘이 힘줄(筋)이 되는 것과 같다. ㅇ는 ·비육이 병아리(鷄雛)가 되고 ·ᄇᆞ얌이 뱀(蛇)이 되는 것과 같다. ㄹ은 ·무뤼가 우박(雹)이 되고 ·어름이 얼음(氷)이 되는 것 같다. ㅿ는 아ᅀᆞ가 아우(弟)가 되고 :너시가 너새(鴇)가 되는 것과 같다.

초성은 17자에 대한 각각 2가지 용례를 제시하여 모두 34개의 어휘가

제시되었다. 모두 고유어이다. 훈민정음 창제의 목적이 한자음 표기였다면 왜 한자음 표기를 위한 예를 제시하지 않았을까?

○중성용례

中聲 •는 如•톡爲頤°요 •풋爲小豆°요 드리爲橋°요 •ㄱ래爲楸。니라 一는 如•믈爲水°요 •발•측爲跟°이요 그력爲雁°이요 드•레爲汲器。니라 ㅣ는 如•깃爲巢°요 :밀爲蠟°이요 •피爲稷°이요 •키爲箕。니라 ㅗ는 如•논爲水田°이요 •톱爲鉅°요 호•미爲鉏°요 벼•로爲硯。이니라 ㅏ는 如•밥爲飯°이요 •낟爲鎌°이요 이•아爲綜°이요 사•ᄉᆞᆷ爲鹿。이니라 ㅜ는 如숫爲炭°이요 •울爲籬°요 누•에爲蠶°이요 구•리爲銅。이니라 ㅓ는 如브섭爲竈°요 :널爲板°이요 서•리爲霜°이요 버•들爲柳。니라 ㅛ는 如:죵爲奴°요 •고욤爲梬°이요 •쇼爲牛°요 샵됴爲蒼朮菜。니라 ㅑ는 如남샹爲龜°요 약爲鼅鼄°이요 다•야爲匜°요 쟈감爲蕎麥皮。니라 ㅠ는 如율믜爲薏苡°요 죽爲飯초□°이요 슈•룹爲雨繖°이요 쥬련爲帨。니라 ㅕ는 如•엿爲飴糖°이요 •뎔爲佛寺°요 •벼爲稻°요 :져비爲燕。이니라

중성 •는 •톡이 턱(頤)이 되고 •풋이 팥(小豆)이 되고 드리가 다리(橋)가 되고 •ㄱ래가 개래나무 열매(楸)가 되는 것과 같다. 一는 •믈이 물(水)이 되고 •발•측이 발꿈치(跟)가 되고 그력이 기르기(雁)가 되고 드•레가 두레박(汲器)이 되는 것과 같다. ㅣ는 •깃이 깃(巢)이 되고 :밀이 밀랍(蠟)이 되고 •피가 피(稷)가 되고 •키가 키(箕)가 되는 것과 같다. ㅗ는 •논이 무논(水田)이 되고 •톱이 톱(鉅)이 되고 호•미가 호미(鉏)가 되고 벼•로가 벼루(硯)가 되는 것과 같다. ㅏ는 •밥이 밥(飯)이 되고 •낟이 낫(鎌)이 되고 이•아가 잉아(綜)가 되고 사•ᄉᆞᆷ이 사슴(鹿)이 되는 것과 같다. ㅜ는 숫이 숯(炭)이 되고 •울이 울타리(籬)가 되고 누•에가 누에(蠶)가 되고 구•리가 구리(銅)가 되는 것과 같다. ㅓ는 브섭이 부엌(竈)이 되고 :널이 판(板)이 되고 서•리가 서리(霜)가 되고 버•들이 버드나무(柳)가 되는 것과 같다. ㅛ는 :죵이 노(奴)가 되고 •고욤이 고욤(梬)이 되고 •쇼가 소(牛)가 되고 샵됴가 삽주(蒼朮菜)가 되는 것과 같다. ㅑ는 남샹이 남생이(龜)가 되고 약이 구벽(鼅鼄, 거북의 일종)이 되고 다•야가 대야(匜, 손대야)가 되고 쟈감이 메밀껍질(蕎麥皮)이 되는 것과 같다. ㅠ는 율믜가 율무(薏苡)가

되고 죽이 밥주걱(飯楔)이 되고 슈•룹이 우산(雨繖)이 되고 쥬련이 수건(帨)이 되는 것과 같다. ㅕ는 •엿이 엿(飴餹)이 되고 •뎔이 절(佛寺)이 되고 •벼는 벼(稻)가 되며 :져비가 제비(燕)가 되는 것과 같다.

　중성은 모두 11자인데 '초성＋중성'의 합자와 '초성＋중성＋종성'의 합자를 각각 중성 하나에 두 개의 용례를 들어 모두 44개의 예를 제시하였다. '凡字合而成音'의 규정에 따르면 종성이 없는 '구•리', '다•야'와 같은 표기는 예의의 규정이나 해례의 규정에도 어긋난 것이다. 다만 고유어 표기와 한자음 표기를 미리 구별하고 있었으며 적어도 이들의 혼용표기를 전제한 기획물이었다. 곧 '초성＋중성＋종성'의 합자형에 해당하는 용례 2개씩을 먼저 보여주고 이어서 '초성＋중성'의 합자형 2개씩을 연이어 보여주고 있다.

○종성용례

終聲ㄱ•은 如닥爲楮•요 독爲甕。이니라 ㆁ•은 如:굼벙爲蝤蠐•요 •올창爲蝌蚪。니라 ㄷ•은 如•갇爲笠•이요 싣爲楓。이니라 ㄴ은 如•신爲屨•요 •반되爲螢。이니라 ㅂ•은 如섭爲薪•이요 •굽爲蹄。니라 ㅁ은 如:범爲虎•요 :심爲泉。이니라 ㅅ•은 如:잣爲海松•이요 •못爲池。니라 ㄹ•은 如•들爲月•이요 :별爲星之類니라

종성 ㄱ은 닥이 닥나무(楮)가 되고 독이 독(甕)이 되는 것과 같다. ㆁ는 :굼벙이 굼벙이(蝤蠐)가 되고 •올창이 올챙이(蝌蚪)가 되는 것과 같다. ㄷ은 •갇이 갓(笠)이 되고 싣이 신나무(楓)가 되는 것과 같다. ㄴ은 •신이 신(屨)이 되고 •반되가 반디불이(螢)가 되는 것과 같다. ㅂ은 섭이 땔나무(薪)가 되고 •굽이 발굽(蹄)이 되는 것과 같다. ㅁ은 :범이 범(虎)이 되고 :심이 샘(泉)이 되는 것과 같다. ㅅ은 :잣이 잣나무(海松)가 되고 •못이 못(池)이 되는 것과 같다. ㄹ은 •들이 달(月)이 되고 :별이 별(星)이 되는 것과 같으니라.

종성은 '팔종성가족용야(八終聲可足用也)' 규정에 따라서 2개식의 용례를 제시하여 모두 16개의 어휘를 보여주고 있다.

이상 용자례에서는 단음절 54개와 이음절어 40개 총 94개의 고유 어휘를 표기하는 실재적 용례를 들어 보이고 있다. 초성 용례는 34개, 중성 용례 44개, 종성 용례 16로 당시 표기법의 시행안이라고 할 수 있다. 먼저 초성 용례는 예의의 자모 순서에 따라 아－설－순－치－후의 방식으로 배열하였고 우리말 표기에서 제외될 전탁자 6자와 후음 'ㆆ'가 제외되고 'ㅸ'이 순음 위치에 추가되었다.

중성 용자의 예는 상형자 'ㆍ ― ㅣ'와 초출자 'ㅗ ㅏ ㅜ ㅓ', 재출자 'ㅛ ㅑ ㅠ ㅕ' 순으로 고유어 각 4개씩 중성 11자에 각각 4개의 어휘를 중성 제자 순서에 따라 제시하였다. 다만 중모음이었던 이자합용 14자 가운데 동출합용 'ㅘ, ㆇ, ㅝ, ㆊ' 4자와 이자 상합합용자 10자 'ㆎ, ㅢ, ㆉ, ㅐ, ㆌ, ㅖ, ㅚ, ㅒ, ㅟ, ㅖ'와 삼자 상합합용 4자 'ㅙ, ㆈ, ㅙ, ㆋ'의 용례는 제시하지 않았다. 종성 용례는 16개 어휘의 예를 밝혔는데 예의의 '종성부용초성(終聲復用初聲)' 규정과 달리 해례의 '팔종성가족용야(八終聲可足用也)' 규정에 따른 'ㄱ, ㆁ, ㄷ, ㄴ, ㅂ, ㅁ, ㅅ, ㄹ' 순으로 각 2개의 용례를 밝혔다. 결국 고유어의 사용 예만 94개를 들고 있다. 이 용자의 예를 보면 훈민정음의 창제 목적이 단순히 한자음의 표기나 외래어 표기보다는 고유어의 표기에 중점을 둔 것으로 볼 수 있다. 체언류에서 고유어의 어휘만 제시한 것은 훈민정음의 창제 목적이 단순히 한자음의 통일만을 목표로 하지 않았다는 명백한 증거가 된다.

용자례에 어휘 선정도 매우 정교하고 치밀한 계획 아래 이루어졌음을 알 수가 있다. 특히 그 어휘 분류상 특징을 보면 총 15개 분야 "1) 식물, 2) 곡물, 3) 동물, 4) 동물 관련 어휘, 5) 광물, 6) 자연, 7) 생활, 8) 신체, 10) 인간관계, 11) 음식, 12) 종교, 13) 주거, 14) 구조물, 15) 농사, 15)

잠업"으로 분류할 수 있듯이 당대의 일상 삶을 엿볼 수 있을 만큼 중요한 기초 어휘를 보여주고 있다. 그 가운데 '드뵈, 비육, 자감, 쥬련'과 같은 매우 희귀한 어휘들도 제시되어 있으나 '드뵈'는 경상도 방언형에서 "그릇 뚜껑"을 '비육'의 "병아리"를 "벽에 길게 글씨를 써서 걸어 두는" '주련' 등의 어휘는 지금까지 그 잔재가 남아 있다.

[정인지 서문]

이제 훈민정음 정인지 서문[15]을 그 원문과 이에 의한 번역을 실어서 훈민정음에 관계된 여러 가지 문제를 생각해 보기로 한다.

○성음과 문자의 관계와 훈민정음 창제의 당위성

有天地自然之聲。이면 則必有天地自然之文。이니라 所以古人因聲制字。하여 以通萬物之情。하고 以載三才之道。하니 而後世不能易也。니라 然四方風土區別。이요 聲氣亦隨而異焉。이니라 蓋外國之語는 有其聲而無其字。하여 假中國之字以通其用。하니라 是猶枘鑿之鉏鋙也。니 豈能達而無礙乎。아 要°各隨所°處而安。이요 不可°强之使同也。니라

천지 자연의 성(聲, 소리)이 있으면 반드시 천지 자연의 문(文, 글자)이 있는 법이다. 그런 까닭으로 옛사람들은 그 소리에 따라 그 글자(체계)를 만들고 이로써 만물의 뜻을 능히 서로 통하게 하고 삼재(三才, 천·지·인)의 도를 이에 실었으니 후세 사람들이 쉽게 바꿀 수 없다. 그러나 사방의 풍토가 서로 다르고 소리의 기운 또한 그에 따라 달라진다. 대개 중국 이외의 나랏말은 그 소리

---

15) 정인지의 서문은 『훈민정음 해례』의 맨 끝에 붙어 있기 때문에 세종어제 서문과 구별하여 '정인지 후서'라고도 한다. 이 정인지 서문은 '세종 28(1446)년 9월 『세종실록』 권113에 세종어제 서문과 예의훈민정음 본문과 함께 정인지 서문이 실려 있으며, 『훈민정음 해례』 끝에 실려 있다.

는 있어나 그 글자가 없다. 중국의 글자를 빌려서 통용하고 있으나 이는 모난 자루를 둥근 구멍에 끼우는 것과 같이 서로 어긋나는 일이므로 어찌 능히 통하여 막힘(防碍, 막힘)이 없겠는가? 요컨대 다 각각 그 처한 바에 따라서 편하게 해야 하지 억지로 같게 할 수는 없는 것이다.

천지 성음과 문자와의 관계를 천지인의 삼재설을 근거로 하여 설명하고 있다. 중국의 한자와 한문으로 우리말을 표현하기에 어렵고 또 중국의 한자음 또한 지방 풍토에 따라 다르므로 반드시 조선의 한자음을 중국에 일치시키지 않아도 된다는 당위성을 설명하고 있다.

동아시아 주변에 무문자 국가가 많은데 한자를 빌어서 어순이 다른 말을 쓰기에는 매우 큰 어려움이 있다. 이를 비유하여 "모난 자루를 둥근 구멍에 끼운 것과 같다"라고 하여 서로 어긋나기 때문에 이를 통하여 막힘이 없도록 하기 위해 '훈민정음' 문자를 만들었다는 당위성을 천명하고 있다.

○한문과 이두의 불편함

吾東方禮樂文章。은 侔擬華夏。하나 但方言俚語。가 不與之同。이니 學書者患其旨趣°之難曉。요。治獄者病其曲折之難通。이니라 昔新羅薛聰。이 始作吏讀°。하여 官府民間。에 至今行之。나 然皆假字而用。이니 或澁或窒。非但鄙陋無稽而已。요 至於言語之間。에는 則不能達其萬一焉。이니라

우리나라의 예악과 문물은 가히 중화(華夏)에 견줄 만하다. 다만 방언과 이어 俚語가 중국말과 같지 않다. 글을 배우는 사람은 그 뜻을(旨趣) 깨닫기 어려움을 걱정하고, 옥사를 다스리는 사람은 그 자세한 사정을 훤히 알기 어려움을 걱정하였다.

옛날 신라 때에 설총이 처음으로 이두를 지어서 관부와 민간에서 오늘에 이르기까지 사용하고 있다. 그러나 이두는 모두 한자를 빌려서 쓰는 것이므로 혹

껄끄럽고 혹 막혔었다. 다만 비루(鄙陋, 속되고)하고 터무니없을(稽考, 근거가 일정하지 않음) 뿐만 아니라, 언어 간에 사용함(적음에)에는 그 만분의 일도 뜻을 도달하기 어렵다.

조선이 예악과 문물은 중화에 견줄 만하지만 한음이 서로 방언적 차이를 보여서 중국과 같지 않을뿐더러 한문을 배우는 사람은 그 뜻을 해석하여 이해하기 어려울 만큼 한문이 어렵다. 그리고 한자를 빌려 우리말의 토를 단 이두 역시 옥사를 다스리는 중인이나 백성들이 그 자세한 의미를 쉽게 이해하기 어렵다.

한자를 가차해서 만든 신라의 이두문자가 오늘날까지 사용되고 있으나 사용하기에 매우 껄끄럽고 어렵다. 이러한 이유로 세종이 훈민정음 문자를 창제하시고 이에 해설과 예를 달아 이 책을 펴낸다.

○훈민정음 창제와 그 이후의 과정 및 훈민정음의 우수성과 유용성

癸亥冬。에 我 殿下創制正音二十八字。하여 略揭例義以示之。하시니 名曰訓民正音。이니라 象形而字倣古篆。하되 因聲而音叶七調。니라 三極之義。와 二氣之妙。가 莫不該括。이니라 以二十八字而轉換無窮。하고 簡而要。하며 精而通。이니라 故智者。는 不終朝而會。요 愚者可浹旬而學。이니라 以是解書。면 可以知其義。요 以是聽訟。이면 可以得其情。이니라 字韻則淸濁之能辨。이요 樂歌則律呂之克諧。니라 無所用而不備。요 無所往而不達。이니라 雖風聲鶴唳。와 鷄鳴狗吠。라도 皆可得而書矣。니라

계해년 겨울에 우리 전하께서 정음 28자를 지으시고 간략하게 보기와 뜻을 들어 보이시며, 그 이름을 훈민정음이라 하셨다. 상형을 한 글자는 고전을 본뜨고 소리를 따른 결과 음은 칠조(七調)에 맞추었다. 삼극(三極, 삼재)의 뜻(義)과 이기(二氣, 陰陽)의 묘(妙, 기묘한 이치)가 다 이 가운데 포함되지 않는 것이 없다. 이 28자로써도 전환이 무궁하고 매우 간략하되 지극히 요긴하고

또 정(精, 정교함)하고도 통(通, 꿰뚫음)한다. 그러므로 슬기로운 사람이면 하루아침이 다 못되어 깨우치고 어리석은 사람이라도 열흘이면 능히 다 배울 수 있다. 이 글자로써 만일 한문을 풀이하면 그 뜻을 알 수 있다. 이 글자로써 송사하는 내용을 들으면 가히 그 사정을 이해할 수 있다.

자운의 경우 청탁을 능히 구별할 수 있고 악가(樂歌)의 경우 율려(律呂)가 고르게 된다. 쓰는 바에 갖추어지지 않은 것이 없고 가는 바에 도달하지 못할 바가 없다. 비록 바람소리 학이 울음과 닭의 우는 소리, 개 짖는 소리라도 모두 쓸 수가 있다.

이 대목은 매우 중요한 내용을 함의하고 있다. 곧 "계해년 겨울에[16] 우리 전하께서 정음 28자를 지으시어 그 간략하게 보기와 뜻을 들어 보이시며, 그 이름을 훈민정음이라 하셨다."라고 하여 세종 25(1443)년 12월 경에 훈민정음 28자의 예의를 창제하시고 이를 집현전 한사들에게 들어 보이시면서 그 이름을 '훈민정음'이라 부르며 이것을 바탕으로 하여 해설과 예를 달도록 정인지를 비롯한 8학사들에게 명을 내렸다.

이 훈민정음은 "상형을 한 글자는 고전을 본뜨고 소리를 따른 결과 음은 칠조[17]에 맞추었다. 삼극, 삼재의 뜻과[18] 이기, 음양의 기묘한 이치

---

16) 계해년 겨울: 세종 25(1443)년 12월.

17) 七調: 정초(鄭樵)의 『칠음약(七音略)』 서에는 "四聲爲經。七音爲緯。江左之儒。知縱有平上去入爲四聲。而不知衡有宮商角徵羽半徵半商爲七音。縱成經。衡成緯。經緯不交。所以失立韻之源。"라고 하였는데 팽장경(彭長庚)의 말에도 "今見皇極經世書。聲爲律。音爲呂。一經一緯一縱一衡。而聲音之全數具矣。"라고 하고 『홍무정운』 서에도 "江左制韻之初。但知縱有四聲。而不知衡有七音。故經緯不交。而失立韻之原。"라고 하였다. 즉 정초 이하로 그들은 사성을 경, 칠음을 위로 잡아서 그 중의 하나만 없어도 소위 經緯不交로 입운의 본원을 잃는다고 생각한 것이다. 물론 한자 음운에는 자모에 대하여 운부가 있으나 그 운부란 사성의 구별을 떠나서 제대로 서지 못한다. 운부와 함께 사성의 구별이 음운의 '經'으로까지 간주되는 것이라. 그 '經'을 잃어서는 7음의 '緯'도 바르지 못하다고 생각되는 것이 모두다 무리가 아니다. 정초의 『칠음약』 서문에 "太子洗馬蘇□駁之。以五音所從來久矣。不言有變宮變徵。七調之作實未所聞。"이라고 하였다. 궁, 상, 각, 징, 우의 오음에 변궁과 변징을 더한 것이 칠조이다. 또한 『예기』 권37에 「악기조」에 "凡音之起由人心生也。… 故形於聲"이라는 대목의 주에 "正義曰 言聲者 宮商角徵羽也"라고 하여 사람의 소리를 오성에 따라 궁, 상, 각, 치, 우로 구분함

가 다 이 가운데 포함되지 않는 것이 없다.”라고 하여 훈민정음 초성 글자는 상형설에 따라 칠조에 맞추었고 모음은 삼재에 따라 이루어졌음을 천명하고 있다.

그런데 이 훈민정음 글자 28자는 “전환이 무궁하고 매우 간략하되 지극히 요긴하고 또 정교하고도 꿰뚫고 있으니”라고 하여 글자가 간략하지만 정교한 체계를 갖추고 있으니 배우기가 쉬워 슬기로운 사람이면 하루아침이 다 못되어 깨우치고 어리석은 사람이라도 열흘이면 능히 다 배울 수 있다고 하였다. 훈민정음은 음소문자이면서 네모꼴로 조합된 음절문자이기도 하다. 그런데 이 훈민정음이 왜 우수한가? “쓰는 데 갖추어지지 않은 것이 없고 쓰려고 하는 데 도달하지 못할 바가 없다. 비록 바람소리 학이 울음과 닭의 우는 소리, 개 짖는 소리라도 모두 쓸 수가 있다.”[19]라는 말로 요약하고 있다.

다음 훈민정음의 효용성에 대해 “이 글자로써 만일 한문을 풀이하면 그 뜻을 알 수 있다. 이 글자로써 송사하는 내용을 들으면 가히 그 사정을

을 말하고 있다. 병와 이형상의 『악학편고』 권1 「성기원류」에 “악학자는 본래 음을 정하지 않고 통상적으로 탁이 궁이 되고 차탁이 상이 되고 청탁 무거운 소리가 각이 되고 청이 우가 되고 차청이 치가 되며 또 궁이 본래 후음이고 상이 본래 치음이고 각이 본래 아음이고 치가 본래 설음이고 우가 본래 순음이다. 성운학자는 순음이 궁이고 치음이 상이고 아음이 각이고, 설음이 치이고, 후음이 우이며, 그 사이에 또 반치 반상이 있는데 모두 청탁으로서만 논할 수 없다. 오행학자는 논류에는 청탁의 구별이 없기 때문에 오성으로 배치하여 오음을 유씨를 궁으로, 조씨를 각으로 장씨와 왕씨를 상으로, 무시와 경시를 우라고 한다[樂家本無定音, 常以濁者爲宮, 次濁爲商, 淸濁重爲角, 淸爲羽, 次淸爲徵, 又曰宮本喉, 商本齒, 角本牙, 徵本舌, 羽本脣, 韻家脣爲宮, 齒爲商, 牙爲角, 舌爲徵, 喉爲羽, 其間又有半徵半商末日之類, 皆不論淸濁以然也, 五行家以韻類於淸濁不以, 五姓參配, 五音與柳宮, 趙角, 張王爲商, 武庚爲羽是也]” 라고 하여 율려에 따른 성음을 오성으로 분류하고 있다.

18) 『역경』 계사 상 제2장에 “六爻之動三極之道也”라고 하였으니 삼극은 천, 지, 인을 가르킴이요 『태극도설』에 “二氣交感化生萬物”이라고 하였으니 이기는 음, 양을 가르킴이다.

19) 정초의 『칠언약』 서문에는 “학 울음소리 바람소리, 닭 울음 소리, 개 짖는 소리, 천둥 번개가 우지근 뚝닥하고 모기나 등에가 귀를 스쳐 지나가더라도 모두 다 옮겨 적을 만하거늘[雖鶴唳風聲, 鷄鳴狗吠, 雷霆經天, 蚊虻通耳, 皆可譯也。]”이라고 하였다.

이해할 수 있다. 자운의 경우 청탁을 능히 구별할 수 있고[20] 악가의 경우 율려가[21] 고르게 된다."라고 하여

① 한문 학습, ② 송사에 편리함, ③ 한자음의 표준과 규범의 유지, ④ 악가의 율려의 통일과 같은 효용성이 있음을 밝히고 있다. 그런데 '② 송사의 편리함'이란 어디까지를 어떤 방식인지를 곧 이두로 쓰던 소지나 원정을 한글로 쓴다는 의미인지 불확실하다. 그런데 훈민정음 창제 당시에는 한문과 대등한 위치에서 훈민정음을 놓고 소통문자로 활용하겠다는 세종의 의지가 반영된 것으로 보인다.[22]

성삼문의 『직해동자습』 「서문」에는 "배우는 사람이 진실로 먼저 훈민정음 몇 글자를 배우고 이에 이를 수만 있다면 열흘 동안에 한어도 통할 수 있고 운학에도 밝아질 수 있을 것이니 사대에 관해서도 능히 잘 할 수 있을 것이다."[23]라고 하여 훈민정음은 한자 내지 한자의 음운을 밝히기 위한 한 가지 방편임을 말하고 있다.

양성지(1415~1482)의 『논군도십이사(論君道十二事)』에는

"삼가 신은 서하11~13세기에 중국 서북부의 오르도스(Ordos)와 간쑤(甘肅) 지역에서 티베트 계통의 탕구트족이 세운 나라는 국속이 변하지 않음을 들은 지 백 여년이 지나 원호元昊는 영웅이라. 그의 말에 가로되 비단옷과 기름진

---

20) 자모에서만 청, 탁을 구별하는 것이 아니요 운에서도 청, 탁을 구별한다. 『광운』 권말에는 "辯四聲輕淸重濁法"이 있어서 평, 상, 거, 입의 사성자를 다시 경청과 중탁의 두부류로 구별하여 놓았다.

21) 『한서』 「율력지」에는 "律有十二。陽六爲律。陰六爲呂。"라고 하였고 『서경』 「순전」에는 "八音克諧"라고 하였다. 『율려』, 즉 음악도 훈민정음으로써 해협(諧拹)된다는 뜻이다.

22) 이조에 전지하기를, "지금부터 이과와 이전(吏典)의 취재 때에는 훈민정음도 아울러 시험해 뽑게 하되, 비록 의리는 통하지 못하더라도 능히 합자하는 사람을 뽑게 하라." 하였다. "傳旨吏曹 今後吏科及吏典 取才時 訓民正音 竝令試取 雖不通義理 能合字者取之"(세종 28(1446)년 12월 26일)

23) "學者苟能先學正音若干字。次及於斯。則浹旬之間。漢語可通。韻學可明。而事大之能事畢矣。"

음식도 소변에 번지지 않으니 금나라 세종이 또한 매번 상경의 풍속을 그리워하다가 몸이 다할 때까지 잊지 않고 요나라의 남북 부에서 머물렀다. 원호는 원래 몽골의 한인 관료였는데 원나라 사람이 곧 근본을 중하게 여기니 고로 중원을 잊게 되어 사막의 이북을 고향으로 여겼다. 우리 동방은 요나라가 세거하던 동쪽이라, 소위 만리지국으로 삼면이 바다에 닿았고 한 면은 산을 지고 있으니 구역은 저절로 이루어졌고 풍속과 기운은 독특하여 단군 이래로 관을 설치하여 주를 두었고 스스로 가르침의 소리 높으니 전조의 태조가 서장의 문서를 지어 나랏 사람을 가르치니 의관과 언어가 모두 본래의 습속을 이끌었다. 만약 의관과 언어가 중국과 다르지 않았다면 곧 민심을 정할 수 없었고 중화에 흡수됨을 비유 제(霽)와 같이 노(魯)에 이르게 되었을 것이다. 전조고려에 몽골에 이르자 달갑지 않은 무리와 서로 이어져 나라가 변화되게 되어 심히 편치 않게 되니 의관과 조복 외 여러 가지를 구걸하니 중화의 제도를 정성껏 따를 필요가 없게 되었으나 언어 곧 통사 외에는 옛습속에서 바꿀 필요가 없었다. 그러나 등척석(燈擲石)은 또한 옛 풍속을 따르니 불가함이 없도다.24)

라고 하면서 문자는 강한 문화에 휩쓸려 소멸하기 때문에 자주적 훈민정음은 한자나 한문 보급의 방편을 뛰어 넘어 관공문서조차 모조리 훈민정음으로 쓰자고 주장하기도 하였다.

---

24) "盖臣聞。西夏以不變國俗。維持數百年。元昊亦英雄也。其言曰錦衣玉食非蓄性所便。金世宗亦每念上京風俗。終身不忘。遼有南北府。元有蒙漢官。而元人則以根本爲重。故雖失中原。沙漠以北如故也。吾東方世居遼水之東。號爲萬里之國。三面阻海。一面負山。區域自分。風氣亦殊。檀君以來。設官置州。自爲聲敎。前朝太祖作信書。敎國人衣冠言語悉遵本遵。若衣冠言語與中國不異。則民心無定。如齊適魯。前朝之於蒙古。不逞之徒相繼投化於國家。甚爲不便。乞衣冠則朝服外不必盡從華制。言語則通事外不必欲變舊俗。雖然燈擲石亦從古俗。無不可也。"

○훈민정음 협찬자

逐命詳加解釋。하여 以喩諸人。하시니라 於是。에 臣與集賢殿。應°敎臣崔恒。副
校理臣朴彭年。臣申叔舟。修撰臣成三問。敦寧府注簿臣姜希顔。行集賢殿
副修撰臣李塏。臣李善老等。謹作諸解及例。以敍其梗槩。하니라 庶使觀者로
不師而自悟。니라 若其淵源精義之妙。는 則非臣等之所能發揮也。니라

마침내 (전하께서) 자세히 풀이를 더하여 여러 사람을 가르치라고 명하셨다.
이에 신이 집현전 응교 최항, 부교리 박팽년, 신숙주, 수찬 성삼문, 돈녕 주부
강희맹, 집현전 부수찬 이개, 이선로 등과 함께 삼가 여러 풀이와 예를 지어서
그 대강의 줄거리를 서술하였다. 보는 사람들이 스승 없이도 스스로 깨우치도
록 하기 바란다. 만약 그 연원과 정밀한 뜻의 묘가 있다면 신들이 발휘할 수
있는 바가 아니다.

이 『훈민정음 해례』라는 책이 만들어진 경위를 "마침내 전하께서 자세
히 풀이를 더하여 여러 사람을 가르치라고 명하셨다."라고 하여 책만 만
드는 것이 아니라 이 책으로 백성을 가르치도록 명령한 것이다.

이 일에 가담한 이를 소위 집현전 여덟학사라고 하는데 정인지를 포함한
집현전 응교 최항(1409~1474), 부교리 박팽년(1417~1456), 신숙주(1417~
1475), 수찬 성삼문(1418~1456), 돈녕 주부 강희맹(1417~1464), 집현전 부수
찬 이개(1417~1456), 이선로(?~1453)이다. 이들 여덟 사람 가운데 세종과
지근의 거리에서 봉행했던 여섯 사람이 있다. 박팽년의 「송청보지한산시
送淸甫之韓山詩」 서문에서도 "임금이 서원에 머무시는 동안 6인이 따랐
다.之駐驛西原也。吾儕六人者從"고 하였고 『연려실기술』 「성삼문 항」에
서 『추강집(秋江集)』을 인용한 내용 중에 "세종이 만년에 병이 있어서 여러
번 온천에 거둥하였는데 항상 삼문과 이개를 편복을 입혀 대가 앞에 있으
면서 고문에 응하게 하니 한때에 영광으로 여겼다."[25]라고 하고 『장릉지
(莊陵志)』에서는 "임금이 온천에 행차하심에 박팽년, 신숙주, 최항, 이개는

편복 차림으로 어가를 수행하면서 고문에 응하는 일을 영애로 여겼다."26) 라 하였으니 성삼문, 박팽년, 이개, 최항, 신숙주, 이선로가 아니었을까?

이 『훈민정음 해례』 책을 만든 협찬자 가운데 학역재 정인지는 당시 48세의 나이로 이 일을 총괄하였다. 그리고 『훈민정음』 국역본의 구결을 달았던 것으로 추정된다.27) 최항은 『고려사』, 『경국대전』 편찬뿐만 아니라 당시 운서편찬과 더불어 정인지, 신숙주, 구종직, 김예몽, 한계희 등과 더불어 오경과 사서의 구결을 다는 일에도 참여하였다. 그러나 『훈민정음 해례』를 짓는데 최항이 어떤 일에 참여했는지 뚜렷하게 밝힐 수는 없지만 전체적인 체계와 구성을 담당했을 것이다. 취금헌 박팽년은 관련 사료가 전부 인멸되어서 그의 역할을 거의 알 수 없다.

보한재 신숙주는 아마도 『훈민정음 해례』 편찬에 성삼문과 더불어 가장 핵심적인 인물이었을 것이다. 특히 한자음에 대한 규정과 표기의 문제를 담당했으리라고 본다. 『동국정운』, 『홍무정운역훈』 등의 편찬과 특히 일본과 여진 외래어 표기에도 관여했을 가능성이 있다. 매죽헌 성삼문의 행적도 역시 박팽년과 같이 거의 인멸되었으나 신숙주와 더불어 한자음 연구에 일역을 담당했을 것이다. 인재 강희안의 형이 강희맹(1424~1483)이다. 세종이 강희맹의 이모부였으니 역시 강희안의 이모부가 바로 세종이다. 그와 함께 문종과 세조와는 이종사촌 간이니 『훈민정음 해례』 창제에 깊이 관여했을 것이며 글씨가 뛰어났으니 『훈민정음 해례』의 판하 글씨를 썼다. 백고 이개는 시문이 뛰어났다. 『용재총화』 권1에는 "백고는

---

25) "世宗末年有疾。屢幸溫泉。常令三問及李塏等。便服在駕前。備顧問。一時榮之。"

26) "上幸溫泉。與朴彭年。申叔舟。崔恒。李塏便服在駕前。備顧問。一時榮之。"

27) 홍기문 원저, 이상규 외 주해(2016), 『증보정음발달사』, 역락, 628쪽. "어디서인지는 잊었지만 그가 훈민정음 구결을 지었다는 기록을 본 것만이 기억된다. 그 기억에 착오가 없다면 구결이란 해례의 결을 잃켰는 것으로서 곧 그의 작품일 것이라고 생각된다. 『학이제집(學易齊集)』이 있다고 하나 아직 소장된 곳을 알지 못 한다."라는 기록이 있다.

맑고 뛰어나 영발하고 시도 정절하였다."라고 하고 『필원잡기』에는 "시와 문이 뛰어나 세상에서 중망을 받았다."[28]라고 하였는데 『훈민정음 해례』의 「결」의 시를 담당했을 것으로 보인다. 이선로는 이현로와 그 이름이 두 가지로 사용된 것인데 그는 역리에 아주 밝았기 때문에 중간에 개명을 한 것으로 보인다. 『동국정운』 편찬에도 가담하였고 『훈민정음 해례』의 기반이 되는 역학의 이론을 주로 관장했을 것으로 추정된다. 다만 그의 역리 풍수설과 계집종과의 추문으로 후대에 평가에서 소외된 인물이다.

이들은 이제 여러 풀이와 예를 지어서[29] 그 대강의 줄거리를 이 책에 서술하였다. 그런데 이 책은 "보는 사람들이 스승 없이도 스스로 깨우치게 하기 바란다."[30]라고 하여 책의 출판 목표를 밝히고 있다. 다만 왜 예의의 국역본처럼 해례의 국역본을 만들지 않았는지 의아스럽다. 다만 앞으로라도 『훈민정음』 언해본과 동일한 모습으로 『훈민정음 해례』 국역본이 만들어지기를 바란다.

○세종의 독창성

恭惟我殿下。天縱之聖。으로 制度施爲超越百王。이시니라 正音之作。이 無所祖述。이요 而成於自然。이니라 豈以其至理之無所不在。요 而非人爲之私也。니라 。 夫東方有國。이 不爲不久。이되 而開物成務之大智。는 蓋有待於今日也歟。니라

---

28) "伯高淸穎英發。詩亦精學。詩文淸絶。爲世所重。"

29) "謹作諸解及例"을 "해(解)와 례(例)를 지어서"(홍기문, 1946; 강신항, 2003: 178)로 풀이하고 있다. "이 해석을 지어 써"로 풀이한 이유는 자칫 '해례'와 '예의'를 모두 집현전 학사들이 지은 것으로 오해될 소지가 있기 때문으로 추정된다.

30) 若其淵源精義之妙。則非臣等之所能發揮也。: 이 부분의 해석이 소략하다. "스승이 없어도 스스로 깨우치도록 바랐으나 그 깊은 연원이나 자세하고 묘하고 깊은 이치에 대해서는 신 등이 능히 펴 나타낼 수 있는 바가 아니다."(강신항, 2003: 178)로 풀이하고 있다.

공손히 생각하건대 우리 전하께서는 하늘이 내리신 성인으로 지으신 법도와 베푸신 정사가 백왕을 초월하신다. 정음을 지으신 것도 앞선 사람이 기술한 바를 이어받지 않고 자연히 이루신 것이다. 그 지극한 이치가 존재하지 않는 바가 없으니 인위의 사사로움이 아니다. 대저 동방에 나라가 있음이 오래지 않음이 아니나 개물성무(開物成務, 만물의 뜻을 열어 놓는다)의 큰 지혜는 대개 오늘을 기다리고 있었던가?

이 대목을 들어 신하들이 협력하여 이룩한 훈민정음 창제를 제왕의 위업으로 돌리다고 생각할 수도 있으나 세종은 조선조 역대 제왕 가운데 가장 뛰어난 성인이라 훈민정음 창제 역시 자연의 지극한 이치를 사사롭게 이어받은 것이 아니라 하늘이 내려서 이루신 위업이라고 할 수 있다.

○훈민정음 서문을 올린 일자

正統十一年九月上澣。에 資憲大夫禮曹判書集賢殿大提學知春秋館事 世子右賓客 臣鄭麟趾拜手稽首謹書하나이다

訓民正音
정통 11(세종 28) 8월 상순
자헌대부 예조판서 집현전대제학 지춘추관사 세자우빈객 정인지 두 손 모아 머리 숙여 삼가 씀.

훈민정음

정통 11(세종 28)년 9월 상순에 훈민정음 문자를 해설한『훈민정음 해설』이 완성되었다. 집현전 학사를 대표하여 정인지가 그 서문으로 마무리를 하였다.

『훈민정음 해설』이 완성된 날을 전후하여 어떤 일들이 벌어졌을까? 한 달 뒤인 세종 28년 11월 8일에는 언문청을 설치하였다고 하는데, 이때 언문청에서 어떤 일을 했는지는 명확히 밝히지 않았다. 당시 기록들을 보면, 언문청에서는 집현전 학사들이 주로 여기에서 일하였는데, 본격적으로 언문에 대한 연구와 간행 사업을 벌여나가기 위해서 설치한 것으로 보이는데 언문에 대해 연구하는 일뿐만 아니라 언문 주자(활자)를 만들거나 불경을 찍는 일도 아울러 하였음을 알 수 있다.[31]

그런데 이상한 것은, 9월 10일 정인지가 『훈민정음 해례』「서문」을 쓰고, 9월 29일에 '이달에 훈민정음이 이루어졌다.'라고 기록하였음에도, 10월 10일 기록에는 '훈민정음'이란 이름을 쓰지 않고 '언문'이라 하였고, 또 11월 8일 설치한 '언문청'도 '정음청'이라고 하지 않았다는 사실은 무엇을 말하는 것일까? 훌륭하고 빛나는 '훈민정음'이란 이름을 지어놓고도 그 이름을 부르지 않고 '언문'이라는 이름을 썼다는 사실은 무엇을 말하는 것일까?

이상 서문에서 우리는 훈민정음과 다른 학문과의 관련성도 알 수 있고 책이 완성된 연월일도 짐작케 되니 이 문자에 의하여 해석할 수 있는 문제가 하나둘이 아님을 알 수 있다.

---

31) 손보기(1986), 『세종시대의 인쇄출판』, 세종대왕기념사업회, 83쪽에서 참고함.

06. 『훈민정음 해례』 텍스트의 오류와 해석의 문제

　『훈민정음 해례』는 금지옥야 훈민정음의 창제의 바탕을 기술한 우리의 언어문화 유산인 동시에 세계 인류 기록문화유산이다. 우리나라 국보이자 유네스코에 등록된 세계기록문화유산으로서 간송미술관 소장 『훈민정음 해례』는 유일본으로 알려졌지만 2007년 또 다른 상주본 『훈민정음 해례』가 발견되었으나 낙장본이 많은 잔본임이 밝혀진 또 하나의 책이 있다.

　첫째, 『훈민정음 해례』 이하 간송미술관 소장본은 책판의 크기에 대한 오류가 있다는 것과 같은 지적을 비롯하여 그 자체 곳곳에 오류가 있는 것으로 이미 여러 차례 지적되어 왔다. 지금이라도 종전의 오류들은 수정이 불가피함을 강조하는 바이다. 둘째 잘 알려진 바와 같이 『훈민정음 해례』 이하 간송미술관 소장본이 앞의 2엽이 낙장된 상태였는데 이를 보유하는 과정에서 나타나는 오류와 이를 복원하는 과정에서 의견이 불일치하는 부분이 있다. 셋째, 『훈민정음 해례』 자체 원문에 오류가 나타난다. 부분적 탈각이 그 원인인 경우도 있으나 원본 텍스트 자체의 오류도 또한 발견된다. 넷째, 『훈민정음 해례』의 가획이나 탈획의 문제와 관련된 캘리그라프적 기획물이라는 점, 다섯째, 구두점의 생략이나 오탈각, 여섯째, 대두법이나 격간법에 의한 텍스트의 특징 등의 문제를 지금까지 너무 소홀하게 다루어온 감이 없지 않다. 그 외에도 문맥이 너무나 애매하여 중의적인 뜻으로 와전될 우려가 있는 부분의 문제를 지적하여 보다 더 완전하고 온전한 문헌으로 개고되어야 할 부분이 없지 않다고 판단된다. 일곱째, 본문과 이를 요약하여 쓴 결 사이의 형식과 내용이 불일치하는 점이 나타난다.

훈민정음 연구는 1940년대 이후 단일한 주제로는 아마도 최고 많은 연구 성과를 남긴 연구 주제라고 할 수 있다. 그러나 실제로 그 많은 논문 가운데 알찬 성과는 그렇게 많지 않은 실정이다. 그러한 이유는 대체로 연구 방법이나 태도에 기인되는 문제이다. 특히 오랫동안 한문문화권에서 벗어나지 못했기 때문에 아직까지도 한자에 대한 우호적인 생각에서 벗어나지 못한 다수의 학자들도 있는 형편이기도 하며, 또한 훈민정음은 나라글자로 태생적으로 온 국민들의 민족주의적 감정과 얽혀 있는 주제이기 때문에 이에 대한 글에는 지나치게 우호적이거나 근거 없는 상상과 과장이 많이 뒤섞여 있다.

결론적으로 훈민정음 연구 방법론의 귀결점이 실증주의에 근거하야 한다고 생각한다. 곧 사료에 근거한 합리적인 논증이 이루어진 결과만 신뢰성을 획득할 수 있다고 할 수 있다. 그러나 사료가 가지는 근본적 오류를 취사하거나 혹은 실증적 사료의 편향성 때문에 오히려 실증주의적 평가가 더 큰 오류라는 함정에 빠지는 한계를 노정하고 있다. 또 한 가지 이숭녕(1976: 11)이 말한 훈민정음 연구는 "과장, 억측, 속단"이라는 개인적 상상력이나 민족주의 이념 때문에 문제의 본질이 왜곡될 소지를 다분히 안고 있다. 향후 훈민정음 연구를 위한 반성적인 방향으로서 지금까지 누적된 문제점들을 다시 헤아려볼 필요가 있다고 판단된다. 따라서 이 글에서는 (1) 실증주의 방법에 의한 연구 방법의 한계와 극복이라는 문제와 함께, (2) 상상적 평가과장, 억측, 속단, (3) 민족주의적 이념의 문제로 구분하여 훈민정음 연구의 핵심 과제별로 구분하여 이전의 제 연구자들의 성과를 검토하고자 한다.

『훈민정음』해례 텍스트 구성

흔히 『훈민정음』해례라고 불러온 『훈민정음』은 3분법으로 앞에 어제 서와 예의, 그리고 '훈민정음 해례'라는 이름으로 오해 1례의 본문과 마지막에 정인지 서문 부분으로 구성된 한 권으로 텍스트로 구성된 『훈민정음』이 있다 엄밀하게 말하자면 '훈민정음 해례'니 '훈민정음 예의본'이라는 이름이 적절한 명칭이 아니지만 책이라는 물적 근거를 중심으로 하여 『훈민정음』예의, 『훈민정음』해례, 『훈민정음』언해본이라는 명칭을 불가피하게 사용할 수밖에 없다.[1)]

지금까지 『훈민정음』해례의 외형적 모습은 불행히 그 원본은 발견 당시 제1면과 제2면 두 장이 떨어져 나가 붓으로 보사하였으나 다행히 예의의 서론장과 문자장의 반설음까지이므로 큰 지장이 될 것은 없다.

---

1) 홍기문(1946)은 해례의 앞 본문 전체를 '예의'로 규정하였다. 곧 세종 어제 서문을 '서론장', 문자와 용법을 설명한 예의 부분을 각각 '문자장'과 '용법장'으로 구분하였다. 안병희(2007: 81)의 경우 세종 어제 서문을 '본문'이라고 하고 문자와 용법을 설명한 부분만 '예의'로 명명하기도 한다. 이 책에서 예의는 세종의 어제 서문을 포함한 한글 28자의 예시와 발음 설명에 이어 종성, 순경음, 병서와 합자, 사성에 대한 핵심적인 원론을 요약해서 설명한 글을 뜻한다.

그 보사 과정에 '便於日用耳'의 '耳'자를 '矣'자로 쓰고 '半舌音。'의 구두점 (圈點)을 '半舌。音' 아래 찍었는데 그것은 물론 보사의 오류이다.

맨 위에 '訓民正音'이라는 제목[2] 아래 예의의 전문(세종의 서문과 예의) 을 얹고 그 다음 '訓民正音解例'라는 제목 아래 제자해, 초성해, 중성해, 종성해, 합자해, 용자례 등 각각 소제목을 세워서 오해(五解)와 일례(一例) 를 싣고 맨 끝으로 해례와 접속해서 제목 없이 정인지의 서문을 붙였다. 오해에는 반드시 본문의 끝부분에 '결왈(訣曰)'을 받아서 칠언고시체의 결(訣)이 있고 오직 용자례 일례에만 그 결이 없다.[3]

예의는 매 행 11자, 매 장 14행으로 4장이다. 해례와 서문은 매 행 13자, 매 장 16행으로 29장이다. 전권을 합하면 33장이다. 단지 그 중에서 오해 의 결만은 1구 1행으로 상하 각 3자를 띄웠고 정인지의 서문은 위에서 1자씩 낮추었다.

해례의 글자수는 제자해 2,312자, 초성해 166자, 중성해 280자, 종성해 484자, 합자해 682자, 용자례 428자로 4,352자이니 예의의 402자와 정인 지 서문의 558자를 더하여 전권의 총 글자 수는 5,312자다. 물론 2개의 대제목과 6개의 소제목 외에 또 끝으로 다시 '訓民正音'이라는 대제목이 있으니까 그 제목까지 합쳐서는 32자가 더 늘어야 한다.

이러한 형태 서지적인 특징 외에 구체적으로 텍스트 자체에 대한 분석 은 백두현(2007: 100~147)이 「훈민정음의 텍스트 구조 연구」에서 비교적 소상하게 기술한 바 있다. 그 내용을 요약한 것은 〈그림 1〉과 같다.

---

2) 권두 제명에 대해서는 두 가지 견해가 있다. 곧 '訓民正音'이라는 견해(홍기문, 1946; 정우영, 2001)와 '御製訓民正音'이라는(안병희, 1986) 양론이 있다. 곧 '御製'라는 관칭이 붙었는지 혹은 붙지 않았는지에 대한 문제는 동일 이본이 발견되면 이는 쉽게 판정이 날 문제이다.

3) '결(訣)'은 신민(信敏) 작으로 추정(박해진, 2015)하거나 후대에 추가된 것으로 추정(권재선, 1998)하기도 한다. 『절운지장도』 「변자모청탁가」에서도 자모의 청탁 관계를 7언시의 형식 으로 설명한 내용과 흡사하다.

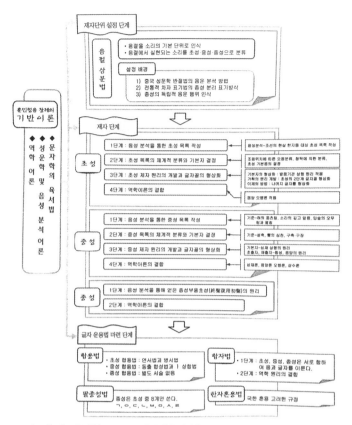

〈그림 1〉 백두현(2007: 146)의 『훈민정음』해례의 텍스트 내용 구성도

주지하다시피 『훈민정음』해례의 텍스트는 5해 1례와 저인지 서문으로 구성되어 있는데 여기서 정인지의 서문을 제외한 하례의 본문 구성의 대의를 크게 요약하면 아래와 같다.

　[제자해] → 역학과 성운학 원리에 따른 초중종성의 글자를 만든 원리.
　[초성해]·[중성해]·[종성해] → '凡字必合而成音'에 따른 글자의 운용 규정.
　[합자해] → '凡字必合而成音'에 따른 글자의 합자 규정.

매우 간략한 것 같지만 실제로는『훈민정음』해례의 텍스트는 이보다 더욱 복잡한 구성을 보여주며 지나친 역학이론으로 설명하여 추성적이거나 관념적인 표현이 많이 나타난다. 심지어는 중국의『역학계몽』의 내용을 그대로 베껴와 기술한 대목도 보인다.

이 가운데 특히「종성해」의 텍스트는 가장 복잡하며 특히 해례의 운용규정이『훈민정음』국역본과『용비어천가』와『월인천강지곡』에서만 적용되다가 변개된 내용도 존재한다.

여기서는 바로『훈민정음』해례라는 텍스트에 담겨 있는 내용에서「종성해」를 중심으로 전체적인 텍스트의 불균형 문제와 함께 안고 있는 문제점을 고찰하려고 한다. 아마 집현전 학사들이 공동으로 집필했던 흔적과 근거들이 가장 또렷하게 남아 있는 부분이 바로「종성해」이다. '예의'의 용법장 부분에서 제시한 '종성법'의 "終聲復用初聲"의 규정과 그리고 이 규정과 매우 긴밀한 '성절법'의 "凡字必合而成音"과 그리고『훈민정음』해례「제자해」에서의 종성 해설 부분과「종성해」의 기술과 그리고「용자례」의 종성표기 어휘의 예들을 연결하여 텍스트의 계열과 통합적의 구조 속에서 관찰되어야 한다.

『훈민정음 해례』 1~2엽 보사의 오류

현재 간송미술관에 보관되어 있는『훈민정음 해례』는 1940년, 경북 안동군 와용면 주하동 이한걸(李漢杰)의 셋째 아들 용준(容準) 씨가 당시 김태준 교수를 통해 학계에 알려지게 되었다. 원본의 표지와 앞의 2장이 떨어져 나간 것이었기 때문에『세종실록』본의 본문을 참고하여 보사를 하는 과정에서 여러 가지 실수를 하였다.

원간본『훈민정음』을 발견한 뒤에 김태준과 이용준에 의해 떨어져 나
간 1~2엽의 보수와 보사 과정에서 중대한 오류가 생겨났다. 권두 내제의
문제, 구두점과 첩운 권점 표기 문제 등의 문제와 본문 중에서도 성조
표기 문제나 오자 등 여러 가지 문제가 제기되었다.

잔엽 상주본『훈민정음』에는 본문 부분이라고 할 수 있는 세종의 서문
과 예의편은 단 1엽도 공개되지 않았다. 아마 이 본문 부분은 단 1엽도
더 공개될 가능성은 거의 없다고 판단된다. 간송미술관 소장본『훈민정음
해례』의 떨어져 나간 1~2엽이 만일 세상에 얼굴을 드러낸다면 지금까지
낙장본 복원에 대한 논의의 정오를 판단하는 증거로 삼을 수 있을 터이나
잔엽 상주본『훈민정음』도 1~2엽이 확실하게 없다고 하는 점은 매우 안
타까운 일이 아닐 수 없다. 따라서 잔엽 상주본의 가치도 그만큼 절하될
수밖에 없다.

『훈민정음』 해례 텍스트의 구조적 불균형성

『훈민정음』 해례의 텍스트를 분리해서 보면 별반의 큰 문제를 발견할
수 없다. 「초성해」와 「중성해」를 대비해 보면 우선 「초성해」는 「중성해」
에 비해 글의 길이가 짧다. 곧 「초성해」에서는 초성에 대한 정의와 함께
"凡字必合而成音"의 규정에 따라 초성과 중성·종성의 결합 관계를 아음
에서 시작하여 7음 곧 반치음까지 기술하고 있다. 이 자체로는 어떤 문제
도 없다. 그러나 「중성해」와 대비해 보면 중성에 대한 개념 정의와 함께
초성과 마찬가지로 중성을 중심으로 초성·종성의 결합 관계를 설명하여
「초성해」와 균형을 이룬다. 그런데 「중성해」에서는 이어서 두 글자를 합
용자를 만든 원리와 ㅣ상합자를 만드는 원리와 ㅣ의 의미를 설명하고

있다. 「초성해」에서도 각자병서와 합용병서를 이 체계적 기술에서 제외시킨 이유는 한자음 전탁자를 제외했다는 이유뿐만 아니라 '예의' 규정에서 언급했기 때문에 의도적으로 생략한 것이다.

이 글에서는 「종성해」를 중심으로 『훈민정음』 해례의 텍스트가 안고 있는 계열적 불균성의 문제와 텍스트의 추상성의 문제 그리고 오류의 문제까지 살펴보고자 한다. 지금까지 『훈민정음』 해례를 높이 예찬하는 이들에게는 좀 놀라운 일일지도 모른다. 소위 유네스코에 세계 인류의 기록문화유산으로 등재되어 있는 경전과도 같은 이 책이 안고 있는 부문별 불균성이라는 문제는 여러 명의 학사들이 합동으로 집필했던 까닭과 집필자 개인 간의 중국의 역학과 성운학의 이해정도의 차이 때문에 불가피하게 생겨날 수밖에 없었던 문제가 아니었을까?

그러나 「초성해」와 「중성해」에서 다시 「종성해」와 비교를 해보면 따로따로는 완결한 텍스트이기 하지만 서로 대조해 보면 계열적 체계의 균형성이 일그러져 있음을 알 수 있다. 「초성해」에서는 초성과 음절 구성에 관한 내용만 기술하였고 「중성해」에서는 중성과 초성 및 종성의 음절 구성에 관한 기술과 더불어 모음의 상합을 기술하여 초성의 합자에 대한 것이 결여되어 있어 체계적 차이를 노정시켰다. 그런데 종성에서는 여기서 한 걸음 더 나아가 종성을 중심으로 한 음절 구성의 원리뿐만 아니라 사성에 따라 양성운미, 음성운미, 입성운미에 따라 달리 설명하고 있어 「초성해」, 「중성해」, 「종성해」의 전체적인 텍스트의 균형이 차등을 보여주고 있다.

이러한 이유는 초성이나 중성에서는 큰 문제가 없었는데 왜 초성에서는 우리말 표기와 한자음 표기 문제가 논점으로 떠오를 수밖에 없었을 것이다. 집현전 학사들 사이에서는 이러한 문제에 처리가 결코 쉽지 않았을 뿐만 아니라 의견도 분분했을 것으로 짐작이 된다.

여기서 잠시 「초성해」와 「중성해」의 텍스트 내용을 전제하여 「종성해」의 텍스트 구조를 분석해 볼 필요가 있다.

[종성 1단락]
종성이란 초성과 중성을 받아서 자운을 이루나니 '卽'자의 종성은 ㄱ인데 '즈'의 끝에 있어서 '즉'이 되고 '洪'자의 종성은 ㅇ인데 호의 끝에 있어서 '홍'이 되는 유와 같으며 설, 순, 치, 후도 같으니라.

[종성 2단락]
소리에는 완(緩)과 급(急)의 다름이 있는지라 평, 상, 거는 그 종성이 입성의 촉급(促急)함과 같지 아니한 바, 불청불탁의 글자는 그 소리가 거세지 못한 까닭에 종성으로 쓰면 평, 상, 거에 해당하고 전청, 차청, 전탁의 자는 그 소리가 거센 까닭에 종성으로 쓰면 입성에 해당하니, 그러므로 'ㅇ, ㄴ, ㅁ, ㆁ, ㄹ, ㅿ'의 여섯 자는 평, 상, 거의 종성이 되고 그 나머지는 모두 입성의 종성이 된다.

[종성 3단락]
'ㄱ, ㆁ, ㄷ, ㄴ, ㅂ, ㅁ, ㅅ, ㄹ'의 8자만으로 쓰기에 족하니 이화(梨花)가 '빗곶'이 되고 호피(狐皮)가 '엿·의갗'이 되건만 'ㅅ'자로 통용할 수 있는 까닭에 오직 'ㅅ'자를 쓰는 것과 같으니라.

[종성 4단락]
또 ㅇ는 소리가 담(淡)하고 허(虛)하여 반드시 종성으로 쓰지 않더라도 중성이 음을 이룰 수 있나니라

[종성 5단락]

ㄷ는 '볃'이 '별(彆)'됨과 같고 ㄴ는 '군(君)'이 됨과 같고 ㅂ는 '업(業)'이 됨과 같고 ㅁ는 '땀(覃)'이 됨과 같고 ㅅ는 언어(諺語)로 '·옷'이 '의衣'가 되는 것과 같고 ㄹ는 언어로 ':실'이 '사(絲)'됨과 같은 유인 바 오음의 완(緩 slow)과 급(急 fast)이 또한 각기 제대로 대응이 되는 것이라.

[종성 6단락]

아음의 ㆁ는 ㄱ와 대비되어 ㆁ를 빨리 부르면 ㄱ로 변해서 급(急)하고 ㄱ를 펴서 내면 ㆁ로 변해서 완(緩)하며 설음의 'ㄴ, ㄷ' 순음의 'ㅁ, ㅂ' 치음의 'ㅿ, ㅅ' 후음의 'ㅇ, ㆆ'도 그 완급의 서로 대응되는 것이 또한 이와 같으니라.

[종성 7단락]

또 반설음의 ㄹ는 마땅히 언어(諺語)에나 쓸 것이요, 문자에는 쓸 수 없는 것이니 입성의 별(彆)자와 같은 것도 종성에 마땅히 ㄷ를 써야 할 것이지만 속습에 ㄹ로 읽는바 대개 ㄷ가 변하여 가볍게 된 것이려니와 만약에 ㄹ로 별(彆)자의 종성을 삼는다면 그 소리가 서서히 느려서(舒緩) 입성이 되지 않느니라.

「종성해」는 7단락으로 구성되어 있는데 각 단락별로 담고 있는 내용을 요약하면 아래와 같다.

[종성 1단락] 종성은 초성과 종성과 합하여 음절이 구성 된다.
[종성 2단락] 양운미와 음운미는 평상거의 종성이 되고 입성운미는 입성의 종성이 된다.
[종성 3단락] 팔종성법
[종성 4단락] 영(影)·유(喩)혼용

[종성 5단락] 입성운미와 양성운미의 종성표기와 고유어표기 제한

[종성 6단락] 간음, 종성의 완급의 대응

[종성 7단락] 입성 ㄷ의 표기

종성 4단락과 5단락은 3단락에 소속해서 하위 구분한다면 전체 5단락 구성이지만 설명을 쉽게 하기 위해 7단락으로 구분하여 기술하겠다.

종성 1단락은 초성해나 중성해와 동일한 음절 구성에 대한 기술이다. 곧 '凡字必合而成音'에 따른 해석으로 초·중·종해와 균형을 이루고 있다.

종성 2단락은 한자어에 해당되는 종성 규정이다.

3단락은 우리말에 적용되는 종성규정이다. 곧 한자어에서 양운미 m, n, o와 음운미지섭 상하는 모두 평상거성이 되고 입성운미 p, t, k는 입성이 된다. "그런데 여기서 'ㅇ, ㄴ, ㅁ, ㆁ, ㄹ, ㅿ' 6자는 평상거성의 종성이 되고 나머지는 모두 입성의 종성이 된다."는 보충 설명에서 든 'ㄹ', 'ㅿ'은 한자음에 해당되지 않는 설명이다.

이어서 "ㄱ, ㆁ, ㄷ, ㄴ, ㅂ, ㅁ, ㅅ, ㄹ"의 8자만으로 쓰기에 족하니라고 하는 팔종성법은 우리말 종성표기에 적용된다. 그런데 'ㅿ'이 앞에서는 종성에 사용된다고 했다가 8종성법에서는 이 글자가 나타나지 않는다. 그러면서도 '엿•의갗'의 용례에서는 'ㅿ'이 종성에 나타나고 있다.

4단락에서는 다시 "또 ㅇ는 소리가 담(淡)하고 허(虛)하여 반드시 종성으로 쓰지 않더라도 중성이 음을 이룰 수 있나니라"라는 규정은 '凡字必合而成音' 규정에 예외가 되는 내용이며 이는 고유어와 한자에 모두 적용하여 「초성해」의 용례인 '•쾌快', '뀨虯'에 적용되었다. 그러나 이 조항은 결국 고유어표기에는 지속적으로 적용되었지만 『동국정운』식 표기에는 적용되지 않는다.

5단락에서는 종성에서 치조입성 ㄷ의 표기로 '彆'이 '볃'이 아닌 '별'으

로 표기하며 또 'ㅅ'도 종성에서 내파가 이루어지지만 '옷(衣)'과 같이 기본 형태를 유지하도록 하였다. 그리고 어말 입성자 ㄷ, ㅂ, ㅅ와 어말 양운미 ㄴ, ㅁ, ㄹ는 각각 급(急 fast)과 완(緩 slow)으로 각각 대응된다.

6단락은 종성의 완급의 대응되는 사잇소리 간 음에 대한 규정인데『훈민정음』국역본과『용비어천가』등 일부 문헌에만 적용되었다.

	완(緩)	급(急)
	개구도 6	개구도 7
아음	ㆁ	ㄱ
설음	ㄴ	ㄷ
순음	ㅁ	ㅂ
치음	ㅿ	ㅅ
후음	ㅇ	ㆆ

7단락은 ㄷ입성종성을 우리말에서는 'ㄹ'로 한자어에서는 'ㄷ'으로 표기한다는 입성 ㄷ표기 규정이다. 이 규정에 따라 해례에서는 '볃彆'으로 표기하다가『동국정운』에서 이영보래 규정에 따라 '볋彆'로 표기하게 되었다.

이상 7단락으로 구성된「종성해」는「초성해」나「중성해」보다 훨씬 복잡한 표기규정이 부과된 것이다.「제자해」에서 말한 '終聲之復用初聲者'라는 매우 광범위한 제자 규정을 곧 모든 초성을 종성을 사용할 수는 있지만 구체적으로 어떻게 사용되어야 하는지 곧 우리말과 한자어에서 종성 표기법을 규정하였지만 곧바로 한자음 표기는 변개를 하지 않을 수 없게 된 것이다.

『훈민정음 해례』 오해와 게송이 달라진 부분과 오류

『훈민정음 해례』에 본문에 해당하는 제자해, 초성해, 중성해, 종성해, 용자례 가운데 5해 부분은 본문이 끝나면 결사 형식을 7언 게송으로 요약하였다. 이들 형식 관계에 대해서는 이미 많은 논의들이 있었다. 그러나 텍스트 내용의 관계를 깊이 상호 대비 관찰하면 본문의 해례 부분과 결사 부분이 분명 서로 다른 사람이 나누어 글쓰기를 했다는 사실을 금방 알아차릴 수 있다. 먼저 해례와 결사의 배열을 보면 서차가 약간씩 다른 점이 나타나거나 혹은 내용이 서로 다른 부분을 찾아낼 수가 있다.

과연 집현전 학사 8일 가운데 누가 어느 부분을 책임지고 글쓰기를 했는지까지는 밝히 수가 없지만 게송을 지은이는 대략 짐작이 간다. 게송이 본문보다 군더더기가 적고 훨씬 명쾌한 모습을 보여주고 있다. 성운학적 지식을 겸비한 이가 게송을 쓴 것으로 추정할 수가 있다. 게송이라는 7언으로 된 시의 형식이어서 본문의 내용을 대폭 축약하고 요약하는 과정에서 게송을 쓴 이는 세종의 어지에서 본문을 나누어 글쓰기를 담당한 이의 글쓰기의 의도를 정확하게 꿰뚫지 못하면 동일한 문맥을 가진 글을 쓰기 어려웠을 것이다.

『훈민정음 해례』에 글자가 오류인 것으로 추정되는 몇몇 예들이 있다. 먼저 "初中聲下接着。寫"(「합자해 결」)에서 '寫'가 '焉'의 오류로 추정하지만 이는 문맥의 흐름에 별반 지장이 없기 때문에 오류로 보기 힘든다.

"語入無定亦加點"(「합자해 결」)에서 '語'는 '諺語'의 줄인말로 이해가 되나 『훈민정음 해례』에서 우리말을 뜻하는 말로 '諺語'를 사용하고 있다. '語'는 한어, 화어를 지칭하는 것으로 오해할 소지가 없지 않다.

"是猶枘鑿之鉏鋙也"(「용자례」)에서 '枘鑿'의 '枘'가 '柄'의 잘못이라는 주장이 있으나 이는 잘못이다. 『이소경』의 『초사집주』에 「속리소 구변제8」

에 "둥근 구멍에 모난 자루로다. 나는 진실로 그것이 서로 어긋나서 들어 맞지 않는 것을 알겠도다(圓鑿而方枘兮 吾固知其鉏鋙而難入)"라는 글에서 따온 표현으로 추정된다. 병와 이형상의 『자학』 '방언' 항에 '枘鑿'의 '枘'는 마무끝을 구멍에 넣는 것을 뜻하는데 송옥(宋玉)의 「구변(九辨)」에 "둥근자루와 네모난 구멍이야, 나는 그것이 서로 어긋나 들어가기 어려움을 안다고 하였다고 한다. 무릇 '枘'는 본래 서로 들어가는 물건인데 오직 네모난 자루를 둥근 구멍에 넣으려고 하면 넣을 수 없는 것이다. 지금 '方'과 '圓' 두 글자를 삭제하고 다만 '枘'와 '鑿'은 서로 들어가지 않는다고 하면 글자의 뜻도 통하지 않고 또한 문리도 어긋난다."고 하였다.

"吾東方禮樂文章物의 잘못○侔擬華夏."(「용자례」)의 예에서 '文章'은 '文物'의 오류라고 할 수 있다. "故智者不縱朝而會"(「정인지 서문」)에서 '縱'이 '崇'의 잘못이라고도 하지만 '縱'이어도 문맥의 흐름이 이상이 없다.

'謹書'(「정인지 서문」)는 대체로 편지글의 마무리 형식이다. '謹序'가 바른ㄴ표현이라고 할 수 있다. "ㅗㅏㅜㅓ施於天地○爲初出也○ㅛㅑㅠㅕ起於ㅣ而兼乎人○爲再出也○(ㅗㅏㅜㅓ는 하늘이나 땅에서 비롯하여 초출이 된다. ㅛㅑㅠㅕ는 ㅣ에서 일어나 사람을 겸하니 재출이 된다)"에서 ㅗㅜ는 하늘이나 땅에서 비롯하여 초출이 되지만 ㅏㅓ는 하늘이나 사람에서 비롯하여 초출이 되는 것이다. 이와 같이 '施於天地'라는 표현은 문맥 의미상 옳은 것이 아니라고 할 수 있다.

"盖字韻之要○在於中聲○初終合而成音○(대개 자운의 핵은 중성에 있으니 초성과 종성이 그와 합하여 음을 이룬다)"에서 "初終合而成音."의 내용을 소성과 종성이 합하여 음을 이룬다고 해석하기가 쉽다.

"覃亦出天爲已闢 發於事物就人成(또한 하늘에서 나와 이미 열려 있으니 사물에서 나와서 사람을 통하여 이루어짐을 뜻하네)."(「제자해 결」)

"用初生義一其圓 出天爲陽在上外(처음 생겨난다는 뜻으로 둥근 점이 하나이고 하늘에서 나와서 양이 되니 점이 위와 밖에 있네)."(「제자해 결」)

"半舌音ㄹ◦半齒音△◦亦象舌齒之形而異其體◦"(「제자해」)의 내용은 엄밀하게 표현하면 "半舌音ㄹ◦[象舌附上腭之形]半齒音△◦亦象齒之形而異其體◦"이어야 할 것이다.

아래에서 주요한 대목별 어떤 오류가 있는지 살펴보자.

1) 예의에서 변개

앞에서 이미 언급했지만 훈민정음 예의와 해례와의 차이는 여러 곳에서 발견된다. 대표적인 사례가 (1) 조음의 위치나 청탁의 배열 방식이 차이를 보여주며 (2) 종성의 해석의 차이, (3) 예의 언해에 보이던 치성의 설명이 삭제되는 등의 변화를 보여준다.

"二十三字是爲母이니 萬聲生生皆自此라"(「초성해 결」)

「초성해 결」에서 초성의 숫자가 17자에서 23자로 대폭 늘어났다. 한자음과 중국어 및 외래어 표기로 확장되면서 중국 성운학 체계에 맞추어 23자모로 늘어난 사실을 보여준다. 예의에서 해례로 진화하면서 얼마나 많은 변개가 이루어졌는지 짐작할 수 있다.

이어서 훈민정음 해례 본문의 오해 뒤편에 들어간 게송을 비교하여 보면 (1) 해례 본문의 내용이 게송에서 누락되었거나, (2) 해례 본문의 배렬 순서와 게송의 내용의 배열이 다르거나, (3) 훈민정음 본문에서 난해하거나 불필요한 부분도 상당히 많이 있다.

예의에서 "終聲之復°用初聲者°"라는 종성 규정이 해례로 옮아가는 과정에서 가장 많은 변화를 경험하였다. "終聲復°用初聲。" 곧 '종성은 초성을 쓴 글자를 다시 쓸 수 있다'는 훈민정음 창제 당시의 매우 간략한 종성 규정이다. 오늘날과 같이 기본형을 밝혀 적는 형태음소론적인 규정이다. 곧 모든 초성을 종성에서 쓸 수 있다고 규정했으나 이어쓰기 방식 때문에 철자법이 매우 혼란스러울 염려가 없지 않았던 탓인지 『용비어천가』와 『월인천강지곡』에서만 '엱이 갗'처럼 시험 운용을 한 뒤 훈민정음 해래본에서는 "然ㄱㅇㄷㄴㅂㅁㅅㄹ八字可足用也。"라고 하여 종성에 여덟 글자 ㄱ, ㅇ, ㄷ, ㄴ, ㅂ, ㅁ, ㅅ, ㄹ만 쓸 수 있도록 규정을 변개하였다. 다만 '빗곶梨花', '엱의갗狐皮'에서처럼 "終聲之復用初聲者 … 無不君宰也(초성 글자가 그대로 종성 글자로 사용되는 것을 역리로 설명한 것임)." 『태극도설』에서는 '그래서 동(動), 움직이는 것은 양(陽), 정(靜), 멈춤인 것은 음의 본체다(所以動而陽 靜而陰之本體也)'라 했고 『통서』순화 제11에서는 "하늘은 양(陽)을 가지고 만물을 생성하며, 음(陰)을 가지고 만물을 육성한다(天以陽生萬物 以陰成萬物)"라고 하였으며, 『역학계몽』에서는 "건으로 나누어 동(動)하여 양이 되는 것은 건(乾)이며, 정(靜)하여 음이 되는 것도 역시 건(乾)이다. 건(乾)은 실로 음과 양을 나누면서도 그것을 주재하지 않는 것이 없다는 것을 말한 것이다(蝟乾以分之, 則動而陽者乾也, 靜而陰者亦乾也, 乾實分陰陽而無不君宰也)"라고 한 것을 응용한 대목이다.

2) 해례 본문의 오해의 내용이 게송에서 누락

길게 쓴 오해의 내용을 칠언 게송으로 축약하다가 보니까 어쩔 수 없이 부분부분 오해의 내용이 게송에서 언급되지 않은 부분이 보인다.

"ㄱ은 木之成質。이고 ㅋ은 木之盛長。이요 ㄲ은 木之老壯。이니 故至此乃皆取象於牙也。니라."(「제자해」)

「제자해」에서 전청과 전탁의 성질을 설명한 부분은 게송에서는 전혀 언급되지 않고 있다. 이러한 사실은 본문을 쓴 사람과 게송을 쓴 사람이 달랐으며 해례를 풀어내는 관점이 달랐기 때문으로 판단할 수 있다.

3) 해례 본문의 배렬 순서와 게송의 내용의 배열이 다르다

해례 본문의 해설 부분의 서술 배열과 게송에서 차이를 보여주는 예들도 곳곳에서 발견된다.

해례 본문에서 언급된 아래의 내용이

"終聲者。는 承初中而成字韻。이니라 如卽字終聲是ㄱ。이니 ㄱ居즈終而爲즉。이니라 洪字終聲是ㅇ。이여 ㅇ居乹終而爲ᅘᅩᆼ之類。니라 舌脣齒喉皆同。이니라"(「종성해」)

게송에서는 제일 뒤편으로 돌려서 노래를 하고 있다.

"不淸不濁用於終이면 爲平。上去不爲入이라 全淸次淸及全濁은 是皆爲入聲促急이라 初作終聲理固然이나 只將八字用不窮이라 唯有欲聲所當處라도 中聲成音亦可通이라 若書卽字終用君이요 洪彆亦以業斗終이라 君業覃終又何如요 以那彆彌次第推라"(「종성해 게송」)

아마도 해례에서 설명하던 내용을 게송으로 옮겨서 짓는 과정에서 배열 서차가 뒤바뀐 결과이다.

4) 훈민정음 본문에서 난해하거나 불필요한 부분

훈민정음 본문에서 난해하거나 불필요한 부분도 상당히 많이 있다. 예의에 비해 해설하여 보다 쉽게 풀이한 것이 아니라 성리학적 이론이 삽입되면서 오히려 내용이 더 난삽해진 모습이다. 우리말 표기에서 시작된 한글 창제가 한자음 표기(중국어)와 더 나아가서 여진어나 왜어까지 표기하려다가 보니까 해례에 와서 많은 변개를 거칠 수밖에 없게 된 결과이다.

"動者◦는 天也◦고 靜者◦는 地也◦요 兼乎動靜者◦는 人也◦니라 盖五行在天則神之運也◦요 在地則質之成也◦니라"(「재자해」)

"五音之緩急◦이 亦各自爲對◦니라 如牙之ㆁ與ㄱ爲對◦이니 而ㆁ促呼則變爲ㄱ而急◦이요 ㄱ舒出則變爲ㆁ而緩◦이니라 舌之ㄴㄷ◦ 脣之ㅁㅂ◦ 齒之ㅿㅅ◦ 喉之ㆆㅎ◦ 其緩急相對◦이니 亦猶是也◦니라"(「종성해」)

「제자해」에서 초중종성을 삼재와 동정의 역학으로 풀이하는 대목이다. 동은 하늘이오 오행의 신의 운행으로, 정은 땅이 오행에 따른 바탕을 이루는 것으로 인은 인의예지와 간심비폐장으로 대응시킨 땅 그대로 전혀 불필요하고 낸해한 성리학적 설명이다.

「종성해」에서 「예의 언해」, 「월인천강지곡」, 「용비어천가」에서 시험 운용 후에 폐기된 내용인 사잇소리(간음)에 대한 규정이다.

5) 오해의 본문과 결사에서 보이는 오류

일반적으로 『훈민정음 해례』는 세종대왕을 비롯한 당대 최고의 학사들 8인이 모여서 훈민정음 예의를 확대 해설한 성전이다. 그래서 이 문헌은 거의 완벽한 문헌일 것으로 믿고 있지만 실재로 상당한 부분의 오류들이 발견된다.

"唯牙之ㆁ는 雖舌根閉喉聲氣出鼻ㅇ나 而其聲與ㅇ相似ㆍ이니 故韻書疑與喩多相混用ㆍ이니라"(「제자해」)

"牙取舌根閉喉形이나 唯業似欲取義別이라"(「제자해 결」)

「제자해」에서 아음의 상형을 설명하는 대목이다. "어금닛소리 'ㆁ'은 혀뿌리가 목구멍을 막아 소리는 기운이 코로 나오지만 그 소리가 'ㅇ'과 유사하여"라고 하였는데 'ㅇ'과 'ㆁ'은 상보적인 소리로 유사한 소리가 아니다. 다만 중국 운서에서는 이 둘은 혼용하다고 설명하였는데 「제자해 결」에서는 어금닛소리는 혀뿌리가 목구멍을 막는 형태를 취하였는데 다만 'ㆁ'은 'ㅇ'과 비슷하지만 그 취한 뜻은 다르다고 설명하고 있다. 해례의 제자해의 내용이 상당히 모호하게 기술되어 있으며 엄격하게는 잘못된 설명이지만 결사에서는 바르게 풀이하고 있다.

'ㆁ'과 'ㅇ'이 운서에서 서로 혼용되는 이유를 설명하는 "의여유다상혼용 규정"은 "범자합이성음 규정에 위배되는 규정이다. 곧 '의(疑)'와 '유(喩)'는 각각 중국 등운학에서 말하는 36자모의 하나인데, 중국 음운학에서는 한어의 어두자음을 분류하여 36자모표를 만들고, 각 자모로 하여금 각 어두자음을 대표케 하였을 때, 의(疑)모는 ŋ-을, 유(喩)모는 j-, ŋ-을 나타내게 하는 것이었다. 그러나 12세기경부터 한어의 어두 ŋ-음이 소실되어, 원래 ŋ-음을 가졌던 한자들의 자음이 j-, ŋ-을 가졌던 한자들과 같아졌으므로 여러 운서에서 한어 자음을 자모로 표시할 때 '疑'모자와 '喩'모자를 엄격히 구별하여 표음하지 못하고 '疑'모와 '喩'모의 사용에 혼동이 생기게 되었다. 이러한 사실을 알고 있었던 해례 편찬자들은 훈민정음의 ㆁ자가 '疑'모에 해당되고, ㅇ자가 '喩'모에 해당되므로 의모계 자음과 유모계 자음이 혼용되는 모습을 설명하기 위하여 ㆁ음과 ㅇ음이 '서로 비슷하다'라고 표현하고 있는 것이다. 그러나 중세국어를 기록한 ㆁ자와 ㅇ자는 그 음가 면에서 도저히 비슷할 수가 없다. 제자해에서 ㆁ의 음가를 '舌根閉喉聲氣出鼻'라고 해서 [ŋ]임을 말하였고, 종성해에서 ㅇ의 음가를 '성담이허'라고 해서 zero임을 말하였으므로, 훈민정음 해례 편찬자들도 ㆁ과 ㅇ의 음가 차이를 알고 있었다. 그런데 결에서는 이 부분에 대한 차이를 보인다. 운서의 자표 '疑'(ㆁ)와 '喩'(ㅇ) 대신『훈민정음』의 자표인 '業'(ㆁ)과 '欲'(ㅇ)으로 기술되어 있다.

"唯喉音次淸爲全濁者는 盖以ㆆ聲深不爲之凝이요 ㅎ比ㆆ聲淺이니 故凝而爲全濁也니라"(「제자해 결」)

「제자해」에서 전탁음은 전청을 나란히 쓰면 전청의 소리가 응겨서 전탁이 된다는 설명이다. 그러나 후음의 경우 차청의 'ㅎ'을 나란히 쓰면 전탁 'ㆅ'가 되는데 그것은 대개 'ㆆ'은 소리가 깊어 엉기지 않기 때문에 'ㅎ'은 소리가 얕아 엉겨서 전탁이 된다는 설명이다. 여기서 'ㆆ'은 그 자체가 응기는 소리이다. 그럼에도 불구하고 "'ㆆ'은 소리가 깊어 엉기지 않고(盖以ㆆ聲深不爲之凝)"라는 설명이 잘못된 것이다. 엉기지 않는 소리를 엉기지 않는다는 순환논리적 모순을 보이고 있다.

"ㅛ與•同而口蹙호이며 其形則•與ㅡ合而成호은 取天地初交之義也호니라

ㅜ與ㅡ同而口蹙호이며 其形則ㅡ與•合而成호이니 亦取天地初交之義也호니라"

(「중성해」)

"ㅛ與ㅗ同而起於ㅣ호요 ㅑ與ㅏ同而起於ㅣ호니라

ㅠ與ㅜ同而起於ㅣ호요 ㅕ與ㅓ同而起於ㅣ호니라"(「중성해」)

「중성해」의 설명 부분이다. 'ㅗ'는 "•＋ㅡ"이고 'ㅜ'는 'ㅡ＋•'이다 '•'와 'ㅡ'의 •와 ㅡ가 합한 것인데 하늘과 땅이 처음으로 만난다는 뜻을 취한 것이다. 그렇다면 'ㅡ＋•'에서 'ㅜ'는 'ㅡ'와 '•'가 합한 것이니 땅과 하늘의 처음 만난다는 뜻이 되어야 한다. 그러나 'ㅜ'의 해설에서 "땅과 하늘"의 만남으로 대응시킨 것은 분명한 오류가 아닐 수 없다. 이와 같이 'ㅠ'의 설명 또한 'ㅜ'의 설명과 같이 '天＋地'의 배열이 잘못된 것이다.

"二字合用者호는 ㅗ與ㅏ同出於•호니 故合而爲ㅘ호니라"(「중성해」)

"君業出卽亦可合이라"(「중성해 결사」)

「중성해」에서 중성 2자 합용에 대한 설명 부분이다. 'ㅜ'와 'ㅓ'가 'ㅡ'와 동출이라는 설명이다. 그래서 'ㅜ'와 'ㅓ'가 결합하여 'ㅝ'가 된다는 설명이다. 이 분분은 분명한 오류이다. 'ㅜ'는 'ㅡ'에서 시작하지만 'ㅓ'는 '•'에서 시작된다. 이에 대한 결사에서도 '君(ㅜ)'과 '業(ㅓ)'이 '卽(ㅡ)'에서 나왔다는 설명은 분명 오류이다.

『훈민정음 해례』 영인본 텍스트 자체 오류

1) 서체의 문제

『훈민정음 해례』는 임금의 상주문(上奏文)과 같이 글쓰기에 있어서 매우 엄격한 제약이 따른 글이었다.

안평대군의 글씨를 판하 본으로 사용했다고 전하는데 원문의 글씨는 매우 유려한 서체이다. 다만 그러나 글자의 획이 누락된 것, 획이 첨가된 것, 글자가 바뀐 것, 글자의 순서가 바뀐 것, 이체자로 쓴 것, 대용자로 쓴 것 등으로 구분할 수 있다. 예를 들면 '頪'자에서 '犬'의 점을 가감하거나 '兎'에서도 마찬가지로 한 점 삭제하였다. 곧 불길한 의미를

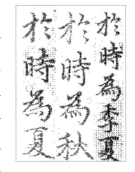

지닌 한자의 경우 이처럼 감획을 하거나 '中', '秋'의 경우 점을 가획하고 있다. '爲'의 경우에도 동일한 문장이나 연이어지는 문장에서 반복하여 사용하는 경우 '爲'와 '爲'를 번갈아 다른 서체로 바꾸어 씀으로써 도형의 단조로움을 피하고자 하였다. 그리고 '殿下'나 '命' 글자 다음은 행간을 낮추거나 혹은 공격으로 하였으며, 신하의 이름을 나타내는 '臣申叔舟'처럼 '臣'자나 이름 '叔舟'는 적은 글씨로 기록하고 있다. 『훈민정음 해례』는 일종의 상주문이기 때문에 사서의 기록과 달리 편방점획(偏旁點畵)이 나타난다. 이형상의 『자학』에서 "자획이 많고 적음은 모두 『설문해자』를 기준으로 삼았는데 편방점획에 착오가 있는 것은 중략 당시에 법으로 매우 엄격하여 이의 오류를 범한 사람은 반드시 벌을 받았다고 한다. 그 후로는 점점 법의 적용이 느슨하게 되어 편방점획은 단지 임금에게 올리는 상주장(上奏章)에서만 쓰게 되었고"[4]라는 기술과 같이 『훈민정음 해례』는 어

서(御書)로서 매우 엄격한 편방점획이나 서체와 문장 양식의 제약이 많았던 것이다. 해례본의 한자 자체를 정밀하게 분석해 보면 편방점획이나 옛 속자가 실록본과 상당한 차이가 날 수밖에 없었던 결과이다.[5]

"於時爲春。於音爲角。舌銳而動。火也。聲轉而颺。如火之轉展而揚揚也。於時爲夏。於音爲。徵。齒剛而。斷。金也。聲屑而滯。如金之屑瑣而鍛成也。於時爲秋。於音爲商。脣方爲合。土也。聲含而廣。如土之含蓄萬物而廣大也。於時爲季夏 於音爲宮。"의 훈민정음 제자해 설명 가운데 오음과 오계를 연결하는 대목이다. '爲'자가 정자체를 한 번 쓰고 그 다음은 약자체처럼 쓴 기획적 의도를 읽어낼 수 있다.

2) 구두점과 사성점 및 권점의 오류

끝으로 구두점과 관련된 한 가지 문제점을 제기하고자 한다. 구두점은 문장이 끝나거나 접속되는 자리에 찍는 구점。행간 오른편 점과 대체로 주어나 주어절의 위치에 찍는 두점。행간 가운데 점이 있다.

"ㄱ。牙音。如君字初發聲"(예의편)
"ㄱ。象舌根閉喉之形。脣音ㅁ。象口形。...."(제자해)
"ㄱㄷㅂㅈㅅㆆ。爲全淸..."(제자해)

예의편에 자모를 설명하는 대목에 'ㄱ' 다음에 구점이 놓여 있으나 제자해에서는 'ㄱ' 다음에 두점이 놓여 있다. 제자해에서는 두점이 놓여 있는

---

4) 김언종(2008).

5) 이상규(2009나), 「『훈민정음』 영인 이본의 권점 분석」, 『어문학』 100, 한국어문학회 참조.

'ㄱ'이나 'ㄱㄷㅂㅈㅅㅎ'은 주어나 주제를 나타내기 때문에 예외 없이 두 점이 놓인다. 그런데 예의편에서 'ㄱ。'가 주어나 전제를 나타내는 것이 아닌 접속의 기능으로 해석한다면 언해본에서 "ㄱᄂᆫ 엄쏘리니 군자 처럼 펴아나ᄂᆫ 소리ᄀᆞᄐᆞ니"로 해석할 수 없는 것이다. 두점의 배치는 임의성과 융통성(정우영, 2001: 217)이 주어지는 것이라 하여 간단히 넘길 문제가 아니라 'ㄱ'의 명칭 문제와도 연결된다는 점을 일단 제기해두고자 한다.

대체로 한 문장이 끝나는 부분에 두(讀)점이 놓이고 한 문장 내부의 쉬어야 할 부분에 구(口)점이 놓여 입곁이 달리게 된다. 이 구두점은 완전한 전형이 있는 것이 아니어서 해독 방식에 따라 달라질 수 있다. 그러나 유사한 환경임에도 불구하고 구두점이 달리 놓인 예들이 『훈민정음 해례』에서 종종 나타나고 있다.

ㄱㄷㅂㅈㅅㅎ。爲全淸[구점 탈각]「제자해」

ㅅㅈ[두점 탈각]雖皆爲全淸。而ㅅ比ㅈ。「제자해」

ㅋ與ㅙ而爲쾌[두점 탈락]「제자해」

合初終而成音[두점 탈각]여탄자「중성해」

中聲者。居字韻之中。合初終而成音[두점 누락]「중성해」

ㅋ與ㅙ而爲쾌[상성 오류]「제자해」

ㆁ與ᆸ而爲업[거성 오류]「제자해」

엱의[거성 탈각]갗「종성해」

ㅂ如업[거성 탈각]爲業。「종성해」

如諺語・혀[상성 오류]爲舌而・혀爲引。「합자해」

我愛人而괴・여[상성 오류]爲人愛我。「합자해」

붇[거성 오류]爲筆而其聲入之類。「합자해」

ㄱ[거성 누락]래爲楸「용자례」

쇼[거성 누락]爲牛「용자례」

다야[거성 누락]爲匜「용자례」

수릅[거성 누락]爲雨繖「용자례」

뎔[거성 누락]爲佛寺「용자례」

벼[거성 누락]爲稻「용자례」

올[거성 누락]창爲蝌蚪「용자례」

ㅗㅛㅜㅠ是也。縱[평성 권점 탈각]者在初聲之右。「합자해」

二點爲上[상성 권점 누락]聲。「합자해」

『훈민정음 해례』 텍스트 해석의 오류

1) 「종성해」를 중심으로 「예의」와 「제자해」 「용자례」의 비교

앞에서 「초성해」와 「중성해」의 비교를 통해 텍스트 구성의 불균형성에 대해 살펴보았다. 여기서는 「예의」의 종성 규정에서부터 「제자해」의 종성 부분과 「용자례」의 사례들을 통합적인 체계의 균형성에 대해 살펴보자.

먼저 「예의」의 종성 규정은 초성과 중성의 제자의 설명에 이어 용법을 설명한 종성법, 연서법, 병서법, 부서법, 성절법, 사성법의 구성 가운데에 끼어 있어서 문자의 설명인 초성과 중성에 이은 종성의 설명인지 아니면 종성은 용법의 설명으로 넘겨야 할지 문제가 될 수 있다.

「예의」에 종성에 대한 설명은 "終聲復°用初聲" 6자로 되었다. 곧 "종성은 초성의 글자로 다시 쓸 수 있다."는 매우 간략한 종성 규정이다. 이

"終聲復°用初聲。" 규정을 "종성 제자에 관한 규정"으로서 파악한다면 종래의 「예의」를 두 부분으로 분류하던 방식이 바뀌어야 한다.

> 문자 규정: 초성·중성·종성
> 예의
> 용법 규정: 종성법, 연서법, 병서법, 부서법, 성절법, 사성법

와 같이 종성을 초중성에 이은 문자의 제작 근거를 앞에서 언급한 초성을 그대로 다시 쓸 수 있다는 문자규정에 소속시켜야 한다. 곧 종성 제자에 관한 규정이라면 당연히 용법규정에 소속될 성질이 아니다. 곧 정우영 (2017: 44)은 "'종성 규정'이 놓일 위치이지 '종성 표기규정'의 위치는 전혀 아닌 것이다."라고 하면서도 "종성 표기"에 관련한 것을 겸한 중의적인 규정으로 해석한 논의(정우영, 2014: 11)도 있다.

　「예의」에서 성절법을 규정한 "凡字必合而成音" 규정은 『훈민정음』 해례에서 "初中終三聲, 合而成字"라고 하여 성음법이 아닌 성절법의 규정으로 종성이 반드시 필요하다는 원칙을 수립했지만 이 문제는 표기규정으로서는 매우 복잡할 수밖에 없었다. 우선 우리말 표기와 한자어 표기의 방법에서 종성표기는 분명히 차이를 보여준다. 그리고 우리말 표기에서도 초성 모두를 종성에 사용할 수 있는 것이 아니다. 한자음에는 종성이 없는 글자가 없지만 우리말에는 그렇지 않다. 즉 종성을 반드시 갖추어야 하는 용법도 있지만은 반드시 갖추지 않아도 무방한 용법도 있는 것이다. 현재 통용음으로 종성이 없는 한자에는 전부 'ㅇ' 내지 'ㅱ'의 종성을 붙였는데 우리말에는 대체로 'ㄱ, ㆁ, ㄷ, ㄴ, ㅂ, ㅁ, ㅅ, ㄹ'의 여덟 자를 종성으로 쓰는데 그친다. 'ㅇ'이나 'ㅱ'과 같은 음까지도 종성으로 써서 종성의 제한이 없는 용법도 있지만 종성을 여덟 자로 제한한 용법도 있는 것이다.

다음에는 『훈민정음』 해례 「제자해」의 종성 부분은 "以初中終合成之字言之"라고 하여 성절법에 대한 설명에 이어서 아래와 같이 설명하고 있다.

"종성을 다시 초성으로 쓰는 것은 움직여서動 양陽이 된 것도 건乾이요, 멈추어서靜 해서 음陰이 된 것도 건乾이니, 건이 비록 음과 양으로 나뉜다고 하더라도 모자람虧이 없고 사시의 운행이 순환해서 끝이 없는 까닭에 정貞이 다시 원元되고 겨울이 다시 봄되는 것이라. 종성이 다시 초성됨도 또한 이와 같은 뜻이라"(『훈민정음』 해례 「제자해」)

앞에 「예의」의 종성 관련 기사가 분명히 종성의 운용규정이 아니라는 것을 입증해 주는 주요한 내용이다. 곧 "終聲之復用初聲者"는 초성 글자가 그대로 종성 글자로 사용되는 것을 역리로 설명하고 있다.6)

"初聲有發動之義○하나 天之事也○니라 終聲有止定之義○하니 地之事也○니라 中聲承初之生○하고 接終之成○하니 人之事也○니라 盖字韻之要○는 在於中聲○이요 初終合而成音○이니라"

초성은 천, 종성은 지, 중성은 천과 지를 잇는 인으로 규정하여 초성과 종성을 어우러야 음절을 이룬다고 다시 강조하고 있다. 여기에서 종성이 어떻게 운용되는가에 대한 설명은 전혀 없다. 다만 자연 순환 원리에

---

6) 『태극도설』에서는 "그래서 동(動), 움직임하는 것은 양(陽), 정(靜), 멈춤인 것은 음의 본체다."라고 했고 『통서』 「순화」 제11에서는 "하늘은 양(陽)을 가지고 만물을 생성하며, 음(陰)을 가지고 만물을 육성한다."라고 하였으며, 『역학계몽』에서는 "건으로 나누어 동(動)하여 양이 되는 것은 건(乾)이며, 정(靜)하여 음이 되는 것도 역시 건(乾)이다. 건은 실로 음과 양을 나누면서도 그것을 주재하지 않는 것이 없다는 것을 말한 것이다."라고 한 것을 응용한 대목이다.

따라 봄이 다시 겨울을 지나 봄이 오듯이 초성이 종성으로 종성이 다시 초성으로 사용되는 역학적 순환논리에 다른 종성의 제자원리를 성명하고 있다.

'종성부용초성' 규정은 한 음절 내에서 초성과 종성의 음성적 차이를 명확하게 인식하고 있었고 볼 수 있다. 따라서 종성 글자를 따로 만들지 않고 초성글자를 다시 쓸 수 있다는 규정인 것이다. 이것을 「제자해」 마지막에 다시 부연 설명하면서 이 표현이 일종의 제자의 원리임을 암시하고 있다. 종성자를 다로 만들지 않는다는 사실이 곧 제자의 원리가 된다는 말이다. 이러한 발상은 음절의 핵심인 중성을 중심으로 초성과 종성이 하나의 음절 구성의 성분이 된다는 점을 숙지한 결과이다.

당시 집현전 학사들이 종성을 따로 만들지 않고 초성으로 대치한다는 규정의 의미는 음소적 개념과 변이음의 개념을 인식했던 결과이다. 우리 말에서 초성의 [ㄱˊ]와 종성의 [ㄱˋ]가 이음의 관계이지만 별도의 글자를 만들지 않았다는 사실은 매우 중요하다. 곧 훈민정음이 음소문자로서 위치를 획득한 결과이다. 그러면서 「합자법」에서는 한음절이 한 글자가 되도록 합성하는 방식을 제안함으로써 한 음절이 한 음소를 나타내는 표음문자인 동시에 표의적인 사용이 가능함을 보여주고 있다.

이와 같이 종성에 제한을 가하지 않은 표기법이 매우 어려웠기 때문에 '팔종성가족용야'라는 규정을 제안하였다. 오늘날과 같이 기본형을 밝혀 적는 형태음소론적인 표기법 규정이다. 곧 모든 초성을 종성에서 쓸 수 있다고 규정했으나 이어쓰기 방식 때문에 철자법이 매우 혼란스러울 염려가 없지 않았던 탓인지 『용비어천가』와 『월인천강지곡』에서만 '엿이 갗'처럼 시험 운용을 한 뒤 『훈민정음』 해례에서는 "然ㄱㆁㄷㄴㅂㅁㅅㄹ 八字可足用也。"라고 하여 종성에 여덟 글자 ㄱ, ㆁ, ㄷ, ㄴ ㅂ, ㅁ, ㅅ, ㄹ만 쓸 수 있도록 규정을 변개하였다. 다만 '빗곶梨花', '엿의갗狐皮'에서처럼 종성의 마찰음ㅅ, ㅿ이나 파찰음ㅈ, ㅊ을 'ㅅ'으로 통용할 수 있는 예외 규정으로 "ㅅ字可以通用。故只用ㅅ字。"라고 설명하였다. 종성에서 '잇ᄂᆞ니 > 인ᄂᆞ니'와 같은 자음동화의 예외적인 사례를 근거로 하여 /ㄷ/:/ㅅ/이 변별되었다는 논거를 삼는 것은 적절한지 의문이다. 당시 종성 'ㅅ'의 표기가 'ㄷ'으로 혼기되는 예가 많기 때문에 8종성 표기법의 규정에 적용된 사례라고 할 수 있다.

2) "凡字必合而成音" 규정에 대한 새로운 해석

『훈민정음』 예의 규정으로 소위 성음법이라고 알려져 있는 "무릇 글자는 반드시 합해야 음을 이루니"라는 내용에 대한 새로운 해석이 필요하다. 이 규정은 단순한 성음의 방법을 논의한 내용이 아닌 음절의 구성에 대한 논의이기 때문에 성음법이 아닌 성절법 규정이라고 하는 것이 옳다. 그리고 이 규정으로 인해 한자음 표기가 여러 차례 걸쳐 표기방식이 변개된 것이다. 「예의」의 규정에서는 사성법과 문장 단락이 분리되지 않았기 때문에 초중종성의 결합뿐만 아니라 그 뒤에 나오는 사성의 결합에 따라 한 음절이 제대로 구성된다는 의미를 포함하고 있다.

- "以初中終合成之字言之(초중종성의 합성된 글자로 말할진대)"(『훈민정음』 해례 「제자해」)
- "在於中聲初終合而成音(중성에 있어서 초종성이 합하여 음절을 이루나니)" (『훈민정음』 해례 「제자해」)
- "中聲者 居字韻之中 合初終而成音(중성이란 자운의 한 가운데에 있어서 초성과 종성과 음절을 이루는 것)"(『훈민정음』 해례 「중성해」)
- "終聲者 承初中而成字韻(종성이란 초성과 중성을 받아서 자운을 이루니)"

(『훈민정음』 해례 「종성해」)

- "初中終三聲 合而成字(초중종 3성을 합하여 글자를 이루니)"(『훈민정음』 해례 「합자해」)
- "凡字音 必有終聲(무릇 자음에는 반드시 종성이 있어야 하니)"(『사성통고』 「범례」)
- "凡字皆有初中終三聲 必將三聲幷合 然後乃成一字(무릇 하나의 자음은 모두 초중종성을 갖추고 있으니 반드시 삼성을 가지고 아우른 다음에야 곧 하나의 자음음절을 이룬다)"(『번역노걸대박통사』 「범례」)

"무릇 글자는 반드시 합해야 음을 이루니"의 규정은 한글자의 음절을 구성하기 위해서는 반드시 초중종 삼성이 있어야 한다는 말이다. 특히 위의 『훈민정음』 「제자해」 규정에 따르면 성음에 대한 규정이 아니라 '成之字' 곧 음절의 구성 요건임을 알 수가 있다. 『훈민정음』 해례 「종성해」 규정이나 『번역노걸대박통사』 「범례」에는 "종성이란 초성과 중성을 받아서 자운을 이루니(終聲者 承初中而成字韻)"라고 하여 성자(成字) 규정임을 알 수 있다. 종래 성음법 규정이라는 용어가 적절하지 않다는 것을 알 수 있다. 성음은 초성이나 중성을 따로 떼어내도 각각 소리를 이루기 때문에 '성음절' 규정임을 알 수가 있다.

그런데 고유어의 표기와 한자음의 표기에서 이 성음절 규정이 각기 달리 적용되었다. 곧 고유어에 대한 표기에서는 C+V+zero 음절구성이더라도 종성 자리를 비워두는데 그 근거로 『훈민정음』 해례 「종성해」에 "且ㅇ聲淡而虛 不必用於終 而中聲可得成音也(또 ㅇ은 소리가 담하고 허하여 반드시 종성으로 쓰지 않더라도 중성이 음을 이룰 수 있나니)"라고 하여 이 성음절 규정에서 제외를 시켰다. 그러나 한자음 표기에서는 이 성음절 규정으로 인해 표기법의 변개가 여러 차례 진행되었다. 『동국정운』식 한자음 표기에서 종성이 없는 '묭'는 운미음 [w]을 표기한 것이다. 훈민정음 창제 이후 한자음의 표기는 『동국정운』이 제정되기 이전과 그 이후 기간 동안 차이를 보인다. 특히 -p, -t, -k 입성운미의 표기가 『훈민정음』 해례에서는 '-t'운미인 '彆'을 '볃'으로 표기하였고 '-w' 운미 글자인 '虯'도 '뀨'로 '-j' 운미인 '快'도 '쾌'로 표기하여 'ㅇ'을 표기하지 않았다. 한자음의 종성은 양운미-m, -n, -ŋ,[7) 음운미-o, 입성운미-p, -t, -k가 있는데 이들 종성의 표기법이 『훈민정음』 해례 이후 『육조법보단경언해』에 이르는 시기 동안 특히 『동국정운』에서는 종성에서 지(止)섭, 우(遇)섭, 과(果)섭, 가(假)섭, 해(蟹)섭에 속하는 한자음에는 종성에 'ㅇ'자를 표기하였다. 음운미인 지(支)섭 상하 계열인 운복 아래에 'ㅇ'를 표기하였는데 이 역시 속한자음 표기에서는 'ㅇ'를 넣지 않았다. 그리고 효(效)섭, 유(流)섭의 '묭' 표기로 진(臻)섭과 산(山)섭의 '-t'운미인 경우 '-ㄹㆆ'을 표기하여 입성운미를 3성 체계에 따라 표기를 달리하였다.[8)

　『동국정운』의 한자음 표기 규정에 그대로 적용되었으나 얼마가지 않아

7) 16세기에 들어 양운미 m > n의 변화를 반영하는 침(侵)·감(監)·염(廉) 운미가 진(眞)·한(寒)·선(先) 운미와 합류하였음을 보여준다.

8) 최세진의 『번역노걸대박통사』 「범례」에 의하면 몽고운에서 '소(蕭), 효(爻), 우(尤)' 등 평성·상성·거성 삼성의 각운과 '약(藥)'운에는 '묭'로 종성을 삼았다고 하는데 '소(蕭), 효(爻), 우(尤)' 등의 운에 그대로 '묭'의 종성을 쫓고 오직 '약(藥)'운에만 그 입성을 보이기 위하여 전청의 'ㆆ'로 바꾼 것으로 보인다. 섭(攝)의 명칭은 사성에 따라 한자 자표가 다르기 때문에 평·상·거·입 가운데 어떤 자표를 사용하는 가에 따라 사용자에 따라 명칭이 다를 수 있다. 거성을 기준으로 한 '효(效)섭을 평성으로 기준하면 '소(蕭)'섭이 되고 '류(流)'섭을 평성을 기준으로 '우(尤)'섭이라고 하기도 하며 '우(遇)'섭은 평성을 기준으로 '우(虞)'섭이라는 용어도 사용한다.

효(效)섭			
平	上	去	入
豪	皓	號	○
肴	巧	效	○
宵	小	笑	○
蕭	篠	嘯	○

류(流)섭			
平	上	去	入
侯	厚	侯	○
尤	有	宥	○
幽	黝	幼	○

우(遇)섭			
平	上	去	入
模	姥	暮	○
語	魚	御	○
虞	麌	遇	○

서 폐기처분 될 수밖에 없게 되었다. 중국의 입성 표기가 우리나라에서 어떻게 받아드릴 것인지 변개의 과정을 거친 예이다. 또 다른 한 편으로는 한자음 입성 글자 가운데 음성 입성자 '-p, -t, -k'가 당시 중국의 북방음에서는 이미 소실되었는데도 남방 고음을 그대로 반영시키게 되는 결과를 가져 왔다. 입성자 '-t'의 표기는 『동국정운』에서는 '-ㄹㆆ'으로 표기하다가 『홍무정운역훈』이나 『사성통해』계열에서는 다시 'ㄷ'으로 표기되는 등의 혼란을 야기시킨 주요한 원인이 되었다. 중국에서 들어온 한자음 가운데, '-t' 입성이었던 것이 우리나라에서는 모두 '-리'로 발음되어 여기에서는 원래의 음대로 '-ㄷ-t'음으로 발음하라고 규정한 것인데, 세종 29(1447)년에 편찬 완료된 『동국정운』에서는 소위 '以影補來'식 표기법을 택하여 한자음의 '-ㄷ'입성 표기에 'ㄹㆆ'을 사용했다.

중국 북방음에서는 이미 당나라와 오대시기에 입성운미가 약화되기 시작하여 14세기에는 성문패쇄음으로 바뀌었으며 송나라 시대에는 약화 과정에 놓였던 것이다. 현대 중국어에서는 북방어에서는 완전 탈락하였고 남방 오방언권에서는 성문패쇄음으로 일부 잔존하고 있었다. 따라서 조선에서는 이를 어떻게 받아드려야 할지 문제가 될 수밖에 없었다. 'ㅂ' 자는 순음으로 전청의 글자로 '彆'자의 첫소리 곧 [p, b]와 같다. 『동국정운』의 한자음으로는 '볋/입성'이다. 『훈민정음』 해례에서는 '볃'으로 표기하였고 국역본에서는 『동국정운』의 한자음 표기와 동일한 '볋'로 표기하였다. 훈민정음 창제 이후 해례와 『동국정운』의 운서를 제작하는 과정에서 종성 입성자의 표기 방식이 변개되었음을 확인할 수 있다. 한자음 표기에서 입성자의 처리 방식이 『월인천강지곡』에서는 음성 운미의 한자음은 곧 '-ㅇ' 步[뽀], 慈[쯩], '-j' 快[쾌], '-w' 後[:ᅘᅮᇢ]처럼 표기하여 훈민정음 언해의 표기와 차이를 보여준다. 다만 입성자 '-p, -t, -k' 가운데 '-t'는 해례에서는 'ㄷ'으로 『동국정운』에서는 '-ㅭ'로 표기하다가 『육조법보단경언해』에서부터 'ㄹ'로 바뀌었다. '快쾌', '빠�'(해례 15ㄱ)과 '業업'(해례 15ㄱ), '卽즉'(해례 16ㄱ), '彆볃'(해례 17ㄴ)에서와 같이 해례의 한자음 표기에는 일체의 방점에 생략되어 있다. 곧 해례의 한자음 표기는 『동국정운』한자음 표기 규정이 마련되기 이전의 모습이라고 할 수 있다. 결국 이 규정은 한자음 표기를 고려한 것으로 『동국정운』의 한자음 표기 규정에 그대로 적용되었으나 얼마가지 않아서 폐기처분될 수밖에 없게 되었다. 또 다른 한 편으로는 한자음 입성 글자 가운데 음성 입성자 '-p, -t, -k'가 북방음에서는 이미 소실되었는데도 남방 고음을 그대로 반영시키게 되는 결과를 가져 왔다.

성절법의 규정은 "초·중·종성이 합하여야 음절을 형성하여 소리를 이룬다"고 본 예의의 규정이 해례에 와서 보다 해석이 확대된다. 먼저 단독으로 발음되는 모음에도 초성이 있다고 보았고 이 원리에 따라서 음절의 처음에 나타나는 하나의 모음을 두 대의 자모로 '아, 오, 으' 등을 'ㅇ + ㅏ, ㅇ + ㅗ, ㅇ + ㅡ'로 표시하였다. '凡字必合而成音'의 규정 때문에 철자에서도 초중종성을 다 갖추는 것을 원칙으로 하였다. 그 결과 한자음에서도 '與', '異'를 '영', '잉'으로 표기하여 초성 자리에도 'ㅇ'을 종성자리에도 'ㅇ'을 각각 달아 놓았다. 그러나 종성에서 고유어표기에는 'ㅇ'을 달지 않았기 때문에 해례에 와서 혼란을 자초하게 된 것이다. 『훈민정음』 해례「종성해」에서 "且ㅇ聲淡而虛, 不必用於終, 而中聲可得成音也"라고 기술하여 한 음절로 형태가 고정된 한자음에 한해서만 'ㅇ'을 달아서 종성을 갖추도록 하였다. 그러나 고유어에서는 'ㅇ'을 달지 않았다.

"凡字必合而成音"(「예의」)

"初中終聲 合而成字"(「합자해」)

와 같이 완전한 음절 구성에 대한 규정이 실제로 한자음이냐 고유어냐에 따라 변개된 것이다. 『동국정운』식 표기로 자음이 없는 초성자리에 'ㅇ'을 붙이는 것은 물론이고 종성의 빈자리에 종성에서 지(止)섭, 우(遇)섭, 과(果)섭, 가(假)섭, 해(蟹)섭에 속하는 한자음에는 종성에 'ㅇ'자를 표기하였다. 음운미인 지(支)섭 상하 계열인 운복 아래에 'ㅇ'를 표기하였는데 이 역시 속한자음 표기에서는 'ㅇ'를 넣지 않았다. 그리고 효(效)섭, 유(流)섭의 'ㅱ' 표기로 진(臻)섭과 산(山)섭의 '-t'운미인 경우 '-ㅭ'을 표기하여 입성 운미를 3성 체계에 따라 표기를 달리하였다.

初 ᄎᆞᆼ, 歌 강, 句 궁, 魚 ᅌᅥᆼ
勞 ᄛᆞᇢ, 驍 ᄀᆢᇢ, 愁 ᄊᆕᇢ, ᄢᅡ ᄀᆞᇢ
瞥 변/볋/별

이러한 한자음 규정으로 존속하다가 실재 각종 문헌에서 표기법이 많은 혼란을 야기하다가 『육조법보단경언해』, 『시식권공언해』 등의 문헌에서 고유어표기 방식으로 되돌아가면서 『동국정운』식 표기가 사라지게 되었다.

제2편 『훈민정음 예의』 본문 읽기

『훈민정음 예의(訓民正音 例義)』[1]

어제 서문

國之語音。異乎中國。與文字不相流通。[2)]故愚民[3)]有所欲言而終不得伸其

---

1) 언해본에는 "세종어제훈민정음"으로 되어 있으나 문화재청 복원본에는 '훈민정음'으로 되어 있다. '훈민정음'은 두 가지 의미로 사용되었다. 곧 '훈민정음'을 해설한 책이름으로 또 새로 창제한 글자 이름으로 사용된 것이다. "訓民正音은 百姓 ᄀᆞᄅ치논 正ᄒᆞᆫ 소리라"(『훈민정음 해례』 언해본)라고 하였기 때문에 글자 이름으로 보기는 어려우나 "이제 정음을 지을 때 정음 28자를 각각 상형으로 만들었다[今正音之作 正音二十八字各象形而制之]"(『훈민정음 해례』 해례본)라고 하여 새로 만든 글자 이름으로도 사용되었다.

2) 國之語音。異乎中國。與文字不相流通。: 이 대목은 여러 가지 의미로 해석이 가능하다. 먼저 '國之語音'은 조선의 입말과 글말에서 입말만 있고 글말이 없음을 말한다. 당시 조선에서는 글말을 한자를 빌려 쓴 이두나 구결뿐이었다. '異乎中國'은 '異乎中國(之語音)'의 의미로 해석한다면 역시 중국의 입말과 글말을 뜻한다. 곧 조선과 중국의 입말도 다르고 글말은 중국의 한자밖에 없으니 조선의 글말을 한자로 적기에 부적당함을 말한다. 따라서 '與文字不相流通'은 중국 한자로는 조선의 입말을 적어서 소통할 수 없으며, 중국의 입말과 조선의 입말이 서로 소통되지 않음을 뜻한다. "國之語音 異乎中國"에 대한 해석을 "(한자의) 국어음이 중국

情者多矣。4)予爲此憫然。新制二十八字。5)欲使人人易°習。。便於日用矣。6)

　우리나라의 말(語音, 입말)이 중국(입말)과 달라 문자(한자)가 흘러 서로 통하지 않으므로 어리석은 백성이 말하고자 하는 바(문자로 표현하고자 함)가 있어도 마침내 제 뜻을 능히 펴지 못하는 사람이 많으니, 내가 이를 어여삐 여겨 새로 스물여덟 글자를 만드니, 사람들마다 쉽게 익혀서 날마다 사용함에 편안하게 사용하도록 만들어주고 싶네.

　　과 달라서 문자가 서로 통하지 않는다"(정광, 2006: 34)라고 하여 '국어음(國語音)'을 한자의 동음(東音)으로 규정하여 "세종은 중국과 우리 한자음의 규범음을 정하기 휘하여 발음기호로서 훈민정음을 고안하였다"(정광, 2006: 34), "훈민정음은 실제로 한자음의 정리나 중국어 표준발음의 표기를 위하여 제정되었다가 고유어 표기에도 성공한 것이다. 전자를 위해서는 훈민정음, 또는 정음으로 불리었고 후자를 위해서는 언문이란 이름을 얻게 된 것이다"(정광, 2006: 36)라는 논의는 한글 창제의 기본 정신을 심하게 왜곡시킨 견해라고 할 수 있다. 세종 25년 세종이 창제한 문자는 정음이 아닌 '언문 28자'였으나 그 후 해례를 제작하는 과정에서 한자의 표준발음 표기 문자로 확대되면서 '정음'이라는 용어로 정착된 것으로 보아야 한다. 그 근거는 세종 26년 2월 16일『운회』를 언문으로 번역하라는 지시나 동년 2월 20일 최만리의 상소문에도 '정음'이라는 용어는 나타나지 않고 '언문'이라는 용어만 사용되고 있다. 또한 세종 28년 11월에 궁중 내에 '언문청'이 설치되었다가 문종 원년 1450년에 정음청으로 바꾼 사실을 고려하면 세종이 창제한 당시 언문 28자는 우리말 표기를 위한 문자였음이 분명하다. 그러나 그 이후 한자음 교정 통일을 위해 활용되면서 정음이라는 용어로 전환된 것이다. 따라서 "國之語音 異乎中國"에 대한 해석은 "국어음(우리말)이 중국과 달라서 문자가 서로 통하지 않는다."로 해석해야 할 것이다.
　3) 우민(愚民): 어리석은 백성. 곧 한문을 이해하지 못하는 백성.『국조보감』권5에『삼강행실』을 반포한 〈하교문〉에서도 "어리석은 백성들이 쉽게 이해하지 못할까 염려되어 도형을 그려서 붙이고[尙慮愚夫愚婦未易通曉°附以圖形]"라고 하고『세종실록』갑자 2월조에는 "만일『삼강행실』을 언문으로 옮겨 민간에 반포하면 우부우부가 모두 깨치기 쉽다[矛若以諺文譯 三綱行實°頒諸民間°愚夫愚婦皆得易曉°]"라고 하였다. 따라서 우부란 한문을 모르는 그 당시의 문맹을 우부우부(愚夫愚婦)했으며 이것을 줄여서 곧 우민의 뜻으로 우부라 하였다.
　4) 有所欲言而終不得伸其情者。多矣。: 조선에서는 글말이 없었기 때문에 한문을 이해하지 못하는 계층의 사람은 말하고자 하는 바를 한문으로는 나타낼 수 없는 사람이 많다는 뜻을 말한다.
　5) 新制二十八字。: '字'는 곧 글자 음소 문자로서 자모 28자를 말한다. 한자를 '文字'라고 한 반면에 한글 자모는 '字'로 표현하였고 어휘나 문장은 '諺字' 혹은 '諺文', '諺語'로 표현하였다.
　6) °便於日用耳: 훈민정음 해례본이 발견된 이후 떨어져 나간 1~2엽에서 '耳'를 보사하는 과정에서 '便於日用矣'로 잘못 쓴 결과였다.

초성의 글꼴과 음가

ㄱ。牙音。如君字初發聲[7]

並書。如虯字初發聲[8]

ㅋ。牙音。如快字初發聲[9]

ㆁ。牙音。如業字初發聲[10]

ㄷ。舌音。如斗字初發聲

並書。如覃字初發聲

---

7) 안병희(2007), 「『훈민정음』 해례본의 복원」, 『훈민정음연구』, 서울대학교 출판부, 21쪽.
　(御製)訓民正音
　國之語音。異乎中國。與文字
　不相流通。故愚民有所欲言。
　而終不得伸其情者多矣。予
　爲°此憫然新制二十八字。欲
　使人人易°習。便於日用耳
　　ㄱ。牙音。如君字初發聲。並書。
　　　　如虯字初發聲
　ㄱ。牙音。如君字初發聲。: 'ㄱ'자는 아음 곧 연구개음으로 중국 운서의 오음(아, 설, 순, 치, 후)에 따라 배치한 다음 중국 운서의 성모 글자를 우리말에 맞도록 바꾼 '君'자의 첫소리 곧 [k, g]와 같다는 말이다. 『동국정운』의 한자음으로는 '군(君, 평성)'이다.

8) 並書。如虯字初發聲。: 아음 'ㄱ'자를 나란히 쓰면(並書) 'ㄲ'자가 되고 이 글자의 음은 '虯'의 첫소리 곧 [k′, g]가 된다는 말이다. 중국 운도의 종도는 '전청(무성음)', '차청(유기음)', '불청불탁(유성음)', '전탁(경음)'으로 배열되는데 이는 여기서는 '전청－전탁－차청－불청불탁'의 순서로 되어 있다. 한자음 표기를 위한 글자였기 때문에 한글 28자에서 6자(ㄲ, ㄸ, ㅃ, ㅉ, ㅆ, ㆅ)는 제외되었다. 『동국정운』의 한자음으로는 '끃(평성)'이다. 『동국정운』의 한자음에서 효(效)섭과 유(流)섭 한자는 음성운미 'ㅸ'를 부기하였다.

9) ㅋ。牙音。如快字初發聲。: 'ㅋ'자는 아음의 차청 글자로 연구개음으로 중국 운서의 오음(아, 설, 순, 치, 후)에 따라 배치한 다음 중국 운서의 성모 글자를 우리말에 맞도록 바꾼 '快'자의 첫소리 곧 [kh, gh]와 같다는 말이다. 『동국정운』의 한자음으로는 '쾡(거성)'이다. 『동국정운』에서는 역시 종성에서 지섭, 우섭, 과섭, 가섭, 해섭에 속하는 한자음에는 종성에 'ㅇ'자를 표기하였다.

10) ㆁ。牙音。如業字初發聲。: 'ㆁ'자는 아음의 불청불탁의 연구개음으로 중국 운서의 아음에 따라 배치한 다음 중국 운서의 성모 글자를 우리말에 맞도록 바꾼 '業'자의 첫소리 곧 [ng]와 같다는 말이다. 『동국정운』의 한자음으로는 '업(입성)'이다. 중국 한자음에서도 초성에서 [ng]는 오방언을 제외하고는 소멸되었는데 이를 반영한 이상적 표기의 하나이다.

ㅌ。舌音。如呑字初發聲

ㄴ。舌音。如那字初發聲

ㅂ。脣音。如彆字初發聲11)

並書。如步字初發聲

ㅍ。脣音。如漂字初發聲

ㅁ。脣音。如彌字初發聲

ㅈ。齒音。如卽字初發聲

並書。如慈字初發聲

ㅊ。齒音。如侵字初發聲

ㅅ。齒音。如戌字初發聲

並書。如邪字初發聲

ㆆ。喉音。如挹字初發聲

ㅎ。喉音。如虛字初發聲

並書。如洪字初發聲

ㅇ。喉音。如欲字初發聲

ㄹ。半舌音。如閭字初發聲

ㅿ。半齒音。如穰字初發聲12)

ㄱ[k, g]는 아음이나 君(군－평성)13)자 첫소리와 같으며

---

11) ㅂ。脣音。如彆字初發聲。: 'ㅂ'자는 순음으로 전탁의 연구개음으로 중국 운서의 순음에 배치
한 다음 중국 운서의 성모 글자를 우리말에 맞도록 바꾼 '彆'자의 첫소리 곧 [p, b]와 같다는
말이다. 『동국정운』의 한자음으로는 '볋(입성)'이다. 훈민정음 해례본에서는 '볃'으로 표기
하였고 훈민정음 언해본에서는 『동국정운』의 한자음 표기와 동일한 '볋'로 표기되었다.
훈민정음 창제 이후 해례본과 『동국정운』의 운서를 제작하는 과정에서 종성 입성자의 표기
방식이 변개가 있었음을 확인할 수 있다. 한자음 표기에서 입성자의 처리 방식이 『월인천강
지곡』에서는 음성 운미의 한자음은 곧 '－ㅇ'(步뽕, 慈쭝), '－j'(快·쾌), '－w'(後:홓)처럼 표기
하여 훈민정음 언해본의 표기와 차이를 보여준다. 다만 입성자 '－p, －t, －k' 가운데 '－t'는
훈민정음 해례본에서는 'ㄷ'으로 『동국정운』에서는 '－ㅭ'로 표기하다가 『육조법보단경언
해』에서부터 'ㄹ'로 바뀌었다.

12) 초성 17자에 대한 음가는 『동국정음』음으로 나타내면 아래의 도표와 같다.

나란히 쓰면(ㄲ[kk]) 虯(끃-평성)자 첫소리와 같다.

ㅋ[kh]는 아음이니 快(쾡-거성)자 첫소리와 같다.

ㆁ[ng]는 아음이니 業(업-입성)자 첫소리와 같다.

ㄷ[t, d]는 설음이니 斗(듛-상성) 첫소리와 같으며

나란히 쓰면(ㄸ[tt]) 覃(땀-평성)자 첫소리와 같다.

ㅌ[th]는 설음이니 呑(튼-평성) 첫소리와 같다.

ㄴ[n]는 설음이니 那(낭-평성) 첫소리와 같다.

ㅂ[p, b]는 순음이니 彆(볋-입성) 첫소리와 같으며

나란히 쓰면(ㅃ[pp]) 步(뽕-거성)자 첫소리와 같다.

ㅍ[ph]는 순음이니 漂(푤-평성) 첫소리와 같다.

ㅁ[m]는 순음이니 彌(밍-평성) 첫소리와 같다.

ㅈ[c]는 치음이니 卽(즉-입성) 첫소리와 같으며

나란히 쓰면(ㅉ[cc]) 慈(쫑-평성)자 첫소리와 같다.

ㅊ[ch]는 치음이니 侵(침-평성) 첫소리와 같다.

	전청	전탁	차청	불청불탁
아음	ㄱ:君-군(평성)	ㄲ:虯-끃(평성)	ㅋ:快-쾡(거성)	ㆁ:業-업(입성)
설음	ㄷ:斗-듛(상성)	ㄸ:覃-땀(평성)	ㅌ:呑-튼(평성)	ㄴ:那-낭(평성)
순음	ㅂ:彆-볋(입성)	ㅃ:步-뽕(거성)	ㅍ:漂-푤(평성)	ㅁ:彌-밍(평성)
치음	ㅈ:卽-즉(입성)	ㅉ:慈-쫑(평성)	ㅊ:侵-침(평성)	
	ㅅ:戌-슗(입성)	ㅆ:邪-썅(평성)		
후음	ㆆ:挹-흡(입성)	ㆅ:洪-홍(평성)	ㅎ:虛-헝(평성)	ㅇ:欲-욕(입성)
반설음				ㄹ:閭-령(평성)
반치음				ㅿ:穰-상(평성)

세종 25(1443)년에 창제한 언문 28자의 청탁에 따른 배열이 중국 운서와 달랐고 또 언문 28자를 해설한 해례본에서도 역시 오음 음계가 중국의 운서와 다른 점이 있었다. 예의에서의 'ㄱ-ㄲ-ㅋ-ㆁ'과 같은 초성의 배열은 "전청-전탁-차청-불청불탁"의 순서인데 중국 각종 운서에서의 "전청-차청-전탁-불청불탁" 배열과는 달랐다. 이것은 채원정의『경세성음도』에서 청탁 배열순서가 '전청-전탁-차청-불청불탁'의 순서를 답습한 결과로 보인다.

13) 창제 당시의 표음은 정확하게 알 수가 없다. 여기서는 그 후의『동국정운』식 음으로 나타낸다. 이하 동일하다.

ㅅ[s]는 치음이니 戌(슗－입성) 첫소리와 같으며

 나란히 쓰면(ㅆ[ss]) 邪(썅－평성)자 첫소리와 같다.

ㆆ[ʔ]는 후음이니 挹(흡－입성) 첫소리와 같다.

ㅎ[h]는 후음이니 虛(형－평성) 첫소리와 같으며

 나란히 쓰면(ㆅ[hh]) 洪(薴－평성)자 첫소리와 같다.

ㅇ[ʔ]는 후음이니 欲(욕－입성) 첫소리와 같다.

ㄹ[r]는 반설음이니 閭(령－평성) 첫소리와 같다.

ㅿ[z]는 반치음이니 穰(샹－평성) 첫소리와 같다.

중성의 글꼴과 음가

· 。如呑字中聲14)

ㅡ。如卽字中聲

ㅣ。如侵字中聲

ㅗ。如洪字中聲

ㅏ。如覃字中聲

ㅜ。如君字中聲

ㅓ。如業字中聲

ㅛ。如欲字中聲15)

ㅑ。如穰字中聲

ㅠ。如戌字中聲

ㅕ。如彆字中聲16)

---

14) ·如呑字中聲: 중성 '·'자는 '呑'자의 가운데 소리 곧 [ʌ]와 같다는 말이다.

15) ㅛ如欲字中聲: 중성 'ㅛ'자는 '欲'자의 가운데 소리 곧 [yo]와 같다는 말이다.

16) 중성 11자에 대한 음가는 초성에서 사용한 성모 글자의 중성을 활용하여 그 음가를 표시하였다. 초성의 음가를 밝히기 위해 사용한 성모 글자는 "君, 虯, 快, 業, 斗, 覃, 呑, 那, 彆,

· [ʌ]는 呑(툰-평성)자 가운뎃소리와 같다.

ㅡ[ɯ]는 卽(즉-입성)자 가운뎃소리와 같다.

ㅣ[i]는 侵(침-평성)자 가운뎃소리와 같다.

ㅗ[o]는 洪(홍-평성)자 가운뎃소리와 같다.

ㅏ[a]는 覃(땀-평성)자 가운뎃소리와 같다.

ㅜ[u]는 君(군-평성)자 가운뎃소리와 같다.

ㅓ[ə]는 業(업-입성)자 가운뎃소리와 같다.

ㅛ[jo]는 欲(욕-입성)자 가운뎃소리와 같다.

ㅑ[ja]는 穰(샹-평성)자 가운뎃소리와 같다.

ㅠ[ju]는 戌(슗-입성)자 가운뎃소리와 같다.

ㅕ[jə]는 彆(볋-입성)자 가운뎃소리와 같다.

종성

終聲復°用初聲。[17]

步, 漂, 彌, 卽, 慈, 侵, 戌, 那, 挹, 虛, 洪, 欲, 閭, 穰 23자이다. 그 가운데 종성이 있는 글자는 "君, 業, 覃, 呑, 彆, 卽, 侵, 戌, 挹, 洪, 欲, 穰" 12자이고 종성이 없는 글자는 "虯, 快, 斗, 那, 步, 漂, 彌, 慈, 那, 虛, 閭" 11자이다. 종성이 있는 글자 12자 가운데 '挹'를 제외하고는 각각 초성과 종성에 각각 두 번씩 사용되었는데 중성에 사용된 글자는 모두 "呑, 卽, 侵, 洪, 覃, 君, 業, 欲, 穰, 戌, 彆" 11자이다.

글꼴	상형자			초출자				재출자			
	·	ㅡ	ㅣ	ㅗ	ㅏ	ㅜ	ㅓ	ㅛ	ㅑ	ㅠ	ㅕ
음가	呑	卽	侵	洪	覃	君	業	欲	穰	戌	彆
	툰	즉	침	홍	땀	군	업	욕	샹	슗	볋

17) 終聲復°用初聲。: "종성은 초성을 쓴 글자를 다시 쓸 수 있다"는 훈민정음 창제 당시의 매우 간략한 종성 규정이다. 오늘날과 같이 기본형을 밝혀 적는 형태음소론적인 규정이다. 곧 모든 초성을 종성에서 쓸 수 있다고 규정했으나 이어쓰기 방식 때문에 철자법이 매우 혼란스러울 염려가 없지 않았던 탓인지 『용비어천가』와 『월인천강지곡』에서만 '엱이 갗'처럼 시험 운용을 한 뒤 훈민정음 해례본에서는 "然ㄱㆁㄷㄴㅂㅁㅅㄹ八字可足用也。"라고 하여

종성에는 초성 글자를 다시 쓴다.

연서

ㅇ連書[18) 脣音之下ㅇ則爲脣輕音。

ㅇ을 순음 아래에 이어 쓰면 순경음이 된다.

병서

初聲合用則並書ㅇ19)終聲同。

종성에 여덟 글자(ㄱ, ㆁ, ㄷ, ㄴ ㅂ, ㅁ, ㅅ, ㄹ)만 쓸 수 있도록 규정을 변개하였다. 다만 '빗곶(梨花)', '엿의갗(狐皮)'에서처럼 종성의 마찰음(ㅅ, ㅿ)이나 파찰음(ㅈ, ㅊ)을 'ㅅ'으로 통용할 수 있는 예외 규정으로 "ㅅ字可以通用ㅇ故只用ㅅ字。"(훈민정음 해례본)을 두었다. 종성에서 '잇ᄂᆞ니>읻ᄂᆞ니'와 같은 자음동화의 예외적인 사례를 근거로 하여 /ㄷ/:/ㅅ/이 변별적였다는 논거로 삼을 수 없다. 당시 종성 'ㅅ'의 표기가 'ㄷ'으로 혼기되는 예가 많기 때문에 8종성 표기법의 규정에 적용된 사례라고 할 수 있다. 이 규정은 연서 규정과 이어져 있기 때문에 '종성 제자 규정'과 '종성 표기규정'이라는 두 가지의 중의적 의미로 해석할 수 있다. 일종의 '세종의 코드'(정우영, 2014: 32)라고 지칭하고 있다. 매우 적절한 표현이라고 생각한다.

18) 연서(連書): 'ㅇ'를 순중음(ㅂ, ㅍ, ㅃ, ㅁ) 아래에 이어 쓰면 순경음(ㅸ, ㆄ, ㅹ, ㅱ)이 된다는 규정이다. 중국 한음에서는 순중음과 순경음이 변별적이지만 조선에서는 고유어에서만 'ㅸ'이 사용되었고 『동국정운』과 『홍무정운』 한자음에서 음성운미 표기로 'ㅱ'이 사용되었을 뿐이다.
훈민정음 합자해에 반설경음 'ㅱ'을 만들 수 있다는 규정이 있었지만 실제로 사용되지는 않았다. 훈민정음 해례에서 "반설은 경중 두 가지 음이 있으나 운서의 자모에서도 오로지 하나만 있고 우리말에서는 경중이 구분하자 않아도 다 소리가 이루어진다. 다만 만약의 쓰임을 위해 'ㅇ'을 'ㄹ' 아래에 쓰면 반설경음이 되며 혀를 입천장에 살짝 닿는 소리[半舌有輕重二音。然韻書字母唯一。且國語雖不分輕重。皆得成音。若欲備用。則依脣輕例。ㅇ連書ㄹ下。爲半舌輕音。舌乍附上腭。]"로 규정하고 있다.

초성을 합해 쓸 때에는 나란히 써야 하고 종성도 마찬가지다.

부서

- ㆍ ㅡ ㅗ ㅜ ㅛ ㅠ°附書20)初聲之下。

ㅣ ㅏ ㅓ ㅑ ㅕ°附書於右。

- ㆍ ㅡ ㅗ ㅜ ㅛ ㅠ는 초성 아래에 붙여 쓰고

ㅣ ㅏ ㅓ ㅑ ㅕ는 초성 오른쪽에 붙여 쓴다.

성음

凡字必合而成音。21)

---

19) 병서(竝書): 병서는 왼쪽에서 오른쪽으로 어울러 쓰는 것을 말하는데 동일한 초성자를 어울러 쓰는 것을 각자병서(ㄲ, ㄸ, ㅃ, ㅆ, ㅉ, ㆅ), ㅅ, ㅂ, ㅄ 글자를 초성에 어울러 쓰는 것을 합용병서(ㅅㅈ, ㅅㅌ, ㅂㄷ, ㅂㅅㄷ)라고 한다.

20) 부서(附書): 부서는 위쪽에서 아래쪽 혹은 왼쪽에서 오른쪽으로 초성자와 중성자를 합하여 쓰는 것을 말한다. 'ㆍ'와 'ㅣ'가 어울러 'ㅓ'가 되거나 'ㆍ'와 'ㅡ'가 어울러 'ㅗ'가 되는 것을 부서라고 할 수 있다. 그러나 여기서는 음절의 초성과 중성 그리고 종성이 합자되는 것까지를 포괄해서 부서로 규정하고 있다.

　　훈민정음 해례본에서는 이 부서 규정을 합자 규정과 구분하고 있다. 곧 "초, 중, 종 3성은 합한 연후에 소리가 이루어지니 초성은 혹 중성 위에나 왼편에 어울러 쓴다[初中終三聲。合而成字。初聲或在中聲之上。或在中聲之左。]"는 규정으로 변개가 이루어졌다.

21) 성음(成音): "무릇 모든 글자는 합한 연후에 소리가 이루어진다"는 음절 구성에 대한 규정이다. 여기서 '字'는 음소를 나타내는 개념이다. 이 음소를 나타내는 글자는 초성과 중성 그리고 종성이 합해야 곧 음절이 구성된다는 의미이다. 한글은 이처럼 음소문자이면서 음절문자의 성격을 띤 것이다. 음절 구성에서 초성, 중성, 종성을 다 갖추어야 하는 원칙으로 해석하여 『훈민정음 언해』와 『동국정운』 등의 표기법으로 사용되었다. 다만 『훈민정음 해례』에서는 적용되지 않았는데, 그 이유는 더욱 정밀한 연구가 필요하다. 곧 『훈민정음 해례』 종성해에서 "且ㅇ聲淡而虛, 不必用於終, 而中聲可得成音也"라 하여 중성으로 끝나는 글자이더라도

무릇 글자는 반드시 합해야 소리를 이룬다.[22]

사성

左加一點則去聲°二則°上聲°無則平聲°入聲加點同而促急[23]

(글자의) 왼쪽에 한 점을 더하면 거성이요, 두 점을 더하면 상성이요, 점이 없으면 평성이다. 입성은 점 더하기는 (그와) 같으나 촉급하다.

'ㅇ'을 갖추지 않아도 한 음절로 고정된다고 설명하고 있다. '凡字必合而成音' 규정은 『훈민정음 해례』, 『훈민정음 언해』, 『동국정운』, 『훈민정운 역훈』, 『사성통해』에 이르기까지 종성이 없는 음절의 글자 표기 규정이 조금씩 번개되었다. 이 규정 역시 단순한 성음 규정인지 아니면 음절제약 규정인지 더 논의를 해야 될 것이다.

22) 이 규정은 소리를 이루는 원칙을 의미하기도 하지만 철자에서도 초성, 중성, 종성을 모두 갖추는 것을 원칙으로 삼는다는 의미도 있다. 곧 음절 구성에 대한 규정이다. 〈중성해〉에서는 '合初終而成音'으로, 〈종성해〉에서는 '承初中而成字韻'으로, 〈합자해〉에서는 '初中終三聲, 合而成字'로 설명하고 있다. 『사성통고』「서」에서는 '凡字音必有終聲'이라고 설명하면서 "무릇 자음에서는 반드시 종성이 있어야 하니 평성의 '지(支), 제(齊), 어(魚), 모(模), 개(皆), 회(灰)' 등의 운자도 마땅히 후음 'ㅇ'으로 보충하지 아니 하더라도 제대로 음을 이루기 때문에 상, 거의 모든 운도 마찬가지다[凡字音必有終聲, 如平聲支齊魚模皆灰等之字, 當以喉音ㅇ爲終聲, 而今不爾者, 以其非如牙舌脣終之爲明白, 且雖不以ㅇ補之, 而自成音爾, 上去諸韻同]"라고 설명하고 있다. 이 규정이 『동국정운』이나 『홍무정운역훈』 등에서 약간의 변개를 불러오게 된다.

23) 사성: 左加一點則去聲°二則°上聲°無則平聲°入聲加點同而促急: 이 문장은 "左加一點則去聲°左加一點則°上聲°左加無點則平聲°左加點則入聲°左加點同而促急"이라는 문장으로 재구성할 수 있다.

제3편 『훈민정음 해례』 본문 읽기

제1장 제자해(制字解)[1]

제자의 성리학적 배경

天地之道。[2]一陰陽[3]五行[4]而已。[5]坤復之間爲太極[6]。而動靜之後爲陰陽。[7]

---

1) 제자해(制字解): 훈민정음의 제자 원리, 음가와 글자를 만든 원리를 성운학과 성리학적 관점에서 해설한 부분이다. 당시 동아시아의 통합적 우주관이 담긴 곧 송대의 성리학의 자연철학적 순환 이론을 기반으로 훈민정음 창제의 기본 원리로 활용하고 있다.

2) 천지지도(天地之道): 하늘과 땅의 도리. 하늘과 땅의 도리는 오직 하나 곧 태극의도이며 이는 우주의 섭리를 말한다. 곧 하늘과 땅의 도가 태극인데 태극은 음과 양의 조화에 의해 상생 발전한다. 『태극도』에 의하면 오행은 "양이 변해 음에 합한다[陽變陰合]"에서 생긴 것으로 "오행이 하나의 음양이다[五行一陰陽]"인 것이다.

무극	태극	하늘(天)	음(陰)	오행(五行)	곤(坤)	동(動)	청(淸)	율(律)
		사람(人)						
		땅(地)	양(陽)		복(復)	정(靜)	탁(濁)	려(呂)

무극은 우주의 생성 이전이라면 하늘과 땅으로 그리고 음과 양으로 역학의 곤복으로 나뉜 시초를 태극이라 하며 태극의 상태에서 동정이 이루어지면서 우주의 만물이 생성 소멸하는 순환이 진행된다는 순환적 자연철학이 훈민정음 제자의 기본 철학이다. 『역경계

사』상 제2장에 "육효의 변동이 천, 지, 인 삼재의 도리다[六爻之動 三極之道也]"라고 설명하였다. 천지는 하늘과 땅만이 아니고 우주 자연을 뜻하기도 한다.

정인지의 '훈민정음 서문'에서도 "天地自然之聲(천지 자연의 소리)"이라고 한 바 있다.

3) 음양(陰陽): 태극의 상태에서 하늘과 당으로 나뉘면 동시에 음양과 오행이 갖추어진다. 주염계(周濂溪)의 『태극도설』에서는 태극(太極)이 '동(動, 움직임)'해서 '양(陽)'을 만들고 '동(動)'이 극에 달하면 '정(靜, 멈춤)'이 되고, '정(靜)'에서 '음(陰)'을 만들고 '정(靜)'이 극에 달하면 다시 '동(動)'한다는 순환이론에 기본이다. 『태극도설』에는 "양이 변해 음에 합쳐 수, 화, 목, 금, 토가 생성되며 오기가 두루 퍼져 사시로 나가니 오행이 하나의 음양이다[陽變陰合。而生水火木金土。五氣順布。四時行焉。五行一陰陽也。]"라고 하였다. 곧 한 번 동하고 한 번 정하는 것이 서로 뿌리가 되어 음으로 갈리고 양으로 갈리어 양의가 맞서게 된다고 하고, 이것이 우주만물의 대립되는 원리가 되는데, 다시 '양이 변하여 음에 합한다[陽變陰合]'여 오행이 생긴다고 했고, 우주만물은 오행인 물(水), 불(火), 나무(木), 쇠(金), 흙(土)이 결부되어 있다.

『역경계사』상 제4장에서 '易與一天地準陰 故─能陽彌綸天地之道'라 했고 제5장에서 '一陰一陽之謂道'라고 한 것을 여기서는 '天地之道 一陰陽五行而已'라고 한 것임.

4) 오행(五行): 만물을 생성하는 5가지 원소, 곧 물(水), 불(火), 나무(木), 쇠(金), 흙(土). 『서경』〈홍범〉에도 "오행의 하나가 물(水)이오, 둘은 불(火)이오, 셋은 나무(木)이오, 넷은 쇠(金)요, 다섯은 흙(土)이다(五行一曰水。二曰火。三曰水。四曰金。五曰土。)"라고 하였다.

5) 天地之道。─陰陽五行 而已。: 이 대목은 『황극경세』서에서도 "천지는 오로지 음양의 동정과 순환하는 것일 뿐[天地陰陽動靜循環而已]"의 내용과 같다.

6) 坤復之間: '坤'이나 '復'이나 역의 괘명인데, '坤復之間'이란 역의 괘도 '상곤괘(上坤卦)'에서 '부괘(復卦)'에 이르는 사이이며(순서는 복괘에서 시작해서 곤괘로 끝남), 곤괘(坤)이나 복(復)이나 모두 역의 괘명(卦名)인 바 '곤과 복 사이[坤復之間]'란 역의 괘도상 곤괘에서 복괘에 이르는 사이를 이름이다. 어떤 사람의 질문에 대한 주회암의 말로 『역학계몽』 집주) "어떤 사람이 묻기를 무극 앞을 어떻게 설명하면 좋겠습니까라고 하니 주자가 말하기를 소용은 괘도상에서 순환의 의미를 가지고 설명했다. 후에 구(姤)괘로부터 곤(坤)괘까지는 음이 양을 포함하나 복(復)괘로부터 건(乾)괘까지는 양이 음을 나누기 때문에 곤(坤) 괘부터 복(復)괘까지의 사이는 무극이다. 곤(坤)괘로부터 구(姤)괘까지 되돌아오기 까지가 무극이 모두 앞이다[或問 無極如何說前。朱子曰邵子就圖上。說循環之意。自姤至坤是陰含陽。自復至乾是陽分陰。坤復之間乃無極。自坤反姤是無極之前。]"라고 하였으니 괘도상 곤괘로부터 구(姤)괘까지 거꾸로 올라가는 그 사이가 '무극 앞[無極前]'임에 대하여 복 괘까지 이르는 그 사이가 무극이다.

7) 동정지후위음양(動靜之後爲陰陽): 동(움직임)과 정(멈춤) 이후에 음양이 되니. 이 말은 『태극도설』에서 "무극이면서 태극이다. 태극이 동해서 양을 생하고, 동이 극에 달하면 정해지니, 정하여서 음을 생하고, 정이 극에 달하면 다시 동해진다. 한 번 동하고 한 번 정하는 것이 서로 뿌리가 되어, 음으로 갈리고 양으로 갈리니 양의가 맞서게 된다[無極而太極 太極動而生陽 動極而靜 靜而生陰靜極復動 一陽一陰 互爲其根 分陰分陽 兩儀立焉]라고 한 말을 요약한 것이다. 태극을 『황극경세』서에서는 성수론과 관련하여 "1은 태극이다. 곧 일동과 일정 사이이다[一者太極也. 所謂一動一靜之間者也]"라고 하고 있다.

凡有生類[8]在天地之間者。捨陰陽而何之。故人之聲音。[9]皆有陰陽之理。[10]顧
人不察耳。[11]

    천지의 도(道, 순환하는 우주의 원리)는 오로지 음양과 오행뿐이니 곤(坤)
과 복(復)[12]괘의 사이가 태극(太極)[13]이 되고, 동(動, 움직이거나)과 정(靜,

---

8) 유생류(有生類): 생명을 가진 것. 곧 하늘과 땅 사이에 모든 살아 있는 것을 말한다.

9) 성음(聲音): 세상 만물에는 모두 소리가 있음을 말한다. 『황극경세서』〈찬도지요〉 하에서는
   "하나의 물(物)이 있으면 하나의 성(聲)이 있다. 성(聲)이 있으면 음(音)이 있고 율(律)이
   있으며 려(呂)가 있다[有一物別有一聲, 有聲則有音, 有律則有呂, 故窮聲音律呂以 萬物之數]"라
   고 하여 '성/율–음/려'의 대응관계로 파악하고 있다.

10) 개유음양지리(皆有陰陽之理): 모두 음양의 이치가 있다. 여기서 하늘과 땅(우주) 사이 모든
   것이 음양의 이치와 결부되어 있다고 설명하고 있으나 『태극도설』에서 "태극에는 일동과
   일정의 양의로 나누어져 있으며 음양이 곧 한 번 변하고 합치는데 오행을 갖추지만 그러나
   오행이라는 것은 바탕이 땅에서 갖추어지고 기는 하늘에서 행해지는 것이다[有太極則一動
   一靜而兩儀分 有陰陽則一變一合而五行具 然五行者 質其於地而氣行於天者也]"라고 하였고, 『
   성리대전』 권27에서도 "주자가 말하기를 음양은 기(氣)이며, 오행은 바탕인데 이 바탕(質)이
   있음으로써 물건과 일이 이루어져 나오는 것이다[朱子曰 陰陽是氣 五行是質 有這質 所以做得
   物事出來]"라고 한 것처럼 우주 만물을 음양과 오행으로 순환에 이루어지고 소멸하는 것으
   로 파악하고 있다.
    언어의 생성 원리를 음양설로 설명. 이는 역학 원리에 근원하고 있는 성리학의 이론을
   그대로 받아들인 것으로, 우주와 인간사의 모든 생성 원리가 음양설로 구명된다면 언어
   문자의 원리도 동일 범주 안에 포괄되는 것이다(서병국, 1964). 주염계(周濂溪)의 『태극도설』
   에서는 태극이 동(動)해서 양(陽)을 생(生)하고 동이 극에 달하면 정(靜)이 되고, 정(靜)해서
   음(陰)을 생(生)하고 정이 극에 달하면 다시 동한다 하였다. 한 번 동하고 한 번 정하는
   것이 서로 뿌리가 되어 음으로 갈리고 양으로 갈리어 양의(兩儀)가 맞서게 된다고 하고,
   이것이 우주만물이 대립되는 원리가 되는데, 다시 양변음합(陽變陰合)해서 오행(五行)이
   생긴다고 했고, 우주만물은 오행인 물(水), 불(火), 나무(木), 쇠(金), 흙(土)와 결부되어 있다
   고 보았다(강신항, 2006).

11) 『훈민정음』 해례본의 글씨체는 세종 30(1448)년 효령대군과 안평대군이 소헌왕후의 추천을
   빌며 『묘법연화경』(보물 제766호)를 간행했는데, 권말에 안평대군이 쓴 발문이 있는 『묘법
   화경』과 글씨체가 완전 일치하고 있어 안평대군의 글씨임을 알 수 있다. 안병희(2007),
   『훈민정음 연구』, 서울대학교 출판부, 40~42쪽. 대왕의 어제를 신하가 대필하는 경우 대개
   해서체로 썼는데, 현재 해례본의 본문(서문, 예의)의 2장은 그 뒷부분의 집현전 학사들이
   지은 해례가 해행서체인 것과 서로 대조가 된다. 최근 남권희 교수가 발굴한 『당송팔대가시
   선』(1444) 서문 〈몽유도원도〉에 실린 안평대군의 글씨체와 대비해 보더라도 흡사하게 같다.

12) 곤복지간(坤復之間): 곤(坤)과 복(復)의 사이는 곧 태극이라는 말이다. 『주역』의 괘명(卦名).
   곤괘는 64괘 중 2번째 괘이고 복괘는 24번째 괘이다. 그 사이를 무극 혹은 태극이라고

멈춤)의 뒤가 음양이 된다. 무릇 천지간에 있는 생류(生類, 살아 있는 생명)로써 음양을 버리고 어디로 갈 수 있겠는가? 그러므로 사람의 말소리(聲音)에도 다 음양의 이치가 있는 것인데, 다만 사람이 살피지 못할 뿐이다.[14]

제자의 성리학적 배경

今正音[15]之作。初非智營而力索。。[16]但因其聲音而極其理而已。理旣不二。[17]則何得不與天地鬼神[18]同其用[19]也。

한다. 우주 곧 태극의 양극단을 말한다.

13) 우주의 본체는 하늘과 땅[天地]가 아직 열리지 않고 음양(陰陽)의 두 기(氣)가 나누어져 있지 않을 때 단 하나의 존재로 고 보고 『태극도설』에서는 '태극 → 음양 → 오행 → 만물'이 되어 자연철학의 순환적 체계의 구조로 설명하고 있다.

14) 병와 이형상의 『자학』〈성운의 역사〉에는 "우리나라 세종대왕이 지은 훈민정음은 바로 언문을 말한다. 소옹(1011~1077)의 〈경세성음〉 곧 〈황극경세서 창화도〉 또한 훈민정음과 서로 표리가 되는 것이다[我世宗大王御製, 訓民正音, 卽所謂諺文, 邵氏 經世聲音, 亦如 訓民相表裏.]"라고 하여 훈민정음 제자해의 기본 이론이 소옹에 유래됨을 말하고 있다.

15) 정음(正音): 훈민정음을 줄여서 쓴 말. 해례에서는 "正音二十八字, 各象其形而制之"(제자해), "正音初聲, 卽韻書之字母也"(초성해), "殿下創制正音二十八字"(정인지 서) 등에서처럼 '正音'이라고 한 경우가 많다. 여기서는 정음(正音)과 정성(正聲)의 개념으로도 해석할 수 있다.

16) 지영이력색(智營而力索): 지혜로서 이루고 힘씀으로써 찾은 것이 아니다. 『황극경세서』〈찬도지요〉 상에서 "태극이 갈라져서 음과 양이 되고 음과 양 속에 또 음양이 있어 자연이 나오게 되는 것이며 지혜로서 알게 되고 힘으로 찾아지는 것을 기다려야 하는 것이다[太極判而爲陰陽, 陰陽之中又有陰陽出於, 自然不待智營而力索也]"라는 표현과 같다.

17) 이기불이(理旣不二): 이치는 둘이 아니다. 천지간의 모든 이치는 이 제자해의 첫머리에서 "천지의 도(道, 순환하는 우주의 원리)는 한 음양오행뿐이니[天地之道, 一陰陽五行而已]"라고 말한 것처럼 둘이 아니라 '음양오행' 하나의 원리뿐이라는 뜻이다.

18) '鬼'와 '神'의 자형이 '鬼'는 머리에 점이 없으며 '神'은 점획이 하나 더 추가되어 있다. 『훈민정음 해례』는 일종의 상주문이기 때문에 사서의 기록과 달리 편방점획(偏旁點畫)이 나타난다. 이형상의 『자학』에서 "자획이 많고 적음은 모두 『설문해자』를 기준으로 삼았는데 편방점획에 착오가 있는 것은 (…중략…) 당시에 법으로 매우 엄격하여 이를 범한 사람은 반드시 벌을 받았는데 그 후로는 점점 법의 적용이 느슨하게 되어 편방점획은 단지 임금에게 올리는 상주장(上奏章)에서만 쓰게 되었고"라는 기술과 같이 『훈민정음 해례』는 어서로서 매우 엄격한 편방점획의 제약과 함께 서체나 문장 양식의 제약이 많았던 것이다. 해례본의 한자

이제 정음을 만든 것도 애초부터 지혜로써 이루고 힘써서 억지로 찾은 것이 아니라, 단지 그 말소리에 따라서 그 이치를 철저하게 밝혔을 뿐이다. 이치는 이미 둘이 아니니 어찌 능히 천지 귀신과 더불어 그 씀(用, 쓰임)이 같지 않을 수 있겠는가?

제자의 일반 원리

正音二十八字。各象其形而制之。20)

정음 28자는 다 각각 그 형상을 본떠서 만든 것이니라.

자체를 정밀하게 분석해 보면 편방점획이나 옛 속자가 『실록본』과 상당한 차이가 난다. 예를 들면 '頹'자에서 '犬'의 점을 가감하거나 '鬼'에서도 마찬가지로 한 점 삭제하였다. 곧 불길한 의미를 지닌 한자의 경우 이처럼 감획을 하거나 '申', '秋'의 경우 점을 가획하고 있다. '爲'의 경우에도 동일한 문장이나 연이어지는 문장에서 반복하여 사용하는 경우 '爲'와 '爲'를 번갈아 다른 서체로 바꾸어 씀으로써 도형의 단조로움을 피하고자 하였다. 그리고 '殿下'나 '명(命)' 글자 다음은 행간을 낮추거나 혹은 공격으로 하였으며, 신하의 이름을 나타내는 '臣申叔舟'처럼 '臣'자나 이름 '叔舟'는 적은 글씨로 기록하고 있다. 이처럼 고도의 켈리그라프로서 기획된 글쓰기의 결과물이었음을 알 수 있다.

여기서 귀신은 천지간에 음양 변화의 굴신왕래(屈伸往來)를 표명하는 것을 뜻한다.

19) 용(用): 송학에서는 모든 사물의 근본이나 바탕이 되는 것을 '체(體, 근본 바탕)', 그 작용이나 응용, 활용을 '용(用, 쓰임)'이라고 하는데, 해례에도 이 개념을 도입하여 '체(體)'와 '용(用)'이라는 용어를 사용하고 있다. 체(體)를 '본체(體)─하늘(天)─해(日), 달(月), 별(星) 별(辰)─물(水), 불(火), 흙(土), 쇠(金)'의 관계로 용(用)은 '쓰임(用)─땅(地)─추위(寒), 더위(暑), 낮(晝), 밤(夜)─비(雨), 바람(風), 이슬(露), 우레(雷)'의 관계로 파악하고 있다.

20) 각상기형이제지(各象其形而制之): 다 그 형상을 모상하여 만든 것이다. 훈민정음의 글자 제작 원리를 분명히 밝힌 구절이다. 곧 '상형(象形)'을 훈민정음의 제자 원리로 삼고, 자음자는 조음기관 또는 자음을 조음할 때의 조음기관의 모양을 본떠서 만들고, 제자 순서는 먼저 아, 설, 순, 치, 후음별로 기본 글자 ㄱㄴㅁㅅㅇ를 제자한 다음 이를 바탕으로 해서 '인성가획(因聲加畫)'의 원리에 따라 발음이 센(厲)음의 순서대로 획을 더하여 다른 자음 글꼴을 만들었다. 모음 역시 하늘(天), 땅(地), 사람(人)의 삼재를 상형한 ·ㅡㅣ를 기본으로 하고 합성의 원리에 따라 글꼴을 만들었다.

초성 제자 원리

初聲凡十七字。21)牙音ㄱ。象舌根閉喉之形。舌音ㄴ。象舌附上腭之形。脣音
ㅁ。象口形。齒音ㅅ。象齒形。喉音ㅇ。象喉形。ㅋ比ㄱ。聲出稍厲。故加畫。ㄴ而
ㄷ。ㄷ而ㅌ。ㅁ而ㅂ。ㅂ而ㅍ。ㅅ而ㅈ。ㅈ而ㅊ。ㅇ而ㆆ。ㆆ而ㅎ。其因聲加畫之
義22)皆同。而唯ㆁ爲異。23)半舌音ㄹ。半齒音ㅿ。亦象舌齒之形而異其體。24)
無加畫之義焉。

초성은 모두 17자이다. 아음(牙音, 어금닛소리) ㄱ는 혀뿌리(舌根)가 목구
멍을 막는 형상을 본뜬 것이요, 설음(舌音, 혓소리) ㄴ는 혀끝이 윗잇몸에
닿는 모양을 본뜬 것이다. 순음(脣音, 입술소리) ㅁ는 입 모양을 본뜬 것이
다. 치음(齒音, 잇소리) ㅅ는 이의 모양을 본뜬 것이요, 후음(喉音, 목구멍소

음성 분류	기본자	상형 내용	가획자	이체자
어금니(牙)	ㄱ	象舌根閉喉之形	ㅋ	ㆁ
혀(舌)	ㄴ	象舌附上腭之形	ㄷ ㅌ	ㄹ
입술(脣)	ㅁ	象口形	ㅂ ㅍ	
이(齒)	ㅅ	象齒形	ㅈ ㅊ	ㅿ
목구멍(喉)	ㅇ	象喉形	ㆆ ㅎ	

不厲 → 厲

21) 초성범십칠자(初聲凡十七字): 전탁자(ㄲ, ㄸ, ㅃ, ㅆ, ㅉ, ㆅ) 6자를 제외한 17자를 초성 글자로
    채택한 것은 한글 표기 중심으로 한글이 제작되었음을 의미한다. 한자음 표기 등 외래어
    표기를 위해서는 합자 방식으로 운용한다는 기본원리이다. 한글 창제를 한자음 표기를
    위해 만들었다는 논거의 타당성이 없음을 알 수 있다.

22) 가획지의(加劃之義): 가획의 의미는 한자어에서도 '尸→戶, 心→必, 刀→刃'과 같은 가획
    의 원리가 적용되었다.

23) 유ㆁ위이(唯ㆁ爲異): 다만 ㆁ은 이체이다. 다른 자음 글자들은 모두 기본 글자에다가 획을
    더하여 만든 글자지만 ㆁ만은 기본자인 ㄱ에 획을 더하여 만든 글자가 아니라는 뜻. 즉
    ㆁ은 ㅇ에서 나온 이체(異體) 자라는 뜻이다.

24) 이기체(異其體): ㆁ, ㄹ, ㅿ도 각각 그 기본 글자인 ㄴ과 ㅅ에 획을 더하여 만든 글자가
    아닌 상형의 방법이나 가획의 방법에서 어긋나는 글자이다. 즉 체(體, 바탕 글자)인 ㄱ,
    ㄴ, ㅅ을 바탕으로 한 것이 아니고 달리 제자하였다는 뜻이다. 여기의 체(體)를 자형으로
    보고 '그 자형이 다르다'고 보는 견해도 있다.

리) ㅇ는 목구멍의 모양을 본뜬 것이다.

　ㅋ는 ㄱ에 비하여 소리가 조금 거센(稍厲) 까닭에 획을 더하였다. ㄴ에서 ㄷ, ㄷ에서 ㅌ, ㅁ에서 ㅂ, ㅂ에서 ㅍ, ㅅ에서 ㅈ, ㅈ에서 ㅊ, ㅇ에서 ㆆ, ㆆ에서 ㅎ가 되는 것도 소리에 따라 획을 더한 뜻이 다 같으나, 오직 ㆁ만은 다르다. 반설음 ㄹ와 반치음 ㅿ는 역시 혀와 이의 형상을 본뜨되 그 모양을 달리 한 것(이체자)이지. 획을 더하는 뜻은 없다.

초성 제자의 운학과 성리학적 원리

　。夫人之有聲本於五行。[25]故合諸四時而不悖。叶[26]之五音不戾。喉邃而潤。

---

25) 부인지유성본어오행(夫人之有聲本於五行): 제자해 첫머리에서 사람의 성음도 오행에 바탕을 둔 것이라고 하였으므로 여기서도 다음과 같이 『고금운회거요』나 『절운지장도』의 〈변자모차제례〉 등을 참고하여 오행, 오시, 오방 등과 결부하여 설명한 것임. 다만 본문에서는 '합제사시(合諸四時)'라고 하였으나 실지로는 오시로 설명되어 있다.

五音(聲)	牙	舌	脣	齒	喉
五行	木	火	土	金	水
五時	春	夏	季夏	秋	冬
五音(樂)	角	徵	宮	商	羽
五方	東	南	무정위(중앙)	西	北
五常	仁	禮	信	義	智
五臟	肝	心	脾	肺	腎
四德	元	享		利	貞
五色	靑	赤	黃	白	黑

　오행(五行)을 기준으로 하여 오방위(五方位), 오상(五常)이나 오장(五臟) 등을 연계시킨 것은 대단히 관념적인 기술인 것처럼 보이지만 성리학에서는 이들 모두를 우주 생성과 소멸의 인자로 보고 순환하는 일련의 상관관계로 파악하고 있다.

26) 협음(叶音)은 협운(叶韻)이라고도 한다. 협운은 당시의 음으로 고대의 운문을 읽을 경우 운이 맞지 않는 글자의 음을 운에 맞도록 임시로 고쳐 읽는 것을 협운이라 한다. 주자가 『시경』이나 『초사』를 해석할 때 협운을 적용한 것이 대표적인 사례이다. 고염무는 "옛날에는 문자가 같아서 소리(聲)와 형상(形象)이 통하였으므로 무릇 글자 곁에 어떤 글자가 따르면 음도 반드시 그대로 따랐는데, 후세에는 그 음이 그릇된 것을 깨닫지 못하고 도리어 고음이라 하여 원래 다른 운을 협운이라 하여 통용하는 것은 잘못이다. 그 까닭을 따지면 강동(江東) 사람들이 본디 사부만을 배우고 고훈(古訓)에 통달하지 못하였으므로 성음이

水也。聲虛而通。27)如水之虛明而流通也。於時爲冬。於音爲羽。28)牙錯而長。
木也。聲似喉而實。如木之生於水而有形也。於時爲春。於音爲角。舌銳而動。
火也。聲轉而颺。如火之轉展而揚揚也。於時爲夏。於音爲°徵29)。齒剛而斷°。
金也。聲屑而滯。如金之屑瑣而鍛成也。於時爲秋。於音爲商。脣方而合。土也。
聲含而廣。如土之含蓄萬物而廣大也30)。於時爲季夏。於音爲宮。然水乃生物
之源。火乃成物之用。故五行之中。水火爲大。喉乃出聲之門。舌乃辨聲之管。
故五音之中。喉舌爲主也。31)喉居後而牙次之。北東之位也。舌齒又次之。南
西之位也。脣居末。土無定位而寄旺四季之義32)也。是則初聲之中。自有陰陽

하나인데도 문자가 더욱 많아지게 되었고, 시부를 짓는 것은 정교하나 경전을 연구하는
데는 졸렬할 뿐 아니라 지금 사람과 옛날 사람을 마치 서로 알지도 못하는 딴 나라 사람들처
럼 만들어서 협음설이 생긴 것이라고 하였다. 병와 이형상의『자학제강』〈협운설〉에서
통운은 한시를 지을 때 서로 통용될 수 있는 운부를 말한다. 예컨대 평성(平聲) 동운(東韻)과
동운(冬韻)에 속하는 글자들은 서로 운자로 통용될 수 있다.

27) 성허이통(聲虛而通): 소리가 비고 통하여. 오음을 아, 설, 순, 치, 후의 순으로 설명한 것이
아니라 목부터 조음기관의 순서에 따라 입술까지 조음기관의 모양 또는 각 조음기관에서
조음되는 각 음에 대하여 생리적 특징 곧 목에서 입까지 조음의 음상을 중심으로 설명한
부분이다. 여기서는 목과 목에서 발음되는 후음에 대하여 설명하였다.

28) 주자는『주역본의』에서 "'원(元)'은 계절로써 봄(春)으로 사람의 덕성으로는 인(仁)이라 하
면서 원은 사물을 낳는 시작이니 천지의 덕이 이것보다 앞서는 것이 없기 때문에 철(時)로는
봄이 되고 사람에게 있어서는 인(仁)이 되어 선(善)의 으뜸이 된다[元者, 生物之始, 天地之德
莫先於此, 故於時爲春, 於人則爲仁而衆善之長也]"라고 하여 '元貞移貞'을 4계로 설명하듯이
여기서는 오음을 오시로 대응시켜 설명하고 있다.

29) '徵'자는 화음치. 보통 '징'이라고 발음하나 여기서는 火音을 뜻하는 '치'이다.

30) 위의 본문에서 오음과 오행을 결부하여 설명하고 이를 다시 조음 작용면에서 음상과 관련하
여 설명한 것을 정리하면 다음과 같다.

五聲	조음기관 모양	오행	사시	오음	오방	설명내용
喉	邃而潤	水	冬	羽	北	虛而通	如水之虛明而流通
牙	錯而長	木	春	角	東	似喉而實	如木之生於水而有形
舌	銳而動	火	夏	徵	南	轉而颺	如火之轉展而揚揚
齒	剛而斷	金	秋	商	西	屑而滯	如金之屑瑣而鍛成
脣	方而合	土	季夏	宮	無定位	含而廣	如土之含蓄萬物而廣大

31) "然水乃生物之源, 火乃成物之用, 故五行之中, 水火爲大, 喉乃出聲之門, 舌乃辨聲之管, 故五音之
中, 喉舌爲主也": 오행과 조음기관을 결부하였을 때 물(水)=목구멍(喉), 불(火)=혀(舌)이므
로 오행 중에서 물(水)과 불(火)이 중요하듯, 조음기관 중에서도 후(喉), 설(舌)이 가장 중요하
다는 설명이다. 후(喉)는 소리의 문이고 설(舌)은 가장 중요한 조음체이다.

32) 기왕사계지의(寄旺四季之義): 흙(土)은 중앙에 있으므로 사방에 배치되어 있는 4계절에 기

五行方位之數也。

　대저 사람의 말소리(聲)는 모두 오행에 근본을 두고 있어 사시(四時, 네 계절)에 어울려 어그러지지 않고, 오음(五音: 궁, 상, 각, 치, 우)에 맞추어도 어긋나지 않는다.[33]

　목구멍은 입 안 깊숙한 곳에 있고 젖어 있어 오행의 수(水, 물)에 해당한다. 소리는 비(虛)고 막힘이 없는 듯(通)하여, 마치 물이 투명하게 맑고(虛明) 두루 흘러 통하는(流通) 것과 같다. 계절(時)로는 겨울(冬)이요. 오음으로는 우(羽)이다. 어금니는 울퉁불퉁하고 길어서 오행의 목(木, 나무)에 해당한다. 소리는 후음과 비슷해도 여문 것은 마치 나무가 물에서 나되 형체가 있는 것과 같다. 계절로는 봄(春)이요. 오음으로는 각(角)이며, 혀는 날카롭고 움직이니 오행의 화(火, 불)에 해당한다. 소리는 입 안을 구르고 날리어 마치 불이 구르고 펼쳐지며(轉展, 굴러 퍼져 나감) 활활 타오르는(揚揚, 활활 타오름) 것과 같다. 계절로는 여름(夏)이요. 오음으로는 치(徵)이다. 이는 단단하고 물건을 끊으니 오행의 금(金, 쇠)에 해당한다. 소리는 부스러지고 막히어 쇠의 쇄설(瑣屑, 가루가 부스러짐)한 것이 단련되어(鍛鍊, 쇳가루를 불리어서) 형체가 이루어지는 것과 같다. 계절로는 가을(秋)이요. 오음으로는 상(商)이다. 입술은 모지고 다물어지니 오행의 토(土, 흙)에 해당한다. 소리는 머금었다가 넓어지는 듯한 것은, 마치 흙이 만물을 머금어(含蓄) 품으면서도 넓고 광대한 것과 같다. 계절로는 늦여름(季夏)이요, 오음으로는 궁(宮)이다.

댈 수 있다는 뜻이다. 『성리대전』 권27 이기 2의 오행조에는 "오직 토는 정한 방위가 없으며 사계에 기댈 수 있다[惟土無定位, 寄旺於四季]"라고 있다.

33) 초성의 제자 원리를 요약하면 사람의 오성(五聲)을 오행(五行), 오시(五時), 오방(五方) 등과 결부시켜 설명하고 있는데 주자학의 통합적 설명 방식이다. 본문에서는 '사시(四時)'라고 하였으니 '계하(季夏)'를 넣어 실제로는 오시(五時)로 설명하고 있다.

그러나 물은 만물을 생장시키는 근원이요, 불은 만물을 이루는 작용인 때문에 오행 중에는 물과 불(水火)이 중요한 것이 된다. (마찬가지로) 목구멍은 소리를 내는 문이고, 혀는 바로 소리를 가려내는 기관(管)이기 때문에 오음 중에 후음과 설음이 으뜸이 된다. 목구멍은 맨 뒤에 있고 어금니는 그 다음에 있으니, 각각 북(北)과 동(東)의 자리이다. 혀와 이가 또 그 다음이니 남(南)과 서(西)의 자리이다. 입술은 맨 끝에 있으니 이는 흙(土)이 일정한 자리(位圖)가 없이 네 계절(四時)에 기대어서 왕성함(寄旺)이라는 뜻이다. 이는 곧 초성 중에 스스로 음양, 오행, 방위의 수를 가지는 것이다.[34]

초성 제자와 소리 체계

又以聲音淸濁[35]而言之。ㄱㄷㅂㅈㅅㆆ。爲全淸。ㅋㅌㅍㅊㅎ。爲次淸。ㄲㄸ

---

34) 초성 제자 원리를 요약하여 표로 나타내면 다음과 같다.

오음(聲)	어금니소리(牙)	혓소리(舌)	입술소리(脣)	잇소리(齒)	목구멍소리(喉)
오행	나무(木)	불(火)	흙(土)	쇠(金)	물(水)
오시	봄(春)	여름(夏)	늦여름(季夏)	가을(秋)	겨울(冬)
오성(樂)	각(角)	치(徵)	궁(宮)	상(商)	우(羽)
오방	동(東)	남(南)	중앙(中央) 무정위(無定位)	서(西)	북(北)

초성의 배열순서가 예의와 달라졌다. 예의에서는 '아→설→순→치→후'의 순서였는데 해례에서는 '후→아→설→치→순'의 순서로 배열한 것은 성문(出聲之門)인 목구멍에서 입(聲之出口)까지 조음위치(point of articulation)에 따라 순차적으로 배열하였다. 이 점은 당시 집현전 학사들이 현대 음성학적 조음의 원리를 충분하게 인식하고 있었음을 말한다. 또한 세종이 창제한 초성 17자의 배열 구도가 해례에 와서 약간의 변개가 이루어졌음을 알 수 있다.

35) 성음청탁(聲音淸濁): 중국 음운학에서는 중고한어의 어두자음을 조음위치별로 나누어 아, 설, 순, 치, 후의 오음으로 분류하고(반설음, 반치음까지 합하면 칠음), 같은 조음위치에서 발음되는 음들을 다시 음의 성질에 따라 다음과 같이 나누었다. 전청음은 무기무성자음(unaspirated sound)을, 차청음은 유기무성자음(aspirated sound)을, 전탁음은 무기유성자음(sonant)을, 불청불탁음(nasal, liquid)은 유성음이다.

이런 기준에 의하여 당말, 북송 초에 36자모를 선정하여 한어의 어두자음을 표시하는

ㅃㅉㅆᅘᅘ。爲全濁。ㆁㄴㅁㅇㄹㅿ。爲不淸不濁。ㄴㅁㅇ。其聲最不厲。故次序
雖在於後。而象形制字則爲之始。36) ㅅㅈ雖皆爲全淸。而ㅅ比ㅈ。聲不厲。故
亦爲制字之始。唯牙之ㆁ。雖舌根閉喉聲氣出鼻。而其聲與ㅇ相似。故韻書疑
與喩多相混用。37) 今亦取象於喉。而不爲牙音制字之始。38) 盖喉屬水而牙屬

음성기호처럼 사용해 왔다. 훈민정음은 이 36자모표와는 따로 15세기 중세국어에 맞는
자음을 선정하여 23자음자를 창제하였는데 그 분류방식은 중국 36자모표를 본받은 바가
있다. 그리하여 훈민정음해례에서도 이 분류법을 따라서 국어의 자음을 분류하였는데, 전탁
음만은 한어 자음의 유성음과는 달리 국어의 된소리(硬音)에 해당된다고 볼 수 있다. 그래서
15세기 문헌에서는 전탁음들이 두 가지 구실을 해서『동국정운식』한자음이나『홍무정운역
훈』의 한음 표기에는 한자음의 유성음을 나타내려 하였고, 국어를 표기할 때에는 된소리를
나타내기 위하여 쓰였다. 다만 당시의 우리 선인들이 유성음의 음가를 된소리처럼 인식하고
있었는지는 모른다. 그렇다면『동국정운』의 '전탁음'을 된소리 표기로 볼 수도 있다. 중국
36자모표와 훈민정음 23자모표를 보이면 다음과 같다.

〈중국 36자모표〉

七音	牙音	舌頭音	舌上音	脣重音	脣輕音	齒頭音	正齒音	喉音	半舌	半齒
全淸	見	端	知	幇	非	精	照	影		
次淸	溪	透	徹	滂	敷	淸	穿	曉		
全濁	群	定	澄	並	奉	從	牀	匣		
不淸不濁	疑	泥	孃	明	微		喩	來	日	
全淸						心	審			
全濁						邪	禪			

〈훈민정음 23자모표〉

七音	牙音	舌音	脣音	齒音	喉音	半舌	半齒
全淸	君ㄱ	斗ㄷ	彆ㅂ	卽ㅈ	挹ㆆ		
次淸	快ㅋ	呑ㅌ	漂ㅍ	侵ㅊ	虛ㅎ		
全濁	虯ㄲ	覃ㄸ	步ㅃ	慈ㅉ	洪ᅘ		
不淸不濁	業ㆁ	那ㄴ	彌ㅁ		欲ㅇ	閭ㄹ	穰ㅿ
全淸				戌ㅅ			
全濁				邪ㅆ			

36) 次序雖在於後, 而象形制字則爲之始: 전청, 차청, 전탁, 불청불탁의 순으로 보면 ㄴㅁㅇ은 불
   청불탁 소속음이라 그 순서가 뒤가 되지만, 각 조음기관에서 가장 약한 음을 골라 조음
   상태를 상형하여, 제자할 때의 순은 이들 글자가 각 음의 맨 앞이라는 뜻이다.

37) 의여유다상혼용(疑與喩多相混用): '의(疑)'와 '유(喩)'는 각각 중국 등운학에서 말하는 36자
   모의 하나인데, 중국 음운학에서는 한어의 어두자음을 분류하여 36자모표를 만들고, 각
   자모로 하여금 각 어두자음을 대표케 하였을 때, 의(疑)모는 ŋ-을, 유(喩)모는 j-, ɦ-를
   나타내게 하는 것이었다. 그러나 12세기경부터 한어의 어두 ŋ-음이 소실되어, 원래 ŋ-음
   을 가졌던 한자들의 자음이 j-, ɦ-을 가졌던 한자들과 같아졌으므로 여러 운서에서 한어
   자음을 자모로 표시할 때 '疑'모자와 '喩'모자를 엄격히 구별하여 표음하지 못하고 '疑'모와
   '喩'모의 사용에 혼동이 생기게 되었다. 이러한 사실을 알고 있었던 해례 편찬자들은 훈민정

木。ㆁ雖在牙而與ㅇ相似。猶木之萌芽生於水而柔軟。尙多水氣也。[39]ㄱ木之成質。ㅋ木之盛°長。ㄲ木之老壯。故至此乃皆取象於牙也。

또 말소리의 청탁(淸濁)에[40] 대해서 말해 보자. ㄱㄷㅂㅈㅅㆆ는 전청(全淸)이며, ㅋㅌㅍㅊㅎ는 차청(次淸)이다. ㄲㄸㅃㅉㅆㆅ는 전탁(全濁)이다.[41] ㆁㄴㅁㅇㄹㅿ는 불청불탁(不淸不濁)이다.

ㄴㅁㅇ는 그 소리가 가장 세지 않은(不厲) 까닭에 비록 차서(次序, 차례)로는 뒤에 있으나, 모양을 본떠서 글자를 만드는 데 있어서 이들을 시초로

음의 ㆁ자가 '疑'모에 해당되고, ㅇ자가 '喩'모에 해당되므로 의모계 자음과 유모계 자음이 혼용되는 모습을 설명하기 위하여 ㆁ음과 ㅇ음이 '상사(相似, 서로 비슷하다)'라고 표현하고 있는 것이다. 그러나 중세국어를 기록한 ㆁ자와 ㅇ자는 그 음가 면에서 도저히 비슷할 수가 없다. 제자해에서 ㆁ의 음가를 '설근폐후성기출비(舌根閉喉聲氣出鼻)'라고 해서 [ŋ]임을 말하였고, 종성해에서 ㅇ의 음가를 '성담이허(聲淡而虛)'라고 해서 zero임을 말하였으므로, 훈민정음해례 편찬자들도 ㆁ과 ㅇ의 음가 차이를 알고 있었다.

38) 今亦取象於喉。而不爲牙音制字之始: 해례 편찬자들은 ㆁ자가 ㅇ자와 음가가 비슷하여 ㆁ자도 ㅇ자와 마찬가지로 목구멍 모양을 본떠서 글자를 만들었다고 생각하고 있었으므로, ㆁ자는 아음의 불청불탁 소속자이면서도 아음의 기본 문자가 되지 않았다고 설명한 것임. 다른 조음위치에서 발음되는 글자들은 불청불탁자가 기본 문자가 되었음.

39) ㆁ雖在牙而與ㅇ相似 … 尙多水氣也: 여기서는 ㆁ와 ㅇ가 자형상 비슷하다는 뜻이며, ㆁ자는 아음이라 오행으로는 나무(木)이고, ㅇ자는 후음이라 물(水)인데, 다른 아음자와는 달리 ㆁ자가 ㅇ자를 본받아 제자되었으므로 마치 나무가 물에서 생겨났으나 아직 물기가 있는 것과 같다는 뜻임.

40) '청탁(淸濁)'은 자음의 자질 중 하나인데, 성운학에서는 오음(五音)과 함께 성(聲)을 분류하는 기준으로 삼아 왔다. 곧 오음의 각각을 다시 청탁에 따라 '전청, 차청, 전탁, 불청불탁'으로 분류한 것이다. 그런데 해례본에서는 '청탁'을 다시 소리의 세기인 '려(厲)'의 정도에 따라 '쵀불려(㝡不厲)'한 소리, '불려(不厲)'한 소리, '려(厲)'한 소리로 나누어 이를 『훈민정음 해례』의 제자 과정에 반영하고 있다(임용기, 2010).

41) 전탁 글자 6자 가운데 'ㄲ, ㄸ, ㅃ, ㅉ'는 『동국정운식』 한자음에서만 사용되고 'ㅆ, ㆅ'은 우리말 표기에도 사용되었는데 『원각경언해』(1465년)에서부터 'ㆅ'이 사용되지 않는다. 우리말 표기에서 'ㅂ를 끼름, 수물 띠, 녀쏘고, 마쯔비'와 같은 예외적 표기는 음가가 된소리 표기는 아니었던 것으로 보인다.

	어금닛소리(牙)	혓소리(舌)	입술소리(脣)	잇소리(齒)	목구멍소리(喉)
전청	ㄱ	ㄷ	ㅂ	ㅅ ㅈ	ㆆ
전탁	ㄲ	ㄸ	ㅃ	ㅆ ㅉ	ㆅ

삼았다. ㅅㅈ는 비록 다 전청이라도 ㅅ는 ㅈ에 비해 소리가 거세지 않은 때문에 글자를 만드는 데 있어서 시초로 삼았다.

다만 아음의 ㆁ는 비록 설근(舌根, 혓뿌리)이 목구멍을 닫고 소리 기운이 코를 통하여 나오는 소리이지만, 그 소리가 ㅇ와 서로 비슷해서 중국의 운서42)에도 '의(疑)'모와 '유(喩)'모가 서로 혼용되는 경우가 많으므로, 이 것 또한 목구멍의 모양을 취하여 아음(어금닛소리) 글자를 만들 시초(기본 자)로 삼지 않은 것이다. 대개 목구멍은 오행의 수(물)에 속하고 어금닛소 리(아음)는 목(나무)에 속하는데, ㆁ가 비록 아음 위치에 있으면서도 ㅇ와 비슷한 것은, 마치 나무의 새싹이 물에서 생장하여 부드럽고 연약하면서 (柔軟, 부드러움) 여전히 물 기운을 많이 가진 것과 같은 것이다. ㄱ는 나무 의 성질이요, ㅋ는 나무의 성장(무성함)이요, ㄲ는 나무의 노장(늙어서 굳건 함)인 것이므로 이렇게 되어서 모두 어금니 모양을 본뜬 것이다.

전탁음과 병서

全清並書則爲全濁。以其全清之聲凝則爲全濁43)也。唯喉音次清爲全濁者。 蓋以ㆆ聲深不爲之凝。ㅎ比ㆆ聲淺。故凝而爲全濁也。44)

---

42) 훈민정음 창제 시에 가장 많이 이용했던 중국 운서인 『고금운회거요』, 『광운』, 『집운』, 『예부운략』, 『홍무정운』 등을 말한다.

43) 全清之聲凝則爲全濁: 훈민정음해례의 이론적 기반이 비록 중국음운학에 있었다고 하더라도 새 고유문자인 훈민정음의 음가에 대한 설명 내용은 국어를 가지고 설명한 부분이 많다. 여기의 전탁음에 대한 설명도 중세국어의 된소리에 관한 것임. 『동국정운』(1447)의 서문에 서 "我國語音 其清濁之辨 與中國無異(우리나라 말소리는 그 청탁의 구별에 있어서 중국과 다를 바가 없다)"라 하여 '語音'의 '清濁' 구분을 인식하고 있었는데, 그 '濁'(여기서는 全濁)의 음가를 "以其全清之聲 凝則爲全濁也(그 전청의 소리를 가지고 엉기게 발음하면 전탁음이 된다)"라 하여 '된소리'로 설명하고 있는 것임. '凝'은 성문폐쇄음을 설명한 것으로 볼 수 있음.

전청 글자를 병서(竝書, 나란히 쓰면)하여 전탁으로 삼으니 전청의 소리가 엉기면(凝) 전탁이 되는 까닭이다. 오직 후음(목구멍소리)만은 차청인 ㅎ에서 전탁이 되는 것은 대개 ㆆ 소리가 깊어서 엉기지 않는 데 비해, ㅎ는 ㆆ에 비하여 소리가 얕으므로 엉겨서 전탁이 되기 때문이다.

순경음과 연서

> ○連書脣音之下°則爲脣輕音者°以輕音脣乍合而喉聲多也°45)

○을 순음 아래 연서(連書, 이어서 쓰면)하여 쓴 것을 순경음(脣輕音, 입시울 가벼운 소리) 글자로 삼는 것은 그 경음(輕音, 소리의 가벼움)은 입술을 살짝 다물면서 목구멍소리가 많이 섞여진 때문이다.46)

---

44) 唯喉音次清爲全濁者。盖以ㆆ聲深不爲之凝. ㅎ比ㆆ聲淺. 故凝而爲全濁也: ㆆ자의 음가가 성문 폐쇄음 [ʔ]임을 말하고 이를 '심'으로 표현한 것임. 중국음운학에서 어두자음을 조음위치별로 분류하여 牙, 舌, 脣, 齒, 喉音으로 하였으나 중국 36자모 가운데 후음에 배열된 음들은 엄격히 말하면 모두 성문음이 아니어서, 影母[ʔ]만이 성문음이고 曉母[x], 匣母[ɣ]는 아음(연구개음)이라고 할 수 있으며, 喩母는 zero 또는 반모음[j](일부는 [ɦ]로 볼 수 있음). 훈민정음의 후음을 挹ㆆ[ʔ], 虛ㅎ[h], 洪ㆅ[hʔ], 欲ㅇ[zero 또는 ɦ]으로 본다면 이들은 모두 성문음이라고 할 수 있음. 그러나 같은 후음이라도 ㆆ음은 성문 그 자체에서 발음되는 폐쇄음이므로, 된소리 요소인 성문폐쇄음을 중복시켜 된소리를 만들 수 없고, 같은 성문음인 ㅎ[h]음에 된소리 요소를 더하여 성문폐쇄 수반음인 ㆅ[hʔ]음이 되도록 한다는 설명이다.

45) 以輕音脣乍合而喉聲多也: 순경음의 음가가 양순마찰음임을 말한 것. 「번역노걸대」, 「박통사 범례」(1510년경)에서는 "合脣作聲 爲ㅂ而曰脣重音 爲ㅂ之時 將合勿合 吹氣出聲 爲ㅸ而脣輕音(입술을 합하여 소리를 낼 때 ㅂ음이 되는 것을 순중음이라고 하고, ㅂ음을 낼 때에 입술이 합하는 듯 마는 듯하며, 날숨이 나오면서 ㅸ음이 되는 것을 순경음이라고 한다)"이라고 더 구체적으로 설명하고 있음. 그러나 둘 다 순경음 ㅸ음이 유성음인지 무성음인지는 밝히지 않고 있음. 여러 (초기 정음) 문헌의 용례로 보아 ㅸ음은 유성음인 [β]이었고, 한음을 표기한 ㅸ은 [f]이었음.

46) 최세진의 『번역노걸대박통사』 범례에도 순중음과 순경음에 대해 "입술을 닫아서 소리를 내면 'ㅂ'이 되는데 이를 순중음이라고 한다. 'ㅂ'이 될 때 입술을 닫으려 하다가 닫지 않고 공기를 불어서 소리를 내면 'ㅸ'이 되는데 이를 순경음이라고 한다. 글자를 만들 때 동그라미

중성 글자의 제자 원리

1. 상형의 제자

中聲凡十一字。47)・舌縮而聲深。天開於子也。形之圓。48)象乎天地。一舌小
縮而聲不深不淺。地闢於丑也。形之平。象乎地也。ㅣ舌不縮而聲淺。人生於寅
也。形之立。象乎人也。

중성은 무릇 11자이다.

・는 혀가 옴츠러들어(縮, 오그람듬) 소리는 깊다(深). 하늘이 자(子, 자시)
에서 열리는바, 그 둥근 형상은 하늘을 본 뜬 것이다. 一는 혀가 조금
옴츠러들어(小縮) 소리는 깊지도 얕지도 않다(不深不淺). 땅이 축(丑, 축시)
에서 열리는바, 그 모양이 평평한 것은 땅을 본뜬 것이다. ㅣ는 혀가 옴츠
러들지 않아(不縮) 소리가 얕다(淺). 사람이 인(寅, 인시)의 위치에서 생기는
바, 그 모양이 서 있는 것은 사람을 본뜬 것이다.

를 'ㅂ' 아래에 붙이면 곧 입술을 비워서 소리를 낸다는 뜻이다[合脣作聲, 爲ㅂ而曰脣重音.
爲ㅂ 之時, 將合物合吹氣出聲, 爲ㅸ而曰脣輕音. 制字加空圈於ㅂ下字, 卽虛脣出聲之義也]"라고
하였다.

47) 中聲凡十一字: 15세기 중세국어의 단모음은 7개였으나 훈민정음 창제 때에는 ㅛㅑㅠㅕ도
각각 단일 단위 문자로 생각하고 있었으므로, 중성자를 11자라고 한 다음, 易의 天地人三才
를 상형하여 국어 모음자의 기본자로 창제하고 다음과 같이 설명했음.

기본자	자형	상형 내용	조음 때 혀 모양	혀의 전후 위치와 개구도의 차이에서 오는 느낌(음향감)	음양
・	形之圓	天開於子	縮	深	양
―	形之平	地闢於丑	小縮	不深不淺	중
ㅣ	形之立	人生於仁	不縮	淺	음

48) 『황극경세서』〈찬요지요〉에서 공자의 '계사'를 인용하면서 "둥근 것은 하늘이요, 모진 것은
땅이 되어 천지의 이치가 모두 여기에 있다[圓者爲天, 方者爲地, 天地之理皆在是也]"라고
하였다.

2. 초출자의 음가와 제자 방법

此下八聲。一闔一闢。[49] ㅗ與·同而口蹙。其形則·與ㅡ合而成。取天地初交之義也。ㅏ與·同而口張。其形則ㅣ與·合而成。取天地之用發於事物待人而成也。ㅜ與ㅡ同而口蹙。其形則ㅡ與·合而成。亦取天地初交之義也。ㅓ與ㅡ同而口張。其形則·與ㅣ合而成。亦取天地之用發於事物待人而成也。ㅛ與ㅗ同而起於ㅣ。ㅑ與ㅏ同而起於ㅣ。ㅠ與ㅜ同而起於ㅣ。ㅕ與ㅓ同而起於ㅣ。[50]

이 아래 8성은 하나는 닫힘(闔, 입이 닫김 곧 원순성 모음)이요, 하나는 열림(闢, 입이 열림, 곧 비원순성 모음)이다. ㅗ는 ·와 같되 입이 오므라드니 (口蹙) 그 모양은 바로 ·와 ㅡ가 합한 것인데 하늘과 땅이 처음으로 만난 다는 뜻을 취한 것이다. ㅏ는 ·와 같으나 입이 벌어지니(口張), 그 모양은 바로 ㅣ와 ·가 합한 것인데 하늘과 땅의 작용이 사물에서 나타나되 사람 (人)을 기다려서야 비로소 이루어진다는 뜻을 취한 것이다. ㅜ는 ㅡ와 같 으나 입이 오므라드니(口蹙) 그 모양은 바로 ㅡ와 ·가 합한 것인데, 이

---

49) 此下八聲 一闔一闢: 소옹은 『황극경세서』에서 '合'을 '翕'자로, '開'를 '闢'자로 썼는데, 『훈민 정음 해례』에서는 '翕'자와 뜻이 같은 '闔'자를 써서 '闔, 闢'으로 표현했다. 또 闔闢은 '口蹙', '口張'과도 상호 연관 관계에 있으므로 이들은 모음을 원순성 여부와 개구도를 참고로 해서 분류한 기준으로 볼 수 있음.

ㅗ ㅜ		闔 ㅗ ㅜ	ㅛ ㅠ(口蹙)
↑	↑	口蹙	闢 ㅏ ㅓ ㅑ ㅕ(口張)
·	ㅡ		
↓	↓	口張	
ㅏ ㅓ		初出	再出

『역경계사』상 11장에는 "是故闔戶謂之坤, 闢戶謂之乾, 一闔一闢謂之變"이라는 구절이 있 어서, 여기의 '一闔一闢'은 이를 따온 것으로 보임.

50) 起於ㅣ: 『훈민정음해례본』 제자해에서는 같은 이중모음인데도 ㅛㅑㅠㅕ는 ㅣ로 시작되는 이중모음으로 설명하고, ㅘㅝ는 중성해에서 합용으로 설명하고 있음. 그러면서 다시 역학 이론으로 ㅛㅑㅠㅕ를 설명하여 "ㅛㅑㅠㅕ起於ㅣ而兼乎人"이라고 하여 ㅣ모음으로 시작되는 이중모음은 ㅣ=사람(人)이므로 모두 사람이 들어있다고 하였음.

역시 하늘과 땅이 처음으로 만난다는 뜻을 취한 것이다. ㅓ는 ㅡ와 같으나 입이 벌어지는바, 그 모양은 곧 •가 ㅣ와 합하여 된 것이다. 또한 천지의 쓰임이 사물에서 출발하여 사람(人)의 힘을 입어 이루는 뜻을 취한 것이다.[51)]

3. 제출자의 음가

ㅛ與ㅗ同而起於ㅣ。ㅑ與ㅏ同而起於ㅣ。ㅠ與ㅜ同而起於ㅣ。ㅕ與ㅓ同而起於ㅣ。

ㅛ는 ㅗ와 같으나 (소리가) ㅣ에서 일어나고, ㅑ는 ㅏ와 같으나 (소리가) ㅣ에서 일어나고, ㅠ는 ㅜ와 같으나 (소리가) ㅣ에서 일어나고, ㅕ는 ㅓ와 같으나 (소리가) ㅣ에서 일어난다.[52)]

---

51) 구축(口蹙, 입을 오므림)과 구장(口張, 입을 벌림) 그리고 합벽(闔闢, 입을 닫고 엶)에 따른 모음의 상관도는 아래 도표와 같다. 샘슨(Sampson, 1985) 선생은 축(蹙)back, 불축(不蹙)front, 천(淺)grave, 합(闔)acute, 벽(闢)round와 같은 변별적 자질을 나타내는 문자이기 때문에 한글을 변별적 문자라고 규정하고 있다.

자형	음성	제자방법	제자원리	음양	입술모양
ㅗ	•同而口蹙	•+ㅡ	天地初交之義	양	합(闔)
ㅏ	•同而口張	ㅣ+•	天地之用發於事物待人而成	음	벽(闢)
ㅜ	ㅡ同而口蹙	ㅡ+•	天地初交之義	음	합(闔)
ㅓ	ㅡ同而口張	•+ㅣ	天地之用發於事物待人而成	음	벽(闢)

52) 제출자의 제자원리와 그 음가를 요약하면 다음 도표와 같다.

재출자	입의 모양 변화 시작모양 → 끝모양		음양	입술모양
ㅛ	ㅣ → ㅗ		양	합
ㅑ	ㅣ → ㅏ		양	벽
ㅠ	ㅣ → ㅜ		음	합
ㅕ	ㅣ → ㅓ		음	벽

4. 초출자와 재출자의 제자 원리

ㅗㅏㅜㅓ始於天地ᄒ爲初出也ᄒ ㅛㅑㅠㅕ起於ㅣ而兼乎人ᄒ爲再出也ᄒ ㅗㅏ
ㅜㅓ之一其圓者ᄒ取其初生之義也ᄒ ㅛㅑㅠㅕ之二其圓者ᄒ取其再生之義也ᄒ
ㅗㅏㅛㅑ之圓居上與外者ᄒ以其出於天而爲陽也ᄒ53) ㅜㅓㅠㅕ之圓居下與內
者ᄒ以其出於地而爲陰也ᄒ・之貫於八聲者ᄒ猶陽之統陰54)而周流萬物也ᄒ ㅛㅑ
ㅠㅕ之皆兼乎人者ᄒ以人爲萬物之靈而能參兩儀55)也ᄒ取象於天地人而三才
之道備矣ᄒ56)然三才爲萬物之先ᄒ而天又爲三才之始ᄒ猶・ㅡㅣ三字爲八聲之
首ᄒ而・又爲三字之冠°也ᄒ

ㅗㅏㅜㅓ는 하늘(天)이나 땅(地)에서 비롯하니 초출(初出, 처음 나옴)이

---

53) ㅗㅏㅛㅑ之圓居上與外者ᄒ 以其出於天而爲陽也: 『역학계몽』의 "양은 위에서 음과 교합하며
음은 아래에서 양과 교합한다[陽上交於陰 陰下交於陽]", 또는 『역경』 부괘록에 있는 '內陰而
外陽'(즉 內三爻는 음, 外三爻는 양. 이것은 外三爻는 양이기 때문에 건괘의 성격 건, 활동적
으로 보이며, 內三爻는 음이기 때문에 곤의 성격 순, 유순하게 보이지만 실은 내심 뼈가
없기 때문에 소인의 모습이다. 음은 소인, 양은 군자이기 때문에, 소인이 조정에 있고 군자가
밖에 내몰린 모습이기도 하다)과 같은 사상을 응용한 설명임.

54) 양지통음(陽之統陰): 양이 음을 그느른다는 뜻. 『역학계몽』의 "낙서에서는 5의 기수로 4의
우수를 통어하기 때문에 각각 그 자리에 있다. 대개 양을 주로 하여 음을 통어하며, 그
변수의 용(用)을 시작한다[洛書以五奇數統四偶數 而各居其所 盖生於陽以統陰而肇其變數之
用]"을 응용한 설명임. ・는 하늘(天)을 상형한 것이나 하늘(天)을 또 양으로 본 데서 나온
설명임.

55) 능참양의(能參兩儀): 양의는 하늘과 땅을 말한다. 『황극경세서』의 채원정 주에 있는 "천지
만물은 모두 음양, 강유의 구분이 있다. 사람은 음양, 강유를 겸비하고 있어서 만물보다
영묘하기 때문에 천지에 참여할 수 있다[天地萬物皆陰陽剛柔之分 人則兼備乎陰陽剛柔 故靈
於萬物 而能與天地參也]"와 같은 내용의 설명임. 양의는 천지이다. 양의는 곧 『주역』〈계사〉
에서 "역에는 태극이 있으며 이것이 양의를 생성한다[易有太極。是生兩儀]"의 '양의'는 천지
(天地)를 이름이다.

56) 삼재지도비의(三才之道備矣): 삼재의 시초가 되는 것과 같다. 『역경계사』 하 제10장에서
"역이라는 책은 광대하여 모두 갖추어져 있어서, 여기에는 하늘의 도가 있으며 사람의
도가 있고 땅의 도도 있다. 삼재를 겸하고 있어서 이것을 곱치기 때문에 육, 육이란 딴
것이 아니고 바로 삼재의 도다[易之爲書也 廣大悉備 有天道焉 有人道焉 有地道焉 兼三才而兩
之 故六 六者 非它也 三才之道也]"라고 한 것을 여기서는 훈민정음의 기본 모음자와 결부하
여 설명한 것이다.

되고, ㅛㅑㅠㅕ는 ㅣ에서 일어나서 사람을 겸하니 재출(再出, 다시 나옴)이 된다. ㅗㅏㅜㅓ가 둥근 점이(圓, •) 하나인 것은 그 초생(初生, 처음 생김)의 뜻을 취한 것이요, ㅛㅑㅠㅕ의 둥근 점이 둘인 것은 재생(再生)의 뜻을 취한 것이다. ㅗㅏㅛㅑ의 둥근 점이 위와 바깥쪽(오른쪽)에 놓인 것은 그것이 하늘(天)에서 나와서 양(陽)이 되는 때문이다. ㅜㅓㅠㅕ의 둥근 점이 (ㅡ의) 아래와 (ㅣ의) 안쪽(왼쪽)에 놓인 것은 그것이 땅(地)에서 생기어 음(陰)이 되기 때문이다.

•가 이 여덟 소리에 다 들어 있는 것은(貫, 꿰여 있는) 마치 양이 음을 이끌어 만물에 두루 흐르는 것과 같다. ㅛㅑㅠㅕ가 모두 사람(人)을 겸한 것은 사람은 만물의 영장으로서 능히 양의(兩儀, 양과 음, 하늘과 땅)에 참여하는 때문이다. (이상과 같이) 하늘(天), 땅(地), 사람(人)에서 본떠서 삼재(三才)의 이치가 갖추어졌다. 그러나 삼재가 만물의 으뜸이고 하늘(天)이 그 삼재의 시초가 되는 것 같이 •ㅡㅣ의 세 글자가 여덟 글자의 첫머리인 동시에 •가 다시 세 글자(•, ㅡ, ㅣ) 중의 꼭대기(으뜸)인 것과 같은 것이다.[57]

중성의 역학과 성수

ㅗ初生於天。天一生水之位也。ㅏ次之。天三生木之位也。ㅜ初生於地。地二生火之位也。ㅓ次之。地四生金之位也。ㅛ再生於天。天七成火之數也。ㅑ次之。天九成金之數也。ㅠ再生於地。地六成水之數也。ㅕ次之。地八成木之數也。[58]水

---

57) 초출자와 재출자의 제자 원리를 요약하면 아래 도표와 같다.

	재출 초출	상형자	초출 재출
양	ㅛ ← ㅗ	← • →	ㅏ → ㅑ
음	ㅠ ← ㅜ	← ㅡ →	ㅓ → ㅕ
원	2 1		1 2

火未離°乎氣°陰陽交合之初°故闔°59)木金陰陽之定質°故闢°•天五生土之位也°
一地十成土之數也°ㅣ獨無位數者°盖以人則無極之眞°二五60)之精°妙合而
凝61)°固未可以定位成數論°也°是則中聲之中°亦自有陰陽五行方位之數也°

---

58) ㅗ初生於天 … 地八成木之數也:『역경』〈계사〉에서는 1부터 10까지의 수에서 기수를 하늘
(天)에, 우수를 땅(地)에 배합했는데, 정현의『역법』에서는 하늘과 땅(天地)의 수를 1에서
5까지를 생위, 6에서 10까지를 성수라 하고, 여기에다가 오행과 사계, 사방을 결부하였으며,
奇를 양, 偶를 음으로 보았다.『훈민정음해례본』에서는 여기의 奇에 양성모음, 偶에 음성모
음을 배합시켰다. 건은 하늘(天), 곤은 땅(地), 하늘(天)은 음수, 지는 음수, 양은 기수이기
때문에 1, 3, 5, 7, 9가 이에 속한다. 음은 우수이므로 2, 4, 6, 8, 10이 이에 속한다. 하늘(天)의
수가 다섯, 땅(地)의 수가 다섯, 기수, 우수의 오위가 1, 2, 3 4, 5 6, 7 8, 9, 10처럼 각각
가까운 것끼리 짝을 이루어 각각 화합한다. 1과 6이 화합한 불(火), 3과 8이 화합한 나무(木),
4와 9가 화합한 쇠(金), 5와 10이 화합한 흙(土) 등이다. 하늘(天)의 수인 1, 3, 5, 7, 9를
합하면 30, 하늘과 땅(天地) 수의 총계는 55가 된다. 이 양수, 음수가 음양의 변화와 진행
운행의 자취를 상징한다[天一地二, 天三地四, 天五地六, 天七地八, 天九地十, 天數五, 地數五,
五位相得而各有合, 天數二十有五, 地數三十. 凡天地之數五十有五, 此所以成變化而行鬼神也].
정현의『역법』에서도 하늘(天) 1이 북에 있어서 물(水)을 낳아 ☵(坎), 땅(地) 2가 남에
있어서 불(火)을 낳아 ☲(離), 하늘(天) 3이 동에서 나무(木)를 낳아 ☴(巽), 땅(地) 4가 서에서
쇠(金)를 낳아 ☱(兌), 하늘(天) 5가 중앙에서 흙(土)을 낳는다. 양과 음에 배우가 없으면
상성할 수가 없다. 지 6이 북에서 물(水)을 성생하고 하늘(天) 1과 나란히 서며, 하늘(天)
7이 남에서 불(火)을 성생하여 땅(地) 2와 나란히 서며, 땅(地) 8이 동에서 나무(木)을 성생하
여 하늘(天) 3과 나란히 서며, 하늘(天) 9가 서에서 쇠(金)을 성생하여 땅(地) 4와 나란히
서며, 땅(地) 10이 중앙에서 흙(土)을 성생하여 하늘(天) 5와 나란히 선다[天一生水于北, 地二
生火于南, 天三生木于東, 地四生金于西, 天五生土于中, 陽無耦陰無配, 未得相成, 地六成水于北,
與天一並, 天七成火于南, 與地二並, 地入成木于東, 與天三並, 天九成金于西, 與地四並, 地十成土
于中, 與天五並]. 공영달(孔穎達)의『역경정의』만물이 형성될 때 미소한 것부터 점점 나타나
며, 오행의 전후도 또 미소한 것부터 먼저 나타난다. 물(水)은 가장 미소한 것으로서 1이
되며, 불(火)은 점점 나타나서 2가 된다. 나무(木)의 형체는 실지로는 3이 되며, 쇠(金)는
고체이기 때문에 4가 되며, 흙(土)는 바탕(質)이 크기 때문에 5가 된다[萬物成形以微著爲漸,
五行先後亦以微著爲先, 水最微爲一, 火漸著爲二, 木形實爲三, 金體固爲四, 土質大爲五].

59) 水火未離乎氣 … 故闔:『위수도』에서 水는 ㅛㅠ, 火는 ㅜㅗ라고 하였으므로 ㅗㅜㅛㅠ는 합(闔,
원순모음)이요, 나무(木)는 ㅏㅕ, 쇠(金)는 ㅓㅑ라고 하였으므로 ㅏㅕㅓㅑ는 벽(闢, 장순모음)
이라는 뜻임.

60) 이오(二五): 이오의 2는 음양을 5는 오행을 말하는데 곧 이오는 음양오행을 뜻한다. 음양은
1, 2로 구성되고 오행은 1, 0, 2로 구성되는데 결국 오행의 중위(0, 무극)를 제외하면 음양의
대립 곧 2원의 음양이론과 같다.『태극도설』에 "무극은 진(眞, 참)이고 이오는 정(情, 본성)인
데 묘하게 합하여 엉긴다[無極之眞, 二五之情, 妙合而凝]"이라 하였다. 오늘날 디지털의 기본
원리가 0. 1의 2원 대립으로 구성된 원리와 동일하다.

61) ㅣ獨無位數者 … 妙合而凝: 앞의『위수도』에서 ㅣ모음은 아무데도 배정이 안 되었는데 그
이유를 설명한 부분이다. 중성자의 제자 원리를 설명할 때 ㅣ모음에 대하여 '形之立 象乎人

ㅗ가 맨 처음 하늘(天)에서 생겨나니 천일생수(天一生水, 하늘의 수)로 1이며 물을 낳는 자리의 위(位, 자리)요, ㅏ가 그 다음이니 천삼생목(天三生木, 하늘의 수)로 3이며 나무을 낳는 자리의 위요, ㅜ가 맨 처음 땅(地)에서 생기니 지이생화(地二生火, 땅의 수로 이이며 불을 낳는 자리)의 위요, ㅓ가 그 다음이니 지사생금(地四生金, 땅의 수로 4이며 금을 낳는 자리)의 위이다. ㅛ가 거듭 하늘(天)에서 생기니 천칠성화(天七成火, 하늘의 수로 7이며 불을 낳는 자리)의 수(數)요, ㅑ가 다음이니 천구성금(天九成金, 하늘이 수로 9이며 금을 낳는 자리)의 수요, ㅠ가 거듭 땅(地)에서 생기니 지육성수(地六成水, 땅의 수로 6이며 물을 낳는 자리)의 수요, ㅕ가 다음이니 지팔성목(地八成木, 땅의 수로 8이며 나무을 낳는 자리)의 수이다.

물(水 ㅗ, ㅛ)과 불(火 ㅜ, ㅠ)은 기에서 벗어나지 않아, 음양이 교합하는 시초이므로 합(闔, 닫음)이 된다. 나무(木 ㅏ, ㅑ)와 쇠(金 ㅓ, ㅕ)는 음양의 정해진 바탕(定質, 성질을 정함)이므로 벽(闢, 열림)이 된다.

ㆍ는 천오생토(天五生土, 하늘의 수로 오이며 흙을 낳는 자리)의 위요, ㅡ는 지십성토(地十成土, 땅의 수로 십이며 흙을 낳는 자리)의 수이다. ㅣ는 홀로 위(位)나 수(數)가 없는 것은 대개 사람(人)이란 무극(無極, 태극 곧 우주 만물의 근원)의 진리와 이오(二五, 2는 음양을 5는 오행임)의 정교(精巧)함이 오묘하게 합하여 엉킨 것으로서 본디 일정한 위(定位)와 이루어진 수(成數)를 가지고 논의할 수가 없기 때문이다.[62] 이는 중성 가운데에 스스로 음양, 오행, 방위의 수를 갖추고 있는 것이다.[63]

也'라고 하였으므로, ㅣ모음은 사람(人)이 되는데, 이 사람(人)에 대해서는 『태극도설』에서 다음과 같은 설명을 그대로 인용한 구절이다. "무극의 참모습은 음양과 五行의 精이 기묘하게 배합하여 응결하는 것이다. 天道는 男이 되며 地道는 女가 된다. 음양의 二氣가 교감하여 만물을 화생하며, 만물은 발육, 변화하여 그 변화는 무궁하다[無極之眞 二五之精 妙合而凝 乾道成男 坤道成女 二氣交感 化生萬物 萬物生生而變化無窮焉]." 2는 음양이며 5는 오행이다.

62) 이를 표로 정리하면 다음과 같다.

초성과 중성의 비교

以初聲對中聲而言之。陰陽。天道也。剛柔。64)地道也。65)中聲者。一深一淺
一闔一闢。是則陰陽分而五行之氣具焉。天之用也。66)初聲者。或虛或實或颺

방위	오행	생위(生位)		성수(成數)	
북(北)	물(水)	하늘(天)일(一)	ㅗ	땅(地)육(六)	ㅠ
남(南)	불(火)	땅(地)이(二)	ㅜ	하늘(天)칠(七)	ㅛ
동(東)	나무(木)	하늘(天)삼(三)	ㅏ	땅(地)팔(八)	ㅕ
서(西)	쇠(金)	땅(地)사(四)ㅓ	ㅓ	하늘(天)구(九)	ㅑ
중(中)	흙(土)	하늘(天)오(五)。		땅(地)십(十)一	

63) 중성의 제자 원리와 음양, 상수, 오방, 오행의 관계를 표로 정리하면 다음과 같다.

	중성	음양(天地)	상수(象數)	오행-오방
초출자	ㅗ	初生於天－양	1	水－北
	ㅏ	初生於天－양	3	木－東
	ㅜ	初生於地－음	2	火－南
	ㅓ	初生於地－음	4	金－西
재출자	ㅛ	再生於天－양	7	火－南
	ㅑ	再生於天－양	9	金－西
	ㅠ	再生於地－음	6	水－北
	ㅕ	再生於地－음	8	木－東
기본자	ㆍ	天－양	5	土－中
	ㅡ	地－음	10	土－中
	ㅣ	人－무	무	무

64) 강유(剛柔): 강(剛, 강함)과 유(柔, 유연함, 약함)에 대해 『주역』에서는 음양이 서로 대립한
개념인데 '양→강', '음→유'의 관계로 설명하고 있다. 입천의 도를 음과 양, 입지의 도를
강유, 입인의 도를 인(仁)과 의(義)로 대응시키기도 한다. 곧 삼재의 도는 천도→음양, 지도
→강유, 인도→인의가 된다. 『역경』〈설괘〉(제2장)에 "천지의 도는 음과 양에서 고 땅의
도리가 강유에서 사람의 도리는 인의에서 선다[立天之道曰陰與陽。立地之道曰剛與柔。立人之
道曰仁與義。]"라고 하였는데 〈잡봉(雜封)〉에는 "건은 강이고 곤은 음이다[乾剛坤柔]"라고
하여 강유(剛柔)는 결국 음양에 대비되는 성질의 것이다.

65) 以初聲 … 地道也: 여기서는 소옹의 『황극경세음창화도』의 술어를 훈민정음과 결부하여
설명하였다. 소옹은 운모음을 천성(天聲), 성모음을 지음(地音)이라고 했는데, 운모음은 훈
민정음의 중성(모음)과 관련이 있는 동시에 음양과 관련하므로 천도라 하였고, 성모음은
훈민정음의 초성(자음)과 관련이 있는 동시에 창화도에서 剛柔와 결부하였으므로 여기서는
地道라 하였음.

66) 中聲者 … 天之用也: 앞에서 설명하였던 모음의 모든 성질을 한 데 모아 설명한 것임. 예컨대
•는 深, ㅣ는 淺, ㅏ는 闢임. 그리고 주 65에서 설명한 대로 소옹은 운모음(중성)과 하늘을
결부하였으므로, 중성의 모든 성질을 '天'의 '用'으로 설명한 것이다.

或滯或重若輕。[67]是則剛柔著而五行之質成焉。地之功也。[68]中聲以深淺闔
闢唱之於前。初聲以五音淸濁和。之於後。而爲初亦爲終。亦可見萬物初生於
地。復歸於地也。

초성을 중성에 대비하여 말해 보자. 음양(陰陽)은 하늘(天)의 도(道, 이치)
요, 강유(剛柔, 단단하고 부드러움)는 땅(地)의 도(道, 이치)이다.[69] 중성은 하나
가 깊으면 하나가 얕고 하나가 닫히면 하나가 열리니, 이는 바로 음양이
나뉘고 오행의 기(氣)가 갖추어져 있는 것이니, 하늘(天)의 작용(用)이다.
　초성은 어떤 것은 비어 있고, 어떤 것은 차 있으며, 어떤 것은 날리고,
어떤 것은 걸리며, 어떤 것은 무겁거나 가벼우니, 이는 바로 강유(剛柔,
강함과 부드러움)가 드러나서 오행의 바탕이 이루니 땅(地)의 공(功)이다.
　중성이 깊고 얕음과 오므라지고 펴짐으로써(深淺闔闢)[70] 앞에서 부르면

---

67) 或虛或實或颺或滯或重若輕: 초성의 자질을 설명한 대목이다. 이를 요약하면 다음 표와 같다.

초성의 자질	후음	허(虛)	聲虛而通	후음 자질
	아음	실(實)	聲似喉而實	아음 자질
	설음	양(颺)	聲轉而颺	설음 자질
	치음	체(滯)	聲屑而滯	치음 자질
	순중음	중(重)	脣重	순중음 자질
	순경음	경(輕)	脣輕	순경음 자질

68) 初聲者 … 地之功也: 앞에서 설명하였던 자음의 모든 성질을 한 데 모아 설명한 것임. 예컨대
虛는 후음, 實은 아음, 颺은 설음, 滯는 치음, 或重若輕은 순중음과 순경음. 그리고 여기서도
초성과 땅이 결부된 것으로 보고 초성의 모든 성질을 '地'의 '功'으로 설명한 것이다. 즉
여기서는 소옹의 견해에 따라 초성(자음)을 地(지음)로 보고 설명한 것임.

69) 『주역』〈설괘전〉에 "하늘의 도를 세워 음과 양이라 하고 땅의 도리를 세워 유와 강이라
하고 사람의 도리를 세워 인과 의라 하니 천지인 삼재를 겸하여 둘로 겹쳤기 때문에 여섯
획으로 괘를 이루었다[是以立天地道曰陰陽, 立地之道曰柔與剛, 立人之道曰仁與義, 兼三才而
兩之 故易六畫成卦, 分陰分陽迭用剛柔, 故六位而成章]"라고 하였다.

70) 중성의 자질. '심천(深淺)'은 'ㆍ, ㅡ, ㅣ'를 구별하기 위한 자질인데 세 중성이 나는 자리에
따라 입의 뒤쪽 깊은 데로부터 입안의 앞쪽 얕은 데로, 차례에 따라 벌인 것이다. '합벽(闔闢)'
은 'ㅗ, ㅏ, ㅜ, ㅓ, ㅛ, ㅑ, ㅠ, ㅕ'의 여덟 중성을 'ㆍ, ㅡ, ㅣ'의 세 중성과 구별하기 위한
자질이다. '합벽'은 해례본에서 입의 오므림(口蹙)과 벌림(口張)으로 바꾸어 설명하기도 한
다(임용기, 2010).

초성이 오음 청탁으로써 뒤에서 화답하니, 초성도 되고 종성도 된다. 또한 만물이 맨 처음 땅에서 생기어 다시 땅으로 돌아가는 것을 볼 수 있다.

음절 구성과 초·중·종성의 글자의 우주 순환원리

以初中終合成之字言之。亦有動靜互根陰陽交變之義焉。動者。天也。靜者。地也。兼乎動靜者。人也。[71] 盖五行在天則神之運也。在地則質之成也。在人則仁禮信義智神之運也。肝心脾肺腎質之成也。[72] 初聲有發動之義。天之事也。終聲有止定之義。地之事也。中聲承初之生。接終之成。人之事也。盖字韻之要。在於中聲。初終合而成音。亦猶天地生成萬物。而其財成補相°則必賴乎人也。[73]

---

71) 以初中終 … 兼乎動靜者 人也: 초성자, 중성자, 종성자를 각각 字素처럼 생각하고 이들이 합쳐져 하나의 문자 단위, 즉 음절문자처럼 쓰이는 것을, 천지인 삼재와 음양설을 가지고 설명한 것임. 하늘(天)과 초성, 사람(人)과 중성, 땅(地)과 종성을 결부하여 생각하고, 『태극도설』에 있는 "태극이 움직여 양을 낳고, 동(動)이 극에 이르면 정(靜)이 되며, 정(靜)이 음(陰)을 낳는다. 정(靜)이 극에 이르면 또 동(動)이 된다. 한 번 움직이고 한 번 멈춤[一動一靜]이 서로 그 뿌리가 되어 음을 나누고 양을 나누어서 하늘과 땅(天地)이 성립한다[太極動而生陽 動極而靜 靜而生陰靜極復動 一動一靜 互爲其根 分陰分陽 兩儀立焉]"라는 말을 요약한 다음, 하늘(天)은 동(動)이며 초성이고, 땅(地)은 정(靜)이며 종성이고, 사람(人)은 동과 정이 겸함(動兼靜)으로 중성임을 설명하고 있다.

72) 盖五行 … 質之成也: 『성리대전』 권24 『홍범황극』 내편에는 "오행이 하늘(天)에서는 오기(五氣, 다섯가지 기운)가 된다. 雨, 暘(晴), 燠(暖), 寒, 風이다. 땅(地)에서는 오질(五質, 다섯가지 바탕)이 된다. 水, 火, 木, 金, 土이다[五行在天則爲五氣雨暘 燠寒風也 在地則爲五 質水火木金土也]"라 하고 있다. 권25 〈오행인체성정도(五行人體性情圖)〉에는 二陰欄에 肝心脾肺腎이 배열되어 있으며, 권27 〈오행조〉에는 "주자가 말하기를 기의 정영이 신이다. 金, 木, 水, 火, 土는 신이 아니다. 그래서 金, 木, 水, 火, 土를 신으로 보는 것은, 인간에 있어서는 이(理, 이치)가 된다. 그리하여 仁, 義, 禮, 智, 信으로 보는 것이 이것이다[朱子曰 氣之精英者爲神 金木水火土非神 所以爲金木水火土者是神 在人則爲理 所以爲仁義禮智信者是也]" 등이 있어서 이를 종합하여 기술한 대목이다.

73) 其財成輔相 則必賴乎人也: 『역경』 〈태괘〉에 "하늘(天)과 땅(地)이 교감하는 것이 태(泰)괘다. 군왕은 그것으로 하늘과 땅의 도를 재성하고, 하늘과 땅의 의(義)를 상보해서 백성을 부양한다[象曰, 天地交泰, 后以, 財成天地之道, 輔相天地之宜, 以左右民]"에서 따온 내용이다. 財는 裁의 뜻이며, 相은 佐의 뜻이고, 재성보상(財成輔相)은 재성은 천지의 도이며, 보상은 전지의

。終聲之復°用初聲者。以其動而陽者乾也。靜而陰者亦乾也。乾實分陰陽而無不君宰也。74)一元之氣。周流不窮。75)四時之運。循環無端。故貞而復°元。76)冬而復°春。初聲之復°爲終。終聲之復°爲初。亦此義也。

　초성, 중성, 종성이 합하여 이루어진 글자(字, 글자 곧 음절구성)에 대하여 말하자면 또한 움직임과 멈춤(動靜)이 있음이 서로 근본이 되고, 음양이 만나 변하는 뜻이 있다. 동(動)이란 하늘(天)이요, 정(靜)이란 땅(地)요, 동정(動靜)을 겸한 것은 사람(人)이다. 대개 오행은 하늘(天)에 있어서는 신(神)의 운행이고, 땅에 있어서는 바탕이 이루는 것이며, 사람에게 있어서는 인(仁), 예(禮), 신(信), 의(義), 지(智)가 신의 운행이요, 간(肝), 심(心), 비(脾), 폐(肺), 신(腎, 간장, 심장, 비장, 폐장, 신장)이 바탕을 이루는 것이다.
　초성은 펼쳐져서 움직이는 뜻이 있으니 하늘(天)의 일이다. 종성은 그쳐 정해지는(止定) 뜻이 있으니 땅(地)의 일이다. 중성은 초성의 생겨남을 이

의(宜)인데 과오를 다스려 이루게 하고 부족한 것을 기워 도운다는 뜻. 곧 '잘 마름하여 지나치지 않도록 억제하고, 잘 도와서 미치지 않은 바를 깁도록 한다'는 뜻이다.

74) 終聲之復用初聲者 … 無不君宰也: 초성 글자가 그대로 종성 글자로 사용되는 것을 역리로 설명한 것임. 『태극도설』에서는 "그래서 동(動, 움직임)하는 것은 양(陽), 정(靜, 멈춤)인 것은 음의 본체다[所以動而陽 靜而陰之本體也]"라 했고 『통서』 순화 제11에서는 "하늘은 양(陽)을 가지고 만물을 생성하며, 음(陰)을 가지고 만물을 육성한다[天以陽生萬物 以陰成萬物]"라고 하였으며, 『역학계몽』에서는 "건으로 나누어 동(動)하여 양이 되는 것은 건(乾)이며, 정(靜)하여 음이 되는 것도 역시 건(乾)이다. 건(乾)은 실로 음과 양을 나누면서도 그것을 주재하지 않는 것이 없다는 것을 말한 것이다[蝟乾以分之, 則動而陽者乾也, 靜而陰者亦乾也, 乾實分陰陽而無不君宰也]"라고 한 것을 응용한 대목이다.

75) 一元之氣周流不窮: '一元'은 큰 근본(大本), 〈관윤자(關尹子)〉에 '先想乎一元之氣, 具乎一物'이라고 있음. 『황극경세서』(經世一元消長之數圖)에서는 30년을 一世, 12세를 一運, 30운을 一會, 12회를 一元이라 하고, 천지는 일원을 단위로 해서 변천한다고 하였으며, '窮則變, 變則生, 蓋生生而不窮也'라고 하였음.

76) 貞而復元: 『성리대전』 권26 〈이기(理氣) 1조〉에는 "주자가 이르되 모든 정이 다시 원을 생성하며 이와 같이 무궁하다[朱子曰…蓋是貞復生元 無窮如此]"라는 말이 있다. 또 권27 〈사시조〉에는 "주가가 이르되 일세로 말하면 춘하추동이 있고 건으로 말하면 원형이정이 있다[朱子曰…以一歲言之, 有春夏秋冬, 以乾言之, 有元亨利貞云云]"라고 있는데, '元=春, 亨=夏, 利=秋, 貞=冬'의 관계로 파악하고 있다.

어받아 종성의 이룸을 이으니 사람(人)의 일이다.[77]

　대개 자운(字韻, 글자의 소리, 음절)의 핵심은 중성에 있으니, 초성에서 종성이 합하여 음(음절)을 이룬다. 이 또한 마치 하늘과 땅이 만물을 생성하나 그것을 재단하여 돕는 일(財成輔相)은 반드시 사람(人)에게 힘입는 것과 같다.

　종성에 초성을 다시 쓰는 것은 동(動)하여 양(陽)인 것도 건(乾)이고, 정(靜)하여 음(陰)인 것도 또한 건(乾)으로, 건(乾)이 음양으로 갈라지더라도 주관하고 다루지 않는 것이 없는 때문이다. 일원(一元, 우주의 근원)의 기운이 두루 흐르고 통하여(周通) 사시의 운행이 순환(循環)하여 끝이 없는 때문에 원형이정(元亨利貞)의 정(貞)에서 다시 원(元)으로 돌아가고, 겨울(冬)에서 다시 봄(春)으로 돌아가는 것이다. 초성이 다시 종성이 되고 종성이 다시 초성이 되는 것도 또한 같은 뜻이다.[78]

---

[77] 초성, 중성, 종성의 합성 원리를 요약하면 다음과 같다. 현대 분절음운론(Syllable phonology) 부합한다.

	음성원리	삼재	역학원리		
초성	發動(on-set)	하늘(天)	動	天之事	神之運
중성	承接(core)	사람(人)	兼動靜	人之事	人之事
종성	止定(cord)	땅(地)	靜	地之事	質之成

[78] 천도(天道)인 "乾元亨利貞(건은 하늘을 뜻한다. 곧 크게 형통하고 바르면 이롭다.)"는 말은 공영달(孔穎達, 574~648)의 『주역정의』에 네 덕으로 또는 사시로 해석한 것을 원용한 내용이다.

		원(元)	생겨남	봄(春)
천도(天道)	건(乾)	형(亨)	자람	여름(夏)
		이(利)	삶을 이룸	가을(秋)
		정(貞)	완성됨	겨울(冬)

제자해 결사

吁。正音作而天地萬物之理咸備。其神矣哉。是殆天啓
聖心而假手焉者乎。訣曰[79]

아아! 정음(正音)이 만들어지는데 천지만물의 이치가 다 함께 갖추었으
니 그 신비함이여, 이것은 아마도 하늘이 임금(聖上)의 마음을 열어서 (성
인의) 솜씨를 빌려주신 것이로다.

결에 이르되[80]

天地之化本一氣[81]
陰陽五行相始終
物於兩間有形聲
元本無二理數[82]通
正音制字尙其象[83]
因聲之厲每加畫[84]
音出牙舌脣齒喉

---

79) '결(訣)'은 신민(信敏) 작으로 추정(박해진, 2015)하거나 후대에 추가된 것으로 추정(권재선, 1998)하기도 한다. 『절운지장도』〈변자모청탁가〉에서도 자모의 청탁 관계를 7언시의 형식으로 설명한 내용과 흡사하다.

80) 총 70행의 칠언고시.

81) 天地之化本一氣:『역학계몽』에 '天地之間 一氣而已'라고 있어서 모든 것이 氣로 이루어지는 듯이 이해되기 쉬우나, 제자해의 첫머리에 있는 '天地之道 一陰陽五行而已'의 내용과 같은 말을 한 것으로 봄이 좋을 것임.

82) 리수(理數): 여기의 수는 우주 만물의 모든 현상을 수를 가지고 설명한 소옹의 설 등을 말하는 것임.

83) 상기상(尙其象): 정음 창제 때 자음자는 발음기관을, 모음자는 천, 지, 인 삼재를 상형하여 제자한 것을 이렇게 표현한 것. 尙其象은 그 모양 본뜨기를 주로 하였다(존중하였다)고 보는 것이 좋을 듯.

84) 화(畫): '획(劃)'의 의미로도 사용된다. 강신항(2003) 선생은 '劃'으로 바꾸어 놓았다.

是爲初聲字十七

牙取舌根閉喉形

唯業似欲取義別。85)

舌迺86)象舌附上腭

脣則實是取口形

齒喉直取齒喉象

知斯五義87)聲自明

又有半舌半齒音

取象同而體則異

那彌戌欲聲不厲

次序雖後88)象形始

配諸四時與冲氣89)

五行五音無不協

維喉爲水冬與羽

牙迺春木其音角

°徵音夏火是舌聲

齒則商秋又是金

脣於位數本無定

土而季夏爲宮音

---

85) 취의별(取義別): 여기의 '義'자는 ㅇ자의 상형 내용이 다른 아음자와 마찬가지로 ㄱ에서
   나온 것이 아니고 ㅇ에서 나왔으므로 혀뿌리가 목구멍을 막은 모양을 본뜬 아음과는 그
   제자 방식이 서로 다르다는 뜻.

86) 迺: 乃(내), 곧.

87) 오의(五義): 초성의 다섯 기본 글자를 상형한 뜻(이치)을 말하는 것.

88) 次序雖後: 제자해의 주에서 이미 설명한 바와 같이 不淸不濁에 속하는 那(ㄴ), 彌(ㅁ), 欲(ㅇ)
   은 중국 36자모표의 전청, 차청, 전탁, 불청불탁의 순서로 보아 끝이라는 뜻인데, 전청에
   속하는 戌(ㅅ)자까지도 한 데 묶어 설명한 것은 사실과 어긋나나, '不厲'를 기준으로 삼아
   기본 문자를 만들었음을 설명한 것이라고 할 수 있음.

89) 충기(冲氣): 『성리대전』 권1의 '태극도설해'(주자)에서 '土冲氣 故居中'이라고 하여 五行圖
   中 가운데에 위치한 土를 '冲氣'라고 설명했음. '冲氣'는 '冲氣'이며 '천지간의 조화된 원기'를
   말함.

聲音又自有淸濁

要°於初發細推尋

全淸聲是君斗彆

卽戌挹亦全淸聲

若洒快吞漂侵虛

五音各一爲次淸

全濁之聲虯覃步

又有慈邪亦有洪

全淸並書爲全濁

唯洪自虛是不同

業那彌欲及閭穰

其聲不淸又不濁

欲之連書爲脣輕

喉聲多而脣乍合

中聲十一亦取象

精義未可容易°觀

吞擬於天聲最深[90]

所以圓形如彈丸

卽聲不深又不淺

其形之平象乎地

侵象人立厥聲淺

三才之道斯爲備

洪出於天[91]尙爲闔[92]

象取天圓合地平

---

90) 성최심(聲最深): 모음 글자에 대한 설명이 때로는 자형을, 때로는 음가를 중심으로 하여
   전개되고 있음. 여기서는 음가를 설명한 것임.

91) 출어천(出於天): ㅗ(洪)나 ㅏ(覃)가 ·(하늘)에서 나온 글자라는 뜻임.

92) 闔: 제자해의 주에서 설명한 대로 闔은 合口를 뜻하며 원순모음을 가리키고, 闢은 開口를
   뜻하며 비원순모음을 가리킴. 따라서 여기서는 ㅗ모음이 闔(합구모음)이라는 뜻임.

覃亦出天爲已闢

發於事物就人成

用初生義一其圓

出天爲陽在上外

欲穰兼人93)爲再出

二圓爲形見｡其義

君業戌彆出於地94)

據例自知何須評

吞之爲字貫八聲95)

維天之用徧流行

四聲96)兼人亦有由

人參天地爲最靈97)

且就三聲98)究至理

自有剛柔與陰陽

中是天用陰陽分99)

初迺地功剛柔彰

中聲唱之初聲和100)

---

93) 겸인(兼人): ㅛㅑ 등 이중모음이 ㅣ모음(즉 사람을 상형해서 만든 글자)과 결합된 것이라
    는 뜻.

94) 출어지(出於地): ㅜㅓㅠㅕ가 모두 ㅡ모음과 한 부류라는 뜻.

95) 관팔성(貫八聲): ㅗㅏㅜㅓㅛㅑㅠㅕ의 8모음에는 모두 ·자(즉 呑ᄐ의 중성인 ·자)가 포함되어
    있다는 뜻.

96) 四聲: 여기서는 ㅛㅑㅠㅕ를 말하는 것임.

97) 人參天地爲最靈: ㅛㅑㅠㅕ의 구조를 人(ㅣ모음)과 결합된 것으로 보고 붙인 설명임.

98) 三聲: 초성, 중성, 종성을 말하는 것임.

99) 陰陽分: 『성리대전』권8 〈황극경세서〉二 正聲正音表에서 소옹은 운모(중성 포함)를 天聲이
    라 하고서 陰陽과 결부하였고, 성모(초성)를 地音이라 하고서 剛柔와 결부하였는데 여기의
    설명도 이런 이론을 바탕으로 한 것임. 즉 초성, 중성, 종성을 깊이 살피면 초성과 결부된
    강유와, 운모와 결합된 음양이 있는 것을 알게 되고, 중성은 하늘의 쓰임(天用)이며 또 음양
    으로 나뉜다는 설명임.

100) 中聲唱之初聲和: 운도에서 성모(地)와 운모(天)의 결합으로 字音을 표시하는 원리를 한글과
     결부하여 설명한 것.

天先乎地理自然

和°者爲初亦爲終

物生復歸皆於坤

陰變爲陽陽變陰

一動一靜互爲根

初聲復°有發生義

爲陽之動主於天

終聲比地陰之靜

字音於此止定焉[101]

韻成要在中聲用

人能輔相°天地宜[102]

陽之爲用通於陰

至而伸則反而歸[103]

初終雖云分兩儀

終用初聲義可知

正音之字只廿八

。探賾錯綜窮。深。幾[104]

---

101) 字音於此止定焉: 한자음이 초성, 중성, 종성으로 갖추어진다고 보고, 초성을 陽(動)과 天,
종성을 陰(靜)과 地로 본 설명임. 그래서 종성에 따라 자음이 정해진다고 한 것임.

102) 人能輔相天地宜: 人, 즉 ㅣ모음이 포함되어 있는 중성이, 天=초성, 地=종성을 도와 하나의
자음을 형성한다는 뜻임.

103) 至而伸則反而歸: 『태극도설』의 '太極動而生陽 動極而靜 靜而生陰靜極復動 一動一靜 互爲其
根 分陰分陽 兩儀立焉'의 개념을 응용하여 설명한 것임. 즉 지극한 데 이르러 펴면 돌이켜
되돌아온다는 것은 양이 극에 이르면 음이 생겨나듯이 종성 글자에 초성 글자를 다시 쓰는
것을 말함.

104) 探賾錯綜窮深幾: '探賾'은 '감추어져 있어서 분명치 않은 것을 찾아내어 밝히는 것', '錯綜'은
'복잡하게 서로 얽힌 것, 또는 여러 가지로 서로 얽은 것', '深'은 '깊은 이치', '幾'는 '시초,
까마득한 것, 玄妙한 것'을 뜻하며 모두 『역경계사』편에 나오는 말로서 원래는 모두 역에
관련된 설명이었으나, 해례 편찬자들은 이 내용을 훈민정음과 결부하여 설명한 것임. 즉
'훈민정음은 겨우 28자이지만 깊은 이치와 복잡한 내용을 찾아낼 수 있고, 깊고 玄妙한
원리를 밝혀낼 수 있다'고 설명한 것임. 〈동국정운 서문〉에도 '探賾鉤深'이라는 말이 있는데
역시 〈계사〉편에 있는 말임.

제1장 제자해(制字解)　293

指遠言近牖民易。105)

天授何曾智巧爲

[초성의 제자 원리]

하늘과 땅의 조화는 본래가 하나의 기운이며

음양과 오행이 서로 시종(終始, 처음과 끝) 관계하네.

만물은 (하늘과 땅) 둘 사이에 형(形)과 소리(聲)가 있으니

근본은 둘이 아니니 이치와 수가 통하도다.

정음의 제자 원리는 그 모양을 모상하되

소리가 거셈에 따라 획을 더하였네

아(牙), 설(舌), 순(脣), 치(齒), 후(喉)에서 소리가 나니

이것이 초성의 열일곱 글자라.

아음(牙音)은 혀뿌리가 목구멍을 막는 그 모양은

오직 ㅇ(業)는 ㅇ(欲)과 소리 비슷하니 뜻을 취함이 다르고

설음(舌音)은 윗 잇몸과 입천장에 혓바닥 닿는 모양 본떴고

순음(脣音)은 그 실상 입 모양 취한 것이네.

치음(齒音)과 후음(喉音)도 바로 이와 목구멍의 모양 취한 것이니

그 다섯 뜻 알면 소리는 저절로 밝혀지리.

그러고 반설(半舌)과 반치(半齒)의 음이 있는데

본뜬 것은 같아도 모양이 달리 하네.

ㄴ(那)와 ㅁ(彌) ㅅ(戌)과 ㅇ(欲) 소리가 세지 않아서

순서로는 뒤에 있으나 모양을 본뜨는 데는 시초로 삼네.

---

105) 유(牖):『시경』〈대아〉〈生民之什 板〉편에 '天之牖民'이란 말이 있음. '유(牖)'는 인도할 유.

[초성의 글자와 음양오행]

사시(四時)와 충기(沖氣, 오행도 가운데 중앙 곧 토)에 맞추어 보면
오행과 오음에 맞지 않는 것이 없네.
후음(喉音)은 오행으로는 수(水)가 되고 계절로는 겨울(冬), 오성으로는
우(羽)가 되며
아음(牙音)은 계절로는 봄(春)과 오행으로는 목(木), 그 소리는 각(角)이네.
오성으로 치음(徵音)은 계절로는 여름(夏)과 오행으로 화(火), 그것이 곧
설음이며
치음(徵音)은 오성으로는 상(商), 계절로는 가을(秋), 오행으로는 금(金)이네.
순음(脣音)만이 위(位, 자리)와 수(數, 성수)가 본래 정(定)한 바 없어도
오행은 흙(土)이요, 계절로는 늦여름(季夏)요, 오음은 궁(宮)음이로다.

[초성 글자의 음성적 특징]

말소리(聲音)엔 제 각각 청탁(清濁)이 있으니
첫소리 거기서 자세히 살펴야 하네.
전청(全清)의 소리는 ㄱ(君)과 ㄷ(斗) 또는 ㅂ(彆)
ㅈ(即), ㅅ(戌) ㆆ(挹) 그 또한 전청의 소리네.
ㅋ(快), ㅌ(呑), ㅍ(漂), ㅊ(侵), ㅎ(虛)로 넘어가면
이 오음 중 하나씩 차청(次清)이 되네.
전탁(全濁)의 소리는 ㄲ(虯)와 및 ㄸ(覃)과 ㅃ(步)
또 다시 ㅉ(慈)와 ㅆ(邪) 또 다시 ㆅ(洪)이 있네.
전청(全清)의 글자를 병서(並書)하면 전탁(全濁)이 되지만
오직 ㆅ(洪)만은 ㅎ(虛)로부터 오는 것만 다르네.

ㅇ(業)과 ㄴ(那) ㅁ(彌)와 ㅇ(欲) 그러고 ㄹ(閭)와 △(穰)

그 소린 불청불탁(不淸不濁)이네.

(순음 밑에) ㅇ(欲)자를 연서(連書)하면 순경음(脣輕音) 글자 되는데

후성(喉聲)이 많고도 입술 잠깐 다무는 것이네.

[중성 열 한자 제자 원리]

열한 자 중성도 모양 본떴으니

그 깊은 뜻 쉽사리 살펴 볼 수 없으리.

•(呑)은 하늘(天) 본떠 소리도 가장 깊은데

그래서 둥근 모양 탄환과 같네.

ㅡ(卽) 소린 깊지도 얕지도 않아서

그 형상이 평평함은 땅을 본떴네.

사람 선 ㅣ(侵)의 모상, 그 소린 얕으니

삼재(三才)의 도가 여기서 갖추어졌네.

ㅗ(洪)은 하늘(天)에서 나왔으나 아직 닫혀 있으니

하늘의 둥금과 땅의 평평함을 본땄네.

ㅏ(覃) 또한 하늘(天)에서 나오되 이미 열렸으니(闢, 개구, 개모음)

사물에서 나와서 사람을 통해 이루는 진 것을 뜻하네.

처음 생겨난다는(初生) 뜻으로 둥근 점이(•) 오직 하나요

하늘에서 나와서 양(陽)이 되니 점이 위와 밖에 있네.

ㅛ(欲) ㅑ(穰)는 사람(人) 겸(兼)해 재출(再出)이 되나니

두 둥근 점으로 그 모양 만들어 그 뜻을 보였네.

ㅜ(君)와 ㅓ(業) ㅠ(戌)와 ㅕ(彆)가 땅(地)에서 나온 건

앞의 예로 미루어 저절로 알 수 있는데 또 무엇을 물으리오.

•(ㆍ)자가 여덟 소리에 고루 들어간 것은
하늘(天)의 작용(用, 쓰임)이 두루 흘러가기 때문이네.
네 소리(四聲, ㅛㅑㅠㅕ)가 사람을 겸함한데 또 까닭 있으니
하늘과 땅에 참여해 사람이 가장 신령하기 때문이네.

[초성과 중성의 대비]

삼성(三聲, 초·중·종)에 대해 깊은 이치(至理, 이치에 이름)를 살피면
그 안에 강(剛, 단단함)과 유(柔, 부드러움)와 음(陰)과 양(陽) 있네.
중성은 하늘의 작용(用)이니 음과 양으로 나뉘고
초성은 땅(地)의 공(功), 강과 유가 드러나네.
중성이 부르면 초성이 화답하는데
하늘이 땅보다 앞 섬은 자연한 이치요.
화답하는 그것이 초성(初聲)되고 종성(終聲)도 되니
만물이 생겨 되돌아가는 곳이 땅(坤)이기 때문이네.
음이 변해 양이 되고 양이 변해 음이 되니
일동(一動)과 일정(一靜)에 서로 근본이네.

[초성을 다시 종성으로 쓰는 이치]

초성엔 또 다시 발생(發生, 피어서 생겨남)의 뜻이 있어
양의 동(動)이 되므로 하늘(天)에서 주관하는 일이네.
종성은 땅(地)에 비기어 음의 멈춤(靜)이 되니
글자의 소리가 여기서 그쳐 정(定)했던 것이네.
자운(字韻)을 이루는 요점은 중성의 작용에 있으니

사람(人)이 능히 보필하고 도아 천지가 편안한 것과 같네.

양의 작용은 음에도 통하여

(양이 음에) 지극한 데에 이르러 펴면 도로 되돌아오네.

초성과 종성이 비록 양의(兩儀)로 나뉘어진다 하나

종성에 초성을 쓰는 그 뜻을 알 만하네.

[마무리]

정음 글자는 다만 스물과 여덟이나

얽힌 것을 찾으며 깊은 것 뚫었네.

뜻은 심원하지만 말은 비근하여 계몽(啓蒙)에 쓰임이 많으니

하늘이 주신 바라. 어찌 지교(智巧, 지혜와 재주)로 만든 것이리요?106)

---

106) 이상규(2015나),『한글공동체』, 박문사, 37~39쪽 참조. 책의 크기는 32.2×16.3cm 또는
29×20cm로 보고 있는데, 뒤의 것은 개장한 뒤에 측정한 크기이다. 반곽의 크기는 23.2×
16.5cm 또는 23.3×16.8cm, 29.3×20.1cm 등으로 들쭉날쭉하다. 대체로 반곽의 크기는
22.6×16cm 정도라고 볼 수 있다. 그리고『훈민정음』해례본의 글자 숫자는 아래와 같다.
예의편은 총 405인데, 어제 서문이 53자이며, 예의는 총 348자이다. 초성 자형 음가를
밝힌 내용은 203자, 중성 자형 음가는 66자, 종성 규정은 6자, 기타 운용에 대한 내용은
73자이다. 한편 해례편은 본문 곧 어제 서문과 예의편이 438자이며, 해례 부분의 제자해는
2,320자, 초성해는 169자, 중성해는 283자, 종성해는 487자, 합자해는 673자, 용자례는 431
자, 정인지 서문은 558자이다. 세종의 서문의 한자수는 53자이고, 언해문은 108자인데, 이
숫자에 맞추기 위하여 언해나 한자 사용에 인위적인 조절이 있었다는 주장도 있다. 예를
들면 김광해(1982),「훈민정음의 우연들」,『서울대학교 대학신문』, 1982년 11월 19일자 및
김광해(1989),「훈민정음과 108」,『주시경학보』 4(탑출판사), 158~163쪽의 논설이 있다.
해례본은 현재 간송미술관본과 상주본 두 종류가 있다. 이상규(2012),「잔본 상주본『훈민정
음』분석」,『한글』 298, 한글학회 참조.

제2장 초성해(初聲解)

正音初聲。卽韻書之字母也。[1]聲音由此而生。故曰母。[2]如牙音君字初聲是

---

1) 正音初聲 韻書之字母也: 중국 성운학(음운학)에서 말하는 36자모가 한자음의 모든 頭子音을 조음 위치와 조음 방식 그리고 음의 성질에 따라서 분류 정리하고 하나의 한자로써 하나의 자음을 표시하도록 마련된 것이므로, 그 성격에 있어서는 표음문자인 훈민정음의 초성 글자와 같음. 그래서 이렇게 표현한 것임.

	전청	차청	전탁	불청불탁
어금닛소리(牙)	君(군)	快	虯	業
혓소리(舌)	斗	呑	覃	那
입술소리(脣)	彆	漂	步	彌
잇소리(齒)	卽	侵	慈	
	戌		邪	
목구멍소리(喉)	挹	虛	洪	欲
반혓소리(反舌)				閭
반잇소리(反齒)				穰

2) 聲音由此而生 故曰母: 여기서는 해례 편찬자들이 자모에 대하여 설명한 것은 사실을 반대로 설명한 것이다. 자모란 각 어두자음을 분류해서 하나의 어두자음을 나타내도록 그 대표로 정해진 것을 말하는 것이지, 자모가 먼저 있어 거기서 성음이 생겨나는 것이 아니므로, '故曰母'라는 표현은 정당하지 않음.

ㄱ。ㄱ與군而爲군。快字初聲是ㅋ。ㅋ與ㅙ而爲:쾌。虯字初聲是ㄲ。ㄲ與ㅠ而
爲뀨。業字初聲是ㆁ。ㆁ與ㅓ而爲•업之類。舌之斗吞覃那。脣之彆漂步彌。齒
之卽侵慈戌邪。喉之挹虛洪欲。半舌半齒之閭穰。皆倣此。訣曰

　　정음의 초성은 곧 운서의 자모(字母)니 성음(말소리)이 이로부터 생기므
로 모(母)라고 이르느니라. 아음의 군(君)자 초성은 곧 ㄱ이니 ㄱ이 군과 더불
어 군이 된다. 쾌(快)자의 초성은 ㅋ이니 ㅋ가 ㅙ와 어울려 :쾌가 된다.
뀨(虯)자의 초성은 ㄲ이니, ㄲ가 ㅠ로 더불어 뀨가 된다. 업(業)자의 초성은
ㆁ이니 ㆁ가 ㅓ과 어울려 •업이 되는 류와 같다. 설음(舌音)의 ㄷ(斗), ㅌ(吞),
ㄸ(覃) ㄴ(那), 순음(脣音)의 ㅂ(彆), ㅍ(漂), ㅃ(步), ㅁ(彌), 치음(齒音)의 ㅈ(卽),
ㅊ(侵), ㅉ(慈), ㅅ(戌), ㅆ(邪), 후음(喉音)의 ㆆ(挹), ㅎ(虛), ㆅ(洪), ㅇ(欲), 반설
음(半舌音)과 반치음(半齒音)의 ㄹ(閭)와 ㅿ(穰)은 모두 이와 같다.

　　결에 가로되

　君快虯業其聲牙
　舌聲斗吞及覃那
　彆漂步彌則是脣
　齒有卽侵慈戌邪
　挹虛洪欲迺喉聲
　閭爲半舌穰半齒
　二十三字是爲母[3]
　萬聲生生皆自此

　　ㄱ(君)과 ㅋ(快) ㄲ(虯)와 ㆁ(業) 그 소리가 아음이고

---

3) 二十三字是爲母: 훈민정음의 자음(子音)은 제자해에서 '初聲凡十七字'라고 했으나 전탁(全
　濁: 각자병서)까지 합하면 23자이므로 여기에서 이렇게 말하였음.

설음(舌聲)은 ㄷ(斗)와 ㅌ(呑) 그리고 ㄸ(覃)과 ㄴ(那)이네

ㅂ(彆)과 ㅍ(漂) ㅃ(步)와 ㅁ(彌) 그 모두 입술소리(脣)이요

치음(齒聲)에는 ㅈ(卽), ㅊ(侵), ㅉ(慈), ㅅ(戌), ㅆ(邪)가 있네.

ㆆ(挹)과 ㅎ(虛) ㆅ(洪)과 ㅇ(欲) 그는 곧 후음(喉聲)이며

ㄹ(閭)는 반설(半舌)이요 ㅿ(穰)은 반치(半齒)이다.

스물세 글자가 자모를 이루어

온갖 소리가 나고 모두다 여기서 시작되네.

제3장 중성해(中聲解)

중성의 정의와 음절 구성

中聲者。居字韻之中。合初終而成音。[1]如呑字中聲是・。・居ㅌㄴ之間而爲튼。
卽字中聲是ㅡ。ㅡ居ㅈㄱ之間而爲즉。侵字中聲是ㅣ。ㅣ居ㅊㅁ之間而爲침之
類。洪覃君業欲穰戌彆。皆倣此。

---

1) 中聲者 居字韻之中 合初終而成音: 여기에서는 중성이 자운의 초성, 종성 가운데 있다고 설명
   하였으나 자음 중에는 반모음 j, w로 끝내는 快/kʰwaj/, 好/xaw/ 같은 것도 있는데, 훈민정음
   창제자들은 음절말의 j도 중성에 포함시켰다(-w는 ㅸ로 표기하여 종성으로 처리하였음).
   따라서 여기의 설명이 중성의 개념과 꼭 일치하는 것은 아니다. '자운'은 하나의 음절을
   구성하는 한자음을 가리키며 '성음'은 음절을 이룬다는 뜻으로 쓰이고 있다. 흔히 말하는
   '운'이란 하나의 음절을 이루는 자음에서 어두자음을 제외한 나머지 요소 전부를 가리키는
   데, 해례 편찬자들은 중성해와 종성해에서 '居字韻之中'이니 '成字韻'이라 해서 '字韻'이라는
   술어를 하나의 음절을 이루는 한자음처럼 쓰고 있음.

중성은 자운(字韻, 한자음 가운데 운모)의 한 가운데 있어서 초성과 종성을 어울러서 음을 이룬다.

탄(呑 ᄐᆞᆫ)자의 중성은 곧 •인데 •가 ㅌㄴ의 사이에 있어서 ᄐᆞᆫ이 된다. 즉(卽)자의 중성은 곧 ㅡ인데 ㅡ가 ㅈ와 ㄱ의 사이에 있어서 즉이 된다. 침(侵)자의 중성은 곧 ㅣ인데 ㅊ와 ㅁ의 사이에 있어서 침이 되는 류와 같다. ᅘᅩᇰ(洪), ᄄᆞᆷ(覃), 군(君), ᅌᅥᆸ(業), 욕(欲), ᅀᅣᇰ(穰), 슈ᇙ(戌), 벼ᇙ(彆)도 모두 이런 식으로 한다.[2]

중성 합용

二字合用[3]者。ㅗ與ㅏ同出於•。故合而爲ㅘ。ㅛ與ㅑ又同出於ㅣ。故合而爲ㆇ。ㅜ與ㅓ同出於ㅡ。故合而爲ㅝ。ㅠ與ㅕ又同出於ㅣ。故合而爲ㆊ。以其同出而爲類。[4]故相合而不悖也。一字中聲之與ㅣ相合者十。ㆎ ㅢ ㅚ ㅐ ㅟ ㅔ ㆉ ㅒ ㆌ ㅖ是也。二字中聲之與ㅣ相合者四。[5] ㅙ ㅞ ㆈ ㆋ是也。ㅣ於深淺闔闢之聲。[6]並

2) 중성의 음절 구성 방식을 설명한 내용이다. 이를 요약하면 다음 표와 같다.

중성(음절핵)	초성	중성	종성	자운(음절)
•	ㅌ	•	ㄴ	呑
ㅡ	ㅈ	ㅡ	ㄱ	卽
ㅣ	ㅊ	ㅣ	ㅁ	侵

3) 합용(合用): 두 글자 이상을 합해서 쓰는 것을 『훈민정음 해례』에서는 초성에서와 마찬가지로 중성에서도 합용이라고 했음.

4) 同出而爲類: 두 가지 모음 글자를 아울러 쓸 때에도 원래 •모음을 바탕으로 해서 만들어진 양성모음은 양성모음끼리, 원래 ㅡ모음을 바탕으로 해서 만들어진 음성모음은 음성모음끼리 결합됨을 설명한 글임. 그래서 ㅗ+ㅏ→ㅘ, ㅜ+ㅓ→ㅝ가 되었음.

5) 與ㅣ相合者四: 『훈민정음 해례』 중성해에서는 단모음과 중모음을 합해서 29개 모음자를 제시하였으나 이들 가운데 'ㆇ' 등 2개 모음은 국어나 한자음 표기에 쓰이지 않았음.

6) 深淺闔闢之聲: 제자해에서 각 모음의 성격에 대하여 따로따로 설명한 것을 여기에서 한꺼번에 종합하여 설명한 것임. 예를 들면 •는 심(深), ㅗ는 합(闔)임. 그러나 ㅣ모음은 천(淺)이나 여기서는 ㅣ모음과 결합되는 중모음을 설명한 것이므로 여기의 천모음은 불심불천인 ㅡ모

能相隨者以其舌展聲淺而便於開口也。亦可見人之參贊開物[7]而無所不通也。
訣曰

두 자를 합용하는 것은 ㅗ와 ㅏ가 똑같이 ㆍ에서 나온 까닭에 합해서 ㅘ가 된다. ㅛ와 ㅑ가 똑같이 ㅣ에서 나온 까닭에 합해서 ㆇ가 된다. ㅜ가 ㅓ로 똑같이 ㅡ에서 나온 까닭에 합해서 ㅝ가 된다. ㅠ가 ㅕ로 똑같이 ㅣ에서 나온 까닭에 합해서 ㆊ가 되는 것이다. 함께 나온 것 끼리 유가 됨으로써 서로 합해서 어그러지지 않는다.

한 글자(字)로 된 중성으로서 ㅣ와 서로 합한 것은 열이니 곧 ㆎㅢㅚㅐㅟㅔㆉㅒㆌㅖ가 그것이다. 두 글자로 된 중성으로서 ㅣ와 서로 합한 것은 넷이니, 곧 ㅙ, ㅞ, ㆈ, ㆋ가 그것이다. ㅣ가 깊고(深), 얕고(淺), 합(闔)되고, 벽(闢)되는 소리에 아울러 능히 서로 따를 수 있는 것은 혀가 펴지고 소리가 얕아서 입을 열기에 편한 때문이다. 또한 가히 사람이 물건을 열는데 참찬(參贊, 일에 관여하고 돕는 것)하여 통하지 않는 바가 없음을 알 수 있다.[8]

결(訣)에 가로되

음을 가리킴.

7) 開物: 개발한다는 뜻. 또 『역경계사』 상에는 '開物成務'라 하여 '태고 시대에 人知가 발달하기 전에 사람으로 하여금 卜筮에 의하여 길흉을 알고, 害를 피하는 지혜를 계발하여, 이로써 사업을 이루게 하는 일'이라는 뜻으로 쓰이고 있었으나, 후에 '사람의 지식을 계발하여 사업을 달성시킨다'는 뜻으로 쓰이게 되었음. 物은 사람. 務는 사업.

8) 중성자의 기본자와 합용 방식을 설명한 애용이다. 이를 요약하면 다음 표와 같다.

		중성 글자	제자방법
기본자	상형자	ㆍ ㅡ ㅑ	상형
	초출자	ㅗ ㅏ ㅜ ㅓ	합성
	재출자	ㅛ ㅑ ㅠ ㅕ	
합용	2자상합	ㅘ ㅝ ㆇ ㆊ	초출자+재출자
		ㆎ ㅢ ㅚ ㅐ ㅟ ㆉ ㅒ ㆌ ㅖ	1자중성+ㅣ
	3자상합	ㅙ ㅞ ㆈ ㆋ	2자 중성+ㅣ

母字之音[9]各有中

須就中聲尋闢闔

洪覃自吞可合用

君業出則亦可合

欲之與穰戌與彆

各有所從義可推

侵之爲用最居多

於十四聲徧相隨

자모의 소리마다 제각기 중성이 있으니

모름지기 중성에서 열리고(闢) 닫힘(闔)을 찾아야 하네.

ㅗ(洪)와 ㅏ(覃)는 ·(呑)에서 나왔으니 합해서 쓸 수 있고

ㅜ(君)와 ㅓ(業)는 ㅡ(卽)에서 나왔으니 또한 가히 합할 수 있네.

ㅛ(欲)나 ㅑ(穰), ㅕ(彆)이나 ㅠ(戌)나 ㅕ(穰)도 제각기

그것이 나온 글자를 따라 그 뜻을 미루어 알리라.

ㅣ(侵)의 쓰임이 가장 많으니 열넷 소리에 두루 따르네.

---

9) 母字之音: '모(母)'를 방종현은 '매(每)'의 오자로 처리하였으나 음절의 핵모음을 뜻하는 원
  본의 '모(母)'가 옳은 것이다.

제4장 종성해(終聲解)

종성의 정의와 기능

終聲者。承初中而成字韻。如卽字終聲是ㄱ。ㄱ居즈終而爲즉。洪字終聲是
ㆁ。ㆁ居ᅘᅩᆼ終而爲ᅘᅩᆼ之類。舌脣齒喉皆同。

종성은 초성과 중성을 이어받아서 자운(字韻)을 이룬다.[1]

즉(卽)자의 종성은 곧 ㄱ니 ㄱ는 즈의 끝에 놓여서 즉이 된다. 홍(洪)자의
종성은 곧 ㆁ이니 ᅘᅩᆼ의 끝에 놓여서 ᅘᅩᆼ이 되는 유와 같다. 혓소리(舌),
입술소리(脣), 잇소리(齒), 목구멍소리(喉)도 모두 한가지이다.

---

[1] 예의에서 "終聲復用初聲"의 규정보다는 훨씬 명확하게 규정하고 있다. 예의에서는 종성의
제자로 초성과 그 꼴이 같다는 의미도 되고 종성에 초성 글자를 쓸 수 있다는 뜻도 있어
매우 중의적인 데 비해 여기서는 '초+중+종'의 음절 수성의 원리로 설명하고 있다.

종성 표기방법

聲有緩急之殊。故平°上去其終聲不類入聲之促急。2)不清不濁之字。其聲不
厲。故用於終則宜於平°上去。全淸次淸全濁之字。其聲爲厲。故用於終則宜於
入。所以ㅇㄴㅁㅇㄹ△六字爲平°上去聲之終。而餘皆爲入聲之終也。

소리에는 느리고 빠름(緩急)의 차이가 있는 까닭에 평성(平), 상성(上),
거성(去)은 그 종성이 입성의 촉급(促急)함과 같지 않다. 불청불탁의 글자
는 그 소리가 거세지 않은 까닭에 종성으로 쓰면 평성(平), 상성(上), 거성
(去)에 속한다. 전청, 차청, 전탁의 글자는 그 소리가 거세므로 종성에
쓰면 마땅히 입성에 속하게 된다. 그러므로 ㅇㄴㅁㅇㄹ△의 여섯 자는
평성, 상성, 거성의 종성이 되고 그 나머지는 모두 입성의 종성이 된다.

종성 표기방법

然ㄱㅇㄷㄴㅂㅁㅅㄹ八字可足用也。3)如빗곳爲梨花。엿•의갗爲狐皮。而
ㅅ字可以通用。故只用ㅅ字。且ㅇ聲淡而虛。不必用於終。4)而中聲可得成音

---

2) 聲有緩急之殊 … 入聲之促急: 원래 한어의 성조는 음절 전체의 높낮이를 말하는 것인데,
   음절 말음이 -p, -t, -k이었던 음절(자음)들을 입성이라고 해 왔으므로, 여기서도 우선 종성
   만을 가지고 평성, 상성, 거성(緩)과 입성(急)으로 구분하여 설명하였음.

3) 八字可足用也: 국어의 자음은 예를 들면 어두에서는 ㄷ[t]과 ㅌ[t']이 구별되나 음절말에서
   는 중화 작용을 일으켜 다 같이 ㄷ[-t]으로 발음되어 ㄷ과 ㅌ이 구별되지 않음. 훈민정음
   해례 편찬자들도 이 현상을 파악하고 있어서 예의에서는 '終聲復用初聲'이라고 하였으나
   종성해에서는 23초성자 가운데에서 8자만 필요하다고 해서 '八字可足用也'라고 하였고, 초
   기의 '정음' 문헌에서도 몇 문헌을 제외한 모든 문헌에서 팔종성만 가지고 표기했음.

4) ㅇ聲淡而虛 不必用於終: 모든 字音은 초성, 중성, 종성을 갖추고 있어야 된다고 하여 이른바
   『동국정운』식 한자음 표기에서는 중성으로 끝난 한자음에도 ㅇ종성을 표기했는데, 여기

也。ㄷ如볃爲彆。ㄴ如군爲君。ㅂ如•업爲業。ㅁ如땀爲覃。ㅅ如諺語•옷爲衣。
ㄹ如諺語:실爲絲之類。

그러나 ㄱㆁㄷㄴㅂㅁㅅㄹ의 8자 만으로 충분히 쓸 수 있다. 빗곶(梨花),
엿•의갗(狐皮)과 같은 경우에는 ㅅ자로 통용할 수 있기 때문에 다만 ㅅ자
를 쓰는 것과 같다. 또 ㅇ는 소리가 맑고 비어서 종성에 반드시 쓰지 않아
도 중성으로 소리를 이룰 수 있다. ㄷ는 볃(彆)이 되고 ㄴ은 군(君)되고
ㅂ는 •업(業)되고 ㅁ는 땀(覃)되고 ㅅ는 고유어(諺語)에 •옷(衣)이 되고 ㄹ는
고유어(諺語)에 :실(絲)이 되는 유와 같다.

완급에 따른 종성 대립

五音之緩急。亦各自爲對。如牙之ㆁ與ㄱ爲對。而ㆁ促呼則變爲ㄱ而急。ㄱ
舒出則變爲ㆁ而緩。舌之ㄴㄷ。脣之ㅁㅂ。齒之ㅿㅅ。喉之ㅇㆆ。其緩急相對。
亦猶是也。

오음(五音)의 느리고 빠름이 또한 각각 스스로 대(對)가 된다. 아음(牙音)
의 ㆁ는 ㄱ과 대(對)를 이루어 ㆁ을 빨리 소리를 내면 ㄱ로 변하여 빠르게
되고 ㄱ를 천천히 소리 내면 ㆁ로 변하여 느리게 된다. 설음(舌音)의 ㄴㄷ,
순음(脣音)의 ㅁㅂ, 치음(齒音)의 ㅿㅅ, 후음(喉音)의 ㅇㆆ도 그 느리고 빠름
이 서로 대(對)가 되는 것이 또한 이와 같다.

에서는 국어 표기를 설명한 것이므로 이렇게 말하고 국어 표기에서는 중성으로 끝난 음절
밑에 일일이 ㅇ자를 표기할 필요가 없다고 한 것임. 한어의 字音을 기록한 『홍무정운역훈』
(1455)에서도 종성 표기에 'ㅇ'은 쓰이지 않았음.

반설음 ㄹ의 종성표기

且半舌之ㄹ。當用於諺。而不可用於文。如入聲之彆字。終聲當用ㄷ。5)而俗
習讀爲ㄹ。盖ㄷ變而爲輕也。若用ㄹ爲彆之終。則其聲舒緩。不爲入也。訣曰

또 반설음(半舌音)의 ㄹ는 마땅히 고유어(諺語)에 쓸 것이요, 한자어에는
쓸 수 없다. 입성의 '彆(별)'자와 같은 것도 종성에 마땅히 ㄷ를 써야 하나
세속의 관습(俗習)에서 ㄹ로 읽는 것은, 대개 ㄷ가 변해서 가볍게 된 것이다.
만약 ㄹ로 '彆'의 종성을 삼으면 그 소리가 느려서 입성이 되지 않는다.6)
  결에 가로되

不清不濁用於終
爲平°上去不爲入
全清次清及全濁
是皆爲入聲促急
初作終聲理固然
只將八字用不窮
唯有欲聲所當處
中聲成音亦可通

---

5) 終聲當用ㄷ: 중국에서 들어온 한자음 가운데, -t 입성이었던 것이 우리나라에서는 모두
  -ㄹ[l]로 발음되어 여기에서는 원래의 음대로 -ㄷ[-t]음으로 발음하라고 규정한 것인데,
  1447(세종 29)년에 편찬 완료된『동국정운』에서는 소위 '以影補來'식 표기법을 택하여 한자
  음의 -ㄷ입성 표기에 'ㅭ'을 사용했음.
6) 반설음 'ㄹ'은 우리말에서 종성으로 쓰고 한자음에서는 'ㄹ'을 사용하지 못하도록 한 규정이
  다. 한자음 입성 [t]가 우리말에서는 비입성자 'ㄹ'로 대응되기 때문에『동국정운』에서도
  "질운과 물운 등 여러 운에서 마땅히 단모로써 종성을 삼아야 하지만 세속에서는 래(來)모로
  서 종성을 삼고 있다. 다라서 그 소리가 느려 입성으로 마땅하지 않으니 사성이 변한 것이다
  [質勿諸韻宜以端母爲終聲 以俗用來母. 其聲徐緩 不宜入聲 此四聲之變也]"라고 하여 곧 우리말
  에서 ㄹ종성에는 ㅎ을 덧붙이는 이영보래(以影補來) 규정을 만들었다.

若書卽字終用君
洪彆亦以業斗終
君業覃終又何如
以那彆彌次第推
六聲[7]通乎文與諺
戌閭用於諺衣絲
五音緩急各自對
君聲迺是業之促
斗彆聲緩爲那彌
穰欲亦對戌與挹
閭宜於諺不宜文
斗輕爲閭是俗習

불청불탁의 음을 종성에 쓰면

평성, 상성, 거성은 되지만 입성은 되지 못하네.

전청과 차청과 및 전탁은

모두 입성이라 촉급하네.

초성이 종성되는 이치가 원래 그러하니

다만 8자로 써도 막힘이 없네.

다만 ㅇ(欲)가 있어야 할 곳에는

중성으로도 소리 이룰 수 있어 가히 통할 수 있네.

즉(卽)자의 종성을 쓰려면 ㄱ(君)을 쓰고

뽕(洪), 변(彆)은 모두 ㅇ(業)와 ㄷ(斗)를 종성으로 하네.

군(君)과 ·업(業) 및 땀(覃)의 종성은 또 무엇인가?

---

7) 六聲: ㄱㄴㄷㅁㅂㅇ을 말함.

차례로 ㄴ(那)와 ㅂ(彆) ㅁ(彌)이라네.

여섯 음(六聲, ㄱㆁㄷㄴㅂㅁ)은 한어와 고유어(諺語)에 모두 쓸 수 있지만

ㅅ(戌), ㄹ(閭)는 각기 고유어(諺語)의 옷, 실에서처럼 쓰이네.

오음(五音)의 느림과 빠름(緩急)이 다 각각 대(對)되니

ㄱ(君)은 ㆁ(業)을 빠르게 낸 소리네.

ㄷ(斗)와 ㅂ(彆)를 천천히 소리 내면 ㄴ(那), ㅁ(彌)이 되며

△(穰)와 ㅇ(欲)는 또한 ㅅ(戌), ㆆ(挹)에 짝이 되네.

ㄹ(閭)은 고유어의 종성에 쓰이나 한자엔 쓰이지 않고

ㄷ(斗)이 ㄹ(閭)로 된 것은 곧 속습(俗習)이라네.

제5장 합자해(合字解)

합자의 개념과 방법

初中終三聲。合而成字。[1]初聲或在中聲之上。或在中聲之左。如君字ㄱ在ㅜ
上。業字ㆁ在ㅓ左之類。中聲則圓者橫者在初聲之下。•ㅡㅗㅛㅜㅠ是也。縱者
在初聲之右。ㅣㅏㅑㅓㅕ是也。如呑字•在ㅌ下。卽字ㅡ在ㅈ下。侵字ㅣ在ㅊ右
之類。終聲在初中之下。如君字ㄴ在구下。業字ㅂ在어下之類。

초성, 중성, 종성의 세 소리가 합하여 한 글자를 이룬다.

초성은 혹 중성 위에도 있고 혹은 중성 왼편에도 있으니 군(君)자 ㄱ가
ㅜ 위에 있고 업(業)자 ㆁ이 ㅓ 왼쪽에 있는 따위이다. 중성은 둥근 것과

---

1) 初中終三聲 合而成字: 훈민정음에서는 초성, 중성, 종성과 초성자, 중성자, 종성자를 동일시
한 듯하여, '成字'의 '字'는 초성, 중성, 종성이 합해서 이루어지는 음절 글자를 뜻함.

가로된 것은 초성 아래에 있는 것이니 곧 · ㅡㅗㅛㅜㅠ 등이다. 세로된 것은 초성 오른 편에 있으니 곧 ㅣㅏㅑㅓㅕ가 이것이다. 탄(呑)자 ·가 ㅌ 아래 있고 즉(卽)자 ㅡ가 ㅈ 아래 있고 침(侵)자 ㅣ가 ㅊ 오른 편에 있는 따위와 같다. 종성은 초성과 중성 아래에 있다. 군(君)자 ㄴ이 구의 아래 있고 업(業)자의 ㅂ이 어의 아래 있는 따위와 같다.

합용과 병서

初聲二字三字合用並書。2)如諺語·따爲地。짝爲隻。·뽐爲隙之類。各自並書。如諺語·혀爲舌而·혀爲引。괴·여爲我愛人而괴·여爲人愛我。소·다爲覆物而쏘·다爲射之類。中聲二字三字合用。如諺語·과3)爲琴柱。·홰爲炬之類。終聲二字三字合用。如諺語홁爲土。·낛爲釣。둚·빼爲酉時之類。其合用並書。自左而右。初中終三聲皆同。

초성의 두 자나 세 자의 합용병서는 고유어(諺語)에 ·따가 땅(地)가 되고 ·짝이 짝(雙, 짝)이 되고 ·뽐이 극(隙, 틈)이 되는 등과 같다.

각자병서는 예컨대 고유어(諺語)에 ·혀가 혀(舌)가 되는데 ·혀가 끌다(引) 가 되고, 괴·여가 '내가 남을 사랑한다(我愛人)'가 되는데, 괴·여는 사람이 나를 사랑한다. 인아애(人我愛)가 되고 소·다는 '물건을 뒤엎다(覆物)'가 되 는데, 쏘·다는 '무엇을 쏘다(射之)'가 되는 것과 같다.

중성의 두 자나 세 자의 합용병서는 고유어의 ·과는 거문고의 고임(琴

---

2) 並書: 두 가지 이상의 다른 글자를 아울러 쓰는 것을 合用並書, 똑같은 글자를 합해서 쓰는 것을 各自並書라고 구별했다. 合用은 중성, 종성의 경우에도 해당됨.

3) ·과: 거문고의 기러기 발. 괘.

柱)가 되고 ·홰는 햇불(炬)이 되는 등과 같다.

종성의 두 자나 세 자의 합용병서(用合, 어울러 씀)는 고유어의 흙이 흙 (土)이 되고 ·낛이 낚시(釣)가 되고 둙·뺴가 닭때(酉時)가 되는 등과 같다. 이러한 합용병서는 왼편에서 오른편으로 나란히 쓰는데, 이는 초성, 중성, 종성의 세 소리가 모두 동일하다.[4]

국한혼용

文與諺雜用則有因字音而補以中終聲者。如孔子ㅣ魯ㅅ:사룸之類。

한자와 고유어(諺語)를 썪어 쓸 경우에는 한자음에 따라서 고유어의 중성이나 종성으로 보충하는 일(補以中終法)이 있으니 공자ㅣ魯ㅅ:사·룸 의 류와 같으니라.[5]

사성

　諺語平°上去入。6)如활爲弓而其聲平。:돌爲石而其聲°上。·갈爲刀而其聲
去。·붇爲筆而其聲入之類。凡字之左。加一點爲去聲。二點爲°上聲。無點爲平
聲。而文之入聲。7)與去聲相似。諺之入聲無定。8)或似平聲。如긷爲柱。녑爲
脅。或似°上聲。如:낟爲穀。:깁爲繒。或似去聲。如·몯爲釘。·입爲口之類。其
加點則與平°上去同。平聲安而和。春也。萬物舒泰。°上聲和而擧。夏也。萬物
漸盛。去聲擧而壯。秋也。萬物成熟。入聲促而塞。°冬也。萬物閉藏。9)

　고유어에 평성, 상성, 거성, 입성은 예컨대, 활은 활(弓)이 되는데 그

---

6) 諺語平上去入: 종성해에서와 마찬가지로 여기에서도 우선 종성만 가지고 중세국어의 성조를
　　설명했다. 그래서 :돌 등은 상성이고, ·붇(筆)은 입성이라고 했음.

7) 文之入聲: 12세기경 이후 중국 북방음의 입성이 소실되고, 입성으로 발음되던 자음들이
　　거성으로 많이 변했던 것을 알고 있어서 여기에서 '而文之入聲 與去聲相似'라고 한 것으로
　　보인다. 또 『동국정운』 서문(1447)에서 '字音則上去無別'이라고 하고, 15세기의 한국 한자
　　음에 대하여 입성자에 거성과 마찬가지로 1점을 찍은 것으로 보아 여기의 설명이 한국
　　한자음에 해당하는 것으로 볼 수도 있음.

8) 諺之入聲無定: 앞에서는 종성만 가지고 중세국어의 성조를 설명했으나, 여기에 와서 비로소
　　중세국어의 성조를 실태대로 설명한 것임. 중세국어에는 입성이라는 성조(調値)는 없고,
　　비록 종성으로 보아서는 입성이라도 실지로는 평성, 상성, 거성의 3성조 가운데 어느 하나로
　　발음되고 있었음을 설명한 것임. 즉 '긷'은 종성만 보아서는 입성이지만 실지 성조로는
　　평성이라고 하였음. 그래서 '其加點則與平上去同'이라고 하였음.

9) 平聲安而和 … 萬物閉藏: 중국에서 平, 上, 去, 入 네 개 성조의 특성을 설명할 때 흔히 이런
　　식으로 표현하나 이런 설명을 근거로 해서 실제적인 調値를 알기는 어렵다. 몇 예를 들어보
　　겠다.
　　『원화운보(元和韻譜)』(당나라 웅충)
　　　平聲哀而安 上聲厲而擧(평성은 애처로우면서도 편안하며, 상성은 거세면서 들리며)
　　　去聲淸而遠 入聲直而促(거성은 맑으면서 幽遠하며, 입성은 곧바로 촉급하다)
　　『옥약시가결(玉鑰匙歌訣)』(명나라 진공(眞空))
　　　平聲平道莫低昇(평성은 평탄하므로 높낮이가 있으면 안 된다)
　　　上聲高呼猛烈强(상성은 거세고 높으며 맹렬하고 세다)
　　　去聲分明哀遠道(거성은 분명하며 애처롭고 幽遠하다)
　　　入聲短促急收藏(입성은 짧으며 급히 끝난다)
　　『음론(音論)』(청나라 고염무(顧炎武))
　　　平聲輕遲 上去入之聲重疾(평성은 가볍고 느리며, 상성, 거성, 입성은 무겁고 빠르다)

소리가 평(平)이고, :돌은 돌(石)이 되는데 그 소리가 상(上)이고, •갈은 칼(刀)가 되는데 그 소리가 거(去)이고, 붇은 붓(筆)이 되는데 그 소리가 입(入)이 되는 따위와 같다. 무릇 글자의 왼편에 한 점을 더하면 거성이요, 두 점은 상성이요, 점이 없는 것은 평성이다.

한자의 입성은 거성과 서로 비슷하다. 고유어(諺語)의 입성은 일정(定)하지 않으며 혹 평성과 비슷하니 긷이 기둥(柱)가 되고 녑이 옆구리(脅)이 되는 것과 같다. 혹 상성과 비슷하니 :낟이 곡식(穀)이 되고 :깁이 비단(繒)이 되는 것과 같다. 혹 거성과 비슷하니 •몯이 못(釘)이 되고 •입이 입구(口)가 되는 것과 같다. 그 점을 더하는 것은 평성, 상성, 거성과 같다.

평성은 안온(安穩, 편안하고 부드러움)하고10) 고르니(安而和, 편안하고 부드러움) 봄이니 만물이 서서히 자란다. 상성은 고르나 들리니(和而擧, 부드럽고 높음) 여름이니 만물이 점차 무성(盛)해진다. 거성은 들리나 장(壯)하니(擧而壯, 높고 씩씩함) 가을이니 만물이 성숙(成熟)해진다. 입성은 빠르고 막히니(促而塞, 빠르며 막힘) 겨울이니 만물이 감추어진다.

初聲之ᅙ與ㅇ相似。11)於諺可以通用也。半舌有輕重二音。12)然韻書字母唯一。且國語雖不分輕重。皆得成音。若欲備用。則依脣輕例。ㅇ連書ㄹ下。爲半舌輕音。舌乍附上腭。•ㅣ一起ㅣ聲。於國語無用。兒童之言。邊野之語。或有之。當合二字而用。如ᄀᆞ之類。13)其先。縱後橫。與他不同。訣曰

---

10) 조용하고 편안하다.

11) ᅙ與ㅇ相似: ᅙ자의 음가는 [ʔ]이고 ㅇ자의 음가는 [zero], 또는 [ɦ]이었으므로, 이 두 음을 구별하기 어려워 '相似'라고 한 것임.

12) 半舌有輕重二音: 국어의 'ㄹ'은 음절 초에서 [ɾ](설타음), 음절 말에서는 [l](설측음)로 실현되는데, 중세국어에서도 이런 현상이 있어서 이것을 표기하려면 반설중음 'ㄹ'과 반설경음 'ᄛ'(혀를 윗잇몸에 잠깐 대어서 발음함)로 구별하여 제자할 수 있음을 말한 것이다. 그러나 'ᄛ'자는 실용에 쓰이지는 않았음.

13) ᄀᆞ之類: 중세국어에 [jʌ][ji]와 같은 중모음이 있었음을 설명한 것임. 즉 •와 ㅣ모음과 결합된 중모음은 ㅣ모음이 이들 모음의 뒤에 와서 ㅓㅟ 등과 같이 되고, ㅣ모음이 앞에 오는

초성의 ㆆ는 ㅇ로 더불어 서로 비슷하여 고유어(諺語)에서는 통용할 수 있다. 반설음에는 경중(輕重) 두 가지 음이 있다. 그러나 운서(韻書)의 자모가 오직 하나이며 고유어에서는 비록 경중은 가리지 않더라도 모두 소리를 이룰 수는 있다. 만약 갖추어 쓰려면 순경음의 예에 따라서 ㅇ를 ㄹ 아래 연서하면 반설경음(半舌輕音)이 된다. 혀를 잠깐 윗잇몸에 살짝 붙인다.

ㆍ, ㅡ가 ㅣ에서 일어나는 것은 한양어에서는 쓰이지 않는다. 아동들의 말이나 변야(邊野, 변두리 낮은 곳, 방언)의 말에 간혹 있으니 마땅히 두 글자를 합해서 쓰되 ㄱㅣ ㄱ긴 따위와 같다. (둥근 것과) 세로된 것이 먼저 쓰고, 가로된 것을 나중에 쓰는 것은 다른 것과는 같지 않다.

결(訣)에 가로되

初聲在中聲左上
挹欲於諺用相同
中聲十一附初聲
圓橫書下右書。縱
欲書終聲在何處
初中聲下接着。寫
初終合用各並書
中亦有合悉自左
諺之四聲何以辨
平聲則弓°上則石
刀爲去而筆爲入
觀此四物他可識

중모음은 ㅑㅕㅛㅠ 등인데 ㆍ와 ㅡ모음의 경우에도 ㅣ모음이 앞에 올 수 있음을 설명한 것임. 여기의 설명은 훈민정음 해례 편찬자들이 얼마나 세밀히 중세국어의 음성을 관찰하고 있었던가 하는 점을 보여 주는 것이다. 현대 영남방언에서는 '여물다(熟)', '야물다(硬)'가 변별되듯이 [*yə]가 잔존해 있으며. 충청방언에서 '영:감'이 '응:감'으로 장모음이 고모음화한 변이형들이 확인된다.

音因左點四聲分
一去二°上無點平
語入無定亦加點
文之入則似去聲
方言俚語萬不同
有聲無字書難通
一朝
制作侔神工
大東千古開矇曨

초성은 중성의 왼쪽(左)이나 위(上)쪽에 있고

ㆆ(挹)과 ㆁ(欲) 고유어(諺語)에 서로 동일하게 쓰이네.

중성의 열한 자는 초성에 붙으며,

둥근 것(圓 ·)과 가로로 된 것(橫 ㅡ) 아래 쪽에, 세로로 된 것은 오른쪽
에 쓴다네.

종성은 어디에 둘까

초중성 아래 쪽에 붙여서 쓸지라.

초종성의 합용은 다 각기 나란히 쓰는 것이며

중성도 역시 모두 다 왼쪽부터라네.

고유어의 사성은 무엇으로 가릴까

평성은 활(弓)이요 상성은 :돌(石)이라네.

·갈ㅎ(刀)은 거성이요 ·붇(筆)이란 입성이니

이 넷을 보면 다른 것도 알 수 있다네.

소리는 왼쪽의 점에 따라 사성이 나뉘니

점 하나는 거성, 둘은 상성, 없으면 평성이라네.

고유어의 입성은 가점이 정해지지 않았으며

한자음의 입성은 거성과 비슷하다네.

방언과 이어(俚語)가 모두 다르고

소리는 있으나 글자가 없어서 글이 통(通)하기 어렵다네.

하루 아침에 만드셔서 신공에 견주니

대동(大同, 우리나라) 천고(千古, 오랜 역사)에 어두움을 깨치셨네.

제6장 용자례(用字例)[1]

초성용례

初聲ㄱ。如:감爲柿。·굴爲蘆。ㅋ。如우·케爲未春稻。콩爲大豆。ㆁ。如러·울爲獺。서·에爲流澌。ㄷ。如·뒤爲茅。·담爲墙。ㅌ。如고·티爲繭。두텁爲蟾蜍。ㄴ。如노로爲獐。납爲猿。ㅂ。如볼爲臂。:벌爲蜂。ㅍ。如·파爲葱。·풀爲蠅。ㅁ。如:뫼爲山。·마爲薯蕷。ㅸ。如사·비爲蝦。드·뵈爲瓠。ㅈ。如·자爲尺。죠·히爲紙。ㅊ。如·체爲籭。채爲鞭。ㅅ。如·손爲手。:셤爲島。ㅎ。如·부헝爲鵂鶹。·힘爲筋。ㅇ。如·비육爲鷄雛。·바얌爲蛇。ㄹ。如·무뤼爲雹。어·름爲氷。ㅿ。如아ᅀᅵ爲弟。:너싀爲鴇。

---

1) 용자례에서는 단음절 54개와 이음절어 40개 총 94개의 고유 어휘를 표기하는 실재적 용례를 들어 보이고 있다. 초성 용례는 34개, 중성 용례 44개, 종성 용례 16로 당시 표기법의 시행안

초성 ㄱ은 :감이 감(柿)이 되고 •골이 갈대(蘆)[2]가 되는 것과 같다. ㅋ은 우•케[3]가 벼(未舂稻, 찧지 않은 벼)가 되고 콩이 콩(大豆)이 되는 것과 같다. ㆁ은 러•울이 수달(獺, 너구리)[4]가 되고 서•에가 성에(流凘)가 되는 것과 같다. ㄷ은 •뒤가 띠(茅)[5]가 되고 •담이 담(墻)[6]이 되는 것과 같다. ㅌ은 고•티가 고치(繭)[7]가 되고 두텁이 두꺼비(蟾蜍)[8]가 되는 것과 같다. ㄴ은

이라고 할 수 있다. 먼저 초성 용례는 예의의 자모 순서에 따라 아—설—순—치—후의 방식으로 배열하였고 우리말 표기에서 제외될 전탁자 6자와 후음 'ㆆ'가 제외되고 'ㅸ'이 순음 위치에 추가되었다.

중성 용자의 예는 상형자(•ㅡㅣ)와 초출자(ㅗㅏㅜㅓ), 재출자(ㅛㅑㅠㅕ) 순으로 고유어 각 4개씩 중성 11자에 각각 4개의 어휘를 중성 제자 순서에 따라 제시하였다. 다만 중모음이었던 이자합용 14자 가운데 동출합용(ㅘ, ㆊ, ㅝ, ㆋ) 4자와 이자상합합용자 10자(ㆍㅣ, ㅢ, ㅚ, ㅐ, ㅟ, ㅔ, ㆉ, ㅒ, ㆌ, ㅖ)와 삼자 상합합용 4자(ㅙ, ㆎ, ㅙ, ㆋ)의 용례는 제시하지 않았다. 종성 용례는 16개 어휘의 예를 밝혔는데 예의의 '終聲復用初聲' 규정과 달리 해례의 '八終聲可足用也' 규정에 따른 'ㄱ, ㆁ, ㄷ, ㄴ, ㅂ, ㅁ, ㅅ, ㄹ' 순으로 각 2개의 용례를 밝혔다. 결국 고유어의 사용 예만 94개를 들고 있다. 이 용자의 예를 보면 훈민정음의 창제 목적이 단순히 한자음의 표기나 외래어 표기보다는 고유어의 표기에 중점을 둔 것으로 볼 수 있다. 체언류에서 고유어의 어휘만 제시한 것은 훈민정음의 창제 목적이 단순히 한자음의 통일만을 목표로 하지 않았다는 명백한 증거가 된다.

2) '굸대(蘆)', '골(蘆)'. 갈대.

3) '우•케(未舂稻)'는 탈곡하지 않은 벼. 대체로 종자로 쓸 벼를 남부방언에서는 아직 '우케'라는 방언형이 잔존해 있다. 남방계열의 어휘로 추정된다.

4) '너구리(獺, 水獺, 狢, 山狗, 貂, 獾)'에 대응되는 용례 '러울'(훈정 용자례)의 '러울'의 예는 16세기에는 '넝우리'(훈몽 상: 18)와 '너구리'(신유 상: 13)가 보인다. '넝우리'는 15세기에 보이는 '러울'에 접미사 '—이'가 결합된 어형으로 추정된다. 그리고 '너구리'는 '넝우리'에서 모음 간 자음 'ㆁ'의 'ㄱ'으로의 변화, 즉 비자음의 구자음화(口子音化, 입소리되기)를 겪은 어형으로 간주된다. 16세기의 '너구리'는 18세기에 '너고리'(동유 하: 39)에 나타난다. 근대 국어 이후 〈국한회어 59〉(1895), 〈조선어사전, 163〉(1920) 등에도 '너구리'가 표제어로 등장한다. 결국 현대국어의 '너구리'는 '러울>넝우리>너구리'의 과정을 거쳐 왔음을 알 수 있는데 '러울'의 어원은 불명확하다.

5) '잔디'는 원래 '*잔뙤'와 같은 형태였을 것으로 짐작된다. '쟌뙤/쟘뙤>쟌쒸/쟘쒸>쟌쒸>잔씌>잔듸>잔디'와 같은 역사적 변화 과정을 겪은 것으로 추정할 수 있다. '띠(茅)'를 뜻하는 '뙤'는 17세기에는 'ㅼ'과 소리가 같았기 '쟌뙤/쟘뙤', '쟌쒸/쟘쒸'로 표기된다.

6) '담(墻)'과 '책(柵)'은 경계를 나타내는 가리개라는 의미인데 전자는 보이지 않는 벽이라면 후자는 내부가 보이는 경계를 나타낸다.

7) '고치'는 '고티>고치' 변화이다.

8) '두텁이'는 '두텁이'는 '*두티—+—업(형용사접사)—+—이(명사화접사)'이 구성인데 15세

노로가 노루(獐)[9]가 되고 납이 원숭이(猿)[10]가 되는 것과 같다. ㅂ은 볼이 팔(臂)[11]가 되고 :벌이 벌(蜂)이 되는 것과 같다. ㅍ는 •파가 •파(蔥)가 되고 •풀이 파리(蠅)[12]가 되는 것과 같다. ㅁ은 :뫼가 산(山)이 되고 •마가 마(薯 蕷)가 되는 것과 같다. ㅸ은 사•비가 새우(蝦)가 되고 드•뵈가 뒤웅박(瓠)[13] 이 되는 것과 같다. ㅈ은 •자가 자(尺)[14]가 되고 죠•히가 종이(紙)가 되는 것과 같다. ㅊ은 •체가 체(籭)가 되고 •채가 채찍(鞭)이 되는 것과 같다. ㅅ은 •손이 손(手)이 되고 :셤이 섬(島)이 되는 것과 같다. ㅎ는 •부형이 부엉이(鵂鶹)가 되고 힘이 힘줄(筋)[15]이 되는 것과 같다. ㅇ는 •비육이 병아 리(鷄雛)[16]가 되고 •브얌이 뱀(蛇)이 되는 것과 같다. ㄹ은 •무뤼가 우박(雹) 이 되고 •어름이 얼음(氷)이 되는 것 같다. ㅿ는 아ᅀᆞ가 아우(弟)[17]가 되고

기 문헌에는 '두텁다'만 나오지만 16세기 이후에는 '둗텁다', '듯텁다' 등도 보인다. 이들은 '두텁다'에서 변형된 표기에 불과하다. '듯텁다'가 『조선어사전』(1938)에까지 보인다. 한편 16세기의 '둗거비'가 보이는데 이 형태는 '둗겁(厚)-+-이(명사화접사)'의 구성형과 경쟁 에서 '두터비>두거비'로 어형이 바뀐 결과이다.

9) '노로(獐)'는 '노ᄅᆞ'가 모음 앞에서 '놀ㅇ'로 실현된다. '노ᄅᆞ>노로'의 변화.

10) '납(猿)'은 해례본 용자례에 처음 보인다. 그 후 "그 뫼해 늘근 눈 먼 獼猴ㅣ 잇더니 獼猴ᄂᆞᆫ 납 ᄀᆞᄐᆞᆫ 거시라"(월인석보, 1459), "그르메는 납 우는 남긔 브텟노니"(두언초, 1481), "獼 남 미, 猴 남 후, 猢 남 호, 孫 남 손"(훈몽, 1527), "납 원 猿"(백련, 1576), "猿 猱 납 원 猴 남 후"(신유 상, 1576)에서 그 예를 찾아 볼 수 있다. 17세기 초에 와서 '납'은 사라지고 '진나비'가 등장한다. "猿猱 猿狙 원싱이"(국한, 1895), "원싱이 셩(猩), 원싱이 원(猿), 원싱이 미(獼), 원싱이 후(猴)"(초학요선, 1918)의 예에서처럼 다시 18세기 말경 '원숭이'가 처음 나타나면서 어형이 교체된 결과이다.

11) '볼'은 '볼/풀'의 'ㅎ' 곡용은 19세기까지 이어진다.

12) '파리'는 '풀-+-이(명사화접사)'의 구성이다. 12세기 『계림유사』에 "蠅曰蠅"(1103, 계림 유, 4b)에 보인다. '蠅 ᄑᆞ리 승'(1527, 훈몽 상-11ㄴ)의 예에서 'ᄑᆞᆯ>ᄑᆞᆯ이'로 변화하여 오늘의 '파리'로 정착한 것이다.

13) '뒤웅박'은 15세기에는 '드뵈'였다. '드뵈-+-박(瓠)'의 구성. '드뵈'는 '둡(蓋)-+-ᅴ'의 구성형으로 '드뵈>드왜'로 변화한 밥 뚜껑의 방언형이 '밥 드왜'가 아직 잔존해 있다.

14) 자ㅎ(尺). "다ᄉᆞᆺ 자히러라"(석보 상-11: 11ㄱ), "火光이 다 기릐 두서 자히로ᄃᆡ"(능엄, 9-108 ㄴ), "사ᄅᆞᆷ 周尺으로 ᄒᆞᆫ 자히오"(월석, 9-53ㄴ)

15) '힘줄'은 '힘(筋)-+-줄'의 구성.

16) '비육+-아리(접미사)'의 구성.

:너싀가 너새(鴇)가 되는 것과 같다.

중성용례

中聲·는 如·톡 爲頤·퐂 爲小豆·ᄃ리 爲橋·ᄀ래 爲楸。一如·믈 爲水·발·측 爲跟。그력 爲雁。드·레 爲汲器。ㅣ如·깃 爲巢·:밀 爲蠟·피 爲稷·키 爲箕。ㅗ 如·논 爲水田·톱 爲鉅。호·미 爲鉏·벼·로 爲硯。ㅏ 如·밥 爲飯·낟 爲鎌·이·아 爲綜·사·ᄉᆞᆷ 爲鹿。ㅜ 如숫 爲炭·울 爲籬·누·에 爲蚕·구·리 爲銅。ㅓ 如브섭 爲竈·:널 爲板。서·리 爲霜·버·들 爲柳。ㅛ 如:죵 爲奴·고욤 爲梬·쇼 爲牛·샵됴 爲蒼木菜。ㅑ 如남샹 爲龜·약 爲鼀鼊。다·야 爲匜。쟈감 爲蕎麥皮。ㅠ 如율믜 爲薏苡·쥭 爲飯栗·슈·룹 爲雨繖·쥬련 爲帨。ㅕ 如·엿 爲飴糖·뎔 爲佛寺·벼 爲稻·:져비 爲燕。

중성 ·는 ·톡이 턱(頤)[18]이 되고 ·퐂이 팥(小豆)[19]이 되고 ᄃ리가 다리(橋)가 되고 ·ᄀ래가 개래나무 열매(楸)가 되는 것과 같다. —는 ·믈이 물(水)이 되고 ·발·측이 발꿈치(跟)가 되고 그력이 기르기(雁)가 되고 드·레가 두레박(汲器)[20]이 되는 것과 같다. ㅣ는 ·깃이 깃(巢)이 되고 :밀이 밀랍(蠟)이

---

17) '아ᅀᆞ > 아ᅌᆞ > 아ᄋᆞ > 아우'의 변화.

18) '톡 > 턱'의 변화는 'ᄋᆞ'가 어두 음절에서는 '아'로 변화되는 것이 일반적인데, '어'로 변화되었다는 점에서 예외적인 변화라 할 수 있다. '블(重) > 벌', '일ᄏᆞ(稱) → 일컫ㅡ', 'ᄂᆞᆷ(他人) > 넘', 'ᄒᆞ(爲) > 허ㅡ' 등의 예도 있다. 이와 같은 'ᄋᆞ > 어'의 변화는 'ᄋᆞ'의 두 단계에 걸친 변화에서도 'ᄋᆞ'가 여전히 고수되다가 '어'의 후설화에 따라 '어'로 흡수된 것으로 추정되는 어형들이다.

19) '팥'의 15세기 형태는 'ᄑᆞᆺㄱ, ᄑᆞᆺ, ᄑᆞᆾ'이었다.

20) '드레박'은 '드레(擧)ㅡ + 박(瓠)ㅡ'으로 구성되어 있다. 『역어유해』(1690)에 '鐵落 텨로'와 '드레'가 대응되어 있는데, 몽고어였던 '텨로'와 '드레'의 발음이 비슷하다는 점에 주목할 필요가 있다.

되고 •피가 피(稷)가 되고 •키가 키(箕)가 되는 것과 같다. ㅗ는 •논이 무논(水田)이 되고 •톱이 톱(鉅)이 되고 호•미가 호미(鉏)가 되고 벼•로가 벼루(硯)가 되는 것과 같다. ㅏ는 •밥이 밥(飯)이 되고 •낟이 낫(鎌)이 되고 이•아가 잉아(綜)이 되고 사•슴이 사슴(鹿)이 되는 것과 같다. ㅜ는 숫이 숯(炭)[21]이 되고 •울이 울타리(籬)가 되고 누•에가 누에(蠶)[22]이 되고 구•리가 구리(銅)가 되는 것과 같다. ㅓ는 브섭이 부엌(竈)[23]이 되고 :널이 판(板)이 되고 서•리가 서리(霜)가 되고 버•들이 버드나무(柳)가 되는 것과 같다. ㅛ는 :죵이 노(奴)가 되고 •고욤이 고욤(梬)이 되고 •쇼가 소(牛)가 되고 삽됴가 삽주(蒼朮菜)[24]가 되는 것과 같다. ㅑ[25]는 남샹이 남생이(龜)[26]가 되고 약이 구벽(鼀黽, 거북의 일종)이 되고 다•야가 대야(匜, 손대야)[27]가 되고 쟈감이 메밀껍질(蕎麥皮)이 되는 것과 같다. ㅠ는 율믜가 율무(薏苡)가 되고 쥭이 밥주걱(飯臿[28])이 되고 슈•룹이 우산(雨繖)[29]이 되고 쥬련이 수건(帨)이 되는 것과 같다. ㅕ는 •엿이 엿(飴餹)[30]이 되고 •뎔이 절(佛寺)이 되고 •벼는 벼(稻)가 되며 :져비가 제비(燕)[31]가 되는 것과 같다.

---

21) '숯(炭)'은 '숫'에서 'ㄱ'이 탈락한 '숫>숯'의 변화를 거친 것이다. 경북방언의 방언형 '수껑'을 통해서 지금까지 남아 있는 '숫'의 모습을 확인할 수 있다.

22) '누에'의 기원형은 '*누베'이다. '*누베>누웨>누에'로 변화하였다.

23) '부엌'은 '불>붗(火)−+−섭/섭'의 합성어이다. ㄹ 탈락과 함께 사잇소리 ㅅ>ㅿ으로 변한 '브섭'과 '브석'이 중세어에서 나타난다. '거붑>거북'(龜). "훈 눈 가진 거붑과(석보 상−21: 40ㄱ), '솝>속'(內)(훈몽, 하−15ㄱ)의 예들처럼 p/k의 대응은 방언의 차에 따른 교체형이다.

24) '삽주'는 '삽됴>삽듀>삽주'의 변화 결과이다.

25) 'ㅑ'가 쓰여야 할 자리에 'ㅕ'가 잘못 쓰임.

26) '남생이'는 '남샹/남싱−+−이(명사화접사)'로 분석된다.

27) '다야/대야(이)(匜), 치(巵), 우(盂), 선(鐥), 분(盆), 관(盥)'가 '술그릇'을 포함한 다양한 의미를 가진 어휘이다. 여기에서는 세수를 하는 그릇의 용기를 가리킨다.

28) '주걱'을 '쥭'(훈정 언해본, 용자례)이 17세기에 오면 '쥬게'라는 형태로 나타난다. '쥬게'는 '쥭(粥)−+−억(명사화접사)'의 구성형이다.

29) 한자어 '우산(雨傘)'에 대응되는 고유어가 '슈•룹'이다.

30) '엿'은 중세어에서부터 현재까지 변화 없이 '엿'으로만 나타난다.

종성용례

終聲ㄱ。如닥爲楮。독爲甕。ㆁ。如:굼벙爲蠐螬。•올창爲蝌蚪。ㄷ。如•갇爲笠。싣爲楓。ㄴ。如•신爲屨。•반되爲螢。ㅂ。如섭爲薪。•굽爲蹄。ㅁ。如:범爲虎。ㅁ:심爲泉。ㅅ。如:잣爲海松。•못爲池。ㄹ。如•돌爲月。:별爲星之類

종성 ㄱ은 닥이 닥나무(楮)가 되고 독이 독(甕)이 되는 것과 같다. ㆁ는 :굼벙이 굼벵이(蠐螬)[32]가 되고 •올창이 올챙이(蝌蚪)[33]가 되는 것과 같다. ㄷ은 •갇이 갓(笠)[34]이 되고 싣이 신나무(楓)가 되는 것과 같다. ㄴ은 •신이 신(屨)이 되고 •반되가 반디불이(螢)가 되는 것과 같다. ㅂ은 섭이 땔나무(薪)가 되고 •굽이 발굽(蹄)이 되는 것과 같다. ㅁ은 :범이 :범(虎)[35]이 되고 :심이 샘(泉)이 되는 것과 같다. ㅅ은 :잣이 잣나무(海松)가 되고 •못이 못(池)이 되는 것과 같다. ㄹ은 •돌이 달(月)이 되고 :별이 별(星)이 되는 것과 같으니라.

---

31) '제비'는 '져비>제비>제비'로 17세기 ㅣ움라우트와 단모음화를 거친 어형이다. 『한청문감』에 '자연(紫燕)'을 '치뵌'이라 하였는데, 같은 계통의 어휘로 추정된다.

32) '굼벵이'는 '굼벙-+-이(명사화접사)'의 구성이다.

33) '올챙이'는 '올창-+-이(명사화접사)'의 구성이다. '올창+-이 → 올창이>올창이>올챙이'의 병화를 경험했다.

34) '갓'은 '갇>갓'으로 변화했는데'은 18세기 후반부터 모음 앞에서도 연철되어 말음이 'ㄷ'에서 'ㅅ'으로 바뀌었다.

35) '범(虎)'은 15세기부터 20세기까지, 모두 동일하게 '범'으로 나타난다. 이와 동의어로는 '호랑이'가 있는데, 이는 18세기부터 사용되기 시작하였다고 한다. 『계림유사』에서도 "虎曰監浦南切"[*범]/[*범]/[*pəm], [*pʼam]이라고 하였다.

제7장 정인지 서문

이제 훈민정음 정인지 서문[1]을 그 원문과 이에 의한 번역을 실어서 훈민정음에 관계된 여러 가지 문제를 생각해 보기로 한다.

성음과 문자의 관계

有天地自然之聲○則必有天地自然之文○[2]所以古人因聲制字○以通萬物之

---

1) 정인지의 서문은『훈민정음 해례』의 맨 끝에 붙어 있기 때문에 세종어제 서문과 구별하여 '정인지 후서'라고도 한다. 이 정인지 서문은 '세종 28(1446)년 9월'『세종실록』권113에 세종어제 서문과 예의(훈민정음 본문)와 함께 정인지 서문이 실려 있으며,『훈민정음 해례』 끝에 실려 있다.

2) 有天地自然之聲○則必有天地自然之文○: 천지 자연의 성(聲, 소리)이 있으면 반드시 천지자연 의 문(文, 글)이 있으니.『고금운회거요』의 유진옹(劉辰翁)의 서에 "기는 천지의 어머니이다.

情。以載三才之道。而後世不能易也。然四方風土區別。聲氣亦隨而異焉。3)
蓋外國之語。有其聲而無其字。4)假中國之字以通其用。是猶枘鑿之鉏鋙也。
豈能達而無礙乎。要°皆各隨所°處而安。不可°强之使同也。

천지 자연의 성(聲, 소리)이 있으면 반드시 천지 자연의 문(文, 글자)이
있는 법이다. 그런 까닭으로 옛사람들은 그 소리에 따라 그 글자(체계)를
만들고 이로써 만물의 뜻을 능히 서로 통하게 하고 삼재(三才, 천·지·인)의
도를 이에 실었으니 후세 사람들이 쉽게 바꿀 수 없다. 그러나 사방의
풍토가 서로 다르고 소리의 기운 또한 그에 따라 달라진다. 대개 중국
이외의 나랏말은 그 소리는 있으나 그 글자가 없다. 중국의 글자를 빌려서
통용하고 있으나 이는 모난 자루5)를 둥근 구멍에 끼우는 것과 같이 서로

소리의 기운이 동시에 나며 소리가 있은 즉 글자가 있는 것이니 글자는 또한 소리의 아들이
라 할 만하다[氣者天地之母也, 聲氣卽有字, 字又聲之子也]"라고 하고 있다(유진옹 서,『고금
운회거요』).

3) 언어가 풍토에 따라 다른 점을 말한 대목이다.『황극경세서』(『성리대전』권8)에서 "音非
有異同 人有異同 非有異同 方有異同 謂風土殊而呼吸異故也"이라는 내용이『훈민정훈역훈』
에도 "대개 사방의 풍토가 같지 못 하고 기도 또한 그기에 따르는 바, 소리는 기에서 생기는
것인지라, 이른바 사성과 칠음이 지방에 따라서 편의함을 달리하거늘[盖四方風土不同。而氣
亦從之。聲生於氣者也。故所謂四聲七音隨方而異宜。]"이라 하고 있다.

4) 『고금운회거요』의 류진옹(劉辰翁)의 서문에 "기는 천과 지의 모체라 성과 기는 동시에
일어나니 성이 있으면 곧 글자가 있으니 글자는 곧 성이라[氣者天地母也。聲與氣同時而出。有
聲卽有字。字又聲之子也。]"라고 하였으니 이 글의 첫머리는 결국 류씨의『운회』서와 비슷한
견해를 말한 것이다.

5) 예착(枘鑿): 서어(鉏鋙): 서로 어긋나서 들어맞지 않음. 원조(圓鑿): 둥근 구멍.『이소경』의
『초사집주』에 〈속리소 구변 제8〉에 "둥근 구멍에 모난 자루로다. 나는 진실로 그것이 서로
어긋나서 들어맞지 않는 것을 알겠도다[圓鑿而方枘兮 吾固知其鉏鋙而難入]"라는 글에서 따
온 표현이다. 병와 이형상의『자학』'방언' 항에 '예착(枘鑿)'의 '예(枘)'는 마무끝을 구멍에
넣는 것을 뜻하는데 송옥(宋玉)의 〈구변(九辨)〉에 "둥근자루와 네모난 구멍이야, 나는 그것
이 서로 어긋나 들어가기 어려움을 아네"라고 하였다고 한다. 무릇 '예(枘)'는 본래 서로
들어가는 물건인데 오직 네모난 자루를 둥근 구멍에 넣으려고 하면 넣을 수 없는 것이다.
지금 '방(方)'과 '원(圓)' 두 글자를 삭제하고 다만 '예(枘)'와 '착(鑿)'은 서로 들어가지 않는다
고 하면 글자의 뜻도 통하지 않고 또한 문리도 어긋난다고 하였다.

어긋나는 일이므로 어찌 능히 통하여 막힘(防碍, 막힘)이 없겠는가? 요컨대 다 각각 그 처한 바에 따라서 편하게 해야 하지 억지로 같게 할 수는 없는 것이다.

한문과 이두의 불편함

吾東方禮樂文章。侔擬華夏。但方言俚語。不與之同。學書者患其旨趣°之難曉。治獄者病其曲折之難通。昔新羅薛聰。始作吏讀°。官府民間。至今行之。然皆假字而用。或澁或窒。非但鄙陋無稽而已。至於言語之間。則不能達其萬一焉。

우리나라의 예악과 문물은 가히 중화(華夏)에 견줄 만하다. 다만 방언과 이어(俚語)가 중국말과 같지 않다. 글을 배우는 사람은 그 뜻을(旨趣) 깨닫기 어려움을 걱정하고, 옥사를 다스리는 사람은 그 자세한 사정을 훤히 알기 어려움을 걱정하였다.

옛날 신라 때에 설총이 처음으로 이두를 지어서 관부와 민간에서 오늘에 이르기까지 사용하고 있다. 그러나 이두는 모두 한자를 빌려서 쓰는 것이므로 혹 껄끄럽고 혹 막혔었다. 다만 비루(鄙陋, 속되고)하고 터무니없을(稽考, 근거가 일정하지 않음)[6] 뿐만 아니라, 언어 간에 사용함(적음에)에는 그 만분의 일도 뜻을 도달하기 어렵다.

---

6) 계고(稽考): 지나간 일을 돌이켜 자세히 살펴봄.

훈민정음 창제의 우수성

癸亥冬。我

殿下創制正音二十八字。略揭例義以示之。名曰訓民正音。象形而字倣古篆
。因聲而音叶七調。三極之義。二氣之妙。莫不該括。以二十八字而轉換無窮。
簡而要。精而通。故智者不終朝而會。愚者可浹旬而學。以是解書。可以知其義
。以是聽訟。可以得其情。字韻則淸濁之能辨。樂歌則律呂之克諧。無所用而不
備。無所往而不達。雖風聲鶴唳。鷄鳴狗吠。皆可得而書矣。

계해년 겨울에[7] 우리 전하께서 정음 28자를 지으시고 간략하게 보기와 뜻을 들어 보이시며, 그 이름을 훈민정음이라 하셨다. 상형을 한 글자는 고전을 본뜨고 소리를 따른 결과 음은 칠조(七調)[8]에 맞추었다. 삼극(三極,

---

7) 계해년 겨울: 세종 25(1443)년 12월.

8) 칠조(七調): 정초(鄭樵)의 『칠음략(七音略)』 서에는 "四聲爲經。七音爲緯。江左之儒。知縱有平上去入爲四聲。而不知衡有宮商角徵羽半徵半商爲七音。縱成經。衡成緯。經緯不交。所以失立韻之源。"라고 하였는데 팽장경(彭長庚)의 말에도 "今見皇極經世書。聲爲律。音爲呂。一經一緯一縱一衡。而聲音之全數具矣。"라고 하고 『홍무정운』 서에도 "江左制韻之初。但知縱有四聲。而不知衡有七音。故經緯不交。而失立韻之原。"라고 하였다. 즉 정초 이하로 그들은 사성을 경, 칠음을 위로 잡아서 그 중의 하나만 없어도 소위 經緯不交로 입운의 본원을 잃는다고 생각한 것이다. 물론 한자 음운에는 자모에 대하여 운부가 있으나 그 운부란 사성의 구별을 떠나서 제대로 서지 못한다. 운부와 함께 사성의 구별이 음운의 '經'으로까지 간주되는 것이라. 그 '經'을 잃어서는 7음의 '緯'도 바르지 못하다고 생각되는 것이 모두다 무리가 아니다. 정초의 『칠음략』 서문에 "太子洗馬蘇□駁之。以五音所從來久矣。不言有變宮變徵。七調之作實未所聞。"이라고 하였다. 궁, 상, 각, 징, 우의 오음에 변궁과 변징을 더한 것이 칠조이다. 또한 『예기』 권37에 〈악기조〉에 "凡音之起由人心生也。 … 故形於聲"이라는 대목의 주에 "正義曰 言聲者 宮商角徵羽也"라고 하여 사람의 소리를 오성에 따라 궁, 상, 각, 치, 우로 구분함을 말하고 있다. 병와 이형상의 『악학편고』 권1 〈성기원류〉에 "악학자는 본래 음을 정하지 않고 통상적으로 탁이 궁이 되고 차탁이 상이 되고 청탁 무거운 소리가 각이 되고 청이 우가 되고 차청이 치가 되며 또 궁이 본래 후음이고 상이 본래 치음이고 각이 본래 아음이고 치가 본래 설음이고 우가 본래 순음이다. 성운학자는 순음이 궁이고 치음이 상이고 아음이 각이고, 설음이 치이고, 후음이 우이며, 그 사이에 또 반치 반상이 있는데 모두 청탁으로서만 논할 수 없다. 오행학자는 오류에는 청탁의 구별이 없기 때문에 오성으로 배치하여 오음을 유씨를 궁으로, 조씨를 각으로 장씨와 왕씨를 상으로, 무씨와 경씨를 우라고 한다[樂家本無

삼재)의 뜻9)과 이기(二氣, 陰陽)의 묘(妙, 기묘한 이치)가 다 이 가운데 포함되지 않는 것이 없다. 이 28자로써도 전환이 무궁하고 매우 간략하되 지극히 요긴하고 또 정(精, 정교함)하고도 통(通, 꿰뚫음)한다. 그러므로 슬기로운 사람이면 하루아침이 다 못되어 깨우치고 어리석은 사람이라도 열흘이면 능히 다 배울 수 있다. 이 글자로써 만일 한문을 풀이하면 그 뜻을 알 수 있다. 이 글자로써 송사하는 내용을 들으면 가히 그 사정을 이해할 수 있다.

자운의 경우 청탁을 능히 구별할 수 있고10) 악가(樂歌)의 경우 율려(律呂)11)가 고르게 된다. 쓰는 바에 갖추어지지 않은 것이 없고 가는 바에 도달하지 못할 바가 없다. 비록 바람소리 학이 울음과 닭의 우는 소리, 개 짖는 소리라도 모두 쓸 수가 있다.12)

定音, 常以濁者爲宮, 次濁爲商, 淸濁重爲角, 淸爲羽, 次淸爲徵, 又曰宮本喉, 商本齒, 角本牙, 徵本舌, 羽本脣, 韻家脣爲宮, 齒爲商, 牙爲角, 舌爲徵, 喉爲羽, 其間又有半徵半商(未日之類), 皆不論淸濁以然也, 五行家以韻類於淸濁不以, 五姓參配, 五音與柳宮, 趙角, 張王爲商, 武庚爲羽是也]라고 하여 율려에 따른 성음을 오성으로 분류하고 있다.

9) 『역경』 계사 상 제2장에 "六爻之動三極之道也"라고 하였으니 삼극은 천, 지, 인을 가르킴이요, 『태극도설』에 "二氣交感化生萬物"이라고 하였으니 이기는 음, 양을 가르킴이다.

10) 자모에서만 청, 탁을 구별하는 것이 아니요 운에서도 청, 탁을 구별한다. 『광운』 권말에는 "歸四聲輕淸重濁法"이 있어서 평, 상, 거, 입의 사성자를 다시 경청과 중탁의 두부류로 구별하여 놓았다.

11) 『한서』 〈율력지〉에는 "律有十二。陽六爲律。陰六爲呂。"라고 하였고 『서경』 〈순전〉에는 "八音克諧"라고 하였다. 『율려』, 즉 음악도 훈민정음으로써 해협(諧拹)된다는 뜻이다.

12) 정초의 『칠언약』 서문에는 "학 울음소리 바람소리, 닭 울음소리, 개 짖는 소리, 천둥 번개가 우지근 뚝딱하고 모기나 등에가 귀를 스쳐 지나가더라도 모두 다 옮겨 적을 만하거늘[雖鶴唳風聲, 鷄鳴狗吠, 雷霆經天, 蚊虻通耳, 皆可譯也。]"이라고 하였다.

훈민정음 협찬자

遂
命詳加解釋。以喩諸人。於是◦與集賢殿。應゜敎臣崔恒◦副校理臣朴彭年◦臣申叔
舟◦修撰臣成三問◦敦寧府注簿臣姜希顔◦行集賢殿副修撰臣李增◦臣李善老等◦謹作諸
解及例◦以敍其梗槩◦庶使觀者不師而自悟◦若其淵源精義之妙◦則非臣等之所
能發揮也。

마침내 (전하께서) 자세히 풀이를 더하여 여러 사람을 가르치라고 명하
셨다. 이에 신이 집현전 응교 최항, 부교리 박팽년, 신숙주, 수찬 성삼문,
돈녕 주부 강희맹, 집현전 부수찬 이개, 이선로 등과 함께 삼가 여러 풀이
와 예를 지어서13) 그 대강의 줄거리를 서술하였다. 보는 사람들이 스승
없이도 스스로 깨우치도록 하기 바란다. 14) 만약 그 연원과 정밀한 뜻의
묘가 있다면 신들이 발휘할 수 있는 바가 아니다.

세종의 독창성

恭惟我殿下◦天縱之聖◦制度施爲超越百王◦正音之作◦無所祖述◦而成於自
然◦豈以其至理之無所不在◦而非人爲之私也◦◦夫東方有國◦不爲不久◦而開
物成務之大智◦蓋有待於今日也歟。

---

13) "謹作諸解及例"을 "해(解)와 례(例)를 지어서"(홍기문, 1946; 강신항, 2003: 178)로 풀이하고
있다. "이 해석을 지어 써"로 풀이한 이유는 자칫 '해례'와 '예의'를 모두 집현전 학사들이
지은 것으로 오해될 소지가 있기 때문으로 추정된다.

14) 若其淵源精義之妙◦則非臣等之所能發揮也◦: 이 부분의 해석이 소략하다. "스승이 없어도 스
스로 깨우치도록 바랐으나 그 깊은 연원이나 자세하고 묘하고 깊은 이치에 대해서는 신
등이 능히 펴 나타낼 수 있는 바가 아니다."(강신항, 2003: 178)로 풀이하고 있다.

공손히 생각하건대 우리 전하께서는 하늘이 내리신 성인으로 지으신 법도와 베푸신 정사가 백왕을 초월하신다. 정음을 지으신 것도 앞선 사람이 기술한 바를 이어받지 않고 자연히 이루신 것이다. 그 지극한 이치가 존재하지 않는 바가 없으니 인위의 사사로움이 아니다. 대저 동방에 나라가 있음이 오래지 않음이 아니나 개물성무(開物成務, 만물의 뜻을 열어 놓는다)15)의 큰 지혜는 대개 오늘을 기다리고 있었던가?

훈민정음 서문을 올린 일자

正統十一年九月上澣。資憲大夫禮曹判書集賢殿大提學知春秋館事 世子右賓客臣鄭麟趾拜手。稽首謹書.

訓民正音

정통 11(세종 28)년 8월 상순
자헌대부 예조판서 집현전대제학 지춘추관사 세자우빈객16) 정인지 두 손 모아 머리 숙여 삼가 씀.

훈민정음

---

15) 개물(開物)은 만물의 뜻을 열어 놓는다는 말임. 『주역』〈계사전 상〉 11장에 "주역은 만물의 뜻을 열어 놓고 천하의 모든 일을 이룩하여 놓는다[夫易開物成務]"라고 하였다. '개물성무(開物成務)'에 대해 『주역』 본의에서는 "사람으로 하여금 복서를 가지고 써 길흉을 알고 그것에 따라 일을 이루게 한다[開物成務, 謂使人卜筮 以知吉凶而成事業]"라고 하고 있다.

16) 조선 태조 1(1392)년에 세자에게 경사와 도의를 가르치기 위해 설치한 세자강원의 정2품 관직.

이상의 서문에서 우리는 훈민정음과 다른 학문과의 관련성도 알 수 있고 반포의 연월일도 짐작케 되니 이 문자에 의하여 우리는 해석되는 문제가 하나둘이 아님을 알 수 있다.

제4편 『훈민정음 언해』 본문 읽기

『훈민정음 언해』

訓·훈民민正·졍音흠1)

訓·훈·은 ㄱ르·칠 ·씨·오2) 民·은 百·빅姓·셩·이·오 音흠·은3) 소·리·니

---

1) '音흠'에서 'ㆆ'字의 음가는 성문폐쇄음인 [?]로서 중국 36자모에서는 이를 하나의 어두자음
   으로 인정하고 '影母'로 표시하고 있었으나 중세국어에서는 독립된 어두자음으로 쓰인 일이
   없고 『동국정운식』 한자음에서만 하나의 어두자음으로 인정하고 있다.

2) ㄱ른·칠·씨·오: 'ㄱ른치─+─ㄹ+ㅅ(의존명사)─+ㅣ(서술격조사)+고(연결어미)'의 구성.
   가르치는 것이고, 접속어미 '─고'는 'ㄹ, ㅿ, 반모음 j' 아래서 'ㄱ'이 탈락하는 것이 일반적
   이었으나, 특수한 경우로 서술격조사 '이─' 아래서도 탈락하였다.

3) 音흠·은: 『동국정운식』 표기이다. 언해본의 한자음은 『동국정운식』 한자음으로 한자 아래
   에 주음을 해두었다. 당시 이상적인 중국음과 현실음인 우리음을 절충하여 표기하였는데
   그 특징은 첫째, 초성에 전탁자 "ㄲ, ㄸ, ㅃ, ㅆ, ㅉ, ㆅ" 6자와 'ㅸ, ㆁ, ㅿ, ㆆ' 4자로 표기하였다.
   둘째, 초성, 중성, 종성을 갖추어 표기하였다. 종성이 없는 글자에는 '御·엉製·졩'처럼 'ㅇ'을
   넣었으며 유모와 효모 글자는 '斗듛'처럼 'ㅱ'을 넣었으며, 래모(來母)는 이영보래로 '達딿·쀼
   볋'처럼 'ㅭ'을 넣었다. 이러한 한자음의 동국정운식 표기는 세조대까지는 사용되었으나
   성종대 불경언해 『불정심경언해』, 『영험약초』, 『육조법보단경언해』에 와서는 전면 폐지되
   었다.

訓·훈民민正·졍音흠·은 百·백姓·셩 ᄀᆞᄅ·치시논4) 正·졍흔 소·리·라5)

　國·귁之징語:엉音흠·이6) 國·귁·은 나·라히·라7) 之징·는·입·겨지·라8)

語:엉·는 :말ᄊᆞ미·라

　나·랏: 말ᄊᆞ·미9)

---

4) ᄀᆞᄅ·치시논: 'ᄀᆞᄅ치-+-시(존경)-+-ᄂᆞ(현재시상)-+-오(의도법)-+-ㄴ(관형형)'의 구성. 가르치시는. '-ᄂᆞ-+-오-'가 축약되어 '-노-'로 되었다. 'ᄀᆞᄅ치-'는 현대어의 '가르치(敎)-'와 '가리키(指)-'의 두 가지 뜻을 모두 가지고 있었는데, 여기서는 전자의 뜻으로 쓰였다. 중세 국어 시상법선어말어미로는 과거에는 '-∅-, -더-, (-러-)', 현재 '-ᄂᆞ-', 미래는 '-리-'가 있다.

5) 正·졍흔 소·리·라: "바른 소리"라는 뜻인데 두 가지의 의미로 해석이 가능하다. 곧 동음으로서 『동국정운』에 맞는 소리라는 의미와 우리말의 발음을 바르게 쓴다는 의미를 모두 포함하고 있다. '正·졍音흠'을 『월인석보』에서는 "正·졍音흠·은 正·졍흔 소·리·니 우·리나·랏:마·를 正·졍·히 반·다·기·올·히 쓰는·그·릴·씨 일·후·믈 正·졍音흠·이·라·ᄒᆞᄂᆞ니·라"고 하였다.

6) 國·귁之징語:엉音흠·이: 나라의 말씀이. 이 대목은 언해의 풀이대로 해석하면 매우 간단한 것처럼 보이지만 다양한 해석이 있다. 주격조사는 명사어간의 말음이 자음일 경우 '-이, -ㅣ' 모음 아래에는 '-zero' 주격이 한자어 아래에서는 '-ㅣ'가 실현된다.

7) 나·라히·라: '나라ㅎ(國)-+-이(서술격조사)-+-라(종결어미)'의 구성. 나라이다. 15세기 중세국어에서 'ㅎ' 종성체언은 약 80개 정도 있으며, 곡용할 때 'ㅎ'이 안 나타나기도 한다. 체언 말음이 자음이면 '이-'로 모음 '이[j]'나 'ㅣ[j]'면 '∅'로 그 밖의 모음이면 'ㅣ'가 나타난다. 종결어미 '-다'가 'ㅣ'모음 아래에서는 '-라'로 교체가 된다. 곧 'ㅣ'모음 아래에서는 선어말어미 '-거-'도 '-어-'로 교체가 되고, 어말어미 '-게-'도 '-에'로, '-고'도 '-오'로 회상의선어말어미 '-더-'도 '-러'로 감탄선어말어미 '-도-'도 '-로'로 교체가 이루어진다.

8) ·입:겨지·라: '입겿-+이라'의 구성. '입겿'은 어조사에 대한 고유어로 말을 고르게 하거나 연결할 때 쓰는 말이다. 때로 '입겿'이란 형태가 보이기도 한다("哉는 입겨체 쓰는 字ㅣ라", 월곡서 9). 그러나 '입겿'은 항상 처격 조사 '-에'와 결합될 때만 쓰였기 때문에, 이것이 '입겿'과 동일한 것인지는 확실치 않다. 협주에 있어서 좀 더 상세한 설명이 필요 없는 어조사는 '입겨지라'로 제시되지만, 설명이 필요한 어조사는 "-ㅎ는 겨체 쓰는 字ㅣ라"란 형식으로 그 쓰임을 나타내고 있다.

9) 나·랏: 말ᄊᆞ·미: '나라ㅎ-+-ㅅ-+말씀-+-이'의 구성. 나라의 말씀이. 현대국어에서 'ㅅ(사이시옷)'은 복합어에나 출현하지만 15세기에는 속격조사의 한 가지로 쓰였다. 당시의 속격조사로는 '-의/-이/-ㅅ'등이 있었는데 '-의/이'는 유정물의 평칭 '-ㅅ'은 유정물의 존칭이나 무정물에 쓰였다. 본문에서 '나랏말씀'이라 한 것은 "우리나라의 말"이라는 포괄적인 의미로 사용되었다. '말씀'은 '말(言)-+-씀(접사)'의 구성으로 '-씀'은 태도나 모양을 나타내는 접미사이다.

異·잉乎홍中듕國·귁·과·ᄒ·야10) 異·잉·ᄂᆞᆫ 다ᄅᆞᆯ ·씨·라 乎홍·ᄂᆞᆫ :아·모그에11) ·ᄒ논12) ·겨체13) ·ᄡᅳ는14) 字·ᄍᆞ ㅣ·라 中듕國·귁·ᄋᆞᆫ 皇勢帝·뎅 겨신15) 나·라히·니 ·우·리나·랏 常쌍談땀·애 江강南남·이·라 ·ᄒᆞ·ᄂᆞ·니·라16) 中듕國·귁·에17) 달·아18)

---

10) 異·잉乎홍中듕國·귁·과ᄒ·야: 중세어에서 'ᄒ다'만 예외적으로 '-ᄒᆞ요, -ᄒᆞ야'로 활용한다.

11) ·아모그에: '아모(부정칭대명사)-+-그(其)-+-에(처격사)'의 구성. 아무에게. '-그에'는 속격 조사 '-잇/의-+-그에'와 결합하여 '-잇그에, -의그에'(-게, -그에, -거긔, -손듸도)와 같은 평칭의 여격표시로 변하였다. 다만 '-ㅅ-+-그에'의 결합은 존칭의 여격표시 '-쎄'로 쓰였는데 이들은 후에 '-에게, -께'로 변하였다.

12) ·ᄒ논: 'ᄒ(爲)-+-ᄂᆞ(현재시상)-+-오(의도법)-+-ㄴ(동명사형)'의 구성. 하는.

13) ·겨체: '곁(傍)-+-에'의 구성. 곁에. 처격조사는 양모음어간 뒤에는 '-애', 음모음어간 뒤에는 '-에', i나 j 어간 뒤에는 '-잇'나 '-예'가 사용되었다. 연철되면서 처격의 환경에서는 'ㅌ'이 'ㅊ'으로 실현되었다.

14) ᄡᅳ는: 'ᄡᅳ(用)-+-는'의 구성. 쓰는. 중세어에서 동사 'ᄡᅳ(用)-'와 형용사 'ᄡᅳ(苦)-'는 'ᄡᅳ(書)-'와 구별되었다. 중세국어에서는 ㅂ계, ㅄ계, ㅅ계 어두자음군이 쓰였다.

15) 겨신: '겨시(在)-+-ㄴ'의 구성. 계시는. '겨시-'는 '잇(有)-'의 존칭어이다. 역사적으로는 사어화된 동사 어간 '겨(在)-+-시-'가 결합하여 형성된 동사로 판단된다. 이두에서 '在'가 '견'으로 읽히며 근대국어에서 '겨오셔'가 후치사로 쓰인다.

16) ·ᄒᆞ·ᄂᆞ·니·라: 'ᄒ-+-ᄂᆞ-+-니-+라'의 구성. '-니-'는 어떤 동작이나 상태를 객관적으로 확인한다. '-라'는 평서법어미 '-다'이다. 선어말어미 '-오-, -과-, -더-, -리-, -니-, 계사'와 결합하면 '-다'는 '-라'로 교체된다.

17) 中듕國·귁·에: '듕귁(中國)-+-에(처격, 비교)'의 구성. 중국과. 처격 '-에'가 공동격형인 '-과/-와'처럼 쓰였다.

18) 달·아: '다ᄅᆞ(異)-+-아(구속형어미)'의 구성. 달라서. '다ᄅᆞ-'는 접속어미 '-아'나 의도법어미 '-오-' 등과 결합할 때 어간형이 '달-'로 설측음화하여 분철되었다. 일종의 음절 구성의 재음절화라고 할 수 있다. 이와 같이 '-ㄹ-/르-' 재음절화를 하는 용언으로 '니ᄅᆞ(謂)-, 고ᄅᆞ(均)-, 오ᄅᆞ(上)-, 게으르(怠)-, 그르(誤)-, 기르(養)-, 두르(圍)-, 바ᄅᆞ(直)-' 등이 있다. 일종의 '-ㄹ/르-' 불규칙의 환경에서나 'ㄱ'이 탈락한 환경에서는 분철이 되었다.

분철이 된 요인을 어두의 'ㅇ'이 음가가 있기 때문이라고 설명하기도 한다. 곧 'ㅇ'이 소극적 기능일 때 어두음이 모음임을 표시하거나 '아', '어' 등 어중 음절 경계(boundary, #)를 표시기 때문에 'ㄹ'이 분철된다는 설명이다. 도 다른 설명으로는 'ㅇ'이 적극적 기능일 때 'ㅇ'이 *[g]>[ɣ]>[ɦ]으로 변화한 결과 15세기 중세국어에서는 'ㅇ'이 [ɦ]의 단계이기 때문에 'ㄹ'이 분철되었다는 설명이다. 곧 '달아'에서 'ㄹ+ㅇ'의 표기는 [l]+[ɦ]를 나타낸 표기다. 이와 유사한 예로 적극적 기능을 가졌던 'ㅿ'의 소실은 'ㅿ+ㅇ'의 연결에서 먼저 소실되었다. '앗은>아슨'('ㅇ'의 음이 zero화하여 'ㅿ'음이 연철할 수 있었다). 현대 국어와 마찬가지로 15세기 중세국어에도 'ㄹ'은 설측음 [l]과 설전음 [r]로 실현되어 이것을 훈민정음 종성해에서는 "ㅇ連書ㄹ下爲半舌輕音ㄹ附上腭"이라고 하여 반설중음 'ㄹ[l]'과 반설경음 'ᄛ[r]'으

與:영文문字·쫑·로19) 不·붏相샹流륳20)通통홀·씨21) 與:영·는 ·이·와·
뎌·와22) ·ᄒᆞᆫ ·겨체 ·쁘는 字·쫑ㅣ·라 文·은 ·글·와리·라23) 不·붏·은24)

로 나누어 설명했다. 'ㄹ'의 이음(異音)을 당시 학자들이 인지하고 있었던 결과이다.

19) 與:영文문字·쫑·로: '-로'는 조격. 양모음 아래에서 '-ᄋᆞ로', 음모음 아래에서 '-으로', 모음
이나 'ㄹ' 아래에서 '-로'로 나타난다.

20) 流륳: 동국정운식 한자음 표기에서 종성이 없는 'ㅸ'는 운미음 [w]을 표기한 것이다. 훈민정
음 창제 이후 한자음의 표기는 『동국정운』이 제정되기 이전과 그 이후 기간 동안 차이를
보인다. 특히 -p, -t, -k 입성운미의 표기가 『훈민정음 해례』에서는 '-ㅌ'운미인 '彆'을 '볃'으
로 표기하였고 '-w' 운미 글자인 '虯'도 '뀨'로 '-j' 운미인 '快'도 '쾌'로 표기하여 'ㅇ'을
표기하지 않았다. 그러나 『훈민정음 해례』 언해본에서는 해례본과 달리 지섭(止攝), 우섭(遇
攝), 과섭(果攝), 가섭(假攝)과 해섭(蟹攝)의 '-j' 운미에 'ㅇ'을 표기하고 효섭(效攝), 유섭(流
攝)의 'ㅸ'표기로 진섭(臻攝)과 산섭(山攝)의 '-t'운미인 경우 '-ㅭ'을 표기하여 입성운미를
3성 체계에 따라 표기하였다. 이러한 표기법은 바로 『동국정운』식 표기라고 할 수 있다.
『월인천강지곡』에서는 'ㅇ' 표기는 반영하지 않고 'ㅸ'과 'ㅭ'표기만 반영하였으며 『육조법
보단경언해』에서는 'ㅇ'과 'ㅸ' 표기를 폐기하였을 뿐만 아니라 이영보래 표기인 '-ㅭ'도
'-ㄹ'로 현실 동음으로 정착되었다. 중국 한자음 표기에만 확인되는 탕섭(宕攝)의 입성 가운
데 약운(藥韻) 표기와 지섭(止攝)의 속음(俗音) 가운데 치음(齒音) 성모를 가진 글자의 운미
표기에 대해 살펴보면 『홍무정운역훈』의 경우 '-∅'운미 표기에 'ㅇ'을 반영하지 않았지만
지섭(止攝)의 속음의 경우 치두음과 정치음의 종성자리에 'ㅿ'을 표기하였고 '-j'운미인 경우
'ㅇ'을 반영하지 않았다. 다만 'ㅸ'은 반영하였다. 탕섭(宕攝)의 약운(藥韻)의 경우 'ㅸ'으로
표기하였다. 『석보상절』 다라니에 나타는 한자음 표기는 '-j'운미인 경우 'ㅇ'을 그리고 '-w'
운미에 'ㅸ'를 표기하였고 진섭(臻攝)과 산섭(山攝)의 입성 '-t'는 'ㄷ'으로 표기하였다. 『월인
석보』 다라니경에서는 '-j'운미인 경우 'ㅇ'을 표기하지 않았고 '-w'운미에는 'ㅸ'를 표기하
였다. 그리고 진섭(臻攝)과 산섭(山攝)의 입성 '-t'는 'ㅭ'으로 표기하였다. 『번역박통사』에서
는 정음과 속음에 한자음 표기의 차이를 보여주는데 '-j'운미인 경우 'ㅇ'을 표기하지 않았고
'-w'운미에서 정음에는 'ㅸ'를 표기하였으나 속음에서는 표기하지 않았다. 진섭(臻攝)과
산섭(山攝)의 입성 '-t'는 정음에서는 '-k', '-t', '-p'는 'ㆆ'을 표기하였으나 속음에는 표기를
하지 않았다. 훈민정음 창제 이후 초성, 중성, 종성을 갖추어야 한다는 음절 표기 의식에
대한 변개가 있었음을 확인할 수 있다.

21) 不·붏相샹流륳通통홀·씨: '붏샹륳통ᄒᆞ-+-ㄹ씨(이유나 원인을 나타내는 구속형어미)'의 구
성. 서로 통하지 아니함으로.

22) ·이·와·뎌·와: 이것과 저것과. 공동격 '-와/-과'는 선행음절이 개음절인 경우 '-과'가 폐음절
은 경우 '-와'가 실현되었으나 근대국어에 가면 혼란을 보이게 된다.

23) ·글·와리·라: '글왈'(용가 26)은 '글발'에서 변한 형인데 『석보상절』 서에는 '글왈'(석보서:
4ㄱ)이 쓰였지만 『월석』 서에는 '글월'(월석서: 11ㄴ)이 쓰이고 있음으로 보아 '글발>글왈
>글월'의 변화를 겪었다.

24) 不·붏·은: 소위 '이영보래(以影補來)'식 입성말음표기. 'ㄹ+ㆆ' 방식을 취하여 입성의 'ㄷ'음
이 'ㄹ'로 변화한 것을 'ㆆ'음을 보충하여 'ㄷ'음에 가깝게 입성을 나타내 보이려고 한 것이다.

아·니 ·호논 ·쁘디·라25) 相샹·온 서르 ·호논 ·쁘디·라 流륭通통·온 흘·러
스모·출 ·씨·라26)

文문字쭝·와·로27) 서르 스뭇·디28) 아·니홀·씨

故·공·로 愚웅民민·이 有:율所:송欲·욕言언·ㅎ야·도 故·공·는 젼·ᄎ·
라29) 愚웅·는 어·릴 ·씨·라 有:율·는 이실·씨·라30) 所:송·는 ·배·라 欲·욕·
은 ㅎ·고·져 홀 ·씨·라 言언·은 니를·씨·라

·이런 젼·ᄎ·로 어·린31) 百·빅姓·셩·이 니르·고·져32)·홀·배33) 이·셔·
도34)

---

25) ·쁘디·라: '뜯-+-이-+-라'의 구성. 뜻이다. 협주 설명에서 부사는 일반적으로 '(해당부사)-
　 호논 쁘-디라'나 '(해당부사)-호논 마리라'의 형식으로 제시되어 있다.

26) 스모·출·씨·라: '스뭇<스뭇(通, 透, 徹, 河)-+-ᄋ-+-ㄹ(동명사)-+-씨라(스+ㅣ라)'의 구
　 성. 서로 통하는 것이라.

27) 文문字쭝·와·로: 문자와. 이때 '문자'는 일반적인 문자를 뜻하는 것이 아니라 한자를 말한
　 다. 또한 '-로'는 향격 조사로서 뒤에 오는 '스뭇-'과 호응된다. 곧 우리말이나 한자가 서로
　 상대 쪽으로 '흘러 통한다'는 의미와 호응하는 것이다. '-와/과(공동격)+-로(조격)'의 복합
　 격이 동반격 '-와'와 문맥상 차이가 있으나 같은 기능을 하게 된다. "또 내 너와로 四天王의
　 있는 宮殿 볼 쩨"(능엄 2: 33)

28) 스뭇·디: '스뭇>스뭇(通)-+-디'의 구성. 통하지. '스뭇-'은 이른바 8종성법에 의한 표기이다.

29) 젼·ᄎ·라: '젼ᄎ(故)-+ㅣ라'의 구성. 까닭으로.

30) 이실·씨·라: '이시(有)-+-ㄹ +씨라'의 구성. 있는 것이라. '-씨라'는 'ᄉ(의존명사)-+-ㅣ
　 라'의 구성인데 어미로 융합된 결과이다.

31) 어·린: '어리(愚)-+-ㄴ'의 구성. 어리석은. '어리-'는 '어리다(少)'와 '어리석다(愚)'의 의미
　 를 가지고 있다.

32) 니르·고·져: '니르(言)-+-고져'의 구성. 말하고자. '니르->이르(謂)-'로 변하면서 의미도
　 조금 변한 것이다.

33) ·홀·배: 'ㅎ(爲)-+-오(의도법)-+-ㅭ(관형사형)+바(의존명사)-+-ㅣ(주격)'의 구성. 할 바
　 가. 우리말에 사용된 'ㆆ'는 사잇소리의 기능을 하였다.

34) 이·셔·도: '이시(有)-+-어도'의 구성. 있어도. '이시(有)-'의 세 가지 이형태가 쓰였다. '잇-'
　 은 자음으로 시작되는 어미 앞에 쓰이고, '이시-'는 모음으로 시작되는 어미 앞이나 자음
　 어간 아래에서 조음소가 삽입되는 어미의 앞에 쓰였다. '시-'는 '이시-'가 쓰일 만한 자리에
　 가끔 쓰였는데 이 둘 사이의 차이는 그리 분명하지 않다.

而ᅀᅵᆼ終즁不·붏得·득伸신其끵情쪙者:쟝ㅣ多당矣:읭·라 而ᅀᅵᆼ·는 ·입·겨
지·라 終즁·은 ᄆᆞ·ᄎᆞ미·라35) 得·득·은 시·를 ·씨·라36) 伸신·은 ·펼·씨·라
其끵·는 :제·라 情쪙·은 ·ᄠᅳ디·라 者:쟝·ᄂᆞᆫ ·노미·라 多당·ᄂᆞᆫ 할 ·씨·라
矣:읭·ᄂᆞᆫ :말 ᄆᆞᆺ·ᄂᆞᆫ37)·입·겨지·라

ᄆᆞ·ᄎᆞᆷ:내38) 제39) ·ᄠᅳ·들 시·러40) 펴·디 :몯 ᄒᆞᆯ41)·노·미 하·니·라42)

予영ㅣ爲·윙此:ᄎᆞᆼ憫:민然ᅀᅧᆫ·ᄒᆞ·야 予영·ᄂᆞᆫ ·내 ·ᄒᆞᆸ·시논43) ·ᄠᅳ·디시·
니·라 此:ᄎᆞᆼ·ᄂᆞᆫ ·이·라44) 憫:민然ᅀᅧᆫ·은 :어엿·비 너·기실·씨·라

---

35) ᄆᆞ·ᄎᆞ미·라: 'ᄆᆞᆾ-+-ㅣ라'의 구성. 마침이라. 'ᄆᆞᄎᆞᆷ'은 'ᄆᆞᆾ-+-ㅁ(명사화접사)'의 구성
으로 파생명사이고 '마춤'은 'ᄆᆞᆾ-+-옴'의 구성으로 동명사이다. 중세어에서는 파생접사
(-ㅁ)의 경우와 동명사형(-옴/-움)이 구별되었으나 '-오/우-'가 탈락되면서 그 구분이 없어
졌다.

36) 시를·씨·라: '싣>싵(得, 載)-+-으(매개모음)-+-ㄹ+씨라'의 구성. 싣는 것이라.

37) ᄆᆞᆺ·ᄂᆞᆫ: 'ᄆᆞᆾ>ᄆᆞᆺ(終)-+-ᄂᆞᆫ'의 구성. 마치는.

38) ᄆᆞ·ᄎᆞᆷ:내: 'ᄆᆞᆾ(終)-+-옴(명사화접사)-+-내(부사화접사)'의 구성. 마침내. '-내'는 "~에 이
르기까지"의 뜻을 가진 부사화접미사이다.

39) 제: '저-+-ㅣ(관형격)'의 구성. 자기의. 관형격조사로는 일반적으로 '-이/-의' 등이 쓰였으
나 대명사 '나, 너, 저' 등은 원래의 명사에 'ㅣ'가 덧붙은 '내, 네, 제'가 속격형으로 쓰였다.
그러나 이들 대명사가 내포절의 주어의 기능을 하는 경우에는 '내의, 네의, 저의' 등으로
쓰였다.

40) 시·러: '싣(得)>싵-+-어(부사화접사)'의 구성. 능히 할 수 있다. '-어'는 접속어미가 접사화
한 것이다.

41) :몯홇: '몯ᄒᆞ-+-ㅭ'의 구성. 못할. 의도법의 어미 '-오/우-'가 안 들어간 예이다.

42) 하·니·라: '하(多)-+-니라'의 구성. 많으니라. 15세기에는 '하(多)-'와 'ᄒᆞ(爲)-'가 뜻이 달리
사용되었지만 'ㆍ'의 소실로 인해 '하-'로 통합되면서 전자의 뜻으로는 쓰이지 않게 되었다.
전자는 '하고 많은' 등 몇 가지에 화석화되어 남아 있다.

43) ·ᄒᆞᆸ·시논: 'ᄒᆞ(爲)-+-ᄉᆞᆸ(겸양)-+-시(존경)-+-ᄂᆞ(현재)-+-오(의도)-+-ㄴ(관형형)'
의 구성. 하오신, 하시는. 겸양법과 존대법 선어말 어미를 결합할 경우 당연히 '-ᄉᆞᄫᆞ시-'가
되어야 하는데 여기서는 그와 달리 'ᆸ'과 '시'가 직접 결합하였다.
15세기 중세국어의 경어법으로는 존경법(주체존대법)에는 '-시-/-샤-'와 겸양법(주체겸
양법)에는 '-ᄉᆞᆸ-(ᄉᆞᄫᆞ)/-ᄉᆞᆸ-(ᄉᆞᄫᆞ)/-ᄌᆞᆸ-(ᄌᆞᄫᆞ)'이 있으며 공손법(상대존대법)에는 '-이-'
가 있다. 겸양법의 '-ᄉᆞᆸ-(ᄉᆞᄫᆞ)'는 'ᄒᆞ, ㄱ, ㅂ, ㅅ, ㅭ' 아래에서 '-ᄉᆞᆸ-(ᄉᆞᄫᆞ)'는 '모음, ㄴ,
ㅁ, ㄹ'의 아래에서 '-ᄌᆞᆸ-(ᄌᆞᄫᆞ)'는 'ㄷ, ㅈ, ㅊ' 아래에서 실현된다.

44) ·이·라: '이(대명사)-+-ㅣ(서술격조사)-+-라'의 구성이다. 이라. 이다. '새-+-ㅣ라'=새

내45) •이•롤 爲•윙•ᄒ•야46) :어엿•비47) 너•겨48)

新신制•졩 二•싱十•씹八•밣字•쭝•ᄒ노•니 新신•은 •새•라49) 制•졩•는 •
밍•ᄀ•ᄅ실 •씨•라50) 二•싱十•씹八•밣•은 •스•믈여•들비•라
•새•로 •스•믈여•듧字•쭝•를 밍•ᄀ노•니51)

欲•욕使:승人신人신•ᄋ•로 易•잉習•씹•ᄒ•야 便쁀於헝日•싏用•용耳•
싱니•라 使:승•는 :히•예52) •ᄒ논 :마리•라 人신•은 :사•ᄅ미•라 易•잉•논
:쉬•뷸 •씨•라53) 習•씹•은 니•길 •씨•라54) 便쁀•은 便쁀安한홀 •씨•라 於헝•
는 :아•모그에 •ᄒ논 •겨체 •쓰는 字•쭝ㅣ•라 日•싏•은 •나리•라 用•용•은

것이라.

45) 내: 일인칭 대명사 '나'는 주격과 속격 형태의 표기가 같이 '내'였다. 다만 주격은 거성, 속격은 평성으로 각각 성조를 달리 함으로써 구별되었다.

46) •이•롤 爲•윙•ᄒ•야: 이를 위하여. 문맥상 그리 필요하지 않은 구절인데 이렇게 언해가 된 이유는 직역(直譯)에 가까운 언해의 영향인 듯하다. 뒤에 나오는 '히•예'도 성격이 이와 같다.

47) :어엿•비: '어엿브(憐)-+-이(부사화접사)'의 구성. 불쌍하게. 불쌍히. '어엿브-'는 불쌍하다(憐)는 뜻에서 예쁘다(媛)는 뜻으로 변화했다.

48) 너•겨: '너기-+-어'의 구성. 여겨. '어시-'는 '녀기-'와 공존하였다.

49) •새•라: 협주의 뜻풀이 형식으로 볼 때 '새'는 명사로 인식되고 있었던 듯하다. 현대어에서 '새'는 관형사로만 쓰이지만 중세국어에서는 명사로도 쓰인 예들이 있다. "헌옷도 새 ᄀᆮᄒ리니"(월석 8: 100)

50) •밍•ᄀ•ᄅ실•씨•라: '밍굴(制)-+-ᄋ(매개모음)+-시-+-ㄹ+싀-+-ㅣ라'의 구성. 만드신 것이라.

51) 밍•ᄀ노•니: '밍굴>밍ᄀ(制)-+-ᄂ(현재시상)-+-오(의도법)-+-니'의 구성. 만드니. 원형은 '밍글다'. '밍굴-'은 '밍둘-, 민둘-' 등의 이형태가 쓰였으나 이들 사이의 차이가 무엇인지 확연하지는 않다. 여기서 '-오-'는 의도법 선어말어미이다.

52) :히•예: 'ᄒᆞ(爲)-+-ㅣ(사동접사)-+-어'의 구성. 'ᄒᆞ다(爲)'의 사역형이다. 실지 음가는 없으나 'ㆁ'이 자음으로서의 적극적인 기능을 수행하는 한 예로 볼 수 있다. 'ㆀ'는 어중음표기에 사용한다. '예' 등 15세기 문헌의 피동 및 사역형 표기에 쓰였다.

53) :쉬•뷸•씨•라: '쉽-+-으-(매개모음)+-ㄹ(관형형어미)+-ᄉ-(의존명사)+ㅣ라'의 구성. 쉬운 것이라.

54) 니•길•씨•라: '닉(習)-+-이-(사동접사)+-ㄹ+ᄉ-+-ㅣ라'의 구성. 익힐 것이라.

·뿔 ·씨·라 耳:싱·는 쓰르·미·라 ᄒ논 ·ᄠ디라

:사ᄅᆞᆷ:마·다 :히·여 :수·ᄫᅵ55) 니·겨56) ·날·로57) ·ᄡᅮ·메58) 便뼌安한·
킈59) ᄒᆞ·고·져 홇 ᄯᆞ르·미니·라60)

ㄱ·는 牙ᅌᅡ音흠·이·니61) 如ᅀᅧ성君군ㄷ字·쭝62) 初총發·벓聲셩ᄒᆞ·니 並·
뼝書셩ᄒᆞ·면 如ᅀᅧ성虯뀹ᄫ字·쭝63) 初총發·벓聲셩ᄒᆞ·니·라 牙ᅌᅡ·ᄂᆞᆫ :어미·
라64) 如ᅀᅧ성·ᄂᆞᆫ ·ᄀᆞ틀 ·씨·라65) 初총發·벓聲셩·은 ·처섬 ·펴·아·나는 소·리·

---

55) :수·ᄫᅵ: '쉽(易)-+-이'. 쉽게. '쉽-'은 부사 파생접미사 '-이'가 결합될 때 어간형이 '슿-'이
    되었다.
56) 니·겨: '닉(習)-+-이-(사동접사)+-어'. 이켜. 중세어에서 사동접미사로 '-이-'가 결합되
    던 용언들 가운데 현대어로 오면서 접미사가 교체되는 경우가 가끔 있었다. '시기->시키-'
    등 참고.
57) ·날·로: '날(日)-+-로(부사화접사)'의 구성. 날마다. '새로, 저로, 간대로' 등의 파생 부사가
    있다.
58) ·ᄡᅮ·메: '쓰(用)-+-움(명사화접사)-+-에'의 구성. 씀에.
59) 便뼌安한·킈: '편안(便安)-+-ᄒᆞ(형용사화접사)-+-긔(게)'의 구성. 편안하게. 『훈민정음언
    해』, 『석보상절』에는 '-ᄒᆞ긔'로 나타나지만 『월인석보』에는 '-ᄒᆞ긔/ᄒᆞ게'가 혼용되었다.
    단 『월인석보』에서의 '-ᄒᆞ긔'는 『석보상절』에서 베낀 부분에만 나타난다.
60) ᄯᆞ르·미니·라: 'ᄯᆞ름(의존명사)-+-이(서술격조사)-+-니-+-라'의 구성. 이다. 이니라.
61) 牙ᅌᅡ音흠·이·니: 아음(牙音). 어금닛소리.
62) 君군ㄷ字·쭝: 군자. 'ㄷ'은 사잇소리로 앞 종성이 불청불탁자로 끝났을 때 'ㄴ'의 같은 계열의
    전청자 'ㄷ'을 사잇소리로 썼다. 『훈민정음 해례』 언해와 『용비어천가』에서만 나타나는
    사잇소리는 종성이 유성자음인 한자음일 경우, 그 종성의 종류에 따라 사잇소리가 각각
    달리 쓰였다. 이들을 정리하여 보이면 다음과 같다. 종성 'ㄹ'인 한자음은 이른바 '以影補來'
    에 의해 'ᅙ'을 붙여 'ᇙ'으로 표기했다. 우리말의 경우에는 거의 'ㅅ'으로 쓰였으나 『용비어
    천가』에서는 몇몇 예외적인 쓰임을 보였다. 그러나 성종 이후에는 불경언해류에서는 전부
    'ㅅ'으로 통일되었다. 『훈민정음 해례』 언해에서 나타나는 사잇소리를 정리하면 다음과
    같다.

종성의 종류	ㆁ	ㄴ	ㅁ	ㅸ	ㅇ
사잇소리	ㄱ	ㄷ	ㅂ	ㅸ	ㅎ

63) 如ᅀᅧ성虯뀹ᄫ字쭝: '虯뀹' 내서 한자음 표기에 나타나는 'ᄫ'는 'ᄫ(불청불탁자)+ᄫ(같은 순경
    음의 전청자)+쯩'로 사잇소리 'ᄫ'이 사용되었다.
64) :어미·라: '엄(牙)-+-ㅣ라'의 구성. 엄소리라. 어금니 소리라.
65) ·ᄀᆞ틀·씨·라: 'ᄀᆞᆮ(如)-+-ᄋᆞ(매개모음)-+-ㄹ+ᄉ(의존명사)-+-ㅣ라'의 구성. 같은 것이라.

라 並·뼝書셩·는 글·봟66) ·쓸 ·씨·라

ㄱ·는67) :엄쏘·리·니68) 君군ㄷ字·쭝 ·처섬69) ·펴·아70)·나는 소·리 ·ᄀ
·ᄐ·니71)

글·봟·쓰·면72) 虯뀸ㅸ字·쭝 ·처섬 ·펴·아 ·나는 소·리 ·ᄀ·ᄐ·니·라73)

---

66) 글·봟: '곫(並)-+-아(부사형)'의 구성. 병서하면. 나란히 쓰면. '곫다(곫아, 곫으니, 곫으
며…)'는 영남방언에서는 남아 있다.

67) ㄱ·는: 당시에는 각 자음을 뒤에 모음 'ㅣ'를 붙여서 읽었을 것으로 판단된다. 조사를 '는'으
로 한 것이나 『훈몽자회』에서 '其役, 尼隱' 등으로 이름을 붙인 것이 참고가 된다.

68) :엄쏘·리·니: '엄(牙)-+-ㅅ(사잇소리)-+-소리'. 어금닛소리. '쏘'에서 치음의 된소리는 이
미 존재하고 있었음을 알 수 있다. 『훈민정음 해례』에서는 자음을 '아음, 설음, 순음, 치음,
후음, 반설음, 반치음'으로 분류하고 있는데 이들은 각각 '엄쏘리, 혀쏘리, 입시울쏘리, 니쏘
리, 혀쏘리, 반혀쏘리, 반니쏘리' 등으로 언해되어 있다.

69) ·처섬: '첫>첫(初)-+-엄(명사화접사)'의 구성. 처음. '처섬'은 '처섬>처엄>처음'의 과정
을 거쳐 변화하였다.

70) ·펴·아: '펴(發)-+-아'의 구성. 펴어. 당시의 모음조화로 보면 응당 '펴어>펴'가 되어야
하는데 이와 같이 음양조화의 일탈형이다. 아마도 강화 현상이거나 '펴-'의 모음 'ㅕ'가
/jə/가 아니라 /jʌ/에서 발달한 것이기 때문일 가능성이 있다. 혹은 강의적인 의미로 일종의
이화현상으로 볼 수도 있다.

71) ·ᄀ·ᄐ·니: '곤ㅎ->곹(如)-+-ㅇ니'의 구성. 같으니. '곹(如)-'은 '곤ㅎ(如)-'의 축약형이다.
이러한 쓰임에서 어간을 '곹-', 'ᄀᄐ-' 가운데 어느 것으로 잡아야 할지 분명치 않다. 'ᄀᄐ
야' 등에 기대면 'ᄀᄐ-'일 듯도 하나 '곧거뇨' 등으로 보면 '곹-'일 가능성도 배제할 수
없기 때문이다.

72) 글·봟·쓰·면: '곫(竝)-+-아+쓰(書)-+-면'의 구성. 나란히 쓰면. 병서하면.

73) 훈민정음에서 초성 소리를 설명하기 위하여 사용된 자모표는 중국의 36자모표를 본받은
것이었다. 그러나 우리말의 음운체계가 그와 그대로 맞는 것이 아니었기 때문에 훈문정음의
제정자들은 독자적으로 23자모표를 만들었으며, 그것을 설명하기 위한 자모자들도 새로운
한자들을 사용하였다. 훈민정음의 설명에 사용된 한자들을 보이면 다음과 같다. 이 한자의
음들은 동국정운식으로 되어 있기 때문에 특히 각자병서의 경우 제 음가를 보이지 못한
것일 수가 있다. 국어의 현실 한자음에서는 된소리가 거의 없기 때문이다. 이는 한자를
이용하여 음가를 보이는 데서 오는 한계라 할 수 있다.

아음	설음	반설음	순음	치음	반치음	후음
ㄱ(君)군	ㄷ 斗 둘		ㅂ(彆)볋	ㅈ(卽)즉	ㅅ(戌)슗	ㆆ 把 흡
ㄲ 따 끃	ㄸ(覃)땀		ㅃ 步 뽕	ㅉ 慈 쯩	ㅆ 邪 쌍	ㆅ 虛 헝
ㅋ 快 쾡	ㅌ(呑)튼		ㅍ 漂 푬	ㅊ(侵)침		ㆀ(洪)뽕
						ㅇ(欲)욕
ㆁ(業)업	ㄴ 那 낭		ㅁ 彌 밍			
		ㄹ 閭 령			△(穰)샹	

ㅋ•는 牙앙音흠•이•니 如영快•쾡ㅎ字•쫑初 총發•뾇聲셩ㅎ•니•라

ㅋ•는 :엄쏘•리•니 快•쾡ㅎ 字•쫑 •처엄 •펴•아 •나는 소•리 •ᄀ•ᄐ니•라

ㆁ•는 牙앙音흠•이•니 如영業•업字•쫑初총發•뾇聲셩ㅎ•니•라

ㆁ•는 :엄쏘•리•니 業•업 字•쫑 •처엄 •펴•아 •나는 소•리 •ᄀ•ᄐ니•라

ㄷ•는 舌•쎪音흠•이•니 如영斗:둫ㅸ字•쫑初 총發•뾇聲셩ㅎ•니 並•뼁書
셩ㅎ•면 如영覃땀ㅂ字•쫑 初총發•뾇聲셩ㅎ•니•라 舌•쎪•은•혀•라

ㄷ•는 •혀쏘•리•니 斗:둫ㅸ 字•쫑 •처엄 •펴•아 •나는 소•리 •ᄀ•ᄐ•니

글•바 •쓰•면 覃땀ㅂ 字•쫑 •처엄 •펴•아 •나는 소•리 •ᄀ•ᄐ니•라

ㅌ•는 舌•쎪音흠•이•니 如영呑튼ㄷ字•쫑 初총發•뾇聲셩ㅎ•니•라

ㅌ•는 •혀쏘•리•니 呑튼ㄷ 字•쫑 •처엄 •펴•아 •나는 소•리 •ᄀ•ᄐ니•라

ㄴ•는 舌•쎪音흠•이•니 如영那낭ㅎ字•쫑 初총發•뾇聲셩ㅎ•니•라

ㄴ•는 •혀쏘•리•니 那낭ㅎ 字•쫑 •처엄 •펴•아 •나는 소•리 •ᄀ•ᄐ니•라

ㅂ•는 脣쓘音흠•이•니 如영彆•볋字•쫑74) 初총發•뾇聲셩ㅎ•니 並•뼁書셩
ㅎ•면 如영步•뽕ㅎ字•쫑 初총發•뾇聲셩ㅎ•니•라 脣쓘•은 입시•우리•라75)

ㅂ•는 입시•울쏘•리•니 彆볋 字•쫑 •처엄 •펴•아 •나는 소•리 •ᄀ•ᄐ•니

글•바 •쓰•면 步•뽕ㅎ字•쫑 •처엄 •펴•아 •나는 소•리 •ᄀ•ᄐ니•라

---

74) 如셩彆•볋字•쫑: '彆•볋'에서 동국정운식 한자음 표기로 'ㄹ' 아래에 'ㆆ'을 표기한 것은 이영
보래(以影補來) 규정에 따른 이상적 표기 방식이다. 동음에서 'ㄹ'로 끝나는 입성 한자음은
중국에서는 이미 성문폐쇄음으로 탈락된 현실을 반영한 표기방식이다. 동음에서 입성자
[-t] > [ʔ] > [-ø] 매우 규칙적으로 'ㄹ'로 대응된다.

75) 입시•우리•라: '입시울(脣)+ㅣ라'의 구성. 입술이라. '입-+시울-' > 입술(복합어).

ㅍ·는 脣쓘音흠·이·니 如셩漂푤ㅸ字·쯩 初총發·벓聲셩ᄒ·ᄂ·니·라

ㅍ·는 입시·울쏘리·니 漂푤ㅸ 字·쯩 ·처엄 ·펴·아 ·나는 소·리 ·ᄀ·ᄐ니·라

ㅁ·는 脣쓘音흠·이·니 如셩彌밍ㆆ字·쯩 初총發·벓聲셩ᄒ·ᄂ·니·라

ㅁ·는 입시·울쏘리·니 彌밍ㆆ 字·쯩 ·처엄 ·펴·아 ·나는 소·리 ·ᄀ·ᄐ니·라

ㅈ·는 齒:칭音흠·이·니 如셩卽·즉字·쯩 初총發·벓聲셩ᄒ·니 並·뼝書셩ᄒ·면 如셩慈쭝ㆆ字·쯩 初총發·벓聲셩ᄒ·니·라 齒:칭·는 ·니·라

ㅈ·는 ·니쏘·리·니 卽·즉 字·쯩 ·처엄 ·펴·아 ·나는 소·리 ·ᄀ·ᄐ니·라

ㄱᆞᆯ·바 ·쓰·면 慈쭝ㆆ 字·쯩 ·처엄 ·펴·아 ·나는 소·리 ·ᄀ·ᄐ·니라

ㅊ·는 齒:칭音흠·이·니 如셩侵침ㅂ字·쯩 初총發·벓聲셩ᄒ·니·라

ㅊ·는 ·니쏘·리·니 侵침ㅂ 字·쯩 ·처엄· ·펴·아 ·나는 소·리 ·ᄀ·ᄐ니·라

ㅅ·는 齒:칭音흠 如셩戌·슗字·쯩初총發·벓聲셩ᄒ·니 並·뼝書셩ᄒ·면 如셩邪썅ㆆ字·쯩 初총發·벓聲셩ᄒ·니·라

ㅅ·는 ·니쏘·리·니 戌·슗 字·쯩 ·처엄 ·펴·아 ·나는 소·리 ·ᄀ·ᄐ·니라

ㄱᆞᆯ·바 ·쓰·면 邪썅ㆆ 字·쯩 ·처엄 ·펴·아 ·나는 소·리 ·ᄀ·ᄐ니·라

ㆆ·는 喉흫音흠·이·니 如셩挹·흡字·쯩 初총發·벓聲셩ᄒ·니·라 喉흫·는 모·기·라

ㆆ·는 목소·리·니 挹·흡 字·쯩 ·처엄 ·펴·아 ·나는 소·리 ·ᄀ·ᄐ니·라

ㆆ•는 喉흫音흠•이•니 如셩虛헝ㆆ字•쫑 初총發•벓聲셩ㅎ•니 並•뼝書셩
ㅎ•면 如셩洪훙ㄱ字•쫑 初총發•벓聲셩ㅎ•니•라

ㆆ•는 목소리니 虛헝ㆆ 字•쫑 •처섬 •펴•아 •나는 소•리 •ᄀᆞ•ᄐᆞ•니
글•봐 •쓰•면 洪훙ㄱ 字•쫑 •처섬 •펴•아 •나는 소•리 •ᄀᆞ•ᄐᆞ니•라

ㅇ•는 喉흫音흠•이•니 如셩欲•욕字•쫑 初총發•벓聲셩ㅎ•니•라
ㅇ•는 목소•리•니 欲•욕 字•쫑 •처섬 •펴•아 •나는 소•리 •ᄀᆞ•ᄐᆞ•니•라

ㄹ•는 半•반舌•쎯音흠•이•니 如셩閭령ㆆ字•쫑 初총發•벓聲셩ㅎ•니•라
ㄹ•는 半•반•혀쏘•리•니76) 閭령ㆆ 字•쫑 •처섬 •펴•아 •나는 소•리 •ᄀᆞ•ᄐᆞ
니•라

ㅿ•는 半•반齒:칭音흠•이•니 如셩穰샹ㄱ字•쫑 初총發•벓聲셩ㅎ•니•라
ㅿ•는 半•반•니쏘•리•니77) 穰샹ㄱ 字•쫑 •처섬 •펴•아 •나는 소•리 •ᄀᆞ•
ᄐᆞ니•라

•는 如셩呑톤ㄷ字•쫑 中듕聲셩ㅎ•니•라 中듕•은 가•온•ᄃᆡ•라78)
•는 呑톤79) ㄷ 字•쫑 가•온•딧소•리80) •ᄀᆞ•ᄐᆞ니•라

---

76) 半•반•혀쏘•리•니: '반설음'은 설측음 또는 탄설음일 것으로 파악된다.
77) 半•반•니쏘•리•니: 반치음이니. 반치음은 유성 치조마찰을 말한 것으로 보인다.
78) 가•온•ᄃᆡ•라: '가온ᄃᆡ(中)-+-ㅣ라'의 구성.
79) 呑톤: 중성을 보이기 위해 쓴 한자들은 다음과 같다. 이들 한자는 초성을 대표하기 위해
    썼던 것을 다시 이용하였는데 여기서도 훈민정음 제정자들의 치밀함을 엿볼 수 있다
    '•呑 一卽 ㅣ侵 ㅗ洪 ㅏ覃 ㅜ君 ㅓ業 ㅛ欲 ㅑ穰 ㅠ戌 ㅕ彆'
80) 가•온•딧소•리: '가온ᄃᆡ(中)-+-ㅅ(사잇소리)+-소리-+--ø(공동격 생략)'의 구성. '가온
    ᄃᆡ'는 '가ᄫᆞᆫᄃᆡ>가온ᄃᆡ>가운데'의 변화를 거쳐 현대에 이르렀다.

ㅡ는 如녕卽·즉字·ᄍ 中듕聲셩ᄒ·니·라

ㅡ는 卽·즉 字·ᄍ 가온·뒷소·리 ·ᄀ·ᄐ니·라

ㅣ·는 如녕侵침ㅂ字·ᄍ 中듕聲셩ᄒ·니·라

ㅣ·는 侵침ㅂ 字·ᄍ 가온·뒷소·리 ·ᄀ·ᄐ니·라

ㅗ·는 如녕洪ᅘᅩᆼㄱ字·ᄍ 中듕聲셩ᄒ·니·라

ㅗ·는 洪ᅘᅩᆼㄱ 字·ᄍ 가온·뒷소·리 ·ᄀ·ᄐ니·라

ㅏ·는 如녕覃땀ㅂ字·ᄍ 中듕聲셩ᄒ·니·라

ㅏ·는 覃땀ㅂ 字·ᄍ 가온·뒷소·리 ·ᄀ·ᄐ니·라

ㅜ·는 如녕君군ㄷ字·ᄍ 中듕聲셩ᄒ·니·라

ㅜ·는 君군ㄷ 字·ᄍ 가온·뒷소·리 ·ᄀ·ᄐ니·라

ㅓ·는 如녕業·업字·ᄍ 中듕聲셩ᄒ·니·라

ㅓ·는 業·업 字·ᄍ 가온·뒷소·리 ·ᄀ·ᄐ니·라

ㅛ·는 如녕欲·욕字·ᄍ 中듕聲셩ᄒ·니·라

ㅛ·는 欲·욕 字·ᄍ 가온·뒷소·리 ·ᄀ·ᄐ니·라

ㅑ·는 如녕穰샹ㄱ字·ᄍ 中듕聲셩ᄒ·니·라

ㅑ·는 穰샹ㄱ 字·ᄍ 가온·뒷소·리 ·ᄀ·ᄐ니·라

ㅠ·는 如녕戌·슗字·ᄍ 中듕聲셩ᄒ·니·라

ㅠ·는 戌·슗 字·쭝 가·온·딧소·리 ·ㄱ·트니·라

ㅕ·는 如영彆·별字·쭝 中듕聲셩ᄒ·니·라

ㅕ·는 彆·별 字·쭝 가·온·딧소·리 ·ㄱ·트니·라

終즁聲셩·은 復·뿡用·용初총聲셩·ᄒ·ᄂ니·라 復·뿡·는 다·시 ·ᄒ논 ·ᄠ
디·라

乃:냉終즁ㄱ 소·리·ᄂ 다·시 ·첫소·리·를 ·쓰·ᄂ니·라81)

ㅇ·를 連련書셩82)脣쓘音흠之징下:행ᅙ·면 則·즉爲윙脣쓘輕켱音흠83)·
ᄒ·ᄂ니·라 連련·은 니·ᅀᅳ ·씨·라 下:행·ᄂ 아·래·라 則·즉·은 :아·ᄆ리
ᄒ·면84) ·ᄒᄂ ·겨·체 ·쓰ᄂ 字·쭝ㅣ·라 爲윙·ᄂ ᄃ욀 ·씨·라85) 輕켱·은
가·비야·ᄫᅩᆯ ·씨·라

ㅇ·를 입시·울쏘·리 아·래 니·ᅀᅥ ·쓰면 입시·울 가·비야·ᄫᅩᆫ86) 소·리

---

81) 乃:냉終즁ㄱ소·리·ᄂ 다·시·첫소·리·를·쓰·ᄂ니·라: '終聲復用初聲'은 훈민정음의 제정자들
이 중국음운학의 2분법(聲과 韻)을 버리고 초성, 중성, 종성으로 3분하는 체계를 세우면서
종성을 초성과 같은 것으로 파악한 태도가 반영된 구절이다. 이 구절을 모든 초성을 종성으
로 써야 한다는 문자 운용 규정으로 해석하기도 하였으나, 종성은 새로 글자를 만들지
않고 초성을 다시 이용한다는 중서의 제자 원칙으로 보는 것이 일반적이다.

82) 連連書셩: '연서'는 '병서와 부서'와 구별이 필요하다. 훈민정음의 규정으로 보면 자음자를
좌우로 나란히 하여 쓰는 것은 병서라 하였고 모음을 자음의 오른쪽이나 아래에 붙여서
쓰는 것을 부서라 하였다. 연서는 이들과 구별하여 자음을 위아래로 이어서 쓰는 것을
뜻한다.

83) 脣쓘輕켱音흠: 순경음은 입술 가벼운 소리로서 현대의 관점에서 보면 유성 양순 마찰음을
뜻한다.

84) :아·ᄆ리ᄒ·면: '아ᄆ리'는 '아ᄆ+리'로 분석된다. 여기서 '-리'는 대략 '-게'의 뜻으로 '이리
·뎌리·그리' 등의 '-리'와 관련된다.

85) ᄃ욀·ᄊ·라: 'ᄃ뷔>ᄃ외(爲)-+-ㄹ+ᄉ+ㅣ라'의 구성. 될 것이라.

86) 가·비야·ᄫᅩᆫ: '가비얗(輕)-+-은'의 구성. '가비얗->가비얗->가비엽->가볍-'의 과정을
거쳐 현대어에 이른다.

ᄃᆞ외ᄂᆞ·니·라87)

初총聲셩·을 合·ᄒᆞᆸ用·용·ᄒᆞᇙ디·면88)則·즉並·뼝書셩ᄒᆞ·라 終즁聲셩·도
同똥ᄒᆞ·니·라 合·ᄒᆞᆸ·ᄋᆞᆫ 어·울 ·ᄡᅵ·라89) 同똥·ᄋᆞᆫ ᄒᆞᆫ가·지·라 ·ᄒᆞ논 ·ᄠᅳ디·
라

·첫소·리·ᄅᆞᆯ ·어·울·워90) ·ᄡᅮᇙ·디·면91) ᄀᆞᆯ·ᄫᅡ ·ᄡᅳ·라 乃:냉終즁ㄱ 소리·
도 ᄒᆞᆫ가·지·라

· ㅡㅗㅜㅛㅠ·란附·뿡書셩初총聲셩之징下:ᄒᆞᅡᆼᄒᆞ·고 附·뿡·는 브·틀 ·ᄡᅵ
·라

·ᆞ·와 ㅡ·와 ㅗ·와 ㅜ·와 ㅛ·와 ㅠ·와·란92)·첫소·리 아·래 브·텨 ·ᄡᅳ·고

ㅣㅏㅓㅑㅕ·란 附·뿡書·셩於헝右:울ᄒᆞ·라 右:울·는 ·올ᄒᆞᆫ 녀·기·라
ㅣ·와 ㅏ·와 ㅓ·와 ㅑ·와 ㅕ·와·란 ·올ᄒᆞᆫ 녀·긔93) 부·텨 ·ᄡᅳ·라

---

87) ᄃᆞ외ᄂᆞ·니·라: 'ᄃᆞ외>ᄃᆞ외(爲)-+-ᄂᆞ-+-니-+-라'의 구성. 된다. 'ᄃᆞᄫᅵ-'에서 변한 것으
    로 뒤에 '되-'가 되었다. 'ᄃᆞ외-'는 현대어의 형용사 파생 접사 '-되-'의 어원형이기도 하다.
88) ·ᄒᆞᇙ디·면: 'ᄒᆞ-+-오/우-+-ㅭ+디(의존명사)+-면' 할 것이면.
89) 어·울·ᄡᅵ·라: '어우-+-ㄹ+-ᄡᅵ라', 어우를 것이라.
90) ·어·울·워: '어울(合)-+-우(사동접사)-+-어'의 구성. 어울러.
91) ·ᄡᅮᇙ·디·면: 'ᄡᅳ-+-오/우-+-ㄹ디-+-면'의 구성. 쓰면. '디'는 'ᄃᆞ(의존명사)+-ㅣ(서술격
    조사)의 구성.
92) ·와ㅡ·와ㅗ·와ㅜ·와ㅛ·와ㅠ·와·란: 공동격조사. '란'은 주제격조사의 특수한 용례이다. 집단
    곡용에서 공동격 조사 '-와'를 맨 마지막 명사에까지 붙이는 것은 중세국어의 특징이었다.
    하지만 당시 문헌에서도 이와는 다른 쓰임이 발견되기도 하여 의미의 차이가 있었던 것으로
    보인다.
93) ·올ᄒᆞ녀·긔: '옳(右)-+-ᄋᆞᆫ-+녁-+-의'의 구성. 현대의 '녘'은 격음화를 겪은 것이고 '-의'
    는 음성모음 뒤에 오는 처격조사이다.

凡뻠字·쭝ㅣ 必·빓씹·합而싱成쎵音흠·ㅎㄴ·니94) 凡뻠·은 믈읫·ㅎ는 ·
뜨디·라 必·빓·은 모·로·매 ·ㅎ는 ·뜨디·라 成쎵·은 :일 ·씨·라95)

믈읫 字·쭝ㅣ 모·로·매96) 어·우러·쌰97) 소·리 :이ㄴ·니98)

左:장加강一·힔點:뎜ㅎ·면 則·즉去·컹聲셩·이·오99) 左:장·는 :왼녀·기·
라 加강·ᄂ 더을 ·씨·라 一·힔·은 ㅎ나·히·라 去·컹聲셩·은 ·뭇노·푼 소·리
·라

:왼녀·긔 ᄒᆞᆫ 點뎜·을 더으·면100) ·뭇 노·푼101) 소·리·오102)

二·싱則·즉上:쌍聲셩·이·오 二·싱·ᄂ :둘히·라 上:쌍聲셩·은 ·처서·미

---

94) 必·비씹·합而싱成쎵音흠·ㅎㄴ·니: '必合而成音' 규정은 말 그대로 '成音'에 대한 규정으로
보기 힘들다. 모음은 아무런 자음의 도움을 받지 않고도 음절을 이룰 수 있기 때문이다.
따라서 이 규정은 오히려 글자의 모양에 대한 규정으로 보는 것이 낫다. 곧 모음만으로
이루어진 음절의 경우 이 규정에 의해 자음 'ㅇ'을 덧붙여 글자의 모양을 갖춘 것이라 할
수 있다.

95) :일·씨·라: '일(成)-+-ㅅ(의존명사)+-ㅣ라'의 구성.

96) 모·로·매: '모ᄅᆞ-+-오-+-ㅁ-+-애(부사화접사)'의 구성. 모름지기. 부사로 '모롬이, 모롬
즉, 반ᄃᆞ개' 등의 변이형이 있다.

97) 어·우러·쌰: '어울-+-어-+-쌰'의 구성. 아울러야. '-쌰>야'는 강세 보조사.

98) :이ㄴ·니: '일(成)-+-ㄴ-+-니'의 구성. '일-'은 접미사 '-ㅇ, -우'가 붙어 각각 사동사로
파생될 수 있었으나 '이ᄅᆞ(成就)-'와 '일우(築)-'가 구별되어 쓰였다.

99) 중세국어의 성조에 대한 규정이다. 성조는 글자의 왼쪽에 점으로 표시하였는데 1점은 거성
2점은 상성 점이 없는 것을 평성을 나타냈다. 또한 입성은 이들 점과 관계없이 종성의
종류에 따라 결정된다. 상성이 후에 대부분 장음으로 변한 것으로 판단하면 상성은 평성과
거성의 결합이라고 할 수 있다. 이들 '평성, 거성, 상성, 입성'의 성격에 대한 훈민정음 합자해
를 보면 다음과 같다. 평성(무점) 安而和, 상성(2점) 和而擧, 거성(1점) 擧而壯, 입성 促而塞로
설명하고 있다.

100) 더으·면: '더으(加)-+-면'의 구성. 더하면. 현대어 '더하-'는 '더으-'에서 부사 '더'가 파생
되고 이것에 다시 '하-'가 결합되어 형성된 것으로 보인다.

101) ·뭇노·푼: '뭀>뭇(접두사)-+높(高)-+-은'의 구성. 최고 높은. 가장 높은.

102) 소·리·오: '소리(聲)-+-오'의 구성. 연결어미 '-고'는 모음 'ㅣ'나 반모음 'j'를 포함한 이중
모음의 뒤에서 'ㄱ'이 탈락되었다.

ᅙᅳᆺ:갑·고103) 乃:내終즁·이 노·픈 소·리·라

點:뎜·이 :둘히·면104) 上:쌍聲셩·이·오

無뭉則·즉則·즉平뼝聲셩·이·오 無뭉·는 :업슬 ·씨·라 平뼝聲셩·은 ·뭇
ᅙᅳᆺ가·ᄫᆞᆫ105) 소·리·라

點:뎜·이 :업스·면 平뼝聲셩·이·오

入·십聲셩·은 加강點:뎜·이 同똥而ᅀᅵᆼ促·쵹急·급ᄒᆞ·니·라 入·십聲셩·은
ᄲᆞᆯ·리 긋돋ᄂᆞᆫ106) 소·리·라 促·쵹急·급·은 ᄲᆞᆯᄅᆞᆯ ·씨·라

入·십聲셩·은 點:뎜 더·우·믄107) ᄒᆞᆫ가·지로·ᄃᆡ ᄲᆞ른·니·라

漢·한音흠齒:칭聲셩·은 有:울齒:칭頭뚱正·졍齒:칭之징別·볋ᄒᆞ니 漢·
한音흠·은 中듕國·귁 소·리·라 頭뚱·는 머·리·라 別·볋·은 글·힐 ·씨·라108)
中듕國·귁 소·리·옛109) ·니쏘·리·ᄂᆞᆫ110) 齒:칭頭뚱·와111) 正·졍齒:칭112)·
왜113) 글·히요·미114) 잇ᄂᆞ·니

---

103) ᅙᅳᆺ:갑·고: 'ᅙᅳᆺ>ᅙᅳᆺ(底)-+-갑(형용사접사)-+-고'의 구성. 낮고. 형용사에 접미사가 결합되
    어 다시 형용사로 파생된 것인데 이러한 유형으로 '돌갑-' 등이 있다.

104) :둘히·면: '둘ᄒᆞ-+-이면'의 구성. 둘이면. '둘ᄒᆞ'은 이른바 'ㅎ' 종성 체언이다.

105) ·뭇ᅙᅳᆺ가·ᄫᆞᆫ: '뭇-+ᅙᅳᆺ-+-갑-+-ㄴ'의 구성. 제일 낮은.

106) 긋돋ᄂᆞᆫ: '긋(斷)-+돋(逃)-+-ᄂᆞᆫ'의 구성. 끊고 달아나는.

107) 더·우·믄: '더으(加)-+-옴-+-은'의 구성. 더하면.

108) 글·힐·씨·라: '글히(擇, 別)-+-ㄹ씨라'의 구성. 가리는 것이라.

109) 소·리·옛: '소리-+-예-+-ㅅ'의 구성. '소리'의 말음이 'ㅣ'이기 때문에 처격 조사로 '예'가
    쓰였다. 'ㅅ'은 무정물에 쓰인 속격 조사이다.

110) ·니쏘·리·ᄂᆞᆫ: '니(齒)-+ㅅ-++소리(聲)-+ᄂᆞᆫ'의 구성. 잇소리는.

111) 齒:칭頭뚱·와: '치두-+와'의 구성. 치두음과. 치두음은 중국어에서 혀끝을 윗니에 가까이
    닿아서 내는 치음의 하나이다. '상치경 파찰음'. '치파찰음'으로 보기도 한다.

112) 正·졍齒:칭: 권설음 또는 경구개치경음. 정치음은 중국어에서 혀를 말아 아랫잇몸에 가까
    이 닿아서 내는 치음의 하나이다.

ㅈㅊㅉㅆㅅ字ᄍᆞ·ᄂᆞᆫ 用·용於헝 齒:칭頭뜰ᅙᅳ·고 ·이소·리·ᄂᆞᆫ ·우·리나·
랏 소·리예·셔115) 열·ᄫᅳ·니 ·혓 ·그·티 웃 ·닛머·리·예 다�ᄂᆞ·니·라116)
ㅈㅊㅉㅆㅅ字ᄍᆞ·ᄂᆞᆫ 齒:칭頭뜰·ㅅ소·리·예 ·쓰·고

ㅈㅊㅉㅅㅆ字ᄍᆞ·ᄂᆞᆫ 用·용於헝正정齒:칭ᅙᅳᄂᆞ·니 ·이소·리·ᄂᆞᆫ ·우·리나·
랏 소·리예·셔 두터·ᄫᅳ·니117) ·혓 ·그·티 아·랫·닛므유·메 다ᇿ·ᄂᆞ·니·라
ㅈㅊㅉㅅㅆ字ᄍᆞ·ᄂᆞᆫ 正·정齒칭·ㅅ 소·리·예 ·쓰·ᄂᆞ니118)

牙양舌·쎯脣쓘候馨ㆅ之징字ᄍᆞ·ᄂᆞᆫ 通통用·용於헝 漢·한音흠·ㅎ·ᄂᆞ·니·라
:엄·과119)·혀·와 입시·울·와120) 목소·리·옛 字ᄍᆞ·ᄂᆞᆫ 中듕國·귁 소·리·
예 通통·히121)·쓰·ᄂᆞ니·라

訓·훈民민正·정音흠

---

113) 치두음과 정치음이. '왜'는 공동격 조사 '와'에 주격 조사 'ㅣ'가 결합된 것이다. 치두음은
상치경 파찰음 또는 치파찰음·정치음은 권설음 또는 경구개치경음으로 판단된다.
114) 굴·히요·미: '굴히(選)-+-오/우-+-ㅁ+ㅣ'의 구성. 'ㅣ' 모음으로 인해 '오/우'가 '요'가
되었다. '굴히-+-옴+ㅣ→굴히-+-윰(앞 ㅣ모음의 영향)+ㅣ'·'-옴'은 명사형 어미이다.
115) 소·리예·셔: 소리-+-예셔(비교격). '-에셔'는 앞에 있는 ㅣ 모음의 순행동화의 결과이다.
116) 다ᇿ·ᄂᆞ·니라: '닿-+-ᄂᆞ-+-니라'의 구성. ㄸ[nː]. 자음동화가 그리 많이 표현되지는 않았으
나 'ㅎ'이 'ㄷ'으로 중화된 다음에 'ㄴ'으로 동화되는 경우는 흔히 동화가 표기되었다. 이곳의
표기는 음절말의 'ㄴ'을 다음 음절의 초성에 병서한 것인데 실제로 발음이 그렇게 된 것이라
기보다 지나친 연철 표기라 보아야 할 것이다.
117) 두터·ᄫᅳ·니: '두텁(厚)-+으니(설명형어미)'의 구성. 두터우니.
118) ·쓰·ᄂᆞ니: '쓰(用)-+-ᄂᆞ-+-니(설명형어미)'의 구성. 쓰니.
119) :엄·과: '엄(牙)-+-과(공동격조사)'의 구성. 어금닛소리와.
120) 일반적으로 '-와'가 모음 뒤, '-과'가 자음 뒤에 쓰이는 것은 현대어와 같으나 유독 자음
'ㄹ' 뒤에서만은 현대어와 달리 '-와'가 쓰였다.
121) 通통·히: 통하게. '통(通)-+ㅎ(爲)-+-이(부사화접사)'의 구성.

제5편 상주본 『훈민정음 해례본』

상주본 『훈민정음 해례』 분석[1]

제5편에서는 언론에 공개한 잔엽 상주본 『훈민정음』의 원간본 유무에 대한 검토와 아울러 행간에 필사한 자료의 검토를 목적으로 한다. 유일본으로 알려진 간송미술관 소장 『훈민정음』과 동일한지 서지 검토와 구두점, 첩운 권점, 성조의 대조를 통해 원간본의 잔본임을 입증하였다. 다만 33엽 가운데 '오성제자고(五聲制字攷)'라는 서명이 있는 개장된 표지와 해례편(13엽)만 공개되었기 때문에 비교 연구의 한계가 있지만 악률 이론을 기초로 한 필사 기록 자료는 훈민정음 자모의 순서의 변화 과정이나 오성과 오음계의 대조가 『홍무정운』계 중국의 운서와 차이가 난다는 새로운 사실이 밝혀졌다. 『훈민정음』 '입술소리−궁(宮)', '목구멍소리−우(羽)'의

---

1) 이상규(2012), 「잔엽 상주본 『훈민정음』 분석」, 『한글』 298, 한글학회. 이 내용을 요약해서 다시 이상규(2013)가, 「잔엽 상주본 훈민정음」(『기록인』 23, 국가기록원)을 발표하였다.

음계 배치와 중국의 운서의 '입술소리-우(羽)', '목구멍소리-궁(宮)'의 음계 배치가 차이를 보이고 있다. 이번 잔엽 상주본『훈민정음』의 검토를 통해 훈민정음의 창제의 기초가 된 악학이론과의 관계를 더욱 심도 깊에 연구할 수 있는 계기가 될 것으로 기대하며 유일본에서 미심쩍게 여겼던 일부의 문제를 확정할 수 있어서 다행스럽게 생각한다. 끝으로 미공개된 잔본이 하루 빨리 공개되기를 희망한다.

세종 25(1443)년 9월에 세종이 창제한 '훈민정음'의 어제 서문과 예의본 곧 본문과 이를 해설한 원간본인 해례『훈민정음』은 세종 28(1446)년에 목판본으로 간행하여 반포한 것이다. 이 해례『훈민정음』은 1940년 경북 안동에서 발견되어 1962년에 국보 제70호로 지정된 간송미술관 소장본이 유일하게 전해오며, 이 책은 1997년 10월에는 유네스코 세계기록유산으로 등록되었다.

간송미술관 소장본『훈민정음 해례』가 발견될 당시 표지와 1~2엽이 떨어져 나간 상태였기 때문에 안병희가 1~2엽에 복원에 대한 논의를 본격적으로 제기함으로써 그동안 네 차례에 걸쳐 학계에서 원간본 복원 문제가 논의되어[2] 새로운 원간본 이본이 발견되지 않더라도 큰 손색이 없을 정도이다. 그러나 책모서리가 일부 훼손되어 글씨가 마모된 부분이 있을 뿐만 아니라 문장 가운데나 우측에 표시한 구두점이나 글자의 네모서리에 들어가는 첩운 글자의 권점 부분이 아직 미심쩍은 부분이 있기 때문에 새로운 이본이 발견된다면 종래 다양하게 제기되어온 여러 가지 의문을 풀 수 있는 좋은 기회가 될 것임에 틀림없다.

---

2) 정우영(2001), 「『훈민정음』한문본의 낙장 복원에 대한 재론」, 『국어국문학』 129, 국어국문학회, 191~227쪽. 김태준이 1~2엽에 대한 1차 복원을 한 상태로 현재 간송미술관에서 보존하고 있는데 그 이후 2차 복원안을 안병희(1986), 3차 복원안은 최세화(1997)가 4차 복원은 1997년 한글학회에서 이루어졌으며 가장 최근 정우영(2001)의 복원 논의로 이어졌다.

지난 2008년 7월 30일 안동 MBC에서 간송미술관 소장 원간본과 동일본으로 추정되는 상주본 『훈민정음 해례』가 발견되었다는 보도가 있었다. 필자는 국립국어원 황용주 학예사와 함께 그 다음날인 2008년 7월 31일 새로 공개한 『훈민정음 해례』 소장처인 경북 상주시에 거주하는 배모 씨를 찾아가서 잔엽 『훈민정음』 1엽만 직접 실사하고 공개한 자료 13

〈그림 1〉 잔엽 상주본 『훈민정음』 9엽 뒷장

엽에 대해서는 화면을 통해 정밀하게 분석 검토하였다. 공개된 자료는 〈그림 1〉처럼 낱장으로 분리된 상태로 비닐에 포장된 상태였으며, 나머지 잔엽과 책의 전모는 확인할 수 없었기 때문에 원간본임을 쉽게 단정할 수 없었다.

2008년 8월 일 2차로 국립국어원 조남호 연구관과 함께 다시 상주를 찾아가서 2차 조사를 실시하였으나 실물을 볼 수 없었다. 현재 이 판본이 과연 간송미술관 소장본과 동일한 원간본인가를 확인하기 위해서는 정밀한 서지 검토가 이루어져 하지만 표지를 포함한 전체 33엽 가운데 몇 잔엽 13엽 이외는 더 확인할 방법이 없었다. 『오성제자고』라는 제명이 달린 표지로 새로 개장한 책인데 이를 해체한 상태로 공개한 자료는 13엽에 지나지 않았다. 그런데 문화재청이나 언론사, 법원에서 자료에 대한 충분한 학술적 검토도 없이 마치 원간본인 것으로 간주하여 '상주본 『훈민정음 해례』'라고 규정한 것은 상당한 문제가 있다고 판단된다. 또한 자료에 대한 정교한 검토와 그 가치를 엄정하게 평가하지 않은 상황에서 문화재청을 통해 공식 기증식까지 한 것은 있을 수 없는 사건이 아닐 수 없다.

이미 언론을 통해 상주본『훈민정음』이라고 명명된 이 책의 명칭도 적절한지도 검토되어야 할 부분이다. 경북 상주에서 공개한『훈민정음 해례』는 간송본 원간본과 동일한 판본의 일부인 것은 틀림없는 사실이다. 그러나 완본이 아닌 상당한 분량이 떨어져 나간 잔엽본으로 전부 몇 엽이 남아 있는지도 확인되지 않은 상태이다. 따라서 현재로서는 '상주본『훈민정음 해례』'가 아닌 '잔엽『훈민정음』'이라는 명칭이 적절하다고 판단된다. 다만 간송미술관 소장본『훈민정음』과의 명칭을 구분하기 위해 본고에서는 '잔엽『훈민정음』' 혹은 '잔엽 상주본『훈민정음』'이라는 명칭을 잠정적으로 사용할 것이다.

유일본으로 알려졌던 간송미술관 소장『훈민정음 해례』도 세종의 서문 부분 2엽이 떨어져나간 상태이기 때문에 완본은 아니다. 새로 공개된 '잔엽 상주본『훈민정음』'도 불과 13엽만 공개되었고 그 나머지는 전혀 공개되지 않았을 뿐만 아니라 그 존재 유무도 확인할 수 없는 상황이다. 특히 세종 서문과 예의본 부분인 본문은 단 한 장도 공개되지 않았다. 본문을 해설한 해례의 본문도 거의 남아 있지 않는 것으로 추정된다. 앞으로 '잔엽『훈민정음』'이 연구 자료로 공개될 날도 지금으로서는 전혀 예측하기 어려운 상황이다.

이러한 상황에서 그동안 공개된 '잔엽『훈민정음』'에 대한 2차례에 걸친 실사 결과와 MBC 영상 자료를 통해 13엽에 대한 자료 분석을 근거로 하여 원간본과 동일한 간본인지에 대한 판단과 함께 잔엽 일부 행간에 기록된 필사 부분의 내용 검토와 필사 시기를 추정해 보고자 한다. 간송미술관 소장『훈민정음』이 유일본이었기 때문에 여러 가지 억측이 제기되었고 또 이것을 영인한 수종의 영인본과 복각본에도 오류가 많이 발견되었지만 이에 대한 정오를 판단할 수 있는 근거가 없었기 때문에 비록 잔엽본이지만 남아 있는 부분만이라도 상호 대교를 통해 의문시되었던 부분을 확정지울 수 있는 단서를 제공해줄 수 있다.

상주본 『훈민정음 해례』 서지 재검토

간송미술관 소장본 『훈민정음』밖에 없는 상황에서 동일 원간본인 잔엽 상주본 『훈민정음』이 공개된 것은 그나마 다행한 일이다. 원간본 『훈민정음』에 대한 서지 부분에 재론해야 할 몇 가지 문제들이 남아 있으니 이 차제에 서지 부분에 대해 재검토를 할 필요가 있다.

원간본 『훈민정음』을 발견한 뒤에 김태준과 이용준에 의해 떨어져 나간 1~2엽의 보수와 보사 과정에서 중대한 오류가 생겨났다. 권두 내제의 문제, 구두점과 첩운 권점 표기 문제 등의 문제와 본문 중에서도 성조 표기 문제나 오자 등 여러 가지 문제가 제기되었다. 따라서 새로 공개된 잔엽 『훈민정음』이 이러한 문제를 해결할 수 있는 준별의 근거가 될 수 있기를 희망했지만 1~2엽을 포함하여 4엽이 낙장되었다고 발표함으로써 그러한 가능성은 더 이상 큰 기대할 수 없게 되었다.

원본 『훈민정음』 33엽 가운데 4엽이 낙장된 상태라고 발표했지만 실제 언론에 공개된 내용은 개장된 표지를 포함하여 불과 13엽밖에 되지 않는다. 공개된 것 가운데 1~4엽에 해당하는 세종의 서문과 '예의' 부분은 단 한 장도 없다. 공개되지 않은 부분은 제3장소에 보관되어 있다고는 하지만 얼마만큼 신뢰할 수 있는지는 지극히 의문스럽다.

실사 및 영상 자료의 정밀한 분석 결과 잔엽 상주본 『훈민정음』의 상태는 매우 불완전하다. 배 모씨의 진술에 의하면 세종 어제 부분의 1~2엽과 해례편 중간의 1엽과 마지막에 33엽이 없다고 했지만 거의 신빙성이 없는 것으로 판단된다. 현재 공개된 잔엽의 상황은 '9엽, 10엽, 11엽, 12엽, 13

엽, 14엽, 15엽, 16엽, 17엽, 18엽, 30엽, 31엽, 32엽' 13엽에 지나지 않는다. 19엽에서 29엽 사이는 배 모씨의 진술대로 일부 남아 있을 가능성은 있으나 공개된 잔엽의 제일 앞부분인 9엽의 하단 부분이 심하게 부식된 것을 미루어 보아 그 앞부분은 없거나 일부 있다고 해도 상태가 불량할 것으로 보이며, 특히 본문 부분인 세종 서문과 예의본을 포함한 4엽은 아예 없는 것으로 판단된다. 배 모씨의 진술로는 "앞 장 두 장이 떨어져 나갔다고 하는데" 세종 서문 부분을 가리키는 것이 아닌 해례 부분인 5엽 이하를 뜻하는 것으로 보인다.3) 9엽 앞부분이 없다는 이야기를 스스로 방송에서 진술한 것을 보더라도 이러한 추측이 거의 틀림이 없을 것이다. 다만 자료 전체가 공개되지 않은 상황이기 때문에 속단할 수는 없지만 현재로서는 잔엽 상주본 『훈민정음』은 낙장이 많은 매우 불완전한 잔엽본에 지나지 않는다고 규정할 수 있다.

필자의 분석 결과 잔엽 상주본 『훈민정음』 가운데 공개된 잔엽 13장은 분명히 간송미술관 소장본 『훈민정음』과 동일본임을 확인할 수 있었다. 본고에서는 그러한 근거를 책의 크기나 체제, 지질, 구두점과 첩운 권점의 대교, 성조점의 대교 확인을 통해 입증할 것이다. 잔엽 상주본 『훈민정음』은 낙장이 많기 때문에 우리가 기대하는 만큼의 문화재적인 가치는 없다고 판단된다. 현재 간송미술관 소장본 『훈민정음』조차도 연구자들이 정밀한 조사를 할 수 없는 상황이기 때문에 대학의 학습 교재로 인출된 각종 영인본 『훈민정음』에는 여기저기 숱한 오류들이 발견된다. 이번에 공개된 내용이 불과 13엽밖에 되지 않지만 남아 있는 부분만이라도 간송미술관 소장본 『훈민정음』과 대조함으로써 원간본의 일부 자료를 확증할

---

3) 방송 진술 과정에서 9엽의 앞부분은 없다는 배 모씨의 진술을 토대로 한 이 추측은 신빙성이 높을 것으로 판단된다. 다만 이 자료의 전면적인 공개가 된다면 이러한 추론이 틀리지 않는다는 사실이 입증될 것이다.

수 있고 각종 영인본의 오류를 교정할 수 있다는 면에서는 여간 다행한 일이 아니다.

잔엽의 서지적 검토 결과, 판식은 사주쌍변으로 행간 계선이 있으며 판심은 상하향흑구어미가 있고 그 가운데 판심제와 장차가 있다. 판심제는 전반부 4엽은 자료가 공개되지 않아 확인할 수 없고 '훈민정음해례' 부분 29엽 가운데 확인할 수 있는 13엽에는 '正音解例'로 되어 있으며 장차는 본문과는 별 페이지로 1에서 시작된다.

원간본 『훈민정음』의 세종 서문과 예의본이 실려 있는 본문의 반엽은 7행에 매행 11자이며 글씨체도 해서체로 쓰여 있다. 5엽의 뒷면의 반엽은 계선만 있고 공란이다. '훈민정음해례'와 부분의 반엽은 8행에 매 행 13자로이며 정인지 서문의 반엽은 한 글자를 낮추어 8행에 12자로 해행서체로 좀 적은 글씨체로 되어 있다. '제자해, 초성해, 중성해, 종성해'가 끝난 부분의 결왈訣曰 부분은 한 행에 아래, 위로 3자씩 비운 가운데 7자이다. 잔엽 13장의 상주본 『훈민정음』의 행관과 글자 크기와 글자 수는 원간본인 간송미술관 소장본과 동일하다. 지질이나 판식이 잔엽 상주본 『훈민정음』은 간송미술관 소장본과 완전 동일한 본이다.

책의 크기와 반곽

원간본으로 추정되는 『훈민정음 해례』는 현재 두 종류가 있는 셈이다. 곧 간송미술관에 소장되어 있는 소위 간송미술관 소장본 『훈민정음』과 완본은 아니지만 이번에 부분적으로 일부 공개한 잔본 상주본 『훈민정음』이다. 두 가지 원간본 『훈민정음』은 모두 중대한 결함을 안고 있다. 전자는 1~2엽이 낙장본이고 후자는 완본이 아닌 잔엽본에 지나지 않는다.

잔엽 『훈민정음』의 명칭 문제는 추후 정밀한 서지적 검토가 완료된 이후에 공식적인 명칭이 부여될 수 있을 터이지만 앞에서 언급한 것처럼 편의상 '잔엽 『훈민정음』' 혹은 '잔엽 상주본 『훈민정음』'이라고 잠정적으로 사용할 것이다.

잔엽 상주본 『훈민정음』이 원간본의 일부인지를 확인하기 위해서는 먼저 간송미술관 소장본 『훈민정음』의 서지적인 문제를 다시 한 번 검토하지 않을 수 없다. 다시 말하자면 간송미술관 소장본 『훈민정음』도 연구자들에게 일체 공개되지 않았기 때문에 초창기 연구자들의 보고 결과를 답습할 수밖에 없는 실정이다. 그러나 놀라운 일은 간송미술관 소장본 『훈민정음』의 책의 크기나 반곽의 치수가 학자들 간에 완전히 통일되지 않고 있다는 사실이다. 1940년 송석하와 홍기문 씨가 투사본을 제작할 때 조사된 내용과 국보지정 당시 문화재청 조사 결과 이외에는 연구자들의 개별적 정밀조사는 원천 차단된 탓으로 정확한 책의 크기는 확정되지 않은 상황이다.

원간본 『훈민정음』은 목판본이기 때문에 각 엽마다 반곽의 크기나 행간의 크기 또는 상하향흑구어미의 위치, 판심제나 장차의 위치가 장별마다 다소 들쑥날쑥할 가능성이 있기 때문에 낱장별 정밀한 서지적 조사를 통해 책 크기의 표준화가 이루어져 있다면 새로 공개된 잔본 『훈민정음』의 원간본의 일부인지 용이하게 판단내릴 수 있을 것이나 아쉽게도 간송미술관 소장본 『훈민정음』 조차도 정밀한 서지적 및 판각의 인쇄 상태에 대한 종합적인 조사보고서를 확인할 수 없다. 문화재청에서도 국보 지정 과정에서나 세계문화유산으로 지정하는 과정에서도 매우 허술한 서지적 조사가 진행된 것이 아닌지 의문스럽다. 이번 기회에 간송미술관 소장본 『훈민정음』에 대한 종합적인 재조사를 통해 서지적 가치를 확인할 수 있도록 해야 할 것이다.

먼저 간송미술관 소장본 『훈민정음』의 서지적 문제에 대해서는 이미 잘 알려져 있다. 간송미술관 소장본 『훈민정음』은 두 분분으로 구성되어 있는데 세종 23(1443)년에 창제한 세종대왕의 서문과 예의본 본문 4엽과 해설편인 5해 1례로 된 '훈민정음해례'와 정인지 서문 부분인 29엽을 합해서 총 33엽이다. 현재 학계에서는 간송미술관 소장본 『훈민정음 해례』는 세종 26(1446)년에 목각본으로 인출된 원간본으로 추정하고 있다.

간송미술관 소장본 『훈민정음』의 서지 문제에 있어서 몇 가지 문제점이 드러난다. 첫째, 이 책의 크기에 대해서 정확한 내용을 확인할 수 없다. 안병희(2007: 28)는 새로 보수하는 과정에서 책판의 크기가 달라졌을 개연성이 있다고 보고 세로 32.2cm, 가로 16.3cm 또는 세로 29cm, 가로 20cm로 추정하고 있다. 훈민정음 연구자 가운데 최고의 권위자인 안병희조차도 이 책의 실물을 실측할 기회를 갖지 못했기 때문에 세로 3.2cm, 가로 3.6cm 정도의 오차 범위로 책의 크기를 확정짓지 못하고 책 크기에 대한 판정을 유보하고 있는 상태이다.[4]

김주원(2006)[5]은 이 책의 크기를 아마 문화재청에서 유네스코 기록유산 등제 신청 과정에서 조사한 내용에 가장 근접하는 세로 29.3cm, 가로 20cm로 발표하였다. 그 외에 많은 연구자들은 직접 실측할 기회가 없었기 때문에 다른 연구자들의 기록을 그대로 옮겨 씀으로써 학자들마다 견해가 서로 다르다.

---

4) 안병희는 이 책의 크기에 대해 세로 23.2cm, 가로 16.5cm(이상백, 1957: 8), 세로 29cm, 가로 20cm(김민수, 1957)의 측정 결과를 인용한 것이다. 통문관의 이겸노李謙魯 씨가 전영필 씨로부터 영인 허락을 받아 김민수(1957)가 『주해 훈민정음』이라는 책 뒤편에 영인자료로 싣게 되었다. 그러나 김민수의 영인자료는 반곽 이외의 여백을 모두 지웠다.

5) 김주원(2006), 「훈민정음 해례본의 겉과 속」, 『새국어생활』 16(3), 국립국어원. 김주원은 "이 책의 원래 크기는 아니다. 우리가 보고 있는 책은 아래위가 상당히 잘려 나간 책이다. 사실 잘려 나갔다고 하더라도 원문에 손상이 가지 않는 범위 내에서 잘려 나갔으므로 크게 문제 삼을 것은 못 된다."라고 하며 실제 크기는 이보다 조금 큰 것으로 추정하고 있다.

문화재청[6]의 조사 결과 이 책의 크기를 세로 29.3cm, 가로 20.1cm로 발표하였는데 김주원과 가로의 크기가 0.1cm의 오차를 보이나 이것은 측정 과정에서 생겨날 수 있는 일이거나 표지와 내지의 크기는 다소 차이를 보일 수 있는 문제이다. 이번 잔엽 상주본『훈민정음』을 대비해 본 결과 결국 문화재청 조사 결과나 김주원의 측정 결과는 모두 이 책을 보수와 보사를 한 이후 개장본을 대상으로 크기를 측정한 결과였다. 이미 이 문제는 김주원이 새로 제책하는 과정에서 책의 크기가 변형되었음을 밝힌 바가 있다.

1차 실사를 통해 확인한 잔엽 상주본『훈민정음』의 책의 크기는 9엽 1장의 크기를 측정해 본 결과 이상백이 밝힌 것과 비슷한 세로 32cm, 가로 16cm 정도의 크기였다. 물론 9엽도 약간 쭈그러진 상태이기 때문에 정밀한 측정 결과는 아니라고 하더라도 원간본『훈민정음』본래의 크기는 세로 32cm, 가로 16cm 내외였음을 알 수 있을 뿐만 아니라 외형상 잔엽 상주본『훈민정음』이 원간본인 간송미술관 소장본『훈민정음』과 동일본임을 알 수 있다.

둘째, 간송미술관 소장본『훈민정음 해례』의 반곽은 쌍변으로 행간 계선이 있는데 이 반곽의 크기 또한 통일이 되어 있지 않다.

이상백(1957: 21)[7]과 안병희(2007: 28)[8]는 세로 23.2cm, 가로 16.5cm로 발표하였고 강신항(2003: 89)[9]와 조규태(2008: 12)는 세로 23.3cm, 가로 16.8cm로 보고하였다. 또 통문관의 이겸노 씨는 세로 23.3cm, 가로 16.7cm로 보고하였다.[10] 가장 최근에 문화재청의 조사 결과는 세로 22.6cm, 가

---

6) 문화재청, 문화재청 홈페이지, 「문화유산정보」, '세계의 기록유산'.
7) 이상백(1957), 『한글의 기원: 훈민정음 해설』, 통문관.
8) 안병희(2007), 『훈민정음 연구』, 서울대학교 출판부.
9) 강신항(2003), 『훈민정음연구』, 성균관대학교 출판부.

로16.1cm, 본문 4장 앞면 기준으로 발표하였다. 반곽의 가로 크기는 문화
재청 조사 결과와 비교하면 이상백(1957: 21)과 안병희(2007: 28)는 1.4cm,
강신항(2003: 89)와 조규태(2008: 12)는 0.7mm의 차이를 보여주고 있다.
세로 크기는 문화재청 조사 결과와 이상백(1957: 21)과 안병희(2007: 28)와
비교해 보면 0.4mm, 강신항(2003: 89)과 조규태(2008: 12)는 0.7mm의 차이
를 보이고 있다.

　간송미술관 소장본『훈민정음 해례』의 반곽의 크기가 학자들 사이에
최대 1.4cm의 오차를 차이를 보인다는 것은 좀처럼 이해하기가 힘이 든
다. 이처럼 책판 크기의 차이를 보이는 이유는 두 가지 정도로 추정할
수 있다. 먼저 실측 환경에 따른 오차이거나, 반곽의 내선을 측정하지
않고 외선을 측정한 오류 등의 이유가 있을 것이다. 둘째로『훈민정음
해례』의 반곽이 장마다 약간의 차이를 보일 수 있는 가능성이 있다. 다시
말하면 먹의 농도 차이나 각 엽마다 원판의 차이로 생겨날 수 있는 문제이
거나 반곽의 크기도 복판본이기 때문에 각 엽별로 차이가 있을 가능성에
따라 차이가 있을 수 있다.

　잔엽 상주본『훈민정음 해례』의 책판과 반곽의 크기는 9엽 한 장을
대상으로 조사한 결과 대체로 문화재청의 조사 결과와 동일한 세로
22.6cm, 가로 16.1cm 9엽 기준이다. 따라서 잔엽 상주본『훈민정음』은
원간본과 동일본으로 그 일부 잔본임은 분명하다.

　세계 기록 문화유산으로 등제된 간송미술관 소장본『훈민정음 해례』에
대한 서지적 내용이 이처럼 통일되지 않은 이유야 여러 가지 있겠지만
학자마다 각각 다른 견해를 제시한다는 것은 이해할 수 없는 일이라 아니

---

10) 김민수(1957: 98)의『주해 훈민정음』에 영인본과 함께 발표하였는데 반곽의 크기는 이겸노
　　씨가 조사한 내용을 인용하고 있다.

할 수 없다. 국립국어원에서 5개 국가어(영어, 중국어, 러시아어, 몽고어, 베트남어)로 번역한 『훈민정음 해례』에는 이러한 이유 때문에 책 판형에 대한 내용은 일체 밝히지 않았던 것이다.11)

앞으로 국어학계에서는 반드시 문화제청과 공동으로 간송미술관 소장본 『훈민정음 해례』에 대한 낱장별 정밀한 서지적 조사와 그 결과를 표준화하여 공포해야 할 것이다. 매 엽마다 책 판형과 반곽의 크기와 반각 행선의 굵기, 행간의 크기와 행선의 굵기, 판심 행간, 상하향흑구어미와 판심제, 장차의 위치 등 판식에 대한 정밀한 조사와 공개를 통해 각종 영인본이나 복각본에 나타나는 구두점이나 첩운 글자의 권점의 오류를 불식시킬 수 있는 정밀 조사가 필요하다. 이러한 표준화 작업이 선행되어 있다면 이번에 공개된 잔엽 『훈민정음 해례』와의 대조를 통해 원본의 정확한 크기를 확실하게 비교하여 원간본의 일부인지 쉽게 판정할 수 있을 것이다.

결론적으로 원간본 『훈민정음』의 책 크기조차 완벽하게 파악하지 못하고 있는 이유는 소장처에서 자료 실측을 허락하지 않은 결과이다. 우리나라에서 가장 중요한 문화재 가운데 하나이자 세계 인류의 기록 문화유산의 하나인 『훈민정음』에 대해 학문적인 검토마저 가로막고 있는 이러한 현실은 『문화재보호법』이 너무나 허술하고 느슨한 탓이다. 그뿐만 아니라 이번 공개된 잔엽 『훈민정음』도 특정 개인이 자료를 은닉하고 물뿌리개로 함부로 책장에 물을 뿌리는 등의 훼손 행위를 근본적으로 막을 수 있는 법적 장치를 강화해야 할 필요가 있다. 특히 국가 주요문화재가 외국으로 유출되는 것을 근본적으로 막는 국가 지정문화재의 지속적인 보존과 관리를 위한 관계 법령을 보완할 필요가 있다.

---

11) 국립국어원(2008), 『훈민정음』(영어판, 중국어판, 베트남판, 몽골판, 러시아판) 참조.

제책의 방법

간송미술관 소장본 『훈민정음 해례』는 원래 우리 한적의 전통 제책 방법인 오침안정법으로 제책된 것이었는데 낙장이 된 1~2엽의 보수 과정에서 일제식의 사침안정법으로 개장하였고 또 1~2엽의 보사와 보수 과정에서 책의 크기도 달라졌을 가능성이 있음을 안병희가 처음으로 제기하였다. 이상백의 『한글의 기원』 뒤에 실린 영인본 자료에는 제책되지 않은 개장된 상태의 복사 자료이다.[12] 지금까지 여러 종의 영인본이 소개되고 또 복각판도 여러 종이 있지만 간송미술관 소장본 『훈민정음 해례』의 보수와 보사를 위해 해체된 상태의 영인 자료라는 면에서 매우 중요한 의미가 있다.

김주원(2007)은 이 자료를 근거로 하여 침눈의 굵은 것과 가는 것을 구분하여 굵은 것이 원간본 간행 당시의 제책 침눈으로 판단하고 가는 것을 개장 이후 보수와 보사를 한 이후에 제책한 침눈으로 파악하여 오침안정법에서 개장 보수 이후 사침안정으로 된 것으로 실물 영인 자료의 예를 근거로 하여 보고하여(〈그림 2〉 참조) 안병희와 거의 같은 판단을 하고 있다. 그러나 이러한 가정이 성립되기 위해서는 이상백 의 영인 자료가 보수와 보사를 끝난

〈그림 2〉 김주원(2007: 43)에서 따옴.

---

12) 이 영인본이 출판된 과정도 불분명하다. 이상백이 개인적으로 촬영할 기회가 있었는지 그 과정에 대해서는 알려진 바가 없으나 가장 원간본에 가까운 자료로 판단된다. 이상백의 『한글의 기원』에 실은 영인 자료에는 개장된 상태에서 찍은 것이다. 통문관에서 1957년 7월에 영인한 자료를 활용했는지에 대해서는 분명한 증언이 남아 있지 않다. 간송미술관 소장본 『훈민정음』이 발견 직후 김태준에 의해 이용준 씨와 함께 보사와 보수를 한 이후 개장을 하여 다시 제책을 했을 것인데 1957년 7월 통문관에서 영인한 자료는 제책된 것을 다시 개장하여 촬영한 것인지는 불분명하다.

이후 다시 해체하여 촬영했다는 전제가 필요하다.

　필자의 판단으로는 개보수 이후 제책된 것을 이상백이 다시 개장하여 촬영했을 가능성은 거의 없다고 판단된다. 그렇다면 간송미술관 소장본 『훈민정음 해례』는 1940년대 발견될 이전에 이미 1차로 개장되어 다시 제책이 이루어진 것으로 볼 수밖에 없다. 그런데 마침 이번에 공개된 잔엽『훈민정음 해례』의 침눈을 검토해 보면 간송미술관 소장본『훈민정음 해례』의 침눈과 동일한 모습을 보여주고 있다.

〈그림 3〉 잔엽 상주본 『훈민정음 해례』의 제책 침눈

　〈그림 3〉에서 잔엽『훈민정음 해례』에 ○ 표시로 된 침눈은 오침안정법으로 제책되었던 1차 흔적임을 확인할 수 있다. 조선조 대부분의 책의 제책 방법과 동일한 방식으로 제책되었음을 확인할 수 있으며, 〈그림 3〉에서처럼 간송미술관 소장본『훈민정음 해례』의 침눈과 동일한 모습을 보여주고 있다. □ 표시로 된 침눈은 ○ 표시로 된 침눈보다 더 가늘고 사침안정으로 되어 있다. 다만 ○ 표시로 된 침눈 3번째와 4번째 사이와 4번째와 5번째 침눈 사이에 여분이 침눈 2점이 더 나타난다. 이는 고정을 위한 보조 침눈이다.

　위와 같이 간송미술관 소장본『훈민정음 해례』나 잔엽『훈민정음 해례』의 침눈의 비교를 통해 인출 당시의 제책 방식은 오침안정법이었음을 확인할 수 있으며, 잔엽『훈민정음 해례』도 간송미술관 소장본과 동일한 원간본임을 확인할 수 있는 주요한 근거가 된다. 그러나 간송미술관 소장본이나 잔본 상주본이나 몇 차례에 걸친 개장의 흔적이 분명하다.

여기서 몇 가지 가능성에 대한 추론의 여지가 생겨난다. 소위 한문으로 된 예의본이 완성된 시기와 해례편의 완성 시기는 3년이라는 시차가 있었다. 세종 23(1443)년 훈민정음 예의본이 완성되자 곧바로 한문 예의본을 인출하였다가 해례 완성 이후에 이를 합본하였거나 아니면 이 두 가지를 함께 동시에 인출했을 가능성 또한 배제할 수 없다. 더군다나 잔엽 『훈민정음 해례』는 예의본 부분은 공개되지 않아 확인할 수 없는 상황이지만 예의본 4엽이 없는 29엽으로 된 해례편 부분만 엮은 책일 가능성도 있다. 그러한 가정은 잔엽 『훈민정음』도 여러 차례 개장한 흔적이 있으며 표제가 『오성제자고』로 되어 있어 해례 부분만 별책이었을 가능성도 배제할 수 없다. 만일 잔엽 『훈민정음』이 본문이 없는 해례편만으로 이루어진 책이라면 이러한 가설은 타당성을 갖게 될 것이다. 이러한 의문은 잔엽 상주본 『훈민정음』이 전면적으로 공개될 때까지 기다리는 수밖에 없을 것이다.

첩운 권점과 성조 표기

한문 대문에 토(吐)를 다는 방식은 한문 차용 당시부터 발달되어 왔다. 구두점의 위치에 구결이 들어감으로써 강독이나 해독에 도움을 준다. 『훈민정음 해례』에는 한문 대문에 구두의 위치를 표시하는 구두점이 매우 정교하게 나타난다. 구두점과 함께 한 글자가 뜻이 달라지면서 음이 달라지는 한자에는 달라진 한자의 네모서리에 사성을 나타내는데 첩운자의 사성 권점'첩운 권점'이라고 명명한다의 부호가 있다. 구두점과 첩운 권점13)은 모두 。와 같은 부호로 표시하고 있다.

한글 용례 자료에는 사성을 표시하는 성점(聲點)으로는 ·:와 같은 부호를 사용하고 있어 구두점이나 첩운 권점의 부호인 。와 구분된다. 『훈민정음』에서 구두점과 첩운 권점을 표시한 것은 『성리대전』(1415)의 체재와도 일치하며 이러한 전통은 『삼강행실』과 『이륜행실도』(1518)을 비롯한 『법화경언해』(1463) 등의 15세기 초기자료에도 나타난다.14)

현재 『훈민정음』의 영인본이나 근래에 들어서 제작한 석판본, 복사 영인본, 복각 판각본15) 등의 자료에서 구두점이나 권점 성조 표기의 오류가 매우 많이 보인다.16) 이들 자료 가운데 간송미술관 소장본 『훈민정음』을 보수하기 직전에 해체한 원본을 인출하여 이상백이 통문관에서 출판한 『한글의 기원』(1957)의 부록에 실린 영인 자료가 가장 신뢰할 수 있는 자료로 평가된다. 따라서 국립국어원에서 5개 국가어로 번역한 『훈민정음』의 뒤에 붙인 영인본도 이상백이 인출한 자료를 대본으로 한 것이다. 그러나 이 영인 자료에 대해서도 원본과 일일이 대조할 수 없었기 때문에 자료의 신뢰성에 대해 여러 가지 논란이 있어 왔다.17)

---

13) 첩운 권점을 안병희(1986)는 '파음자(破音字)'라는 명칭을 사용하고 있다. 안병희는 '파음자'를 "한자는 본래의 뜻 이외에 딴 뜻으로 쓰이는 글자가 많다. 이때 한자음이 달라지기도 하는데, 그 한자는 파음자라고 부른다."라고 정의하고 있다. 그러나 이 파음자라는 용어가 무엇을 근거로 했는지는 알 길이 없다. 병와 이형상의 『자학(字學)』이라는 책에 이러한 글자를 '첩운자'로 규정하고 약 340여 개의 예를 들어 설명하고 있다. 따라서 본고에서는 '파음자'라는 용어 대신 '첩운자'로 명명하고 그 표시를 한 권점은 '첩운 권점'으로 명명할 것이다.

14) 『천자문』 일본국립공문서관본조 34(1601)년, 『신증유합』 중종 37(1543)년에서도 첩운 권점을 사용하고 있다. 단 상성과 거성에만 권점을 달아 두었다.

15) 1979년에 서각가인 오옥진 목각 판각본 『훈민정음』 원본 책판이 있다.

16) 이상백(1957), 『한글의 기원』, 통문관, 부록 영인 자료; 세종대왕기념사업회(2003), 『훈민정음』(영인 자료)에 수록된 영인 이본; 이청(1946), 『합부 훈민정음』(석판본), 창란각; 류열(1947), 『원본 훈민정음 풀이』(영인본), 보신각; 한글학회(1997), 『훈민정음』(영인본), 한글학회; 국어학회(1971), 『국어학자료선집 II』(영인본), 일조각.

17) 이상규(2009나), 「『훈민정음』 영인 이본의 권점(圈點) 분석」, 『어문학』 100, 한국어문학회.

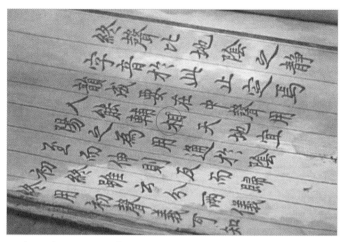

〈그림 4〉 잔엽 상주본 『훈민정음』 18엽 앞면 4행, '相'자의 첩운 권성점.

이번에 공개된 잔엽 상주본 『훈민정음』에 나타나는 구두점과 첩운 권점, 성조의 표기를 일일이 대조해 본 결과 완전일치하였다. 물론 간송미술관 소장본 원본과의 대조가 아니지만 이상백이 인출하여 만든 영인본 『훈민정음』은 지금까지 쏟아져 나온 각종 영인본의 오류를 최소화할 수 있는 잣대가 될 수 있다. 또한 구두점과 첩운 권점, 성조의 표기를 대조해 봄으로써 잔엽 상주본 『훈민정음』의 원간본 유무를 판정하는 기준이 될 수 있기 때문이다.

첫째, 잔엽 상주본 『훈민정음』의 13엽에 나타나는 첩운 권점과 간송미술관 소장본, 한글학회 영인본, 한국어세계화재단[18] 영인본의 자료의 대조를 통해 각종 영인본의 문제점과 잔엽 상주본 『훈민정음』과 간송미술관 소장본의 일치 여부를 확인해 보겠다.

---

18) (재)세계화재단에서 기획한 100대 한글 문화유산-1, 박창원, 『훈민정음』의 부록에 실린 영인자료(2005).

〈표 1〉『훈민정음』 간송미술관 소장본 및 잔엽 상주본과 영인본 간의 첩운 권점의 대조

	첩운 권점			
	간송미술관 소장본	잔엽 상주본	한글학회 영인본	한국어 세계화재단 영인본
9엽 뒷면 2행	◦待(상성)	◦待(상성)	待(무표)	◦待(상성)
10엽 뒷면 4행	冠◦(거성)	冠◦(거성)	冠◦(거성)	冠(무표)
11엽 앞면 3행	雖◦(거성)	雖◦(거성)	雖◦(거성)	雖◦(거성)
11엽 앞면 8행	論◦(거성)	論◦(거성)	論◦(거성)	論◦(거성)
12엽 앞면 1행	和◦(거성)	和◦(거성)	和◦(거성)	和◦(거성)
12엽 앞면 7행	義(평성)	義(평성)	義(평성)	義(입성)
12엽 앞면 8행	成(평성)	成(평성)	成(평성)	成(평성)
12엽 뒷면 5행	相◦(거성)	相◦(거성)	相◦(거성)	相◦(거성)
12엽 뒷면 6행	復◦(거성)	復◦(거성)	復◦(거성)	復◦(거성)
13엽 앞면 2행 7	復◦(거성)	復◦(거성)	復◦(거성)	復◦(거성)
13엽 앞면 2행 11	復◦(거성)	復◦(거성)	復◦(거성)	復◦(거성)
13엽 앞면 3행 2	復◦(거성)	復◦(거성)	復◦(거성)	復◦(거성)
13엽 앞면 3행 9	復◦(거성)	復◦(거성)	復◦(거성)	復◦(거성)
13엽 뒷면 8행	別(입성)	別(입성)	別(입성)	別(입성)
14엽 뒷면 5행	◦徵(상성)	◦徵(상성)	◦徵(상성)	◦徵(상성)
15엽 앞면 2행	要◦(거성)	要◦(거성)	要◦(거성)	要◦(거성)
15엽 뒷면 8행	易◦(거성)	易◦(거성)	易◦(거성)	易◦(거성)
16엽 뒷면 6행	見◦(거성)	見◦(거성)	見◦(거성)	見◦(거성)
17엽 뒷면 1행	和◦(거성)	和◦(거성)	和◦(거성)	和◦(거성)
17엽 뒷면 2행	先◦(거성)	先◦(거성)	先◦(거성)	先◦(거성)
17엽 뒷면 3행	和◦(거성)	和◦(거성)	和◦(거성)	和◦(거성)
17엽 뒷면 7행	復◦(거성)	復◦(거성)	復◦(거성)	復◦(거성)
18엽 앞면 4행	相◦(거성)	相◦(거성)	相◦(거성)	相◦(거성)
18엽 뒷면 2행	樑(평성)	樑(평성)	樑(평성)	樑(평성)
18엽 뒷면 3행	易◦(거성)	易◦(거성)	易◦(거성)	易◦(거성)
30엽 뒷면 8행	別(입성)	別(입성)	別(입성)	別(입성)
31엽 앞면 3행	要◦(거성)	要◦(거성)	要◦(거성)	要◦(거성)
31엽 앞면 4행 3	◦處(상성)	◦處(상성)	◦處(상성)	◦處(상성)
31엽 앞면 4행 8	◦强(상성)	◦强(상성)	◦强(상성)	◦强(상성)
31엽 앞면 7행 3	趣◦(거성)	趣◦(거성)	趣◦(거성)	趣◦(거성)
31엽 앞면 7행 7	治(평성)	治(평성)	治(평성)	治(평성)
31엽 뒷면 1행	讀◦(거성)	讀◦(거성)	讀◦(거성)	讀◦(거성)

첩운 권점			
	간송미술관 소장본	잔엽 상주본	한글학회 영인본	한국어 세계화재단 영인본
31엽 뒷면 8행	調◦(거성)	調◦(거성)	調◦(거성)	調◦(거성)
32엽 뒷면 2행	應◦(거성)	應◦(거성)	應◦(거성)	應◦(거성)

상주본 자료가 간송미술관 소장본『훈민정음』과 동일한 원간본이라는 근거로 오침안정법이라는 제책 방식이 동일하다는 점은 앞에서 밝힌 바 있다. 여기에서는 〈표 1〉에서처럼 첩운 권점이 완전하게 일치하기 때문에 간송미술관 소장본과 동일한 원간본 잔엽임이 더욱 분명하게 들어난다. 간송미술관 소장본『훈민정음』이 유일본이었을 때 제기될 수 있었던 여러 가지 문제들이 있었다. 그러나 비록 잔본이지만 원간본의 일부인 잔본 상주본『훈민정음』이 나타남으로써 여러 가지 제기된 문제를 해소할 수 있게 된 것은 여간 다행스러운 일이 아니다. 예를 들어 31엽 2행 9의 글자 '柄'자가 오류라는 지적이 있었으나 상주본 잔엽에서나 간송미술관 소장본『훈민정음』에서 동일한 글자임이 분명하다. 당시 피휘의 방식으로 획을 감하거나 획을 덧붙이기도 했지만 켈리그래프라는 관점에서 반복되는 '爲'의 경우 서체를 달리하거나 '鬼'자인 경우 감획을 하고 '中'의 경우 획을 하나 더하는 기법을 사용했다.19)

〈표 1〉에서처럼 잔엽 상주본과 간송미술관 소장본『훈민정음』과 가장 근접한 통문관 영인본과 한글학회 영인본(1997), 조선어학회 영인본(1946)을 대본으로 한 한국어세계화재 영인본(2005)에 나타나는 첩운 권점을 대조해 본 결과 9엽 뒷면 2행에 나타나는 '◦待'상성이 한글학회 영인본에서는 첩운 권점이 누락되었고 10엽 뒷면 4행에 '冠◦'거성이 국어학회 영인

---

19) 이상규(2009가), 「디지털 시대에 한글의 미래」, 『우리말연구』 25, 우리말연구학회 참조.

본에서도 첩운 권점이 누락되었다. 18면 뒷면 2행의 '⸰梣평성'는 한국어세계화재단 영인본에서는 첩운 권점이 누락되었다. 12엽 앞면 7행에 '義'평성가 한국어세계화재단 영인본에서는 '義⸰입성'으로 12엽 앞면 8행에 '成평성'도 역시 한국어세계화재단 영인본에서는 '⸰成평성'으로 되어 있는 오류들이 발견된다.

둘째, 성조 표시에서 19엽 전면 1행에 ':쾌ㅣ字初發聲'에서 '쾌'가 상성이 아닌 거성인데 간송미술관 소장본『훈민정음』의 영인본에는 분명히 상성으로 되어 있다. 또한 과 19엽 전면 3행에 'ㅇ與ㆁ而爲업'에서 '업'은 평성이 아닌 상성 '⸱업'이어야 하는데 이 역시 평성으로 나타난다. 아쉽게도 잔엽 상주본『훈민정음』에 이 부분이 없어서 확인이 불가능하다.

잔엽『훈민정음』과 간송미술관 소장본『훈민정음』의 영인본에 나타나는 성조 표시를 대조해 본 결과 〈표 2〉에서처럼 완전 일치하고 있다.

〈표 2〉『훈민정음』 원간본 및 잔엽본과 영인본 간의 첩운 권점의 대조

	성조			
	간송미술관 소장본	잔엽 상주본	한글학회 영인	한국어세계화재단 영인
30엽 앞면 1행	·쇼거爲牛	·쇼거爲牛	·쇼거爲牛	쇼평爲牛
30엽 앞면 2행	다·야평거爲厎	다·야평거爲厎	다·야평거爲厎	다야평평爲厎
30엽 앞면 4행	슈·룹평거爲雨繖	슈·룹평거爲雨繖	슈·룹평거爲雨繖	슈룹평평爲雨繖
30면 앞면 5행	·엿거爲飴餹	·엿거爲飴餹	·엿거爲飴餹	엿평爲飴餹
30면 앞면 5행	·뎔거爲佛寺	·뎔거爲佛寺	·뎔거爲佛寺	뎔평爲佛寺
30면 앞면 5행	·벼거爲稻	·벼거爲稻	·벼거爲稻	벼평爲稻
30면 앞면 5행	:져비상거爲燕	:져비상거爲燕	:져비상거爲燕	:져비상평爲燕
30면 앞면 7	·올창거평爲蝌蚪	·올창거평爲蝌蚪	·올창거평爲蝌蚪	올창평평爲蝌蚪

간송미술관 소장본과 상주본 잔엽과의 대비를 통해 성조도 완전 일치한다는 사실이 확인되었다. 비록 잔엽의 일부를 대조한 결과이지만 이

잔엽 상주본『훈민정음』이 간송미술관 소장본과 동일한 원간본임을 입증하는 또 하나의 증거가 될 수 있을 것이다. 다만 여러 가지 영인본 및 복각본이 이처럼 미시적인 관찰을 하지 않고 성조나 사성 권점의 표시를 마구잡이로 지워버리고 영인한 결과 한국어세계화재단 영인본에는 ':져비'를 제외한 '·소거, 다·야평거, 슈·롭평거, ·엿거, ·덜거, ·벼거, ·올창거평'을 전부 평평 성조로 나타난다. 앞으로 오류가 있는 각종 영인본이나 복각본은 일괄 폐기시켜야할 것이다.

상주본 『훈민정음』 빈 행간의 필사 내용

잔엽 상주본『훈민정음』에는 행간 빈 공간에 필사한 기록이 나타난다. 제자해의 결 부분인 14엽 뒷면과 15엽~16엽 상하단 행간 공간에 아래와 같은 원소장자로 추정되는 이의 필사 기록이 남아 있다. 이 필사자는 원 소장자로서『훈민정음』내용을 요약하면서 자신의 견해와 다른 점을 기록한 것이다. 그런데 이 필사 자료의 내용은 한글 자모 순서의 변화를 반영하고 있을 뿐만 아니라 후대 한자음의 차이에 대한 내용을 고증하는데 매우 중요한 의미가 있다. 그뿐만 아니라 이『훈민정음』의 원 소장 가문을 밝히는데 매우 중요한 단서가 될 것이지만 현재로서는서 필사자를 추적할 만한 뚜렷한 근거가 없기 때문에 문제 제기만 해 둔다. 이 잔엽『훈민정음』원본에 필사 흔적은 남긴 분은 아마 경북 북부지역 출신의 운학에 밝은 조선조 학자였을 것이다. 앞으로 이 잔엽『훈민정음』행간에 필사한 인물과 시기를 추정해 내는 일은 후일의 과제로 미루어 둔다.

첫째, 잔엽 상주본『훈민정음』의 개장한 표지 좌상단에『五聲制字攷』라는 표제가 있다. 원 소장자가『훈민정음』이라는 서명을 쓰지 않은 이유가 무엇일까? '훈민정음'을 창제한 이후 세종은 26(1444)년에 집현전 교리 최항, 부교리 박팽년 등에게 언문으로 『운회』(고금운회거요)를 번역하게 하였다.[20]

〈표 3〉 오음의 음계 대비

	아음	설음	순음	치음	후음	반설음	반치음
훈민정음	각	치	궁	상	우	치	상
홍무정운	각	치	우	상	궁	치	상
홍무정운역훈	각	치	우	상	궁	치	상
동국정운	각	치	우	상	궁	치	상
필사	각	치	우	상	궁	치	상

운서에 '아음, 설음, 순음, 치음, 후음, 반설음, 반치음'은 음계 '궁, 상, 각, 치, 우, 변치, 변궁'에 서로 대응된다. 잔엽 상주본 『훈민정음』의 행간 14엽 뒷면 3항과 7항 하단의 필사 내용은 매우 중요한 단서가 된다. 〈표 3〉과 같이 오음의 음계가 『훈민정음』과 『홍무정운』, 『홍무정운역훈』, 『동 국정운』과 대비해 보면 순음과 후음의 음계가 차이를 보여주고 있다.[21] 『훈민정음』은 성운학과 악학의 이론을 적극 수용하고 또 이를 응용한 체계이다. 그런데 악학 이론을 배제한 연구에서 이러한 기본적이ㄴ문제 에 대한 지적이 없었는데 바로 잔엽 상주본 『훈민정음』의 필사자는 악학 이론의 관점에서 음계의 배치가 『원화운보』나 『운보』와 순음과 후음이 어긋난다는 사실을 지적한 것이다. 이는 곧 자운과 음계의 율려가 화합할

---

20) "命集賢殿校理崔恒、副校理朴彭年、副修撰申叔舟·李善老·李塏, 敦寧府注簿姜希顔等, 詣議事 廳, 以諺文譯 『韻會』東宮與晉陽大君瑈、安平大君瑢監掌其事. 皆稟睿斷, 賞賜稠重, 供億優厚 矣."(『세종실록』 26(1444)년 2월 16일)

21) 『홍무정운』, 『홍무정운역훈』, 『동국정운』의 오음 음계 대조표는 유창균(1981)의 『몽고운략 과 사성통고의 연구』(형설출판사), 161~164쪽을 참조하였다.

수 있다는 관점에서『훈민정음』의 음계 배열을 비판한 것이다. 따라서 잔엽 상주본『훈민정음』의 필사자는 이 책의 서명을『오성제자고』로 한 것도 그러한 판단의 결과로 보인다.

물론 중국 운서에서도 성모의 음계가 모두 동일한 것이 아니라 약간씩 서로 달랐다(강신항, 2003: 97)고 하지만 이 사실은 훈민정의 연구에 매우 중요한 문제를 던져 준다. 세종이 '훈민정음' 해례를 완성하기 1년 전인 세종 24(1442)년 10월 27일에 첨지중추원사로 있던 박연을 예조참의로 발탁하면서 오음과 음계를 연결짓는데 박연의 의견이 반영될 수 있도록 한 것으로 보인다. 박연의『난계유고』에 "백성에게는 삼강오륜을 가르쳐 미풍양속을 이루게 할 것이며 그뿐만 아니라 오음의 바른 소리를 가르쳐 민풍을 바로 잡도록 하십시요"라고 하여 음계의 통일을 중시하였다.[22] 이러한 사실을 당시 집현전 학자들이 몰랐을 리가 없다. 최만리의 반대 상소와 같은 비판이 이와도 매우 밀접한 관계가 있었을 것이고 여기에 대응하여 정인지의 서문에 어음의 변통이 지리 풍속와 관계가 있다는 대응으로 이어진 것이다. '훈민정음'이 창제되기 이전인 세종 14(1433)년 에 태조와 태종의 위패 봉안 문제와 관련하여 제례 악장을 정비하는 과정 에『용비어천가』의 창제와도 연관되는 문제이다. '훈민정음'의 연구가 악학이론과 연계된 논의는 후고를 기약한다.

둘째, 행간 공란에 남아 있는 필사 내용은 아래와 같다.

〈14엽 뒷면 4~7항 상단〉

4항 ㄱ ㅋ ㄲ ㆁ 牙角

ㄷ ㅌ ㄸ ㄴ 舌徵

---

22) 권오성·김세종(1993),『역주 난계선생유고』, 국립국악원, 31~33쪽 참조.

5항 ㅂ ㅍ ㅃ ㅁ 脣羽

ㅈ ㅊ ㅉ ㅅ ㅆ 齒商

6항 ㆆ ㅎ ㆅ ㅇ 喉宮

ㄹ 半舌半徵

7항 ㅿ 半齒半商

〈14엽 뒷면 3항과 7항 하단〉

3항 元和韻譜及神珙

喉音脣宮土

7항 韻譜及沈約神珙

皆以脣爲羽音

〈15엽 전면 2항~8항 상단〉

2항 二十三字母

3항 君군

斗두

4항 彆볃 全淸

卽즉

5항 戌슏

挹흡

6항 快콰

呑튼

7항 漂표 次淸

侵침

8항 虛허

〈15엽 뒷면 2항~8항 상단〉

2항 虯뀨

　　　覃땀

3항 步뽀 全濁

　　　慈쯩

4항 邪싸

　　　洪薴

5항 業업

　　　那나

6항 彌미 不淸不濁

　　　欲욕

7항 閭려

　　　穰샹

8항 中聲十一

　　　ㅏ ㅑ ㅗ

〈16엽 전면 1항 상단〉

1항 ㅛ ㅓ ㅕ

〈16엽 전면 1, 3, 5, 7, 상단 아랫부분〉

1항 ·

3항 ㅡ

5항 ㅣ

7항 ㅗ

〈16엽 뒷면 1항, 5항, 7항 상단 아랫부분〉

1항 ㅏ

5항 ㅛ ㅑ

7항 ㅜ ㅓ ㅠ ㅕ

이상에서 〈14엽~16엽〉 상간 행간에 필사한 내용은 초성 23자의 오음 음계(音階)와 중성 11자를 요약하여 나타낸 것이다. 특히 중성 11자는 결 왈에 해당되는 중성자의 한자 상단에 각각 한글의 자모로 중성을 표시하고 있어 본문에 나타나는 중성자의 배열순서와 다르다.

『절운지장도』나 『고금운회거요』 등 여러 운도와 운서에서도 성운을 음계와 결부하여 설명하는 방식은 널리 사용되었다. 『홍무정운』 서에서 도 "사람이 생겨나면 소리가 있고 소리가 나면 7음이 갖추어지니 소위 7음이란 아·설·순·치·후와 반설, 반치가 이것이요, 전문가가 이를 살펴서 청, 탁 계열로 나누어, 음악의 각, 치, 궁, 상, 우음으로 결부하고 반상음과 반설음을 반치음과 반음으로 결부하기에 이르러 천하의 음이 모두 이에 포함되게 되었으니"[23]라고 하여 오음을 음악의 음계에 결부하여 설명한다. 그런데 잔엽 상주본 『훈민정음』 14엽 뒷면 3항과 7항 하단에는 『훈민정음』 창제 당시 '순'음과 '후'음의 음계는 〈표 3〉에서와 같이 『홍무정운』, 『고금운회거요』 등 중국 운서와 서로 차이를 보인다. 『훈민정음 해례』에서 순음의 음계는 '궁'이고 후음의 음계는 '우'인데 중국 운서와 음계의 차이가 있기 때문에 필사자는 『훈민정음』의 음계 배치에 대해 비판적인 견해를 남긴 것이다. 대계 송대의 남방음 계열의 운서와 북방음

---

23) "人之生也 則有聲 聲出而七音具焉 所謂七音字 牙舌脣齒喉及半齒各半是也, 智者察知之 分其淸 濁之倫 定爲角徵宮商羽, 以至於半商半齒, 而天下之音 盡在是矣"(『홍무정운 서』)

계열의 운서에서 음계의 배치가 완전 통일되지 않았기 때문에 이 차이나는 점을 기록으로 남긴 것이다. 당시 필사자는 성운학과 악학의 원리에 기반을 두고 『훈민정음』의 자모의 원리를 온전하게 이해하고 있는 학자로 보인다.

자모의 배열순서

잔엽 『훈민정음』의 14엽 뒷면 상단과 하단에는 『훈민정음』의 오음의 음계가 중국의 운서와 차이가 난다는 사실을 밝히고 있다. 『훈민정음』 창제 당시 오음을 오행, 사시, 음계, 방위에 배속시켜 "初聲之中 自有陰陽五行方位之數也"라고 하였는데 이를 요약한 오음도는 다음의 도표와 같다.

〈표 4〉『훈민정음』의 오음과 오행, 사시, 음계, 방위

오음	오행	사시	음계	방위
목구멍소리喉	水	冬	羽	北
어금니소리牙	木	春	角	東
혓소리舌	火	夏	徵	南
잇소리齒	金	秋	商	西
입술소리脣	土	季夏	宮	中

『훈민정음』 창제 당시에 오음의 음계 〈표 4〉와 같다. 곧 '아·설·순·치·후'음은 '각, 징, 궁, 상, 우'으로 각각 대응된다. 『훈민정음』 제자해에서 음계 '우'에 대해 "목구멍은 입안 깊은 곳에 있고 젖어 있으니 오행으로 보면 수(水)이다. 목구멍에서 나는 소리는 공허하게 통하여 물의 허명(虛明)하고 두루 흐름과 같으니, 철로는 겨울이요 음으로는 우이다." 또 '궁'

에 대해서는 "입술은 모나고 다물어지니 오행으로 보면 토에 해당한다. 입술에서 나는 소리가 머금고 넓은 것은, 땅이 만물을 함축하여 넓고 큼과 같고 철로는 늦여름[季夏]이고 음으로는 궁이다"라고 하여 '순'음과 대응되는 음계 '궁'이고 '후'음과 대응되는 음계가 '우'이다. 이 두가의 대응 관계가 중원한음을 정리한 『홍무정운』과는 서로 차이가 난다. 〈표 3〉에서처럼 『홍무정운』에서는 '순'음과 대응되는 음계가 '우'이고 '후'음과 대응되는 음계가 '궁'이다. 14엽 뒷면 5항에서 보이는 행간 필사의 내용은 '순-우'로 6항에는 '후-궁'로 새롭게 배치하였다. 이러한 견해는 『훈민정음』의 음계 배치에 대한 비판적인 견해로 중국의 『원화운보』와 신공(神珙)의 견해인 "喉音脣宮土"와 심약(沈約)의 『사성운보』와 신공의 견해인 "皆以脣爲羽音"에 근거하여 하여 후음은 '궁'으로 순음은 '우'로 음계를 재조정해야 한다는 생각을 밝히고 있다. 아마 세종이 『훈민정음』 창제 당시 『원화운보』 계열인 『홍무정운』의 음계를 채택하지 않고 『고금 운회거요』의 음계를 쫓은 결과이다.

세종 26(1446)년 2월에 이미 『운회』를 언역했다는 기록과 함께 『동국정 운』의 운서를 독자적으로 제작하려고 했던 세종의 의지가 담겨 있다고 볼 수 있다. 잔엽의 행간에 필사 기록과 같은 이의를 제기한 오음과 음계 불일치에 대한 견해는 당시 외래어인 한자음을 원음주의로 나타내느냐 그렇지 않으면 현실음을 바탕으로 하느냐의 기준 차이로 이해할 수 있다.

또 한 가지 제기된 문제는 초성자모 23자의 배열에 대한 문제이다. 15엽 전면 2항~8항 상단과 15엽 후면 2항~7항 상단에 걸쳐 초성 23자모 의 성모를 배열하고 있다. 이 내용은 『훈민정음』의 본문의 자모 배열순서 와 해례의 배열 방식과는 약간의 차이를 보여주고 있으며 음가도 차이가 있다.

먼저 『훈민정음 예의』본의 자음 배열순서는 'ㄱ-ㅋ-ㆁ-ㄷ-ㅌ-ㄴ-ㅂ-

ㅍ-ㅁ-ㅈ-ㅊ-ㅅ-ㆆ-ㅎ-ㅇ-ㄹ-ㅿ'의 순서이고 해례편의 용자례에서는
'ㄱ-ㅋ-ㆁ-ㄷ-ㅌ-ㄴ-ㅂ-ㅍ-ㅁ-ㅸ-ㅈ-ㅊ-ㅅ-ㅎ-ㅇ-ㄹ-ㅿ'의 순서이
다. 『훈민정음』에서 성모를 칠음과 오성과에 따라 분류하였는데 이를 요
약한 자모표는 〈표 5〉와 같다.

〈표 5〉 『훈민정음 해례』 및 언해 한자음

	전청	차청	전탁	불청불탁	전청	전탁
아음	君군	快쾡	虯뀨	業업		
설음	斗둫	呑툰	覃땀	那낭		
순음	彆병	票푷	步뽕	彌밍		
치음	卽즉	侵침	慈쫑		戌슗	邪썅
후음	挹흡	虛헝	洪뽕	欲욕		
반설음				閭령		
반치음				穰샹		

〈표 5〉는 『훈민정음 해례』의 성모의 조음 위치와 조음 방법에 따른
소리 종류별로 분류한 도표이다. 이를 순서별로 배열하면 'ㄱ-ㅋ-ㄲ-ㆁ-
ㄷ-ㅌ-ㄸ-ㄴ-ㅂ-ㅍ-ㅃ-ㅁ-ㅈ-ㅊ-ㅉ-ㅅ-ㅆ-ㆆ-ㅎ-ㆅ-ㅇ-ㄹ-ㅿ'의 순
이다. 곧 가획의 원리를 고려한 배열 방식이다.

잔엽 상주본 『훈민정음』의 행간에 기록된 23자모 한자의 배열순서는
오성을 기준으로 하여 '군君-두斗-ㅂ彆-즉卽-슏戌-흡挹-쾌快-튼
呑-포漂-침侵-허虛-뀨虯-땀覃-뽀步-쪼慈-싸邪-뽕洪-업業-
나那-미彌-욕欲-려閭-샹穰'의 순으로 되어 있다. 이를 순서별로 배열
하면 'ㄱ-ㄷ-ㅂ-ㅈ-ㅅ-ㆆ-ㅋ-ㅌ-ㅍ-ㅊ-ㅎ-ㄲ-ㄸ-ㅃ-ㅉ-ㅆ-ㆅ-ㆁ-ㄴ
-ㅁ-ㅇ-ㄹ-ㅿ'의 순서가 된다. 『훈민정음』의 가획의 원리를 고려하지 않
고 오음에 따른 배열 방식으로 자모의 순서가 바뀐 결과가 반영된 것이다.
잔엽 행간에 기록된 성모 배열을 요약하면 아래의 〈표 6〉과 같다.

<표 6> 잔엽 『훈민정음 해례』 행간 필사 성모의 음가

	전청	차청	전탁	불청불탁	전청	전탁
아음	君군	快쾌	虯뀨	業업		
설음	斗두	呑튼	覃땀	那나		
순음	彆별	漂포	步뽀	彌미		
치음	卽즉	侵침	慈쯔		戌슏	邪싸
후음	挹흡	虛허	洪뽕	欲욕		
반설음				閭려		
반치음				穰샹		

〈표 6〉은 잔엽 상주본『훈민정음』의 행간 기록으로 성모의 배열순서는 오성을 기준으로 하여 정리한 것이다. 이 잔엽의 행간에 필사한 필사자의 의식은 『훈민정음 해례』의 자모 배열과 달리 오음에 기준한 배열방식을 취한 것이다. 곧 전청 'ㄱ-ㄷ-ㅂ-ㅈ-ㅅ-ㅎ', 차청 'ㅋ-ㅌ-ㅍ-ㅊ-ㅎ', 전탁 'ㄲ-ㄸ-ㅃ-ㅉ-ㅆ-ㆅ', 불청불탁 'ㆁ-ㄴ-ㅁ-ㅇ-ㄹ-ㅿ'의 순서로 배열하였다. 『훈민정음』의 칠음오음과 오음계를 두루 고려한 방식이 아닌 최세진의 『훈몽자회』에서 밝힌 초종성통용팔자의 자모 배열 순서인 'ㄱ-ㄴ-ㄷ-ㄹ-ㅁ-ㅂ-ㅅ-ㅇ'에 매우 근접되어 있다. 다만 불청불탁의 'ㄴ'의 순서가 차이를 보이고 있다. 아마도 필사자가 잔엽『훈민정음』을 새로 사침안 정법으로 개장하면서 그 서명을 『오성제자고』로 명명한 것과도 상통한다. 오음을 기준으로 한 성모 배열 방식이 최세진 이후 초성의 순서를 결정하는데 큰 영향을 미친 것이다. 결국 잔엽 상주본『훈민정음』의 서명을 『오성제자고』로 명명한 것과 같이 성모의 배열순서가 『훈민정음』 창제 초창기와 달라진 시대적 상황을 반영한 결과라고 볼 수 있다. 따라서 잔엽 상주본『훈민정음』에 행간 기록은 훈민정음 창제 시기와 『훈몽자회』의 초성 배열의 순서가 바뀌는 중간 단계를 반영한 결과로 이해할 수 있다.

잔엽 상주본 『훈민정음』의 행간 기록의 한자음을 비교해 보면 『동국정운식』 표기에 따르지 않고 있다. '彆볋', '戌슗'의 경우 『동국정운』식 한자음 '볋', '슗'에 따르지 않고 입성내파음을 반영한 '볃', '숟'으로 표기하고 있다. 14세기 이후 중국 북방 한자음에서도 입성말음이 탈락되었기 때문에 조선의 속음이 아닌 의고적인 표기라고 할 수 있다. 또한 '快쾅'는 '快쾅'가 아닌 '콰'로 '票포'는 '票푤'가 아닌 '포'로 실현되고 있는데 단모음화가 실현된 경북 안동 지역의 현실음 기록으로 추정된다.

이상 자음의 배열순서의 차이나 한자음의 차이를 고려해 보면 잔엽 상주본 『훈민정음』의 행간 기록의 시기는 『훈몽자회』보다 더 늦은 시기로 추정된다.

다음으로는 잔엽의 중성자에 대한 필사 자료의 내용을 검토해보자. 15엽 뒷면 8항 상단에서부터 16엽 전 1항에는 중성 11자 가운데 'ㅏ, ㅑ, ㅗ, ㅛ, ㅓ, ㅕ, ㅜ, ㅠ' 8자 순서로 상단에 나열하고 기본자 'ㆍ, ㅡ, ㅣ'를 포함하여 'ㅗ, ㅏ, ㅛ, ㅑ, ㅜ, ㅓ, ㅠ, ㅕ' 8자는 결활의 7언시 상단에 표기하였다.

주지하다시피 성모 23자모도 중국의 전통적인 성모 한자를 그대로 채택하지 않고 중성과 종성에 배치할 것을 미리 고려하여 초, 중, 종성에 두루 사용할 수 있도록 정한 것이다. 곧 '呑ㆍ, 慈ᅀ/卽ㅡ, 挹ㅡ/侵ㅣ, 彌ㅣ/步ㅗ, 洪ㅗ/覃ㅏ, 那ㅏ/票ㅛ, 欲ㅛ/穰ㅑ, 邪ㅑ/君ㅜ, 斗ㅜ/虛ㅓ, 業ㅓ/虯ㅠ, 戌ㅠ/彆ㅕ, 闆ㅕ/快ㅐ'는 초성자에서 사용한 23자의 한자음을 중성에 거듭 사용할 수 있도록 하기 위한 조치였다. '快ㅐ' 한 자만 제외하면 22자를 중성 11자에 골고루 2자씩 배치한 것이다. 안병희가 이미 밝힌 바와 같이 두 글자 가운데 종성이 있는 앞의 한자를 모음에 배치하였다.

『훈민정음 예의』본에서는 초성 23자 가운데 중성에 각각 2자씩 배당된 초성 자모의 주음 가운데 다음의 순서와 같이 중성의 주음 한자를 선택하였다. 『훈민정음 예의』본의 중성 글자의 배열은 '呑튼, 卽즉, 侵침, 洪홍, 覃땀, 君군, 業업, 欲욕, 穰샹, 戌슗, 彆볋'로 곧 '·, ㅡ, ㅣ, ㅗ, ㅏ, ㅜ, ㅓ, ㅛ, ㅑ, ㅠ, ㅕ'의 순서이다. 그러나 『훈민정음』의 제자해에서는 중성을 오음과 자형의 위수(位數)와 함께 합벽(闔闢)과 동출(同出) 및 재출(再出)에 따라 기술하고 있다. 다만 상수합용(相隨合用)의 글자에 대한 것은 초성의 합용의 원리와 마찬가지이기 때문에 예시를 하지 않은 것이다. 중성 글자도 초성과 마찬가지로 "初聲之中 自有陰陽五行方位之數也"라고 하여 오음을 오행, 사시, 음계, 방위에 배속시킨 위수도는 〈표 7〉과 같다.

〈표 7〉 모음 위수도 | 자는 무속

五行四方	北水	南火	東木	西金	中土
定位	天 ㅗ	地 ㅜ	天 ㅏ	地 ㅡ	天 ·
成水	地 ㅠ	天 ㅛ	地 ㅕ	天 ㅑ	地 ㅣ

제자해의 결왈 가운데 중성에 대한 내용에서 '呑·, 卽ㅡ, 侵ㅣ, 洪ㅗ, 覃ㅏ, 欲ㅛ, 穰ㅑ, 君ㅜ, 業ㅓ, 戌ㅠ, 彆ㅕ'의 순서로 배열되어 있다. 해례에서의 이러한 배열이 예의본의 중성 배열 순서에서 차이가 난다. 즉 '覃ㅏ-君ㅜ-業업'의 순차가 해례편의 결왈에서는 '穰ㅑ, 君ㅜ, 業ㅓ, 戌ㅠ'로 바뀌었다. 곧 중성 배열순서가 차이를 보이고 있다. 성모 곧 초성체계의 순서에서와 마찬가지로 중성 또한 제자 원리를 고려함으로써 예의본과 해례편의 중성의 배열순서가 달라진 것이다.

잔엽 상주본 『훈민정음』의 행간에 중성 배열 방식은 두 가지이다. 곧 15엽 뒷면 8행의 상단에서 16엽 전면 1행에는 'ㅏ, ㅑ, ㅗ, ㅛ, ㅓ, ㅕ, ㅜ, ㅠ'의 순서로 되어 있다. 곧 중성의 배열순서가 『훈민정음 해례』와 달라진 것이다. 15엽 뒷면 8행의 상단에서 16엽 전면 1행에 걸쳐 'ㅏ, ㅑ, ㅗ,

ㅛ, ㅓ, ㅕ, ㅜ, ㅠ' 8자의 배열은 기본자 3자를 제외하면 최세진의『훈몽자회』에 중성독용십일자(中聲獨用十一字)의 배열 순서인 'ㅏ, ㅑ, ㅓ, ㅕ, ㅗ, ㅛ, ㅜ, ㅠ, ㅡ, ㅣ, ·'의 순서에 근접해 있으며, 이 순서는『훈민정음』의 예의본이나 해례의 제자해의 순서와 다르지만 제자해의 결왈 부분의 중성자 한자 배열의 순서와 동일한 것이다. 따라서 잔엽 상주본『훈민정음』의 행간의 필사 시기는『훈몽자회』자회 이후라고 할 수 있다.

16엽~17엽 사이 결왈 부분의 한자음 상단에 기록한 모음의 배열순서는『훈민정음』의 본문 예의본의 모음 배열 '·, ㅡ, ㅣ, ㅗ, ㅏ, ㅜ, ㅓ, ㅛ, ㅑ, ㅠ, ㅕ' 방식과 제자해 결왈의 배열 '·, ㅡ, ㅣ, ㅗ, ㅏ, ㅛ, ㅑ, ㅜ, ㅓ, ㅠ, ㅕ'과 동일하다.

1527년『훈몽자회』이후 중성의 배열순서가『훈민정음 해례』에 나타나는 배열순서와 달라진다. 곧『훈몽자회』에서부터 중성독용 10자의 배열 순서가 18세기 중반 홍계희의『삼운성휘』나『동문자모분해』1896,『언문변증설』19세기 전기,『일용작법』1869로 이어진다. 그런 면에서 잔엽 상주본『훈민정음』의 15엽 뒷면 8행의 상단에서 16엽 전면 1행에 필사된 중성의 배열순서는 'ㅏ, ㅑ, ㅗ, ㅛ, ㅓ, ㅕ, ㅜ, ㅠ'의 순서로 되어 있기 때문에 필사 시기는 1527년『훈몽자회』이후로 추정할 수 있다.

유일본으로 알려졌던 간송미술관 소장『훈민정음』과 동일 판본인 원간본의 잔엽이 새로 공개되었다. 아쉽게도『훈민정음』의 본문인 세종 서문과 예의본은 단 한 장도 공개되지 않았고 다만 해례편가운데 13엽만이 공개되었다. 완질본이 아니기 때문에 잔엽 상주본『훈민정음』이라고 명명해야 할 것이며 이 자료를 면밀하게 검토해 본 결과 간송미술관 소장본『훈민정음』과 동일 판본인 원간본의 일부임을 확정하였다.

잔엽 상주본『훈민정음』의 표지는 개장 흔적이 뚜렷하고 서제가 '오성제자고(五聲制字攷)'이다.

잔엽 상주본 『훈민정음』의 서지적 검증을 통해 책판의 크기는 세로 32cm, 가로 16cm 9엽을 기준 내외였으며, 이는 간송미술관 소장본 『훈민정음』보다 조금 큰 형태이다. 잔엽 상주본 『훈민정음 해례』의 책판과 반곽의 크기는 9엽 한 장을 대상으로 조사한 결과 대체로 문화재청의 조사 결과와 동일한 세로 22.6cm, 가로 16.1cm 9엽 기준이다. 따라서 잔엽 상주본 『훈민정음』은 원간본과 동일본으로 그 일부 잔본임은 분명하다.

간송미술관 소장본 『훈민정음 해례』와 잔엽 『훈민정음 해례』의 침눈의 비교를 통해 인출 당시의 제책 방식은 오침안정법이었음을 확인할 수 있으며, 잔엽 『훈민정음 해례』도 간송미술관 소장본과 동일한 원간본임을 확인할 수 있는 주요한 근거가 된다. 그러나 간송미술관 소장본이나 잔본 상주본이나 모두 몇 차례에 걸친 개장의 흔적이 분명하다.

간송미술관 소장본 『훈민정음』과 잔엽 『훈민정음』의 첩운 권점과 성조를 대비해 본 결과 완전 동일본임을 확일할 수 있다.

잔엽 『훈민정음 해례』의 행간에 쓴 필사 자료를 검토해 본 결과가 오성과 오음계의 대응이 다르다는 사실을 밝히고 있다. 곧 '순음—우', '후—궁'으로 『훈민정음』의 오음계가 중국의 운서와 다르다는 문제를 제기하였다. 또한 성모자와 중성의 배열순서도 『훈민정음』과 차이를 보여주고 있다.

위와 같은 검토를 통해 잔엽 상주본 『훈민정음』은 매우 불완전한 잔엽본이지만 간송미술관 소장본과 동일한 원간본임을 확인할 수 있다. 끝으로 나머지 잔엽도 조속히 공개되기를 희망한다.

제6편 훈민정음 관련 자료 해석

01. 『동국정운(東國正韻)』 서문

　세종이 한글을 창제 한 이후 원나라 시대의『고금운회』계열의 한자음을 통용했으니 명나라에서는 관찬 운서인『홍무정운』의 개신 한자음을 도입하기 위해 조선 세종 때 신숙주, 최항, 박평년 등이 왕명으로 우리나라 한자음 운서로 편찬한 책이다.『동국정운』은 세종 30(1448)년에 6권 6책의 활자본으로 간행한 우리나라 최초의 운서이다. 국보 제71호(간송문고본, 권1, 6)와 국보 제142호(건국대학교 도서관 소장본, 완질)가 있다.

　이 책은 세종 29(1447)년에 편찬이 완성되었고, 이듬해인 세종 30(1448) 년 10월에 간행될 만큼 훈민정음 창제 이후 이를 활용한 우리나라 한자음 운서로서 그 중요한 위치를 알 수 있다. 그러나 편찬이 언제부터 시작되었는지는 실록에 명확하게 기록되어 있지 않아 알 수 없고, 다만 세종조의 운서 편찬 사업과 궤를 같이하는 것으로 해석할 수 있다. 세종조의 중요한 운서 편찬 사업으로는『운회(고금운회거요)』,『사성통고』,『홍무정운역훈』,

『동국정운』의 세 가지를 들 수 있는데, 이들은 세종 26(1444)년 2월부터 동시에 착수된 것으로 보인다. 세종 25(1443)년 12월에 '훈민정음'을 완성하고, 그 이듬해 2월 14일에 의사청에 물어 훈민정음으로써 『운회』를 번역하게 하였다. 이 『운회』는 원나라의 웅충(熊忠)이 개찬한 『고금운회거요』를 뜻하는데, 이 번역본이 나왔다는 기록은 없다. 『동국정운』의 내용으로 미루어보아 『운회』의 번역의 계획을 바꾸어 『동국정운』이 되었을 가능성이 있다. 즉, 『운회』의 반절음을 우리나라 음으로 번역하여 훈민정음으로 표음하고, 훈민정음의 초성 차례에 따라 자류의 배열을 바꾸어놓은 것이 『동국정운』이다. 이러한 배열순서는 『동국정운』이 작시 위주의 운서가 아니라 한자음을 검색하기 위한 심음(審音) 위주의 운서이기 때문이다. 이에 비하여 『홍무정운역훈』이나 『사성통고』는 작시용이므로, 세종조의 운서 편찬 사업이 작시용과 심음용의 이원화로 진행되었음을 알 수 있다.

　『동국정운』의 편찬에 참여한 사람은 신숙주, 최항, 성삼문, 박팽년, 이개, 강희안, 이현로, 조변안, 김증 등의 9인인데, 이들의 분담업무는 감장은 동궁, 그 보좌로는 진양대군과 안평대군, 주무는 신숙주와 성삼문, 우리나라 한자음의 사정은 최항과 박팽년, 중국음에 대한 자문은 신숙주, 성삼문, 조변안과 김증, 교정과 정리는 강희안였던 것으로 보인다. 신숙주의 서문에 의하면 『동국정운』의 편찬은 세종이 지시한 4대 기본방침에 따라 진행된 것으로 되어 있다. 그 기본 방침은, 첫째 속간에 쓰이는 관습을 널리 채택할 것, 둘째 옛날부터 전해오는 전적을 널리 상고할 것, 셋째 한 글자가 여러 개의 음으로 쓰일 때는 가장 널리 쓰이는 것을 기준으로 할 것, 넷째 옛날부터 전해오는 협운(叶韻, 어떤 음운의 글자가 때로는 다른 음운과 통용되는 일)에서 벗어나지 않도록 고려할 것 등이었다. 이 방침에 따라, 91운 23자모의 운도를 세우고, 반절 대신에 훈민정음으로써 표음(表

音)하고, ㄷ입성은 속간의 발음에 따라 ㄹ로 바꾸되, 입성의 자질을 살리기 위하여 'ㅭ(이영보래)'로 표기하였다. 『동국정운』은 신숙주가 쓴 서문만이 전해오다가 1940년 경상북도 안동에서 첫째 권과 여섯째 권의 두 책이 발견되었는데, 현재 간송문고에 있다. 그 뒤 1972년에 중종 때의 문신인 심언광(沈彦光)의 수택본으로 집안에 전해오던 6권 6책의 전질이 강릉 심교만(沈敎萬)의 집에서 발견되어 현재 건국대학교 도서관에 소장되어 있다. 간송문고본은 전 6권 가운데 두 책만이 남아 있으나 권수에 선사지기(宣賜之記)가 날인되어 있고 표지의 제첨(題簽)도 본래의 것으로서 원형을 그대로 유지하고 있다. 판심제(版心題)는 '正韻'이라고 되어 있다. 활자 중 본문의 한글과 한자 대자는 목활자이고, 소자와 서문의 대자는 초주 갑인자이다. 자체는 본문 대자가 『홍무정운』의 글씨와 비슷하고, 묵개의 음문(陰文)이 안평대군의 글씨와 비슷하나 편찬자의 한 사람인 강희안의 필적으로 보는 견해도 있다. 건국대학교 도서관 소장본은 간송문고분과 같은 인본인데, 선장본(線裝本)을 포배장(包背裝)으로 개장하면서 책의 천지(天地)를 약간 절단하였고, '선사지기'가 없으며, 제전(題簽) 아래에 차례를 나타내는 '禮, 樂, 射, 御, 書, 數'를 묵서로 가필한 점이 다르다.

권1의 권두에 신죽주의 '동국정운서(東國正韻序)'와 '동국정운목록(東國正韻目錄)'이 있고 그 다음에 본문이 있다. 이 본문은 권6에까지 이어지는데, 각 권은 26운목(韻目)의 배열 차례에 따라 분권되어 있다. 본문은 먼저 운목을 운류별로 표시한 뒤 행을 바꾸어 자모를 음각(陰刻)으로써 표기하였고, 자모 바로 밑에는 훈민정음으로 음을 표시하였다. 한 자모 아래에는 평성, 상성, 거성, 입성의 순서로 그 자모에 속하는 한자 1만 8,775자를 배열하였다. 각 글자의 뜻은 풀이하지 않았으며, 한 글자가 여러 음을 가질 경우 그 글자 바로 밑에 세주(細註)를 붙였다. 『동국정운』의 편운체계는 신숙주가 서문에서 밝힌 바와 같이 91운 23자모로 되어 있다. 이 편운

체계는 운서의 성격을 결정하는 가장 중요한 골격이 되는 동시에 당시의 국어 음운체계와도 밀접한 관계를 가지고 있다. 그러나 이 체계는 당시의 우리나라 한자음을 명확히 구현하려고 하였음에도 불구하고, 송대(宋代) 등운학파(等韻學派)들의 이론체계나 명대(明代) 『홍무정운』의 언어정책을 지나치게 중시한 결과, 다분히 현실과 맞지 않은 인위적인 요소가 작용하게 되었다. 분운의 유형은 훈민정음의 자질에 따르고, 차례도 훈민정음의 종성과 중성에 따른 것이다.

내부의 분운으로서, •는 ㅡ, ㅓ, ㅏ를 ㅚ는 ㅟ, ㆌ를 ㅣ는 ㅖ, ㅒ, ㆋ를 ㅗ는 ㅜ, ㅛ, ㅠ를 ㅏ는 ㅓ, ㅑ, ㅕ, ㅘ, ㅝ, ㆌ를 포함한다. 이것은 15운섭(韻攝)으로 통합할 수 있는데 등운학의 16운섭과 대조하면 같다. 『동국정운』의 자모는 23개로 되어 있는데, 이는 『훈민정음 해례』의 초성 체계와 완전히 일치한다. 성모자는 송대 등운학의 자모자와는 성격을 달리하고 있다. 이 체계는 등운학의 36자모도에서 설두음과 설상음, 순중음과 순경음, 치두음과 정치음을 통합한 현실 동국음을 반영한 것이다. 청탁에서 전탁음(全濁音, ㄲ·ㄸ·ㅃ·ㅆ·ㅉ·ㆅ 등)을 분리, 독립시킨 것은 당시 국어의 현실음과 어긋나는 이상적 표기이다. 이처럼 청탁음을 분리한 것은 청탁의 대립이 있어야 한다는 등운학의 음운이론에 근거한 것으로 인위적인 표기 방식이었다. 또한, '業(ㆁ), 揖(ㆆ), 欲(ㅇ)'의 3개 자모를 분리, 독립시킨 점도 당대의 현실음과 괴리를 보이는 것으로 이상적 한자음의 표기였다. 이러한 이유로 『동국정운』의 한자음은 주로 불경언해에서만 주음(注音)으로 사용되어 오다가 16세기 초에 『육조법보단경언해』에 이르러서는 그 사용이 전면 폐지되었다. 그러나 『동국정운』은 우리나라에서 최초로 한자음을 우리의 음으로 표기하였다는 점에서 큰 의의를 가지고 있으며, 국어 연구 자료로서의 중요성도 『훈민정음 해례』과 쌍벽을 이룰 정도로 높이 평가되고 있다. 이 책은 한자음의 음운체계 연구에 있어서뿐만 아니라, 훈민정음의 제자 배경이나 음운체계, 그리고 각 자모의 음가 연구에 있어서 기본 자료의 성격을 지닌다. 간송문고본 『동국정운』은 1958년 통문관에서 영인하였고, 건국대학교 도서관 소장본은 1973년에 건국대학교 출판부에서 영인하였다.

『동국정운』의 한자음 표기의 특징은 다음과 같다.

첫째로 중국의 한자음에는 '설두음'과 '설상음', '순중음'과 '순경음', '치두음'과 '정치음'이 등의 구분이 있었지만, 조선의 한자음에는 이러한 구분이 없었다. 따라서 『동국정운』에서는 중국의 『고금운회거요』에 107운과 36자모 체계를 변형하여 국어 한자음의 체계에 맞추어서 독자적으로 91운 23자모 체계를 세웠다. 둘째로 『고금운회거요』 등에서는 반절을 이용하여 한자음을 표기하였는데, 『동국정운』에서는 반절법 대신에 새로 창제한 표음문자인 훈민정음(정음)을 사용하여 한자의 음을 달았다. 셋째로 중국에서는 입성인 '단모(端母, ㄷ)'에 속하는 '질(質)운' '물(勿)운'을 '래(來)모'로 통합하였다. 이러한 두 언어에서 나타나는 이러한 차이를 보완하기 위하여, '來(ㄹ)모'의 뒤에 '影(ㆆ)모'를 붙여서 입성자음을 표기하는 이영보래(以影補來) 표기법을 만들었다. 이처럼 현실적 이상주의적 한자음 표기를 제정했던 세종은 "억지로 가르치지 말고 배우는 자들로 하여금 의사에 따라 하게 하라(勿强敎, 使學者隨意爲之)"(『세종실록』 권122)라고 일렀다. 『동국정운』의 한자음 표기법의 한계성을 이미 알고 있었던 것이다. 이에 따라서 세종대에서부터 세조대에 이르기까지 간행된 『석보상절』, 『월인천강지곡』, 『훈민정음 해례』, 『훈민정음 언해』, 『월인석보』 등에는 『동국정운』식 한자음으로 표기하였다.

그러나 『동국정운』식 한자음 표기법은 그리 오래 쓰이지 못하고 이처럼 『동국정운』의 한자음 표기는 중국 운서를 바탕으로 인위적으로 정리하였기 때문에 전승음 곧 속음과는 거리가 생겨나 성종대에 『삼강행실도』

언해(1481년), 『불정심다라니경언해』(1485년) 등 일부 문헌에만 사용하다가 결국 『육조법보단경언해』에 가서는 속음으로 회귀하게 되었다.

신숙주는 『동국정운』의 서에서 조선 한자음의 변화를 자모, 칠음, 청탁, 사성으로 나누어 구체적으로 밝혔다.

첫째, 조선 한자음 중에서 '자모'가 변한 예로는 '克'이 '큭'에서 '극'으로, '困'이 '콘'에서 '곤'으로 변한 것처럼 아음에서 '계(溪)모'의 글자의 태반이 '견(見)모'로 바뀌었다.

둘째, 조선의 한자음 중에서 '칠음'이 변한 예로는 '酷'이 '콕'에서 '혹'으로 바뀐 것처럼 '계(溪)모'의 글자가 '효(曉)모'로 바뀐 것으로 아음에서 후음으로 바뀐 칠음의 변화가 있었다.

셋째, 조선 한자음 중에서 '청탁'이 변화한 예로는 '極, 食, 貧, 談'이 '꾹, 씩, 삔, 땀'으로 전탁 글자인데 '극, 식, 빈, 담'으로 전청 글자로 바뀐 변화가 있었다.

넷째, 조선 한자음 중에서 '사성'이 변화한 예로는 '景'이 상성에서 거성으로 바뀌었다.[1]

『동국정운』 서문

天地絪縕,[2] 大化流行而人生焉. 陰陽相軋, 氣機交激而聲生焉. 聲旣生而七音自具,[3] 七音具而四聲亦備, 七音四聲, 經緯相交,[4] 而淸濁輕重深淺疾徐, 生於自然矣.

---

 1) 강주진(1988), 『보한재 신숙주 정전』, 세광출판사, 10~29쪽.
 2) 인온(絪縕): 만물을 생성하는 원기운이 모이는 모습. 『역경계사』 하전에 "天地絪縕 萬物化醇

是故包犧畫卦, 蒼頡制字, 亦皆因其自然之理, 以通萬物之情,5) 及至沈陸諸子, 彙分類集, 諧聲協韻, 而聲韻之說始興. 作者相繼, 各出機杼,6) 論議既衆, 舛誤亦多. 於是溫公著之於圖, 康節明之於數, 探賾鉤深, 以一諸說. 然其五方之音各異, 邪正之辨紛紜.

夫音非有異同, 人有異同, 人非有異同, 方有異同, 盖以地勢別而風氣殊, 風氣殊而呼吸異, 東南之齒脣西北之頰喉是已.7) 遂使文軌雖通,8) 聲音不同焉. 矧吾東方表裏山河, 自爲一區, 風氣已殊於中國, 呼吸豈與華音相合歟. 然則語音之所以與中國異者, 理之然也. 至於文字之音, 則宜若與華音相合矣. 然其呼吸旋轉之間, 經重翕闢9)之機, 亦必有自牽於語音者, 此其字音之所以亦隨而變也. 其音雖變, 淸濁四聲則猶古也, 而曾無著書, 以傳其正, 庸師俗儒不知切字之法, 昧於紐躡之要, 或因字體相似而爲一音, 或因前代避諱而假他音, 或合二字爲一, 或分一音爲二, 或借用他字, 或加減點畫, 或依漢音, 或從俚語, 而字母七音淸濁四聲, 皆有變焉.

男女構精 萬物化生"이라는 데에서 따온 말.

3) 칠음자구(七音自具): 7음이 저절로 갖추어지고.『홍무정훈』서문에도 "사람이 생겨나면 곧 소리가 생겨나고 소리가 나 7음이 저절로 갖추어지고[人之生也則有聲 聲出而七音自具]"라는 구절에서 인용함.

4) 경위상교(經緯相交): 7음은 위가 되고 4성이 경이 되어 글자의 음을 나타내도록 만든 운도를 뜻함.

5) 만물지정(萬物之情): 만물의 정을.『역경계사』하전 제2장에 "古者 包犧氏王天下也. … 於是 始作八卦 以通神明之德 以類萬物之精"이라는 부분을 요약함.

6) 기저(機杼): 실을 낚듯이 문장을 꾸미는 것. 학자들의 제각각의 목소리.

7) 夫音非有異同, … 東南之齒脣西北之頰喉是已.:『황극경세서』제2의 〈정성정음〉의 주에 "종과가 말하기를 이천장인 소고(소옹의 아버지)가 다음과 같이 말하였다. 음 그 자체에 다름과 같음이 있는 것이 아니고 사람이 다르고 같음이 있는 것이며, 사람이 다르고 같음이 있는 것이 아니라 사람이 사는 지방에 차이가 있는 것이며, 지리적 조건이 달라서 사람의 발음이 이에 따라 달라지는 것이다. 그래서 동방음은 치음과 설음에, 남방음은 순음과 설음에, 서방음은 악음과 설음에, 북방음은 후음과 설음에 있어서 목에서 조음하는 것은 입술에서의 조음하는 것이 불편하여 이에서 조음이 편리한 것은 턱에서의 조음이 불편하다[鍾氏過曰 伊川丈人云 音非有異同 人有異同 人非有異同 方有異同 謂風土殊而呼吸故也 東方之音在齒舌

천지의 기운이 화합하니 조화가 이루어져 사람이 생기며, 음양이 서로 만나니 만물의 생성 기운이 함께 작동(激)하여 소리가 생기며, 소리가 이미 생기니 칠음이 스스로 어울리고 갖춰지니 운모와 사성이 또한 갖추 어졌다. 칠음과 사성이 경(가로)과 위(세로)로 서로 얽혀짐에 청탁(淸濁), 경중(輕重), 심천(深淺)의 질서(疾徐, 빠른 소리와 느린 소리)가 자연히 생겼다.

그러므로 포희가 괘(卦)를 만들고 창힐(蒼頡)이 글자를 만든 것도 또한 자연의 이치에 따라 만물의 뜻에 통한 것이다. 심약(沈約)과 육법언(陸法言) 등이 글자를 구분하고 어휘(語彙)로 모아 구분하여 성음(聲音)을 고르게 하고 운(韻)을 맞추니 성운(聲韻)이라는 학설이 비로소 생겼다. 운서를 만 든 이가 줄을 이었으나 각기 제 주장을 하는 논의가 많음에 따라 잘못도 또한 많아졌다. 이에 사마온공(溫公, 1019~1086)이 운도(韻圖)로 짓고 소강 절(邵康節, 소옹, 1011~1977)이 성수론으로 밝혀 깊은 이치를 찾고 심오한

南方之音在脣舌 西方之音在顎舌 北方之音在喉舌 便于喉者 不利于脣 便于齒者 不利于顎"라는 구절에서 인용한 내용임.

8) 문궤수통(文軌雖通): 송렴의 『홍무정운』 서문에 "當今聖人在上 車同軌而書同文"이라는 구절 이 있는데 중국과 문자를 포함하여 수레의 궤도를 함께 한다는 뜻으로 중국을 중심으로 천하가 통일되었음을 뜻한다.

9) 경중흡벽(經重翕闢): 흡(翕), 벽(闢): 소강절의 『황극경세성음창화도』에 성(聲)은 청(淸), 탁(濁)으로 구분하고 운(韻)은 흡(翕), 벽(闢)으로 구분하였다. 다시 말하자면 자음은 청탁으로 구분하고 모음은 흡벽으로 구분한다는 말이다. 이 분류 방식은 재래의 등운도에서 합구(合口)와 개구(開口)로 구분하던 것인 바, 이것은 성모와 운부 사이에 개재하는 개모(介母)에 따른 분류 방식이다. 송대에 들어서서는 '성+운'으로 구성된 것으로 분석하였다. 성은 자음에서 초성으로 오는 자음을 뜻하며, 운은 개모+핵모+운미를 합친 것을 말한다. 따라서 흡(翕), 벽(闢)은 곧 개구(開口)와 합구(合口)의 개념으로 개모 [w]의 유무에 따라 1등, 2등, 3등, 4등으로 구분하는데 소강절은 이를 日, 月, 星, 辰으로 구분하였다. 훈민정음 제자해의 창제 원리에 이론적 근거를 만드는데 가장 큰 영향을 끼쳤다고 할 수 있다.

	개수(開口)	합구(合口)
1등운=일(日)	zero	w
2등운=월(月)	r[i]	rw
3등운=성(星)	j[i]	jw
4등운=신(辰)	I[j]	iw

이치를 연구하여 여러 학설을 통일하였다.[10] 그러나 여러 지방의 음이 각각 달라서 옳고 그름(邪正)의 논의가 분분하였다.

대저 음이 같고 다름이 있는 것 아니요, 사람이 같고 다름이 있는 것이며, 사람에 따라 차이가 있는 것 아니요, 지방이 같고 다름에 있는 것이다. 대개 지세가 다르면 기후와 풍토가 다르고, 기후와 풍토가 다르면 호흡(즉 발음)이 다르게 된다. 동남쪽 사람은 순음이나 치음을, 서북쪽 사람은 후음을 많이 쓰는 것이 곧 그것이라. 그래서 글의 의미로는 서로 통할지라도 성음은 같지 않게 된 것이다.

우리 동방은 안팎으로 산하(山河)가 저절로 한 구획이 되어 풍습과 기질이 이미 중국과 다르니 어음이 어찌 중화 음(華音, 중국의 음)과 화합하겠는가. 그런즉 어음(말소리)이 중국과 다른 것은 당연한 이치이다. 조선의 문자(한자)의 음에 이르러서는 마땅히 화음과 서로 부합되어야 하나, 발음이 돌고 구르는 사이에 성모와 운모의 기틀(經重翕闢, 곧 가볍고 무거움과 열리고 닫힘의 동작)이 반드시 저절로 어음에 끌리게 되니 곧 한자음 역시 따라서 변한 것이다. 비록 그 음은 변하였더라도 청탁과 사성은 옛날과 같아질 수 있으나 진작 책을 지어 바르게 전하는 것이 없었다. 그래서 어리석은 스승과 세상 선비들은 반절(切字)의 법도 모르고 자모와 운모의 분류 방식인 뉴섭(細躡, 뉴는 자모, 섭은 107운모를 16~18 단위로 묶음)의 요지에도 어두워서 혹 글자 모양이 비슷하면 같은 음으로 읽고 혹 전대에 임금의 피휘(避諱)로 인해 다른 음을 빌리고, 혹 두 글자를 합해서 하나로 만들기도 하고, 혹 한 음을 나누어 두 음으로 만들기도 하고, 혹 다른

---

10) 소옹의 『황극경세서』에서 숫자로 사람의 성음을 설명하였다. 운도의 일종인 〈정성정음도 (황극경세성음창화도)〉를 만들어 〈경세사상체용지수도〉에서 '정성과 정음이 서로 결합하여 나타낼 수 있는 음을 수자로 나타내었다. 이러한 학설에 영향을 입은 명곡 최석정의 『경세훈민정음도설』과 신경준의 『저정서』가 있다.

자를 빌려 쓰기도 하고, 혹 점과 획을 가감하거나, 혹 중화 음에 따르거나, 혹은 이어(방언)에 따라서 자모, 칠음, 청탁, 사성이 모두 변하게 되었다.

若以牙音言之, 溪母之字, 太半入於見母,[11] 此字母之變也. 溪母之字, 或入於曉母, 此七音之變也. 我國語音, 其清濁之辨, 與中國無異, 而於字音獨無濁聲, 豈有此理. 此清濁之變也. 語音則四聲甚明, 字音則上去無別. 質勿諸韻, 宜以端母爲終聲, 而俗用來母, 其聲徐緩, 不宜入聲, 此四聲之變也. 端之爲來, 不唯終聲, 如次第之第, 牡丹之丹之類, 初聲之變者亦衆. 國語多用溪母, 而字音則獨夬之一音而已, 此尤可笑者也. 由是字畫訛而魚魯混眞, 聲音亂而涇渭同流, 橫失四聲之經, 縱亂七音之緯, 經緯不交, 輕重易序, 而聲韻之變極矣.

世之爲儒師者, 往往或知其失, 私自改之, 以敎子弟, 然重於擅改, 因循舊習者多矣. 若不一大正之,[12] 則愈久愈甚, 將有不可救之弊矣.

만약에 아음(牙音)으로 말한다면 계모(溪母)[kʻ-]의 글자가 거의 대부분 견모(見母)[k-]에 들어가 있으니 이는 자모의 변함이요, 계모의 글자가 혹 효모(曉母)[h-]에도 들어가 있으니 이는 칠음의 변함이다. 우리 어음에도 청탁의 구별이 중국과 다름이 없는데, 우리 한자 자모에만 단지 탁성(된소리)이 없으니 어찌 이를 수가 있겠는가. 이는 청탁의 변함이다. 말소리(語音)에는 사성이 아주 분명한데 한자에는 상성과 거성이 구별이 없고, '질(質)운'과 '물(勿)운'에는 마땅히 단모(端母, [-t])로 종성을 삼아야 하는

---

11) 입어견모(入於見母): 중국음에서 ㅋ음으로 발음되는 한자음이 우리나라에서 ㄱ음으로 발음되는 것을 말한다.

12) 일대정지(一大正之): 심약이 '오음'으로 천하의 음을 바로 잡으려 하였으나 어려웠던 것을 이제 바로 잡았다는 뜻.

데, 속습에 '래(來)모'([-l])로 발음함으로써 그 소리가 느려져서(徐緩) 입성에 맞지 않으니 이는 사성의 변함이다. 단(端, ㄷ)모가 래(來, ㄹ)모로 변한 것은 오직 종성만이 아니요, 차(次)모와 제(第)모의 第와 모란(牡丹)의 丹처럼 초성이 변한 것도 또한 많다. 우리말(國語)에는 계모([-kh])를 많이 쓰는데도 한자모에는 다만 쾌(夬) 한 글자뿐이니 이 더욱 우스운 바이다.

이로 말미암아 자획이 어그러져 '어(魚)모'와 '노(魯)모'가 뒤섞이고 성음은 흐트러져 경위(涇渭, 정음과 와전된 음이 함께 쓰이므로, 청탁이 뒤 섞임)운도에서 가로는 사성의 경(經)을 잃고 세로는 칠음의 위(緯)를 어지럽혀 경과 위가 바르게 뒤얽히고 순경음과 순중음이 차례가 바뀌어 성운의 변함이 극심하다.

세간의 유사(儒師, 유학자)된 자가 왕왕 그러한 잘못을 알고 사사로이 고쳐서 그들 자제를 가르치기는 하나, 제멋대로 고치기(擅改)가 어려워 구습을 그대로 따르는(因循) 자가 많으니 만약 크게 바로 잡지 아니 하면 시간이 오랠수록 더 심해져 장차는 구해낼 수 없는 폐습이 될 것이다.

蓋古之爲詩也, 恊其音而已. 自三百篇而降, 漢魏晉唐諸家, 亦未嘗拘於一律, 如東之與冬, 江之與陽之類, 豈可以韻別而不相通恊哉. 且字母之作, 諧於聲耳. 如舌頭舌上, 脣重, 脣經, 齒頭, 正齒之類, 於我國字音, 未可分辨, 亦當因其自然, 何必泥於三十六字乎.

대저 옛날에 시를 지을 때는 그 음을 맞출 뿐이었지만 『시경』의 시 3백편으로부터 한나라, 위나라, 진나라, 당나라 시대의 여러 시인들에 이르기까지 역시 하나의 운율(운문, 운모)에만 구애되지 않았으니, 예를 들어 동(東)운과 동(冬)운이나 강(江)운과 양(陽)운과의 부유(운모류)를 어찌 운모가 구별된다고 해서 서로 통하게 쓰이지 않겠는가. 또 자모를 분류하

여 만드는 데도 성모에 맞출 따름이니, 설두−설상, 순중−순경, 치두−정
치의 부류는 우리 한자음에서 분별할 수 없는 것이니, 그 또한 자연스러움
에 연유한 것이지 어찌 반드시 36자모에 구애받을 필요가 있겠는가?

恭惟我
主上殿下, 崇儒重道, 右文興化, 無所不用其極. 萬機之暇, 慨念及此, 爰
命臣叔舟, 及守集賢殿直提學臣崔恒, 守直集賢殿臣成三問, 臣朴彭年, 守集賢
殿校理臣李塏, 守吏曹正郎臣姜希顔, 守兵曹正郎臣李賢老, 守承文院校理臣
曹變安, 承文院副校理臣金曾, 旁採俗習, 愽13)考傳籍, 本諸廣用之音, 恊之
古韻之切, 字母七音, 淸濁四聲, 靡不究其源委, 以復乎正.

삼가 생각해보면 우리 주상 전하께서는 유학을 숭상하시고 도학을 중
히 하여서 학문에 힘쓰시고 교화를 일으키는데 극진하지 아니 하신 바가
없는지라. 만기(萬機, 임금의 바쁜 업무 가운데)의 겨를에 개연히 생각을 여
기(한자음 문제)까지 미치어 이제 신 신숙주 및 집현전 직제학 신 최항과
직집현전 신 성삼문과 신 박팽년과 집현전 교리 신 이개와 이조정랑 신
강희안과 병조정랑 신 이현로와 승문원 교리 신 조변안(曹變安)과 승문원
부교리 신 김증(金曾)에게 명하시어 한편으로는 속습을 두루 채집하고
널리 전적을 상고해서 널리 쓰이는 음을 근본으로 삼고 옛 음운(古韻)의
반절에도 맞추어 자모, 칠음, 청탁, 사성에 걸쳐 그 근원을 밝히지 아니
함이 없이 올바른 것을 바로잡도록 명하셨다.

---

13) 愽: 강신항(1987: 218)은 '恊(協)'자를 '愽'으로 수정하였다.

臣等才識淺短, 學問孤陋, 奉承未達, 每煩指顧, 乃因古人編韻定母, 可倂

者倂之, 可分者分之, 一倂一分, 一聲一韻, 皆稟

宸斷, 而亦各有考據, 於是調以四聲, 定爲九十一韻 二十三母, 以

御製訓民正音, 定其音. 又於質勿諸韻, 以影補來,[14] 因俗歸正, 舊習訛謬,

至是而悉革矣. 書成, 賜名曰東國正韻, 仍命臣叔舟爲序.

臣叔舟竊惟, 人之生也, 莫不受天地之氣, 而聲音, 生於氣者也. 淸濁者, 陰陽

之類, 而天地之道也. 四聲者造化之端, 而四時之運也. 天地之道亂, 而陰

陽易其位, 四時之運紊, 而造化失其序, 至哉. 聲韻之妙也. 其陰陽之闔奧,

造化之機緘乎.

況乎書契未作, 聖人之道, 寓於天地, 書契旣作, 聖人之道, 載諸方策. 欲究

聖人之道, 當先文義, 欲之文義之要, 當自聲韻.[15] 聲韻乃學道之權輿也,

而亦豈易能哉.

그러나 신들은 재주와 학식이 얕고 짧으며, 학문이 좁고 고루하여 전하
의 분부를 옳게 받들지 못하여 매양 가르침을 받기 위해(指顧) 번거롭게
하였다. 이에 옛 사람들의 편운(編韻, 운목)과 정모(定母, 자모)를 가지고
합칠 것은 합치고 나눌 것은 나누되 하나의 합침과 하나의 나눔이나 하나
의 성(聲)과 하나의 운을 정함에 있어 모두 상감의 재가(宸斷)를 품한 바요,

---

14) 이영보래(以影補來): 영(影)모가 'ㆆ'이고 래(來)모가 'ㄹ'인데 'ㆆ'음을 가지고 'ㄹ'자음을
    보완하여 입성자 'ㄷ'를 표기하도록 한 규정이다. 『훈민정음 해례』에서 '彆'을 '볃'으로 표기하
    였으나 그 후『동국정운』한자음 곧 이영보래 규정에 따라 '彆'을 '볈'으로 쓰도록 한 규정이
    다. 일종의 '세속의 습관에 따라 바른 음으로 돌아간다(因俗歸正)'에 따른 입성 표기의 변개
    이다.

15) 당자성운(當自聲韻):『홍무정운』서문에 "신 염이 생각하옵건대 사마광이 만물의 본체와
    작용을 갖추고 있는 것은 글자보다 더 나은 것이 없고 여러 글자의 형과 성을 갖추고 있는
    것은 '운'보다 더 나은 것이 없다. 이른바 천지인 삼재의 도와 성명도덕의 오묘함, 예악형정
    의 근원도 이에 달려 있으므로 깊이 연구하지 않으면 안 된다고 말한 일이 있습니다"라는
    대목에서 인용함.

또한 각각 상고한 근거가 있는 것이다. 이에 사성을 조정하여 91운과 23자모의 기준을 정한 후에 임금이 지으신 훈민정음으로 그 음(한자음)을 정하고 또 질(質)운과 물(勿)운의 여러 운(韻, 입성 운미음)에는 '影(ㆆ)모'로 '來(ㄹ)모'를 보충하여 속음을 따르면서 바로잡았으니 구습의 그릇됨이 이에 이르러 모두 고쳐졌다. 책이 이루어짐에 이름을 내리시어 『동국정운』이라 하시고 이어서 신 숙주에게 명 하시어 서를 지으라 하시었다.

신 숙주는 가만히 생각하건대 사람이 생긴 데는 천지의 기운을 받지 아니한 자가 없고, 성음은 기운에서 생기는 것이다. 청탁이란 음양의 부류로서 천지의 도이며, 사성은 조화의 단서로서 사시의 운행이라, 천지의 도가 어지러워지면 음양이 그 자릴 바꾸고, 사시의 운행이 뒤섞여 문란해지면 조화가 그 차례를 잃게 되니, 성운의 묘함이여 지극하도다. 그 음양의 중심(闔奧)이요, 조화의 중요한 요점(機緘)이구나.

하물며 서계(書契, 중국 태고의 문자)가 만들어지기 전에는 성인의 도가 천지에 의탁했지만 서계(글자)가 만들어진 뒤에는 성인의 도가 여러 책에 실리게 되었으니, 성인의 도를 밝히고자 하면 마땅히 글의 뜻(文義)을 먼저 알아야 하고, 글 뜻의 요점을 알려면 마땅히 성운부터 알아야 할 것이니 성운은 곧 도를 배우는 시초(權輿, 사물의 시초)이건만 또한 어찌 쉽게 깨우칠 수 있겠습니까.

此我
聖上所以留心聲韻, 斟酌古今, 作爲指南, 以聞億載之羣蒙者也. 古人著書作圖, 音和, 類隔, 正切, 回切,[16] 其法甚詳, 而學者尚不免含糊囁嚅,[17]昧於調恊. 自正音作而萬口一聲, 毫釐不差, 實傳音之樞紐也.
淸濁分而天地之道定. 四聲正而四時之運順, 苟非彌綸[18]造化, 軼轕宇宙,妙義契於玄關, 神幾通于天籟, 安能至此乎. 清濁旋轉, 字母相推, 七均而十二律而八十四調, 可與聲樂之正, 同其太和矣.

吁! 審聲以知音, 審音以知樂, 審樂以之知政. 後之觀者, 其必有所得矣.

이는 우리 성상이 성운에 유심(마음에 뜻을 둠)하시고 고금에서 취사선택하시어 길잡이(指南)를 만들어서 수억년(億載)에 걸쳐 뭇 어리석은 자들을 깨우치시는 길 열어 주신 까닭이다. 옛 사람이 글(운서)을 짓고 운도를 그려 음화(音和, 동음동모)니 유격(類隔, 청탁동일)이니 정절(正切)이니 회절(回切)이니 하여 그 법이 매우 자세한데도, 오히려 배우는 자들이 입을 얼버무리고 우물쭈물하여 조협(調協, 음을 고르고 운을 맞추는 일)에 어두웠다. 훈민정음이 만들어진 이후부터 입에서 나는 만 가지 소리도 털끝만큼(毫釐)도 차착(差錯)이 없으니, (훈민정음은) 실로 음을 전하는 구조(摳紐, 가장 중심되는 구실)를 하게 되었다.

청탁이 분별되니 천지의 도가 정해지고, 사성이 바로 잡히니 사시의 운행이 순리대로 되고 진리로 조화를 미륜(彌綸, 모두 다스리고)하고 우주

---

16) 음화(音和), 유격(類隔), 정절(正切), 회절(回切): 반절법에 따르면 초성을 표시할 때 반절상자와 귀자(歸字)의 성모가 같고 반절하자의 귀자의 운과 등이 같은 것을 '음화'라 한다. 반절하자와 귀자의 운이 같으면 반절상자와 귀자의 성모가 순중음과 순경음, 설두음과 설상음, 치두음과 정치음과 같이 다르더라도 서로 반절로 쓸 수 있는 것을 '유격'이라고 한다. 또 반절법을 사용할 때 순서대로 분절하는 것을 '정절'이라고 하고 돌려서 분절하는 것을 '회절'이라고 한다.

옛사람이 운서 책의 그림을 그릴 때, 같은 음을 쓰는 음화(音化), 다른 부류의 음으로 쪼개는 유격(類隔), 순서대로 음을 쪼개는 정절(正切), 맥락에 따라 음을 쪼개는 회절(回切)로 하는 등의 방법을 매우 자세하게 기술해 놓았지만, 배우는 이가 버벅거려 음을 고르고 운을 맞추기에 어두웠다[古人著書作圖, 音和類隔, 正切回切, 其法甚詳, 而學者尚不免含糊囁嚅, 昧於調協]. 『세종장헌대왕실록』 권170 〈태백산사고본『동국정운』〉 서문.

17) 함호섭유(含糊囁嚅): 겁이 나서 말을 하려다가 머뭇거리는 모양.

18) 미륜(彌綸): 『역경계사』 상전 제4장에 "易與天地準 故能彌綸天地之道"에 나오는 말로 널리 다스리다는 뜻.

를 교갈(轇轕, 세차게 달려서)하여, 오묘한 뜻이 현관(玄關, 현모한 도의 입구)에 계합(契合, 서로 부합됨)되고, 신령한 기틀이 천뢰(天籟, 하늘 소리)에 통하는 것이 아니면 어찌 능히 이에 이를 수 있을 것인가. 청탁이 선전(旋轉, 빙빙 돌고)하고 자모가 서로 밀치어 7운(七韻)에서 12율로 84조(調)로 되어 가히 성악(聲樂)의 바름과 그 태화(太和, 큰 화합)를 함께 할 것입니다.

아, 소리를 살펴 음을 알고, 음을 살펴 음악을 알고 음악을 살펴 정사를 아나니, 후세에 보는 이들이 반드시 그 얻는 바가 있을 것이다.

正統十二年, 丁卯九月下澣, 通德郞守集賢殿應敎藝文應 敎知製 敎經筵檢討官, 臣叔丹, 拜手稽首謹序

정통 12년 세종 29(1447)년 정묘 9월 하순, 통덕랑 집현전 응교 예문 응교 지제교 경연 검토관 신 신숙주는 두 손 모아 머리를 조아려 삼가 서를 씀.

02. 『홍무정운역훈(洪武正韻譯訓)』 서문

　『홍무정운』은 중국 명나라 태조 홍무 8(1375)년에 악소봉 등이 왕명에 따라 펴낸 운서이다. 양나라의 심약(沈約)이 제정한 이래 800여 년이나 통용되어 온 사성의 체계를 모두 북방 중원음을 표준으로 삼아 개정한 것으로, 『훈민정음 해례』과 『동국정운』을 짓는 데 참고 자료가 되었다. 『홍무정운역훈(洪武正韻譯訓)』은 단종 3(1455)년에 신숙주, 성삼문, 조변안, 김증, 손수산 등이 16권 8책으로 편찬한 활자본 운서이다. 현재 14권 7책이 고려대학교 도서관(보물 제417호)에 소장되어 있다. 명나라 흠찬 운서인 『홍무정운』의 중국음을 정확히 나타내기 위하여 한글로 주음을 단 운서로 당시 중국과의 교린을 위한 중국 한자음 표기 자료이다. 이 책은 그 서문만이 신숙주의 『보한재집』 권15와 『동문선』 등에 이름만 전하여 오다가, 1959년 『진단학보』 제20호에 발표된 이숭녕 선생의 「홍무정운역훈의 연구」에 의하여, 처음으로 그 전래가 세상에 알려지게 되었다.

각권이 표제(表題), 운목(韻目), 자모(字母), 역음(譯音), 자운(字韻) 등은 대자로 표시되어 있고, 반절, 속음(俗音), 발음 설명, 석의(釋義) 등은 소자로 표시되어 있다. 편찬 목적은 첫째, 정확한 중국 발음을 쉽게 습득하고, 둘째, 속음(북방음)의 현실성을 참고로 이를 표시하였으며, 셋째『홍무정운』을 중국 표준음으로 정하고자 한 것이며, 넷째 세종의 어문정책 전반에 관한 소망성취 등으로 요약할 수 있다. 참여한 인물은 감장자로 수양대군, 계양군이며, 편찬자는 신숙주, 성삼문, 조변안, 김증, 손수산이며, 수교자는 노삼, 권인, 임원준이다. 간행 시기는 신숙주의 서문에 "景泰六年仲春旣望"이라 하여 단종 3(1455)년을 기록하고 있으므로 이를 간행시기로 볼 수 있고, 서문 중간에 "凡膽十餘藁, 辛勤反復, 竟八載之久"라 하였으므로 세종 30(1448)년 경에 이미 착수된 것이라 할 수 있다. 이 책은 당초의 목적과는 달리 표준 운서로서의 가치보다는 오히려 자료로서의 큰 가치를 가진다. 한자음의 전통적 표시 방법은 반절이나 운도 등에 의지하는데, 이들은 한글 표기의 정확성에 미치지 못하므로 이 책의 한글 표기는 아주 훌륭한 자료가 된다. 신숙주의 이 서문은『보한재집』에 들어 있다.『홍무정운역훈』은『사성통고(四聲通考)』음과 유사했던 것으로 보인다.

『홍무정운역훈』 서

聲韻之學, 最爲難精. 盖四方風土不同, 而氣亦從之, 聲生於氣者也. 故所謂四聲七音, 隨方而異宜. 自沈約著譜, 雜以南音, 有識病之, 而歷代未有釐正之者. 洪惟皇明太祖高皇帝, 愍有乖舛失倫, 命儒臣 一以中原雅音,[1] 定爲洪武正韻, 實是天下萬國所宗.

'성운'의 학문이란 가장 정밀하여 정통하기 어렵다. 대개 사방의 풍토가 다르면 기(氣, 기운)도 또한 거기에 따라 다르게 되는데, 소리는 기에서 생기므로 이른바 사성과 칠음이 지방에 따라서 편의함을 달리한다. 심약이 보(『사성운보』)를 지은 후로 중국 남방음이 섞여서 식자들이 근심으로 여겼으나 역대로 이를 바로잡은 자가 없었다. 널리 생각하건댄 명나라 태조 황제께서 그 괴천실윤(乖舛失倫, 그 체계가 어그러지고 순서가 어지러워짐)을 민망히 여겨 유신에게 명하여 중원아음을 기준으로 삼아서 『홍무정운』을 짓도록 명하시니 『홍무정운』은 실로 천하만국이 받들 바이다.

我世宗莊憲大王, 留意韻學, 窮研底蘊, 創制訓民正音若干字. 四方萬物之聲, 無不可傳. 吾東邦之士, 始知四聲七音, 自無所不具, 非特字韻而已也. 於是以吾東方事中華, 而語音不通, 必賴傳譯, 首命譯洪武正韻, 令今禮曹參議□成三問, 典農少尹□曹變安, 知金山郡事□金曾, 前行通禮門奉禮郎□孫壽山, 及□叔舟等, 稽古證閱, 首陽大君□諱, 桂陽君□璔, 監掌出納. 而悉親臨課定, 叶以七音, 調以四聲, 諧之以淸濁, 縱衡經緯, 始正罔缺.

우리 세종 장헌대왕께서는 운학에 유심(뜻을 두고)하시고 그 저온(바닥과 속 깊이, 상세한 내용. 내막. 속사정. 내정(內情). 실정)을 궁극히 연구하시어 훈민정음 약간의 글자를 창제하시니 세상 만물의 소리를 전하지 못할 것이 없게 되었다. 우리 동방의 선비들이 비로소 사성과 칠음을 알게 되어 자연히 갖추지 아니한 것이 없게 되었는데 특히 (조선 한자음의) 자운만이 아닌 줄을 알거니와 이에 우리나라는 대대로 중화를 섬겼으나 어음

---

1) 중원아음(中原雅音): 북송 이래로 중화 지역에 형성되었던 공통어를 말한다. 『예부운략』(남송)에도 '중원아음'이라는 인용문이 있으며 『중원아음』이라는 운서가 따로 있었다고도 한다.

이 통하지 못하여 반드시 전역(통역관)에게 힘을 입어야 했으므로 맨 먼저 『홍무정운』을 번역하라 명하시었다. 지금의 예조참의 신 성삼문, 전농소윤(궁중 제사에 쓸 곡식을 관장하던 관청) 신 조변안과 금산군 지사 신 김증과 전행 통례문 봉례랑 신 손수산과 및 신숙주 등으로 하여금 계고증열(稽古證閱, 옛 문헌을 상고하여 널리 벌여 증명함)하게 하시고 수양대군 휘(諱)와 계양군 증(璔)으로 하여금 출납을 담당하게 하시고 친히 임석하여 전 과정에 간여하시어 칠음을 맞추고 사성을 고르고, 청탁을 해협(조화롭게, 맞도록)하게 하시니 가로 세로 경과 위가 비로소 바르게 되어 어그러짐이 없게 되었다.

然語音既異, 訛傳亦甚. 乃命臣等, 就正中國之先生學士, 往來至于七八, 所與質之者若干人, 燕都爲萬國會同之地, 而其往返道途之遠, 所嘗與周旋講明者, 又爲不少, 以至殊方異域之使, 釋老卒伍之微, 莫不與之相接, 以盡正俗異同之變. 且天子之使至國而儒者, 則又取正焉. 凡膽十餘藁, 辛勤反復, 竟八載之久, 而向之正罔缺者, 似益無疑. 文宗恭順大王, 自在東邸, 以聖輔聖粂定聲韻, 及嗣寶位, 命臣等及前判官□魯參, 今監察□權引, 副司直□任元濬, 重加讐校.

그러나 어음이 이미 다르고 전와(傳訛, 바뀌어 잘못됨)가 또한 많아서 이에 신 등에게 명하시어 중국의 선생 학사에게 질정(물어서 바로 잡도록)하게 하시는지라, 왕래가 7~8번에 이르러 더불어 질문한 사람도 여러 사람이었다. 연도(燕都, 연경)는 만국이 회동하는 땅이요, 그 오고 가는 먼 길에서 일찍이 더불어 주선강명(周旋講明, 교섭하여 밝혀보려고 함)하는 자가 또한 적지 않으니 변방 이역의 사신이나 석노졸오(釋老卒伍, 늙은 중이나 병사 곧 일반 백성)의 미천한 이들에 이르기까지 서로 만나지 아니한

사람이 없으니 이로서, 정속(正俗)의 이동 변천을 다 밝혔다. 또 중국의
사신이 우리나라에 이르되 유학자이면 다시 나아가서 질정하니 무릇 원
고를 등초하기 10여 회째 몸을 근면히 되풀이 하여(애를 써서 고쳐) 마침내
여덟 해만의 오랜 시간이 지나서 모든 것이 바르게 되어 어질어짐이 없다
는 것이 더욱 의심 없게 되었습니다. 문종 공순대왕은 동궁으로 계실
때부터 성왕 성인(세종)을 도우시어 성운의 일에 참여하신 터인바, 보위를
이으신 뒤에는 신 등과 전 판관 신 노삼(魯參)과 지금의 감찰 신 권인(權引)
과 부사직 신 임원준(任元濬)에게 명하시어 거듭 수교(讐校 수정하도록 명하
심)를 하도록 하였습니다.

夫洪武韻, 用韻併析, 悉就於正, 而獨七音先後, 不由其序. 然不敢輕有變
更, 但因其舊, 而分入字母於諸韻, 各字之首, 用訓民正音, 以代反切. 其俗
音及兩用之音, 又不可以不知, 則分注本字之下. 若又有難通者, 則略加注
釋, 以示其例. 且以世宗所定, 四聲通攷, 別附之頭面, 復著凡例, 爲之指南.

대저 『홍무정운』은 용운병석(用韻併析, 운을 합하고 나누는 것)은 모두
바르게 되었으나 오직 칠음의 선후만이 그 순서가 맞지 않는 것을 감히
가볍게 변경하지 못하여 옛것은 그대로 두고 여러 운을 표시하는 각 글자
의 첫머리에 자모(성모)만 구분하여 넣고 훈민정음으로서 반절을 대신하
였다. 그 속음과 두 가지로 쓰는 음은 꼭 알아야 할 것은 본 글자 아래
나누어 주를 달고 예를 넣었다.

만약 이해하기 어려운 것이 있으면 간략하게 주석을 더하고 그 예를
보였으며, 또 세종이 소정하신 바의 『사성통고』를 따로 첫머리에 붙이고
다시 범례를 실어서 지남(기준)을 삼았다.

恭惟, 聖上卽位, 亟命印頒, 以廣其傳, 以臣嘗受命於先王, 命作序以識顚末. 切惟音韻, 衡有七音, 縱有四聲, 四聲肇於江左, 七音起於西域, 至于宋儒作譜而經緯, 始合爲一. 七音爲三十六字母, 而舌上四母, 脣輕次淸一母, 世之不用已久. 且先輩已有變之者, 此不可强存而泥古也.

　공손히 생각하건대 성상(단종)이 즉위하시면서 빨리 인반(印頒, 간행 반출)하여 널리 전하게 하라 명하시니, 신이 일찍 선왕께 명을 받았다고 하시면서 서를 지어서 전말을 적으라 하셨다.

　생각건대 음운이란 (운도에) 가로로 칠음이 있고 세로로 사성이 있는데, 사성은 강좌(양즈강 하류)에서 시작되었고 칠음은 서역(西域, 인도 지역)에서 일어났다. 송유(송나라 학사)가 운보(『사성보』)를 만드는데 경과 위가 비로소 합해서 하나가 된 것이다. 칠음은 36자모가 되나 설상의 4모와 순경 차청의 1모(敷母)([fi])는 세상에서 쓰지 아니한 지 오래되었으니, 이를 억지로 존속시켜 옛 것에 구애될 것이 없는 바이다.

四聲爲平上去入, 而全濁之字平聲, 近於次淸, 上去入, 近於全淸, 世之所用如此, 然亦不知其所以至此也. 且有始有終, 以成一字之音, 理之必然, 而獨於入聲, 世俗率不用終聲, 甚無謂也. 蒙古韻與黃公紹韻會, 入聲亦不用終聲, 何耶. 如是者不一, 此又可疑者也.

　사성은 평성, 상성, 거성, 입성이 되는데 전탁 글자의 평성은 차청에 가깝고 상성, 거성, 입성은 전청에 가까운데 세상에 쓰임이 이러하지만 그렇게 된 연유를 모르는 바이다. 또 초성이 있고 종성이 있어서 한 글자의 음을 이루는 것은 당연히 이치인 바인데 홀로 입성에 모두 종성을 쓰지 않는 것은 심히 까닭모를 일이라고 할 수 있다.

　몽고운(『몽고운략』)과 황공소(黃公紹)의 『운회』도 입성을 또한 종성에 쓰지 않으니 그 무슨 일일까? 이런 것이 하나만이 아니니 이 역시 의심스러운 것이다.

往復就正, 既多, 而竟未得一遇精通韻學者, 以辨調諧紐攝之妙, 特因其言語讀誦之餘, 遡求淸濁開闔之源, 而欲精夫所謂最難者, 此所以辛勤歷久, 而僅得也.

　중국을 오가며 질정함(바로 잡음)이 이미 여러 번이지만 마침내 한 번도 운학에 정통한 자를 만나서 유섭(紐攝, 성모(紐)와 운모(攝))을 조해(調諧, 고르게 분별함)하는 묘함을 터득하지 못하였다. 특히 그 언어 독송(글을 읽음)에 따라 청탁(淸濁), 개합(開闔, 성모(청탁), 운모(개합))의 근원을 거슬러 올라가려 했으니 이른바 가장 어려운 바를 정하게 하고자(운학의 이치를 밝히고자) 하였으니 이 곧 어렵고 고된 일을 여러 해 동안 행하여 겨우 얻게 된 것이다.

臣等學淺識庸, 曾不能鉤探至賾顯揚聖謨. 尚賴我世宗大王天縱之聖, 高明博達, 無所不至, 悉究聲韻源委, 而斟酌裁定之, 使七音四聲, 一經一緯, 竟歸于正. 吾東方千百載, 所未知者, 可不浹旬而學, 苟能沈潛反復, 有得乎, 是則聲韻之學, 豈難精哉.

　신등은 배움이 얕고 아는 것이 용렬하여 지극히 궁극(이치를 연구)한 것을 밝혀 임금의 뜻을 현양치 못하였다. 오로지 우리 세종대왕은 하늘이 내신 성인으로 고명박달(밝고 넓게 아시지 못하는 바가 없음)하셔서 이르지 않는 바가 없으심에 힘입어 성운의 원위(근원)조차 모조리 밝게 연구하셔서 짐작재정(헤아려 결정해 주심)하심에 힘을 입어서 칠음과 사성의 한 경과 한 위로 하여금 마침내 바르게 돌아가게 하셨다. 우리 동방에서 천백 년 동안 알지 못하던 것을 불과 열흘이 못되어도 얻을 수 있으니 진실로 침잠반부(沈潛反復, 되풀이 하여 깊이 생각한 다음)해서 이치를 깨칠 수 있으면 성운이라는 학문인들 어찌 연구하기 어렵겠습니까.

古人謂梵音行於中國, 而吾夫子之經, 不能過跋提河者, 以字不以聲也. 夫有聲, 乃有字, 寧有無聲之字耶. 今以訓民正音譯之, 聲與韻諧, 不待音和, 類隔, 正切, 回切之繁且勞, 而擧口得音, 不差毫釐, 亦何患乎, 風土之不同哉. 我列聖製作之妙, 盡美盡善, 超出古今, 而殿下繼述之懿, 又有光於前烈矣.

옛사람이 이르기를 범음(梵音)은 중국에서 사용되었으니 공자의 경서는 발제하(跋提河, 인도와 중국 경계에 있는 강)를 넘지 못한 글자이자 소리로서가 아니기 때문이라고 하는데, 대저 글자가 있으면 이에 소리가 있는 것이니, 어찌 소리 없는 글자가 있을 수 있겠습니까.

이제 훈민정음으로써 번역하니 소리가 운과 해협(잘 들어맞아 제대로 자음을 나타낼 수 있음)되어 음화(音和), 유격(類隔), 정절(正切), 회절(回切)의 번거롭고 수고로움을 기다릴 것이 없이 입으로 발음하면 소리를 얻되 호리(털끝만큼)의 차착(차이와 오착)이 없는지라. 또 어찌 풍토가 같지 아니함을 걱정하겠습니까. 우리 열성(세종, 문종)께서 제작하신 묘함이 진미진선(盡美盡善, 진실로 아름답고 선하여)하여 멀리 고금에 뛰어나시고 전하(단종)의 계술(전승하여 지으신)의 훌륭한 뜻(조상의 업적을 이르신 아름다움)도 또한 선열에 빛남이 있게 하는 것입니다.

景泰六年仲春旣望, 輪忠恊策靖難功臣, 通政大夫, 承政院都承旨, 經筵參贊官, 兼尙瑞尹, 修文殿直提學, 知製敎, 充春秋館, 兼判奉常寺事, 知吏曹事, 內直司樽院事 ▣申叔舟, 拜手稽首敬序

경태 6년, 단종 3(1455)년 음력 4월 16일에 수충협책 정반공신 통정대부 승정원 도승지 경연 참연관 겸 사서윤 수문권 직제학 지제교 충춘추관 겸 판봉상사시지이조사 내직사준원사 신 신숙주는 두 손 모아 머리를 조아려 공손히 책 서문을 씀.

03. 『직해동자습(直解童子習)』 서문

　　『직해동자습(直解童子習)』서는 성삼문(1418~1456)이 쓴 글인데『동문선』
권94에 실려 있다. 현재 이 책이 전하지 않고 다만 서문만 전해 옴으로
그 내용과 서지적 특징을 알 수 없으나 서명은『직해동자습역훈평화(直解
童子習譯訓評話)』이고 한어 학습 교과서로 만들어진 책이다. 책의 형식은
다른 언해본과 마찬가지로 한자의 음을 한글로 한자 아래에 쓰고 언해한
것으로 역관 교육을 위해 만들어진 것이다.

　　이 책이 만들어진 년대는 알 수 없으나 서문의 내용에 "今右副承旨申叔
舟"의 기록으로 미루어 단종 1(1454)년 6월 8일부터 10월 11일 사이에
완성된 것이다.

『직해동자습(直解童子習)』 서

我東方在海外。言語與中國異。因譯乃通。自我祖宗事大至誠。置承文院掌
吏文. 司譯院掌譯語。專其業而久其任。其爲慮也盖無不周。第以學漢音者。
得於轉傳之餘。承授旣久。訛謬滋多。縱亂四聲之疾徐。衡失七音之淸濁。[1]
又無中原學士 從旁正之。故號爲宿儒老譯。終身由之而卒於孤陋。我世宗
文宗慨然念於此。旣作訓民正音[2]。天下之聲 始無不可書矣。

　　우리 동방은 중국 바다 바깥에 있어 언어가 중국과 달라서 통역해야만
통하는 지라.[3] 우리 조종으로부터 사대에 지성임에 승문원을 두어서 이
문(吏文)을 맡기고 사역원을 두어서 역어를 맡겨 그 맡은 일에 한결같이
전념하고 그 임무를 오래도록하게 하니 그 생각하는 바가 두루미치지
아니함이 없다. 그런데 한음을 배우는 이들이 굴러서 전하는 잘못된 것을
얻어서 이어 받음(承授, 이어 받아드림)이 이미 오래되어 그릇된 것이 점점
많은지라. 세로로 사성의 질서를 어지럽히고 가로로 칠음의 청탁을 잃어

---

1) 종란사성지질서(縱亂四聲之疾徐), 형실칠음지청탁(衡失七音之淸濁): 운도에서 가로로는 사
　성과 관련 있는 운모를 배열하고 세로로는 청탁과 관련 있는 성모를 배열하여 가로와 세로
　가 합치는 음으로 자음을 표시하였는데, 음들이 흩어러져서 이 배열이 제대로 맞지 않고
　음도 달라졌다는 말. 『동국정운』 서문에 '청탁지변(淸濁之變)', '사성지변(四聲之變)' 등을
　말함.

2) 아세종문종개연념어차(我世宗文宗慨然念於此), 기작훈민정음(旣作訓民正音): 이 대목을 인
　용하여 '훈민정음'이 세종과 문종의 합작이라는 주장을 하거나 '훈민정음'이 마치 한자음의
　혼란을 바로잡기 위해 만들었다는 주장의 근거로 삼기도 하지만 다른 자료들과 비교를
　해보면 이러한 주장이 실증적 관점에서 벗어난 논의임을 알 수 있다.

3) 이 발언은 중화와 조선의 관계를 규정하는 매우 중요한 발언이다. 조선 후기로 가면 소중화
　주의에 몰입된 사대부 층과는 뚜렷한 인식 차이를 보여주는 내용이다. 정인지의 언어풍토설
　과 함께 세종 당대의 지식인들의 인식 태도는 소주오하주의에 몰입된 상태가 아닌 자립적
　인식이 확고하다는 사실을 확인할 수 있으며 훈민정음 창제의 근거도 이와 같은 맥락에서
　이해되어야 할 것이다.

버렸건만 또한 중원 학사가 옆에 있어서 바로 잡아 주는 것도 아니므로 호왈 이름난 선비나 노련한 역관도 종신토록 그대로 지내다가 고루한데서 끝마치게 된다. 우리 세종과 문종께서 개연히 이를 생각하고 이미 훈민정음을 만드셨으니 천하의 소리를 비로소 기록하지 못 할 바가 없는지라.

於是譯洪武正韻。以正華音。又以直解童子習譯訓評話。[4] 乃學華語之門戶。命令右副承旨臣申叔舟 兼承文院校理臣曹變安。行禮曹佐郎臣金曾。行司正臣孫壽山。以正音譯漢訓。細書逐字之下。又用方言以解其義。

이에 『홍무정운』을 번역하여서 화음(華音)을 바르게 하시고 또 『직해동자습훈 평화』는 곧 화어를 배우는 문호(입문서)라고 하시어 지금의 우부승지 신 신숙주와 겸승문원교리 신 조변안과 행례조좌랑 신 김증과 행사정 신 손수산에게 명하여 정음으로 한음을 번역하여 글자마다 그 아래 새겨서 쓰고, 또 방언(우리말)을 써서 그 뜻을 풀게 하시어

仍命和義君臣瓔。桂陽君臣璔。監其事。同知中樞府事臣金何。慶昌府尹臣李邊。證其疑而二書之。音義昭晰。若指諸掌。所痛恨者。書僅成編。弓劍繼遺。

이어서 화의군 신 영(瓔)과 계양군 신 증(璔)에게 명하시어 그 일을 담당 (관리 감독)하게 하시고 동지중추부사 신 김하와 경창부윤 신 이변에게 그 의심나는 바를 다져서 두 가지로 써두게 하시니 음의(音義, 소리와 뜻)가

---

4) 직해동자습훈평화(直解童子習訓評話): 이 책의 정식 서명인 것으로 보인다.

분명하여 마치 손바닥을 가리키는 것과 같으니 오직 통한한 바는 책이 거의 성편되자 이어서 궁검(弓劍, 활과 검)을 버리신 것(32년 제위했던 세종에 연이어 문종 제위 2년 만에 승하하심)이다.

> 恭惟。主上嗣位之初。適追先志。亟令刊行。又以臣三問亦嘗參校。命為之序。臣竊惟四方之言。雖有南北之殊。聲音之生於牙舌唇齒喉。則無南北也。明乎此。則於聲韻乎何有。東方有國。經幾千百載之久。人日用而不知七音之在我。七音且不知。況其清濁輕重乎。無惑乎漢語之難學也。此書一譯。而七音四聲隨口自分。經緯交正。毫釐不差。又何患從旁正之之無其人乎。學者苟能先學正音若干字。次及於斯。則浹旬之間。漢語可通。韻學可明。而事大之能事畢矣。有以見二聖制作之妙。高出百代。此書之譯，無非畏天保國之至計。而我聖上善繼善述之美，亦可謂至矣。

공손히 생각하건대 주상(단종)이 왕위를 이으신 처음에 선왕의 뜻을 좇아 빨리 간행하기를 명하시고 또 신 삼문이 일찍이 참교(참여하고 교열)하였다고 하여 서를 지으라 명하시니 신이 가만히 생각하건대, 비록 사방의 말은 남북의 다름이 있을망정 성기(성음의 기운)가 아, 설, 순, 치, 후에서 생기는 것은 남북이 다름이 없으니 이것만 훤히 알면 성운이 무슨 어려움이겠습니까. 동방에 나라가 있어 몇 천백 년의 오램을 지나되 사람이 날마다 쓰면서 칠음이 내게 있는 줄 몰랐으니, 칠음도 또한 모르는데 하물며 청탁이야 어찌 알았겠습니까. 한어 배우기가 어려운 것도 괴이치 아니합니다. 이 책이 한 번 번역됨에 칠음과 사성이 입을 따라서 나뉘고 (운도가) 경과 위가 바르게 되어 호리(毫釐, 털끝만큼도)가 틀리지 않거니, 또 무엇 때문에 옆에서 바로잡아 주는 사람이 없음을 한하겠습니까. 배우는 사람이 만일 먼저 훈민정음 약간의 글자를 배우고 여기에 미친다면 열흘 동안에 한어도 통할 수 있고, 운학에도 밝을 수 있어서 사대의 능사(잘 할 수 있는 일)가 다 될 것입니다. 두 분 성인(세종과 문종)이 제작하신 묘함에 높이 백대에 뛰어나시며, 이 책의 번역도 외천보국을 위한 지극한 계획이 아닌 것을 볼 수 있으며, 성상의 선계선술(조상의 업적을 훌륭히 이은 아름다움)의 아름다우심도 또한 극진하시다고 말씀할 수 있을 것입니다.

04. 『사성통고(四聲通攷)』 범례

조선 세종 때, 신숙주 등이 임금의 명으로 『홍무정운』의 한자를 한글로 옮기고, 사성으로 갈라 청탁 따위를 연구하여 편찬한 책으로 지금은 전하지 않는다. 이 책의 범례는 중종 12(1517)년에 최세진이 『홍무정운역훈』 (1455년)의 음계를 보충하고, 자해가 없는 신숙주의 『사성통고』를 보완하기 위하여 2권 2책으로 편찬한 『사성통해』에 실려 있다. 『사성통해』는 한자를 최세진이 중종 12(1517)년에 지은 목판본 2권 2책이다. 세종 때 왕명으로 신숙주 등이 『홍무정운역훈』을 편찬하였으나, 너무 방대하여 보기가 어려웠으므로 다시 간이한 『사성통고』를 편찬케 하였다. 그러나 『사성통고』는 글자마다 자음은 표기되었으나, 그 글자의 해석이 없었으므로 이런 단점을 보완하기 위하여 『홍무정운』을 기초로 하여 실용에 적합하도록 엮은 것이 이 『사성통해』이다. 상권은 '사성통해서(四聲通解序)', '운모정국(韻母定局)', '광운36자모지도(廣韻三十六字母之圖)', '운회(韻

會) 35자모지도', '홍무운 31자모지도', '범례 26조', '사성통해상(四聲通解上)', 하권은 '사성통고범례(四聲通攷凡例)', '번역노걸대박통사범례(飜譯老乞大朴通事凡例)', '동정자음(動靜字音)', '사성통해하(四聲通解下)'로 되어 있다. 상권에 실은 각 자모도에는 하나하나 훈민정음으로 발음 대조를 붙였고, 본문은 운목에 따라 한자를 먼저 배열하고 한 운목에 딸린 각 글자는 사성의 차례로 나열하여 방점 표시를 안 하도록 하였다. 또, 한자의 주는 주음(註音)을 정음(正音)과 속음(俗音)으로 나타내고, 속음은 다시 『사성통고』에 표시된 속음과 금속음(今俗音)으로 구별하였다. 한자의 해석은 주로 한문으로 하였으나, 더러는 당시의 우리말을 금속호(今俗呼)라 하여 표기하였다. 이 금속호의 어휘가 450여 개에 달하고 있어, 국어 연구에 귀중한 자료가 된다. 1614(광해군 6)년과 56(효종 7)년에 중간한 중간본이 전한다.

이 범례에는 첫째, 그 당시 한음과 우리 어음의 차이. 둘째, 『사성통고』음, 즉 『홍무정운역훈』음의 정체. 셋째, 훈민정음과 몽고자의 관계 등을 추정하는 데 상당히 중요한 재료들이 들어 있다. 그뿐 아니라 훈민정음이 발표된 이후 치두, 정치의 구별이 추가되고 또 문자의 순서가 변경되고 또 한자음에도 'ㅇ' 종성을 쓰지 아니한 예 등의 중요한 사실도 오직 이로써 알게 되고 해례가 나오기 전까지 원칙으로 종성을 반듯이 갖추어야 하고 편법으로 'ㅇ'의 종성이 생략된다는 사실도 오직 이로써 알게 되었을 뿐이다.

『사성통고(四聲通攷)』범례

一. 以圖韻諸書及, 今中國人所用, 定其字音, 又以中國時音所廣用, 而不合圖韻者, 逐字書俗音於反切之下.

一. 운도(圖)와 운서(韻)의 여러 책과 지금 중국인이 쓰는 것으로서 그(『홍무정운역훈』) 자음을 정하고 중국 당시 음으로 널리 쓰이나 운도와 운서에 맞지 않는 것은 그 글자마다 반절 아래 속음을 달았다.

一. 全濁上去入三聲之字, 今漢人所用, 初聲與淸聲相近, 而亦各有淸濁之別. 獨平聲之字, 初聲與次淸相近, 然次淸則其聲淸, 故音終直低, 濁聲則其聲濁, 故音終稍厲.

一. 전탁의 상성, 거성, 입성 3성의 글자는 지금 한인들이 쓰는바, 초성이 청성(전청)과 근사하기는 하지만 또한 각각 청탁의 구별이 있다. 오직 평성자의 초성은 차청에 가까우나 차청은 그 음이 청함에(소리가 맑음) 음상이 늘 곧고 낮으며, 탁성은 그 소리가 탁하므로 음이 늘 조금 거세다.

一. 凡舌上聲以舌腰點腭, 故其聲難而, 自歸於正齒. 故韻會以知徹澄孃, 歸照穿牀禪. 而中國時音, 獨以孃歸泥. 且本韻混泥孃而不別, 今以知徹澄歸照穿牀, 以孃歸泥.

一. 무릇 설상(舌上)의 소리는 혀의 허리가 잇몸에 닿으므로 그 소리가 어려워서 저절로 정치(整齒)음으로 돌아가는 까닭에『운회』에서도 '니(泥)'와 '샹(孃)'을 섞어서 구별하지 아니하고 지금의 '지(知)', '철(徹)', '증(澄)'은 '조(照)', '천(穿)', '상(牀)', '선(禪)모'로 합치고, '샹(孃)'은 '니(泥)'로 합쳤다.

一. 脣輕聲非敷二母之字, 本韻及蒙古韻, 混而一之, 且中國時音亦無別, 今以敷歸非.

一. 순경성(脣輕聲) 가운데 '비(非)'모와 '부(敷)'모의 2모의 자모는 본운(『홍무정운』)과 몽고운(『몽고운략』)에서는 혼동하여 하나로 되어 있고 중국 당시 음에도 구별이 없으므로 이제 '부(敷)'모를 '비(非)'모로 돌린다.

一. 凡齒音, 齒頭則擧舌點齒, 故其聲淺, 整齒則卷舌點腭, 故其聲深, 我國齒聲ㅅㅈㅊ在齒頭整齒之間. 於訓民正音, 無齒頭整齒之別. 今以齒頭爲ㅅㅈㅊ, 以整齒爲ㅅㅈㅊ以別之.

一. 무릇 치음이란 치두는 혀를 들어 이에 닿음으로써 그 소리가 얕고 정치는 혀를 말아서 잇몸에 닿음으로써 그 소리가 깊으니, 우리의 치음은 ㅅ, ㅈ, ㅊ는 치두와 정치의 중간에 있다. 훈민정음에는 치두와 정치의 구별이 없으므로 이제 치두에는 ㅅ, ㅈ, ㅊ를 만들고 정치에는 ㅅ, ㅈ, ㅊ를 만들어 구별한다.

一. 本韻疑喩母諸字多相雜, 今於逐字下, 從古韻, 喩則只書ㅇ母, 疑則只書ㆁ母, 以別之.

一. 본운(『홍무정운』)에서 '의(疑)', '유(喩)'모의 모든 글자가 서로 뒤섞인 것이 많으므로 지금 글자마다 그 아래에 '유(喩)'모면 그저 'ㅇ' 글자로 쓰고 '의(疑)'모면 그저 'ㆁ' 글자로 써서 구별한다.

一. 大抵本國之音, 輕而淺, 中國之音, 重而深. 今訓民正音, 出於本國之音, 若用於漢音, 則必變而通之, 乃得無礙. 如中聲ㅏㅑㅓㅕ張口之字, 則初聲所發之口不變, ㅗㅛㅜㅠ縮口之字, 則初聲所發之舌不變. 故中聲爲ㅏ之字則, 讀如ㅏ·之間, 爲ㅑ之字則, 讀如ㅑ·之間, ㅓ則ㅓ一之間, ㅕ則ㅕ一之間, ㅗ則ㅗ·之間, ㅛ則ㅛ·之間, ㅜ則ㅜ一之間, ㅠ則ㅠ一之間, ·則一·之間, 一則一·之間, ㅣ則ㅣ一之間, 然後庶合中國之音矣. 今中聲變者, 逐韻同中聲首字之下, 論釋之.

一. 대저 우리나라의 음은 가볍고 얕으나, 중국의 음은 무겁고 깊은데 이제 훈민정음은 우리 음에서 나온지라 만약 한음에 쓰려면 반드시 변통이 있어야 애체(礙滯, 막히고 정체됨)됨이 없을 것이다. 이를테면 중성에서 ㅏ, ㅑ, ㅓ, ㅕ의 장구(張口, 입을 옆으로 벌려 발음하는 평순음)의 글자는 초성을 낼 때도 입이 변치 아니하고 ㅗ, ㅛ, ㅜ, ㅠ 축구(縮口, 입을 오므리고 발음하는 원순음)의 글자는 초성을 낼 때도 혀가 변치 아니하는 것이라. 중성의 ㅏ가 되는 자는 ㅏ, ·의 중간과 같이 읽고(발음하고) ㅑ일 때는 ㅑ, ·의 중간과 같이 읽고 ㅓ는 ㅓ, ㅡ의 중간, ㅕ는 ㅕ, ㅡ의 중간, ㅗ는 ㅗ, ·의 중간, ㅛ는 ㅛ, ·의 중간, ㅜ는 ㅜ, ㅡ의 중간, ㅠ는 ㅠ, ㅡ의 중간, ·는 ·, ㅡ의 중간, ㅡ는 ㅡ, ·의 중간, ㅣ는 ㅣ, ㅡ의 중간이라야 거의 중국음에 맞다. 지금 중성이 변한 것은 운마다 같은 중성 첫 자 아래 이를 설명한다.

一. 入聲諸韻終聲, 今南音傷於太白, 北音流於緩弛, 蒙古韻亦因北音, 故不用終聲. 黃公紹韻會, 入聲如以質韻颭卒等字, 屬屋韻匊字母, 以合韻閤榼等字, 屬葛韻葛字母之類, 牙舌唇之音, 混而不別, 是亦不用終聲也. 平上去入四聲, 雖有清濁緩急之異, 而其有終聲, 則固未嘗不同, 況入聲之所以爲入聲者, 以其牙舌唇之全清, 爲終聲而促急也, 其尤不可不用終聲也, 明矣. 本韻之作, 幷同析異, 而入聲諸韻, 牙舌唇終聲, 皆別而不雜, 今以ㄱㄷㅂ爲終聲. 然直呼以ㄱㄷㅂ, 則又似所謂南音, 但微用而急終之, 不至太白可也. 且今俗音, 雖不用終聲, 而不至如平上去之緩弛, 故俗音終聲, 於諸韻 用喉音全清ㆆ, 藥韻用唇輕全清ㅸ, 以別之.

一. 입성인 모든 운의 종성이 지금의 남방음에서는 너무 분명하게 손상되었고1) 북방음은 완이(緩弛, 느리고 늘어짐)함에 흐르거니와 몽고운도 또한 북방음을 따른 까닭에 종성을 쓰지 않았다. 황공소(黃公紹)의 『고금운회』에도 입성에서 '질(質)'운의 '율(颭)', '졸(卒)' 등의 글자를 '옥(屋)'운 '국(菊)' 자모에 넣고 '합(合)'운의 '합(閤)', '합(榼)' 등의 글자를 '갈(葛)'운 자모에 넣어 아([-k]), 설([-t]), 순([-p])의 음(종성)을 혼동하여 구별치 아니하였으니 이 또한 종성을 쓰지 아니한 것이라. 평·상·거·입의 사성이 비록 청·탁·완·급의 차이는 있을망정 그 종성이 있을 때만 본시 일반일 뿐이 아니라 하물며 입성이 입성되는 바는 아음, 설음, 순음의 전청으로 종성을 삼아서 촉급하기 때문이다. 이것이 더욱 종성을 쓰지 아니 할 수 없는 것이 명백하다. 본운을 지음에 있어 같은 운을 합하고 다른 운은 갈라서 입성 여러 운의 아음, 설음, 순음 종성도 모두 구별하여 섞지 아니 하였으니 이제 ㄱ, ㄷ, ㅂ로 종성을 삼는다. 그러나 ㄱ, ㄷ,

---

1) 무성 입성자음 p, t, k가 남방음에서는 일부 소실되었으나 대부분 입성폐쇄음 [ʔ]으로 남아 있음을 말한다. 그에 비해 북방음에서는 'ʔ>zero'로 변했음을 말한다.

ㅂ를 곧게 발음하면 또 소위 남방음과 같아지니 다만 가볍게 써서 급히 마쳐 너무 분명하게는 발음하지 않는 것이 옳으니라. 또 속음은 비록 종성을 쓰지는 않는다고 하지만은 평성, 상성, 거성과 같이 완이(緩弛)함에 이르지 않는 까닭에 속음 종성으로 여러 운에는 후음 전청의 'ㆆ'를 쓰고 '약(藥)'운(종성에만)에는 순경 전청의 'ㅸ'를 써서 구별한다.[2]

一. 凡字音必有終聲, 如平聲支齊魚模皆灰等韻之字, 當以喉音ㅇ爲終聲, 而今不爾者, 以其非如牙舌唇終之爲明白, 且雖不以ㅇ補之, 而自成音爾, 上去諸韻同

一. 무릇 자음에는 반드시 종성이 있어야 하니 평성의 '지(支), 제(齊), 어(魚), 모(模), 개(皆), 회(灰)' 등의 운자도 마땅히 후음 'ㅇ'으로 종성을 삼아야 하겠지만 지금 그렇게 아니하여도 아, 설, 순의 종성과 같이 명백한 것은 아니요, 또 'ㅇ'으로 보충하지 아니 하더라도 제대로 음을 이루기 때문에 상, 거의 모든 운도 마찬가지다.

一. 凡字音, 四聲以點別之, 平聲則無點, 上聲則二點, 去聲則一點, 入聲則亦一點.

一. 무릇 자음의 사성은 점으로써 구별하니 평성은 점이 없고, 상성은 두 점이요, 거성은 한 점이요, 입성도 또한 한 점이라.

---

2) 최세진의 『번역노걸대박통사』 범례에 의하면 몽고운에서 소(蕭), 효(爻), 무(尤) 등은 평, 상, 거 3성의 각운과 약(藥)운에는 'ㅸ'으로 종성을 삼았다. 소(蕭), 효(爻), 무(尤) 등의 운에 그대로 'ㅸ'의 종성을 쫓고 오직 약(藥)운에만 그 입성을 보이기 위하여 전청의 'ㅸ'로 바꾼 것으로 보인다.

05. 『번역노걸대박통사범례(飜譯老乞大朴通事凡例)』

『번역노걸대박통사범례(飜譯老乞大朴通事凡例)』는 1517년 최세진이 편찬한 『사성통해』 권말에 실려 있다. 『번역노걸대(飜譯老乞大)』와 『번역박통사(飜譯朴通事)』는 한어 회화 교재인 『노걸대(老乞大)』와 『박통사(朴通事)』의 원문에 한글로 음을 달고 또 번역한 책이다. 『번역노걸대박통사범례』는 『사성통해』보다는 시기적으로 앞선 것으로 추정된다. 『번역노걸대박통사범례』는 9개 조항으로 (1) 국어(國語), (2) 한음(漢音), (3) 언음(諺音), (4) 방점(傍點), (5) 비봉미삼모(非奉微三母), (6) 청탁성세지변(淸濁聲勢之辨), (7) ㅁ,ㅸ위종성(爲終聲), (8) 정속음(正俗音), (9) 복지치삼운내치음제자(攴紙眞三韻內齒音諸字)로 구성되어 있다.[1]

---

1) 『번역노걸대박통사(飜譯老乞大朴通事)』에 대해서는 남광우(1972, 1974), 안병희(1979), 이돈주(1988, 1989), 김무림(1998)의 연구가 있어 참고가 된다. 특히 범례의 번역은 이돈주(1988, 1989)와 김무림(1998)의 연구를 많이 참조하였다.

번역노걸대대박통사(飜譯老乞大大朴通事) 범례(凡例)

한훈의 언자는 다 속음을 따랐고 글자의 부수(방)는 향어에 따랐다.

一. 국어

무릇 우리나라의 어음은 평음과 측음이 있으니, 평음은 슬프면서 편안
하고, 측음은 둘이 있으니, '齒'자의 발음과 같이 거세고 들리는 것이 있고,
'位'자의 성조와 같이 곧고 놓은 것이 있다. 슬프면서 편안한 것은 평성이
요, 거세고 굴리는 것은(상성이며), 곧고 높은 것은 거성과 입성이다. 그러
므로 우리나라의 시속의 언어에 평성은 점이 없고, 상성은 점이 둘이며,
거성과 입성은 점이 하나이다.

---

2) '爲上聲'이 누락되었음.

3) '國'자는 '聲'자의 오각임.

4) '左'는 '右'의 오각임.

이번 번역에서 한자 아래 오른쪽에 있는 언음은 모두 국어의 고저에 의거하여 점을 찍은 것이다. 다만 통고 안의 한음은 글자 옆의 점이 비록 이와 같더라도 그 소리의 높낮이는 우리와 중국이 같지 않은 점이 있다. 자세한 것은 방점조를 보라.

一 漢音

平聲全淸次淸之音, 輕呼而稍擧, 如國音去聲之呼. 全濁及不淸不濁之音, 先低而中按後厲而且緩, 如國音上聲之呼. 上聲之音, 低而安, 如國音平聲 之呼. 去聲之音, 直而高, 與同國音去聲之呼. 入聲之音, 如平聲濁音之呼, 而促急, 其間亦有數音, 隨其呼. 勢而字音亦變焉. 如入聲軸聲, 本音:쥭 呼 如平聲濁音, 而或呼如去聲爲•쥭, 角字, 呼如平聲濁音爲교5)而或걀如去 聲爲걀,6) 或呼如上聲爲걀, 又從本韻거之類.

一. 한음

평성에서 전청과 차청의 음운 가볍게 발음되면서 약간 들리므로 국음 의 거성과 같으며, 전탁과 불청불탁의 음은 처음은 낮다가 중간에 당기여 뒤에 거세지다가 다시 느즈러지니 국음의 상성과 같다. 상성의 음은 낮고 편안하니 국음의 평성과 같다. 거성의 음은 곧고 높으니 국음의 거성과 더불어 같다. 입성의 음은 평성의 탁음과 성조가 같으면서 촉급하지만, 그 사이에 또한 몇 개의 발음이 있으니 성조의 추세에 따라서 자음(字音)이 또한 변하였다. 예를 들어 입성의 '軸'은 본음이 ':쥭'이니 성조가 평성의 탁음과 같지만, 혹은 거성과 같이 되어 '•쥭'가 되기도 한다. '角'은 성조가

---

5) '교'는 상성임으로 ':교'의 오각임.
6) '걀'는 상성임으로 ':걀'의 오각임.

평성의 탁음과 같이 되어 ‘:교’나 또는 ‘:쟈’가 되기도 하고, 거성처럼 되어 ‘·쟈’가 되기도 하며, 상성처럼 되어 ‘쟈’가 되기도 하면서, 또 본운의 ‘거’ 류를 따르기도 한다.

一 諺音

在左者, 即通攷所制之字, 在右者, 今以漢音依國俗撰字之法, 而作字者也. 通攷字體, 多與國俗撰字之法不同其用雙字爲初聲, 及ㅁㅸ爲終聲者, 初學雖資師授率多疑碍, 故今依俗撰字體, 而作字如左云.
如通攷內齊쪠其끼皮삐調땨愁쯔㳄향着쟣 今書쪠爲치끼爲키삐爲피땨爲탸 쯔爲추향爲햐쟣爲죠爲쟈之類ㅋㅌㅍㅊㅎ, 乃通攷所用次淸之音, 而全濁初聲之呼, 亦似之, 故今之反譯, 全濁初聲, 皆用次淸爲初聲, 旁加二點, 以存濁音之呼勢, 而明其爲全濁之聲.

一. 언음

원쪽의 언음은 통고에서 제정한 바의 글자이고, 오른쪽의 언음은 지금의 한음으로써 국속한자법에 의해 지음 글자이다. 통고의 글자체는 국속차자법에 의한 글자와 같지 않음이 많으니, 쌍자로 초성을 삼은 것과 ‘ㅁ, ㅸ’으로 종성을 삼은 것은 처음 배우는 사람이 비록 스승의 가르침을 받더라도 의문과 막힘이 있을 것이다. 그러므로 이제 속찬의 자체에 의거하여 다음과 같이 글자를 짓는다.

통고의 ‘齊쪠, 其끼, 皮삐, 調땨, 愁쯔, 㳄향, 着쟣’과 같은 언음 표기를 이제는 ‘쪠’를 ‘치’로, ‘끼’를 ‘키’로, ‘삐’를 ‘피’로, ‘땨’를 ‘탸’로, ‘쯔’를 ‘추’로, ‘향’를 ‘햐’로, ‘쟣’를 ‘죠’나 ‘쟈’로 쓰는 것과 같은 종류이다. ‘ㅋ, ㅌ, ㅍ, ㅊ, ㅎ’은 통고에서 차청의 음에 사용된 바이지만, 전착의 초성 발음이 또한 이들과 비슷하므로, 지금의 번역에서는 전탁의 초성에 모두 차청으로 초성을 삼으나, 글자 옆에 두 점을 더함으로써 탁음의 호세를 유지하게 하여 그것이 전탁의 소리가 됨을 밝혔다.

一 旁點 漢字下諺音之點

在左字旁之點, 則字用通攷所制之字, 故點亦從通攷所點, 而去聲入聲一點, 上聲二點, 平聲無點, 在右字旁之點, 則字從國俗編撰之法而作字, 故點亦從國語平仄之呼而加之.

漢音去聲之呼, 與國音去聲相同, 故鄕漢皆一點, 漢音平聲全淸次淸, 通攷則無點, 而其呼與國音去聲相似, 故反譯則亦一點, 漢人之呼亦相近似焉 漢音上聲 通攷則二點 而其呼勢同國音平聲之呼 故反譯則無點 漢人呼平聲 或有同上聲字音者焉 漢音平聲全濁及不淸不濁之音 通攷則無點 而其聲勢同國音上聲之呼 故反譯則亦二點 漢音入聲有二音 通攷則皆一點 而反譯則其聲直而高 呼如去聲者一點 先低後厲而促急 少似平聲濁音之呼者二點 但連兩字皆上聲 而勢難俱依本聲之呼者 則呼上字如平聲濁音之勢然後 呼下字可存本音 故上字二點若下字爲虛 或兩字皆語助 則下字呼爲去聲

一. 방점 한자 아래 언음의 점

　왼쪽 글자 옆의 점은 글자가 통고(通攷)에서 제정한 글자이므로 점 역시 통고의 점을 따랐으니, 거성과 입성은 한 점이고, 상성은 두 점이며, 평성은 점이 없다. 오른쪽 글자 옆의 점은 글자가 국속편찬법(國俗編撰法)에 의해 지은 글자이므로 점 역시 국어의 평측의 발음에 의하여 점을 더 하였다.

　한음(漢音)의 거성의 발음은 국음(國音)의 거성과 서로 같으므로 우리와 중국의 것이 모두 한 점이다. 한음의 평성에서 전청과 차청은 통고에서는 점이 없으나, 그 발음이 국음의 거성과 서로 비슷하므로 번역에 있어서는 역시 한 점을 더하였다. 한인(漢人)의 발음 역시 이와 비슷하다. 한음의 상성은 통고에서는 두 점인데, 그 호세(呼勢)가 국음의 평성의 발음과 같으므로 번역에 있어서는 점을 더하지 않았다. 한인이 평성을 발음하면 간혹 상성의 자음과 같음이 있다. 한음 평성의 전탁 및 불청불탁의 음은 통고에서는 점이 없으나 그 성세(聲勢)가 국음의 상성의 발음과 같으므로 번역에서는 역시 두 점을 하였다. 한음의 입성에는 두 음이 있으나 통고에 서는 모두 한 점으로 되어 있다. 번역에서는 그 소리가 곧고 높아서 거성과 같은 것은 한 점을 하였고, 먼저 낮고 뒤에 세어지며 촉급하여 평성 탁음의 발음과 약간 비슷한 것은 두 점을 하였다. 다만 연이은 두 자가 모두 상성이어서 본래 소리의 발음을 함께 유지하기 어려운 것은 상자(上字)를 평성 탁음처럼 발음한 연후에 하자(下字)를 발음하면 가히 본음을 유지할 수 있으므로 상자는 두 점을 하였다. 만약 하자가 허자(虛字)이거 나 두 자 모두 어조자(語助字)인 경우는 하자를 거성으로 발음한다.

一 非ㅸ奉뽕微ㅱ三母

合脣作聲 爲ㅂ而曰脣重音 爲ㅂ之時 將合勿合 吹氣出聲 爲ㅸ而曰脣輕音 制字加空圈於ㅂ下者 卽虛脣出聲之義也 뽕ㅱ二母亦同 但今反譯 平聲全 濁 群定並從床匣 六母諸字初聲 皆借次淸爲字 邪禪二母 亦借全淸爲字 而此三母 則無可借用之音 故直書本母爲字 唯奉母易以非母 而平聲 則勢 從全濁之呼 作聲稍近於ㅍ 而至其出聲則爲輕 故亦似乎淸母 唯其呼勢 則 自成濁音而不變焉 上去入三聲 亦皆逼似乎非母 而引聲之勢 則各依本聲 之等而呼之 唯上聲 則呼爲去聲 微母則 作聲近似於喩母 而四聲皆同 如

惟字 本微母 而洪武韻 亦自分收於兩母뷔或위 今之呼뷔 亦歸於위 此微
母近喻之驗也 今之呼微 或從喻母亦通 漢俗定呼爲喻母者 今亦從喻母書
之

一. 비ㅸ, 봉ㅃ, 미ㅱ 삼모

입술을 합하여 소리를 내면 'ㅂ'이 되니 순중음이요, 'ㅂ'을 하려고 입술
을 합치려다가 합하지 않고 공기를 불어서 소리를 내면 'ㅸ'이 되니 순경
음이다. 글자를 제정함에 있어서 동그라미를 'ㅂ' 아래에 더한 것은 곧
입술을 비워 소리를 낸다는 의미이다. 'ㅃ, ㅱ' 두 자모(字母)도 역시 이와
같다. 다만 지금의 번역에서 평성 전탁인 '군(群), 정(定), 병(竝), 종(從),
상(床), 갑(匣)'의 여섯 자모에 속한 모든 글자의 초성에는 차청음을 빌려
글자로 삼았고, '사(邪), 선(禪)'의 두 자모는 또한 전청음을 빌려 글자로
삼았으나, 이 세 자모(非, 奉, 微)는 가히 빌려 쓸 만한 음이 없으므로 바로
본래의 자모로써 글자로 삼았다.

오직 봉모(奉母)만은 비모(非母)로 바꾸었는데, (奉母의) 평성은 전탁의
발음을 따르지만 소리를 짓는 것은 'ㅍ'에 조금 가깝고 그 소리를 냄에
이르러서는 가벼우므로 또한 청모(淸母)와 비슷하나. 오직 호세(呼勢)만은
스스로 탁음을 이루어 변하지 않는다. (奉母의) 상성, 거성, 입성 등도 역시
비모(非母)와 매우 근사하지만 소리를 끄는 호세는 각각 본래 소리에 의하
여 발음하고, 오직 상성만은 거성이 되게 발음한다.

미모(微母)는 소리를 지음이 유모(喻母)와 근사하지만 사성(四聲)은 모두
같다. '유(惟)'자와 같은 것은 본래 미모인데, 홍무운(洪武韻)에서는 또한
두 자모에 나누어 수록하였으니 '뷔'가 되거나 혹은 '위'가 된다. 지금의
발음에서는 '뷔'가 역시 '위'에 귀속되므로 이것은 미모가 유모에 가까운

증거이다. 지금의 미모의 발음에서 간혹 유모를 따라 하더라도 역시 통한다. 한속(漢俗)에서 유모로 정하여 발음하는 것은 이제 또한 유모를 좇아 표기하였다.

一 淸濁聲勢之辨

全淸 見端幫非精照審心影九母 平聲初呼之聲 單潔不岐 而引聲之勢孤直不按 上去入三聲 初呼之聲 亦單潔不岐 而引聲之勢 各依三聲高低之等而呼之 次淸 溪透淸滂穿曉六母 平聲 初呼之聲 歧出雙聲 而引聲之勢 孤直不按 上去入三聲 初呼之聲 亦歧出雙聲 而引聲之勢 各依三聲之等而呼之 全濁 群定並奉從邪床禪八母 平聲 初呼之聲 亦歧出雙聲 而引聲之勢中按後屬 上去入三聲 初呼之聲 逼同全淸 而引聲之勢 各依三聲之等而呼之故 與全淸難辨 唯上聲 則呼爲去聲 而又與全淸去聲難辨矣 不淸不濁 疑泥明微喻來日七母 平聲 初呼之聲 單潔不岐 而引聲之勢中按後屬 初呼則似全淸 而聲終則似全濁 故謂之不淸不濁 上去入三聲 各依三聲之等而呼之 唯來母 初呼彈舌作聲可也 初學與泥母混呼者 有之誤矣 匣母 四聲初呼之聲 歧出雙聲 與曉母同 而唯平聲 則有濁音之呼勢而已 上去入三聲 各依三聲之等而呼之 大抵 呼淸濁聲勢之分 在平聲 則分明可辨 餘三聲 則固難辨明矣

一. 청탁성세지변

전청음인 '견(見), 단(端), 방(幫), 비(非), 정(精), 조(照), 심(審), 심(心), 영(影)'의 아홉 자모는 평성에 있어서는 처음 내는 소리가 단결불기(單潔不岐)하고 소리를 끄는 호세(呼勢)는 고직불안(孤直不按)하며, 상성, 거성, 입성 세 성조에 있어서 처음 내는 소리는 역시 단결불기하나 소리를 끄는 호세는 각각 세 성조의 고저에 의하여 발음한다.

차청음인 '계(溪), 투(透), 청(淸), 방(滂), 천(穿), 효(曉)'의 여섯 자모는 평성에 있어서는 처음 내는 소리가 기출쌍성(岐出雙聲)하나 소리를 끄는 호세(呼勢)는 고직불안(孤直不按)하며, 상성, 거성, 입성 세 성조에 있어서 처음 내는 소리는 역시 기출쌍성하나 소리를 끄는 호세 각각 세 성조의 고저에 의하여 발음한다.

전탁음인 '군(群), 정(定), 병(竝), 봉(奉), 종(從), 사(邪), 상(床), 선(禪)'의 여덟 자모는 평성에 있어서는 처음 내는 소리가 역시 기출쌍성하고 소리를 끄는 호세는 중안후려(中按後厲)하며, 상성, 거성, 입성 세 성조에 있어서 처음 내는 소리는 전청음과 거의 같으나 소리를 끄는 호세는 세 성조의 고저에 의하여 발음하므로 전청음과 구별하기가 어렵다. 오직 상성만은 거성으로 발음하므로 역시 전청음과 거성과 구별하기가 어렵다.

불청불탁인 '의(疑), 니(泥), 명(明), 미(微), 유(喩), 래(來), 일(日)'의 일곱 자모는 평성에 있어서는 처음 내는 소리가 단결불기하고 소리를 끄는 호세는 중안후려하며, 처음의 발음은 전청음과 비슷하고 소리를 마치는 것은 전탁음과 비슷하므로 불청불탁이라 한다. 상성, 거성, 입성 세 성조는 각각 세 성조의 고저에 의하여 발음한다. 오직 내모(來母)는 혀를 튀겨서 소리를 내어야 옳은데, 처음 배우는 사람이 니모(泥母)와 혼동하는 경우가 있는 것은 잘못이다.

─ ㅱㅸ爲終聲
蒙古韻內 蕭爻尤等 平上去三聲 各韻及藥韻 皆用ㅱ爲終聲 故通攷亦從蒙韻 於蕭爻尤等 平上去三聲 各韻以ㅱ爲終聲 而唯藥韻 則以ㅸ爲終聲 俗呼藥韻諸字 槩與蕭爻同韻則 蒙韻制字 亦不差謬 而通攷以ㅸ爲終聲者 殊不可曉也 今之反譯 調댱爲댤 愁쯓爲추 着쨩爲조쟈 作잫爲조좌 者ㅱ本

非ㅜㅗㅸ本非ㅗㅛ之聲 而蕭爻韻之ㅱ 呼如ㅜ 尤韻之ㅱ 呼如ㅜ 藥韻之ㅸ
呼如ㅗㅛ故以ㅱㅸ爲終聲者 今亦各依本韻之呼 飜爲ㅗㅛㅜ而書之 以便
初學之習焉

一. ㅱㅸ위종성

몽고운(蒙古韻)에서는 소(蕭), 효(爻), 우(尤)운 등의 평성, 상성, 거성의
각 운(韻) 및 약운(藥韻)은 모두 'ㅱ'으로서 종성을 삼았으므로, 통고(通攷)
에서 또한 몽고운을 좇아 소(蕭), 효(爻), 우(尤)운 등의 평성, 상성, 거성의
각 운(韻)은 'ㅱ'으로 종성을 삼았으나, 오직 약운만은 'ㅸ'으로 종성을
삼았다. 시속(時俗)의 음(音)으로 약운의 글자는 소(蕭), 효(爻)운과 같은
운(韻)이므로 몽고운에서 글자를 지은 것은 역시 오류라 할 수 없는 것인
데, 통고에서 'ㅸ'으로 약운의 종성을 삼은 것은 자못 깨닫기 어렵다.

지금의 번역에서는 調의 '댱'는 '턀'로, 愁의 '쭇'는 '츄'로, 着의 '쨛'는
'죠/쟐'로, 作의 '잫'는 '죠/좌'로 하였다. 'ㅱ'은 본래 'ㅜ/ㅗ'가 아니며 'ㅸ'도
본래 'ㅗ/ㅛ'가 아니니, 소(蕭), 효(爻)운의 'ㅱ'은 'ㅗ'와 같고, 우(尤)운의
'ㅱ'은 'ㅜ'와 같으며, 약(藥)운의 'ㅸ'은 'ㅗ/ㅛ'와 같다. 그러므로 통고에서
'ㅱ'과 'ㅸ'으로 중성을 삼은 글자는 이제 본래 운의 발음에 각각 의거하여
'ㅗ/ㅛ/ㅜ'로 번역하여 씀으로써 처음 배우는 자의 학습에 관리하게 하였다.

一 正俗音

凡字 有正音 而又有俗音者 故通攷 先著正音於上 次著俗音於下 今見漢
人之呼 以一字而或從俗音 或從正音 或一字之呼 有兩三俗音 而通攷所不
錄者 多焉 今之反譯 書正音於右 書俗音於左 俗音之有兩三呼者 則或書
一音於前 又書一音於後 而兩存之 大抵 天地生人 自有聲音 五方殊習 人

人不同 鮮有能一之者 故切韻指南云 吳楚傷於輕浮 燕薊失於重濁 秦隴去
聲爲入 梁益平聲似去 江東河北 取韻尤遠 欲知何者爲正聲 五方之人 皆
能通解者 斯爲正音也 今按本國通考 槩以正音爲本 而俗音之或著或否者
蓋多有之 學者好爲拘泥焉

一. 정속음

무릇 한자에는 정음(正音)이 있고 또 속음(俗音)이 있으므로, 통고(通攷)
에서는 먼저 위에 정음을 달고 다음으로 아래에 속음을 달았다. 이제
한인(漢人)의 발음을 들어보면 하나의 한자가 혹은 속음을 따르기도 하고
혹은 정음을 따르기도 하며, 혹은 하나의 한자에 두어 개의 속음이 있기도
한데, 통고에 기록되지 않은 것이 많다. 지금의 번역에 있어서는 왼쪽에
정음을 쓰고 오른쪽에 속음을 쓰되, 속음이 두어 개 있을 경우에는 하나의
음을 앞에 쓰기도 하고 뒤에 쓰기도 하여 두 가지를 있게 하였다.

대개 천지(天地)가 사람을 냄에 스스로 성음(聲音)이 있으나 오방(五方)
이 달리 익혀 사람마다 같지 않으니 오직 하나의 음(音)만이 있는 경우는
드물다. 그러므로 절운지남(切韻指南)에서 말하기를 오(吳), 초(楚)의 음은
너무 경부(輕浮)하고, 연(燕), 계(薊)의 음은 지나치게 중탁(重濁)하며, 진
(秦), 롱(隴)의 거성은 입성(入聲)이 되고, 양(梁), 익(益)의 평성은 거성과
비슷하며, 강동(江東)과 하북(河北)의 취운(取韻)은 더욱 멀다고 하였으니,
어느 것이 정음인가를 알고자 한다면 오방(五方)의 사람이 능히 통하여
이해할 수 있는 것이 곧 정음에 된다고 할 것이다. 이제 우리나라의 통고
를 살펴보면 대개 정음(正音)으로 본(本)을 삼으면서 속음(俗音)은 있고 없
는 경우가 많이 있으니 배우는 사람은 구애받을 필요가 없다.

一. 복(支), 지(紙) 치(寘) 삼운 내 치음 여러 글자

통고(通攷)에서 '貲'의 정음은 '즈'이지만, 주에 이르기를 속음은 '즁'인
데, 운내의 치음자는 입과 혀가 변치 않으므로 '△'으로써 종성을 삼은
연후에야 정확한 발음을 할 수 있다고 하였다. 그러나 이제 만약 통고의
주석에 따라 '△'을 더하여 글자를 삼는다면 처음 배우는 사람이 발음함에
어려움이 있을 것으로 생각되므로, 지금의 번역에서는 모두 '△'을 제거하
되 또 한편으로 '△'을 제거한 소리를 그대로 따른다면 반드시 시속의
음에 맞지 않을 것이다. 그러므로 이제 오른쪽에는 '△'을 더하여 정음을
쓰는 것이니 배우는 사람은 반드시 정음을 좇아 '△'을 더하여 발음한
후에야 시음에 부합할 수 있을 것이다.

통고의 범례(凡例)에서 이르기를 '一'는 '一'와 '•'의 사이로 읽으라고
하였다. 이제 중국의 시속(時俗)을 살펴보면 치음(齒音)에 '一'를 붙인 글자
는 모두 '•'를 사용한 글자보다 길게 발음되고 있으므로, 지금의 번역에
있어서는 모두 '•'를 사용하여 언음(諺音)을 달았다. 그러나 역시 '一'와
'•'의 사이라는 점을 참고하여 읽어야만 거의 시속의 음에 부합할 수
있을 것이다.

06. 『사성통해(四聲通解)』 서문과 범례

중종 12(1517)년에 최세진(崔世珍)이 『홍무정운역훈』(1455년)의 음계를 보충하고, 자해(字解)가 없는 신숙주의 『사성통고』를 보완하기 위하여 2권 2책으로 편찬하였다. 수록된 한자의 배열이 『홍무정운』보다 4운(韻)이 많은 80운을 기준으로 하고, 각 운에 속하는 한자는 『사성통고』와 마찬가지로 먼저 자모순으로 분류하고, 같은 자모에 속하는 한자는 사성순으로 배열하였다. 각 소운(小韻)의 대표자는 『홍무정운역훈』의 그것과 거의 같으며, 소운 대표자 앞에 그 자음을 한글로 표음하고, 때 로는 속음을 병기하는 방식도 같다. 최세진의 서문에 의하면, 먼저 『홍무정운역훈』의 수록자를 대폭 보충한 『속첨홍무정운』을 짓고, 이것을 『사성통고』 형식으로 개편하여 『사성통고』를 지었는데, 그가 따로 지은 『노박집람』도 참고하면서 4년간에 걸쳐 원고를 일곱번 고쳤다고 했다. 『사성통해』의 내용 순서는 서문 다음에 '운모정국'이 있고, 이어서 『광운』 36자모지도, 『운회』

35자 모지도,『홍무정운』31자 모지도가 실려 있고, 범례 26조항 다음에 '동운(東韻)'부터 한자가 배열되어 있다. 현전본의 하권 끝에는『사성통고』 범례 10조와『번역노걸대』,『박통사』범례 9조, 그리고「동정자음(動靜字 音)」항이 실려 있다.『사성통해(四聲通解)』의 특색은 다음과 같다. 첫째, 『홍무정운』의 반절은 옮겨 적지 않고 한글로 표음한『홍무정운역훈』의 음을 그대로 옮겨 적어 정음(홍무정운음)과 속음(15세기 중국북방음)을 구별 하였으며 때로는 최세진이 관찰한 16세기의 북방음을 금속음(今俗音, 대체 로 중원 음운음과 같음)이라고 하여 표기하기도 했다. 따라서『홍무정운역 훈』과『사성통해』는 정음과 속음의 음계가 같고 전탁음을 유지하고 있는 정음, 속음의 31성모, 76운목(『사성통해』는 80)의 운모 중성도 같다. 둘째, 이 책에서는 중국의 관화(官話)에서 이미 소실된 입성운미(入聲韻尾, -p, -t, -k)를 그대로 반영하여『홍무정운역훈』의 정음과는 달리, 정음에서도 입성운미를 표시하지 않았다. 다만 '약운(藥韻)'의 정음만 'ㅸ'으로 운미 표기하였다.『홍무정운역훈』에서는 정음입성운미로 ㄱ, ㄷ, ㅂ을 표기했 고, 속음의 입성운미는 'ㆆ'(약운만 ㅸ)이었는데,『사성통해』의 속음도 이 와 같다. 셋째, 수록자의 자순은『홍무정운역훈』,『사성통고』과는 달랐고 소운 대표자도 다르며, 때로는『홍무정운역훈』,『사성통고』의 소운을 통 합하기도 하였다. 이것은 최세진이『몽고운략』,『고금운회거요』,『운학집 성』과『중원아음』,『고운지음』등을 참고로 하여『사성통해』를 지을 때, 『홍무정운』과『몽고운략』에서 음이 같은 글자부터 수록했기 때문이다. 넷째, 이 책에서는 정음, 속음, 금속음 이외에 '몽고운략'음, '운회거요'음, '중원음운'음 등을 표기하기도 하였다. 다섯째, 자석은 주로『고금운회거 요』에서 취했는데, 자석 가운데에는 451여 단어에 걸쳐 물명 등을 국어로 기록하기도 했다. 이 책은 한글로 표음된 운서로서 중국어, 특히 근세 북방음의 연구에 중요한 자료가 되고 있을 뿐만 아니라, 한글로 된 자석도 있어 국어사의 연구 자료로도 이용되고 있다. 현재 원간본은 전하지 않는다. 을해자로 된 복각본으로서 임진전쟁 이전에 간행된 것으로 보이는 목판본이 일본의 국회도서관에 소장되어 있다. 국내에는 광해군 6(1614)년의 목활자본과 효종 7(1654)년의 목판본이 규장각도서에 있다. 국내에서는 1614년판을 서울대학교 국문과에서 영인하였다.[1]

1. 『사성통해』 서문

> 臣竊惟, 言出於口, 淸濁隨聲, 聲施諸文, 平仄成韻, 是知聲韻之體, 與天地齊生. 因是而有四聲之分, 七音之辨也, 必能審四聲輕重, 以求其子母, 嚼七音呼吸, 以明其開闔 然後, 庶可識其妙用也. 天下莫不知其然, 而通者或鮮, 此韻書之所由作也. 然而諸儒集韻, 分合失倫, 隻字偏旁, 譌舛相承.

신 최세진이 삼가 생각해 보건대, 말은 입에서 나오고 청탁은 소리를 따르며 소리는 글에 베풀어지면 평성과 측성으로 나뉘어 운을 이루니 이로써 성운의 바탕이 천지와 함께 생겨난다는 것을 알 수 있다. 이렇기 때문에 사성(운모와 이에 따른 성조)의 구분과 칠음(성모)의 구별이 있는 것이나, 반드시 사성(운모)의 경중(성질)을 자세히 살펴서, 자모를 밝혀내고 칠음(성모)의 음가를 살펴서 개합(열고 닫힘)을 밝힐 수 있게 된 연후에야 그 묘한 용법 알기를 바랄 수 있을 것이다.

세상에 이러한 이치를 모르는 이가 없으나 훤히 아는 사람이 드물어서 운서를 만들게 되었던 것이다. 그러나 운서를 편찬하는 사람들이 운을

---

1) 강신항(1973), 『사성통해 연구』, 신아사.

분류할 때 나누고 합하는 질서(체계)를 세우지 못하여 글자의 부수를 모은 잘못된 것을 그대로 답습하고 있다.

洪惟皇明太祖高皇帝, 見古韻書, 憫其乖雜, 當天下混一之初, 首詔詞臣, 一以中原雅音, 倂同析異, 刊定洪武正韻, 然後千古蹐駁, 始歸于一也. 惟我東國, 世事中華, 語音不通, 必賴傳譯. 故設官[2]委任, 俾專其業, 恭惟世宗莊憲大王, 至誠事大, 恪謹侯度, 凡于咨奏, 必經睿覽, 始究學譯, 當先聲韻.

명나라의 태조인 고황제께서 전해 오는 운서를 보시고 그 내용이 어긋나고 조잡스러운 것을 딱하게 여기시어, 혼란스럽던 천하를 하나로 통일하는 시기를 맞이하여, 무엇보다도 먼저 학문하는 신하들에게, 오로지 『중원아음』을 기준으로 해서 똑같은 것은 합하고 다른 것은 나누어서 『홍무정운』을 간행하도록 명하시니, 이렇게 한 다음에야 천년 동안 어지럽게 뒤섞여 오던 음운 체계가 비로소 하나로 통일되게 되었다.

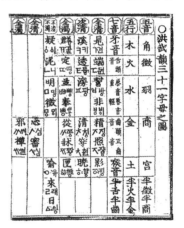

우리나라는 오랫동안 중국과 외교관계를 유지해 왔으나 말이 통하지 않아 반

---

2) 사역원(司譯院)은 조선 태조 2(1393)년에 설립된 외국어 교육기관이자 통역, 번역 사무와 실무를 맡던 관청이다. 고려시대 명칭이었던 통문관(通文館), 상원(象院)이란 별칭으로도 불렸다. 한학(漢學), 여진학(女眞學), 몽학(蒙學), 왜학(倭學)을 정식으로 취급하였다. 여진학은 청나라가 된 후에는 청학(淸學)이라고도 하였다. 국제관계에서 통역, 번역에만 종사하였을 뿐 아니라 중국을 거쳐 오는 과학, 기술의 이해에서도 사역원을 통하였고, 중국 방면에 가서 직접 과학, 기술 공부에 역관(譯官)들이 활동한 예도 많다.

드시 통역하는 사람에게 의뢰해 왔던 까닭에 조선조 건국초부터 사역원을 설치하고 이 일을 맡겨서 이 일만을 힘쓰도록 해 왔다.

세종대왕께서는 중국과 성실히 외교관계를 유지하여 중국 인근 국가 통치자(후도侯度는 원래 중국 제후의 도리라는 뜻)로서의 도리를 정성껏 다하시느라고, 중국 황제께 전달하는 모든 문서를 친히 살피시면서 한어 학습에는 마땅히 성운부터 먼저 연구하여야 한다고 하셨다.

創制訓民正音, 命譯洪武正韻, 又慮其浩穰難閱, 而覽者病焉. 乃命高靈府院君申叔舟, 類粹諸字, 會爲一書, 冠以諺音, 序以四聲, 諧之以淸濁, 系之以字母, 賜名曰四聲通攷.
且以世宗所定四聲通攷, 別附之頭面

훈민정음을 창제하고 『홍무정운』을 번역하라고 명령하실 때에 그 분량이 너무 많아서 읽기가 어려워 보는 사람이 이를 괴로워함을 걱정하시어, 곧 고령 부원군 신숙주에게 『홍무정운』에 실린 글자들을 분류해서 한 책으로 모은 다음에 한글로 먼저 음을 쓰고 사성별로 나열하고 청탁별로 분류하고 자모순으로 수록하라 하시고 『사성통고』라는 책이름을 내리시었다.

또 세종이 정한 『사성통고』를 따로 앞머리에 붙였다.

夫始肄華語者, 先讀老乞大朴通事二書, 以爲學語之階梯, 初學二書者, 必觀四聲通攷, 以識漢音之正俗, 然其二書訓解, 承訛傳僞, 通攷諸字, 有音無釋.
承訛傳僞, 則雖經老譯, 莫能就正, 有音無釋, 則一字重出, 無所適從. 臣卽

將二書諺解音義, 書中古語, 裒成輯覽, 陳乞刊行, 人便閱習.

대저 한어를 배우기 시작하는 사람은 먼저 『노걸대』와 『박통사』 두 책을 읽어서 말을 배우는 차례로 삼고, 두 책을 처음 배우는 사람은 반드시 『사성통고』를 읽어서 한어자음의 정음과 속음을 익혀야 했다. 그러나 『노걸대』와 『박통사』의 '잘못된 해석'을 계속 이어받고 있어 『사성통고』는 음만 기록되어 있고 글자 풀이가 없다.

잘못된 것을 그대로 이어가면, 비록 나이가 많은 역관을 거친다고 하더라도 이것을 바로잡을 수가 없고, 자음만 있고 글자풀이가 없으면, 한 글자가 몇 군데에 거듭 수록되어 있어도 정확한 것을 따를 수가 없다. 이에 신이 『노걸대』와 『박통사』를 언해하여 그 음과 뜻풀이를 하고 또 책 안의 고어를 모아서 『노박집람(老朴輯覽)』을 편집하여 제가를 받아 간행하니 사람들이 책을 읽거나 한어를 배우기가 쉽게 하였다.

今將通攷一書, 亦已轉聞于朝. 證據古韻, 抄著音解, 焚膏繼晷, 謄藁七易, 迄今四載, 方克就緖. 釐之爲上下二卷, 名之曰, 四聲通解. 庶令新學, 便於檢閱, 音釋源委, 開卷瞭然, 一字數音, 不至誤用矣.
但以古人取字, 凡音響協者, 以類而集, 名之爲韻書, 偏旁同者, 以形而聚, 目之爲玉篇, 盖有聲而無形者, 隨韻而准知其音, 有體而無聲者, 依篇而的見其韻, 此有韻則宜有篇, 而篇韻之相爲表裏, 不可缺一者也.

이제 『사성통고』 한 책도 역시 이미 간접적으로나마 조정에서 (그 미비함을) 알게 되어, (이를 보완할, 새 운서 편찬이 필요하여) 고운을 근거하여 음과 풀이를 저술할 때에, 밤낮으로(기름불을 켜고 햇볕 아래) 원고를 일곱

번 고쳐 써는데 오늘날까지 4년의 세월이 흘러 바야흐로 겨우 실머리(시작)에 이르게 되어 이를 상, 하 2권으로 분류하고 이름을 『사성통해』라 하였다. 새롭게 공부(한어)를 시작하는 사람으로 하여금 찾아보고 읽어 보는데 편리하며, 음과 뜻풀이의 근원을 책을 펼치자마자 훤하게 하여, 한 글자나 여러 음이 잘못 쓰임이 없도록 바라고 있다.

다만 옛사람이 한자를 가지고 소리의 울림이 어울리는 것들끼리 분류하고 모아서 책을 만들어 운서라 하고, 변(偏)이나 방(旁) 등 부수가 같은 자형끼리 모아서 옥편(玉篇)이라 표제를 붙였는데, 대개 소리(字音)가 있고, 자체(形)가 없는 것은 운에 따라서 그 음을 알 수가 없고, 자체는 있으나 자음이 없는 것은 부수를 따라서 정확하게 그 운(字音)을 알 수 있으니, 이러한 것이 운이 있으면 마땅히 부수가 있어야 한다는 점이니 부수와 운이 서로 표리가 되고 하나가 빠져서는 안 되는 것이다.

臣伏観洪武正韻, 只類其聲而不類其形, 是則存其韻, 而缺其篇也. 況我本朝, 修寫咨奏, 求倣畫段者, 欲得其字, 又迷所在, 必也覩執偏旁, 搜尋類形然後, 可知其指歸之的韻.
臣不揆鄙拙, 敢刱己見, 只取通解所抄, 彙成玉篇一帙, 增那改併, 皆從便覽, 不著音釋, 獨系韻母, 使後學, 尋韻考字, 如指諸掌, 而形聲之兼通無碍, 不至於偏滯, 也決矣.

신이 『홍무정운』을 살펴 보옵건대 다만 그 자음만 가지고 부류라고, 그 자형을 가지고는 분류하지 않았으니, 이러한즉 운만 있고 부수가 빠져 있다. 하물며 우리나라에서 명나라에 올리는 자문(咨文)이나 주문(奏文)을 작성할 때에, 획과 자형을 본받아서 그 글자를 찾으려고 해도 어디에 있는지를 몰라서, 반드시 부수(偏旁)를 가지고 같은 부류의 자형을 찾은 다음에야 그것이 속해 있는 정확한 운을 알 수가 있다.

신 최세진이 어리석음을 헤아리지 않고, 감히 제 소견대로 다만『사성통해』에서만 뽑아 모아서 옥편 한 질을 편찬했다. 늘이고 고쳐서 아우른 것이 모두 편람(보기에 편함)을 중심으로 했고, 음과 뜻풀이를 적지 않고 단지 운모만을 가지고 계통을 세워서, 후학으로 하여금 운을 찾고 글자를 밝히는 것이 손바닥 들여다보듯이 쉽게 하도록 하였고 자형과 자음에 다 통하는 데 걸림돌이 없게 하여 한쪽에 치우쳐서 막히는 일이 없도록 했다.

臣學淺識庸, 叨忝門籍, 但糜廩粟, 無少報効. 自學箕裘, 篤志不懈, 憂世寡知, 營構指南, 逮成是書, 固知僭越. 以管窺天, 疎駁亦多, 非入儒科, 唯施譯學, 庶要便蒙, 苟圖簡捷, 又迫衆求, 不獲終辭. 非擅著述, 且畏獨善云耳. 至如魯魚晉豕之歸正則, 敢俟后之知音者.

신은 학문이 얕고 학식이 용렬한데도 외람되게도 문벌을 욕되게 하고 있고, 다만 녹(廩粟=官=官給米)만 축내고 조금도 보답을 못하고 있었는데, 집안의 학문(箕裘=世傳)을 공부하기 시작한 이래로 마음을 굳게 먹고 부지런히 공부해 왔으며, 세상에서 이 분야를 아는 이가 드문 것을 걱정하여 지침서를 엮어서 이 책을 편찬하기에 이르렀으니 진실로 분수에 넘치는 일임을 알겠다.

관(管)으로 엿보는 듯한 좁은 소견과, 사실과 멀고 뒤섞인 곳도 역시 많으니 유학자들에게는 소용이 없고 역학자들에게만 긴요하게 쓰이고 진실로 빨리 익히기만을 바라고 있는데, 또 여러 사람의 요구에 몰려서 마침내 사양하지 못하고 간행하게 되었으니 외람된 저술일 뿐 아니라 또한 독선적이라는 말을 들을까 두려울 뿐이다. '魯'자와 '魚'자를 혼동하고 진(晉)과 시(豕)가 바로 잡혔으니 감히 후세에 이 분야에 정통한 분이 나타나기를 기다릴 뿐이다.

때는 중종 12(정덕 12, 1517)년 해는 정축 11월

일에 통훈대부 행내 첨시 부정 겸 승문원 참교 한학교수 신 최세진이 두 손 모으고 머리를 조아려 삼가 씀.

[『광운』 36자모도의 주석]

舌上音, 卽同本國所呼, 似與正齒音不同, 而漢音, 自歸於正齒, 非敷泥孃, 鄕漢難辨, 集韻, 皆用三十六母, 而稱影曉匣三母, 爲淺喉音, 喩母爲深喉音, 又以影母, 敍入匣母之下, 古今沿襲, 不同盖亦必有所由也, 而今不可究矣.

설상음은, 즉 우리나라에서 발음하는 것과 같으나 정치음(正齒音)과 비슷하여 같지 않으니, 한음에서는 설상음(舌上音)이 저절로 정치음과 같아졌고, 비모(非母)와 부모(敷母), 니모(泥母)와 양모(孃母)는 우리 나라와 한음에서 구별할 수 없게 되었다. 집운(集韻)에서는 36자모를 부두 쓰

고 있으나 영효갑(影曉匣) 삼모(三母)를 천후음(淺喉音)이라 하고 유모(喩母)를 심후음(深喉音)이라고 하였으며, 또 영모(影母)를 갑모(匣母) 아래에 부연하여 예로부터 이어 내려오는 계통이 같지 않고, 모두 대개 까닭이 있을 것이나 여기에서는 다 밝히지 않겠다.

> 魚卽疑音, 孃卽泥音, 幺卽影音, 敷卽非音. 不宜分二, 而韻會分之者, 蓋因蒙韻內, 魚疑二母音, 雖同而蒙字卽異也. 泥孃幺影非敷六母, 亦同但以泥孃二母, 別著論辨, 決然分之, 而不以爲同, 則未可知也.

魚音(ŋ-)은 곧 疑音(ŋ-)이요 孃音(n-)은 곧 泥音(n-)이요 幺音(ʔ-)은 影音(ʔ-)이요, 敷(f-)은 곧 非音(f-)은이라 마땅히 둘로 나눌 필요가 없는데, 운회에서 이들을 나눈 것은 대개 몽고(권)시대에 편찬된 운서에서 魚성모음과 疑성모음이 비록 같더라도 이를 표기하는 원나라 글자가 같지 않아서 둘로 나눈 것이다. 泥성모음과 孃성모음, 幺성모음과 影성모음, 非성모음과 敷성모음이 모두 같으나 다만 泥성모음과 孃성모음을 따로 나타내어 확연히 구별하고 둘이 같은 것으로 생각하지 않으니 알 수 없는 일이다.

[자모도 설명]

> 一. 凡字皆有初中終三聲, 必將三聲倂合然後, 乃成一字. 如初聲ㄷ, 中聲ㅜ, 終聲ㅇ, 倂合而爲둥, 卽東字之音也.

무릇 하나의 자음은 모두 초성, 중성, 종성을 갖추고 있으니, 반드시 삼성을 가지고 아우른 다음에야 곧 하나의 자음(음절)을 이룬다. 예를 들면 초성 ㄷ과 중성 ㅜ와 종성 ㅇ을 아우르면 둥이 되니 즉 '東'자의 음이다.

> 言字母者, 謂爲字之母也, 如東韻公字音궁, ㄱ爲初聲, 而ㄱ音, 卽公字之母也. 古之撰韻者, 欲取ㄱ音, 以示標準, 而單擧ㄱ音, 難於形具. 乃以見字之音견而擧, 此見字, 可爲ㄱ音之標準. 故仍以見字, 作ㄱ音之母, 而凡諸ㄱ音之字, 皆使隸於見字之下, 而爲之子焉. 然其初聲ㄱ音之字, 非但見字, 而直用見字, 爲母者, 亦非有取本字之義而擧之也. 雖公字. 可爲字母, 而以見字, 爲之子也.

'字母'라고 말하는 것은 자음의 기준이 되는 것을 일컫는 것이니, 예를 들면 동운(東韻)의 '公'자의 음 '궁'은 'ㄱ'이 초성인데, ㄱ음이 곧 '公'자의 기준이다. 옛날에 운서를 편찬한 살람이 ㄱ음을 취해서 표준을 보이려고 해도 단지 'ㄱ'음만 가지고는 형체를 이룰 수 없어서 곧 '見'자의 음인 '견'을 가지고 표준을 보이니, 이 '見'자가 'ㄱ'음의 표준이 되는 것이기 때문에, 그대로 '見'자를 가지고 'ㄱ'음의 표준을 삼으니, 무릇 'ㄱ'음이 들어 있는 모든 글자가 모두 見(ㄱ)자로 見(ㄱ)자에 소속되어 子가 되는 것이다. 그러나 초성이 'ㄱ'음인 글자가 '見'자만이 아니거늘 곧바로 '見'자를 써서 기준으로 삼는 것은, 역시 '見'자의 본뜻을 가지고 기준으로 삼은 것이 아니고 비록 '公'자라도 자모(字母)가 될 수 있고 '見'자를 이에 소속시킬 수 있는 것이다.

> 蓋字之淸濁輕重, 隨口成聲, 必取一字, 以爲淸濁輕重之準的, 而示之然後, 學者可從一, 則而不流於他岐之相逐也, 此字母之所由設也. 諸母倣此.

대개 자음의 청탁경중(淸濁輕重)은 입에서 발음되는 대로 이루어지는 것이어늘, 반드시 한 글자(자음)를 골라서 청, 탁, 경, 중의 표준으로 삼아서 이것을 보인 다음에야 배우는 사람들이 하나를 따를 수 있고 다른 갈래를 흘러 들어가 서로 쫓는 일이 없을 것이니, 이것이 자모를 설정하는 이유다. 다른 자모들도 이와 같다.

一. 初聲爲字母之標, 而見溪等三十一母, 無韻不在焉. 中聲終聲則以之而類聚, 爲韻者也. 取中聲爲韻者, 支齊魚模皆灰歌麻遮九韻, 是也. 取終聲爲韻者, 東眞文寒刪先陽庚侵覃塩十一韻, 是也. 取中終二聲爲韻者, 蕭爻尤三韻, 是也. 上去入三聲諸韻, 各從其音, 通隸於平聲也.

초성은 자모의 표시가 되나, 견(見), 계(溪) 등 31모가 운(韻)이 없는 것이 없고, 중성과 종성은 중성과 종성이 같은 것끼리 모아서 분류하여 운(韻)으로 삼았다. 중성을 기준으로 해서 운으로 삼은 것은, 支 등 9운이 이것이며, 종성을 기준으로 해서 운을 삼은 것은 東 등 11운이 이것이며, 중성과 종 두 가지로 기준을 삼은 것은 蕭 등 3운이 이것이니, 상성, 거성, 입성 삼성에 속하는 운들은 각각 그 음을 따라서 평성에 속한다.

一. 凡學譯者, 未知其要, 反疑千萬之字, 各有千萬之音, 無從領挈, 勞費記習, 乃至七音相陵, 五聲相混, 竟不知辨孰以爲是, 老譯, 旣皆若茲.

무릇 한어를 배우는 사람들이 그 요령을 모르고 도리어 수많은 한자들이 각각 수많은 자음을 가지고 있다고 여겨, 요령을 잡을 길이 없어서, 기억하고 익히는 데 힘을 소비하고, 이에 7음이 혼란을 일으키고 5성이 서로 섞이게 되어 마침내 구별하여 요점을 잡아서 어느 것이 옳다고 할 줄 모르게 되었으니, 나이 많은 역관(譯官)도 모두 이와 같다.

後學, 靡然趣之, 甚者, 患其浩繁, 遂至怠廢, 良可嘆也. 若能先誦字母, 以挈其領, 次觀通解, 以辨四聲, 則雖千萬諸字之音, 不過以初聲三十一, 中聲十, 終聲六而管綴成字, 得有七百餘音而已, 此, 字母之不可不先誦, 而通解之尤須披閱, 不釋者也, 學者詳之.

뒤를 이은 학도들도 이에 휩쓸려 심한 사람은 그 분량이 많은 것을 괴로워하여 드디어 태만해지거나 공부를 중단하기에 이르니 실로 한심스러운 일이다.

만일 먼저 자모를 외울 수 있어서 요점을 잡을 수 있고 다음에 사성통해를 보고 사성을 구별할 수 있다면, 비록 수많은 여러 자음이라고 하더라도 겨우 초성 31과 중성 10, 종성 6을 가지고 엮어서 글자(자음)를 이루면, 700여 음절만을 얻을 수 있으니 이것이 모름지기 자모를 먼저 외우고 사성통해를 마땅히 펼쳐보아 놓지 못할 이유이니, 공부하는 사람들은 이를 자세히 알도록 할 것이다.

2. 『사성통해』 〈범례〉

一. 『몽고운략』은 원나라 때 편찬된 것이다. 원나라가 주인이 되어 중국에
들어와 곧 원나라 글자(파스파문자)로 한자음을 주음하여 운서(『몽고자
운』)를 편찬하여 국민들을 가르친 책이니 한자음에 맞추어서 원나라
글자로 표기한 것이 매우 정밀하여 『사성통고』에 기록되어 있는 속음
이 간혹 몽고나라 시대의 운서의 음과 같은 것이 많았다. 그래서 『사성
통해』를 편찬할 때에도 반드시 몽고(元)운서의 음을 참고해서 정음과
속음의 같고 다름을 증명했다.

一. 수록자를 가려 뽑거나 글자음의 정음과 속음을 정하는 것은 오로지
『홍무정운』을 가지고 기준으로 하였으나 다만 일반적으로 상용하고
있는 글자로서 『홍무정운』에는 빠진 것이 많기 때문에 이제 아울러
보태거나 혹은 다른 운서를 참고해서 보완하여 찾거나 읽는 수고로움
을 덜게 하고 중요한 것이 빠졌다는 아쉬움이 없기를 바라고 있으나

---

3) 국자는 원나라 세조가 1269년에 명하여 만든 파스파(八思巴)문자.

역시 감히 다 쓰도록 하려는 것이 아니다. 또한 분량이 너무 많아질 것을 두려워하여 평상시에 드물게 쓰는 글자는 역시 수록하지 않았다.

一. 洪武韻, 不載而今所添入之字, 作圈別之.

一. 『홍무정운』에 실려 있지 않고 이제 보탠 글자는 동그라미를 해서 이를 구별했다.

一. 洪武韻入字及註解, 一依毛晃韻, 而循用毛氏之失, 不曾規祛故, 今不取也. 黃公紹作韻會, 字音則亦依蒙韻, 而又緣蒙字有一音兩體之失故, 今不取其分音之類也, 唯於註解則正毛氏之失, 聚諸家之著, 而尤加詳切. 故今撰通解, 亦取韻會註解, 爲釋.

一. 『홍무정운』의 수록자와 주해는 오로지 모황이 편찬한 『예부운략(禮部韻略)』(정식 이름은 『增修互註禮部韻略』)에 바탕을 둔 것이나 모씨의 결점을 그대로 따라서 일찍이 고쳐서 바로잡지 못하였기 때문에 이제 『사성통해』 편찬에서는 『홍무정운』의 주해를 취하지 않았다. 황고소가 『고금운회』(원 지원 29년, 1292년에 황공소가 지은 운회는 전하지 않으므로 웅충(熊忠)의 『고금운회거요』를 말하는 것)를 지을 때, 자음은 몽고시대에 편찬된 운서를 바탕으로 했으나 또 하나의 음을 두 가지 글자로 표기하는 몽고 글자(八思巴字)에 연유되어 있기 때문에 이제 음을 나누는 분류를 따르지 않았다. 다만 『운회』의 주해는 모씨의 결점을 바로잡고 여러 사람들의 저술을 모아서 더욱 자세히 기록한 것이므로, 이제 『사성통해』를 편찬함에 있어서 역시 『운회』의 주해를 취하여 글자의 뜻풀이를 하였다.

一. 一字而重出數處者, 音釋亦有同異. 故各於所在, 詳抄該用之釋, 其單
現于一母者則以字解, 從略故, 略抄主義之解而已, 今不盡取其釋也. 雖或
擧著文字出處, 而不詳釋其義者, 有之可於韻會考之. 間有今俗所取用而
古釋不著者, 今又添載, 或用鄕語直解.

一. 한 글자로서 여러 곳에 나오는 것은 자음과 글자 풀이를 자세히 기록
하고, 한 운모에만 나오는 글자는 글자 풀이를 간략하게 하고자 하였
으므로 중심이 되는 뜻만을 간단하게 기술하고 이제 그 모든 뜻을
서술하지 않았다. 비록 혹시 글자의 출처를 들어내고서도 그 뜻을
자세히 풀이하지 않은 것이 있으니, 『운회거요』를 참고해 볼 수 있고,
간혹 오늘날 일반적으로 쓰고 있는데 옛날 풀이가 나타나지 않은 것은
이제 또 추가로 실었고 또는 우리말로 직접 풀이하였다.

一. 一重現諸字, 必擧著所, 在四聲及字母韻母之字, 於註末, 皆作陰字為
標, 以別之, 指示所歸, 若俱在一韻同母而異聲則各擧本聲平上去入一字,
為標, 異母異聲則擧其所在字母諺音, 為標, 又出於他韻者, 雖散入四聲,
而只擧首韻, 為標, 至覽首韻則其他三聲, 從可見矣.
一. 四聲通攷, 各韻諸字, 一母四聲, 各著諺音, 平聲無點. 上聲二點. 去聲
入聲一點, 今撰通解, 只於平聲, 著其諺音, 上聲去聲則其音, 自同而平仄
之呼, 可從本聲故, 更不著其諺音及加點. 而只書上聲去聲也. 今俗呼入聲
諸字, 或如全濁平聲, 或如全淸上聲, 或如去聲, 其音不定, 若依通攷, 加一
點則又恐初學之呼, 一如去聲. 故 亦不加點, 註下諸字諺音, 則一依通攷

例, 加點, 鄉語則依本國, 諺解例, 加點.

一.『사성통고』에서는 수록되어 있는 각 운의 여러 글자에다가 한 운모씩
　사성별로 언물음을 달고, 평성은 점이 없고, 상성은 두 점, 거성과
　입성은 한 점을 찍었으나, 이제『사성통해』를 편찬함에 있어서는 다만
　평성에만 그 언물음을 달고 상성과 거성은 그 음이 평성과 같되 평,
　측을 구별해서 제 성조대로 발음하기 때문에 평성 이외의 자음에는
　언문음과 방점을 찍지 않고 단지 상성과 거성이라고만 하였다. 오늘날
　일반적으로 입성자들은 전탁음의 평성자처럼, 또는 전청음의 상성,
　혹은 거성처럼 발음하여 그 음이 일정치 않은데, 만일에『사성통고』대
　로 한 점을 찍으면 또 처음에 배우는 사람들이 한결같이 거성처럼
　발음할까봐 역시 점을 찍지 않았다. 주 아래 여러 글자의 언문음은
　오로지 사성통고의 보기대로 점을 찍고, 우리말은 우리 나라 언해의
　보기대로 점을 찍었다.

一. 註內只曰俗音者, 卽通攷元著俗音也. 曰今俗音者, 臣今所著俗音也.
　今俗音, 或著或否者, 非謂此存而彼無也. 隨所得聞之音而著之也. 入聲諸
　字, 取通攷所著俗音則依通攷, 作字, 加影母於下. 若著今俗音及古韻之音
　則只取初中聲, 作字, 不加影母. 或以入聲而讀如平上去三聲者, 必加平上
　去, 一字, 爲標.

一. 주 안에서 다만 속음이라고 한 것은 곧 통고에서 원래 속음이라고
　기록했던 것이고, 금속음이라고 한 것은 신(최세진)이 이번에 기록한
　속음이다. 금속음을 적기도 하고 적지 않기도 한 것은, 이것은 있고

저것은 없다는 것을 말하는 것이 아니라, 속음을 듣는 대로 기록하였기 때문이다. 입성자들은 『사성통고』에서 기록한 속음을 듣는 대로 기록하였기 때문이다. 입성자들은 사성통고에서 기록한 속음을 취하여 통고대로 글자를 만들어서 영모자(ㅎ)를 붙이지 않았으며, 혹시 입성자를 평성, 상성, 거성처럼 발음할 때에는, 반드시 평성, 상성, 거성의 한 글자를 더해서 표를 삼았다.

一. 諸字於一母之下, 洪武韻與蒙韻同音者, 入載於先, 而不著蒙音. 其異者, 則隨載於下, 而各著所異之蒙音. 故今撰字序, 不依通攷之次也. 至於韻會集韻中原雅音中原音韻韻學集成及古韻之音, 則取其似, 或可從, 而著之, 非必使之勉從也.

一. 수록자는 하나의 운모 아래, 『홍무정운』 수록자와 몽고운서 수록자 가운데 음이 같은 것을 먼저 기재하되 몽고운서 음 표시를 하지 않고, 『홍무정운』음과 다른 음은 아래에다 이어서 기재하되 몽고운서음 표시를 하지 않고, 『홍무정운』음과 다른 음은 아래에다 이어서 기재하되 각각 몽고운서의 음임을 들어내었다. 그래서 이번에 편찬한 『사성통해』의 수록자 순서는 『사성통고』 수록자의 차례대로가 아니다. 『고금운회거요』, 『집운』, 『중원아음』, 『중원음운』, 『운학집성』과 옛 운서의 음은 비슷한 것을 취하거나 따를 만한 것은 이를 들어내되 반드시 꼭 따르라고 한 것은 아니다.

一. 洪武韻及通攷, 其收字取音, 與古韻書及今俗之呼, 有大錯異者, 多矣. 其可辨出, 而分之者, 則移入該攝之母, 其或疑之者, 則仍舊存之, 而只著辯論, 以竢知者之去取焉.

一. 『홍무정운』과 『사성통고』는 수록자와 그 자음이, 고운서 및 오늘날의 현실음과 크게 어긋나는 것이 많다. 그래서 구별해 내어 누눌 수 있는 것은 해당하는 섭의 운모로 옮기고, 혹시 의심스러운 것은 그대로 두되 다만 구분해야 될 이유만 적어서 이 분야의 전문가가 버리고 취하기를 기다리고자 한다.

一. 註內, 稱本註者, 卽洪武韻之註也, 其曰本註音某者, 亦合從之.

一. 주 안에서 '本註'라고 일컬은 것은 즉 『홍무정운』의 주이니 '本註音某'라고 한 것도 역시 『홍무정운』대로 따른 것이다.

一. 九經韻覽凡例, 云, 字有體用之分, 及自然使然始然已然之別也, 今將定體, 及自然已然, 爲正音用, 以使然始然, 爲借音者, 以其靜爲體. 而動爲用也, 今以上下二字, 觀之上從去聲, 下從上聲, 是之謂體. 若自下而升上, 則上從上聲. 自上而降下, 則下從去聲, 是之謂用也. 又如輕重之重, 統緖之統, 自然者, 並從上聲. 自重而重之, 及言統攝之統, 凡屬使然者, 並從去聲. 由靜以致動也.

一. 『구경운람(九經韻覽)』(구경은 효경孝經, 논어論語, 맹자孟子, 모시毛詩, 상서尚書, 주역周易, 예기禮記, 주례周禮, 춘추春秋 등 유교의 경전을 뜻하며, 남송南宋

때 이들에 대하여 직음식直音式으로 음을 단 구경직음九經直音이 있었음. 구경운람은 운중심으로 주석을 단 서적으로 보임) 범례에서 말하기를 글(자음)에는 '체' '용'의 구별과 '자연' '사연' '시연' '이연'의 구별이 있다고 하니, 이제 '정체'와 '자연' '이연'으로 '정음'을 삼아 쓰고 '사연'과 '시연'으로 '차음'을 삼는 것은, '정'으로써 '체'를 삼고 '동'으로써 '용'을 삼는 것이니, 이제 위아래 두 자(자음)로 볼 것 같으면, 위는 거성이 되고 아래는 상성이 되니 이를 '체(体)'라고 일컫는 것이다. 만일에 아래로부터 위로 올라가면 위의 자음은 상성이 되고 위로부터 아래로 내려가면 아래 자음은 거성이 되니 이것을 '용(用)'이라고 한다. 또 '경중(輕重)'의 '重'과 '통서(統緒)'의 '統'은 '자연'이니 둘 다 상성이요, '자중(自重)'의 '重'과 '통섭(統攝)'의 '統'은 '자연'이니 둘 다 상성이요, '자중(自重)'의 '重'과 '통섭(統攝)'의 '統'은 모두 '사연(使然)'에 속하는 것이니 다 거성이 되니 '정(靜)'으로부터 '동(動)'에 이르는 것이다.

又如治字, 攻而未理者, 爲始然. 從平聲, 致理者, 爲已然, 從去聲. 今以始然者, 爲借音, 已然者, 爲本音者, 由動以致靜也. 又如分判之分, 始然者, 從平聲. 采取之采, 使然者, 從上聲. 今並從本音者, 采義, 先采色而分義, 後人爲也. 又如使令之令, 從平聲. 命令之令, 從去聲, 均爲動用而定. 去聲爲本音者, 重命令也, 餘可類推.

또 '치(治)'자 같은 것은 '공이미리(攻而未理)'이면 '시연(始然)'이 되어 평성이 되고, '치리(致理)'면 '기연(已然)'이 되어 거성이다. 이제 '시연(始然)'으로 차음(借音)을 하고 '기연(已然)'으로 본음(本音)을 삼는 것은 '동(動)'으로부터 '정(靜)'으로 이르기 때문이다. 또 '분판(分判)'의 '分'은 '시연(始然)'이라 평성이 되고 '채취(采取)'의 '采'는 '사연(使然)'이라 상성이 되는데,

이제 모두 본음을 따른 것은. '채의(采義)'에 먼저 '채색(采色)'으로 뜻을 나누고 인위적인 것을 뒤로 한 것이다. 또 '사령(使令)'의 '令'은 거성이 되니, 고르게 '동용(動用)'을 삼아서 정하는 것이니, 거성이 본음이 되는 것은 '명령(命令)'을 중히 여긴 까닭이니 나머지도 미루어 알 수 있다.

臣, 今按字之動靜, 其類甚多, 而先賢集韻, 或載或否, 今撰通解, 亦不具錄, 乃於編末, 聚爲一部, 以示後學, 雖元本所不載, 而亦不可不知其實也. 又 當取用也.

신이 이제 생각하옵건대 글자(자모)의 변화 예가 매우 많거늘 선현들이 운서를 편찬할 때에 혹은 기재하고 혹은 개재하지 않았는데 지금 사성통해를 편찬하면서도 역시 모두 수록하지 않고 끝에다가 한 데 모아서 후학들을 위하여 보이었으니, 비록 원본(본문)에 싣지 않았어도 역시 그 실상을 알아야 하고 또 마땅히 활용해야 한다.

一. 入聲ㄹㄱㅂ三音, 漢俗及韻會蒙韻, 皆不用之, 唯南音之呼, 多有用者.

一. 입성운미인 ㄹ ㄱ ㅂ 3음은 한족의 대중음과 『고금운회거요』 및 몽고 시대의 운서에서 모두 쓰지 않고, 오직 남쪽 지방의 발음에서 많이 쓰고 있다.

盖韻學, 起於江左, 而入聲, 亦用終聲. 故從其所呼, 類聚爲門, 此入聲之所 以分從各類也. 古韻亦皆沿襲舊法, 各收同韻而已, 然今俗所呼, 穀與骨, 質與職, 同音. 而無ㄹㄱ之辨也. 故今撰通解, 亦不加終聲. 通攷於諸韻, 入

一. 대개 운학이 양자강 연안에서 발달되어 역시 종성으로 입성을 쓰고
있어서 발음되는 대로 몇 부분으로 분류하니, 이것이 입성이 몇 운류
(韻類)로 나누인 까닭이다. 옛날 운서에서도 역시 모두 옛 방법을 따라
서 같은 운 안에 수록할 뿐인데, 그러나 오늘날 일반 대중은 '곡(穀)'과
'골(骨)', '질(質)'과 '직(職)'을 같은 음으로 발음하고 있으니. ㅡㄹ과 ㅡ
ㄱ의 구별이 없어진 것이다. 그러므로 이제 사성통해를 편찬하면서
역시 종성을 기록하지 않았다. 사성통고에서는 속음의 입성운미를
모두 '영모(影母)'(ㆆ)로 나타내되 다만 '약(藥)'운은 그 발음이 '효(效)'운
(-iau)과 비슷하여 몽고시대 운서의 자음에서는 ㅱ으로 표시하고 『사
성통고』의 속음에서는 ㅸ으로 표시하였는데, 이번의 『사성통해』에서
도 역시 『사성통고』와 마찬가지로 ㅸ으로 표시하였다.

一. 무릇 우리나라 물건 이름으로, 한자어로 풀이하기 어려운 것은 곧바로
우리말로 풀었으니(기록하였으니), 대상을 잘못 짚지 말고 또 쉽게 이
해하기를 바라며, 또 두 글자로 된 한자어는 먼저 나오는 글자 밑에
우리말의 이름과 한어 구어의 발음을 자세히 적고, 나중에 나오는
글자 밑에는 다만 본뜻만을 적었다.

一. 字有兩三音者, 以先儒, 各有所見而著之, 因古昔字寡而以致, 或借用或叶音也. 今撰通解, 必書各音出處者, 示先儒所著之音也. 然其不關時用者, 亦不盡取也. 其未引出處者, 則是爲本音也.

一. 두세 가지 음이 있는 글자는 옛선비가 각각 소견을 가지고 이를 나태낸 것인데, 이것은 옛날에 글자가 드물어서 이렇게 된 것이고, 혹은 차용하고 혹은 음을 맞춘 것이다. 그래서 이제 사성통해를 편찬하면서 반드시 각 음의 출처를 쓴 것은, 옛 선비가 기록한 음을 보인 것이다. 그러나 현실음과 관계가 없는 것은 역시 다 기록하지 않았다. 음의 출처를 적지 않은 것은 본음이다.

一. 字之無釋者, 或取中朝質問之言, 爲解.

一. 글자 가운데 풀이가 없는 것은 중국 사람에게 물어보아 이를 풀었다.

一. 凡一字而重現於上去二聲者, 音釋混同, 固難從一. 古韻, 必以上聲爲先而從之, 今亦從之, 但毛韻及韻會, 許於二聲通押者, 多矣. 當竢得聞本字時呼之音然後, 爲正也, 而今不能悉正者, 力不及也.

一. 무릇 한 글자로서 상성과 거성에 겹쳐서 나타나는 것은, 음과 새김이 뒤섞이어 참으로 하나를 따르기가 힘들다. 옛 운서에서 반드시 상성을 먼저 내세운 것은 이번에도 그대로 따랐으나 모황의 『예부운략』과 『고금운회거요』에서 상성과 거성 글자가 서로 압운을 할 수 있도록 한 것이 많으니, 원 글자의 현실음을 듣게 될 수 있는 때를 기다려서 바로잡아야 하나, 이제 모두 바로잡지 못한 것은 힘이 미치지 못하기 때문이다.

一. 註內, 凡言下同者, 只取本聲而已, 不可通觀下聲也. 如平聲註內, 稱下同則只看平聲. 不可連看上去入三聲也.

一. 글자 밑의 주에서 '아래도 같다'고 한 것은 다만 같은 성조 안의 자음이 같다는 뜻이지, 다른 성조에 배열된 자음까지 말하는 것은 아니다. 예를 들면 평성의 주에서 '아래도 같다'고 한 것은, 다만 평성만 보라는 뜻이고 상성, 거성, 입성까지 연달아 보아서는 안 된다.

一. 飜切之式, 古有門法立成等局, 不相通融. 雖老師大儒, 鮮能通解也. 今但取其上字爲聲, 下字爲韻, 而聲諧韻叶則音無不通矣. 不必拘拘泥古也, 故今撰通解, 只著諺音, 不取反切也. 韻學集成, 亦著直音正切, 不取古切也.

一. 반절법은 옛날에 문법이니 하는 여러 규범이 있어서 서로 통하지 않아, 비록 연세가 많은 스승이나 대학자도 반절법을 깨우칠 수 있는 사람이 드물다. 이제 다만 웃 글자를 가지고 성모로 삼고 아래 글자로 운을 삼아 성과 운이 조화롭게 결합을 하면, 음이 통하지 않은 것이 없으니 구태여 옛것에 사로잡힐 필요가 없다. 그러므로 이제 『사성통해』를 편찬하면서 다만 우리 글자(언문)로 음만 적고 반절은 표시하지 않았다. 운학집성에서도 직음으로 나타내는 반절법만 기록하고 옛날 반절법은 나타내지 않았다.

一. 鄕漢字音則例, 今不盡贅, 消得并考洪武韻凡例, 及二書輯覽飜譯凡例
然後, 庶得分曉其訣法也.

一. 우리나라와 중국 한자음의 예를 이제 다 적을 수 없으니 『홍무정운』
범례와 『노박집람』 및 번역 『노걸대』, 『박통사』의 범례를 아울러 깨우
친 다음에 자음의 올바른 모습을 깨우치게 되기를 바라노라.

一. 上聲全濁諸字時音, 必如全淸去聲呼之也. 但金輔太監, 到本國, 呼其
名輔字爲上聲則似乎淸音, 又見漢人時呼, 愼字音爲친, 是則全用平聲濁
字作音之例而呼之也.

一. 상성 전탁자들의 현실음은 반드시 전처의 거성처럼 발음한다. 그러나
금보태감(金輔太監)이 우리나라에 왔을 때 그 이름인 '輔'자를 상성으로
발음하면 청음과 비슷하며, 중국 현실음에서 '愼'자의 음이 '친'이니
이것은 평성의 탁성자로 음을 만든 예를 전적으로 써서 발음한 것이다.

然書言故事, 云陞上之上音賞. 睚眦之眦音蔡. 切韻指南, 云時忍, 切腎字,
時賞, 切上字, 同是濁音, 皆當呼如去聲, 而却將上字, 呼如淸音賞字, 其蹇
切件字, 其兩切强字, 亦如去聲, 又以强字, 呼如淸音강礏字, 然則時忍, 切
如哂字, 其蹇切如遣字, 可乎云爾, 則濁音上聲諸字之音, 或如去聲, 或如
淸音, 或如次淸, 其音之難定, 如此.

그러나 서언고사(書言故事)에서 말하기를 '승상(陞上)'의 '上'의 음은 '상
(賞)'이라 하고, '애자(睚眦)'의 '眦'음은 '채(蔡)'라 하며, 『절운지남(切韻指南)』

에서 말하기를 '시인(時忍)'으로 '腎(신)'자의 음을 나타내고, '시상(時賞)'으로 '上'의 음을 나타내서 원래 똑같이 탁음인데 모두 마땅히 거성과 같이 발음하고 오리려 '上'자를 가지고 청음의 '賞'자처럼 발음하고, '기건(其蹇)'으로 '件'자의 음을 나타내고 '기량(其兩)'으로 '强羊'자의 음을 나타내서 역시 거성처럼 발음하고 또 '强'자를 청음의 '羌(羗)'자처럼 발음하니, 그러한즉 '시인(時忍)'으로 '哂'자의 음을 나타내고 '기건(其蹇)'으로 '遣'자의 음을 나타내는 것이 옳으냐고 말하는 것뿐인데, 탁음 상성자들의 음이 혹은 거성 같고, 혹은 청음 같으며 혹은 차청과 같으니 그 음을 정하기 어려움이 이와 같다.

指南, 又云, 葵稱貴, 菊稱韭字之類, 乃方言之不可憑者則不得已而姑從其俗云爾, 則俗音隨謬之呼, 亦不可不從也, 如此.

『절운지남』에서 또 말하기를 '葵규'를 '貴귀'라 하고 '菊국'을 '韭구'라 하는 자들은 곧 방언으로서 믿을 수 없는 것인데 하는 수 없이 그대로 속음을 따를 수밖에 없을 뿐이라고 하였으니 속음이 잘못된 발음을 역시 따를 수밖에 없는 것이 이와 같으니라.

一. 註引經史子書之名, 必取一字, 爲圈, 若四字爲名之書則只取下二字爲圈, 以求省文, 如論語則止取語字, 孟子則止取孟字, 至如中原雅音, 韻學集成, 只取雅音集成之類.

一. 주에서 인용한 여러 참고서적의 이름은 반드시 한 글자만 따서 ○표를 하였으며 만일에 네 글자로 된 서명은 잔지 두 글자만 따서 동글라미

를 해서 글을 줄였으니 『논어(論語)』는 '語'자만 『맹자(孟子)』는 '孟'자
만 따고, 『중원아음(中原雅音)』과 『운학집성(韻學集成)』은 '아음(雅音)'과
'집성(集成)'이라고 하였다.

一. 正韻凡例, 云人居異區, 五方殊習, 而聲之所發, 乃有剽疾重遲之別. 故
字音之呼, 萬有不同也, 欲知何者爲正聲, 五方之人, 皆能通解者, 斯爲正
音也.

一. 『홍무정운』범례에서 이르기를, 사람이 다른 지역에서 살아 각 지역에
서 다르게 배워 발음이 빠르고 느린 구별이 있으므로, 자음의 발음이
참으로 많아 다르다. 어떤 자음이 정성(正聲)인가 알고 싶으면 각 지방
사람들이 다 알아들을 수 있는 음이, 이것이 정음(正音)인 것이다.

一. 諸韻, 終聲ㄴㅇㅁ之呼, 初不相混. 而直以侵覃塩, 合口終聲, 漢俗皆呼
爲ㄴ 故, 眞與侵, 刪與覃, 先與塩之音, 多相混矣. 至於東與庚則又以中聲
ㅜㅠ之呼而相混者, 亦多矣. 故韻會庚韻內, 盲音與蒙同, 宏音與洪同, 此
因中聲相似, 以致其相混也.

一. 여러 운에서 종성인 ㄴㅇㅁ의 발음이 애당초 섞이지 않아서 곧 침담염
(侵覃塩)의 종성은 합구(合口)(ㅁ)인데, 중국 속음에서 모두 ㄴ으로 발음
하고 있으므로 眞(ㄴ)과 侵(ㅁ), 刪(ㄴ)과 覃(ㅁ), 先(ㄴ)과 塩(ㅁ)의 종성이
많이 뒤섞이고 있다. 東운과 庚운에 이르러서는 또 중성 ㅜ ㅠ의 발음
이 뒤섞인 것이 역시 많다. 그래서 고금운회거요의 庚운 안에서, '盲'음
이 '蒙'음과 같고, '宏'음이 '洪'음과 같으니, 이것은 중성이 비슷해서

서로 섞이게 된 것이다.

一. 眞韻中聲, 一 ㅣ ㅜ ㅠ 而其呼成字, 不類一韻, 古韻亦有眞文之分. 故今亦分之, 以ㅣ爲眞韻, 以一ㅜㅠ, 爲文韻, 庶使後學, 便於類聲求字而已. 非敢以己見, 爲是而擅改經文也, 上去入三聲, 倣此.

一. 『홍무정운』의 진운중성(眞韻中聲)이 一 ㅣ ㅜ ㅠ로 발음하여 하나의 운을 이루는 것과 같지 않고, 또 옛날 운서에서 '眞'운과 '文'운으로 나누고 있어서 이제 사성통해에서도 이를 나누어 '眞'운은 ㅣ중성, '文'운은 一 ㅜ ㅠ 중성으로 하여 후학으로 하여금 같은 음을 가지고 글자를 찾아보기를 편하게 되기를 바랐고 감히 개인적인 의견으로 옳다고 해서 멋대로 고쳐서 경문(經文)을 고친 것이 아니며, 상거입(上去入) 3성도 이와 같다.

一. 支韻中聲, 一ㅣ, 齊韻中聲, ㅖ似合區分矣. 然而ㅣ聲諸字, 與齊韻俗呼, 混同無別, 則其可區分乎, 韻學集成, 亦相混也. 中州音韻, 亦分一聲爲一韻, ㅣ聲爲一韻, 今亦宜分支韻, 一聲爲一韻, ㅣ聲與齊爲一韻則庶乎聲韻, 分明矣. 又如庚韻, ㅣㅓ爲一韻, ㅟㅞ爲一韻, 亦宜矣, 然而今於支齊庚三韻, 不敢擅者, 以其聲類, 不甚相遠故, 因舊存之也, 學者只知其槩率而已.

一. '지(支)'운의 一 ㅣ 중성과 '제(齊)'운의 ㅖ중성이 비슷하나 나뉘어 있는데, 그러나 ㅣ중성계 등 여러 글자가 대중의 속음으로는 '제(齊)'운과 비슷하니 어떻게 구분할 수 있겠는가? 『운학집성』에서도 역시 서로 섞이어 있다. 『중주음운(中州音韻)』에서도 一중성으로 하나의 운(韻)을 세우고, ㅣ 중성으로 하나의 운을 세우고, ㅣ 중성과 '제(齊)'운으로 하나의 운을 세우면 성운(聲韻)이 거의 분명해질 것이다. 또 '경(庚)'운 같은 것은, ㅡ ㅢ 중성으로 하나의 운을, ㅟ ㅚ 중성으로 하나의 운을 세우는 것이 역시 마땅하나 그러나 이제 지(支), 제(齊), 경(庚) 3운을 감히 함부로 나누지 못하는 것은, 그 중성들이 그렇게 삼하게 서로 차이가 나지 않으므로 전통대로 하였으니 배우는 사람은 다만 그 요체만 알았으면 할 뿐이다.

07. 『화담집』〈잡저〉 '성음해(聲音解)'

서경덕이 남긴 『화담집』〈잡저〉에 〈황극경세성음해〉, 〈발전성음해미진처〉, 〈황극경세수해〉, 〈육십사괘방원지도해〉, 〈괘변해〉 등이 실려 있는데, 이는 소옹의 『황극경세서』에 대한 화담의 견해로 해설한 것이다. 서경덕의 성음 이론은 최성점, 신경준, 황윤석 등 성음학자들에게 많은 영향을 끼쳤다.

雜著 聲音解

天有陰陽, 大小異氣, 地有剛柔, 大小異質. 氣變於上而象生焉, 質化於下而形具焉. 日月星辰, 成象於天, 水火土石, 成形於地. 象動於天而萬時生, 形交於地而萬物成, 時之與物有數存焉. 物有聲色氣味, 聲之數爲盛, 故邵子窮陰陽剛柔大小之數. 原本以推體, 推體以致用, 致用則體數退而本數

　　하늘은 음과 양의 크고 작은 기(氣)가 있으며 땅에는 강과 유의 크고
작은 질(質)이 있다. 기가 위에서 변하여 상(象)이 생겨나고 질은 하래에서
변화하여 형(形)이 갖추어진다. 일, 월, 성, 신(日月星辰)이 하늘에서 상(象)
을 이루고 수, 목, 토, 석은 땅에서 형(形)이 갖추어진다. 하늘에 있는 상(象)
이 변화하여 만시(萬時)가 생겨나고 땅의 형(形)이 교차되면서 만물이 생겨
나는데 그 시간과 만물에는 수가 존재한다. 만물에는 성, 색, 기, 미(聲色氣
味)가 있는데 성음의 수가 가장 많다. 고로 소옹이 음양과 강유의 크고
작은 수를 밝혀 놓은 것이다. 근본을 밝히려면 체(體)를 헤아려야 하고
체를 헤아리려면 용(用)이 미치는 바를 살펴야 하니, 즉 용을 드러내기만
하면 체가 물러나고 본수가 숨게 되는 것이다. 하늘의 용수는 112이고
땅의 용수는 152이니 이에 정성과 정음의 글자를 밝혀서 이를 도표로
나타내었다. 성(聲)에는 높낮이가 있어 평·상·거·입(平上去入)으로 나누고
벽(闢, 열음), 흡(翕, 닫음)을 따르게 하였다. 또한 음(音)에는 [혀의] 굴(屈,
굽힘)과 신(伸, 폄)이 있으므로 개, 발, 수, 폐로 나누고 소리의 청탁(淸濁)을
따르게 하였다.

日爲署, 月爲寒, 寒者, 署之餘也, 陰從陽者也. 故月之聲從日之星, 而禾之聲多聲之變也. 光之聲, 良聲之變也. 日月同聲而特闢翕異, 而讀官與龍之聲, 則知龍聲乃官聲之變也. 而變闢爲翕者爾. 獨心聲變之爲翕, 則推不得, 是爲龍字下白圈, 乃有聲而無字者也. 若使心聲變以爲翕聲, 則似可作琴字, 然非翕聲之正也. 白圈之不成字, 調之則琴聲之似也. 三箇黑圈, 列於每聲之下者. 卽所去陰體數四十八也. 是不唯無字, 乃無聲者也.

　일일성(日日聲)은 양(陽) 중에 양이다. 그 성(聲)은 마땅히 평성이고 벽(闢, 비원순 개구)음이다. 다(多), 량(良) 이하의 일곱 음(다多, 량良, 간干, 도刀, 처妻, 궁宮, 심心)이 모두 평성이면서 벽(闢)음의 글자이므로 그것이 일일성이 되어 양(陽)이 곧 벽(闢)음의 글자를 주관하게 된다.

　일월성(日月聲)은 양과 더불어 음(陰)이다. 그 성은 마땅히 평성이고 흡(翕, 원순 합구)음이다. 화(禾), 광(光) 이하의 여섯 음(화禾, 광光, 원元, 모毛, 과裹, 룡龍)이 모두 평성이면서 흡(翕)음의 글자이므로 그것이 일월성이 되어 곧 흡(翕)음의 글자를 주관한다.

　일(日, 해)은 더위가 되고 월(月, 달)은 추위가 된다. 추위란 더위의 끝에서 오는 것이니 곧 음(陰)은 양(陽)에서 나오는 것이고 월(月)은 일(日)의 소리를 따르는 것이다. 고로 화(禾)는 다(多)의 소리가 변한 것이고, 광(光)은 량(良)의 소리가 변한 것이다. 일(日)과 월(月)에 배열되어 있는 음들은 모두 평성이지만 벽(闢), 흡(翕)의 차이가 있다. 그리하여 [일일성의] 궁(宮)과 [일월성의] 용(龍)의 소리를 읽어보면 용(龍) 운모가 궁(宮) 운모에서 변한 것을 알 수 있다. 곧 벽(闢)이 흡(翕)으로 바뀐 것이다.

　유독 1심(心)성이 변하여 흡(翕)으로 된 것은 알 수가 없다. 이는 '龍'자 아래에 ○인 것은 소리는 있으나 글자가 없다. 만약 심(心)성을 변화시켜 흡(翕)음이 되게 하면 '琴'자를 쓸 수 있을 듯하지만 흡(翕)성의 올바름은 아닐 것이다. ○는 글자를 이루어낼 수 없는 것이니 그것을 조정하여 보면 금(琴)성과 비슷할 뿐인 것이다. 세 개의 ●가 각각의 성 아래에 배열되어 있는데 음(陰)의 체수(體數)인 48을 없앤 것이다. 이는 글자만 없는 것이 아니라 성도 없는 것이다.

日星聲, 太陽中之少陽也. 其聲亦宜平闢, 比日日聲則爲不甚闢, 開丁以下六聲, 皆爲平闢之轉, 則知其爲日星聲, 但不若太陽之太闢爾. 日辰聲, 太陽中之少陰也. 其聲宜平翕, 回兄以下六聲, 皆爲平翕之字, 而甚於太陰之翕也. 則知其爲日辰之聲. 星爲晝, 辰爲夜, 夜者晝之餘, 而陰從陽者也. 故辰之聲, 從星之聲, 而回之聲, 開聲之變也. 兄之聲, 丁聲之變也. 星辰同聲而唯闢翕異爾. 君鳥二字下白圈, 乃牛男二聲之推不得者也. 推其例, 變闢爲翕則牛字似可作鉤聲, 男字似可作堪聲, 然闢翕不楷正, 故不爲字而徒有其聲也. 龜字, 乃牛字下白圈之成字者也. 推聲之變字, 固不成於闢而成於翕者, 亦有成於闢而不成於翕者也. 牛下之圈, 從日日聲, 妻字之變而不成字者也. 上去入三聲, 皆平聲之推也.

일성성(日星聲)은 태양 중에 소양이다. 그 성은 마땅히 평성이고 벽(闢) 음이다. 일일성(日日聲)에 비하면 벽음이 심하지는 않지만 개(開), 정(丁) 이하의 여섯 가지[개開, 정丁, 신臣, 우牛, 어魚, 남男] 성이 모두 평성 벽闢음으로 전환되어 일성성(日星聲)이 되었음을 알 수 있다. 다만 태양처럼 지나치게 벽(闢)음은 아니다.

일진성(日辰聲)은 태양 중에 소음(少陰)이다. 그 소리는 평성이면서 흡(翕)음이다. 회(回), 형(兄) 이하의 다섯[회回, 형兄, 군君, 구龜, 오鳥] 소리가 모두 평성이면서 흡(翕)음의 글자가 된다. 태음(太陰)보다 오므리는 정도보다 심하니 그것이 일진(日辰)의 성이 된다는 것을 알 수 있다.

성(星)은 낮이 되고 진(辰)은 밤이 된다. 밤은 낮의 끝이니 음이 양을 따르는 것이다. 그러므로 진(辰)의 소리는 성(星)의 소리를 따르니 회(回)의 운모는 개(開)의 운모에서 변화한 것이고 형(兄)의 운모는 정(丁)의 운모에서 변화한 것이다. 즉 성(星)과 진(辰)이 평성인 점은 같지만 벽(闢)과 흡(翕)이 다를 뿐이다.

귀(龜)는 우(牛) 아래 ○가 [벽(闢)으로 변하여] 이루어진 글자이다. 성을 변화시켜 이룬 글자들을 미루어 보면 [구(龜)처럼] 진실로 벽(闢)음을 이루지 못하고 흡(翕)음을 이룬 것이 있고, [우(牛), 남(男)처럼] 벽(闢)음을 이루었으나 흡(翕)음을 이루지 못한 것이 있다. 우(牛) 아래 ○는 일일성(日日聲)을 좇아 처(妻)에서 변했으나 글자를 이루지 못한 것이다. 상거입(上去入) 세 성조는 모두 평서에서 확대된 것이다.

月日星日辰日之聲, 皆多聲等字之變也. 日月星月辰月之聲, 皆禾字等聲之變也. 月辰星辰辰辰之聲, 回字等聲之變也. 其中白圈, 皆從其變位第幾字而推也. 字聲之無窮於八十三聲之調, 是自然之理. 更推不去, 又約求其本, 則不出於多禾開回四聲七調之外矣. 至於水火土石之音, 則與日月星辰之聲, 其變同一規也. 其開發收閉之四調切以淸濁, 猶平上去入之四變, 分以闢翕也.

월일성신일(月日星辰日)의 성은 모두 [일일성평벽(日日聲平闢)]인 다(多) 소리의 글자가 변한 것이고 월월성월진월(月月星月辰月)의 성은 [일월성평흡(日月聲平翕)]인 화(禾) 등의 글자가 변한 것이다. 월진성신신신(月辰星辰辰辰)의 성은 [일신성평흡(日辰聲平翕)]인 회(回) 등의 글자가 변한 것이다. 그 중 ○의 음은 모두 변화된 성조 자리의 몇 번째 글자인가 따져서 추측해 볼 수 있다.

글자의 성이 83성의 가락보다 무궁한 것이 바로 자연의 이치이다. 그러나 더 확대시키지 않고 그 근본을 요약해 보면 [평성인] 다(多), 화(禾), 개(開), 회(回)의 사성과 칠조 밖에서 벗어나지 않는다.

수(水), 화(火), 토(土), 석(石)의 음은 일(日), 월(月), 성(星), 신(辰)의 성과 함께 그 변화규칙이 동일하다.

개(開), 발(發), 수(收), 폐(閉)의 4개 조(調)는 청탁으로 갈라지는데 마치 평, 상, 거, 입의 네 가지 변화가 벽(闢)과 흡(翕)으로 나뉘어지는 것과 같다.

> 惟在聲則陽爲闢而陰爲翕, 在音則柔爲淸而剛爲濁, 其故何也. 以水則明而火則暗, 土則疎而石則確爾水者, 火之質, 火生於水, 故火之音從水之音, 土者, 石之質而石生於土, 故石之音從土之音也. 是則淸濁有異, 而音則相從而近也. 發收閉三音之調, 皆開音四調之之變也. 黑圈之方, 卽所去陽體數四十, 是爲無音者也. 其白圈之方, 皆前音之推不得而有音無字者也.

생각하건대 성(聲)에서는 양(陽)이 벽(闢)이 되고 음(陰)이 흡(翕)이 되는데 1음(音)에서는 유(柔)가 청음(淸音)이 되고 강(剛)이 탁음(濁音)이 되는 이유는 무엇인가?

물(水)은 밝고(明), 불(火)은 어둡고(暗), 흙(土)은 성글고(疎), 돌(石)은 딱딱하다(確). 물은 불의 바탕이 되고 불은 물에서 생겨나므로 불의 음이 물의 음을 따르는 것이다. 도한 흙은 돌의 바탕이 되고 돌은 흙에서 생겨나므로 돌의 음이 흙의 음을 따르는 것이다. 이러한즉 청탁의 차이가 있더라도 음은 서로 따르고 가까운 것이다.

발수폐(發收閉) 세 음의 1조(調)는 모두 개음(開音) 네 조의 변화이다. ■는 양(陽)의 체수(體數)인 40을 뺀 것이니 이는 음이 없는 것이다. □는 모두 앞의 음을 확대시켜도 얻을 수는 없으며 음은 있지만 글자가 없는 것이다.

火土之音, 多於他音, 何也. 四行之中, 土居其多, 其生成之數亦多火, 潛而不常現, 其用則至大也, 辰之入聲, 石之閉音, 獨少於他, 何也. 天有四辰, 日月星則顯而辰不顯, 且辰屬夜, 自戌至寅爲夜, 夏至, 萬物用事之夜, 極短則戌與寅猶在用數, 而亥子丑全不用也. 地有四行, 水火土居多, 石次焉. 石之爲物, 全於質而氣不饒, 故不能生物化物, 然則辰石之字, 不亦少乎.

화(火), 토(土)의 음이 다른 음보다 많은 것은 무슨 까닭인가?

사행(四行) 가운데 토(土)가 많은 자리를 차지하고 있어, 거기에서 생성되는 수 또한 많기 때문이며, 화(火)는 숨어 있어서 항시 드러나는 것은 아니지만 그 쓰임은 지극히 크기 때문이다.

진(辰)의 입성(入聲)과 석(石)의 폐음(閉音)이 홀로 다른 것에 배해 적은 것은 무슨 까닭인가?

하늘에는 네 성좌(辰)[일日, 월月, 성星, 신辰]가 있는데 일월성(日月星)은 밝지만 진(辰)은 밝지 않다. 또 진(辰)은 밤에 속하니 술시(戌時)부터 인시(寅時)까지가 밤이 된다. 여름에는 만물이 사용하는 밤이 극히 짧아져서 술(戌)과 인(寅)은 용수(用數)에 들어가더라도 해자축(亥子丑)은 용수가 전혀 쓰이지 않는다.

땅에는 사행이 있는데 물(水), 불(火), 흙(土)은 많지만 돌(石)은 적다. 돌이라는 물건의 성질은 질(質)은 온전하지만 기(氣)는 풍요롭지 않아 물건을 낳거나 물건을 변화시키지 못한다. 그러므로 진(辰)과 돌(石)의 글자의 수가 유독 적은 것이다.

聲之數止七, 音之數止九, 何也. 天之用數, 常盈於六而極於七, 故天星之
明, 可見者北斗而數止七, 晝夜之數, 過七則變矣. 地之用數, 常止於九, 故
開物於月之寅, 閉物於月之戌, 亥子丑三月, 不爲用數, 究於九而變化極矣.
是則聲不得不七箇調列, 音不得不九樣調列, 音不得不九樣調切, 聲衍以
至於八十三字, 音衍以至於百有三十二字, 捴聲音字母之數, 二百有一十
五, 括盡變化之変, 雖二萬八千九百八十一萬六千五百七十六字之變, 皆
不能出此區域, 以其撮其本而紀其會爾. 有如諺書之十六字母, 約而盡矣.
天地之數, 窮於十六, 日月星辰之聲, 水火土石之音相乘, 而皆至於十六矣.

  성(聲)의 수는 7에 그치고 음(音)의 수는 9에 그치는 것은 무엇 때문인
가? 하늘의 용수는 항상 6에서 가득차고 7에서는 극점에 이른다. 그러므
로 하늘의 별 중에서 가장 밝아서 볼 수 있는 것은 북두(北斗)인데 그
수가 7에 마무른다. 낮과 밤의 수는 7을 넘으면 변한다.

  땅의 용수는 항상 9에 머문다. 따라서 인월(寅月)에 만물이 열리고 술월
(戌月)에 만물이 닫힌다. 해자축(亥子丑) 세 달은 용수가 되지 못하고 9에
도달하면 변화가 극심하게 된다. 그러므로 성(聲)은 7개 소리로 벌리지
않을 수 없고 음(音)은 9가지 가락으로 나뉘지 않을 수 없는 것은 성(聲)의
흐름이 83자에 이르고 음의 흐름은 132자에 이르니 성음의 자모의 총수는
215가 된다. 이는 변화의 요점을 골고루 묶어낸 것이니 비록 289,816,576
자가 변하더라도 이 구역에서 벗어날 수 없다. 그 근본을 간추려서 그
셈에 따라 적었을 뿐이다.

  언문 16자모도 요약하여 다 나타낼 수 있다. 천지의 수는 16에서 다하는
것이니 일, 월, 성, 신의 성과 수, 화, 토, 석의 음을 서로 곱하면 모두
16에 이른다.

聲主淸濁而音主闢翕, 乃反以闢翕隨聲而淸濁隨音, 何也.

其平上去入, 卽聲之淸濁, 而開發收閉, 卽音之闢翕, 故淸濁隨音而闢翕隨聲, 互相備而以見聲字之不能無音, 音字之不能無聲也. 故平上去入每聲之中, 開發收閉字具焉, 開發收閉每音之中, 平上去入之字具焉.

성(聲)은 청탁(淸濁)을 주관하고 음은 벽(闢)과 흡(翕)을 주관하는데 거꾸로 벽(闢)과 흡(翕)이 성을 따르고 청탁이 음을 따른 것은 무슨 까닭인가?

그 평, 상, 거, 입이 성의 청탁이고 개, 발, 수, 폐가 음의 벽(闢)과 흡(翕)이기 때문에 청탁이 음을 따르고 벽(闢)과 흡(翕)이 성을 따르는 것이다. 서로 잘 갖추어져 있어서 성에 음이 없을 수 없고 음에 성이 없을 수 없는 것을 볼 수 있다. 그러므로 평, 상, 거, 입 각 성 가운데 개, 발, 수, 폐 글자가 갖추어져 있고 개, 발, 수, 폐의 각 음 가운데 평, 상, 거, 입의 글자가 갖추어져 있는 것이다.

日月聲, 必以多良以下七字當之, 何也.

是則於字林中求其平闢之聲, 如多良等字, 聲異而平闢同則引以當之, 不必多良獨可爲平闢之聲, 推多良之聲類則凡可爲平闢者, 皆爲日日聲, 此特括其字母爾.

古黑等字亦然, 音主調切, 故不拘於平上去入, 而惟開淸同調, 則當水水之音, 不必古黑獨爲開淸也.

音之調, 不出於喉齶舌齒脣, 而喉齶舌齒脣之交則變化不窮, 開發收閉, 拈盡喉齶舌齒脣之變.

일월성에는 반드시 다(多), 량(良) 아래에 7개 글자[다多, 량良, 간干, 도刀, 처妻, 궁宮, 심心]를 그곳에 두어야 하는 것은 무엇 때문인가?

이는 『자림(字林)』에서 평성이면서 벽(闢)음인 운모를 찾아서 多, 良 등
의 글자처럼 성이 다르더라도 평성이면서 벽(闢)음이면 끌어와 이곳에
둔 것이다. 多, 良만 평성이면서 벽(闢)음의 성이 될 수 있는 것은 아니다.
多, 良의 성과 같은 종류를 헤아려보면 무릇 평성이면서 벽(闢)음인 것은
모두 일일성이므로 이것은 특히 그 자모를 모은 것이다.

古, 黑 등의 글자 또한 그러하다. 음은 조(調)를 위주로 나누어진다.
따라서 평, 상, 거, 입에 구애되지 않고 오직 개음이면서 청음인 조이면
마땅히 수수음(水水音)이다. 古, 黑만 오지 개음이면서 청음이 되는 것은
아니다.

음의 조(調)는 후악설치순(喉齶舌齒唇)에서 벗어나지 않으면 후악설치순
이 교차하면서 변화가 무궁하다. 개, 발, 수, 폐는 후악설치순의 변화를
요약해낸 것이다.

聲不出平上去入, 音不出開發收閉, 何哉.

豈溫涼寒燠, 氣節於四時, 雪月風花, 景分於四致歟.

聲音妙處在數, 原其本而致其體, 退其體而達其用, 至於窮萬物之數, 非
天下之至變, 其孰能與於此哉.

성이 평, 상, 거, 입에서 벗어나지 않고 음이 개, 발, 수, 폐에서 벗어나지
않는 것은 무슨 까닭인가?

어찌하여 따듯함과 서늘함, 추위와 더위가 사계절의 기후를 조절하고,
눈(雪), 달(月), 바람(風), 꽃(花)은 사계절에 따라 풍경이 구분되는가.

성음의 묘한 것은 수에 있으니 그 근본에 근거하여 체(體)를 드러내며
그 체가 물러나면 그 작용을 다 하게 하는 것이다. 만물의 수를 추구하는

데 있어 천하의 지극한 변화가 아니라면 그 누가 여기에 참여하겠는가?

雜著
跋前聲音解未盡處

　圓圈而白者, 象陽之虛明, 方圈而白者, 象陰之虛明, 虛明之地, 聲音必通.
　今謂之有聲音而不成字者, 轉闢爲翕, 變淸爲濁則有半聲半音之不成字
者, 理之必然, 無足疑矣. 圓圈而黑者, 象陽之窒塞, 方圈而黑者, 象音之窒
塞, 窒塞之地, 聲音必不通則非獨無字, 而聲音亦無也, 字雖不成, 而半聲
音者, 宜著其變, 其無聲無字者, 宜去之, 亦著於圖者, 示數之體用迭爲進
退爾.
　但吾方之音多訛, 故難於上去開發之辨, 然比之華語, 不失本字之調而差
訛爾. 如宮音, 白舌居中, 吾亦讀來便如此, 故知差訛而不失本字之調, 且
訛成一規, 從訛而要通, 亦有此理, 看聲音圖理透則便見破了, 初不係邦言
之差訛爾, 象音之音, 疑陰.

『화담집』 권2 「잡저」에 실린 「앞의 성음해에서 미진한 부분(跋前聲音解未
盡處)」

　동그라미가 흰 것은 양(陽)의 텅 비고 밝음을 상징하고, 네모꼴로 흰
것은 음(陰)의 텅 비고 밝음을 상징한다. 텅 비고 밝은 곳에는 소리가
반드시 통할 것이다. 앞서 말한 성음(聲音)이 있으면서도 글자를 이루지는
못한 것이란, 벽음(闢音)이 바뀌어 흡음(翕音)이 되거나 청음(淸音)이 변하
여 탁음(濁音)이 된 것인데, 그러한 점에 있어서는 반쪽 성(聲)이나 반쪽
음(音)이 글자를 이루지 못하는 것이 있을 것임은 이치로 보아 당연한
것이어서 의심할 여지가 없는 것이다.

동그라미가 검은 것은 1양(陽)이 막혀 차 있음을 상징하고, 네모꼴로 검은 것은 음(陰)이 막혀 차 있음을 상징한다. 막혀 차 있는 곳은 성음(聲音)이 반드시 통할 수 없을 것이니, 글자가 없을 뿐만 아니라 성음도 역시 없을 것이다. 글자는 비록 이루지 못하지만 반쪽 성(聲)이나 반쪽 음(音)이 있는 것은 마땅히 그 변화를 표시해야 할 것이며, 그 소리도 없고 글자도 없는 것은 마땅히 떼어내 버려야만 할 것이다. 그러나 그것까지도 도표에 표시하고 있는 것은 수(數)의 체와 용이 서로 번갈아 가며 나타나고 물러나고 함을 보이기 위한 것이다.

그러나 우리나라의 한자음은 달라진 게 많아 상성(上聲)·거성(去聲)이나 개음(開音)·발음(發音) 따위의 분별을 하기가 어렵다. 그러나 중국어에 비해 본 글자의 성조(聲調)는 잃지 않고 달라진 것임을 알 수 있다. 예컨대 궁음(宮音)은 혀가 입 가운데 있게 된다 하였는데, 우리가 읽어 봐도 역시 그러하니, 달라지기는 하였지만 본 글자의 성조는 잃지 않고 있음을 알 수 있는 것이다. 또한 달라짐도 하나의 규칙을 이루고 있으니, 달라진 것을 따져 보아도 요점은 통하여 역시 이러한 이치들을 지니고 있다. 성음도(聲音圖)를 볼 것 같으면 이치가 명확히 드러나고 있으니, 처음부터 우리나라 말의 달라진 것과는 관계가 없는 것이다. (소리를 상징하는 音은 陰일 듯하다.)

08. 『경서정운도설』[1)]

서울대학교 규장각 한국학연구원 일사문고(一簑古 181.1 C456g)에는『경서정운도설(經書正韻圖說)』이라는 필사본이 소장되어 있다. 1책 3장으로 40×56cm 크기로 낱장으로 되어 있으나 책의 성질로 보아서 단행본으로 보아도 무방할 것 같다. 이 책의 표제는 '經書正韻圖說'로 되어 있으나 '經書'는 '經世'의 오류로 보인다.[2)] 또 이 책의 저자는『명곡집』에서도 보이지 않지만 "崔錫鼎 書"로 되어 있어서 최석정의 저서임이 분명하다. 그러나 이 책이 명곡 최석정이 쓴 것을 누가 옮겨서 베낀 것인지는 확실하

---

1) 심소희 역주(2012), 「『경서정운도설』역주」,『중국어문논역총간』30, 중국어문논역학회. 원문 판독과 해석 내용을 일부 수정하여 이용하였음을 밝혀 둡니다.

2) '경세(經世)'의 오류로 추정하는 근거는 "내가 지은 '경세정음도설'을 보내니 미비한 점이 있으면 한하나 지적하여 가르침을 주십시오[鄙所編經世正韻圖說送呈閑中一覽, 如有不當處 及未解處——批敎]"라는 글을 보면 최석정이 하곡 정제두에게 보낸 글 속에 분명히 "經世正韻圖說"이라는 명칭이 나온다.

지 않다.

이 『경서정운도설』의 내용은 최석정의 핀편 2장과 운도 1장으로 되어 있으며 편지 2장 뒷면에는 "菊田 錢四十五兩", "蘆洞 錢三十兩", "菊田 租九石 增山 租七石" 등 구실(세금)의 양을 명기한 고문서인데 충청도 문의군 이도면 동면의 동리 이름과 천자문으로 된 전지 자호와 산 자호 이름과 해당 전지의 구실 금액이 기록되어 있다. 아마 이면 배접지를 활용한 것으로 보인다.

이 『경서정운도설』은 최석정이 하곡(霞谷) 정제두(鄭齊斗, 1648~1736)에게 보낸 편지를 개고하여 편집한 것으로 보인다. 『명곡집』 권13 〈여정사앙서(與鄭士仰書)〉 3편과 『하곡집(霞谷集)』 권2 〈여최여화문목(與崔汝和問目)〉에 최석정의 『경세훈민정음』을 서로 읽고 의문점을 문의하고 답하는 내용의 편지인데 『명곡집』 권13 〈여정사앙서〉 3편 가운데 두 번째 편지가 이 『경서정운도설』의 내용과 매우 비슷하다. 지금까지 이 두 번째 편지와 이 책이 거의 동일한 것으로 알려졌으나 심소희 역주(2012: 563)에 의해 동일한 것이 아니라는 사실이 밝혀졌다.

"두 원문을 일일이 대조 비교하면서 확인한 바로는 두 문건이 완전 일치한다고 볼 수 없었다. 무엇보다도 『경서정운도설』에는 『명곡집』 권13 서독(書牘) 〈여정사앙서〉 모두에 서두에 해당하는 문장이 없고 『명곡집』 권13 서독(書牘) 〈여정사앙서〉에는 『경서정운도설』의 운도는 삽입되지 않았다. 그 외 두 문건 간에 첨삭된 내용이 적지 않았다. 분명히 『명곡집』 권13 서독 〈여정사앙서〉는 서간문이라고 볼 수 있지만 『경서정운도설』는 서간문과는 다른 용도로 편집된 문건으로 보인다."

따라서 『경서정운도설』은 최석정의 운학에 관한 자신의 견해를 담은 저술로 간주해야 할 것이다.

初聲淸濁云云, 廣韻淸濁原於西僧之飜切. 韻會字母, 因廣韻三十六母而
稍變, 此則黃公紹, 隨現在俗音而爲之也. 紹氏闢翕, 別無所推原之處, 只
以宋時俗音呼而得之, 而兼取廣韻諸書參訂也. 東與冬, 近世混呼如一韻,
而本其初則不同, 此亦以字體字音及事證知之. 風俗通云箜篌是坎侯所作.
箜是ㅋ·ㅇ音, 坎是큼音. 古者終聲ㅇㅁ相通, 易象及詩騷可徵也. 禮記引
詩我躬不閱, 作我今不閱, 躬與今同音. 又屋韻本隷尤, 侯韻鉤是굴音. 鳩
是깅音, 而穀隷於公, 匊隷於弓. 是皆三闢之音也. 禮韻切法, 亦可考据, 而
但以今俗音求之. 則有不可解選者矣. 沈韻所論開合混相, 亦指中葉之訛
音耳.

초성의 청탁에 대하여. 『광운』의 청탁은 서방 스님의 번절(飜切)에서
기원한 것이다. 『운회』의 자모는 『광운』의 36자모에서 약간 변화가 생겨
나자 황공소(黃公紹)가 지금의 속음을 가지고 만든 것이다. 소옹(邵雍)씨
의 벽흡(闢翕)은 별도로 근원을 추구해 본 바가 없이 다만 송나라 시대의
속음의 독법을 근거로 하여 얻었고 또 『광운』 등 여러 운서를 참고하였
다. '東'운과 '冬'운은 근래에 하나의 운으로 뒤섞여 발음되고 있으니 이
들이 이전의 고대 발음과는 같지 않다. 이 점은 글자체와 글자 음이나
실증적인 증거로 알 수가 있다. 『풍속통』에서는 공후(箜篌)는 감후(坎侯)
로 만들었다고 한다. '箜'의 음은 '콩'이고, '坎'의 음은 '큼'이다. 옛날 종
성의 'ㅇ'과 'ㅁ'은 서로 통했는데 역상(易象)과 『시경』, 『이소』의 "我躬不
閱" 구절을 "我今不閱"이라고 인용했는데 '躬'과 '今'이 같은 음인 때문이
다. 또 '屋'운은 본래 '尤'운에 속하는데 '侯'운의 '鉤'의 음은 '갈'이고 '鳩'
의 음은 '깅'이다. 그리고 '穀'은 '公'운에 속하고 '匊'은 '弓'운에 속에 속

한다. 이들은 모두 삼벽(三闢)의 음이다. 『예부운략』의 반절 방법은 그 근거를 고찰할 수 있다. 그러나 단지 금속음으로 고증한다면 도리어 이해할 수 없는 선택일 것이다. 심약(沈約)이 말하는 개합(開合)이 섞인다는 것은 또한 중엽 시기에 잘못된 독음을 가리킨다.

闢翕圖烏要, 與禮韻附印不同云云. 禮韻附錄, 因邵氏二十八聲分排, 勢沒奈何, 以烏要于由分屬闢翕, 有伊而無兒音者此也. 正音元有三十二, 可知經世之疎漏矣. 今訓民則依天地本然之元聲推去. 故具三十二音, 其有兒而無伊音者, 伊在의, 伊應之中故也.

벽흡도 'ㅗ(烏)', 'ㅛ(要)'가 『예부운략』에 부록된 것과 같지 않은 것에 대하여 운운. 『예부운략』에 부록된 것은 소옹(邵雍)의 28성(聲)에 근거하여 배열한 것이다. 이러한 상황은 어찌할 방법이 없다. 'ㅗ(烏)', 'ㅛ(要)', 'ㅜ(于)', 'ㅠ(由)'는 각각 '벽(闢)'과 '흡(翕)'으로 나뉘는데 'ㅣ(伊)'는 있지만 '·(兒)'가 없는 것은 이 때문이다. 정음은 본래 32개이므로 『경세정운도설』에서는 소홀히 하여 누락된 것일 수도 있다. 현재 '훈민정음'을 근거로 삼은 것은 천지 본연의 음이므로 32개의 음을 갖추게 되었다. '·(兒)'음은 있지만 'ㅣ(伊)'음이 없는 상황은 '伊'음이 '의'에 있어서 'ㅣ(伊)'음과 'ㅡ(應)'음의 가운데에 있기 때문이다.

終聲十二云云. 喉音之益聲. 是歌麻韻之入聲歌架, 箇강各강, 脣輕音之非聲, 是蕭肴之入聲, 驕矯驕걍脚걁, 此法詳見於本朝人崔世珍所撰四聲通解

종성 12음에 대하여. 후음의 소리를 더한 것으로 가(歌), 마(麻)운의 입성인 歌, 架는 '箇강', '各강'이고 순경음 '非'의 소리는 '소(蕭)', '효(肴)'운의 입성, '驕', '矯'는 '驕걈', '脚걉'이다. 이러한 기준은 본조의 최세진(崔世珍)이 편찬한 『사성통해(四聲通解)』에서 볼 수 있다.

韻攝云云, 攝字本出唐韻, 是孫愐所著. 性理大全輯注小違括, 唐韻之內外八轉者是也. 但唐韻亦多紕繆. 元時劉士明著切韻指南, 今見於群書折衷. 而開合旣混, 且攝目取字無意矣. 止蟹江山之屬以韻目, 猶有設也. 通曾流深之屬取別字, 不可爲準, 故鼎改定攝目. 初以卦名, 後以別字改之, 因作序韻攝一篇. 如易序卦之體, 擔輿等字, 不過取本攝之內一字以標之. 非有深意, 此輿韻目東冬紙尾何異. 此冊下方標目有履泰觀晋等字, 此則誤書當改而來及者耳.

운섭 등에 대하여. '섭(攝)'은 본래 『당운(唐韻)』에서 유래한다. 이 책은 손면(孫愐)이 지은 것이다. 『성리대전집주(性理大全輯注)』에서 말하는 『당운』 내외팔전(內外八轉)을 포괄했는 바 바로 이것이다. 그러나 『당운』에는 오류가 많이 있다. 원나라 시대에 유사명(劉士明)은 『절운지남(切韻指南)』을 지었는데 당시 각종 서적을 절충했다는 것을 볼 수 있다. 개합(開合)은 이미 뒤섞였고 운섭의 운목 글자에서 취한 의미도 사라졌다. '止', '蟹', '江', '山'에 속하는 것을 운목으로 삼은 것은 오히려 설득력이 있으니 '通', '曾', '流', '深'에 속하는데 다른 글자를 취한 것은 기준으로 삼을 수가 없다. 그래서 석정(石鼎)은 섭목을 바꾸어 정하였다. 처음에는 괘명을 사용하였으나 후에는 다른 글자로 바꾸었다. 이에 운섭에 대한 서언을 썼는데, 예를 들어 『역경』의 '序卦之體' 중에 '擔', '輿' 등의 글자이다. 하지만 본 섭 안에 있는 한 글자를 취하여 목표로 삼은 것은 무슨 깊은 뜻이 있어서가 아니다. 이는 운목 東, 冬, 紙, 尾와 무슨 차이가 있겠는가?

이 책 아래 표목에는 履, 泰, 觀, 晉 등의 글자가 있는데 이는 책을 잘못 써서 마땅히 고쳐야 하는데 그냥 따라온 것일 뿐이다.

> 艮宮二攝. 與諸宮不同, 갏卽갃, 햘卽햕, 긇卽긓, 긿卽긱. 開口之中, 便成合口. 故二翕四翕, 空而無字, 此非牽强而然. 且雖無音聲, 猶立攝目. 如經世之方圓黑圈, 只存其位置而已.

艮, 宮의 두 섭이 여러 궁과 다른 것에 대해 '갏'은 '갃'이고 '햘'은 '햕'이며, '긇'은 '긓'이고 '긿'은 '긱'이다. 개구 가운데 합구를 이루게 된 것이다. 그런고로 이흡(二翕), 사흡(四翕)의 자리에는 비어 있고 글자가 없게 되었다. 이는 억지로 이렇게 한 것이 아니다. 비록 소리는 없지만 도리어 단독으로 섭 이름을 만든 것이다. 마치 『경세』의 검정색 네모와 동그라미가 단지 그 자리에 있을 뿐인 것과 같다.

> 八宮之外六圖. 固是八宮之內一韻. 而但江깋變爲걍, 山쇤變爲샨, 皆긔變爲개, 鷄긔變爲계. 下皆放此. 別出者, 與上八宮字有妨礙故也. 交皆等韻, 置諸第一等, 非爲開音也. 只爲冊張之太繁, 故推移排列而已. 此等處并宜活看矣.

팔궁 외에 육도에 대하여. 본래 팔궁 안에는 한 개의 운이 있다. 그러나 '江'의 '깋'이 '걍'으로 변하였고 '山'의 '쇤'은 '샨'으로 변했으며 '皆'의 '긔'는 '개'로 '鷄'의 '긔'는 '계'로 변하였다. 이 아래에는 모두 이러한 방법을 따랐다. 따로 만든 글자는 상팔궁(上八宮)의 글자에는 방해가 되는 까닭이다. '交', '皆'와 같은 운들은 일등자리에 두었는데 결코 그것들이 개음이기 때문이 아니다. 단지 책의 분량이 너무 많기 때문에 밀어붙여 배열하였을 따름이다. 이러한 처리는 융통성 있게 봐 주길 바란다.

禮韻所無之字, 此圖只取聲音之別異, 禮韻所收字數, 僅九千字, 反切之有音無字者甚多. 故今取五音集韻, 通修集韻, 是昌黎後韓道昭所編, 字數多至八萬有奇.

『예부운략』에 없는 글자가 본 운도에서는 성음을 취한 것과 다른 것에 대하여『예부운략』에 수록된 글자 수는 9천 자이지만 반절에 음은 있으나 글자가 없는 것도 매우 많다. 그러므로 이제『오운집운(五音集韻)』을 가지고『집운』을 전체적으로 수정하였는데 이는 창려(昌黎, 韓愈)의 후손인 한도소(韓道昭)가 편찬한 것으로서 글자 수가 8만 자가 넘는다.

叶韵之法. 或一宮四攝, 通以爲叶, 或以他宮相近之音通叶. 如乾宮與巽, 兌宮與坎是已. 又酉攝與興之四翕叶, 震宮與坤亦相叶. 又義攝之開音, 空而無字, 借歌戈爲音. 永攝之開音, 空而無字, 借罔光爲音. 此其大體也, 且支與胎之三韻, 古則絕異. 故詩三百及楚辭古歌詩, 皆不通叶, 唯之韻姬期, 却與臺來叶, 支韻枝知與涯叶, 綺被與解叶, 皆同攝之內故也, 李唐時字音已訛, 故禮韻合三爲一, 已成功令, 令不可改, 而其元初界限族派, 自有不可誣者, 不得不闡明也, 此外又有別叶, 不可勝紀,

협운(叶韵)의 법칙에 대하여. 혹 한 궁에 4개의 섭이 있는데 모두 서로 압운 될 수 있지만 어떤 것은 다른 궁의 비슷한 음으로 압운하였다. 예를 들어 건궁(乾宮)과 손궁(巽宮), 태궁(兌宮)이 이와 같다. 또한 유섭(酉攝)과 여섭(興攝)의 사흡(四翕)이 서로 압운되었고 진궁(震宮)과 곤궁(坤宮)도 서로 압운하였다. 또한 의섭(義攝)의 개음은 비어 있고 글자가 없어서 '歌', '戈'를 빌어서 음을 삼았다. 영섭(永攝)의 개음은 비어 있고 글자가 없어서 罔, 光을 빌어서 음을 삼았다. 이것이 그 대강이다. 게다가 '支', '胎', '之' 세 운의 고음(古音)과는 완전히 달랐다. 그래서 『시경』과 『초사』 등의 고대 시가에서는 모두 압운을 하지 않았다. 단지 '之'운의 '嬉'와 '期'는 도리어 '台'와 '來'와 서로 압운 하였고 '支'운의 '枝', '知'는 '崖'와 서로 압운하였으며 '綺', '被'가 '解'와 서로 압운한 것은 모두 같은 섭 안에 있기 때문이다. 당나라시대에 글자음은 이미 변화했기 때문에 『예부운략』에서는 세 운을 하나의 운으로 합하였는데 이미 규율로 정해져서 지금은 변동되지 않는다. 그러나 애초에 족파에 따라 무해할 수 없는 것이 있기 때문에 부득이 설명하지 않을 수 없다. 이외에도 따로 압운되는 것이 있는데 수량이 매우 많아서 셀 수가 없다.

五贊翻切, 出自梵天云者, 西僧了義始剏字母而未備, 其後神珙, 直空等繼之, 始備三十六母, 漢時未有翻切, 史漢註中所載, 是顏師古, 顏師古等所追加,

　오찬에서 번절(翻切)이 범승이 만들었다는 것에 대해 서승 요의(了義)가 비로소 자모를 발명하였지만 완성하지는 못했는데 그 후 신공(神珙), 직공(直空) 등이 그의 사업을 계승하여 비로소 36자모가 완비되었다. 한 대에는 번절이 없었기 때문에 『사기』, 『한서주』 가운데 기록된 것은 후대의 안사고(顏師古), 사마정(顏師古) 등이 추가한 것이다.

채원정(蔡元定, 1135~1198)은 나라를 경륜하는데 성음이 숫자에 대해서는 어떤 발명을 하지 않았고 단지 『훈해』에 의거했을 따름이다. 축씨가 논하는 것은 두서가 없지만 이미 절충에 대해 논하였다. 정씨는 하휴(何休)를 고맹(膏盲)이라고 하고 범씨를 몹쓸 병에 걸린 사람이라고 하였는데 이것은 특별한 애호가 있는 것이라고 말할 수 있다. 나도 단지 침잠의 취미를 취할 뿐이다.

여러 서적은 『당운』을 절충하였는데 심약보다 앞선 것은 『광운』의 36자모를 위주로 했기 때문이다. 심약이 사성의 시조라고 하지만 나는 전체 그 서적을 보지 못했고 단지 다른 책에서 본 내용을 근거로 하여 대략 이와 같이 기록하였다.

是□□

음모 36

운모 44

36개 성모는 단지 23개의 성모 뒤에 나온 것으로 속음에 경, 중의 차이
가 있을 뿐이다. 非, 敷모의 옛음은 봉방이었다.

韻母四十四不足以迷之, 一宮有三十二母, 以八宮論之別, 亦已多矣.

44개의 운모에 대해서는 이를 판단하기에는 부족하지만 일궁에 32개
의 운모가 있고 팔궁으로 말하기에는 너무 많다.

鄙所編經世正韻圖說送呈, 閑中一覽 如有未當處及未解處——批敎.

제가 편찬한 『경세정음도설』을 보내드리니 시간이 있을 때 보시고 만
약 마땅하지 않은 곳이 있으면 일일이 지적하여 가르쳐 주시길 바랍니다.

09. 『경세정운도』 서문

이계(耳溪) 홍양호(洪良浩)가 쓴 『경세정운도』 서문은 다음과 같다.

> 天地之間, 有萬物其籟, 而惟人聲, 最得其中和,
> 盖天之聲雷也. 地之聲風也. 而無有五音以節之, 不能諧於律呂, 若人聲則,
> 有牙舌脣齒喉五聲, 合於角徵宮商羽五音.

하늘과 땅 안에는 만 가지 울림소리들이 있지만 그러나 오직 사람의 음성만이 치우침 없이 올바른 소리로 가장 잘 된 성음이다.

대개 하늘 소리인 천둥이나 땅의 바람소리 등은 오음, 즉 궁, 상, 각, 치, 우의 절도가 없어서 악기의 절조에 맞추기가 어렵지만 그러나 사람의 음성이라면 아, 설, 순, 치, 후의 오성에 맞추어 악율의 각, 치, 궁, 상,

우 5음을 소리낼 수 있다.

고로 천지의 만 가지 울림소리를 모두 빠짐없이 소리 낼 수가 있다. 그러나 소리란 형체가 없는 것이라, 글자를 빌려서 그 모습과 형태를 나타내며 그 소리로 육서의 소리를 본뜬 표를 만들어 글자에 붙여서 만든 책으로 악보인 율려에 맞추고 악기인 관현에 얹은 것이다.

그러나 문자는 처음부터 중국에서 나왔으므로 그래서 외국의 말과는 통하지 못하니 중국 외에 사람들은 반드시 제 나라 말의 임시 글자를 만들어 번역해서 풀어야 했다.

오직 우리나라만이 최근 중국과 중국 음이 우리말과 아주 다르므로 나라가 생긴 이래 방언으로 번역한 일이 없지 않으나 글자 음을 율려에 맞추는 것이 정밀하지 못하였다.

何幸運啟賓日, 聖人有作.
我, 世宗莊憲大王, 睿智天縱, 開物成務, 於是創製訓民正音二十八字, 以應列宿之數, 而字形則, 觀奎壁圓曲之象, 點劃則, 倣小篆分隸之體, 明白簡易, 使童子婦人, 可以與知, 引而伸之, 足以盡天下之文, 通四方之音, 猗歟盛哉.

어찌 세상이 열리는 반가운 날이 아니었던가?

성인의 지으심이 있었으니

우리 세종 장헌대왕께서 하늘이 내리신 지혜로 천지만물의 이치를 깨달아 28자를 창제하시어 천체의 28수에 맞추고 글자꼴은 옛 규벽의 둥글고 굽은 모습을 본 뜨고 점과 글자 획은 옛 전자의 예서체를 나눈 것처럼 모방하여 명백하고 간편하고 쉬워서 어린이나 부녀들이 익혀도 쉬 알도록 되어 있다. 이를 더 늘려 펴 놓으면 세상천하의 글을 모두 표현할 수 있고 세상 사방의 음운과 통하도록 되어 있으니 놀랍고 아름다워라.

大聖人作爲. 可與太暤畫卦史皇制字, 同其功矣. 從此通華音, 協雅樂東方文獻之盛, 並軼於中華, 而有臣若文貞公崔錫鼎, 發揮奧理, 敷演成書.

대성인의 창제하심이여. 옛날 팔괘와 서계문자를 만든 태호 황제아 더불어 그 공적이 큼이로다. 이로부터 중국 음운과도 서로 통하고 아악에도 맞추어져 우리 동방 문헌의 융성을 이루어 중국 저술과 같은 수준을 이루었다.

그러다가 뛰어난 문신 문정공 최석정과 같은 학자가 있어서 그의 깊은 뜻과 이치를 연구 발휘하였고 뜻을 덧붙이고 풀이하면서 저서를 이루었다.

聲則分初中終, 韻則分平上去人, 音則分開發收閉, 類似配四象八卦之數, 推以合皇極經世之書, 優優大哉. 輔相爹贊之功, 可幾於左氏之素臣矣.

그 소리인 즉 초성, 중성, 종성으로 나누고 운으로는 평·상·거·입으로 나누고 발음 모양은 개·발·수·폐로 나누고 그 소리 가지수는 사상과 팔괘의 수대로 분류하여 『황극경세』의 큰 저서와 맞추어 펴냈으니 뛰어나고 훌륭함이여. 그 도움하여 편술한 공이 대단하도다.

과연 저 좌씨와 같은 소양이 있는 재상이로다.

> 然竊按其正韻圖說, 支分縷析, 雖極其變, 而獨未及於觀象制字 之意, 無乃
> 鄭重而未敢質言歟. 臣不揆僭妄, 謹就初字十七聲, 取牙舌唇齒喉五音, 因
> 而方圓曲直之劃, 配開合全牛之形, 以應六畫象形之列, 敢附諸. 御製首章
> 之下, 於以見聲音之理, 出於天而不假於人爲也.

그러나 제가 그윽히 생각하기엔 그 정운도설이 음운의 종류와 갈래를 여러 차례 나누고 쪼개서 비록 그 변화가 극치를 이룬다. 그러나 아직 그 천지만상을 관찰하고 글자를 만드신 깊은 뜻은 미처 살피지 못했다고 감히 정중히 그 잘못된 것을 말하는 바이요, 그래서 분수없이 감히 아뢰는 바입니다.

저가 어리석게 삼가 드리려는 말은 초성 17자는 아, 설, 순, 치, 후 오음을 본떠 취한 것이요. 또 열리며 합치며 옹글고 반쪽 모양에다 배합하고 육서의 상형문자를 따라서 만들었다고 감히 덧붙여 아룁니다.

임금께서 만드신 훈민정음 머리말에 음성의 이치를 보여주고 있는데 이는 하늘에서 나온 것이요 사람이 빌려 맞추어 지을 수 없는 것이라.

> 聖人開物牖民之業, 精義入神之妙, 粲然昭著, 而無復餘蘊, 非至聖其孰能
> 形諸筆端, 而窮萬籟之變哉. 易曰仰觀于天, 近取諸身, 擬議以成其變化,
> 其斯之謂歟.

성인이 사람으로 하여금 복되게 하고 착하게 살도록 인도하는 성업은 정확하고 밝게 나타나 다시 없이 마음에 쌓아 두었다가 피어나는 은혜로움이니, 성인이 아니면 감히 누가 지어서 써 내리오.

그리고 천하의 만가지 소리들과 그 변화를 나타낼 수 있을 것이라. 주역에 이르기를 "우러러는 하늘의 형상을 살피시고, 가까이에서는 여러 물체의 특성을 취하고, 여러가지로 시험해 보고 의론하여 그 변화를 이룬다"고 하였으니 이를 두고 하는 말이라. 하고는 이어서

附 訓民正音初聲象形圖

ㄱ 君初聲 牙音 象牙形

ㅋ 快初聲 牙音 重聲

ㆁ 業初聲 牙間音 象喉扇形

ㄴ 那初聲 舌音 象舌形

ㄷ 斗初聲 舌音 象掉舌形

ㅌ 呑初聲 舌音 重聲

ㅂ 彆初聲 唇音 象半開口形

ㅍ 漂初聲 唇音 象開口形

ㅁ 彌初聲 唇音 象口形

ㅅ 戌初聲 齒音 象齒形

ㅈ 卽初聲 齒舌間音 象齒齦形

ㅿ 沈初聲 喉舌間音

ㅇ 欲初聲 淺喉音 象喉形

ㆆ 挹初聲 喉齒間音 象喉齶形

ㅎ 虛初聲 深喉音

ㄹ 閭初聲 半舌音 象卷舌形

ㅿ 穰初聲 半齒音 象半啟齒形

훈민정음 초성 상형도를 붙였으니 아래와 같다.

ㄱ 군자 처음소리 아음이며, 어금니 꼴을 본뜸이라.

ㅋ 쾌자 처음소리 아음이며, 겹소리라.

ㆁ 업자 처음소리 후음과 어금니 사이 소리며 목구멍의 부채꼴을 본뜸이라.

ㄴ 나자 처음소리, 혓소리이며 혀를 본뜸이라.

ㄷ 두자 처음소리, 혓소리이며, 혀를 휘두르는 모양을 본뜸이라.

ㅌ 탄자 처음소리, 혓소리이며 겹소리.

ㅍ 표자 처음소리, 입술소리이며, 입을 벌린 모습을 본뜸이라.

ㅂ 별자 처음소리, 입술소리이며, 입을 전반쯤 절린 모양을 본뜸이라.

ㅁ 미자 처음소리, 입술소리이며, 입을 본뜬 모습을 본뜸이라.

ㅅ 술자 처음소리, 앞니소리이며, 이(앞니)를 본뜸이라.

ㅈ 즉자 처음소리, 이와 혀 사잇소리이며, 이와 잇몸을 본뜸이라.

ㅊ 침자 처음소리, 목구멍과 혀의 중간소리이라.

ㅇ 욕자 처음소리, 얕은 목소리이며, 목구멍을 본뜸이라.

ㆆ 읍자 처음소리, 목젖과 이의 사잇소리이며, 목구멍과 잇몸을 본뜸이라.

ㅎ 허자 처음소리, 깊은 목구멍소리이라.

ㄹ 려자 처음소리, 반혓소리이며, 혀가 말리는 모습을 본뜸이라.

ㅿ 샹자 처음소리, 반잇소리이며, 입을 반쯤 열었을 때 보이는 이의 모습을 본뜸이라.

참고문헌

문화재청, 문화재청 홈페이지, 『문화유산정보』, '세계의 기록유산'.

강규선·황경수(2006), 『훈민정음 연구』, 청운.

강신항(1959), 「신경준의 기본적 국어학 연구 태도」, 『국어국문학』 20, 국어국문학회.

강신항(1965), 「신경준: 국학정신의 온상」, 『한국의 인간상』 4, 신구문화사.

강신항(1965), 「신경준의 학문과 생애」, 『성대문학』 11, 성균관대학교 성균어문학회.

강신항(1967), 『운해 훈민정음 연구』, 한국연구원.

강신항(1973), 『사성통해 연구』, 신아사.

강신항(1974), 「『훈민정음운해』 해제」, 『훈민정음운해』, 대제각.

강신항(1975), 「여암 신경준: 지리학」, 문자음운학자, 『실학논총』(이을호 박사 정년기념논총), 전남대학교.

강신항(1978), 「신경준 훈민정음운해」, 신동아편집실, 『한국을 움직인 고전백선』, 동아일보사.

강신항(1978), 『운해 훈민정음』, 형설출판사.

강신항(1985), 「실학 시대 학자들의 업적에 대하여」, 『교육논총』 1, 성균관대학교 교육대학원.

강신항(1986/1994), 『국어학사』(증보개정판), 보성문화사.

강신항(2000), 「신숙주와 운서」, 『새국어생활』 12(3), 국립국어원.

강신항(2003), 『훈민정음연구』, 성균관대학교 출판부.

강신항(2006), 『국어사 연구 어디까지 와 있는가』, 태학사.

강신항(2008), 「쉽게 풀어쓴 『훈민정음』 내용」(국립국어원 편).

강신항(2009), 『훈민정음 창제와 연구사』, 경진출판.

강주진(1988), 『보한재 신숙주 평전』, 세광출판사.

고길섭(2005), 『스물 한 통의 역사 진정서』, 앨피.

고동환(2003), 「려암 신경준의 학문과 사상」, 역사문화학회, 『지방사와 지방문화』 62, 179~216쪽.

공병우(1989), 『나는 내 식대로 살아왔다』, 대원사.

곽경 외(2011), 『한글세계화와 한글확장: 한글확장자판 표준화 위원회의 2011년 연구 성과 총람』, 미래형 한글문자판 표준포럼 한글확장자판 표준화 위원회.

곽정식(2009), 「『신숙주부인전』의 역사 수용 양상과 소설사적 의의」, 『새국어교육』 83, 한국국어교육학회.

구결학회(2006), 『한문독법과 동아시아의 문자』, 태학사.

국립국어원(2008), 『훈민정음』(영어판, 중국어판, 베트남판, 몽골판, 러시아판).

국립부여박물관(2009), 『고대의 목간 그리고 산성』, 국립부여박물관.

국립중앙박물관(2006), 『한국금속활자』(국립박물관 소장 역사자료 총서 Ⅳ).

국립한글박물관(2014), 『세종대왕, 한글 문화 시대를 열다』.

국립한글박물관(2014), 『한글이 걸어온 길』.

국립한글박물관(2015), 『한글 편지 시대를 읽다』.

국어학회(1971), 『국어학자료선집 Ⅱ』, 일조각.

국어학회(1973), 『국어학자료선집 Ⅳ』, 일조각.

권덕규(1923), 『조선어문경위』, 광문사.

권오성·김세종(1993), 『역주 난계선생 유고』, 국립국악원.

권오휘(2018), 『훈민정음 제자 원리와 역리의 상관성』, 박이정.

권인한 외(2009), 『동아시아 자료학의 가능성』, 성균관대학교 출판부.

권인한(1998), 『조선관역어의 음운론적 연구』, 태학사.

권재선(1988), 『국어학 발전사』, 우골탑.

권재선(1988), 『훈민정음 이해』, 우골탑.

권재선(1989), 『간추린 국어학 발전사』, 우골탑.

권재선(1992), 『훈민정음 해석 연구』, 우골탑.

권재선(1998), 『훈민정음 글월의 구성 분석적 이해』, 우골탑.

권재선(1999), 『한글 국제음성기호 연구』, 우골탑.

권종성(2005), 『조선어정보론』, 사회과학출판사.

권택룡(2002), 「『훈민정음운해』 진臻섭·산山섭지연구」, 『동일문화논총』 10, 동일문화장학재단, 1~14쪽.

김갑동(2003), 『옛사람 72인에게 지혜를 구하다』, 푸른역사.

김경숙(2016), 『한국 방언의 지리적 분포와 변화』, 역락.

김광해(1982), 「훈민정음의 우연들」, 『서울대학교 대학신문』, 1982.11.19.

김광해(1989), 「훈민정음과 108」, 『주시경학보』 4.

김구진(1973), 「여말 선초 두만강 유역의 여진 분포」, 『백산학보』 15.

김근수(1998), 『훈몽자회 연구』, 청록출판사.

김기종(2015), 『불교와 한글』, 동국대학교 출판부.

김남이(2004), 『집현전 학사의 삶과 문학 세계』, 태학사.

김동소(1982), 『동문유해 만주 문어 어휘』, 효성여자대학교 출판부.

김동소(2003), 『중세 한국어 개설』, 한국문화사.

김동준(2007), 「소론계 학자들의 자국어문 연구활동과 양상」, 『민족문학사연구』 35, 민족문학사연구소.

김만태(2012), 「훈민정음의 제자원리와 역학사상: 음양오행론과 삼재론을 중심으로」, 『철학사상』 45, 서울대대학교 철학사상연구소.

김무림(1999), 『홍무정운 역훈 연구』, 월인.

김무봉(2006), 「훈민정음 원본의 출판 문화재적 가치 연구」, 『한국사상과 문화』 34, 수덕문화사, 309~334쪽.

김무봉(2015), 『훈민정음, 그리고 불경 언해』.

김무식(1993), 「훈민정음 음운체계 연구」, 경북대학교 박사논문.

김미경(2006), 『대한민국 대표 브랜드 한글』, 자유출판사.

김민수(1957), 『주해 훈민정음』, 통문관.

김병제(1956), 「조선의 고유 문자 훈민정음」, 『조선어학』 1, 사회과학출판사.

김병제(1984), 『조선어학사』, 과학·백과사전출판사.

김상태(2012), 「훈민정음 제자 원리와 한자 육서의 자소론적 연구」, 『국어학』 63, 국어학회.

김석득(1972), 「『경세훈민정음도설』의 역리적 구조」, 『동방학지』 13, 연세대학교 동방학연구소.

김석득(1975), 「실학과 국어학의 전개: 최석정과 신경준과의 학문적 거리」, 『동방학지』 16, 연세대학교 국학연구원.

김석득(1983), 「이재 황윤석의 「화음방언자의해」」, 「동방학지」 40, 연세대학교 국학연구원.

김석득(2009), 『우리말 연구사』, 태학사.

김성헌(2004), 『최소주의 문법의 배경』, 단국대학교 출판부.

김수경(1989), 『고구려·백제·신라 언어연구』, 한국문화사.

김수경(1989), 『세 나라 시기 언어력사에 관한 남조선학계의 견해에 대한 비판적 고찰』, 평양출판사.

김슬옹 엮음(2015), 『훈민정음 논저 자료 문헌 목록』, 역락.

김슬옹(2008), 「세종과 소쉬르의 통합언어학적 비교 연구」, 『사회언어학』 161, 한국사회언어학회, 1~23쪽.

김슬옹(2011), 『세종대왕과 훈민정음학』(개정판), 지식산업사.

김슬옹(2012), 『맥락으로 통합되는 국어교육의 길 찾기』, 동국대학교 출판부.

김슬옹(2013), 「세종학의 필요성과 주요 특성」, 『한민족문화연구』 42, 한민족문화학회, 7~42쪽.

김슬옹(2013), 「조선시대 '언간'에 나타난 우리말과 글의 아름다움과 가치」, 『나라사랑』 122, 외솔회, 190~210쪽.

김슬옹(2013), 「한글의 힘, 한글의 미래」, 『쉼표, 마침표』(온라인 웹진), 국립국어원.

김슬옹(2013), 『한글 우수성과 한글 세계화』, Hangeulpark.

김슬옹(2014), 「세종의 '정음 문자관'의 맥락 연구」, 『한말연구』 35, 한말연구학회, 5~45쪽.

김슬옹(2015), 『훈민정음 논저·자료 문헌 목록』, 역락.

김슬옹(2017), 『한글혁명』, 살림터.

김슬옹·남영신(2014), 『누구나 알아야 한글 이야기 3+5』, 문화체육관광부.

김언종(2008), 『이형상의 『자학』역주』, 푸른역사.

김영기(1978), 「한글타이포그라피의 좌표」, 『꾸밈』 6, 토탈디자인사.

김영배(1994), 「연구자료의 영인, 훈민정음의 경우」, 『새국어생활』 10(3), 국립
　　국어원.

김영배(2000), 『국어사 자료 연구』, 월인.

김영주(2004), 「소론계 학인의 언어의식 연구 1:「정음」 연구를 중심으로」, 『동
　　방한문학』 27, 동방학문학회, 291~320쪽.

김영황(1978), 『조선민족어발전력사연구』, 과학백과사전출판사.

김영황(2010), 『고구려의 언어 유산』, 역락.

김영황(2013), 『조선어 방언학』, 역락.

김완진(1996), 『음운과 문자』, 신구문화사.

김원중(2013), 『한문해석사전』, 글항아리.

김윤경(1938), 『조선어문자급어학사』, 조선기념도서출판사.

김일(2001), 「신경준의 「훈민정음운해」와 그의 역학적 언어관」, 『중국조선어문
　　루계』 113, 길림성민족사무위원회, 23~26쪽.

김정대(2004), 「외국 학자들의 한글에 대한 평가 연구」, 『국어학』 43, 국어학회,
　　329~384쪽.

김정수(1989), 「한글 풀어쓰기 운동」, 『국어생활』 18(가을호), 국어연구소, 30~
　　50쪽.

김정수(1990), 『한글의 역사와 미래』, 열화당.

김주원(2006), 「훈민정음 해례본의 겉과 속」, 『새국어생활』 16(3), 국립국어원,
　　35~49쪽.

김주원(2007), 『조선왕조실록의 여진 족명과 인명』, 서울대학교 출판부.

김주필(2016), 「「갑자상소문」과 『훈민정음』의 두 「서문」」, 『반교어문연구』 44,

반교어문학회, 113~151쪽.

김지용(1968), 『경세훈민정음도설』(영인본, 연세대학교 『인문과학총서』 3), 연세대학교.

김진희(2012), 「'한글 창제의 원리'의 교육 내용에 대한 비판적 고찰」, 『우리말교육현장연구』 6(2), 우리말교육현장학회, 97~126쪽.

김창호(2017), 『고신라 금석문과 목간』, 주류성.

김태경(2016), 『상고중국어 음운체계와 한국어 어휘의 어원』, 학고방.

김태완(2004), 『책문: 조선 과거시험의 마지막 관문』, 소나무.

김현옥(2011), 「성삼문과 신숙주의 책문에 나타난 현실인식 비교」, 『한문학논총』 33, 근연한문학회, 35~72쪽.

남성우(1979), 「중국운학과 성리학이 훈민정음 창제에 미친 영향」, 『중국연구』 4, 한국외국어대학교 중국연구소.

남풍현(1978), 「훈민정음과 차자표기법과의 관계」, 『국어학논집』 9, 단국대학교.

남풍현(1999), 『유가사지론 석독구결의 연구』, 태학사.

남풍현(2000), 『이두연구』, 태학사.

남풍현(2009), 『고대한국어연구』, 시간의물레.

남풍현(2013), 「언어의 변화와 외부 충격」, 『어문생활』 188, 어문연구학회.

남풍현(2014), 『국어사연구』, 태학사.

노명호 외(2000), 『한국 고대 중세 고문서 연구』, 서울대학교 출판문화원.

노중국 외(2015), 『금석문으로 백제를 읽다』, 학연문화사.

도수희(1977), 『백제어연구』, 아시아문화사.

도수희(2008), 『삼한어연구』, 제이앤씨.

도수희(2009), 『백제어 어휘 연구』, 제이앤씨.

동북아역사재단(2011), 『고대 동아시아의 문자 교류와 소통』.

동악어문학회(1980), 『훈민정음』, 이우출판사.

렴종률(1980), 『조선어문법사』, 김일성종합대학출판사.

류렬(1947), 『원본 훈민정음 풀이』, 보신각.

류렬(1983), 『세나라시기의 리두에 대한연구』, 과학백과사전출판사.

류렬(1992), 『조선말역사』, 사회과학원.

류현국(2015), 『한글 활자의 탄생』, 홍시.

리득춘 외(2006), 『조선어발달사』, 역락.

문화재청(2007), 『훈민정음언해본-이본 조사 및 정본 제작 연구』.

민현구(2000), 「신숙주와 집현전 학자들」, 『새국어생활』 12(3), 국립국어원, 71~87쪽.

박경남(2009), 『신숙주 지식인을 말하다』(새 세상을 꿈꾼 조선의 혼 7), 도서출판 포럼.

박기현(2008), 『조선의 킹메이커: 8인8색 참모들의 리더십』, 위즈덤하우스.

박덕규(1995), 『신숙주 평전: 사람의 길, 큰 사람의 길』, 둥지간.

박병채(1971), 『고대국어의 연구』, 고려대학교 출판부.

박병채(1976), 『역해 훈민정음』(문고본), 박영사.

박병채(1983), 『홍무정운역훈의 신연구』, 고려대학교 민족문화연구소.

박병채(1989), 『국어발달사』, 세영사.

박병천(2000), 『한글 판본체 연구』, 일지사.

박승빈(1943), 「훈민정음 원서의 고구」, 훈민정음 영인부록.

박영규(1998), 『한권으로 읽는 조선왕조실록』, 들녘.

박영애·모정열(2016), 「한국사회에 유입된 한자 음역어의 시기별 유입과정 분석」, 『국제언어문학』 34, 국제언어문학회, 67~102쪽.

박재민(2013), 『신라 향가 변증』, 태학사.

박종국(1976), 『훈민정음』(문고본), 정음사.

박종국(1984가), 「세종대왕과 훈민정음」, 세종대왕기념사업회.

박종국(1984나), 『훈민정음 해례』, 세종대왕기념사업회.

박종국(1994), 『국어학사』, 문지사.

박종국(2007), 『훈민정음 종합 연구』, 세종기념사업회.

박종국(2012), 『우리 국어학사』, 세종학연구원.

박지홍(1999), 「원본 훈민정음의 월점에 대한 연구」, 『부산한글』 18, 1999.

박태권(1976), 『국어학사 논고』, 샘문화사.

박태권(2002), 『국어학사 연구』, 세종출판사.

박해진(2015), 『훈민정음의 길』, 나녹.

박현모(2007), 『세종, 실록 밖으로 행차하다: 조선의 정치가 9인이 본 세종』, 푸른역사.

반재원·허정윤(2007), 『한글 창제 원리와 옛글자 살려 쓰기: 한글 세계 공용화를 위한 선결 과제』, 역락.

반재원·허정윤(2018), 『한글 창제 원리와 옛글자 살려 쓰기』, 역락.

방종현 지음, 이상규 주해(2014), 『훈민정음』, 올재.

방종현(1934), 「훈민정음 해례 소개」, 조선일보, 1934.7.30~8.4.

방종현(1948), 『훈민정음통사』, 일성당.

배우성(2014), 『조선과 중화』, 돌베개.

배윤덕(1988), 「신경준의 운해 연구: 『사성통해』와 관련하여」, 연세대학교 박사논문.

배윤덕(2005), 『우리말 운서의 연구』, 성진여자대학교 출판부.

백두현(2007), 『훈민정음 강독』, 유인본.

서병국(1965), 「훈민정음 해례 이후의 이조 국어학사 시비」, 『논문집』 9, 경북대학교, 21~37쪽.

서병국(1975), 『신강 훈민정음』, 경북대학교.

서재극(1994), 「훈민정음의 한자 사성 권표」, 『우리말의 연구』, 우골탑.

서재극(1995), 『신라 향가의 어휘 연구』, 형설출판사.

서종학(1995), 『이두의 역사적 연구』, 영남대학교 출판부.

세종기념사업회(2003), 『한글문헌해제』, 세종기념사업회.

세종대왕기념사업회(2003), 『훈민정음』(한글문헌자료 2), 세종대왕기념사업회.

세종대왕기념사업회(2018), 『훈민정음, 누가 어떻게 만들었는나?』(세종대왕 즉위 600돌 기념 학술 강연회), 한글학회, 한글문화연대.

손보기(1984), 『세종대왕과 집현전』, 세종대왕기념사업회.

손승철(2007), 「『해동제국기』의 사료적 가치」, 『한일관계사연구』 27, 한일관계사학회, 3~37쪽.

송현(1984), 『한글 기계화 개론』, 청산.

송현(1985), 『한글자형학』, 디자인하우스.

신봉승(2000), 『국보가 된 조선 막사발』, 삶과꿈.

심보경(2007), 「『해동제국기』 지명에 반영된 한일 중세어 표기법」, 『한일관계사연구』 27, 한일관계사학회, 83~101쪽.

심소희(2009), 「『성음해』를 통해 본 서경덕의 정음관 연구」, 『중국어문학논집』 58, 중국어문학연구회, 2009, 67~96쪽.

심소희(2010), 「황윤석의 정음관 연구 1: 『이수신편』 권12의 경세사상체용지수도를 중심으로」, 『중국어문학논집』 62, 중국어문학연구회, 81~109쪽.

심소희(2012), 「조선 후기 문인들의 서신을 통한 성운 인식 고찰: 최석정과 정제두의 서신을 중심으로」, 『중국언어연구』 38, 한국중국언어학회, 21~46쪽.

심소희(2012), 「최석정의 『경세훈민정음도설』 연구」, 「중국어문학논집」 73, 중국어문학연구회, 89~112쪽.

심소희 역주(2012), 「『경서정운도설(經書正韻圖說)』 역주」, 『중국어문논역총간』 30, 중국어문논역학회, 561~581쪽.

심소희(2013), 『한자 정음관의 통시적 연구』, 이화여자대학교 출판부.

안경상(2005), 『조선어학설사』, 사회과학출판사.

안대회(2004), 「이수광의 『지봉유설』과 조선 후기 명물고증학의 전통」, 『진단학보』 98, 진단학회, 267~289쪽.

안병호(1983), 『조선어발달사』, 료녕인민출판사.

안병희(1976), 「훈민정음의 이본」, 『진단학보』 42, 진단학회.

안병희(1979), 「중세국어 한글 자료에 대한 종합적 고찰」, 『규장각』 3.

안병희(1986), 「훈민정음 해례 복원에 대하여」, 『국어학신연구』, 탑출판사.

안병희(1992), 『국어사 연구』, 문학과지성사.

안병희(1992), 『국어사 자료 연구』, 문학과지성사.

안병희(1997), 「훈민정음 해례본과 그 복제에 대하여」, 『진단학보』 84, 191~202쪽.

안병희(2000), 「신숙주의 생애와 학문」, 『새국어생활』 12(3), 국립국어원, 5~25쪽.

안병희(2007), 『훈민정음 연구』, 서울대학교 출판부.

안상수(1984), 「한글꼴의 디자인 과제」, 『예술과비평』 창간호, 서울신문사.

안상수(1996), 「현대의 한글 글자꼴」, 『새국어생활』 6(2), 국립국어원, 120~137쪽.

안춘근(1983), 「훈민정음 해례의 서지학적 고찰」, 『한국어 계통론, 훈민정음연구』, 집문당.

양오진(2010), 『한학서 연구』, 박문사.

양해승(2012), 「『훈민정음』의 상형설과 육서의 관련에 대한 연구」, 『관악어문연구』 37, 서울대학교 국어국문학과, 179~210쪽.

양희철(2008), 『향찰 연구 12제』, 보고사.

엄찬호(2007), 「『해동제국기』의 역사지리적 고찰」, 『한일관계사연구』 27, 한일관계사학회, 103~131쪽.

염종률·김영황(1982), 『훈민정음에 대하여』, 김일성대학출판사.

오쿠라 심페이(1940), 『조선어학사』, 도강서원.

왕옌(2014), 「조선시대 중국어 학습서에 대한 연구」, 경북대학교 석사논문.

유지원(2019), 『글자풍경』, 을유문화사.

유창균(1962), 『국어학논고』, 계명대학교 출판부.

유창균(1966), 「'상형이자방고전'에 대하여」, 『진단학보』 29, 진단학회, 371~390쪽.

유창균(1969), 『신고 국어학사』, 형설출판사.

유창균(1977), 『훈민정음』(문고본), 형설출판사.

유창균(1980), 『한국고대한자음연구』(1), 계명대학교 출판부.

유창균(1981), 『몽고운략과 사성통고의 연구』, 형설출판사.

유창균(1983), 『한국고대한자음연구』(2), 계명대학교 출판부.

유창균(1984), 「경세정운고」, 『논문집』 5, 청구대학.

유창균(1987), 「소강절의 「경세사상체용지수도」에 대하여」, 『우해 이병선 박사 화갑 기념 논총』.

유창균(1988), 『국어학사』, 형설출판사.

유창균(1994), 『향가비해』, 형설출판사.

유창균·강신항(1961), 『국어국문학강좌』, 민중서관.

이광호(2006), 「훈민정음 해례에서의 '본문예의'과 '해례'의 내용관계 검토」, 『국어학논총』(이병근선생퇴임기념논문집), 태학사.

이근수(1995), 『훈민정음 신연구』, 보고사.

이기동 외(2012), 『신라 최고의 금석문 포항 중성리비와 냉수비』, 주류성출판사.

이기문(1967), 「한국어형성사」, 『한국문화사대계』, 고려대학교 민족문화연구소.

이기문(1971), 『훈몽자회 연구』, 서울대학교 출판부.

이기문(1972), 『국어사개설』, 태학사.

이기문(1974), 「훈민정음 창제에 관련된 몇 문제」, 『국어학』 2, 국어학회, 1~15쪽.

이기문(1986), 「'九國所書八字'에 대하여」, 『진단학보』 62, 진단학회, 59~78쪽.

이기문(2000), 「19세기 서구 학자들의 한글 연구」, 『대한민국학술원논문집』 39, 대한민국학술원, 107~155쪽.

이덕일(1998), 『사화로 보는 조선 역사』, 석필.

이돈주(1990), 『훈몽자회 한자음에 대한 연구』, 홍문각.

이돈주(2000), 「신숙주와 훈민정음」, 『새국어생활』 12(3), 국립국어원, 27~42쪽.

이동림(1974), 「훈민정음 창제 경위에 대하여: 언문자모 27자는 최초의 원안이다」, 『동국대 국어국문학과 논문집』 7(22), 동국대학교.

이동석(2018), 「훈민정음의 음운론적 연구 성과와 전망: 자음을 중심으로」, 『훈민정음 연구의 성과와 전망』 1, 국립한글박물관.

이득춘 편(2001), 「고려어의 형성과 그 기초방언문제」, 『조선어력사언어연구』, 역락.

이상규(2007), 「Hangeul, The Greatest Letters」, 『Koreana』 21(3).

이상규(2007), 「보한재 신숙주의 생애와 업적」, 『보한재 신숙주 선생을 다시 보다』, 보한재 신숙주 나신 600돌 기념학술대회.

이상규(2009가), 「디지털 시대에 한글의 미래」, 『우리말연구』 25, 우리말연구학회, 79~140쪽.

이상규(2009나), 「『훈민정음』 영인 이본의 권점 분석」, 『어문학』 100, 한국어문학회, 143~172쪽.

이상규(2012), 「잔엽 상주본 『훈민정음』 분석」, 『한글』 298, 한글학회, 5~50쪽.

이상규(2013가), 「잔엽 상주본 훈민정음」, 『기록인』 23, 국가기록원.

이상규(2013나), 「『세종실록』 분석을 통한 한글 창제 과정의 재검토」, 『한민족어문학회』 65, 한민족어문학회, 5~56쪽.

이상규(2014가), 「상주본 『훈민정음』 해례와 그 출처」, 『훈민정음 해례와 학가산 광흥사』 주제 발표문.

이상규(2014나), 「여암 신경준의 『저정서』 분석」, 『어문론총』 62, 한국문학언어학회, 153~187쪽.

이상규(2014다), 「『훈민정음』에 대한 인문지리학적 접근」, 『한민족어문학회 학술대회 자료집』, 한민족어문학회.

이상규(2015가), 『역주 여소학언해』, 세종대왕기념사업회.

이상규(2015나), 『한글공동체』, 박문사.

이상규(2016), 『증보정음발달사』, 역락.

이상규(2017가), 「한국어 형성과 신라방언」, 『경주말의 보존과 활용』, 경주문화원 부설 향토문화연구소.

이상규(2017나), 「훈민정음, 그 오해의 깊은 뜻」, 『the T』 제10호 혁신 2호, 2017년 봄.

이상규(2018가), 『명곡 최석정의 『경세훈민정음』』, 역락.

이상규(2018나), 『여암 신경준의 저정서 연구』, 역락.

이상규(2018다), 『직서기언』, 경진출판.

이상규(2022), 『훈민정음 연구사』, 경진출판.

이상백(1957), 『한글의 기원: 훈민정음 해설』, 통문관.

이상혁(2004), 『조선후기 훈민정음 연구의 역사적 변천』, 역락.

이성구(1985), 『훈민정음 연구』, 동문사.

이성규(2002), 『몽학삼서의 몽고어 연구』, 단국대학교 출판부.

이숭녕(1958), 「세종의 언어정책에 관한 연구」, 『아세아연구』 1~2.

이숭녕(1976), 『개혁국어학사』, 박영사.

이숭녕(1981), 『세종대왕의 학문과 사상』, 아세아문화사.

이승재 외(2008), 『각필구결의 해독과 번역』, 태학사.

이승재(1992), 『고려시대 이두 연구』, 태학사.

이승재(2013), 『백제어 자음체계』, 태학사.

이승재(2013), 『한자음으로 본 백제어 자음 체계』, 태학사.

이승재(2016), 『한자음으로 본 고구려어 음운체계』, 일조각.

이영월(2009), 「훈민정음에 대한 중국운서의 영향 관계 연구: 삼대어문사업을 중심으로」, 『중국학연구』 50, 중국학연구회, 255~274쪽.

이영호(2014), 『신라 중대의 정치와 권력구조』, 지식산업사.

이용현(2006), 『한국 목간 기초 연구』, 신서원.

이윤서(2016), 『조선시대 상업출판』, 민속원.

이이화(2000), 「신숙주의 문학과 사상」, 『새국어생활』 12(3), 국립국어원.

이정호(1972), 『해설 역주 훈민정음』, 보진재.

이재정(2022), 『활자본색』, 책과함께.

이진호(2018), 「훈민정음의 음운론적 연구 성과와 전망: 모음을 중심으로」, 『훈민정음 연구의 성과와 전망』 1, 국립한글박물관.

이청(1946), 『합부 훈민정음』(석판본), 창란각.

이현복(1981), 『국제음성문자와 한글음성문자: 원리와 표기법』, 과학사.

이현희 외(2018), 『훈민정음 연구의 성과와 전망』 1·2, 국립박물관.

이현희(1997), 「훈민정음」, 『새국어생활』 7(4), 국립국어원.

이형상(1976), 『악학편고』, 형설출판사.

임용기(2010), 「한결 선생의 훈민정음 기원설」, 『애산학보』 36, 애산학회.

임용기(2012), 「훈민정음의 한자음 표기와 관련한 몇 가지 문제」, 『인문과학』 96, 연세대학교 인문학과학연구소, 5~44쪽.

임채명(2010), 「시문을 통해 본 신숙주 가계의 일본에 대한 관심」, 『한문학논총』 30, 근역한문학회, 193~216쪽.

임홍빈, 「한글은 누가 만들었나」, 『국어학논총』(이병근선생퇴임기념논문집), 태학사, 2006.

전몽수·홍기문(1949), 『훈민정음 역해』, 조선어문연구회.

정경일(2002), 『한국운서의 이해』, 아카넷.

정관 효담(2011), 『복천사지(福泉寺誌)』, 속리산 복천암.

정광(2002), 『역학서 연구』, 제이앤씨.

정광(2006가), 『역주 번역노걸대와 노걸대언해』, 신구문화사.

정광(2006나), 『훈민정음의 사람들』, 제이앤씨.

정광(2012), 『훈민정음과 파스파 문자』, 역락.

정광(2015), 『한글발명』, 시공사.

정광(2022), 『한국어 연구사』, 박문사.

정광·양오진(2011), 『노박집람 역주』, 태학사.

정광·윤세영(1988), 『사역원 역학서 책판 연구』, 고려대학교 출판부.

정광·정승혜·양오진(2002), 『이학지남』, 태학사.

정두희(1983), 『조선초기 정치지배세력 연구』, 일조각.

정연종(1996), 『한글은 단군이 만들었다』, 죠이정 인터내셔날.

정연찬(1970), 「세종대의 한자 사성 표기법」, 『국어국문학』 49~50, 국어국문학회.

정연찬(1972), 「해제 『월인석보』 제1, 2」, 『월인석보』(영인본), 서강대학교 인문과학연구소.

정연찬(1977), 『홍무정운역훈의 연구』, 일조각.

정우영(2000), 「『훈민정음』 언해의 이본과 원본 재구에 관한 연구」, 『불교어문논집』 5, 한국불교어문학회, 25~57쪽.

정우영(2001), 「『훈민정음』 한문본의 낙장 복원에 대한 재론」, 『국어국문학』 129, 국어국문학회, 1~21쪽.

정우영(2014), 「『월인천강지곡』의 국어사적 가치와 문헌 성격에 대한 재조명」, 『장서각』.

정우영(2017), 『불교와 한글』, 한국문화사.

정우영(2018), 「훈민정음 해례본과 언해본의 판본·서지, 복원 연구의 회고와 전망」, 『훈민정음 연구의 성과와 전망』 1, 국립한글박물관.

정윤재·박현모·김영수(2010), 『세종의 리더십 이야기』, 한국학중앙연구원 출판부.

정인승(1940), 「고본 훈민정음의 연구」, 『한글』 8(9), 한글학회, 431~444쪽.

정재호·장정수(2005), 『송강가사』, 신구문화사.

조규태(2007), 『용비어천가』, 한국문화사.

조규태(2008), 『훈민정음』, 형설출판사.

조규태·정우영 외(2007), 「훈민정음 인해본 이본 조사 및 정본 제작 연구」, 문화재청.

조선어학회(1946), 『훈민정음』(영인본), 보진제.

지두환(1997), 『조선과거실록』, 동연간.

천명희(2015), 「광흥사 복장 유물의 현황과 월인석보의 성격」, 『훈민정음 해례와 학가산 광흥사』, 광흥사 학술발표대회.

청량산박물관 엮음(2007), 『괴담 배상열의 천문과 선기옥형』(청량산박물관연구총서 9), 청량산박물관.

최범영(2010), 『말의 무늬』, 종려나무.

최병수(2005), 『조선어글자공학』, 사회과학출판사.

최세화(1975), 「15세기 국어의 중모음 연구」, 동국대학교 박사논문.

최세화(1989), 「세종어제훈민정음 서문에 대하여」, 『어문연구』 17(4), 한국어문연구회, 420~421쪽.

최세화(1997), 「『훈민정음』 낙장의 복원에 대하여」, 『국어학』 29, 국어학회, 1~32쪽.

최승희(1966·1967), 「집현전 연구」 상·하, 『역사학보』 32~33, 역사학회.

최종민(2013), 『훈민정음과 세종악보』, 역락.

최현배(1942), 『한글갈』, 정음사.

한글학회(1998), 『훈민정음 옮김과 해설』, 한글학회.

홍기문(1946), 『훈민정음발달사』, 서울신문사 출판국.

홍기문(1966), 『조선어력사문법』, 사회과학출판사.

홍양호(1982), 『이계 홍양호 전서』(상·하), 민족문화사.

홍윤표(1993), 『국어사 문헌자료 연구』, 태학사.

홍윤표(2005), 「훈민정음의 '상형이자방고전'에 대하여」, 『국어학』 46, 국어학
　　　회, 53~66쪽.

홍윤표(2013), 『한글이야기』 1~2, 택학사.

홍종선(2017), 『국어문법사』, 아카넷.

휴현국(2015), 『한글 활자의 탄생』, 홍시.

Lee Sang Gyu & Han Song yi(2018), 「Debunking Myths about the Creation
　　　Background of Hunminjeongeum(훈민정음 창제 배경에 대한 오류의 신
　　　화)」, 『국제언어문학』 40, 국제언어문학회, 77~102쪽.

구범진 역주(2012), 『이문 역주』(상)(중)(하), 세창출판사.

김슬옹 해제, 강신항 감수(2015), 『훈민정음 해례』, 교보문고.

로버트 레인 그린, 김한영 옮김(2013), 『모든 언어를 꽃피게 하라』, 모멘토.

루시싱, 전향란 옮김(2017), 『한자 전파의 역사』, 민속원.

소강절, 노영균 옮김(2002), 『황극경세서』, 대원출판사.

슌버쿤, 이상규 외 옮김(2015), 『금나라시대의 여진어』, 태학사.

아이신교로, 이상규 외 옮김(2014), 『명나라 시대 여진인』, 경진출판.

에밀 루더, 안상수 옮김(2001), 『타이포그래피』, 안그라픽스.

왕하·류재원·최재영 역주(2012), 『역주 박통사언해』, 학고방.

이형상, 김언종 역(2008), 『역주 자학』, 푸른역사, 2008.

정병석 역주(2010), 『주역』, 을유문화사.

정인보, 정양완 옮김(2006), 『담원문록』(상)(중)(하), 태학사.

존맨, 남경태 옮김(2003), 『세상을 바꾼 문자, 알파벳』, 예지.

진치총 외, 이상규 외 옮김(2014), 『여진어와 문자』, 경진출판.

채원정, 이후영 역(2011), 『율려신서』, 문진, 2011.

Albertine Gaur, 강동일 옮김(1995), *A history of writing*, 새날.

Atsuji Tetsuji, 김언종·박재양 옮김(1989), 『한자의 역사』, 학민사.

Gui Bonsiepe, 박해천 옮김(2003), *Interface*, 시공사(시공아트).

John Bowers, 박효신 옮김(2002), 『커뮤니케이션 디자인의 이해』.

John Heskett, 김현희 옮김(2005), 『*TOOTHPICKS and LOGOS*』.

Simon Loxley, 송성재 옮김(2005), 『*Type: The Secret History of Letters*』.

伊藤英人(2012), 「여암의 한자음: 그 한국적 특징과 보편성」, 『여암 신경준 선생 탄신 300주년 기념 국제학술대회 논문집』, 전라남도 순창군, 65~90쪽.

照那斯圖(2008), 「訓民正音字母與八思巴字的關係」, 『훈민정음과 파스파 문자 국제학술 workshop 논문집』.

王雲五(1937), 『朝鮮紀事, 栖軒紀事, 朝鮮志』, 朝鮮紀事及其他二種, 商務印書館, 中華 26년.

G. K. Ledyard(2008), 「The Problem of the lmitiatio of Old seal」, 『훈민정음과 파스파 문자 국제학술 workshop 논문집』.

Allan Haley(1992), *Typographic Milestones*, NewYork, Van Nostrand Reinhold.

Bob Gordon(2001), *Making Digital Type Look Good*, Thames & Hudson.

Christopher I. Beckwith(2004), "Koguryo:The Language of Japanes Continental Relatives", *Design in Everyday Life*, Leiden Boston: Brill, 세미콜론, 2002.

E. O. Reischauer(1960), Professor, Harvard University USA. an historian in East Asian Affairs.

Frits, Vos, the Netherlands(1964), In the paper 'Korean Writing: Idu and Hangeul' Vos observed, "They invented the World's best alphabet".

G. K. Ledyard(1966), *The Korean Language Reform*, Univ. Microfilms lnternational.

G. Sampson(1990), *Writting Systems: A Linguistic introduction*, London, Hatchinson Publishing Group.

H. B. Hulbert(1892), "The Korean Alphabert", *Korean Repository* 1.

Han, Jae-joon(2004), "Changing Forms of Hangul Typeface: Past, Present and Future", Visual Humanities. Osaka University The 21st Century Coe Program. Group6. Interface Humanities Research Activities 2002, 2003.

Han, Jae-joon(2004), "The Current State of Hangul Font Design", IDEA. Tokyo:

Seibundo Shinkosha, pp. 147~152.

J. P. A Rémusat(1820), "Reacherches sur les language tartaes(타르타르 언어에 관한 연구), 1820.

J. S. Gale(1912), "Trans of the Korean Branch of the Royal Asiatic Society".

Klaproth, H. J.(1832), *Aperṣu de l'origine des diverses écritures de l'ancien monde* (고대세계의 문자의 기원에 대한 고찰).

L. Rosny(1864), "Aperçu de Langue Coréene".

M. Kiaproth(1832), "Apercu de l'origine dles diverse écritures de l'ancien monde".

P. Andreas Eckardt(1928), "Der Ursprung der Koreanischen Schrift".

Ruari McLean(1975), *Jan Tschichold: typographer*, Godine.

Yi Ik Seup(1892), "The Alphabet(Panchul)", *Korean Repository* 1, October, 1892.